# LES
# LOIX CIVILES
## DANS
# LEUR ORDRE
## NATUREL
## *SECONDE EDITION.*
### TOME II.

## A PARIS,

Chez

Pierre Auboüin, Libraire de
Messeigneurs les Enfans de France,
Pierre Emery,
&
Charles Clouzier.

Quay des Augustins
à l'Écu de France.

## M. DC. XCVII.
### *AVEC PRIVILEGE DU ROY.*

# AVERTISSEMENT.

ON a crû neceſſaire d'avertir icy le Lecteur du rang que tiennent dans le Livre des Loix Civiles les matieres qui compoſent ce ſecond Tome. Car encore qu'il ſoit facile d'en juger par le plan de toutes les matieres qui eſt dans le quatorziéme Chapitre du Traité des Loix, & que la ſimple lecture de la Table generale qui eſt enſuite de ce Traité dans le premier Tome, en donne une idée qu'il n'eſt pas difficile de concevoir & de retenir; Il ſe peut faire que quelques Lecteurs negligent de lire ce plan, & que liſant la Table particuliere des matieres de ce ſecond Tome ſans reflexion ſur l'ordre general qu'on a donné à toutes les matieres, ils ne s'apperçoivent pas de la place que tiennent dans ce tout les Titres de ce ſecond Tome. Ainſi, le Lecteur qui n'aura pas cette idée preſente, est prié de lire le Chapitre 14ᵐᵉ du Traité des Loix, & la Table generale des matieres qui est enfuite, & d'y remarquer qu'on a fait une divifion generale de toutes les matieres en deux parties : L'une des engagemens : Et l'autre des fucceffions. Que cette premiere partie des engagemens a été divisée en cinq livres : L'un intitulé Preliminaire, parce qu'il contient trois matieres communes à toutes les autres & qui doivent les preceder : Le premier des quatre autres où il eft traité de la premiere efpece d'engagemens, qui font ceux où l'on entre par les conventions : Le fecond qui contient la feconde efpece d'engagemens qui font ceux où l'on entre fans convention : Le troifiéme des fuites de ces deux fortes d'engagemens qui y ajoûtent ou les affermiffent: Et le quatriéme des fuites de ces mêmes engagemens qui les aneantif-fent ou les diminuent. Suivant ce plan on a compris dans le premier Tome enfuite du Traité des Loix, ce Livre preliminaire, & le premier des quatre autres où il eft traité des Conventions : Et ce fecond Tome contient les trois autres Livres. Ainfi on a dans ces deux premiers Tomes tout ce qui regarde les engagemens, c'eft-à-dire, la premiere partie des matieres de ce Livre des Loix Civiles;

# AVERTISSEMENT.

Pour la seconde partie qui contiendra la matiere des Successions, elle fera un troisiéme Tome que l'Auteur espere donner s'il plaît à Dieu au public en moins de temps qu'il ne s'en est passé entre l'édition du premier Tome & celle du second. Ainsi, on aura dans ces trois Tomes tout ce qu'il s'étoit proposé de traiter dans ce Livre des Loix Civiles, suivant le projet expliqué dans les Chapitres 13. & 14$^{me}$ du Traité des Loix. C'est-à-dire, toutes les matieres qui regardent ce qui se passe entre les particuliers, & dont les regles font presque toutes du Droit naturel, & de l'équité, & qu'on ne trouve recüeillies que dans le Droit Romain.

Pour les matieres du Droit public, comme sont les matieres Fiscales, les matieres des crimes, l'ordre judiciaire, & autres, on les avoit retranchées du dessein de ce Livre, parce qu'elles sont reglées par les Ordonnances. Mais comme ces matieres du Droit public ont plusieurs regles naturelles qui sont expliquées dans le Droit Romain, que les regles qu'elles ont dans les Ordonnances ne sont la plûpart que des reglemens arbitraires qui peuvent être sujets à des changemens, & que c'est principalement sur les principes de l'équité naturelle que doivent

## AVERTISSEMENT.

fe juger toutes les queftions qui peuvent
naître dans ces matieres de même que celles
de toutes les autres, ainfi qu'il a été remarqué en fon lieu *; l'Auteur efpere qu'aprés
qu'il aura rempli le deffein qu'il s'étoit pro-
pofé dans ce Livre, il pourra, fi Dieu luy en
fait la grace, travailler à ces matieres du
Droit public, & compofer un autre Livre
de ce qu'elles ont de regles du Droit naturel
& de l'équité, & qui fera comme une troifiéme partie des Loix Civiles, afin qu'on
puiffe avoir dans ces trois parties tout ce
qu'il y a de principes & de regles de la juftice & de l'équité dans toutes les matieres du
Droit Civil.

*a V, le Chap. 11. du Traité des Loix n. 28. Chap. 13. n. 10.*

TABLE

# TABLE DES TITRES
## DE CE SECOND TOME*.

** On met icy deux Tables de même que dans le premier Tome, l'une des Titres de ce second Tome, pour en marquer l'ordre, sans chiffres des pages, & sans leurs Sections : Et l'autre de ces mêmes Titres & de leurs Sections, avec les chiffres des pages pour les y trouver.*

### LIVRE II.

Des engagemens qui se forment sans convention.


TITRE I. *DEs Tuteurs.*

II. *Des Curateurs.*

III. *Des Syndics, Directeurs, & autres Administrateurs des Corps & Communautez.*

IV. *De ceux qui font les affaires des autres à leur insçû.*

V. *De ceux qui se trouvent avoir quelque chose de commun sans convention.*

VI. *De ceux qui ont des heritages joignans.*

VII. *De ceux qui reçoivent ce qui ne leur est pas dû, ou qui se trouvent avoir la chose d'autruy sans convention.*

VIII. *Des dommages causez par des fautes qui ne vont pas à un crime ni à un delict.*

IX. *Des engagemens qui se forment par des cas fortuits.*

X. *De ce qui se fait en fraude des Creanciers.*


### LIVRE III.

Des suites qui ajoûtent aux engagemens, ou les affermissent.


TITRE I. *DEs Gages & Hypotheques, & des Privileges des Creanciers.*

II. *De la separation des biens du défunt, & de ceux de l'heritier entre leurs Creanciers.*

III. *De la solidité entre deux ou plusieurs debiteurs, & entre deux ou plusieurs Creanciers.*

# TABLE DES TITRES.

## LIVRE IV.

Des suites qui aneantissent ou diminuent les engagemens.

## FIN.

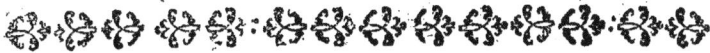

# TABLE
## DE CES MESMES TITRES,
### & de leurs Sections.

## LIVRE II.

### Des engagemens qui se forment sans convention.

#### TITRE PREMIER.

#### TITRE II.

ē ij

# TABLE DES TITRES

ē iij

# ET DES SECTIONS.

# TABLE DES TITRES

## LIVRE IV.

### Des suites qui aneantissent, ou diminuent les engagemens. 473

#### TITRE PREMIER.

### Des Payemens. 476

#### TITRE II.

### Des Compensations. 498

#### TITRE III.

### Des Novations. 505

TITRE

# ET DES SECTIONS.

# FIN.

# LES
# LOIX CIVILES
## DANS
## LEUR ORDRE NATUREL.

## LIVRE SECOND.

*Des engagemens qui se forment sans convention.*

Matiere de ce second Livre.

O N a expliqué dans le traité des Loix *a* l'origine & la nature des diverses sortes d'engagemens que Dieu fait naître entre les hommes, pour assortir leur société: Et on a tâché de découvrir dans ces sources les principes & l'esprit des loix qui regardent ces enga-

*a Chap. 1. n. 8. ch. 2. n. 3. ch. 3. ch. 4.*

A

gemens. Car comme Dieu a rendu la focieté des hommes effentielle à leur nature, pour les appliquer aux devoirs de l'amour mutuel qu'il leur commande par la feconde loy ; c'eft par les engagemens où il les met, qu'il détermine chacun aux devoirs particuliers qu'il veut luy prefcrire. Deforte que c'eft dans la nature de ces differens engagemens qu'il faut reconnoître leurs diverfes regles, & en particulier les regles de ceux qui font des matieres des loix civiles.

Pour defcendre dans le détail de ces matieres des loix civiles on en a fait un plan [b], où l'on a diftingué deux efpeces d'engagemens, l'une de ceux qui fe forment par la volonté mutuelle de deux ou plufieurs perfonnes dans les conventions, & c'eft cette efpece qui a fait la matiere du premier Livre : & l'autre de ceux qui fe forment fans une volonté mutuelle, mais ou feulement par le fait de celuy qui s'engage fans la participation de la perfonne envers qui il eft engagé, ou même fans la volonté de l'un ni de l'autre, & par un pur effet de l'ordre divin ; & c'eft cette feconde efpece d'engagemens fans convention, qui fera la matiere de ce fecond Livre.

On diftinguera facilement par la feule lecture de la table des titres de ce Livre, les engagemens qui fe forment par la volonté d'un feul, & ceux que Dieu fait naître indépendamment de la volonté de l'un & de l'autre.

b. Au Traité des loix chap. 14.

Les engagemens qui se forment par la volonté de la personne seule qui s'engage, ont cela de commun avec les engagemens qui se font par les conventions, que les uns & les autres ayant pour cause la volonté des personnes, il peut y en avoir qui ne soient pas justes, & qui blessent les loix ou les bonnes mœurs, & en ceux-cy on ne contracte pas d'autre obligation que celle de reparer le mal qu'on y fait<sup>c</sup>. Mais les engagemens qui n'ont pour cause que l'ordre divin, & qui sont indépendans de nos volontez, comme sont les tuteles, les charges publiques, & ceux qui se forment par des cas fortuits & par des évenemens dont Dieu fait naître les occasions, sans nôtre participation, ne sçauroient avoir rien qui ne soit juste : & c'est la main de Dieu qui les formant marque en chacun à quoy il oblige. Ainsi, au lieu que la plûpart ne regardant ces engagemens lors qu'ils sont penibles & sans profit, que comme un joug dur, pesant, & contraire à leurs interêts & à leurs inclinations, les abandonnent autant qu'ils le peuvent impunément ; on doit au contraire y reconnoître cet ordre de Dieu qui nous est une loy, & s'en acquitter avec la fidelité & l'exactitude que nous devons à ce qu'il commande.

Parmi tous les engagemens qui se forment sans convention, le plus important, qui renferme un plus grand nombre de devoirs, & qui

c V. Le préambule du titre des vices des conventions, & les Sections 3. & 4. du même titre.

A ij

4

demande une plus grande fidelité, eſt celuy des
Tuteurs ; & il fait auſſi une ample matiere des
loix civiles, ce qui a obligé d'en faire le premier
Titre de ce ſecond Livre, & on expliquera enſuite les autres dans leur ordre.

# TITRE I.
## DES TUTEURS.

Necessité des tu-
teles.

IL est également de la Religion & de la Police, que
ceux qui sont privez de leurs peres avant qu'ils soient
dans un âge où ils puissent se conduire eux-mêmes,
soient mis jusqu'à cet âge sous la conduite de quelque
personne qui leur tienne lieu de pere, autant qu'il se
peut, & qui soit chargée de leur éducation, & du soin
de leurs biens. Et c'est aux personnes qui sont appellées
à cette charge qu'on a donné le nom de Tuteurs.

Il n'est pas necessaire d'expliquer icy quel est cet état
qu'on appelle Minorité, pendant laquelle les personnes
sont en tutele, & combien il dure; il suffit de voir ce qui
a été dit sur ce sujet dans le Traité des loix chap. 11. n. 9.
& dans le Titre des Personnes Sect. 1. art. 16. & Sect. 2.
art. 8. & 9.

Nature de cet
engagement.

L'engagement des Tuteurs, est du nombre de ceux
qui se forment sans convention, car il oblige ceux
qu'on appelle à cette charge indépendamment de leur
volonté, par un juste effet de l'ordre de la societé des
hommes, qui ne souffre pas que les orphelins soient
abandonnez. Ainsi, ce devoir regarde naturellement
ceux qui leur sont proches, tant à cause que la proximité les y engage plus étroitement que parce que le soin
des biens des mineurs regarde ceux que la loy appelle à
leur succeder, s'il n'y a pas de causes qui les excusent de
cette charge, ou d'incapacitez qui les en excluent.
Comme le tuteur est obligé indépendamment de sa volonté, à prendre le soin de la personne & des biens du
mineur; il est juste aussi que le mineur de sa part soit
reciproquement obligé envers le tuteur à ratifier aprés
sa majorité ce que le tuteur aura bien geré, & à luy
allouër les dépenses qu'il aura raisonnablement employées. Ainsi la tutele fait un engagement reciproque

A iij

entre le tuteur & le mineur de même que s'ils avoient
contracté ensemble. Ce qui fait que cet engagement est
appellé dans le droit Romain un quasi contract, c'est-
à-dire, semblable à l'engagement que fait un contract
entre ceux qui traitent ensemble *a*.

*Differences en-*
*tre nôtre usage &*
*le droit Romain*
*sur les tuteles.*

Avant que d'expliquer les regles des tuteles, il est necessaire de remarquer sur ce sujet quelques differences
entre nôtre usage & le droit Romain, car sans la connoissance de ces differences, on seroit embarrassé en
plusieurs articles sur l'application des loix qui y sont citées.

La premiere de ces differences consiste en ce que dans
le droit Romain on ne donnoit des tuteurs qu'aux impuberes, & non aux adultes : & la tutele finissoit par la puberté, & à l'égard des adultes jusqu'à l'âge de vingt-
cinq ans qui est la pleine majorité, on ne leur donnoit
que des curateurs ; & seulement en deux cas, l'un quand
eux-mêmes y consentoient *b*, & l'autre lors que les personnes qui avoient des affaires à regler avec eux, en faisoient nommer, pour exercer contre ces curateurs les
actions qu'ils avoient contre les mineurs *c*. Mais le tuteur
étoit déchargé par la puberté de son mineur, & ne pouvoit même être nommé son curateur, s'il ne vouloit pas
l'être *d*. Il étoit seulement tenu après sa tutele finie d'a-
vertir le mineur de demander un curateur, & s'il y avoit
des affaires commencées, il devoit en prendre soin, jusqu'à ce qu'il y eût un curateur nommé en sa place *e*. En
France la tutele dure jusqu'à l'âge de vingt-cinq ans accomplis ; car par nôtre usage aussi bien que par le droit
Romain, ce n'est qu'après cet âge accompli qu'on est

*a V. l. 5. §. 1. ff. de oblig. & act. §. 2. Inst. de oblig. qua quas. ex contr. Voyez*
*dans ces mêmes lieux d'autres especes de quasi contracts, entre les coheritiers :*
*entre l'heritier & le legataire : entre celuy qui fait une affaire pour un absent,*
*& cet absent : entre ceux qui se trouvent avoir quelque chose de commun ensemble*
*sans convention : & entre celuy qui reçoit ce qui ne luy étoit pas dû, & la per-*
*sonne à qui il faut le rendre. Toutes ces matieres seront traitées chacune en son*
*lieu.*
*b §. 2. Inst. de curat.*
*c d. §. 2. l. 2. §. 3. ff. qui petant tutores. l. 1. C. eod.*
*d l. 20 C. de excus. tut.*
*e l. 5 §. 5. ff. de adm. & per. tut. l. un. C. ut caus. post pub. adsit tut.*

reconnû capable de toute forte d'engagemens fans efperance d'en être relevé par la confideration de l'âge.
Ainfi on ne fe fervira dans ce Titre que du feul nom de
Tuteur & pour les impuberes, & pour les adultes, quoy
que dans les loix qui feront citées les mots de Tuteur, &
de Curateur doivent s'entendre au fens qu'ils avoient
dans le droit Romain.

Il faut remarquer pour une feconde difference entre
nôtre ufage & le droit Romain, que dans le droit Romain on appelloit aux tuteles de certaines perfonnes qui
étoient préferées à tous autres, comme étoit celuy qui
avoit été nommé par le pere dans fon teftament, & au
défaut de cette nomination le plus proche parent ƒ, &
s'ils étoient plufieurs parens au même degré, ils étoient
tous appellez enfemble. Mais en France c'eft l'ufage que
les parens du mineur font affemblez devant le Juge de
la tutele pour faire une nomination d'un tuteur, & on
ne fuit pas indiftinctement la volonté du pere qui
auroit nommé un tuteur, ny l'ordre de la proximité.
Mais les parens ont la liberté de faire un autre chois, s'ils
eftiment qu'il y en ait lieu. Et cette liberté n'a pas feulement fon ufage dans les cas où ceux que la proximité
appelleroit à la tutele auroient des moyens d'excufe ou
feroient incapables, mais on décharge fouvent des plus
proches qui n'ont pas d'excufes legitimes. Ce qui fait
qu'on dit que les tuteles font datives en France, & quoy
que cet ufage ait fon fondement fur un principe d'équité, parce qu'en effet, il peut arriver que le plus proche,
qui n'a pas de moyens fuffifans pour être déchargé, n'ait
pas d'ailleurs les qualitez neceffaires pour un bon tuteur; cette liberté tourne fouvent en abus, & les parens
plus proches qui penfent moins au bien des mineurs,
qu'à fe garantir de la charge de leur tutele y engagent
par leurs brigues les parens les plus éloignez, ce qui meriteroit quelque reglement.

La troifiéme difference entre nôtre ufage & le droit

ƒ l. 1. ff. de teftam. tut. inft. de leg. agn. tut. l. 1. & l. 6. ff. de leg. tut. Nov.
118. c. 5. V. l'art. 8. de la Sect. 1.

Romain eſt dans la maniere de pourvoir de tuteurs aux
mineurs. Car comme il n'y avoit point à Rome d'Officier public qui fit les fonctions qu'exercent dans ce
Royaume les Procureurs du Roy, il faloit que les meres
des mineurs, leurs parens, leurs amis, ou leurs affranchis
demandaſſent pour eux des tuteurs aux Magiſtrats *g*.
Mais en France c'eſt le devoir des Procureurs du Roy, &
de ceux qui en exercent les fonctions dans les Juſtices des
Seigneurs, de faire pourvoir de tuteurs aux mineurs :
& les meres ou les parens qui veulent y veiller peuvent
y faire pourvoir par le miniſtere de ces Officiers.

Les autres differences qu'il peut y avoir entre nôtre
uſage & le droit Romain, ſeront remarquées en leurs
lieux, & il n'eſt pas neceſſaire d'en parler icy.

*g Tit. ff. qui petant tutores.*

## SECTION I.

### *Des Tuteurs, & de leur nomination.*

### SOMMAIRES.

| | |
|---|---|
| 1. *Definition de la tutele.* | 7. *Tuteurs doivent être con-* |
| 2. *Durée de la tutele.* | *firmez en juſtice.* |
| 3. *Tutele aux plus proches s'il* | 8. *Tuteurs ſans caution ou* |
| *n'y a pas de raiſon de fai-* | *avec caution.* |
| *re autrement.* | 9. *Préference de celuy qui* |
| 4. *Nomination du tuteur par* | *donne caution.* |
| *le pere ou la mere.* | 10. *Le pere & ayeul tu-* |
| 5. *Un ou pluſieurs tuteurs.* | *teur.* |
| 6. *Tuteurs honoraires, tuteurs* | 11. *Qui peut être tuteur.* |
| *oneraires.* | 12. *Serment du tuteur.* |

### I.

*1. Definition de la tutele.*

L E Tuteur eſt celuy à qui on commet le ſoin de la
perſonne & des biens du mineur. Et cette charge
s'appelle tutele *a*, c'eſt à-dire, l'engagement à prendre
ce ſoin *b*.

*a Appellantur tutores quaſi tuitores, atque defenſores. §. 2. Inſt. de tutel.
l. 1. §. 1. ff. eod.*
*b Eſt tutela, ut Servius definit, vis ac poteſtas in capite libero, ad tuendum
eum,*

eum, qui propter ætatem se defendere nequit, jure civili data, ac permissa. Tutores autem sunt, qui eam vim ac potestatem habent. *§. 1. & 2. Inst. de tut. l. 1. ff. eod. d. l. §. 1.* Tutor personæ, non rei datur. *l. 14. ff. de test. tut.* Cùm tutor non rebus dumtaxat, sed etiam moribus pupilli præponatur. *l. 12. §. 3. ff. de adm. & per. tut.*

## II.

Le mineur est celuy qui n'a pas encore vingt-cinq ans accomplis *c*. Et ceux qui se trouvent au dessous de cet âge à la mort de leurs peres, étant dans cet état qu'on appelle minorité, sont mis en tutele pendant qu'elle dure *d*.

2. Durée de la tutele.

*c* Minorem autem viginti quinque annis natu, videndum est an etiam die natalis sui adhuc dicimus, ante horam qua natus est : ut, si captus sit restituatur, cùm nondum compleverit, ita erit dicendum, ut à momento in momentum tempus spectetur. Proinde & si bissexto natus est, sive priore, sive posteriore die Celsus scribit, nihil referre. Nam id biduum pro uno habetur & posterior dies Kalendarum intercalatur. *l. 3. §. 3. ff. de minor.* V. sur le Bissexte l'art. 20. de la Sect. 2. des Rescisions.

*d* Masculi puberes, & fœminæ viripotentes usque ad vigesimum quintum annum completum curatores accipiunt. Quia licet puberes sint, adhuc tamen ejus ætatis sunt, ut sua negotia tueri non possint. *Inst. de curat.* V. la remarque dans le préambule de ce Titre, sur la difference des impuberes & des adultes, & la durée de la tutele.

## III.

Quoyqu'il soit naturel de nommer pour la tutele d'un mineur celuy que la proximité appelle à sa succession *e*; comme il arrive souvent que les plus proches ou sont incapables d'être tuteurs, ou se trouvent avoir des moyens d'excuse, on peut nommer pour tuteurs des parens plus éloignez *f*, ou faute de parens des alliez & des étrangers même, s'il ne se trouve point de parens ou d'alliez qu'on puisse nommer, c'est-à-dire, qui soient capables d'être tuteurs, & qui n'ayent point d'excuse. Et si dans le lieu du domicile du mineur il n'y a aucune personne propre à être tuteur, on peut en choisir dans les lieux voisins *g*.

3. Tutele aux plus proches, s'il n'y a pas de raison de faire autrement.

*e* Legitimæ tutelæ lege duodecim tabularum agnatis delatæ sunt, & consanguineis, id est, his qui ad legitimam hereditatem admitti possunt, hoc summa providentia, ut qui sperant hanc successionem, iidem tuerentur bona, ne dilapidarentur. *l. 1. ff. de leg. tut.*

*f* Interdum alibi est hereditas, alibi tutela ; ut putà ; si sit consanguinea pupillo : nam hereditas quidem ad agnatam pertinet, tutela autem ad agnatum. *l. 1. §. 1. ff. de legit. tut.*

*g* Si, quando desint in civitate, ex qua pupilli oriundi sunt, qui idonei videantur esse tutores, officium sit magistratuum inquirere ex vicinis civitatibus honestissimum quemque, & nomina præsidi provinciæ mittere, non ipsos arbitrium dandi sibi vindicare. *l. 24. ff. de tut. & cur. datis. l. 1. §. 10. ff. de mag. conv.* Quæro an non ejusdem civitatis cives testamento quis tutores dare possit? Paulus respondit, posse. *l. 32. ff. de testam. tut.* V. l'article 25. de la Section 7.

### IV.

Les peres *h* & les meres *i* peuvent nommer des tuteurs à leurs enfans mineurs. Mais quoy que leur chois fasse presumer la capacité, & la solvabilité de la personne qu'ils ont nommée ; on pourra faire une autre nomination, si quelque cause oblige à un autre chois. Car il peut arriver ou que le pere ait mal choisi, ou qu'il soit survenu quelque changement, soit dans les mœurs, ou dans les biens de celuy qu'il avoit nommé *l*.

*h* Lege duodecim tabularum permissum est parentibus, liberis suis sive fœminini sive masculini sexus, si modò in potestate sint, tutores testamento dare. *l. 1. ff. de testam. tut.*

*i* Sed & inquiri in eum, qui matris testamento datus est tutor, oportebit. *l. 4. §. 1. eod.*

*l* Utilitatem pupillorum prætor sequitur, non scripturam testamenti, vel codicillorum. Nam patris voluntatem prætor ita accipere debet, si non fuit gnarus scilicet eorum quæ ipse prætor de tutore comperta habet. *l. 10. ff. de conf. tut.* Quamvis autem ei potissimùm se tutelam commissurum prætor dicat, cui testator delegavit, attamen nonnumquam ab hoc recedet : ut puta, si pater minus penso consilio hoc fecit : forte minor 25. annis : vel eo tempore fecit, quo iste tutor bonæ vitæ vel frugi videbatur, deinde postea idem cœpit male conversari, ignorante testatore : vel si contemplatione facultatum ejus. res ei commissa est, quibus postea exutus est. *l. 3. §. 3. ff. de adm. & per. tut.*

### V.

On peut nommer à un seul mineur un ou plusieurs tuteurs, si sa condition, & l'étenduë de ses biens, demandent l'administration de plusieurs personnes *m*. Et les tuteurs exercent ou solidairement toute la tutele, ou chacune qui est separément commis à sa charge, suivant la regle qui sera expliquée en son lieu *n*.

*m* Pupillo qui tam Romæ quam in provincia facultates habet, rerum quæ sunt Romæ, prætor : provincialium, præses tutorem dare potest. *l. 27. ff. de tut. & cur. dat. l. 3. ff. de adm. & per. tut. d. l. §. 1. l. 24. §. 1. eod.*

*n* V. l'article 28. de la Section 3.

### VI.

Outre les tuteurs qu'on donne communément aux mineurs de toutes conditions pour gerer la tutele, on nomme quelquefois d'autres tuteurs, qu'on appelle

honoraires, pour les tuteles qui le meritent : Et leur
fonction eft de veiller fur l'adminiftration de ceux qui
gerent, & de les confeiller, & pour les diftinguer on
appelle ceux qui gerent tuteurs oneraires *o*.

*o* Sunt quidam tutores qui honorarii appellantur . . . . . funt qui ad hoc dantur ut gerant. *l.* 14. §. 1. *ff. de folut. l.* 26. §. 1. *ff. de teft. tut. l.* 3. §. 2. *ff. de
adm. & per. tut.* Cœteri igitur tutores non adminiftrabunt, fed erunt hi quos
vulgo honorarios appellamus . . . . . dati funt quafi obfervatores actus ejus qui
geíferit & cuftodes. *l.* 3. §. 2. *ff. de adm. & per. tut.* V. l'art. 31. de la Sect. 3.

## VII.

Tous les tuteurs, foit qu'ils foient nommez par le pere
ou par la mere du mineur, ou appellez par leur proximité, ou qu'ils foient autrement choifis, doivent être
confirmez en juftice par le Juge de la tutele du mineur,
qui eft celuy de fon domicile *p*.

7. Tuteurs doi-
vent être confir-
mez en juftice.

*p* Magiftratus ejus civitatis unde filii tui originem per conditionem patris
ducunt, vel ubi eorum funt facultates, tutores vel curatores his quamprimùm
fecundum formam perpetuam dare curabunt. *l. un. C. ubi. pet. tut. v. Toto tit.
ff. de confirm. tutor. & tit. inft. de Atil. tut. Par nôtre ufage qui a été remarqué
dans le préambule, le Juge ne nomme le tuteur, ou ne confirme celuy que le pere a
nommé que fur l'avis des parens. v. l. ult. §. 1. & 2. C. de adm. tut. où il eft
parlé de l'avis des parens fur la nomination d'un curateur pour un procés.*

## VIII.

La nomination des tuteurs peut fe faire en deux manieres, pour ce qui regarde la fûreté des biens des mineurs. L'une lorfque les nominateurs fe rendent certains de la folvabilité des tuteurs, fans les obliger de
donner caution : Et l'autre lorfque les tuteurs ne font
reçûs à la tutele qu'en donnant cette fûreté *q*. Ce qui
n'a lieu qu'à l'égard de ceux qui veulent bien accepter
la tutele à cette condition.

*q* ( Legitimos tutores ) cogi fatisdare certum eft. *l.* 5. §. 1. *ff. de legit. tutor.*
Nonnumquam fatisdatio ab eis non petitur. *d. l.* §. 3. *Ces textes ne regardoient
que les tuteurs appellez par la proximité. Car les tuteurs nommez par le teftament
du pere n'étoient pas obligez de donner caution.* l. 17. *ff. de teft. tut. Il eft aifé de
voir la raifon de cette difference qu'on faifoit dans le droit Romain entre ces deux
fortes de tuteurs. Par nôtre ufage aucun tuteur n'eft obligé de donner caution.
Mais il peut arriver que ceux qui font nommez en donnent volontairement,
pour l'interêt qu'ils peuvent avoir à la confervation des biens; cette feureté les
faifant preferer à d'autres qui pourroient être appellez à la tutele, & qui feroient
moins folvables.* V. l'art. fuivant, & l'art. 30. de la Section 3.

B    ij

## IX.

9. *Préférence de celuy qui donne caution.*

Si de deux ou plufieurs qui peuvent être nommez tuteurs, l'un offre caution, les autres ne donnant pas une pareille fûreté; celuy qui donnera caution fera preferé, s'il n'y a pas de raifon d'en preferer un autre, foit pour les mœurs ou pour d'autres caufes.

*r* Non omnino autem is qui satisdat præferendus eft quid enim fi fufpecta perfona fit, vel turpis, cui tutela committi nec cum fatisdatione debeat...... nec fatis non dantes temerè repelluntur, quia plerumque bene probati & idonei atque honefti tutores etiam fi fatis non dent, non debent rejici. Quinimo nec jubendi funt fatisdare. *l.* 17. §. 1. *ff. de teft. tut.* Eides inquifitionis pro vinculo cedet cautionis. *l.* 13. *in fine. ff. de tut. & curat. dat.* Cum reliquis oportet magiftratum & mores creandorum inveftigare. Nèque facultates enim, neque dignitas ita fufficiens eft ad fidem, ut bona electio, vel voluntas, &. benigni mores. *l.* 21. §. 5. *ff. eod.* V. l'art. 30. de la Sect. 3.

## X.

10. *Le pere & ayeul tuteur.*

Le pere à l'adminiftration des biens de fes enfans, & il leur tient lieu à cet égard de tuteur legitime *f.*

*f* Si fuperftite patre per emancipationem tui juris effecta, matri fuccefifti, rebufque tuis per legitimum tutorem patrem, eumdemque manumifforem adminiftratis &c. *l.* 5. *C. de dolo. Inft. de leg. par. tut.* Quis enim talis affectus extraneus inveniatur, ut vincat paternum: vel cui alii credendum eft res liberorum gubernandas, parentibus derelictis. *l.* 7. *C. de cur. fur.* V. l'art. 5. de la Sect. 1. du Titre des Curateurs.

## XI.

11. *Qui peut être tuteur.*

On peut nommer pour tuteur toute perfonne en qui il ne fe trouve point d'incapacité, ou de moyen d'excufe *t*, & il ne faut que fçavoir qui font ceux que les loix declarent incapables, ou exempts de tutele. Ce qui fera la matiere de la Section feptiéme.

*t* Dicendum primùm eft quos creari non oportet. *l.* 1. §. 3. *ff. de excuf.*

## XII.

12. *Serment du tuteur.*

Le tuteur étant nommé il prête le ferment en juftice de bien exercer cette charge, & de procurer en toutes chofes le bien du mineur *u.*

*u* Volumus, dùm celebratur decretum quod tradit curam ei qui ad eam accedit, etiam jufjurandum eum dicere, facro-fancta Dei evangelia tangentem, quia per omnem pergens viam, utilitatem adolefcentis aget. *Novell.* 72. 6. ult. *v. l.* 7. §. 5. *C. de curat. fur.* V. l'art. 1. de la Sect. 2. des Curateurs.

## SECTION II.

### Du pouvoir des Tuteurs.

IL faut remarquer en general fur cette Section & fur les fuivantes, que comme la charge d'un tuteur s'étend à tout ce qui regarde la conduite de la perfonne, & l'adminiftration des biens du mineur; elle renferme toute cette diverfité d'engagemens, que les affaires de toute nature, qui peuvent furvenir rendent neceffaires. Ce qui diftingue la tutele des engagemens particuliers qui fe forment, par exemple, par une vente, par un loüage, par un prêt, par un dépôt, & autres femblables. Car au lieu que ces engagemens ont leurs bornes reglées par leur nature, la diverfité de ce qui tombe fous l'adminiftration des tuteurs fait que leur engagement eft general & indéfini *a*. On expliquera dans cette Section & dans la fuivante les regles qui regardent cette adminiftration des tuteurs, leurs engagemens, & le pouvoir que les loix leur donnent. *La tutele eft un engagement general.*

Il faut auffi remarquer que pour tout ce qui regarde le pouvoir & les engagemens des tuteurs, les manieres de regler l'éducation des mineurs, l'employ de leurs deniers, la conduite de leurs affaires, leurs dépenfes de toute nature, & ce qui peut être à regler dans l'adminiftration de la tutele, & recevoir quelque difficulté, l'ufage eft en France qu'on nomme des parens, ou d'autres perfonnes de qui le tuteur eft obligé de prendre l'avis, & de fe regler par leur confeil, & c'eft fur les deliberations & les avis de ces perfonnes qu'on examine la conduite des tuteurs, & qu'on alloüe leurs dépenfes qui pourroient recevoir quelque difficulté, ou qu'on les rejette. *Confeil du Tuteur.*

Et pour les chofes plus importantes, comme pour le mariage d'un mineur ou d'une mineure, pour l'aliena-

*a* Sive generalia funt, ( bonæ fidei judicia ) veluti pro focio, negotiorum geftorum, *Tutela*; five fpecialia, veluti mandati, commodati, depofiti. *l.* 38. *ff. depof.* V. l'art. dernier de la Sect. 1. de la Societé.

tion de leurs immeubles, & autres affaires de confequence on affemble devant le Juge, où ces perfonnes,
ou un plus grand nombre de parens, pour donner leur
avis qui fert de regle au tuteur. On voit bien dans le
droit Romain qu'en de certains cas le Magiftrat prenoit d'office l'avis des parens, comme pour regler l'é-
ducation du mineur, lors qu'il s'y trouvoit quelque difficulté, ou pour l'alienation de fes biens *b* : Et on y voit
auffi l'exemple d'un confeil donné au tuteur par le pere
du mineur *c* ; Mais nôtre ufage pour le confeil du tuteur
eft different, & s'étend en general à toute fon adminiftration, & c'eft felon cet ufage qu'il faut entendre les
regles qui regardent le pouvoir des tuteurs.

*b l. 1. C. ubi pup. educ. debeat. l. 5. §. 11. ff. de reb. eor. qui fub tut.*
*c l. 5. §. 8. ff. de adm. & per. tut.*

## SOMMAIRES.

### I.

**1. Fonctions du Tuteur.**

LE Tuteur étant nommé pour tenir lieu de pere au
mineur, cette charge renferme deux obligations
generales ; l'une pour la conduite & l'éducation de la
perfonne du mineur, & l'autre pour l'adminiftration &
le foin de fes biens. Ainfi les loix donnent au tuteur le
pouvoir & l'autorité neceffaire pour ces fonctions *a*, &

*a Tutela eft vis ac poteftas ad tuendum eum, qui propter ætatem fe defen-*
*dere nequit. l. 1. ff. de tut. §. 1. inft. eod.*

auſſi elles l'obligent de s'en acquitter avec l'exactitude
& la fidelité que demande un tel miniſtere *b*.

*b* V. *les regles de cette Section & des deux ſuivantes.*

## I I.

Le pouvoir & l'autorité du tuteur s'étendent à tout ce
qui peut être neceſſaire pour le bon uſage de ſon adminiſtration : & les loix le conſiderent comme un pere de
famille, & luy donnent même le nom de Maître. Mais
ſeulement pour adminiſtrer en bon pere de famille, &
à la charge de rendre compte de l'uſage qu'il aura fait
du pouvoir qui luy eſt donné *c*.

*c* Generaliter quotieſcumque non fit nomine pupilli, quod quivis pater familias idoneus facit, non videtur defendi. *l. 10. ff. de adm. & per. tut.* Tutor qui
tutelam gerit, quantùm ad providentiam pupillarem, domini loco haberi debet. *l. 27. ff. de adm. & per. tut. l. 157. ff. de reg. Iur.* Tutor in re pupilli tunc
domini loco habetur, cùm tutelam adminiſtrat : non cùm pupillum ſpoliat. *l.
7. §. 3. ff. pro emptore.*

## I I I.

Le Tuteur peut faire toutes les dépenſes neceſſaires,
utiles, honêtes, pour les affaires, pour des reparations, pour les frais des procés, pour des voyages, & les
autres ſemblables, ſelon que la qualité des biens, la nature des affaires, & les circonſtances peuvent y obliger. Et dans le doute de l'utilité, ou neceſſité des dépenſes, il les fera regler *d*. Mais les dépenſes ne peuvent
exceder les revenus, ſi ce n'eſt en des cas de quelque
grande neceſſité pour le bien du mineur *e*.

*d* Sumptus in pupillam tuum neceſſariò & ex juſtis honeſtiſque cauſſis judici qui ſuper ea re cogniturus eſt, ſi probabuntur facti, accepto ferentur, etiam ſi
prætoris decretum, de dandis eis non fit interpoſitum. Id namque quod à tutoribus ſive curatoribus bona fide erogatur potius juſtitia quàm aliena auctoritate
firmatur. *l. 3. C. de adm. tut.* Item ſumptus litis tutor reputabit, & viatica,
ſi ex officio neceſſe habuit aliquò excurrere, vel proficiſci. *l. 1. §. 9. ff. de tut.
& rat. diſtr. l. 1. §. 4. ff. de contr. tut. & ut. act.*

*e* Quid ergo ſi plus in eum impendit, quàm ſit in facultatibus ? videamus, an poſſit hoc conſequi ? & Labeo ſcribit, poſſe. Sic tamen accipiendum
eſt, ſi expedit pupillo ita tutelam adminiſtrari : ceterum ſi non expedit, dicendum eſt, abſolvi pupillum oportere. Neque enim in hoc adminiſtrantur
tutelæ, ut mergantur pupilli. Judex igitur qui contrario judicio cognoſcit,
utilitatem pupilli ſpectabit, & an tutor ex officio ſumptus fecerit. *l. 3. ff. de
contr. tut. & ut. act.* V. les deux articles ſuivans.

---

*(marginalia)*

2. *Pouvoir & au-
torité du Tuteur.*

3. *Dépenſes que le
Tuteur peut faire.*

IV.

4. Administration des affaires.

L'administration du Tuteur s'étend à tout ce qui est necessaire, ou utile au mineur. Ainsi il peut payer les dettes passives qui sont liquides, acquitter les charges, exiger les dettes actives, faire les reparations necessaires. Mais il ne peut aliener les immeubles du mineur, que pour des causes necessaires, comme pour payer des dettes si elles sont pressantes, ou onereuses; & seulement lors que les deniers, les revenus, les dettes actives, & les autres effets mobiliaires n'y peuvent suffire. Et en ce cas l'alienation se fait avec connoissance de cause, de l'avis des parens, après que le tuteur a fait voir l'état des biens par un compte sommaire, & que la vente est ordonnée en justice & en y observant les formes prescrites pour ces sortes de ventes f.

f Tutor qui tutelam gerit, quantùm ad providentiam pupillarem, domini loco haberi debet. l. 27. ff. de adm. & per. tut. Tutoribus recte solvi. l. 14. §. 1. ff. de solut. l. 46. §. ult. ff. de adm. & per. tut. Minorum possessionis venditio, per procuratorem, delato ad prætorem vel præsidem provinciæ libello, fieri non potuit: cùm ea res confici rectè aliter non possit, nisi apud acta, causis probatis quæ venditionis necessitatem inferant, decretum solemniter interponatur. l. 6. C. de præd. & al. reb. min. f. d. n. al. l. 1. §. 2. ff. de reb. cor. qui sub. tut. l. 11. eod. Imprimis hoc convenit excutere, an aliunde possit pecunia ad extenuandum æs alienum expediri. Quærere ergo debet, an pecuniam pupillus habeat vel in numerato, vel in nominibus quæ conveniri possunt, vel in fructibus conditis, vel etiam in reditum spe atque obventionum. Item requirat; num aliæ res sint præter prædia, quæ distrahi possunt, ex quorum pretio æri alieno satisfieri possit. Si igitur deprehenderit non posse aliunde exolvi, quàm ex prædiorum distractione, tunc permittet distrahi, si modo urgeat creditor, aut usurarum modus parendum æri alieno suadeat. l. 5. §. 9. ff. de reb. cor. qui. sub. tut. Requirat ergo necessarios pupilli.... jubere debet edi rationes itemque synopsin bonorum pupillarium. d. l. 5. §. 11. V. l'art. 24. & les suivans de la Sect. 2. des Rescisions.

V.

5. Etenduë & bornes du pouvoir du Tuteur.

Le Tuteur peut toûjours faire la condition du mineur plus avantageuse, accepter des donations qui ne soient pas à charge, transiger en sorte que si le mineur est creancier il conserve sa dette, & que s'il est debiteur il trouve son avantage ou par la diminution de la dette, ou par la facilité du payement. Mais le tuteur ne peut donner les biens du mineur, ni transiger en perdant quelque droit, ou en le diminuant, ni imposer de nouvelles charges comme des servitudes aux heritages, ni

intenter

intenter ou foûtenir de mauvais procés, ni déferer le ferment à un debiteur, fi ce n'eft qu'il ne fût pas poffible d'établir la dette du mineur, & qu'il ne pût y avoir que cette refource : & il ne peut enfin empirer en rien la condition du mineur qui eft fous fa charge *g*.

*g* Tutoribus conceffum eft à debitoribus pupilli pecuniam exigere, ut ipfo jure liberentur: non etiam donare, vel etiam diminuendi caufa cum iis transigere. Et ideo eum qui minus tutori folvit, à pupillo in reliquum conveniri poffe. *l. 46. §. ult. ff. de adm. & per. tut.* Tutor ad utilitatem pupilli & novare, & rem in judicium deducere poteft. *l. 22. eod.* Simili modo dici poteft nec fervitutem imponi poffe fundo pupilli vel adolefcentis, nec fervitutem remitti. *l. 3. §. 5. ff. de reb. eor. q. f. t.* Non eft ignorum tutores vel curatores adolefcentum, fi nomine pupillorum vel adultorum fcientes calumniofas inftituant actiones, eo nomine condemnari oportere. *l. 6. C. de adm. tut.* Tutor pupilli, omnibus probationibus aliis deficientibus, jusjurandum deferens audiendus eft : quandoque enim pupillo denegabitur actio. *l. 35. ff. de jurejur. v. l. 17. §. 1. & 2. eod.* V. l'art. 5. de la Sect. 2. des Conventions. Voyez cy-aprés l'article 10. v. l'art. 2. de la Sect. 2. des Novations.

## VI.

Si le Tuteur abufe de fon pouvoir, foit par dol & mauvaife foy, ou par quelque faute, il en répondra ; comme s'il manque de prendre confeil dans une affaire qui le merite, s'il fait quelque mauvaife acquifition, ou s'il intente ou foûtient un mauvais procés *h*.

6. *Du Tuteur qui abufe de fon pouvoir.*

*h* Competet adverfus tutores tutelæ actio, fi malè contraxerint: hoc eft, fi prædia comparaverint, non idonea, per fordem, aut gratiam. *l. 7. §. 2. ff. de adm. & per. tut. l. 57. eod.* Si nomine pupillorum vel adultorum fcientes calumniofas inftituant actiones, eo nomine condemnari oportere. *l. 6. C. eod.* V. l'art. 9. & l'art. 11. de la Sect. 3.

## VII.

Si le pere du Mineur avoit reglé que le Tuteur fe regiroit par le confeil de la mere du Mineur, & qu'il demeureroit déchargé de l'évenement ; il ne laiffera pas d'être tenu de ce qui fe trouvera mal geré par ce confeil même, s'il étoit imprudent. Mais fi le confeil étoit raifonnable rien ne pourra être imputé au Tuteur pour l'avoir fuivi *i*.

7. *Si le pere a voulu que le Tuteur fe reglât par le confeil de la mere.*

*i* Pater tutelam filiorum confilio matris geri mandavit, & eo nomine tutores liberavit. Non idcirco minus officium tutorum integrum erit : fed viris bonis conveniet, falubre confilium matris admittere. Tametfi neque liberatio tutoris, neque voluntas patris, aut interceffio matris, tutoris officium infringat. *l. 5. §. 8. ff. de adm. & per. tut.*

## VIII.

**8. Comment le Tuteur agit pour le Mineur.**

Le Tuteur exerce son pouvoir pour les affaires du Mineur en deux manieres, l'une en autorisant son mineur present, & l'autre en agissant comme tuteur, soit que le mineur soit present ou non. Et en l'un & l'autre cas il est responsable & de ce qu'il autorise, & de ce qu'il fait *l*.

*l* Sufficit tutoribus ad plenam defensionem, sive ipsi judicium suscipiant, sive pupillus ipsis auctoribus. *l.* 1. *§.* 2. *ff. de adm. & per. tut. v. d. l.* §. 3. & 4. Voyez l'article 9. de la Sect. 3.

## IX.

**9. Effets de l'autorité du Tuteur.**

Le pouvoir & l'autorité du Tuteur ont cet effet, que tout ce qu'il gere est consideré comme le fait propre du Mineur. Et soit qu'il s'oblige pour le mineur comme son tuteur, ou que d'autres s'obligent envers luy en cette qualité: qu'il obtienne des condamnations en justice, ou qu'il soit condamné; c'est le Mineur qui devient le creancier ou le débiteur, & les obligations & condamnations ont leur effet pour, ou contre luy *m*.

*m* Si tutor condemnavit, sive ipse condemnatus est, pupillo, & in pupillum potius actio judicati datur. *l.* 2. *ff. de adm. & per. tut. l.* 7. *ff. quando ex fac. tut.* Si in rem minoris pecunia profecta sit, quæ curatori vel tutori ejus, nomine minoris mutuo data est, meritò personalis in eumdem minorem actio danda est. *l.* 3. *C. quando. ex fact. tut.* Tutor, qui & coheres pupillo erat, cùm conveniretur fideicommissi nomine, in solidum ipse cavit. Quæsitum est, an in adultum pupillum pro parte danda sit utilis actio, respondit, dandam. *l.* 8. *ff. quando. ex fact. tut.* V. l'art. suivant.

## X.

**10. Restitution nonobstant l'autorité du Tuteur.**

L'autorité du Tuteur n'empêche pas que si le Mineur se trouve lezé en ce que le tuteur a geré même de bonne foy, soit avec le mineur, ou sans luy; il ne puisse en être relevé s'il y en a lieu *n*, selon les regles qui seront expliquées dans le titre des restitutions en entier. Car le tuteur n'a de pouvoir que pour conserver le bien du mineur, & non pour luy nuire.

*n* Tutor in re pupilli tunc domini loco habetur cùm tutelam administrat, non cùm pupillum spoliat. *l.* 7. §. 3. *ff. pro empt.* Nulla differentia est, non interveniat auctoritas tutoris, an perperam adhibeatur. *l.* 2. *ff. de auctor. & consf. tut.* Majoribus annis viginti-quinque etiam in his quæ præsentibus tutoribus vel curatoribus, in judicio vel extra judicium gesta fuerint, in integrum restitutionis auxilium superesse, si circumventi sunt, placuit. *l.* 2. *C. si tut. vel curi. interv.* V. l'art. 19. de la Sect. 2. des Rescisions.

## XI.

Si le Tuteur avoit en fon nom quelque prétention contre fon Mineur, il ne pourra l'autorifer en rien de ce qui regardera fon interêt propre. Mais en ce cas on nomme un Curateur au mineur, qu'on appelle autrement Tuteur fubrogé, pour le défendre contre fon tuteur. Et fi le mineur avoit deux ou plufieurs tuteurs, l'un d'eux défendra le mineur contre l'autre. Mais s'il s'agiffoit d'autorifer le mineur pour accepter, par exemple, une fucceffion non onereufe, dont le tuteur fe trouvât creancier, il pourroit autorifer fon mineur pour le rendre heritier, quoyque par une fuite de l'engagement à la qualité d'heritier, le mineur fe trouvât obligé envers luy *o*.

*o* In rem fuam tutorem auctorem fieri non poffe. *l. 1. ff. de auth. & conf. l. 5. eod.* Si pupillus pupilláve cum jufto tutore, tutorve cum eorum quo litem agere vult, & curator in eam rem petitur &c. *l. 3. §. 2. ff. de tutel. l. 1. C. de in lit. dand. tut. V. Nov. 72. C. 2.* Si plures tutores fint, à prætore curatorem pofci litis caufa fupervacuum eft : quia altero auctore cum altero agi poteft. *l. 24. ff. de teft. tut.* Quamquam regula fit juris civilis, in rem fuam auctorem tutorem fieri non poffe, tamen poteft tutor proprii fui debitoris hereditatem adeunti pupillo auctoritatem accommodare, quamvis per hoc debitor efficiatur. Prima enim ratio auctoritatis ea eft, ut heres fiat. Per confequentias contigit ut debitum fubeat. *l. 1. ff. de auct. & conf. tut. l. 7. eod.*

## XII.

Le Tuteur ne peut accepter un tranfport contre fon mineur, & s'il le fait il perdra la dette cedée *p*; fi ce n'eft que les circonftances le juftifient, comme fi le tuteur paye de fes deniers, pour faire ceffer, ou pour prevenir une faifie des biens du mineur *q*.

*p* Cadat ab eis quæ ex hoc funt quæfita propter tranfgreffionem noftræ legis. *Nov. 72. C. 5.*
*q* Non fit contra fenatufconfultum, fi cujus tutor creditori patris pupilli exolvit, ut ejus loco fuccedat. *l. 12. ff. de reb. eor. qui fub tut.*

# SECTION III.

## Des engagemens des Tuteurs.

### SOMMAIRES.

## I.

CEluy qui a été nommé Tuteur & qui n'a point d'excuse, est obligé d'accepter la tutele & de l'exercer. Et il répondra non seulement de ce qu'il aura mal geré, mais aussi de ce qu'il aura manqué de gerer *a*.

*1. Tuteur obligé de gerer.*

*a* Gerere atque administrare tutelam, extra ordinem tutor cogi solet. *l.* 1. *ff. de adm. & per. tut.* Ex quo scit se tutorem datum, si cesset tutor, suo periculo cessat. *d. l.* §. 1. In omnibus quæ fecit tutor cùm facere non deberet, item in his quæ non fecit, rationem reddet hoc judicio. *l.* 1. *ff. de tutela & rat.* Tam de administratis, quàm de neglectis. *l.* 6. *C. de test. tut.* Ex quo innotuit tutori se tutorem esse, scire debet periculum tutelæ ad eum pertinere. *l.* 5. §. *ult. ff. de adm. & per. tut.* V. cy-après l'art. 9.

## II.

Le premier engagement du Tuteur est de prendre soin de la personne de son mineur, de pourvoir à son éducation, & à sa conduite, & d'y employer les dépenses necessaires & honêtes, selon que le demandent la condition & les biens du mineur *b*.

*2. Premier engagement du Tuteur, éducation du Mineur.*

*b* Cùm tutor non rebus dumtaxat, sed etiam moribus pupilli preponatur, imprimis mercedes præceptoribus, non quas minimas poterit, sed pro facultate patrimonii, pro dignitate natalium constituet. *l.* 12. §. 3. *ff. de adm. & per. tut.* V. l'art. 5. & les suivans.

## III.

Les meres des Mineurs ont leur éducation, quoy qu'elles ne soient pas tutrices, si ce n'est qu'il y eût de justes causes de les en priver, ce qui sera reglé par le Juge, de l'avis des parens *c*.

*3. La mere du Mineur a son éducation, s'il n'est autrement reglé.*

*c* Educatio pupillorum tuorum nulli magis quàm matri eorum, si non vitricum eis induxerit, committenda est. Quando autem inter eam & cognatos & tutores super hoc orta fuerit dubitatio, aditus præses provinciæ, inspecta personarum qualitate & conjunctione, perpendet ubi puer educari debeat. *l.* 1. *C. ubi pup. educ. deb. Nov.* 22. *c.* 38.
On n'a pas mis dans cette regle, que la mere ayant convolé en secondes-nôces, elle est privée de l'éducation de ses enfans d'un autre lit, comme il semble que le veut la loy citée sur cet article. Car encore que cette consideration doive quelquefois avoir cet effet, nôtre usage ne prive pas la mere de l'éducation de ses enfans par le simple effet du convol. V. l'article suivant.

C iij

### I V.

Si la mere du Mineur a convolé en secondes nôces, l'éducation pourra luy être ôtée, ou laissée avec son second mary, selon les circonstances *d*.

*d* C'est une suite de l'article precedent & de l'art. 4. de la Section 7. où il est dit que le beau-pere peut être Tuteur.

### V.

L'éducation du Mineur comprend ses alimens & son vêtement, le logement, les medicamens, les recompenses des Precepteurs, l'entretien aux études & aux autres exercices : & generalement toutes les dépenses necessaires & honêtes selon la qualité, & les biens du mineur *e*.

*e* Officio judicis, qui tutelæ cognoscit, congruit reputationes tutoris non improbas admittere. Ut putà, si dicat, impendisse in alimenta pupilli, vel disciplinas. *l. 2. ff. ubi pup. educ.* Mercedes præceptoribus. *l. 12. §. 3. ff. de adm. & per. tut.* Vestem & tectum. *l. 3. §. 2. ff. ubi pup. educ. v. l. ult. C. de aliment. pup. præst.*

### V I.

Les dépenses pour l'éducation doivent être reglées de sorte que rien d'honête & de necessaire ne manque au mineur, selon sa condition & ses revenus : & qu'aussi tous les revenus n'y soient pas consommez *f*. Et pour les mineurs même qui ont de plus grands biens, on doit moderer les dépenses de l'éducation *g*. Que si les biens du mineur s'augmentent, ou se diminuent, les dépenses de l'éducation pourront être augmentées ou diminuées à proportion, s'il est necessaire *h*.

*f* Modus autem, si quidem prætor arbitratus est, is servari debet, quem prætor statuit. Si verò prætor non est aditus, pro modo facultatium pupilli debet arbitrio judicis æstimari. *l. 2. §. 1. ff. ubi pup. educ.* Modum autem patrimonii spectare debet ( prætor ) cùm alimenta decernit. Et debet statuere tam moderatè, ut non universum reditum patrimonii in alimenta decernat, sed semper sic, ut aliquid ex reditu supersit. *l. 3. §. 1. eod.* Nov. 72. c. 7.

*g* In amplis tamen patrimoniis positis, non cumulus patrimonii, sed quod, exhibitioni frugaliter sufficit, modum alimentis dabit. *d. l. 3. §. 3.*

*h* Si forte post decreta alimenta ad egestatem fuerit pupillus perductus, diminui debent quæ decreta sunt : quemadmodum solent augeri, si quid patrimonio accessit. *d. l. 3. §. ult.*

### V I I.

Si le pere du Mineur a reglé ce qui regarde son éducation, soit pour le lieu où il doit être élevé, ou

pour la maniere, ou pour les dépenses, il faut s'en tenir
à sa disposition, à moins que de justes causes n'obligent à
regler ces choses d'une autre maniere. Ainsi, par exemple, si le pere se croyant plus riche qu'il n'étoit en effet,
avoit reglé un éducation d'une trop grande dépense,
on pourroit la moderer: comme on pourroit au contraire
l'augmenter, si ce qu'il avoit reglé ne suffisoit pas, selon
la condition & les biens du mineur. Ainsi on pourroit
commettre l'éducation à d'autres personnes qu'à celles
que le pere avoit nommées, s'il se trouvoit que la conduite de ces personnes mît en peril ou la vie, ou les
mœurs du mineur. Et si un pere avoit donné l'éducation
de son fils à la personne qu'il luy auroit substituée, il seroit de la prudence du Juge & des parens du mineur, de
prévenir & le peril & le soupçon même, s'ils jugeoient
qu'il y en eût lieu. Ainsi dans les autres difficultez semblables il est de la même prudence de suivre, ou ne pas
suivre les dispositions du pere, selon que la consideration
des avantages du mineur peut y obliger *i*.

*i* Si pater statuit alimenta liberis, quos heredes scripserit, ea præstando tutor reputare poterit: nisi forte ultra vires facultatium statuerit: tunc enim imputabitur ei, cur non adito prætore desideravit alimenta minui. *l. 2. §. ult. ff. ubi
pup. educ.* Solet prætor frequentissimè adiri, ut constituat, ubi filii vel alantur
vel morentur, non tantùm in postumis verùm omnino in pueris. *l. 1. ff. eod.* Si
disceptetur ubi morari, vel ubi educari pupillum oporteat, causa cognita id
præsidem statuere oportebit. In causæ cognitione evitandi sunt qui pudicitiæ impuberis possunt insidiari. *l. 5. eod.* Et solet ex persona, ex conditione, & ex
tempore statuere ubi potius alendus sit. Et nonnumquam à voluntate patris re-
cedit prætor. Denique cùm quidam testamento suo cavisset, ut filius apud sub-
stitutum educaretur, Imperator Severus rescripsit, prætorem æstimare debere,
præsentibus cæteris propinquis liberorum. Id enim agere prætorem oportet,
ut sine ulla maligna suspicione alatur, & educetur. *l. 1. §. 1. eod.* V. l'art. 18.

## VIII.

Si le Mineur se trouve sans biens, ou n'en a pas assez
pour son entretien, le tuteur n'est pas obligé d'y fournir du sien. Car cette charge ne consiste qu'à prendre le
soin que demande l'administration *l*.

*l* Si egeni sunt pupilli, de suo eos alere tutor non compellitur. *l. 3. §. ult. ff.
ubi. pup. educ.*

## IX.

Le second engagement du Tuteur regarde l'administration des biens du Mineur. Et cet engagement l'oblige

8. Mineur sans
biens.

9. Second enga-
gement du Tuteur,
administration des
biens.

de prendre le même soin des biens & des affaires de son mineur qu'un bon pere de famille prend des siennes. Ainsi le tuteur répondra du dol & des fautes contraires à ce soin, mais non des mauvais évenemens de ce qui aura été bien geré, ny des cas fortuits *m*.

*m* A tutoribus & curatoribus pupillorum eadem diligentia exigenda est circa administrationem rerum pupillarium, quam paterfamilias rebus suis ex bona fide præbere debet. *l.* 33. *ff. de adm. & per. tut.* Generaliter quotiescumque non fit nomine pupilli, quod quivis paterfamilias idoneus facit, non videtur defendi. *l.* 10. *eqd.* Præstando dolum, culpam, & quantam in suis rebus diligentiam. *l.* 1. *ff. de tutelæ & rat.* Quidquid tutoris dolo, vel lata culpa, aut levi, seu curatoris minores amiserint, vel cùm possent non acquisierint, hoc in tutelæ seu negotiorum gestorum utile judicium venire non est incerti juris. *l.* 7. *C. arb. tut.* Sufficit tutori bene & diligenter negotia gessisse, etsi eventum adversum habuit quod gestum est. *l.* 3. *§.* 7. *ff. de contr. tut. & ut. act.* Tutoribus vel Curatoribus fortuitos casus, adversus quos caveri non potuit, imputari non oportere, sæpe rescriptum est. *l.* 4. *C. de per. tut.* V. l'art. 34.

## X.

*10. Inventaire des biens du Mineur.*

Le premier devoir du Tuteur, pour l'administration des biens du Mineur, est d'en faire un inventaire par l'autorité de la justice avant que de s'immiscer dans l'exercice de la tutele, afin qu'il sçache dequoy il est chargé, & qu'il en rende compte quand la tutele sera finie. Que si avant l'inventaire il arrivoit quelque affaire qui ne reçût point de retardement, le tuteur y pourvoira selon le besoin *n*.

*n* Tutores vel curatores, mox quàm fuerint ordinati, sub præsentia publicarum personarum, inventarium rerum omnium & instrumentorum solenniter facere curabunt. *l.* 24. *C. de adm. tut.* Nihil itaque gerere, ante inventarium factum, eum oportet: nisi id, quod dilationem nec modicam expectare possit. *l.* 7. *ff. de adm. & per. tut. l. ult. §.* 1. *C. arbitr. tut.*

## X I.

*11. Les papiers & effets mis entre les mains du Tuteur.*

L'inventaire des biens étant fait, tous les titres & papiers sont remis au Tuteur, afin qu'il prenne le soin des affaires, qu'il exige les dettes, qu'il fasse les diligences qui seront à faire en justice pour les procés, & qu'il veille à tout ce que l'interêt du mineur pourra demander *o*. Mais pour les procés, il ne doit ni en faire pour

*o* Inventario publicè facto secundum morem solitum res rei tradantur. *l. ult. §.* 1. *C. arb. tut.* Nomina paternorum debitorum, si idonea fuerint initio susceptæ tutelæ, & per latam culpam tutoris minus idonea tempore tutelæ esse coeperant: judex qui super ea re datus fuerit, despiciet: Et si palam dolo tutoris, vel manifesta negligentia cessatum est, tutelæ judicio damnum quod ex cessatione accidisset, pupillo præstandum esse, statuere curabit. *l.* 2. *C. arbitr. tut. l.* 57. *ff. de adm. & per. tut.* V. l'article 9.

le mineur, ni soûtenir ceux qu'on pourroit luy faire, sans l'avis des personnes de qui il doit prendre le conseil. Et il doit aussi regler par ce même conseil les poursuites contre les debiteurs du mineur, pour n'en pas faire d'inutiles contre des debiteurs qui seroient insolvables. Et enfin dans toutes les choses douteuses, c'est par ce conseil qu'il doit se conduire.

## XII.

Tous les immeubles du mineur sont aussi mis en la puissance & en la possession du tuteur, pour en prendre soin, & pour en recuëillir les fruits, & autres revenus *p*.

*12. Tuteur en possession de tous les biens.*

*p* Tutores possessorum loco habentur. *l. 15. §. 5. ff. qui satisf. cog.*
*Par nôtre usage les heritages des mineurs sont baillez à ferme, aprés des publications & de l'avis des parens : & le tuteur n'en joüit qu'en cas qu'il ne se trouve point de Fermier, & aux conditions que les parens reglent avec luy.*

## XIII.

Comme les meubles peuvent perir ou se perdre, & que d'ailleurs ils ne produisent aucun revenu, les tuteurs doivent les faire vendre sans retardement, pour en employer les deniers en fonds ou en rente. Que s'il arrivoit quelque cause de retardement, comme on ne devroit pas alors imputer au tuteur de n'avoir pas fait une diligence précipitée, on ne devroit pas aussi l'excuser s'il y avoit de sa part quelque negligence *q*.

*13. Le Tuteur doit vendre les meubles du Mineur.*

*q* Si tutor cessaverit in distractione earum rerum quæ tempore depereunt, suum periculum facit. Debuit enim confestim officio suo fungi. Quid si contutores expectabat vel differentes, vel etiam volentes se excusare, an ei ignoscatur ? Et non facilè ignoscetur : debuit enim partibus suis fungi, *non quidem præcipiti festinatione, sed nec moratoria cunctatione. l. 7. §. 1. ff. de adm. & per. tut. l. ult. §. ult. C. eod.* Animalia supervacua. *l. 22. in fine. C. eod. l. ult. C. quando. decr. op. n. e.* Si res pupillares quas in horreo conditas habere, aut etiam vendere debuisti, in hospitio tuo ut asseveras vi ignis absumptæ sunt : culpam seu segnitiem tuam non ad tuum damnum, sed ad pupilli tui spectare dispendium, minus probabili ratione deposcis. *l. 3. C. de peric. tut.* Ut ex mobilibus prædia idonea comparentur. *l. 24. C. de adm. tut.*
*Par l'ancien droit Romain le Tuteur n'étoit pas seulement obligé de faire vendre les meubles, mais même les maisons à cause du peril des incendies ; domus, vel aliæ res periculo subjectæ. l. 5. §. 9. ff. de adm. & per. tut. l. 22. C. de adm. tut. L'Empereur Constantin défendit de vendre aucun immeuble ny même les meubles qu'avec connoissance de cause & ordonnance du Iuge, à la reserve des habits, & des animaux dont l'usage n'étoit pas necessaire au mineur, qu'il permit de vendre sans ordonnance du Iuge. d. l. 22. Par l'Ordonnance d'Orleans art.*

102. *les tuteurs font tenus, auffi-tôt aprés l'inventaire, de faire vendre par autorité de juftice, les meubles periffables, & d'employer les deniers en vente ou heritages de l'avis des parens & amis. V. l'article 15.*

## XIV.

**14. Tuteur ne peut acheter les biens du Mineur.**

Le Tuteur ne peut fe rendre acheteur des biens de fon Mineur, ni en fon nom, ni par perfonnes interpo-fées. Car outre qu'il ne peut être vendeur & acheteur de la même chofe, il pourroit aifément frauder, & avoir à vil prix ce qu'il feroit vendre *.

*Idem ipfe tutor & emptoris & venditoris officio fungi non poteft. l. 5. §. 2. ff. de auct. & conf. tut. Sed fi per interpofitam perfonam rem pupilli emerit, in ea caufa eft, ut emptio nullius momenti fit. d. l. §. 3. l. 9. ff. de reb. eor. q. f. t.

## XV.

**15. Exception à la regle de la vente des meubles.**

Si parmi les chofes mobiliaires il y en a dont l'ufage foit neceffaire pour le bien du mineur, comme des beftiaux dans une ferme, des cuves pour les vendanges, & autres femblables; ces fortes de meubles feront confervez f.

f Animalia quoque fupervacua, quamvis minorum, quin veneant non ve-tamus. l. 22. in fine C. de adm. tut. V. l'article 17.

## XVI.

**16. Autre exception.**

Si la tutele ne doit durer que peu de temps, le mineur fe trouvant proche de la majorité, & qu'il foit ju-gé plus utile de garder les meubles qui pourront luy être neceffaires quand il fera devenu majeur, & qu'il faudroit même qu'il achetât; le tuteur pourra être dé-chargé de les faire vendre t.

t Comme les meubles des Mineurs ne doivent être vendus que pour en prevenir le deperiffement, & employer les deniers, & que ces motifs ceffent dans le cas de cet article, la difpofition de la loy qui ordonne la vente des meubles doit y ceffer auffi.

## XVII.

**17. Autre exception.**

Si par d'autres raifons il eft neceffaire ou utile au mineur de conferver quelques meubles, comme des pierreries, des tableaux, & d'autres meubles précieux d'une maifon illuftre, ou des atelages, & autres chofes neceffaires pour la perfonne, ou les biens du Mineur, il fera pourvû dans ces cas & autres femblables, à referver ces fortes de chofes felon que la qualité des Mineurs,

l'usage de ces meubles , & les autres circonstances le de-
manderont *.

*u* Gemmas, cæteraque mobilia pretiosa. *l. 22. C. de adm. tut. Cette loy défendoit en general la vente des meubles des Mineurs à la reserve de ce qu'il seroit jugé necessaire de vendre avec connoissance de cause & decret de Iuge , ce
qui étoit contraire à l'ancien droit & à nôtre usage.* V. cy-devant l'article 13.
& les remarques qu'on y a faites.

## XVIII.

Si le pere du mineur avoit fait quelque disposition pour
empêcher la vente de ses meubles , le tuteur ne laissera
pas d'être obligé de les faire vendre ; si ce n'est que quelque consideration particuliere oblige à les garder. Ce
qui sera reglé par le Juge de l'avis des parens *x*.

*x* Usque adeo autem licet tutoribus patris præceptum negligere , ut si pater caveret , nequid rei suæ distrahatur , vel ne vestis , vel ne domus , vel ne
aliæ res periculo subjectæ , liceat eis contemnere hanc patris voluntatem. *l. 5.
§. 9. ff. de adm. & per. tut.* V. les articles precedens. V. l'art. 7. sur la volonté du pere.

## XIX.

Si dans les biens du Mineur il se trouve des dettes actives qu'il soit plus utile de vendre que de discuter , à
cause du danger de faire des frais inutiles , comme par
exemple , si dans la succession d'un Marchand en détail,
il y a un grand nombre de petites dettes qu'il soit ou
impossible ou trop difficile d'éxiger , à cause de leur multitude , de leur modicité & des difficultez de la discussion ; ces sortes de dettes pourront être venduës en gardant les formes , & reservant celles dont il seroit plus
avantageux de charger le tuteur *y*.

*y* Ces sortes de dettes étant autant ou plus perissables que les meubles , il y a
la même raison de les vendre.

## XX.

Tous les deniers qui proviendront de la vente des
meubles , & des autres effets , & ceux qui se trouveront
dans les biens du mineur , seront employez par le tuteur
à acquitter les dettes passives , s'il y en a , & les autres
charges. Et du surplus qui pourra rester il sera fait un
employ en fonds , ou en rentes *z*. Et il faut mettre au

*z* Ex mobilibus prædia idonea comparentur, *l. 24. C. de adm. tut.*

*Marginal notes:*

18. *Utilité du Mineur preferée à la disposition de son pere.*

19. *Vente des dettes mobiliaires.*

20. *Employ des deniers.*

nombre des dettes que le tuteur doit acquitter, ce que le mineur pourroit luy devoir *a*.

*a* Sicut autem solvere tutor quod debet, ita & exigere quod sibi debetur potest, si creditor fuit patris pupilli. Nam & sibi solvere potest. *l. 9. §. 5. ff. eod. l. 8. C. qui dare tut.*

*Par l'Ordonnance d'Orleans art.* 102. *les Tuteurs & Carateurs sont tenus d'employer les deniers en rente ou heritages, par l'avis des parens & amis, à peine de payer en leurs propres noms les profits des deniers. Cette Ordonnance ayant reglé l'employ en fonds ou en rentes, elle a exclus l'employ en interests usuraires par un prêt, comme étant illicites.*

### XXI.

21. *Du Tuteur creancier qui compose avec les autres.*

Si la succession du pere du mineur est chargée de dettes, & que le tuteur étant du nombre des creanciers compose avec les autres à quelque remise, pour empêcher que le mineur ne renonce à la succession, il sera obligé à faire de sa part la même remise *b*. Si ce n'est que par des considerations particulieres le conseil du mineur le regle autrement.

*b* Cum hereditas patris ære alieno gravaretur, & res in eo statu videretur, ut pupilla ab hereditate paterna abstineretur: unus ex tutoribus cùm plerisque creditoribus ita decidit, ut certa crediti portione contenti essent, acciperentque . . . . respondi, eum tutorem qui cæteros creditores ad portionem vocaret, eadem parte contentum esse debere. *l. 59. ff. de adm. & per. tut.*

*Si les parens du Mineur trouvoient à propos de distinguer la condition du Tuteur de celle des autres creanciers, par la consideration de ses soins & de l'avantage qu'il procureroit au mineur en obtenant des autres une remise qu'il n'auroit peut-être pas luy-même le moyen de faire, il pourroit être juste que le Tuteur ne fût pas obligé à la même composition.*

### XXII.

22. *Interêts des deniers faute de les employer.*

Les deniers qui proviendront du rachat des rentes & des autres dettes actives du mineur, & ceux qu'il aura d'ailleurs par succession ou autrement, seront employez, comme ceux de la vente des meubles, en fonds, ou en rentes. Et si le tuteur ne fait ses diligences pour cet employ, ou qu'il tourne à son propre usage les deniers du mineur, il sera tenu des interêts des sommes qu'il aura manqué d'employer *c*.

*c* Si post depositionem pecuniæ comparare prædia tutores neglexerunt, incipient in usuras conveniri, quamquam enim à prætore cogi eos oportet ad comparandum, tamen si cessent, etiam usuris plectendi sunt, tarditatis gratia : nisi per eos factum non est quo minus comparent. *l. 7. §. 3. ff. de adm. & per. tut.* Pecuniæ quam in usus suos converterunt tutores, legitimas usuras præstant. *d. l. §. 4. l. 1. C. de usur. pup.*

*C'étoit l'usage dans le droit Romain, que le Tuteur étoit obligé de deposer les*

*deniers provenus des épargnes pour en faire l'employ. Par nôtre usage les de-*
*niers demeurent en la puissance du Tuteur , & il doit prendre ses précautions pour*
*en faire un employ utile.*

## XXIII.

L'interêt des deniers du mineur ne commence pas de
courir contre le tuteur du moment qu'il les a reçûs. Mais
on luy donne un temps pour en faire l'employ , soit que
ce soient des deniers qui se trouvent en nature lors de
l'inventaire, où de ceux qui viennent de la vente des
meubles, ou d'autres causes, ou même des épargnes des
revenus dont il sera parlé dans l'article suivant *d*.

*d* Usuræ à tutoribus non statim exiguntur , sed interjecto tempore ad exigendum, & collocandum duûm mensium idque in judicio tutelæ servari solet. Quod
spatium, seu laxamentum temporis tribui non oportet his qui nummos impube-
rum vel adolescentium in suos usus converterunt. *l. 7 §. 11. ff. de adm. & per. tut.*
*Par nôtre usage le délay pour l'employ des sommes principales que le Tuteur*
*peut recevoir , comme des rachats de rentes & autres , dépend des circonstances ,*
*selon la qualité des sommes & les difficultez de l'employ, surquoy le Tuteur doit*
*prendre ses précautions de l'avis des parens. Et pour les sommes qui viennent des*
*épargnes , on regle un temps pour les accumuler & en faire un fonds , comme de*
*trois en trois ans , & un délay de six mois pour la collocation en fonds ou en ren-*
*tes. Et si le Tuteur n'a pas fait l'employ , il est obligé de compter en son nom des in-*
*terêts de ces deniers après ces délais, étant présumé qu'il les a tournez à son*
*profit. Surquoy il doit prendre de même ses précautions. V. les articles suivans.*

## XXIV.

Si les revenus du mineur excedent les dépenses , le
tuteur est obligé d'accumuler ce qui reste de bon chaque année, pour en faire un capital, & l'employer en
fonds ou en rentes , lors qu'il y aura une somme qui sera
jugée suffisante pour faire cet employ. Et s'il ne l'a fait
il payera les interêts du fonds restant de ces revenus ,
suivant la regle expliquée dans l'article precedent *e*.

*e* Ita autem depositioni pecuniarum locus est , si ea summa corradi , id est ,
colligi possit , ut comparari ager possit. Si enim tam exiguam esse tutelam facile probatur , ut ex numero refecto prædium puero comparari non possit , de-
positio cessat. Quæ ergo tutelæ quantitas depositionem inducat , videamus , &
cùm causa depositionis exprimatur , ut prædia pupillis comparentur , manifestum est ut ad minimas summas non videatur pertinere : quibus modus præfi-
niri generaliter non potest , cùm facilius causa cognita , per singulos possit
examinari. *l. 5. ff de adm. & per tut.* V. l'article precedent , & la remarque
qu'on y a faite , & l'article suivant.
*Si le Tuteur se trouve debiteur en son nom envers son mineur , il sera tenu de*
*comprendre dans le fonds qui proviendra des revenus , les interêts de ce qu'il de-*
*vra luy-même. Car il a dû en faire le payement, & il en est de même à son*
*égard que s'il les avoit reçûs d'un autre debiteur. A semetipso exigere eum*
*oportuit. l. 38. ff. de neg. gest.*

*23. Delay pour l'employ des deniers.*

*24. Employ des épargnes.*

## XXV.

Les rentes & les autres revenus qui proviendront des fonds que les épargnes auront produits, seront encore accumulez pour en faire des capitaux, & les employer en fonds ou en rentes, lors que les sommes y pourront suffire, ainsi qu'il a été dit dans l'article précedent, & selon que la durée de la tutele y donnera lieu. Car tous les deniers des revenus étant hors des mains des debiteurs, & en celles du tuteur, tiennent lieu au mineur de capitaux qu'il faut employer f.

f Si usuras exactas tutor vel curator usibus suis retinuerint, earum usuras agnoscere eos oportet. Sanè enim parvi refert, utrum sortem pupillarem, an usuras in usus suos converterint. l. 7. §. 12. ff. de adm. & per. tut. Ex duobus tutoribus pupilli altero defuncto, adhuc impubere pupillo, qui supererat, ex persona pupilli sui judice accepto consequutus est cum usuris quantum ex tutela ad tutorem defunctum pervenerat. Quæsitum est, judicio tutelæ quo experitur pubes factus, utrum ejus tantùm portionis quæ ab initio ex tutelæ ratione pervenerat ad defunctum contutorem usuræ veniant : an etiam ejus summæ, quæ ex usuris pupillo aucta, post mortem ejus ad superstitem æquè cum sorte translata sit, aut transferri debuit. Respondit, si eam pecuniam in se vertisset, omnium pecuniarum usuras præstandas, quod si pecunia mansisset in rationibus pupilli, præstandum quod bona fide percepisset, aut percipere potuisset, si fænori dare cùm potuisset, neglexisset. Cùm id quod ab alio debitoris nomine usurarum cum sorte datur ei, qui accipit, totum sortis vice fungitur, vel fungi debet. l. 58. §. 1. ff. de adm. & per. tut.

## XXVI.

S'il ne se trouvoit aucune occasion de faire un employ utile & licite, le tuteur sera déchargé. Mais pour cette décharge il doit prendre les sûretez necessaires, faire ses diligences, & rapporter des actes de l'avis des personnes de qui il devoit prendre le conseil, par où il paroisse que les deniers sont restez en nature, & que l'employ n'a pû être fait g. Autrement il en répondra suivant la regle expliquée dans l'article suivant.

g Si pecuniam pupillarem neque idoneis hominibus credere, neque in emptionem possessionum convertere potuisti, non ignorabit judex usuras ejus à te exigi non oportere. l. 3. C. de usur. pup. Si tutor pecuniam pupillarem credere non potuit, quod non erat cui crederet, pupillo vacabit. l. 12. §. ult. ff. de adm. & per. tut. V. l'article suivant.

## XXVII.

Si le tuteur ne fait point d'employ, & ne prend pas les précautions necessaires pour sa décharge, il sera tenu en son nom des interêts des deniers. Car en ce cas il est justement présumé qu'il les a tournez à son propre usage *h*.

*h* Si comparare prædia tutores neglexerunt, incipient in usuras conveniri. *l. 7. §. 3. ff. de adm. & per. tut.* Nisi per eos factum non est, quòminus compararent. *d. §. 3.* V. l'article précédent & l'article 22.

### XXVIII.

Si un mineur a deux ou plusieurs tuteurs, & que par leur nomination on ait marqué à chacun sa charge, ils auront leur administration distinguée: & aucun ne sera tenu de celle des autres *i*. Mais si la même administration est commise à deux ou à plusieurs, ils en seront tous tenus solidairement. Et soit qu'ils veuillent l'exercer ensemble, ou separément, ou qu'ils conviennent entre eux de la laisser à un, ou que tous negligent l'administration, ils seront tous tenus l'un pour l'autre, parce que c'est leur charge commune *l*.

*i* In divisionem administratione deducta, sive à præside, sive à testatoris voluntate, unumquemque pro sua administratione convenire potest ( adolescens ) periculum invicem tutoribus seu curatoribus non sustinentibus. *l. 2. §. 1. C. de divid. tut.*

*l* Si divisio administrationis inter tutores sive curatores in eodem loco seu provincia constitutos facta necdum fuerit : licentiam habet adolescens & unum eorum eligere, & totum debitum exigere. *d. l. 2. l. 1. §. 11. & 12. ff. de tut. & rat. & distr.* Sin verò ipsi inter se res administrationis diviserunt, non prohibetur adolescens unum ex his in solidum convenire. *d. l. 2. in fine.* Si quidam ex his ( qui non administraverint ) idonei non sint, onerabuntur sine dubio ceteri : nec iniquè, cùm singulorum contumacia pupillo damnum in solidum dederit. *l. 38. §. 1. ff. de adm. & per. tut.*

### XXIX.

Si deux ou plusieurs tuteurs ont été nommez pour gerer solidairement, la solidité n'empêchera pas que le mineur venant à les poursuivre pour luy rendre compte, ne soit obligé de diviser son action entre ceux qui auront geré, & de les discuter chacun pour son administration, ou leurs heritiers, avant que de poursuivre les uns pour les autres; Si ce n'est qu'il y en eût d'insolvables: & s'il y en a qui n'ayent point geré, ils ne seront recherchez qu'après la discussion de ceux qui auront geré. Que si les tuteurs avoient renoncé à ces benefices de division & de discussion, ils pourront être poursuivis d'abord solidairement. Mais soit que ces benefices ayent lieu ou

28. De l'administration de deux ou plusieurs Tuteurs.

29. Benefice de division & de discussion entre plusieurs Tuteurs.

non, ceux qui auront payé pour les autres auront les droits du mineur pour agir contre eux, & pour recouvrer ce qu'ils auront payé au de là de leur portion *m*.

*m* Licet tutorum conventione mutuum periculum minimè finiatur, tamen eum qui administravit si solvendo sit, primo loco, ejusque successores conveniendos esse non ambigitur. *l. ult. C. de divid. tut.* Si quidem omnes simul gesserunt tutelam, & omnes solvendo sunt, equissimum erit dividi actionem inter eos pro portionibus virilibus, exemplo fidejussorum. *l. 1. §. 11. ff. de tut. & rat. distr. V. l. 2. §. 2. ff. de cur. bon. dando.* Et si forte quis ex facto alterius tutoris condemnatus præstiterit, vel ex communi gestu, nec ei mandatæ sunt actiones, constitutum est à Divo Pio, & ab imperatore nostro, & Divo Patre ejus, utilem actionem tutori adversus contutorem dandam. *d. l. 1. §. 13. ff. de tut. & rat. distr. l. 2. C. de divid. tut.*

On n'explique pas dans cet article ce que signifient ces mots de division & discussion la suite le fait assez entendre. V. l'article 3. de la Sect. 1. du Titre de la Solidité entre deux, &c.

### XXX.

Si deux ou plusieurs tuteurs nommez pour une même administration, ne veulent ny gerer ensemble, & répondre les uns pour les autres, ni confier l'administration à l'un dont les autres répondent, & qu'il y en ait un qui offre de donner caution pour gerer seul, les autres ne donnant pas la même sûreté, il sera preferé & gerera seul *n*. Que si tous offrent de donner caution, le plus capable & le plus solvable & par soy-même, & par sa caution sera preferé. Car il vaut mieux que la tutele ne soit administrée que par un seul, & les autres seront déchargez de répondre de son administration *o*. Mais si aucun ne donne caution, & qu'ils ne conviennent pas ou de gerer tous ensemble, ou que l'un seul gere pour les autres, l'administration sera divisée : & en ce cas chacun ne sera responsable que de la sienne. Ou si on en choisit un seul pour gerer, les autres ne voulant pas répondre pour luy, ils seront déchargez *p*.

*n* Cùm quis offert satisdationem ut solus administret, audiendus est. *l. 17. ff. de test. tut. §. 1. inst. de satisdat. tut. l. 4. in fine. C. de tut. vel cur. qui sat. n. d.*

*o* Quod si plures satisdare parati sint, tunc idonior præferendus erit : ut & tutorum persona inter se, & fidejussorum comparentur. *l. 18. ff. de test. tut.* Apparet igitur prætori curæ fuisse ne tutela per plures administretur. *l. 3. §. 6. ff. de adm. & per. tut.* Sanè enim facilius unus tutor & actiones exercet, & excipit. *d. l.*

*p* Si non erit à testatore electus tutor, aut gerere nolet, tum is gerat, cui major pars tutorum tutelam decreverit. Prætor igitur jubebit eos convocari; aut si non coibunt, aut coacti non decernent, causa cognita, ipse statuet quis tutelam geret. Planè si non consentiant tutores prætori, sed velint omnes

gerere,

gerere, quia fidem non habeant electo, nec patiuntur succedanei esse alieni periculi, dicendum est prætorem permittere eis omnibus gerere, item si dividi inter se tutelam velint tutores audiendi sunt, ut distribuatur inter eos administratio, vel in partes, vel in regiones : & si ita fuerit divisa, unusquisque exceptione summovebitur pro ea parte vel regione, quam non administrat. *l. 3.* §. 6. 7. 8. 9. & *l. 4. ff. de adm. & per. tut. l. 55. eod.* §. 1. *Inst. de satisdationibus tut.* V. l'art. 9. de la Section première.

### XXXI.

31. Tuteurs honoraires.

Quoyque les Tuteurs honoraires ne soient pas tenus d'exercer l'administration de la tutele comme les tuteurs oneraires ; si neanmoins par la nomination d'un tuteur honoraire on luy avoit prescrit quelques fonctions & qu'il y eût manqué, ou que par une connivence ou negligence inexcusable, il eût dissimulé la mauvaise conduite du tuteur oneraire, il pourroit en être tenu selon les circonstances *q.*

*q* Honorarium tutorem periculum solere pati, si malè passus sit administrari tutelam. *l. 60.* §. 2. *ff. de rit. nupt.* Ceteri igitur tutores non administrabunt, sed erunt hi quos vulgo honorarios appellamus : nec quisquam putet ad hos periculum nullum redundare. Constat enim hos quoque excussis prius facultatibus ejus qui gesserit, conveniri oportere. Dati sunt enim quasi observatores actus ejus, & custodes. Imputabiturque eis quandoque cur, si malè eum conversari videbant, suspectum (eum) non fecerunt. Assiduè igitur & rationem ab eo exigere oportet : & sollicitè curare qualiter conversetur, &c. *l. 3.* §. 1. *ff. de adm. & per. tut.* V. l'art. 6. de la Sect. 1.

*On n'a pas conçû cette regle dans la rigueur qu'elle avoit par le Droit Romain; & on l'a mise en termes qui s'accommodent avec nôtre usage.*

### XXXII.

32. Tuteur doit rendre compte aprés la tutele finie.

Le dernier engagement du tuteur est de rendre compte de son administration, de répondre de ce qu'il aura ou mal geré, ou manqué de faire : d'acquiter les sommes dont il se trouvera reliquataire avec les interêts du jour de l'arrêté de compte : & de rendre les fruits dont il aura joüy *r.* Et l'engagement de rendre compte est si indif-

*r* Tutorem quondam ut tam rationem, quàm si quid reliquorum nomine debet, reddat, apud prætorem convenire potes. *l. 9. C. arbitr. tut.* In omnibus quæ fecit tutor cùm facere non deberet, item in his quæ non fecit rationem reddet hoc judicio. *l. 1. ff. de tutela & rat. distr. d. l.* §. 3. Sciendum est tutorem post officium finitum usuras debere in diem quo tutelam restituit. *l. 7.* §. ult. *ff. de adm. & per. tut.* Circa tutelæ restitutionem, pro favore pupillorum latior interpretatio facta est. Nemo enim ambigit hodie, sive judex accipiatur, in diem sententiæ, sive sine judice tutela restituatur, in eum diem quo restituerit usuras præstari. *l. 1.* §. ult. *ff. de usur.* Si posteaquàm pupillus ad pubertatem pervenerit, tutor in restituenda tutela aliquamdiu moram fecerit, certum est fructuum nomine & usurarum medii temporis, tam fidejussores ejus quàm ipsum teneri. *l. 10. ff. rem pup. salv. forç.*

penfable, quesi le père du mineur nommant un tuteur l'avoit déchargé de rendre compte, il ne laiffera pas d'y être obligé, car autrement les malverfations d'un tuteur pourroient être impunies, ce qui blefferoit les bonnes mœurs & le droit public *ſ*.

*ſ* Quidam decedens filiis fuis dederat tutores, & adjecerat, *eofque anec-logiftos effe volo.* Et ait Julianus, tutores nifi bonam fidem in adminiftratione præftiterint, damnari debere, quamvis teftamento comprehenfum fit, ut aneclogifti effent ..... & eft vera ifta fententia. Nemo enim jus publicum remittere poteft hujufmodi cautionibus : nec mutare formam antiquitus conftitutam. *l.* 5. §. 7. *ff. de adm. & per. tut.*

*Il faut remarquer fur cet article, que par nôtre ufage, contraire à la difpofition du Droit Romain,* en la loy 4. & en la loy 5. C. de Tranf. *Le Tuteur eft tellement obligé de rendre compte, que quand même le Mineur devenu majeur auroit tranfigé avec fon Tuteur fur l'adminiftration de fa tutele, ou que par une quittance ou quelque autre acte il l'auroit acquitté directement ou indirectement, fans que le Tuteur luy eût rendu compte; tous ces Actes feroient annullez. Car on prefumeroit juftement, qu'il y auroit eu du dol du Tuteur d'ôter au Mineur la connoiffance de l'état de fes affaires, qu'il ne pouvoit prendre que par un compte. Ainfi ces fortes d'Actes feroient contre l'honêteté & les bonnes mœurs.*

## XXXIII.

Les Tuteurs ne font pas feulement tenus de rendre compte après leur charge finie ; mais ils y font encore obligez lorfque pendant leur adminiftration il arrive quelque occafion qui peut y donner lieu. Ainfi par exemple, fi des creanciers du mineur veulent faire faifir & vendre fes biens, il faut que le tuteur faffe connoître par un état fommaire de compte, s'il n'y a point de deniers pour acquiter les dettes *t*.

*t* Imprimis igitur quoties defideratur ab eo, ut remittat diftrahi, requirere debet, qui fe inftruat de fortunis pupilli .... jubere debet edi rationes : itemque fynopfim bonorum pupillarium. *l.* 5. §. 11. *ff. de reb. eor. qui fub. tut.*

## XXXIV.

Les Tuteurs doivent employer dans leurs comptes toutes les recettes qu'ils ont faites, ou dû faire : & ils peuvent mettre en reprifes ce qu'ils n'ont pû recevoir, pour en être déchargez, s'il y en a lieu ; comme s'ils ont fait les diligences neceffaires contre un debiteur qui fe trouve infolvable. Car les Tuteurs, quoy qu'obligez à une adminiftration exacte & fidele, ne doivent pas répondre des évenemens *u*.

*u* Rationem reddat. *l.* 9. *C. arb. tut.* Sufficit tutori benè & diligenter negotia geffiffe, etfi eventum adverfum habuit quod geftum eft. *l.* 3. §. 7. *ff. de contr. tut. & ut. act.* V. l'article 9.

## XXXV.

Les Tuteurs peuvent employer dans leur compte toutes les dépenses qu'une administration raisonnable obligeoit de faire *x*. Et il faut mettre en ce nombre les dépenses que le tuteur a faites de l'avis des personnes choi-
sies pour le conseiller, & celles qui ont été reglées en
justice ; si ce n'est qu'il y eût quelque dol de sa party. Que
si quelque évenement rend inutiles les dépenses qui
ont dû être faites, le tuteur ne laissera pas de les recouvrer *z*.

35. *Dépenses de la tutele.*

*x* Si Tutelæ judicio quis convenietur, reputare potest id quod in rem pupilli impendit. *l. 1. §. 4. ff. de contr. tut. & ut. act.* V. l'art. 3. de la Sect. 2.
    *y* Manet actio pupillo si postea poterit probari obreptum esse prætori. *l. 5. §.*
*15. ff. de reb. eor. qui sub. tut. Quoyque ce texte soit d'un autre sujet, il peut
s'appliquer icy.*
    *z* Sufficit tutori bene & diligenter negotia gessisse, etsi eventum adver-
sum habuit quod gestum est. *l. 3. §. 7. ff. de contr. tut. & ut. act.* V. l'art. 7. de
la Sect. 2. de ceux qui font les affaires des autres à leur insçû.

## XXXVI.

Tous les biens du Tuteur sont hypothequez depuis
sa nomination, pour tout ce qu'il pourra devoir par son
compte. *a*

36. *Hypotheque du Mineur sur les biens du Tuteur.*

*a* Pro officio administrationis tutoris vel curatoris bona, si debitores existant
tamquam pignoris titulo obligata, minores sibimet vindicare minimè prohibentur. Idem etsi tutor, vel curator quis constitutus, res minorum non administraverit. *l. 20. C. de adm. tut. l. 7. §. 5. in f. C. de cur. fur. l. un. §. 1. C. de
rei. ux. act.* V. l'art. 6. de la Sect. 5. Tutelæ periculo omnibus imminente qui
ad tutelam vocantur, & substantiis eorum minori ætate tacitè subjacentibus,
pro hujusmodi gubernatione. *Nov. 118. C. 5. in f.* V. l'art. 5. de la Sect. 2.
des Hypotheques. V. cy-aprés l'art. 6. de la Sect. 5.

## XXXVII.

Si la mere tutrice de ses enfans convole en secondes
nôces sans leur avoir fait nommer un Tuteur, rendu
compte de son administration, & acquitté ou assûré ce
qu'elle pourroit leur devoir, les biens de son second
mary seront hypothequez envers les Mineurs, pour tout
ce qui se trouvera leur être dû par le compte, tant du
passé que de l'avenir. *b*

37. *De la mere tutrice qui convole en secondes nôces.*

*b* Si mater, legitimè liberorum tutela suscepta, ad secundas...... aspiraverit
nuptias, antequàm eis tutorem alium fecerit ordinari, eisque, quod debetur ex
ratione tutelæ gestæ, persolverit : mariti quoque ejus, præteritæ tutelæ gestæ ra-
tiociniis, bona jure pignoris tenebuntur obnoxia. *l. 6. C. in quib. cauf. pign. v. h.
t. contr.* Bona ejus primitus, qui tutelam gerentis affectaverit nuptias, in obli-

gationem venire & teneri obnoxia rationibus parvulorum præcipimus : nequid incuria, nequid fraude depereat. *l. 2. C. quando mul. tut. off. fungi pot.*

*Cette regle est pleine d'équité, pour prevenir les fraudes qui pourroient fuivre du second mariage, & qui feroient paffer les biens mobiliaires des Mineurs & ceux même de la mere, aux enfans du fecond lit, ou au mari même. Et c'est à caufe de l'équité de cette regle, qu'encore qu'elle ne s'obferve pas exactement, on a crû qu'elle ne devoit pas être fupprimée.*

## SECTION IV.

*Des engagemens des cautions des Tuteurs, & de ceux qui les nomment, & de leurs heritiers.*

### SOMMAIRES.

1. Cautions des Tuteurs à quoy obligez.
2. Le Tuteur doit être difcuté avant que venir à fa caution.
3. De ceux qui atteftent le Tuteur folvable.
4. Des nominateurs.
5. Engagemens des heritiers des Tuteurs.

6. Devoir des heritiers du Tuteur pour les affaires qu'il avoit commencées.
7. Des affaires furvenuës après la mort du Tuteur.
8. Si l'heritier s'ingere à l'adminiftration de la tutele.
9. Le Fidejuffeur du Tuteur eft difcuté avant le cotuteur.

### I.

*1. Cautions des Tuteurs à quoy obligez.*

CEux qui fe rendent cautions des Tuteurs font tenus de tout ce que les tuteurs pourront devoir à caufe de leur adminiftration *a*. Mais fi après la tutele finie le tuteur s'eft ingeré à quelque nouvelle affaire du mineur, qui ne fût pas une fuite neceffaire de la tutele, celuy qui s'étoit rendu fa caution n'en fera pas tenu *b*.

*a* Si ftipulatio rem falvam pupillo fore interpofita eft, vel cautum eft in id quod à tutore, vel curatore fervari non poteft, manet fidejuffor obligatus ad fupplendam tibi indemnitatem. *l. 2. C. de fidejuff. tut. Tot. Tit. ff. & C. eod. Inft. de fatisdat. tut.* V. l'art. 32. de la Sect. 3. & la loy 10. *ff. rem pup. falv. fore.* qu'on y a citée.

*b* Paulus refpondit, propter ea quæ poft pubertatem, nulla neceffitate cogente, fed ex voluntate fua tutor adminiftravit, fidejufforem qui falvam rem fore cavit, non teneri. *l. 46. §. 4. ff. de adm. & per. tut.*

### II.

*2. Le Tuteur doit être difcuté avant que venir à fa caution.*

Si les cautions de Tuteurs ne fe font obligez que comme fimples Fidejuffeurs, fans renonciation au benefice de difcuffion, ils ne pourront être recherchez qu'aprés une difcuffion des biens des Tuteurs *c*, & fuivant les regles qui feront expliquées dans le Titre des Cautions & Fidejuffeurs.

*c V. Nov. 4. C. 1. Si ftipulatio rem falvam pupillo fore, interpofita eft, vel cautum eft in id quod à tutore vel curatore fervari non poteft, manet fidejuffor obligatus ad fupplendam tibi indemnitatem. l. 2. in f. C. de fidej. tut.*

*Par l'ancien Droit Romain les cautions des Tuteurs pouvoient être pourfuivis avant la difcuffion du Tuteur. l. ult. ff. rem. pup. falv. fore. l. 7. ff. de fidej. tut. l. 1. C. eod. Mais la Nouvelle. 4. C. 1. a donné aux cautions indiftinctement le benefice de difcuffion, fans en excepter les cautions des Tuteurs. Et ce benefice eft tout naturel à l'obligation du Fidejuffeur, qui eft de payer au cas que le principal obligé ne paye point. Ad fupplendam indemnitatem. d. l. 2. C. de fid. tut.*

### III.

Il faut mettre au nombre des cautions des Tuteurs ceux qui fans s'obliger expreffément comme cautions, ont certifié que le Tuteur étoit folvable : car ils en doivent répondre de même que s'ils s'étoient rendus cautions *d*.

*3. De ceux qui atteftent le Tuteur folvable.*

*d Eadem caufa videtur affirmatorum, qui fcilicet cùm idoneos effe tutores affirmaverint, fidejufforum vicem fuftinent. l. 4. inf. ff. de fidej. tut.*

### IV.

Si dans la nomination d'un Tuteur il y avoit quelque malverfation de ceux qui le nomment, comme fi on nommoit une perfonne apparamment infolvable, les nominateurs en feroient tenus. Mais avant que le Mineur puiffe agir contre les nominateurs, il doit difcuter le Tuteur, & fes cautions *e*.

*4. Des Nominateurs.*

*e Adverfus nominatorem tutoris vel curatoris minus idonei non ante perveniri poteft, quàm fi bonis nominati, itemque fidejufforum ejus, nec non collegarum, ad quorum periculum confortium adminiftrationis fpectat, excuffis, non fit indemnitati pupilli vel adulti fatisfactum. l. 4. C. de magiftr. conv.*

*On ne parle point icy de l'engagement des Magiftrats envers les Mineurs, pour ce qui regarde la nomination des Tuteurs. Car nôtre ufage eft tout different du Droit Romain qui obligeoit le Magiftrat à donner au Mineur un Tuteur folvable, & à prendre de bonnes cautions de ceux qui en devoient donner. l. 1. §. 12. l. 6. ff. de Magiftr. conv. Mais par nôtre ufage le Magiftrat ne fait que confirmer la nomination du Tuteur choifi par les parens, & prendre fon ferment. Ainfi les Juges ne font pas tenus de la folvabilité des Tuteurs à moins qu'il n'y eût quelque prevarication qui pût les y obliger.*

### V.

Les heritiers du Tuteur font tenus de répondre de toute fon adminiftration, & même des dommages cau-

*5. Engagement des heritiers des Tuteurs.*

E iij

fez par fon dol ou fa negligence , & de ce qu'il peut
avoir manqué de gerer. Et ils doivent rendre le compte
pour luy , comme il auroit dû le rendre luy-même *f*.

*f* Heredes eorum qui tutelam vel curam administraverunt , si quid ad eos ex
re pupilli vel adulti pervenerit, restituere coguntur. In eo etiam quod tutor
vel curator administrare debuit , nec administraverit , rationem reddere eos
debere non est ambigendum. *l. ult. C. de hered. tut.* Pater vester tutor vel curator datus , si se non excusavit , non ideo vos minus heredes ejus tutelæ vel
utili judicio conveniri potestis ; quod cum tutelam seu curam non administrasse dicitis : nam & cessationis ratio reddenda est. *l. 2. eod. l. 10. C. arb. tut.* Tutelæ actio tam heredibus quàm etiam contra successores competit. *l. 12. eod.*

V I.

6. Devoir des he-
ritiers du Tuteur,
pour les affaires
qu'il avoit com-
mencées.

Quoyque les heritiers des Tuteurs ne soient pas Tuteurs , si l'heritier du Tuteur decedé est un homme en
âge d'agir , & qui en soit capable , il est obligé de prendre le soin des affaires que le Tuteur avoit commencées,
jusqu'à ce qu'il y ait un autre Tuteur , ou qu'il y soit autrement pourvû , & s'il y manquoit de mauvaise foy , ou
par une negligence grossiere , il en seroit tenu *g*.

*g* Sciendum est nullam tutelam hereditario jure ad alium transire. *l. 16. §.
1. ff. de tut.* Quamvis heres tutoris tutor non est , tamen ea quæ per defunctum inchoata sunt , per heredem , si legitimæ ætatis & masculus sit , explicari
debent , in quibus dolus ejus admitti potest. *l. 1. ff. de Fidejuss. & nom. &
her. tut.* V. l'art. suivant & l'art. 3. de la Sect. 6.

V I I.

7. Des affaires
survenuës après la
mort du Tuteur.

Pour les affaires qui n'avoient pas été commencées
par le Tuteur , & qui ne sont pas venuës à la connoissance de son heritier , il n'est pas obligé d'en prendre
le soin. Mais si par une grande negligence il abandonnoit une affaire du mineur venuë à la connoissance, sans
y pourvoir luy-même , ou y faire pourvoir, il en répon-
droit *h*.

*h* Negligentia planè propria heredi non imputabitur. *l. 4. §.1. ff. de Fidejuss. tut.*
Heredes tutorum ob negligentiam quæ non latæ culpæ comparari possit condemnari non oportet. *l. 1. C. de hered. tut.*

V I I I.

8. Si l'heritier s'in-
gere à l'adminis-
tration de la tutele.

Si l'heritier du Tuteur s'ingere à continuer l'exercice
de la tutele , il sera tenu du même soin que s'il étoit
Tuteur *i*.

*i* Cùm ostendimus heredem quemque tutelæ judicio posse conveniri , videndum an etiam proprius ejus dolus, vel propria administratio veniat in judicium.

Et extat Servii sententia existimantis, si post mortem tutoris heres ejus negotia pupilli gerere perseveraverit, aut in arca tutoris pupilli pecuniam invenerit
& consumpserit, vel pecuniam quam tutor stipulatus fuerat exegerit, tutelæ
judicio eum teneri suo nomine. *l. 4. ff. de Fidejuss. & nom. & hered. tut.*

## IX.

S'il y a plusieurs Tuteurs tenus d'une même administration, & que l'un d'eux ait une caution, les autres ne
pourront être recherchez du chef de ce Tuteur, qu'a-
prés la discussion de son Fidejusseur *l.*

*l* Usque adeo autem ad contutores non venitur, si sint solvendo contutores, ut prius ad fidejussores veniatur. *l. 1. §. 15. ff. de tut. & rat. dist.*

## SECTION V.

### Des engagemens des Mineurs envers leurs Tuteurs.

## SOMMAIRES.

1. *Engagement general du Mineur envers le Tu-teur.*
2. *Le Mineur doit alloüer les dépenses raisonnables.*
3. *Homme d'affaires.*
4. *Alimens au pere, à la mere & aux freres & sœurs du Mineur.*
5. *Interèts des avances du Tuteur.*
6. *Hypotheque du Tuteur.*
7. *Cas où le Tuteur a un privilege.*

## I.

COmme les Tuteurs sont engagez à tout ce qui regarde l'administration des biens du Mineur, &
qu'ils ont le pouvoir de faire tout ce que demande le
devoir de leur charge; les Mineurs sont aussi reciproquement obligez d'approuver & ratifier aprés leur majorité, tout ce que les Tuteurs ont geré raisonnablement & de bonne foy. Et ils sont de plus obligez envers
leurs Tuteurs aux engagemens expliquez par les regles
qui suivent *a.*

*a* Quæ bona fide à tutore gesta sunt rata habentur. *l. 12. §. 1. ff. de adm. &
per. tut.* Contrariam tutelæ actionem Prætor proposuit, induxitque in usum:
ut facilius tutores ad administrationem accederent, scientes pupillum quoque
sibi obligatum fore ex sua administratione. *l. 1. ff. de contr. tut. & ut. act.*

## II.

*2. Le Mineur doit alloüer les dépenses raisonnables.*

Le Mineur devenu majeur doit alloüer à son Tuteur dans le compte de la tutele toutes les dépenses qui auront été faites pour sa personne, pour ses biens, & pour ses affaires, selon qu'il paroîtra d'une necessité, ou d'un employ utile, ou que les dépenses auront été reglées, dans les cas où le Tuteur aura dû les faire regler *b*.

*b* Si tutelæ judicio quis convenietur, reputare potest id quod in rem pupilli impendit. *l.* 1. §. 4. *ff. de contr. tut. & ut. act.* Etenim provocandi fuerant tutores, ut promptius de suo aliquid pro pupillis impendant, dum sciunt, se recepturos id quod impenderint. *d. l.* V. l'art. 3. de la Sect. 2.

## III.

*3. Homme d'affaires.*

Si la tutele demandoit que pour le soulagement du Tuteur on luy donnât le secours d'un homme d'affaires, on alloüera dans sa dépense les salaires de la personne qu'il aura employée, selon qu'ils auront été reglez pendant la tutele, ou qu'il sera arbitré quand il rendra compte, & à proportion de la qualité du mineur, & de la nature de ses biens & de ses affaires, le Tuteur demeurant responsable du fait des personnes qu'il aura employées pour le soulager. Et quoyque le Tuteur n'ait point eu en effet un homme d'affaires, on ne laissera pas de luy alloüer cette dépense, si son administration demandoit ce secours *c*.

*c* Est etiam adjutor tutelæ, quem solet prætor permittere tutoribus constituere, qui non possunt sufficere administrationi tutelæ, ita tamen ut suo periculo eum constituat. *l.* 13. §. 1. *ff. de tutelis.* Decreto prætoris, actor constitui periculo tutoris solet, quotiescumque aut diffusa negotia sunt, aut dignitas, vel ætas, aut valetudo tutoris id postulet. *l.* 24. *ff. de adm. & per. tut.* Principalibus constitutionibus declaratur, sumptuum qui bona fide in tutelam, non qui in ipsos tutores fiunt, ratio haberi solet : nisi ab eo qui eum dat, certum salarium ei constitutum est. *l.* 33. §. *ult. ff. eod.* Ergo etsi ea inquisitione propter reinotitiam fuerit datus tutor, eique alimenta statuerint contutores, debebit eorum ratio haberi, quia justa causa est præstandi. *l.* 1. §. 7. *ff. de tut. & rat. distr.*

## IV.

*4. Alimens au pere, à la mere, & aux freres & sœurs du mineur.*

Si le pere, la mere, ou les freres & sœurs d'un Mineur qui seroit en tutele, n'avoient aucuns biens, & qu'il en eût de son chef, il seroit tenu d'alloüer à son Tuteur les dépenses des alimens fournis à ces personnes *d*, selon le reglement qui en auroit été fait.

*d* Aliud est si matri forte, aut sorori pupilli tutor ea quæ ad victum necessaria

ria

ria sunt præstiterit, cùm semetipsa sustinere non possit. Nam ratum id haben-dum est. *l.* 13. §. 2. *ff. de adm. & per. tut.* Existimo, & si citra magistratuum decretum tutor sororem pupilli sui aluerit, & liberalibus artibus instituerit, cùm hæc aliter ei contingere non possent, nihil eo nomine tutelæ judicio pu-pillo, aut substitutis pupilli prestare debere. *l.* 4. *in f. ff. ubi pup. educ.* V. l'art. 4. de la Sect. 2. des Rescisions.

*Par nôtre usage les Tuteurs ne doivent faire ces sortes de dépenses qu'en les faisant regler.*

## V.

Si le Tuteur a été engagé à quelques dépenses, n'ayant aucun fonds en ses mains, ny des revenus du Mineur, ny de ses effets, de sorte qu'il ait été obligé d'emprun-ter, ou avancer du sien; les interêts des avancés luy se-ront alloüez, jusqu'à ce qu'il y ait du fonds des revenus, ou d'ailleurs pour le rembourser *e*.

*e* Consequitur autem pecuniam si quam de suo consumpsit, etiam cum usu-ris, sed vel trientibus, vel his quæ in regione observantur, vel his quibus mu-tuatus est, si necesse habuit mutuari, ut pupillo ex justa causa prorogaret. *l.* 3. §. 1. *ff. de contr. tut. & ut. act.* Usuras utrum tamdiu consequetur tutor, quamdiu tutor est; an etiam post finitam tutelam, videamus, an ex mora tantùm: & magis est ut quoad ei reddatur pecunia, consequatur. *d. l.* 3. §. 4. Si tamen fuerit in substantia pupilli, unde consequeretur, dicendum est, non oportere eum usuras à pupillo exigere. *d. l.* §. 5. V. l'art. 5. de la Sect. 2. de ceux qui font les affaires &c. *Ces interêts ne sont pas usuraires, si le Tuteur souffre quelque perte par cette avance: mais il ne doit pas la faire imprudem-ment sans avis des parens.*

## VI.

Comme le Mineur a son hypotheque sur les biens du Tuteur pour tout ce qu'il pourra luy devoir à cause de son administration, le Tuteur a aussi de sa part son hy-potheque sur les biens du Mineur pour les sommes que le Mineur pourra luy devoir par son compte *f*. Car l'en-gagement du Tuteur & celuy du Mineur étant recipro-ques, & se contractant dans le même temps, l'hypo-theque qui en est l'accessoire se contracte de même. Et si, par exemple, le Mineur devenu majeur emprunte de quelqu'un avant que son Tuteur luy ait rendu compte, & que par ce compte le Tuteur se trouve creancier, il aura son hypotheque avant cette dette.

*f* Et ut plenius dotibus subveniatur, quemadmodum in administratione pu-pillarium rerum, & in aliis multis juris articulis tacitas hypothecas inesse ac-cipimus, ita & in hujusmodi actione damus ex utraque latere hypothecam. *l.* un. §. 1. *C. de ret ux. act.* Etenim provocandi fuerant tutores, ut promptius de suo aliquid pro pupillis impendant, dum sciunt, se recepturos id quod im-penderint. *l.* 1. *ff. de contr. tut. & ut. act.* Hoc casu mutuæ sunt actiones §. 2.

*inst. de oblig. qua quasi ex contr. l. 5. §. 1. ff. de obl. & act. V. l'art. 36. de la Sect. 3. Quand cette hypotheque du Tuteur ne seroit pas fondée sur ces loix, elle est une suite naturelle de son administration, & de l'obligation reciproque qui se forme entre le Tuteur & le Mineur.*

### VII.

Outre cette hypotheque le Tuteur a aussi un privilege pour les deniers qu'il a employez au recouvrement ou à la conservation des biens & des dettes. Et il est préferé sur ces biens & sur ces dettes aux autres creanciers g.

*g V. l'art. 6. de la Sect. 3. des Curateurs, & l'art. 25. de la Sect. 5. des gages & hypotheques.*

## SECTION VI.

*Comment finit la tutele, & de la destitution des Tuteurs.*

### SOMMAIRES.

### I.

LA charge du Tuteur finit par la majorité de celuy qui étoit en tutele. Car étant devenu majeur, il peut prendre luy-même le soin de ses biens & de ses affaires. Mais le benefice d'âge n'a pas le même effet a.

*a Pupilli pupillæque cùm puberes esse cœperint, à tutela liberantur. inst. quib. mod. tut. fin. l. 1. C. quando tut. vel. cur. esse desinant. Masculi quidem puberes, & fœminæ viripotentes, usque ad vigesimum quintum annum completum curatores accipiunt. Quia licet puberes sint, adhuc tamen ejus ætatis sunt, ut sua negotia tueri non possint. inst. de curat. V. les Remarques dans le preambule de ce Titre. V. pour le benefice d'âge l'art. 22. de la Section 2. des Rescisions.*

## II.

S'il y a deux ou plusieurs Mineurs sous une seule tutele, elle finit pour chacun à sa majorité, & celuy qui est devenu majeur peut obliger le Tuteur à luy rendre compte, quoy que la tutele dure encore à l'égard des autres *b*.

*b* Tutelæ judicium ita differri non oportet, quòd fratris & coheredis impuberis idem tutelam sustineat. *l. 39. §. 17. ff. de adm. & per. tut.*

2. *De la tutele de plusieurs Mineurs.*

## III.

Quoyque la tutele finisse au moment que le Mineur est parvenu à l'âge de majorité, le Tuteur n'est pas tellement déchargé par ce changement, qu'il puisse d'abord abandonner toute sorte de soin des affaires. Mais il doit continuer son administration en celles qu'il ne pourroit negliger sans causer quelque perte ou quelque dommage. Et il doit pourvoir à tout ce qu'il y a de necessaire, & qui ne souffre point de retardement, jusqu'à ce qu'il ait rendu compte, ou qu'en attendant le compte il remette les affaires & les papiers entre les mains de son Mineur devenu majeur, afin qu'il soit en état d'y veiller luy-même *e*.

3. *Suite de l'administration aprés la majorité.*

*e* Tutores qui nec dum administrationem ad curatores transtulerunt, defensioni causarum pupillarium assistere oportere, sæpe rescriptum est. Et ideo, si ut proponis, instrumenta quibus asseri possunt causæ provocationis, etiamnum hi quorum meministi apud se detinent, aditus præses provinciæ periculi sui eos admoneri præcipiet. *l. un. C. ut causa. post pubert. adf. tut.* Quasi connexum sit hoc tutelæ officio, quamvis post pubertatem admittatur *l. 5. §. 5. in f. ff. de adm. & per. tut. d. l. §. 6. V. l. 27. ff. de appell. l. 13. ff. de tut. & rat. dist.* V. l'art. 6. de la Sect. 4.

## IV.

La tutele finit aussi par la mort du mineur *d*. Mais de forte que le Tuteur ne doit pas abandonner ce qui demande son soin, jusqu'à ce que les heritiers du Mineur soient en état de l'en décharger, suivant la regle expliquée dans l'article précedent.

4. *La tutele finit par la mort du Mineur.*

*d* Finitur tutela morte pupilli. *l. 4. ff. de tut. & rat. distr. §. 3. inst. quib. mod. tut. fin.*

## V.

Si le Tuteur meurt pendant la tutele , elle eſt finie *e* ,
non ſeulement à ſon égard , mais auſſi pour ſes heritiers.
Et ils ne ſeront tenus que ſelon les regles expliquées en
la Section 4.me.

*e* Finitur ( tutela ) morte tutoris. *l. 4. ff. de tut. & rat. diſtr.* §. 3. *inſt. quib.
mod. tut. fin.*

## VI.

*6. Et par la mort
civile du Mineur
ou du Tuteur.*

La tutele finit encore par la mort civile ou du Tuteur , ou du Mineur *f*. Car de la part du Tuteur , la
mort civile le rend incapable de cette charge : & de la
part du Mineur , elle le met hors d'état d'avoir beſoin
d'un Tuteur , n'étant plus maître de ſa perſonne , &
n'ayant plus de biens. Mais le Tuteur eſt obligé après la
mort civile de ſon mineur , de prendre ſoin des biens ,
ſuivant les regles 3. & 4. de cette Section , pour l'interêt
de ceux à qui il ſera obligé d'en rendre le compte.

*f* Sed & capitis deminutione tutoris , per quam libertas , vel civitas amittitur , omnis tutela perit. §. 4. *inſt. quib. mod. tut. fin. l.* 14. *ff. de tutel. d. l.* §.
1. & 2. Pupilli & pupillæ capitis deminutio , licet minima ſit , omnes tutelas
tollit. *d.* §. 4. *d. l.* 14.

## VII.

Si le Tuteur eſt déchargé pour quelque excuſe , ou
deſtitué pour malverſation , ſa charge eſt finie *g*.

*g* Si ſuſpectus quis fuerit remotus , deſinit eſſe tutor. *l.* 14. §. 4. *ff. de tutel.*
Deſinunt etiam tutores eſſe qui vel removentur à tutela , ob id quod ſuſpecti
viſi ſunt : vel qui ex juſta cauſa ſeſe excuſant , & onus adminiſtrandæ tutelæ
deponunt. §. *ult. inſt. quib. mod. tut. fin.*

## VIII.

*8. Cauſes de la
deſtitution d'un
Tuteur.*

Le Tuteur peut être deſtitué , ſi ſa mauvaiſe conduite
merite qu'on luy ôte l'adminiſtration ; comme s'il pré-
varique pour faire perir les droits du mineur : s'il abandonne les affaires , s'il s'abſente , & s'il diſparoit laiſſant
la tutele dans le déſordre , s'il ne fournit aux alimens &
à l'entretien du mineur , en ayant le fonds : & generalement s'il y en a d'autres juſtes cauſes , quand ce ne
ſeroit même qu'une negligence , ſi elle eſt telle qu'elle
merite que la tutele ſoit miſe en d'autres mains *h*.

*h* Nunc videamus , ex quibus cauſis ſuſpecti removeantur. Et ſciendum eſt ,
aut ob dolum in tutela admiſſum , ſuſpectum licere poſtulare , ſi forte graſſatus

in tutela est, aut sordidè egit, vel perniciosè pupillo, vel aliquid intercepit ex rebus pupillaribus, jam tutor. *l.3. §. 5. ff. de susp. tut.* Is tutor qui inconsideranter pupillum, vel dolo abstinuit hereditate, potest suspectus postulari. *d. l.3. §. 17.* Tutor qui ad alimenta pupillo præstanda copiam sui non faciat, suspectus est poteritque removeri. *d. l.3. §.14. & §. 15.* Item si quis datus tutor non compareat, solet edictis evocari : novissiméque, si copiam sui non fecerit, ut suspectus removeri, ob hoc ipsum quod copiam sui non fecit. Quod & perrarò, & diligenti habita inquisitione faciendum est. *l. 7. §. ult. eod.* Si fraus non sit admissa, sed latâ negligentia, quia ista prope fraudem accedit, removeri hunc quasi suspectum oportet. *d. l. 7. §. 1.* Et generaliter si qua justa causa prætorem moverit, cur non debeat in ea tutela versari, rejicere eum debebit. *l.3, §. 12. eod.*

## IX.

Le Tuteur destitué pour avoir malversé est noté d'infamie ; mais non pas celuy qui n'est destitué que pour sa negligence. Et si la cause n'étoit pas exprimée dans le jugement de destitution, il n'y auroit pas de note d'infamie ; la présomption étant en ce cas que le tuteur n'auroit été destitué que pour sa negligence *i*.

*i.* Suspectos tutores ex dolo, non etiam eos qui ob negligentiam remoti sunt, infames fieri manifestum est. *l. ult. C. de susp. tut.* Qui ob segnitiem, vel rusticitatem, inertiam, simplicitatem, vel ineptiam remotus sit, in hac causa est, ut integra existimatione, tutela vel cura abeat. *l. 3. §. ult. ff. de suspect. tut.* Decreto igitur debebit causa revocandi significari, ut appareat de existimatione. Quid ergo, si non significaverit causam remotionis decreto suo ? Papinianus ait, debuisse dici, hunc integræ esse famæ : & est verum. *l. 4. §. 1. & 2. ff. de susp. tut.*

## X.

Si un Tuteur avoit donné de l'argent pour être appellé à la tutele, ou si ses malversations sont telles qu'outre la destitution elles meritent quelqu'autre peine ; il pourra être puny selon que la qualité du fait le meritera *l*.

*l* In eos extra ordinem animadvertitur, qui probentur nummis datis tutelam occupasse. *l. 9. ff. de tutel.* Qui tutelam, corruptis ministeriis prætoris, redemerant. *l. 3. §. 15. in f. ff. de susp. tut.* Solent ad præfecturam urbis remitti etiam tutores, sive curatores qui malè in tutela, sive cura versati, graviori animadversione indigent, quàm ut sufficiat eis suspectorum infamia. Quos probari poterit, vel nummis datis tutelam occupasse : vel præmio accepto operam dedisse ut non idoneus tutor alicui daretur : vel consultò circa edendum patrimonium quantitatem minuisse : vel evidenti fraude pupilli bona alienasse. *l. 1. §. 7. ff. de off. præf. urb. l. 1. §. ult. ff. de susp. tut.*

## SECTION VII.

### Des causes qui rendent incapable de la tutele, & de celles qui en excusent.

ON n'a pas mis dans cette Section parmy les incapacitez & les excuses qui peuvent suffire pour décharger de la tutele, ce qui fut reglé par Justinien [a],
que ceux qui seroient ou creanciers, ou debiteurs des
Mineurs, ne pourroient être Tuteurs. Car soit que celuy qui est nommé Tuteur se trouve debiteur ou creancier du Mineur, nôtre usage pourvoit assés à la sûreté
des Mineurs par l'inventaire de leurs biens, qui se fait
en Justice, & qui conserve les titres de leurs prétentions, ou de leurs défenses contre leurs Tuteurs, & par
la nomination qu'on fait d'un Curateur ou Tuteur subrogé pour les défendre dans les affaires qu'ils peuvent
avoir contre leurs Tuteurs [b]. Que si la creance ou autre affaire entre le Tuteur & le Mineur étoit telle qu'il
fût plus avantageux au Mineur de luy nommer un autre Tuteur, il seroit de la prudence du Juge d'obliger
les parens à faire un autre chois.

a *Nov. 72. C. 1.*     b *V. la remarque sur l'art. 17.*

## SOMMAIRES.

## I.

L'Incapacité exclut de la tutele ceux-même qui voudroient l'accepter *a* : & les moyens d'excufe en difpenfent ceux qui pourroient être Tuteurs s'ils y confentoient *b*.

*1. Différence en-*
*tre l'incapacité &*
*les moyens d'excu-*
*fe.*

*a* Ut nec volens ad tutelæ onus admittatur. §. 14. *inft. de excuf. tut. vel cur.*
*b* Excufantur tutores vel curatores variis ex caufis. *inft. de excuf. tut.*

## II.

Les caufes d'incapacité, ont leur fondement ou fur l'équité naturelle, ou fur quelque loy *c*.

*2. Caufes des*
*incapacitez & des*
*excufes.*

*c* C'eft ce qui fe verra par les regles qui fuivent.

## III.

Les femmes font incapables d'être tutrices d'autres que de leurs enfans. Car la tutele demande une auto-rité, & oblige à des fonctions, qu'il feroit indecent qu'une femme exerçât à l'égard d'autres perfonnes que de fes enfans *d*.

*3. Les femmes*
*ne peuvent être tu-*
*trices.*

*d* Fœminæ tutores dari non poffunt, quia id munus mafculorum eft. *l. ult. ff.*
*de tut. l. 1. C. quando mul. tut. off. f. p. ff. l. 2. ff. de reg. jur. l. 21. de tut. &*
*curat.* Tutela plerumque virile officium eft. *l. 16. ff. de tut.* V. l'art. fuivant.

## IV.

Les meres, & les ayeules peuvent être tutrices de leurs enfans, car l'autorité que la nature leur donne fur eux, & l'affection pour leurs interêts, les exceptent de

*4. Exception pour*
*la mere & l'ayeule.*
*Beau-pere tuteur.*

la regle qui exclut les femmes des tuteles *e*. Et comme la mere peut être tutrice, la tutele peut aussi être commise à son second mary beau-pere du Mineur *f*.

e Fœminæ tutores dari non possunt, quia id munus masculorum est : nisi à principe filiorum tutelam specialiter postulent. *l. ult. ff. de tut. Tot. tit. C. quando mul. tut. off. f. p. Nov.* 118. c. 5.

f Si pater tuus quem privigni sui tutelam administrasse proponis &c. *l.* 3. *C. de contr. jud. tut. v. l.* 2. *C. de interd. mar. l.* 32. §. 1. *ff. de adopt.*

## V.

5. *Un Mineur ne peut être Tuteur.*

Les Mineurs ne peuvent être tuteurs, puis qu'ils sont eux-mêmes en tutele *g*.

g Minores viginti quinque annis olim quidem excusabantur, nostra autem constitutione prohibentur ad tutelam vel curam aspirare. Adeo ut nec excusatione opus sit. Qua constitutione cavetur, ut nec pupillus ad legitimam tutelam vocetur, nec adultus. Cùm sit incivile, eos qui alieno auxilio in rebus suis administrandis agere noscantur, & ab aliis reguntur, aliorum tutelam vel curam subire. §. 13. *inst. de excus. tut. l. ult. C. de leg. tut.*

## VI.

6. *Infirmitez qui rendent incapable de la tutele.*

Ceux qui sont dans quelque infirmité qui les empêche d'agir en leurs propres affaires, sont incapables d'être tuteurs; comme les insensez, les aveugles, les sourds, les muets, & ceux qui ont quelque maladie habituelle qui fasse le même effet *h*. Et si ces sortes d'excuses surviennent à un tuteur, aprés qu'il aura été nommé, & qu'il aura même exercé, on le déchargera *i*. Que si la maladie ou l'infirmité qui survient pendant la tutele, n'est que pour un temps, on pourra cependant nommer un Curateur qui gere au lieu du Tuteur, s'il en est besoin *l*.

h Mutus tutor dari non potest, quoniam authoritatem præbere non potest. *l.* 1. §. 2. *ff. de tut.* Surdum non posse dari tutorem, plerique & Pomponius libro sexagesimo nono ad edictum probant. Quia non tantùm loqui, sed & audire tutor debet. *d. l.* §. *ult.* Surdus & mutus nec legitimi tutores esse possunt, cùm nec testamento, nec alio modo utiliter dari possint. *l.* 10. §. 1. *ff. de legit. tut.* Luminibus captus, aut surdus, aut mutus, aut furiosus, aut perpetua valetudine tentus, tutelæ seu curæ excusationem habent. *l. un. C. qui morbo. l.* 3. *C. qui dare tut.* Adversa valetudo excusat : sed ea quæ impedimento est quominus quis suis rebus superesse possit, ut imperator noster cum patre rescripsit. *l.* 10. *in f. ff. de excus.* §. 7. *inst. eod.*

i Et non tantùm ne incipiant, sed & à cœpta excusari debent. *l.* 11. *ff. eod.* Post susceptam tutelam, cæcus, aut surdus, aut mutus, aut furiosus, aut valetudinarius deponere tutelam potest. *l.* 40. *ff. de excus.*

l Si quis ita ægrotus fuerit, ut oporteat eum non omnino dimitti à tutela, in locum ejus curator interim dabitur. Sanatus autem hic rursus recipiet tutelam. *l.* 10. §. 8. *eod.*

## VII.

## VII.

Le fils de famille majeur, quoy qu'étant fous la puiſſance de ſon pere, peut être tuteur. Mais le pere ne ſera pas
tenu de l'adminiſtration de ſon fils, s'il ne s'y oblige, ou
expreſſément, ou tacitement; comme s'il gere luy-même; & entre dans l'adminiſtration des biens du Mineur.
Mais un ſimple conſentement à la nomination, & à l'adminiſtration de ſon fils ne l'oblige point *m*.

*m* Si filius familias tutor à prætore datus ſit, ſi quidem pater tutelam agnovit, in ſolidum debet teneri: ſi non agnovit, dumtaxat de peculio. Agnoviſſe
autem videtur, ſive geſſit, ſive gerenti filio conſenſit, ſive omnino attigit tutelam. *l. 7. C. de tut.* Nec multùm videri in hoc caſu facere ſcientiam & con-
ſenſum ad obligandum eum in ſolidum. *l. 21. ff. de adm. & per. tut.*

*Marginal note:* 7. Fils de famille peut être Tuteur.

## VIII.

Si outre les cauſes d'incapacité qui viennent d'être remarquées, il ſe rencontroit en la perſonne de celuy qui
ſeroit appellé à une tutele, quelque autre cauſe qui le
rendît indigne, ou ſuſpect; il ſeroit du devoir du Juge &
de ſa prudence, de ne pas confirmer une telle nomination; ainſi, par exemple, ſi on découvroit, que la nomination d'un Tuteur eût été faite pour de l'argent qu'il
auroit donné, non ſeulement cette nomination ne devroit pas être confirmée, mais ce delit meriteroit d'être
reprimé. Ainſi celuy qu'un pere auroit défendu de nommer Tuteur à ſon fils, ne devroit pas être appellé à cette
charge ſans de grandes cauſes *n*. Mais cette excluſion ne
feroit aucun prejudice à l'honneur de cette perſonne *o*.
Ainſi on ne doit pas facilement admettre à une tutele
celuy qui s'ingere pour être nommé *p*.

*Marginal note:* 8. Autres cauſes de ne pas confirmer la nomination d'un Tuteur.

*n* In eos extra ordinem animadvertitur, qui probentur nummis datis tutelam occupaſſe. *l. 9. ff. de tut. l. 21. §. ult. ff. de tut. & cur. dat.*

*o* Sed etſi quis à parentibus prohibitus fuerit tutor eſſe, hunc neque creari
oportet: & ſi creatus ſit, nec recuſaverit, prohiberi eum eſſe tutorem, manente epitimia. *l. 21. §. 2. ff. de tut. & cur. dat.*

*p* Semper autem maximè hoc obſervent magiſtratus, ne creent eos qui
ſeipſos volunt ingerere, ut creentur. *l. 21. §. ult. ff. de tut. & cur. dat. v. l. 19.
ff. de teſt. tut.*

## IX.

Les moyens d'excuſe, comme les incapacitez, ſont
fondez ou ſur quelque empêchement naturel, ou ſur
quelque loy *q*.

*Marginal note:* 9. Excuſes de deux ſortes.

*q* C'eſt ce qui ſe verra par les articles ſuivans.

## X.

**10. *Incapacité sert d'excuse.***

Les caufes d'incapacité qu'on peut honêtement alleguer, peuvent auffi fervir de moyens d'excufe. Ainfi la minorité, & les infirmitez qui rendent incapable de la tutele, en doivent excufer *r*.

*r* Minores viginti quinque annis olim quidem excufabantur, noftra autem conftitutione prohibentur ad tutelam vel curam afpirare. §. 13. *inft. de excuf. tut.*

## XI.

**11. *Excufe par l'âge de foixantedix ans.***

Ceux qui ont l'âge de foixante dix ans accomplis, peuvent s'excufer *f*.

*f* Excufantur à tutela, & curatoria, qui feptuaginta annos compleverunt. *l. 2. ff. de excuf.* §. 13. *inft. eod. l. un. C. qui ætate.*

## XII.

**12. *Par le nombre d'enfans.***

Si celuy qui eft appellé à une tutele a cinq enfans legitimes & vivans, il eft excufé. On ne met pas au nombre des enfans pour fervir d'excufe, ceux qui ne font pas encore nez quoy qu'ils foient conçûs. Et les petits enfans & autres defcendans des enfans decedez font comptez comme reprefentant la perfonne de qui ils font defcendus; Ainfi plufieurs enfans d'un fils ne font comptez que pour un *t*.

*t* Remittit à tutela vel curatoria & liberorum multitudo. *l. 2. §. 2. ff. de excuf.* Qui ad tutelam, vel curatoriam vocantur, Romæ quidem trium liberorum incolumium numero, de quorum etiam ftatu non ambigitur, in Italia verò quatuor, in provinciis autem quinque, habent excufationem. *l. 1. C. qui num. lib. fe excuf. inft. de excuf. tut.* Legitimos autem liberos effe oportet omnes, etfi non fint in poteftate. *d. l. 2. §. 3. ff. de excuf.* Oportet autem liberos vivos effe, quando tutores patres dantur. *d. l. 2. §. 4. l. 1. C. qui num. lib.* qui in ventre eft, etfi in multis partibus legum comparatur jam natis, tamen in prefenti quæftione, neque in reliquis civilibus muneribus prodeft patri. *d. l. §. 6.* remiffionem tribuunt nepotes ex filiis mafculis nati. *d. l. §. 7.* quotcunque autem nepotes fuerint ex uno filio, pro uno filio numerantur. *d. §. 7.*

*On n'a pas borné dans cet article ce qui eft dit des petits enfans à ceux des mâles, comme il eft borné à ce fens dans ce §. 7. car encore que les filles & leurs enfans foient dans une autre famille, il arrive fouvent que les filles & leurs enfans font autant ou plus à charge aux peres que ne font les fils: & il feroit dur qu'un ayeul maternel chargé des enfans de plufieurs filles decedées fût privé de cette excufe. Ainfi nôtre ufage compte pour excufe d'une tutele les enfans des filles.*

## XIII.

**13. *Par d'autres tuteles,***

Celuy qui a déja la charge de trois tuteles peut s'excufer d'une quatriéme. On ne regarde pas comme plufieurs tuteles celle de plufieurs Mineurs, lorfque les biens se regissent par une seule administration *u*. Et on ne met pas au rang des tuteles, pour servir d'excuse, l'engagement des Tuteurs honoraires, ni celuy des cautions des Tuteurs *x*.

*u* Tria onera tutelarum dant excusationem. Tria autem onera sic sunt accipienda, ut non numerus pupillorum plures tutelas faciat, sed patrimoniorum separatio. *l. 3. ff. de excus. l. 2. §. ult. eod. l. unic. C. qui. num. tut.* Voyez l'article suivant.

*x* Si civitatis princeps, id est, magistratus, incidente ei creatione obnoxius fuerit periculo tutelæ, hanc non connumerabit aliis tutelis: quemadmodum nec fidejussores tutelæ, sed neque qui ob honorem tutores conscripti sunt. *l. 15. §. 9. ff. de excusat.*

### XIV.

Si une seule tutele est d'une telle étenduë, ou si onereuse, qu'il fût trop dur d'appeller le tuteur à une seconde, il sera excusé *y*.

*14. Par une seule tutele onereuse.*

*y* Cæterum putarem, rectè facturum prætorem, si etiam unam tutelam sufficere crediderit, si tam diffusa & negotiosa sit, ut pro pluribus cedat. *l. 31. §. 4. ff. de excus.*

### XV.

S'il y avoit eu une inimitié capitale entre le pere du Mineur, & celuy qui seroit nommé son Tuteur, & qu'il n'y eût point eu de reconciliation, il sera déchargé *z*.

*15. Inimitié.*

*z* Inimicitiæ quas quis cum patre pupillorum vel adultorum exercuit, si capitales fuerunt, nec reconciliatio intervenit, à tutela vel cura solent excusare. *§. 11. inst. de excus. tut. l. 6. §. 17. ff. de excus.*

### XVI.

S'il y a un procés entre le Mineur & celuy qu'on veut appeller à sa tutele, où il s'agisse de l'état du Mineur, ou de tous ses biens, ou d'une grande partie, il sera excusé. Mais non pour des procés peu considerables *a*.

*16. Procés qui excusent.*

*a* Amplius autem absolvitur à tutela cùm quæstionem quis pupillo de statu movet: cùm videtur hoc non calumnia facere, sed bona fide. *l. 6. §. 18. ff. de excus.* Item propter litem, quam cum pupillo vel adulto tutor cel curator habet, excusari non potest: nisi forte de omnibus bonis, vel hereditate controversia sit. *§. 4. inst. de excus. tut. vel curat.* Propter litem quam quis cum pupillo habet, excusare se à tutela non potest, nisi forte de omnibus bonis aut plurima parte eorum controversia sit. *l. 21. ff. eod. l. 16. C. eod.* V. l'art. suivant, & la remarque qu'on y a faite.

### XVII.

Si le Mineur se trouve avoir un procés considerable contre le pere, ou la mere, les freres, les sœurs, ou les neveux de celuy qu'on veut luy nommer Tuteur; il est

*17. Procés entre le Mineur & les plus proches de celuy qui est nommé Tuteur.*

de l'humanité, & de l'interêt même du Mineur, que
cette personne soit excusée. Car on ne doit pas l'engager à une tutele où il y ait de grands differens contre ses
plus proches : Et le Mineur doit avoir un Tuteur qui
ne soit pas aliené de l'affection qu'il doit à sa tutele [b].

[b] Humanitatis ac religionis ratio non permittit, ut adversus sorores, vel
filios sororis, actionum necessitates tutelæ occasione suscipias. Cùm & ipsius
etiam pupilli, cui tutor datus es, aliud videatur exigere utilitas : scilicet ut
eum tutorem potius habeat, qui ad defensionem ejus non inhibeatur affectu.
l. 23. C. de excus. tut.

*Il faut remarquer sur cet article, que c'est par les circonstances qu'il faut
juger si le procés est tel qu'il soit juste qu'il serve d'excuse, ou s'il suffit
qu'on nomme un curateur ou tuteur subrogé qui en prenne le soin à la décharge
du tuteur. Car c'est nôtre usage en de pareilles occasions, & pour des procés même qu'auroit le tuteur contre le mineur, que s'ils ne suffisent pas pour servir de
moyen d'excuse, on nomme un curateur qui défende le mineur contre le tuteur,
ou contre les autres personnes, contre lesquelles le tuteur ne doit pas être obligé
d'agir. Voyez l'article 11. de la Sect. 2.*

## XVIII.

Les personnes qui par leur employ, ou pour d'autres
causes, ont quelque privilege qui les exempte d'être
Tuteurs, seront excusez. Ce qui dépend ou de la qualité des emplois s'ils sont tels que de leur nature, ils doivent donner l'exemption d'une tutele, comme seroit
une Ambassade, le commandement dans une garnison,
celuy d'une Armée : ou d'une attribution expresse de
ce privilege, par une Declaration, ou par un Edit [c].

[c] *V. l. 6. §. 1. & seq. ff. de excus. Il faut remarquer sur ces sortes d'exemptions
dont il est parlé dans cette loy ; que nôtre usage n'exempte de tutele que ceux
qui ont ce privilege par quelque Edit, ou quelque Declaration.*

## XIX.

Les Ecclesiastiques ne peuvent être nommez Tuteurs,
ny Curateurs. Car la sainteté du ministere divin qu'ils
exercent, les oblige pour y vaquer, à se dégager de tout
autre soin : Et les éloigne de l'engagement à une administration d'affaires temporelles. Mais si un Ecclesiasti-
que vouloit se charger de l'éducation, & de la conduite
d'orphelins ses parens, il luy seroit permis d'accepter
leur tutele, pour prendre le soin de leurs personnes, &
par occasion celuy de leurs biens, qui en est une suite [d].

[d] Generaliter sancimus omnes viros reverendissimos Episcopos, necnon Pres-
byteros, Diaconos, & Subdiaconos, . . . . immunitatem ipso jure omnes habere:

tutelæ five teftamentariæ, five legitimæ, five dativæ : & non folùm tutelæ
cos effe expertes, fed etiam curæ non folùm pupillorum, & adultorum, fed
& furiofi, & muti, & furdi, & aliarum perfonarum quibus tutores vel curatores à veteribus legibus dantur. l. 52. C. de Epifc. & Cler. Propter hoc ipfum
beneficium eis indulgemus ut aliis omnibus derelictis, Dei omnipotentis mi-
nifteriis inhæreant. d. l. Deo autem amabiles Epifcopos. . . . . ex nulla lege tutores, aut curatores cujufcumque perfonæ fieri permittimus. Prefbyteros autem, & Diaconos, & Subdiaconos jure & lege cognationis tutelam, aut curam fufcipere hereditatis permittimus &c. Nov. 123. C. 5.

## XX.

Si celuy qui eft appellé à une tutele n'a pas affez de bien
pour en porter la charge, s'il ne fçait écrire ni lire, où s'il
n'a pas affez d'induftrie pour la conduite des affaires, &
qu'il doive fon travail & fon temps aux fiennes, il pourra
être ou déchargé, ou confirmé felon la qualité des perfonnes, la nature des biens, & les autres circonftances *e*.

20. Manque de biens ou d'induf-trie.

*e* Mediocritas & rufticitas interdum excufationem præbent, fecundùm
epiftolas divorum Hadriani, & Antonini. Ejus qui fe neget literas fcire excufatio accipi non debet, fi modo non fit expers negotiorum. l. 6. §. ult. ff. de
excuf. Eos qui literas nefciunt effe excufandos Divus prius refcripfit. Quamvis
& imperiti literarum poffunt ad adminiftrationem negotiorum fufficere. §. 8.
inft. eod. Paupertas fanè dat excufationem, fi quis imparem fe oneri injuncto
poffit probare. Idque Divorum fratrum refcripto continetur. l. 7. l. 40. §. 1.
eod. §. 6. inft. eod.

## XXI.

Quoyque celuy qui a été nommé Tuteur appelle de
fa nomination, & qu'il ait une excufe, il ne laiffe pas
d'être tenu pour Tuteur jufqu'à fa décharge : & il eft
obligé de gerer cependant par provifion *f*.

21. Tuteur nom-mé doit gerer juf-qu'à fa décharge.

*f* Ipfo jure tutor eft antequam excufetur. l. 31. ff. de excuf. Tutor vel curator cujus injufta appellatio pronuntiata erit, cujufve excufatio recepta non
fit, ex quo accedere adminiftrationem debuit, erit obligatus. l. 20. ff. de adm.
& per. tut. Tutor datus adverfus ipfam creationem provocavit : heres ejus
poftea victus, præteriti temporis periculum præftabit : quia non videtur levis
culpa, contra juris auctoritatem, mandatum tutelæ officium detrectare. l. 39.
§. 6. eod. v. l. 16. C. de excuf. tut.

## XXII.

Si celuy qui avoit une excufe a accepté la tutele, ou
geré volontairement avant que de s'excufer, il ne
pourra plus y être reçû *g*.

22. L'acceptation de la charge fait ceffer les excufes.

*g* Tutores quos pofteaquàm bona pupillorum adminiftraverunt, à præfide
provincie, quafi re integra excufari fe impetraffe affeveras, periculum adminiftrationis evitare minimè poffe, manifeftum eft. l. 2. C. fi tutor vel. cur. fal.
alleg. exc. fit. l. 17. §. 5. ff. de excuf.

## XXIII.

Si aprés que le Tuteur a accepté la tutele, il tombe dans quelque incapacité, comme s'il devient aveugle, sourd, muet, s'il tombe en démence, ou en d'autres infirmitez qui le rendent incapable d'exercer la tutele, il sera déchargé: & il en sera nommé un autre en sa place *h*.

*h* Complura senatusconsulta facta sunt, ut in locum furiosi, & muti, & surdi tutoris, alii tutores dentur. *l. pen. ff. de tut.* Post susceptam tutelam cæcus, aut surdus, aut furiosus, aut valetudinarius deponere tutelam potest. *l. 40. ff. de excus.*

## XXIV.

Les privileges qu'on acquiert aprés la nomination à la tutele n'en déchargent point. Car ils ne sont accordez que pour exempter ceux qui ne sont pas encore dans l'engagement. Ainsi celuy qui a été prevenu par sa nomination, avant qu'il eût le privilege, ne peut s'en servir pour être déchargé *i*.

*i* Tutor petitus, ante decreti diem, si aliquod privilegium quærit, recte petitionem institutam excludere non poterit. *l. 28. ff. de excus.* quasi præventus. *v. l. 7. ff. de jud.*

## XXV.

Les causes d'excuses qui ne font pas une incapacité, & qui ne surviennent qu'aprés la nomination du Tuteur, ne le déchargent point. Ainsi, le nombre d'enfans survenus, ou l'âge de soixante-dix ans accomplis pendant la tutele, n'en excusent point *l*.

*l* Oportet autem liberos vivos esse, quando patres tutores dantur. *l. 2. §. 4. ff. de excus.* Excessisse autem oportet septuaginta annos tempore illo quo creantur. *d. l. 2.*

## XXVI.

Ce n'est pas toûjours un moyen d'excuse pour celuy qui est appellé à une tutele, de n'être pas habitant du lieu où est le domicile du Mineur. Car il peut arriver, qu'il ne se trouve point dans ce lieu de personnes qu'on puisse nommer. Et d'ailleurs, il peut être juste & avantageux au Mineur, qu'on ne s'arrête pas à cet éloignement, lorsqu'il n'est pas tel qu'il rende l'administration trop difficile & trop à charge ou au Mineur, ou bien au Tuteur. Ainsi c'est par les circonstances qu'il faut juger de l'égard qu'on doit avoir à l'éloignement de ces domiciles *m*.

*m* Quæro an non ejusdem civitatis cives testamento quis tutores dare possit ? Paulus respondit, posse. *l.* 32. *ff. de test. tut.* Qui in testamento dati sunt tutores, renuent secundùm leges administrationem earum quæ in alia provincia sunt possessionum. *l.* 10. §. 4. *ff. de excusat.* Sed & hoc genus excusationis est, si quis se dicit ibi domicilium non habere, ubi ad tutelam datus est. *l. ult.* §. *ult. ff. eod.* V. l'art. 3. de la Sect. 1.

## XXVII.

Si celuy qui est nommé Tuteur n'a aucun moyen d'excuse qui suffise seul, comme l'âge de 70. ans, ou le nombre d'enfans; mais que seulement il ait, par exemple, soixante ans & deux ou trois enfans ; ces moyens, dont chacun est insuffisant, ne suffiront pas ensemble pour le décharger *n*.

*27. Plusieurs moyens dont aucun ne suffit.*

*n* Qui jura multa poterit dicere, quorum unumquodque per seipsum satis validum non est, an possit excusari quæsitum est : putà septuaginta quis annorum non est, neque tres habet tutelas, sed neque quinque filios : at aliquod aliud jus remissionis habet, nimirum duas tutelas, & duos filios, & sexaginta annorum est : aut alia quædam talia dicit, per seipsa quidem perfectum auxilium non præbentia, quæ tamen si invicem conjuncta sint justa apparet ? Sed visum est hunc non excusari. *l.* 15. §. 11. *ff. de excusat.*

*Mais si ce Tuteur avoit soixante-neuf ans & quatre enfans, ne seroit-il pas autant ou plus juste qu'il fût déchargé, que s'il avoit 70. ans sans enfans, ou seulement 40. ans avec cinq enfans ?*

---

# TITRE II.
# DES CURATEURS.

Comme il y a d'autres causes que la foiblesse de l'âge, qui rendent les personnes incapables de leur propre conduite ; on met ceux qui se trouvent dans cet état sous la conduite d'autres personnes qui leur tiennent lieu de Tuteurs, & qu'on appelle Curateurs. Ainsi on donne des Curateurs aux insensez, & à ceux qui par quelque infirmité, sont incapables du soin de leurs affaires. Comme, par exemple, ceux qui sont tout ensemble sourds & muets.

*Usage des Curateurs.*

*Curateur d'un insensé ou imbecille.*

On met au nombre des personnes incapables de leur conduite les prodigues qui consomment leurs biens en

*Curateur d'un prodigue.*

folles dépenfes. Et la même raifon qui oblige à leur interdire l'adminiftration de leurs propres biens , fait qu'on leur donne des Curateurs pour en prendre le foin.

*Curateur au Mineur qui a un Tuteur.*

On donne auffi quelquefois un Curateur au Mineur qui a un Tuteur , lors qu'il arrive que le Tuteur & le Mineur ont quelque different , ou quelque droit à regler l'un contre l'autre *a*.

*Curateur aux biens vacans.*

Il y a encore une autre forte de Curateurs, dont l'ufage eft neceffaire pour prendre le foin des biens qui fe trouvent delaiffez fans que perfonne les ait en charge. Comme fi une perfonne étoit engagée dans une longue abfence, fans avoir chargé quelqu'un du foin de fes biens; s'il ne paroît point d'heritiers d'une fucceffion , ou fi ceux qui pouvoient l'être y ont renoncé; fi un debiteur abandonne fes biens à fes creanciers. Dans tous ces cas, & autres femblables, où des biens fe trouvent fans maître, ou fans que quelque perfonne en ait la conduite , on nomme des Curateurs pour les regir, & les conferver à ceux qui en font ou feront les maîtres.

*Matiere de ce Titre.*

Toutes ces fortes de Curateurs étant chargez des biens & des affaires qui leur font commifes , & quelques-uns même du foin des perfonnes, comme les Curateurs des infenfez , leur charge eft de la même nature , & fujette aux mêmes regles que celles des Tuteurs , en ce qui regarde leurs engagemens, les moyens qui peuvent fervir d'excufes pour en decharger , & le refte qui peut leur convenir. Ainfi il faut fuppléer dans ce Titre les regles du precedent qui peuvent s'y rapporter.

*Autre forte de Curateurs qui n'eft pas de ce lieu.*

On ne met pas au nombre des Curateurs dont il fera parlé dans ce Titre, ceux qu'on nomme dans des procés criminels en de certains cas à la memoire des perfonnes à qui on fait le procés après leur mort; comme à ceux qui ont été tuez en duel, & à ceux qui fe font fait mourir eux-mêmes. Car les fonctions de ces Curateurs font d'un autre genre, & font partie de la matiere des crimes qui n'eft pas de ce lieu.

*a V. l'article 11. de la Sect. 2. des Tuteurs , & le Preambule de la Sect. 7. du même Titre.*

SECTION

# SECTION I.

## Des diverses sortes de Curateurs, & de leur pouvoir.

### SOMMAIRES.

### I.

LEs insensez étant incapables de la conduite de leurs personnes & de leurs biens, quoyqu'ils soient majeurs, on leur nomme des Curateurs qui en prennent le soin *a*.

*1. Curateurs des insensez.*

> *a* Mente captis, quia rebus suis superesse non possunt, curatores dandi sunt. §. 4. *inst. de curat.* Furiosi, licet majores vigintiquinque annis sint, tamen in curatione sunt. §. 3. *eod. l.* 1. *C. de cur. fur.* Consilio & opera curatoris tueri debet non solùm patrimonium, sed & corpus, ac salus furiosi. *l.* 7. *ff. eod.*

### II.

On ne nomme point de Curateur à une personne comme insensée, si elle n'a l'âge de majorité. Car si un Mineur est dans la démence, il suffit, & il est plus honête de luy donner plûtôt un Tuteur à cause de sa minorité,

*2. Du Mineur en démence.*

H

qu'un Curateur à cause de sa démence, au moins en attendant sa majorité [b].

*[b] Putavi etsi minor viginti quinque annis furiosus sit, curatorem ei non ut furioso, sed ut adolescenti dari, quasi ætatis esset impedimentum, & ita definiemus ei quem ætas curæ vel tutelæ subjicit, non esse necesse quasi dementi quæri curatorem. Et ita Imperator Antoninus rescripsit, cùm magis ætatis quàm dementiæ, tantisper sit consulendum. l. 3. §. 1. ff. de tutel.*

### III.

**3. La démence doit être prouvée.**

La démence d'un majeur doit être prouvée en justice, pour luy donner un Curateur. Car outre qu'il n'y a que l'authorité de la justice qui puisse créer un Curateur, il pourroit arriver en de certains cas, qu'il y eût quelque feinte de la part de celuy qui paroîtroit insensé [c]. ou que par quelque interest, d'autres personnes supposassent une démence contre la verité.

*[c] Observare prætorem oportebit, ne cui temerè citra causæ cognitionem plenissimam, curatorem det, quoniam plerique vel furorem, vel dementiam fingunt, quo magis curatore accepto, onera civilia detrectent. l. 6. ff. de cur. fur. & al.*

### IV.

**4. Fils Curateur de son pere, ou de sa mere en démence.**

Le fils peut être nommé Curateur à sa mere qui est en démence, & aussi à son pere dans le même cas [d].

*[d] Furiosæ matris curatio ad filium pertinet. Pietas enim parentibus, etsi inæqualis est eorum potestas, æqua debebitur. l. 4. ff. de cur. fur. Extat Divi Pii rescriptum filio potius curationem permittendam in patre furioso, si tam probus sit: l. 1. in fine. ff. eod. Nec dubitabit (Proconsul) filium quoque patri curatorem dari. l. 1. eod.*

### V.

**5. Fils de famille en démence.**

Si un fils de famille tombe en démence, on ne luy nomme pas de Curateur, car son pere est naturellement chargé de la conduite de sa personne, & de l'administration de ses biens [e].

*[e] Cùm furiosus quem morbus detinet perpetuus, in sacris parentis sui constitutus est, indubitatè curatorem habere non potest. Quia sufficit ei ad gubernationem rerum quæ ex castrensi peculio, vel aliter ad eum pervenerunt, & vel ante furorem ei acquisitæ sunt, vel in furore obveniunt, vel in his quorum proprietas ei tantummodo competit, paterna verecundia. Quis enim talis affectus extraneus inveniatur, ut vincat paternum? Vel cui alii credendum est res liberorum gubernandas, parentibus derelictis. l. 7. C. de cur. fur. V. l'art. 10. de la Sect. 1. des Tuteurs.*

### VI.

**6. Le mari ne peut être Curateur de sa femme en démence.**

Dans les cas où il peut être necessaire de nommer un Curateur à une femme mariée, ou à celle qui est en fiançailles , soit pour démence , ou pour d'autres causes, le mari *f*, ni le fiancé *g*, ne peuvent être nommez Curateurs.

*f* Maritus , etsi rebus uxoris suæ debet affectionem , tamen curator ei creari non potest. *l. 2. C. qui dare tut.* Virum uxori mente captæ curatorem dari non oportet. *l. 14. ff. de curat. fur.* §. 19. *inst. de excus. tut.*

*g* Non potest curator esse sponsæ sponsus. *l. 1.* §. *ult. ff. de excus. tut.*

*Cette regle semble fondée ou sur l'interêt que pourroit avoir le mari dans l'affaire qui demanderoit la nomination d'un curateur à sa femme, ou sur les inconveniens de rendre le mari comptable à sa femme. Et à l'égard du fiancé, ces mêmes raisons le regardent aussi ; car le mariage peut suivre. Et si le mariage ne s'accomplit point, il y auroit encore moins de raison que le fiancé demeurât Curateur.*

*On ne nomme pas de Curateur à la femme mariée qui est en démence, pour l'administration de ses biens dotaux ; car cette administration appartient au mari qui a droit d'en joüir.* V. l'art. 3. de la Sect. 1. du Titre des Dots.

## V I I.

Le Curateur de celuy dont la démence vient & quitte par intervalles , n'exerce sa fonction que pendant la démence , & cesse de l'exercer dans les intervalles où la raison est bien rétablie ; mais la charge de ce Curateur dure pendant la vie de cette personne , pour éviter de faire à chaque rechûte une nouvelle nomination *h*.

*7. Démence par intervalles.*

*h* Manere ( curatorem sancimus ) donec talis furiosus vivit : quia non est penè tempus in quo hujusmodi morbus desperatur : sed per intervalla quo perfectissima sunt nihil curatorem agere : sed ipsum posse furiosum dum sapit & hereditatem adire, & omnia alia facere, quæ sanis hominibus competant. Sin autem furor stimulis suis eum accenderit, curatorem in contractu suo conjungi, ut nomen quidem curatoris in omne tempus habeat, effectum autem quoties morbus redierit. Ne crebra, vel quasi ludibriosa fiat curatoris creatio, & frequenter tam nascatur, quàm desinere videatur. *l. 6. C. de curat. fur.*

## V I I I.

On nomme des Curateurs à toutes les personnes qui par quelque infirmité sont incapables de l'administration de leurs affaires & de leurs biens ; comme seroit un sourd & muet , & ceux qui par d'autres semblables infirmitez se trouveroient dans une pareille incapacité *i*.

*8. Infirmitez qui demandent un Curateur.*

*i* Sed & aliis dabit proconsul curatorem, qui rebus suis superesse non possunt. *l. 2. ff. de curat. fur.* Surdis & mutis, & qui perpetuo morbo laborant, quia rebus suis superesse non possunt, curatores dandi sunt. §. 4. *inst. de curat.* Quibus curatores quasi debilibus, vel prodigis dantur, vel surdo muto, vel fatuo. *l. 19. in fine. l. 20. l. 21. ff. de reb. auth. jud. possid.* His qui in ea causa sunt, ut superesse rebus suis non possint, dare curatorem, proconsulem oportebit. *l. 12. ff. de tut. & curat. dat.*

## IX.

Ceux qui diſſipent leurs biens en folles dépenſes, & dont la mauvaiſe conduite oblige à les déclarer prodigues, & à les interdire en juſtice, ſont dépoüillez de la conduite de leurs affaires, & du maniement de leurs biens: & on en donne la charge à un Curateur. Et il en feroit de même d'une femme dont les mœurs & la conduite pourroient y donner lieu *l*.

*l* Lege 12. tabularum prodigo interdicitur bonorum ſuorum adminiſtratio. Quod moribus quidem ab initio introductum eſt, ſolent prætores vel præſides, ſi talem hominem invenerint, qui neque finem, neque tempus expenſarum habet, ſed bona ſua dilapidando, & diſſipando profundit, curatorem ei dare, exemplo furioſi. *l* 1. *ff. de curat. fur.* Nam æquum eſt proſpicere nos etiam eis, qui quoad bona ipſorum pertinet, furioſum faciunt exitum. *l.* 12. §. *ult. ff. de tut. & cur. dat.* Et mulieri quæ luxurioſe vivit bonis interdici poteſt. *l.* 15. *ff. de cur. fur.*

*Par l'Ordonnance de Blois art.* 182. *les veuves qui ayant des enfans, ſe remarient à des perſonnes indignes de leur qualité, ſont miſes en interdiction de leurs biens, & ne peuvent les vendre ny aliener. Mais cette interdiction n'étant que pour empêcher les alienations, afin de conſerver les biens aux enfans, elle n'a pas cet effet qu'on nomme à ces femmes des Curateurs.*

## X.

L'interdiction d'un prodigue ne peut être ordonnée, & le Curateur nommé, qu'après que la mauvaiſe conduite aura été prouvée *m*. Et celuy que ſon pere auroit déclaré prodigue par ſon teſtament eſt préſumé tel *n*; ſi ce n'eſt que par les circonſtances on dût n'avoir point d'égard à une telle déclaration.

*m* Si talem hominem invenerint. *l.* 1. *ff. de cur. fur.*

*n* Per omnia judicium teſtatoris, ſequendum eſt, ne quem pater vero conſilio prodigum credidit, eum magiſtratus, propter aliquod forte ſuum vitium, idoneum putaverit. *l.* 16. §. *ult. eod.*

## XI.

Le fils ne peut être nommé Curateur de ſon pere déclaré prodigue, quoyqu'il puiſſe l'être de ſon pere qui eſt en démence *o*.

*o* Curatio autem ejus cui bonis interdicitur, filio negabatur permittenda. *l.* 1. §. 1. *ff. de curat. fur.*

## XII.

La charge du Curateur d'un prodigue ne finit que lorſque l'interdiction eſt levée en Juſtice *p*.

*p* Tamdiu erunt ambo in curatione, quamdiu vel furioſus ſanitatem, vel ille ſanos mores receperit, quod ſi evenerit, ipſo jure deſinunt eſſe in poteſtate Curatorum. *l.* 1. *ff. de curat. fur.*

*Quoyqu'il soit vray que la respiscence mette le prodigue & l'insensé en état de reprendre le soin de leurs affaires; il est necessaire à l'égard du prodigue, que comme il est interdit en justice, il fasse lever l'interdiction tant pour la décharge de son Curateur, que pour la sûreté de ceux qui auront à traiter avec luy.*

### XIII.

Si une personne se trouve dans une absence de longue durée, sans avoir chargé quelqu'un de la conduite de ses biens & de ses affaires, & qu'il soit necessaire d'y pourvoir, on nomme en ce cas un Curateur pour prendre ce soin *q*.

*q* Ei cujus pater in hostium potestate est, tutorem dari non posse palam est ..... imò curator substantiæ dari debet: ne in medio pereat. *l. 6. §. ult. ff. de tut.* Cùm cognatos tuos nondum postliminio regressos affirmes, sed adhuc in rebus esse humanis, & bona eorum fraudibus diversæ partis dissipari, interpellatus rector provinciæ providebit, eum sub observatione consueta constituere, qui stipulante servo publico, satis idoneè dederit. *l. 3. C. de postlim. revers. v. l. 6. §. ult. ff. quibus. ex. cauf. in poss. eat. l. 15. ff. ex quib. cauf. mai.* Si bonis curator datus sit, vel absentis, vel ab hostibus capti. *l. 22. §. 1. ff. de rebus auct. jud. possid.* Quia rebus suis superesse non possunt. *§. 4. inst. de curat.*

### XIV.

Si une veuve se trouve grosse au tems de la mort de son mari, on ne peut nommer de Tuteur à l'enfant jusqu'à sa naissance. Mais, s'il est necessaire, on nomme un Curateur pour la conservation des droits de l'enfant qui pourra naître, & pour l'administration des biens qui devront luy appartenir *r*.

*r* Ventri tutor à magistratibus populi Romani dari non potest, curator potest. *l. 20. ff. de tut. & curat. dat.* Bonorum ventris nomine curatorem dari oportet. *l. 8. ff. de curat. fur. l. 24. ff. de reb. auct. jud. V. tit. de ventre in poss. mit. & curat. ejus. l. 1. §. 17. & 18. eod.*
*S'il y avoit d'autres enfans, & qu'il ne fallût qu'une seule tutele pour tous, le même Tuteur serviroit pour l'interêt des enfans qui seroient à naître.*

### XV.

Si une succession se trouve sans heritiers, comme s'il n'y avoit ni parent, ni heritier institué, ou que celuy qui devoit succeder eût renoncé à la succession, ou qu'il fût absent, ou que pendant qu'il délibere & refuse de s'immiscer, il fût necessaire de pourvoir aux affaires, ou au ménagement des biens; On nomme un Curateur à la succession qui exerce cette fonction, pour conserver les

Marginal notes:
13. *Curateur aux biens d'un absent:*
14. *Curateur à l'enfant qui n'est pas encore né.*
15. *Curateur à une succession.*

biens ou aux creanciers, ou à ceux à qui la succession
devra appartenir ſ.

ſ Si diu incertum ſit, heres extaturus, nec ne ſit, cauſa cognita permitti
oportebit, bona rei ſervandæ cauſa poſſideri. Et ſi ita res urgeat, vel conditio, bonum etiam hoc erit concedendum, ut curator conſtituatur. l. 8. ff. quib.
ex cauſ. in poſſ. eat. Dum deliberant heredes inſtituti adire, bonis à prætore curator datur. l. 3. ff. de curat. fur. l. 22. §. 1. ff. de rebus auct. jud. poſſ. toto tit.
ff. de curat. bon. dando. V. les articles ſuivans.

## XVI.

*16. Curateur aux biens vacans.*

Lorſqu'un debiteur abandonne ſes biens à ſes creanciers, ils peuvent faire créer un Curateur qui en prenne
le ſoin ᵗ, ou nommer quelques-uns d'entr'eux qui en ayent
la direction.

t De Curatore conſtituendo hoc jure utimur, ut prætor adeatur, iſque curatorem curatoresve conſtituat ex conſenſu majoris partis creditorum. l. 2. &
toto tit. ff. de curat. bon. dando. V. l'article ſuivant.

## XVII.

*17. Un creancier peut être Curateur aux biens du de-biteur.*

On peut nommer pour Curateur aux biens abandonnez d'un debiteur, ou à ſon heredité aprés ſa mort, un
des creanciers, ou une autre perſonne qui en prenne le
ſoin ᵘ.

u Nec omnimodo creditorem oportet eſſe eum qui Curator conſtituitur, ſed
poſſunt & non creditores. l. 2. §. 4. ff. de curat. bon. dand. Si diu incertum ſit
heres extaturus, necne ſit, cauſa cognita permitti oportebit, bona rei ſervandæ cauſa poſſideri. Et ſi ita res urgeat, vel conditio, bonum etiam hoc erit
concedendum, ut curator conſtituatur unus ex creditoribus. l. 8. & l. 9. ff. quib.
ex cauſ. in poſſ. eat.
*Il ne faut pas confondre ces ſortes de Curateurs, ou Directeurs dont il eſt parlé
dans l'article precedent & dans celuy-cy avec les Curateurs qu'on nomme pour
la validité d'une ſaiſie réelle de biens abandonnez, comme d'une heredité ſans
heritiers. Car pour cette derniere ſorte de Curateurs, on ne nomme pas des
creanciers parce qu'ils ſeroient eux-mêmes leurs parties.*

## XVIII.

*18. Pouvoir des Curateurs.*

Les Curateurs ont leurs fonctions reglées par le pouvoir qui leur eſt donné, & ils ont droit de faire tout ce
qui dépend de leur miniſtere ˣ.

x Quæ per eum, eóſve qui ita creatus, creatíve eſſent, acta, facta, geſ-
taque, ſunt, rata habebuntur, eiſque actiones, & in eos utiles competunt.
l. 2. §. 1. ff. de curat. bon. dando. V. l'art. 3. de la Sect. 2.

# SECTION II.

## Des engagemens des Curateurs.

## SOMMAIRES.

### I.

TOutes ces sortes de Curateurs , dont il a été parlé dans la Section precedente, sont tenus comme les Tuteurs, de prêter le serment , de faire un inventaire des biens dont ils sont chargez , & de prendre le même soin de ce qui dépend de leur administration que les Tuteurs doivent pour la leur *a*.

*1. Serment & administration des Curateurs.*

*a* Tactis sacro-sanctis Evangeliis edicat omnia se recte, & cum utilitate furiosi agere : & neque pretermittere ea quæ utilia furioso esse putaverit , neque admittere quæ inutilia existimaverit. *l. 7. §. 5. C. de cur. fur. Nov. 72. c. ult.* Eadem observatione & pro jurejurando , & pro inventario, & satisdatione , & hypotheca rerum curatoris modis omnibus adhibenda. *d. l. 7. §. 6. in f.* In paucissimis distant curatores à tutoribus. *l. 13. ff. de excus.* V. la Loy citée sur l'art. 2. de la Section suivante. V. l'article 12. de la Sect. 1. des Tuteurs ; & cy-après l'article 3.

### II.

Il n'y a presque pas d'autre difference entre les engagemens de ces Curateurs & ceux des Tuteurs , qu'en ce que les Tuteurs sont nommez pour les personnes & pour les biens , & que leur administration finit au plus tard à la majorité de ceux qui sont sous leur charge ; au lieu que quelques Curateurs ne sont que pour les biens , & que la charge d'aucun n'a son temps borné : mais chacune dure , ou finit , selon que la cause qui a donné sujet à leur nomination continuë , ou vient à cesser *b*.

*2. Difference entre les Tuteurs & les Curateurs.*

*b* In paucissimis distant curatores à tutoribus. *l. 13. ff. de excus.* V. la Section precedente.

### III.

Les regles qui ont été expliquées dans le Titre des Tuteurs , & qui peuvent convenir aux fonctions & aux engagemens des Curateurs doivent s'y appliquer. Com-

*3. Engagemens des Curateurs.*

me , par exemple, qu'ils ne peuvent prendre de ceſſion de droits ou de dettes contre ceux dont ils ſont Cura-teurs : que leurs biens ſont hypothequez du jour de leur nomination pour les ſommes dont ils ſe trouvent rede-vables : qu'ils ne peuvent aliener les biens de ceux qui ſont ſous leur charge, qu'en obſervant les formes. Et ainſi des autres ſelon que les diſpoſitions & les motifs de ces regles peuvent regarder le miniſtére des Curateurs *c*.

*c* Et hæc dicimus in omni curatore, in quibus omnino curas aliquorum intro-ducunt leges , prodigorum forte , aut furioſorum , aut amentium, aut ſi quid aliud jam lex dixit , aut ſi quid inopinabile natura adinvenerit. *Novel.* 72. *c.* 5. *in fine.* Hypotheca rerum curatoris modis omnibus adhibenda. *l.* 7. §. 6. *ff. de cur. fur.* Si prædia minoris viginti quinque annis diſtrahi deſiderentur , cauſa cognita Preſes provinciæ debet id permittere. Idem ſervari oportet etſi furioſi, vel prodigi , vel cujuſcumque alterius prædia curatores velint diſtrahere. *l.* 11. *ff. de reb. eor. qui ſub tut.* V. au titre des Tuteurs les regles qui peuvent con-venir aux Curateurs.

## SECTION III.

### Des engagemens de ceux pour qui les Curateurs ſont établis.

## SOMMAIRES.

1. *Action des Curateurs aux perſonnes.*
2. *Action des Curateurs aux biens.*
3. *Action du Curateur aux biens de l'abſent.*
4. *Action du Curateur dont la charge eſt finie.*
5. *Effet de l'action du Cu-rateur.*
6. *Hypotheque des Cura-teurs.*

## I.

**1. *Action des Curateurs aux perſonnes.***

LEs Curateurs qui ſont établis pour les perſonnes , & pour les biens , ont leur action pour le recouvre-ment de ce qui pourra leur être dû , & pour l'indemnité de ce qu'ils auront bien geré , & les autres ſuites de leur adminiſtration , ou contre les perſonnes même dont ils ont été Curateurs , ſi elles deviennent capables d'oüir leur compte , ou contre leurs heritiers ou autres à qui ce compte devra être rendu *a*.

*a* Sed etſi curator ſit vel furioſi , vel prodigi, dicendum eſt etiam his contra-rium

rium dandum. Idem in curatore quoque ventris probandum est. Quæ sententia fuit sabini, existimantis, cæteris quoque curatoribus, ex iisdem causis dandum contrarium judicium. *l. 1. §. 2. ff. de cont. tut. & ut. act.*

## II.

Les Curateurs dont l'administration n'a rapport
qu'aux biens, ont leur action contre les personnes interessées à la conservation de ces biens ; comme contre
les heritiers qui peuvent survenir à une succession qui
avoit été vacante, & contre les creanciers des biens
abandonnez *b*.

*b* Quæ per eum, eósve, qui ita creatus, creative essent, acta, facta, ges-
taque sunt, rata habebuntur. Eisque actiones, & in eos utiles competunt. *l.
2. §. 1. de cur. bon. d.*

## III.

Le Curateur aux biens d'un absent a son action contre
luy aprés son retour, ou contre ceux que les biens regardent, à plus forte raison que celuy qui s'ingere de
son mouvement à prendre le soin des biens d'un absent *c*.

*c* V. l'art. 2. de cette Section. Cùm quis negotia absentis gesserit, ultro citroque inter eos nascuntur actiones. *Inst. de obl. qua quasi ex contr. l. 5. de
obl. & act.* V. la Sect. 2. de ceux qui font les affaires des autres.

## IV.

Si un Curateur ayant geré, on en nomme un autre en
sa place, soit qu'il cesse d'être Curateur par quelque excuse, ou par d'autres causes, il aura son action pour
ce qu'il aura geré contre les personnes que l'administration qui luy avoit été commise pourra regarder, &
que sa nomination y engagera : & il pourra aussi agir
contre le Curateur nommé en sa place, qui le dénon-
cera à ces mêmes personnes *d*.

*d* C'est une suite des articles precedens.

## V.

Par cette action les Curateurs recouvrent tout ce
qu'ils ont raisonnablement employé du leur, avec les
interêts de leurs avances, s'ils en avoient fait, & ce
qui peut leur être dû par forme de salaires pour leur administration. Et ils font ratifier ce qu'ils ont bien
geré *e*.

*e* V. les articles. 1. 2. 3. & 5. de la Sect. 5. du Titre des Tuteurs.

Tome II.              I

---

*Marginal notes:*

2. Action des Curateurs aux biens.

3. Action du Curateur aux biens de l'absent.

4. Action du Curateur dont la charge est finie.

5. Effet de l'action des Curateurs.

VI.

6. Hypotheque des Curateurs.

Les Curateurs des infenfez, des infirmes, des prodigues, & des abfents, ont leur hypotheque fur tous les biens des perfonnes pour qui ils ont geré. Et les Curateurs aux fucceffions vacantes, & autres biens, ont la leur fur les biens dont ils ont eu l'adminiftration. Et tous ces Curateurs ont auffi leur privilege & préference fur les biens dont ils ont procuré le recouvrement, ou qu'ils ont confervez, pour les deniers qu'ils y ont employez; comme, par exemple, pour des frais de juftice avancez pour le recouvrement d'une dette, pour des reparations d'une maifon, ou d'un autre fonds f.

f V. les articles 6. & 7. de la Sect. 5. des Tuteurs, & l'art. 25. de la Sect. 5. des gages & hypotheques.

# TITRE III.

## DES SYNDICS, DIRECTEURS, & autres Adminiftrateurs des Corps, & Communautez.

Des Communautez, & de ceux qui y font prépofez pour les affaires.

ON a vû dans le Titre des Perfonnes, qu'il y a des Corps & Communautez Ecclefiaftiques, & Laïques; comme font les Chapitres, les Maifons Religieufes, les Corps ou Communautez des Villes, les Univerfitez, les Corps des Métiers, & autres femblables: & que ces Corps font confiderez comme tenant lieu de Perfonnes. Car comme les perfonnes particulieres ont leurs droits, leurs privileges, leurs biens, leurs affaires, leurs charges; ces Communautez ont auffi les leurs: mais avec cette difference entr'autres, qu'au lieu que chaque particulier eft maître de ce qui eft à luy, & qu'il en difpofe feul à fa volonté, s'il n'y a point d'obftacle, comme une minorité, ou autre incapacité; chacun des particuliers qui compofent ces Communautez, ni eux tous enfemble, n'ont pas le même droit: & ne peuvent difpofer de la même maniere de ce qui eft au corps. Ainfi ils ne peuvent aliener leurs biens, que pour de juftes caufes, & en gardant les formalitez que les Loix pref. crivent. Ce qui eft fondé fur ce que ces Corps étant établis, foit dans l'Eglife, ou dans la police, par des vûës du bien public qui demande qu'ils fubfiftent ; il eft de l'or-dre qu'ils ne puiffent aliener leurs biens fans de juftes caufes, afin qu'ils puiffent fe maintenir, & qu'on ne puif-fe ruïner ce fondement qui les fait durer pour le bien public.

C'eft une fuite neceffaire de ces divers établiffemens de Communautez Ecclefiaftiques & Laïques, que pour la conduite de leurs affaires, & pour la confervation, & l'adminiftration de leurs biens & de leurs droits, elles puiffent prépofer des perfonnes qui en prennent le foin. Ce font ces perfonnes qu'on appelle de differens noms, comme de Maires, Efchevins, Confuls pour les Villes ; Syndics, Directeurs, Adminiftrateurs, ou d'autres noms pour les autres Corps. Et il fe forme entre ces perfon-nes, & les Corps qui les nomment, un engagement reci-proque fans convention ; car ces nominations fe font fouvent indépendemment de la volonté de ceux qu'on choifit. Ainfi cette efpece d'engagement fe formant fans convention eft une des matieres de ce Livre, & fera cel-le de ce Titre.

*Matiere de ce Titre.*

Il ne faut pas confondre cet engagement avec celuy qui fe forme entre ces Corps ou Communautez, & ceux qu'ils conftituent pour leurs Procureurs dans quelques affaires ; car celuy-cy fe fait par une convention, & il eft compris dans la matiere du Titre des Procurations.

On ne parlera pas en ce lieu des autres matieres qui peuvent regarder les Communautez, comme leur ufage, leur origine, les manieres dont elles fe forment, leurs droits, leurs privileges, & le refte ; car ces matieres ne font pas de ce lieu, mais font partie du droit public dont on a parlé dans le chap. 14. du Traité des Loix, num. 27. mais la matiere de ce Titre eft reftreinte à ce qui regarde en general la nomination, & le pouvoir de ces Syndics, & Directeurs, & les engagemens qui fe forment entr'eux

I. ij

& ceux qui les nomment, en ce qui regarde les affaires
dont ils font chargez.

## SECTION I.

*De la nomination des Syndics, Directeurs, & autres*
*Administrateurs des Corps & Communautez,*
*& de leur pouvoir.*

### SOMMAIRES.

1. *Usage des Syndics, & au-* | compté pour faire le nom-
*tres préposez.* | bre des nominateurs.
2. *Par qui ils sont nommez.* | 5. *Pouvoir de celuy qui est*
3. *Comment ils sont nommez.* | nommé.
4. *Celuy qui est nommé est* | 6. *Durée de ce pouvoir.*

### I.

*1. Usage des Syn-*
*dics, & autres*
*préposez.*

CEux qui ont la permission de former un Corps, ou
Communauté, ont aussi leurs droits, leurs privileges, leurs biens, leurs affaires : & ne pouvant vaquer
tous ensemble à tout ce qui regarde leur Communauté,
ils peuvent y préposer des personnes qui en prennent le
soin, & qu'on appelle Syndics, ou d'autres noms *a*.

*a* Quibus permissum est corpus habere Collegii, societatis, sive cujusque
alterius eorum nomine, proprium est, ad exemplum Reipublicæ, habere res
communes, arcam communem, & actorem, sive Syndicum per quem, tamquam in Republica, quod communiter agi, fierique oporteat, agatur fiat.
*l.* 1. §. 1. *ff. quod cui. un. nom.*

### I I.

*2. Par qui ils*
*sont nommez.*

Les Syndics & autres préposez aux affaires des Corps
& Communautez, sont nommez par ceux qui les composent ; si ce n'est que quelque Loy eût autrement pourvû au chois de ces personnes. Et si le Corps entier est tel
que tous ceux qui en sont ne puissent s'assembler, ou
ne doivent pas tous avoir part à la direction des affaires
communes, on en choisit un certain nombre, selon que
les reglemens & les usages y ont pourvû : & ce nombre,

qui reprefente le Corps entier, fait la nomination de ceux qui doivent être chargez du foin des affaires *b*.

*b* Nulli permittetur nomine civitatis, vel curiæ experiri, nifi ei cui lex permittit, aut lege ceffante ordo dedit. *l. 3. ff. quod cui. un. nom.* Quibus fumma Reipublicæ commiffa eft. *l. 14. ff. ad munic.* Secundùm locorum confuetudinem. *l. 6. §. 1. in f. ff. quod cui. un. nom.*

### III.

Les nominations fe font à la pluralité des voix, lors que ceux qui doivent compofer l'affemblée s'y trouvent convoquez en la maniere, & dans le nombre prefcrit par les réglemens, ou par les ufages, comme s'il doit y en avoir les deux tiers, ou autre partie ou un certain nombre : Et ceux qui ont droit de faire la nomination, doivent y obferver les formalitez qui leur font prefcrites *c*.

*3. Comment ils font nommez.*

*c* Quod major pars curiæ effecit, pro ea habetur, ac fi omnes egerint. *l. 19. ff. ad municip.* Cum due partes adeffent, aut ampliusquam duæ. *l. 3. ff. quod cui. un. nom.*

### IV.

Pour faire le nombre neceffaire des nominateurs, on peut y compter celuy qui eft nommé, s'il étoit de ce nombre *d*.

*4. Celuy qui eft nommé eft compté pour faire le nombre des nominateurs.*

*d* Planè ut duæ partes Decurionum adfuerint, is quoque quem decernent numerari poteft. *l. 4. ff. quod cui. un. nom.*

### V.

Ceux qui ont été ainfi legitimement nommez ont le pouvoir d'exercer les fonctions qui leur font commifes, & fuivant l'étenduë, ou les bornes qui leur font prefcrites *e*.

*5. Pouvoir de celuy qui eft nommé.*

*e* Per quem, tamquam in Republica, quod communiter agi, fierique oporteat, agatur, fiat. *l. 1. §. 1. in f. ff. quod cui. un. nom.*

### VI.

Le pouvoir de ces Syndics, & autres prépofez, finit avec leurs charges lorfqu'elles expirent. Et il ceffe auffi par une revocation, fi elle peut avoir lieu, pourvû qu'elle foit faite dans les regles, & connuë à celuy qui eft revoqué, & à ceux qui avoient à traiter avec luy *f*.

*6. Durée de ce pouvoir.*

*f* Quid fi actor datus poftea decreto Decurionum prohibitus fit ? An exceptio ei noceat ? & puto fic hoc accipiendum, ut ei permiffa videatur, cui & permiffa durat. *l. 6. §. 2. ff. quod cui. un. nom.* V. l'article 1. de la Section 4. des Procurations.

## SECTION II.

*Des engagemens des Syndics, & autres préposez.*

### SOMMAIRES.

1. *Soin des Syndics.*
2. *Leurs engagemens.*
3. *Idem.*

### I.

*I. Soin des Syndics.*

CEux qui sont nommez par les Corps & Communautez pour l'administration de leurs affaires, doivent y apporter le même soin, & la même diligence que les Procureurs constituez. Et ils répondent non seulement de leur dol & des fautes grossieres, mais aussi des fautes contraires à ce soin *a*.

*a* Actor iste procuratoris partibus fungitur. *l. 6. §. 3. ff. quod cui. un. nom.* Magistratus Reipublicæ non dolum solummodò, sed & latam negligentiam, & hoc amplius etiam diligentiam debent. *l. 6. ff. de adm. rer. ad civ. pert.* V. l'art. 4. de la Sect. 3. des Procurations.

*Cette obligation n'a pas son effet contre les Superieurs, & les Procureurs des Maisons Religieuses, qui sont des personnes mortes civilement, contre lesquelles la Communauté n'a pas ce recours.*

### II.

*2. Leurs engagemens.*

Les Syndics & autres préposez qui entreprennent une affaire par l'ordre du Corps qui les a nommez, sont obligez de prendre soin de toutes les suites. Ainsi, celuy qui est chargé d'intenter un procés, est tenu d'y proceder dans toute la suite, pendant la durée de son administration. Et en general, il est obligé de répondre de sa conduite envers ceux qui l'ont préposé, & de justifier de son pouvoir envers ceux contre qui il agit, ou avec qui il traite, & de faire ratifier par la Communauté ce qu'il aura geré *b*.

*b* Actor universitatis si agat, compellitur etiam defendere. *l. 6. §. 3. ff. quod cui un. nom.* Si de decreto dubitetur, puto interponendam & de rato cautionem. *d. §. 3.*

### III.

*3. Idem.*

Les autres engagemens de ces Syndics & autres préposez leur sont marquez par les fonctions qui leur sont commises, & par le pouvoir qui leur est donné. Ainsi,

ceux des Maires & Echevins font reglez par la nature de leurs charges. Et ceux d'un Syndic, ou autre préposé d'un Chapitre, ou d'un autre Corps, par le pouvoir, & les fonctions qu'on luy attribuë. Et en general
tous les préposez ont les fonctions propres à leurs charges, selon qu'elles leur sont attribuées par les reglemens,
& par les usages, ou qu'elles leur sont commises par ceux
qui les nomment *c*.

*c* Actor ipse procuratoris partibus fungitur. *l. 6. §. 3. ff. quod cui. un.* Diligenter fines mandati custodiendi sunt. *l. 5. ff. mand.* Pecuniam publicam trac-
tare, sive erogandam decernere. *l. 2. §. 1. ff. ad munic.* Exigendi tributi munus. *l. 17. §. 7. eod.* Ad Rempublicam administrandam. *l. 8. ff. de mun. &*
*bon. Tit. ff. de adm. rer. ad civ. pert.*

## SECTION III.

*Des engagemens des Communautez qui préposent*
*des Syndics, ou autres.*

### SOMMAIRES.

1. Engagement de ratifier.
2. Engagement d'allouer les dépenses.
3. Bornes des engagemens des Communautez.
4. Comment le préposé peut être tenu en son nom.
5. L'engagement d'un Corps ne se divise pas entre ceux qui le composent.

### I.

LEs Communautez qui ont nommé des Syndics ou
d'autres préposez, sont tenuës de ratifier ce qu'ils ont
bien geré, selon leurs pouvoirs. Car comme ceux qui
composent les Communautez ne peuvent agir tous, ni
sçavoir même tous ce qui regarde leur Communauté, il
est censé qu'ils sçavent de leurs affaires ce qu'en sçait
celuy qu'ils y ont commis : Que ce qui vient à sa connoissance vient aussi à la leur : Et que ce qu'il gere ou qui
se traite avec luy, se passe avec eux, pourvû que ce soit
dans les bornes du pouvoir qu'ils luy ont donné *a*.

*1. Engagement de ratifier.*

*a* Sicut municipum nomine actionem prætor dedit, ita & adversus eos justissi-
mè edicendum putavit. *l. 7. ff. quod cui. un. nom.* Municipes intelliguntur
scire quod sciant hi quibus summa Reipublicæ commissa est. *l. 14. ff. ad muni-*
*cip.* V. l'art. 5. de la Sect. 2. des Conventions.

## II.

*2. Engagement d'alloüer les dépenses.*

La Communauté est obligée d'alloüer à son préposé les dépenses raisonnables qu'il a employées pour les affaires qui luy étoient commises *b*.

*b* Legato , qui in negotium publicum sumptum fecit, puto dandam actionem in municipes. *l. 7. ff. quod cui. un. n.*

## III.

*3. Bornes des engagemens des Communautez.*

Les Communautez ne font engagées par le fait de la personne qu'elles ont préposé que dans l'étenduë des engagemens qui leur sont permis, & selon qu'ils tournent à leur avantage. Ainsi , par exemple , si une Communauté a donné pouvoir d'emprunter, elle ne sera obligée que pour les sommes dont il aura été fait un employ utile *c*, ou si elle a donné un pouvoir de vendre, la vente ne subsistera qu'en cas qu'elle ait été faite pour une cause necessaire , & qu'on y ait observé les formes prescrites pour ces sortes de ventes *d*.

*c* Civitas mutui datione obligari potest , si ad utilitatem ejus pecuniæ versæ sunt. *l. 27. ff. de reb. cred. l. 11. ff. de pig. & hyp.*
*d V. l. 14. C. de sacr. Eccles. Nov. 7. c. 1. Nov. 120.* V. l'art. suivant.

## IV.

*4. Comment le préposé peut être tenu en son nom.*

Si une Communauté est déchargée de l'engagement contracté par celuy qu'elle a préposé, on jugera par les circonstances , s'il en doit répondre envers les personnes qui avoient traitté avec luy. Ainsi , par exemple , si des Echevins d'une Ville empruntent de l'argent pour payer des dettes , ou pour en faire quelqu'autre employ, & que le creancier leur confie l'argent pour payer , ou faire l'employ ils luy en répondront en leurs noms, s'ils y ont manqué. Ainsi au contraire , si un préposé d'une Communauté en vend un heritage à un acquereur qui se contente pour sa sureté d'une deliberation de la Communauté qui donnoit le pouvoir de vendre , & de la vente que luy fait ce préposé en cette qualité , suivant ce pouvoir , & que dans la suite la vente soit resoluë , pour avoir été faite sans necessité , & sans garder les formes; ce préposé n'en sera pas garand. Ainsi en general les préposez quitraittent pour des Communautez

nautez font tenus de ce qui eft de leur fait particulier
envers ceux qui ont fuivi leur foy , mais non du fait de
la Communauté, s'ils n'ont traitté que fuivant le pouvoir qu'elle avoit donné *e*.

*e* Civitas mutui datione obligari poteft, fi ad utilitatem ejus pecuniæ verfæ
funt. Alioquin ipfi foli qui contraxerunt , non civitas, tenebuntur. *l.* 27. *ff. de
reb. cred.* V. l'article precedent fur les Alienations : & la remarque fur l'art. 1.
de la Sect. 2. fur les Engagemens des prépofez.

### V.

*5. L'Engagement d'un corps ne fe divife pas entre ceux qui le compofent.*

L'engagement d'une Communauté ne fe divife pas entre les perfonnes qui la compofent, de forte que ce foit
l'engagement de chacun en particulier. Et ce n'eft que
le Corps qui eft obligé par le fait de celuy qu'elle a pré-
pofé. Et comme ces particuliers n'entrent pas en leur
noms dans l'obligation que le Corps contracte, s'ils ne
s'y engagent expreffément ; ceux qui s'obligent envers
les Communautez, ne s'obligent pas par là envers chacun de ceux qui en font les membres *f*.

*f* Si municipes, vel aliqua univerfitas ad agendum det actorem, non erit
dicendum, quafi à pluribus datum, fic haberi : hic enim pro Republica , vel
Univerfitate intervenit, non pro fingulis. *l.* 2. *ff. quod cuj. un. nom.* Si quid
debetur Univerfitati, fingulis non debetur : nec quod debet Univerfitas, finguli debent. *l.* 7. §. 1. *eod.*

## TITRE IV.

## DE CEUX QUI FONT
### *les affaires des autres à leur infçû.*

*Devoir de prendre foin des affaires des abfens.*

LA loy qui nous commande de faire pour les autres
ce que nous voudrions qu'ils fiffent pour nous ,
oblige ceux qui fe trouvent dans des conjonctures où l'interêt des perfonnes abfentes eft abandonné,
de prendre le foin d'y pourvoir felon qu'ils le peuvent.
Les fimples fentimens d'humanité fans religion portent
à ce devoir envers les abfens , & engagent à prendre
foin de leurs biens & de leurs affaires, ceux à qui les
évenemens en font naître les occafions. Et les Loix

*Tome II.* K

civiles invitent toute forte de perfonnes à ce devoir, donnant à ceux qui prennent le foin des affaires des perfonnes abfentes l'affurance que ce qu'ils auront fait raifonnablement fera confirmé, & qu'ils feront rembourfez des deniers qu'ils auront fournis pour un employ utile *a*.

*Matiere de ce Titre.*

C'eſt cette eſpece d'Office, & les ſuites qui en naiſſent dont les regles doivent faire la matiere de ce Titre. Car il ſe forme un engagement ſans convention, & qui eſt réciproque, entre le Maître d'une affaire, & celuy qui en prend le ſoin à ſon inſçû. Ainſi cette eſpece d'engagement a ſon rang en ce lieu.

Il faut remarquer ſur ce Titre, qu'il y a cette difference entr'autres de l'adminiſtration des Tuteurs & des Curateurs à celle des perſonnes qui font les affaires des autres à leur inſçû, qu'au lieu que les Tuteurs & Curateurs étant nommez en juſtice ont leur hypotheque ſur tous les biens dés perſonnes qui ont été ſous leur conduite, & les Curateurs aux biens ſur les biens dont ils ont eu l'adminiſtration; ceux qui font les affaires des autres à leur inſçû ne l'ont pas de même: mais ils ont la preference qui peut leur être acquiſe pour les deniers employez, ou à la conſervation du bien, ou au recouvrement de quelque dette *b*.

Comme il y a beaucoup de rapport de l'engagement de ceux qui font les affaires des autres à leur inſçû, à celuy des Procureurs conſtituez; il faut joindre à ce Titre les regles du Titre des Procurations qui peuvent y convenir.

---

*a* Utilitatis cauſa receptum eſt invicem eos obligari. *l. 5. ff. de obl. & act.* Idque utilitatis cauſa receptum eſt, ne abſentium qui ſubita feſtinatione coacti, nulli demandata negotiorum ſuorum adminiſtratione, peregrè profecti eſſent, deſererentur negotia. Quæ ſanè nemo curaturus eſſet, ſi de eo quod quis impendiſſet, nullam habiturus eſſet actionem. §. 1. *inſt. de obl. quæ. qu. ex contr. n. l. 5. ff. de obl. & act.*

*b* V. *l'art.* 6. *de la Section* 3. *des Curateurs,* & *la Section* 5. *des gages & hypotheques.*

# SECTION I.

*Des engagemens de celuy qui fait l'affaire d'un*
*autre à son insçû.*

## SOMMAIRES.

### I.

LEs Loix civiles n'obligent personne à prendre le soin des affaires des autres, à la reserve de ceux qui en sont chargez par quelque devoir particulier, comme les Tuteurs, les Curateurs, & autres Administrateurs. Mais celuy qui s'engage volontairement à prendre le soin de l'affaire d'un autre, n'est plus libre de l'abandonner; Car il sera tenu des suites de son administration, de continuer ce qu'il aura commencé, jusqu'à ce qu'il l'acheve, ou que le maître soit en état d'y pourvoir luy-même, il rendra compte de ce qu'il aura fait; ou manqué de faire *a*. Et celuy pour qui il aura agi sera de sa part obligé envers luy aux engagemens qui seront expliquez dans la Section 2.

*1.Engagement de continuer l'affaire commencée.*

*a* Tutori vel Curatori similis non habetur qui, citra mandatum, negotium alienum sponte gerit. Quippe superioribus quidem necessitas muneris administrationis finem, huic autem propria voluntas facit. *l.* 10. *C. de neg gest.* Nova inchoare necesse mihi non est, vetera explicare, ac conservare necessarium est.

K ij

*l.* 21. §. 2. *ff. eod.* Sicut autem is qui utiliter gessit negotia, dominum habet obligatum negotiorum gestorum, ita & contra iste quoque tenetur, ut administrationis reddat rationem. §. 1. *inst. de obl. quæ quasi ex contr.* Cùm quis negotia absentis gesserit, ultrò citròque inter eos nascuntur obligationes. *d.* §. Æquum est ipsum actus sui rationem reddere, & eo nomine condemnari, quidquid vel non ut oportuit, gessit : vel ex his negotiis retinet. *l.* 2. *ff. de neg. gest.*

## II.

**2. Soin de l'affaire entreprise.**

Celuy qui s'est engagé à l'affaire d'un autre à son insçû est obligé d'en prendre le même soin que s'il étoit Procureur constitué; car il en tient lieu : & rendant un office, il doit le rendre tel qu'il ne soit pas nuisible ou par sa negligence, ou par quelqu'autre faute. Ainsi, il sera tenu non seulement de ce qu'il pourroit y avoir de sa part de dol, ou de mauvaise foy, mais aussi du manque de soin. Et quand même il seroit negligent en ses propres affaires, il doit pour celles d'un autre dont il s'est chargé, un soin tres-exact, & il répondra des fautes contraires à ce soin; si ce n'est que les circonstances doivent y apporter quelque temperament, suivant la regle qui sera expliquée dans le dernier article *b*.

*b* Secundùm quæ super his quidem quæ nec Tutor nec Curator constitutis ultro quis administravit, cùm non tantùm dolum & latam culpam, sed & levem præstare necesse habeat à te conveniri potest. *l.* 20. *C. de neg. gest.* Quo casu ad exactissimam quisque diligentiam compellitur reddere rationem. Nec sufficit talem diligentiam adhibere qualem suis rebus adhibere solet, si modò alius diligentior eo commodius administraturus esset negotia. §. 1. *in f. inst. de obl. quæ quasi ex contr.* Si mater tua major annis constituta, negotia quæ ad te pertinent gesserit, cùm omnem diligentiam præstare debeat, &c. *l.* 24. *C. de usur.* Si negotia absentis & ignorantis geras, & culpam, & dolum præstare debes. *l.* 11. *ff. de neg. gest.* V. l'art. 4. de la Sect. 3. des Procurations.

## III.

**3. Si celuy qui s'ingere aux affaires d'un absent, en neglige une partie.**

Si la personne qui a entrepris la conduite des affaires d'un absent en neglige une partie, & que son engagement en éloigne d'autres personnes qui auroient pû y pourvoir, il en sera tenu selon les circonstances *c*.

*c* Videamus in persona ejus qui negotia administrat, si quædam gessit, quædam non ? contemplatione tamen ejus, alius ad hæc non accessit : & si vir diligens, quod ab eo exigimus, etiam ea gesturus fuit, an dici debeat negotiorum gestorum eum teneri & propter ea quæ non gessit? quod puto verius. *l.* 6. §. 12. *ff. de neg. gest. v. l.* 1. §. ult. *ff. de eo qui pro. tut. prove. cur. neg. gest.* Voyez cy-après l'art. 5.

## IV.

Que si au contraire celuy qui fait les affaires d'un ab- *4. Affaire entre- prise sans necessité.*
sent, entreprend sans necessité quelque affaire nouvelle,
que rien n'obligeoit l'absent d'entreprendre, comme s'il
achete pour luy quelques marchandises, ou s'il l'interesse
dans quelque commerce, il portera seul toutes les pertes qui en arriveront, quoyque s'il en arrivoit du profit,
il fût pour cet absent. Mais s'il se trouvoit dans cette
même affaire de la perte d'une part, & du gain de l'autre, celuy qui l'auroit entreprise pourroit compenser ce
qu'il y auroit de gain sur la perte qu'il devroit porter *d*.

*d* Interdum etiam casum præstare debere : veluti si novum negotium, quod
non sit solitus absens facere, tu nomine ejus geras : veluti venales novitios
coemendo, vel aliquam negotiationem ineundo. Nam si quod damnum ex ea
re secutum fuerit, te sequetur : lucrum verò absentem. Quod si in quibusdam lucrum factum fuerit, in quibusdam damnum, absens pensare lucrum
cum damno debet. *l.* 11. *ff. de neg. gest.*

## V.

Celuy que rien n'oblige à s'immiscer aux affaires d'un *5. De celuy qui ne gere qu'une seule affaire.*
autre, peut se borner à une, & s'abstenir des autres, s'il
n'y a pas de connexité *e*.

*e* Nova inchoare necesse mihi non est. *l.* 21. §. 2. *ff. de neg. gest. l.* 16. *eod.*
Satis abundéque sufficit, si cui vel in paucis amici labore consulatur. *l.* 20. *C.
eod.* V. cy-devant l'article 3.

## V I.

Quoyque celuy qui fait l'affaire d'un autre s'y soit im- *6. Cas fortuits.*
miscé volontairement, il n'est pas tenu des cas fortuits,
& des autres évenemens qui pourroient rendre inutile le
bon office qu'il avoit rendu *f*.

*f* Negotium gerentes alienum, non interveniente speciali pacto, casum
fortuitum præstare non compelluntur. *l.* 22. *C. de neg. gest. l.* 22. *ff. eod.* V. l'art.
7. de la Sect. 2.

## VII.

Si celuy de qui un autre a entrepris l'affaire vient à *7. Si l'absent meurt avant la fin de l'affaire.*
mourir avant que l'affaire soit consommée, ou s'il étoit
déja mort avant que cette personne s'y fût immiscée,
elle sera obligée de continuer pour l'interêt des heritiers,
ou des autres personnes que l'affaire pourra regarder.
Car c'est une suite de son engagement, qu'il faut conside-

rer dans son origine, indépendemment des changemens de maître qui peuvent arriver *g*.

*g* Ait prætor, *Si quis negotia alterius, sive quis negotia quæ cujusque, cùm is moritur, fuerint, gesserit, judicium eo nomine dabo.* l. 3. ff. de neg. gest. Hæc verba, si quis negotia, quæ cujusque cùm is moritur fuerint, gesserit, significant illud tempus quo quis post mortem alicujus negotia gessit, de quo fuit necessarium edicere. *d. l. 3. §. 6. l. 12. §. ult. eod.* Si vivo Titio negotia ejus administrare cœpi, intermittere mortuo eo non debeo .... nam quæcunque prioris negotii explicandi causa geruntur, nihilum refert quo tempore consummentur, sed quo tempore inchoarentur. *l. 11. §. 1. eod.*

### VIII.

Si dans l'administration des affaires, ou des biens d'un absent il y a quelque recette de deniers qui restent de bon entre les mains de celuy qui a geré, & qu'il les tourne à son profit, ou qu'il neglige de les employer, comme s'il manquoit d'acquiter une dette de l'absent, qui produisit des interêts; Dans ces cas, & autres semblables, soit qu'il y eût de la mauvaise foy dans sa conduite, ou une negligence qui dût luy être imputée; il pourra selon la somme, selon le temps qu'il l'aura gardée, & les autres circonstances, en devoir l'interêt *h*.

*h* Qui aliena negotia gerit, usuras præstare cogitur, ejus scilicet pecuniæ, quæ purgatis necessariis sumptibus superest. *l. 31. §. 3. ff. de neg. gest.* Non tantùm sortem, verùm etiam usuras ex pecunia aliena perceptas, negotiorum gestorum judicio præstabimus : vel etiam quas percipere potuimus. *l. 19. §. 4. eod. v. l. 6. §. ult. eod.*

On a ajoûté dans cet article, pour ces interêts, qu'ils peuvent être dûs selon les circonstances. Car nôtre usage n'est pas tel pour les interêts qu'il l'étoit à Rome, où l'usure étoit permise, & où l'usage en étoit frequent & facile par les banquiers, qui faisoient un commerce public de prendre à usure l'argent des particuliers. Et ce commerce étoit si établi, que ceux qui étoient obligez de mettre à profit l'argent dont ils étoient comptables, comme les Tuteurs, avoient leur décharge, pourvû qu'ils l'eussent donné à un banquier dont le credit fût bien établi; quand même il seroit arrivé dans la suite que ce banquier se trouvât insolvable. V. *l. 10. §. 1. ff. de edend. l. 24. §. 2. ff. de reb. auct. jud. poss. l. 7. §. 2. ff. depos. l. 50. ff. de adm. & per tut.*

### IX.

Si quelqu'un par erreur a geré une affaire qu'il croyoit être celle d'un de ses amis, & qui étoit l'affaire d'un autre, il ne se forme aucun engagement entre luy & cet amy de qui il croyoit que c'étoit l'affaire; mais seulement entre le maître de l'affaire & luy, de même que si la verité luy eût été connuë *i*.

*i* Sed etsi cùm putavi Titii negotia esse, cùm essent Sempronii, ea gessi :

solus Sempronius mihi actione negotiorum gestorum tenetur. *l. 5. §. 1. ff. de neg. gest. l. 45. §. 2. eod.*

## X.

Si une femme s'étoit ingerée à la conduite des affaires d'une autre personne à son insçû, elle en seroit tenuë selon les regles precedentes; Car encore que les femmes ne puissent être nommées Tutrices ni Curatrices, elles entrent dans les engagemens qui peuvent naître d'une administration où elles s'ingerent *l*.

*l* Hæc verba, *si quis*, sic sunt accipienda, *sive quæ.* Nam & mulieres negotiorum gestorum agere posse, & conveniri non dubitatur. *l. 3. §. 1. ff. de neg. gest.*

## XI.

Ceux qui par quelque necessité se trouvent obligez à l'administration des affaires des autres, comme l'est par exemple, en de certains cas l'heritier d'un tuteur *m*; entrent dans les mêmes engagemens que celuy qui s'ingere volontairement. Et ils ont aussi de leur part les mêmes actions contre ceux dont ils font les affaires, à plus forte raison même que celuy qui s'est engagé sans necessité *n*.

*m* V. l'art. 6. de la Sect. 4. des Tuteurs.
*n* Hac actione tenetur non solùm is qui sponte, & nulla necessitate cogente, immiscuit se negotiis alienis, & ea gessit : verùm & is, qui aliqua necessitate urgente, vel necessitatis suspicione, gessit. *l. 3. §. 10. ff. de neg. gest.* Quo jure contra eos etiam, quorum te necessitate compulsum, negotium gessisse proponis, per judicium negotiorum gestorum uteris. *l. 18. C. de neg. gest.*

## XII.

Quoyque ceux qui s'ingerent aux affaires des autres soient tenus regulierement d'un soin tres-exact, suivant la regle expliquée dans l'article 2. Si les circonstances sont telles qu'il y eût de la dureté d'exiger un tel soin de celuy qui auroit geré l'affaire d'un autre, on pourroit y apporter du temperament, & ne le pas rendre responsable des fautes qu'on ne pourroit imputer à une mauvaise foy. Ce qui doit dépendre de la qualité des personnes, de leur liaison d'amitié ou de proximité, de la nature de l'affaire, de la necessité qu'il y avoit d'y pourvoir, comme si c'étoit pour prévenir une saisie ou une vente des biens de l'absent, des difficultez qui pourroient s'y rencontrer, de la conduite de celuy qui s'y est immiscé, & des autres circonstances semblables *o*.

*o* Interdum in negotiorum gestorum actione Labeo scribit dolum solummodo versari : nam si affectione coactus, ne bona mea distrahantur, negotiis te meis obtuleris, æquissimum esse, dolum dumtaxat me præstare, quæ sententia habet æquitatem. *l. 3. §. 9. ff. de neg. gest.*

## SECTION II.

### Des engagemens de celuy de qui un autre a geré l'affaire.

### SOMMAIRES,

### I.

**1. Fondement des engagemens de celuy dont l'affaire a été gerée.**

CEluy de qui un autre a fait quelque affaire à son insçû, est obligé envers luy à ce que demandent les suites de ce qui a été geré *a*. Et cette obligation se contracte quoy qu'on l'ignore, par le devoir de reconnoissance de ce bon office, & renferme les engagemens qui seront expliquez par les regles qui suivent.

*a* Hoc Edictum necessarium est : quoniam magna utilitas absentium versatur, ne indefensi rerum possessionem, aut venditionem patiantur, vel pignoris distractionem, vel pœnæ committendæ actionem, vel injuria rem suam amittant. *l. 1. ff. de neg. gest.* Cùm quis negotia absentis gesserit, ultro citroque nascuntur obligationes, quæ appellantur negotiorum gestorum. *§. 1. inst. de obl. quæ quasi ex contr.* Ex qua causa hi quorum negotia contracta fuerint, etiam ignorantes obligantur. *d. §.*

II.

### II.

Celuy de qui l'affaire a été bien conduite est obligé envers celuy qui en a pris le soin, de le dégager & désintereffer des fuites de fon adminiftration, comme d'acquitter pour luy ce qu'il a promis, de l'indemnifer des engagemens où il eft entré, & de ratifier ce qu'il a bien geré *b*.

*b* Sanè ficut æquum eft ipfum actus fui rationem reddere, & eo nomine condemnari, quidquid vel non ut oportuit, geffit, vel ex his negotiis retinet : ita ex diverfo juftum eft, fi utiliter geffit, præftari ei quidquid eo nomine vel abeft ei, vel abfuturum eft. *l. 2. ff. de neg. geft.* Vel etiam ipfe in rem abfentis alicui obligaverit. *d. l. 2.* Quod utiliter geftum eft, necefle eft apud judicem pro rato haberi. *l. 9. ff. eod.*

2. *Engagement d'approuver & executer ce qui a été bien geré.*

### III.

Si celuy qui a geré l'affaire d'un abfent, y a fait des dépenfes neceffaires ou utiles, & telles que l'abfent luy même auroit pû & dû faire, il les récouvrera *c*.

*c* Si quis abfentis negotia gefferit, licet ignorantis: tamen quidquid utiliter in rem ejus impenderit.... habeat eo nomine actionem. *l. 2. ff. de neg. geft.* Quæ utiliter in negotia alicujus erogantur ..... actione negotiorum geftorum, peti poffunt. *l. 45. eod.*

3. *Remboursement des dépenses.*

### IV.

Si pour une dépenfe neceffaire, il a été mis plus qu'il ne falloit, elle fera reduite à ce qui a dû y être employé *d*.

*d* Si quis negotia aliena gerens, plufquam oportet impenderit, recuperaturum eum id quod præftari debuerit. *l. 25. ff. de neg. geft.*

4. *Dépenses excessives.*

### V.

Si pour ces dépenfes celuy qui les a faites a été obligé ou d'emprunter à interet, ou de faire une avance qui luy foit à charge, le maître de l'affaire fera tenu des interets des fommes avancées, quand même celuy qui les a fournies auroit été obligé par quelque neceffité à fe charger du foin de cette affaire *e*.

*e* Ob negotium alienum geftum, fumptuum factorum ufuras præftari bona fides fuafit. Quo jure contra eos etiam, quorum te neceffitate compulfum negotia geffiffe proponis, per judicium negotiorum geftorum uteris. *l. 18. C. de negot. geft. l. 19. §. 4. in f. ff. eod. l. 37. ff. de ufur.* V. l'art. 5. de la Sect. 5. des Tuteurs, & l'art. 11. de la Sect. 1. de ce Titre.

5. *Interets des avances.*

## VI.

Les dépenses qui auront été faites imprudemment, pour une personne qui ne voulût pas les faire, ou qui même ne fût pas en état de s'y engager, tomberont sur celuy qui les aura faites de son mouvement. Comme si par exemple, il a fait dans une maison quelques réparations inutiles, ou quelque changement que le maître ne pût, ny ne voulût faire : car il n'a pas dû l'engager indiscretement à une dépense qui luy fût à charge *f*.

*f* Sed ut Celsus refert, Proculus apud eum notat, non semper debere dari. Quid enim si eam insulam fulsit, quam Dominus, quasi impar sumptui, dereliquerit : vel quam sibi necessariam non putavit ? Oneravit, inquit, Dominum, secundum Labeonis sententiam : cùm unicuique liceat & damni infecti nomine rem derelinquere. Sed istam sententiam Celsus eleganter deridet. Is enim negotiorum gestorum, inquit, habet actionem, qui utiliter negotia gessit. Non autem utiliter negotia gerit, qui rem non necessariam, vel quæ oneratura est patremfamilias, adgreditur. Juxta hoc est, & quod Julianus scribit : eum qui insulam fulsit, vel servum ægrotum curavit, habere negotiorum gestorum actionem, si utiliter hoc faceret, licet eventus non sit secutus. Ego quæro, quid si putavit se utiliter facere, sed patrifamilias non expediebat ? Dico, tunc non habiturum negotiorum gestorum actionem. Ut enim eventum non spectamus, debet utiliter esse cœptum. *l.* 10. §. 2. *ff. de neg. gest.*

## VII.

Si la dépense a été necessaire, & telle que le maître auroit dû la faire, & que par quelque cas fortuit ce qui avoit été fait utilement perisse, ou se perde ; il ne laissera pas d'être tenu de rembourser de cette dépense celuy qui l'avoit faite, & à qui on ne peut imputer cet évenement. Ainsi, par exemple, si un amy d'un absent de qui la maison étoit en peril de ruine, la fait appuyer, s'il achete quelques provisions necessaires pour l'entretien de sa famille, & que la maison ou ces provisions perissent par un incendie ou autre cas fortuit, sans la faute de celuy qui avoit rendu ces services ; il ne laissera pas de recouvrer ce qu'il y avoit mis *g*.

*g* Sive hereditaria negotia, sive ea quæ alicujus essent, gerens aliquis, necessariò rem emerit, licet ea interierit, poterit quod impenderit, judicio negotiorum gestorum consequi. Veluti si frumentum, aut vinum familiæ paraverit, idque casu quodam interierit, forte incendio, ruina. Sed ita scilicet hoc dici potest, si ipsa ruina, vel incendium sine vitio ejus acciderit *l.* 22. *ff de neg. gest.* Habere negotiorum gestorum actionem, si utiliter hoc faceret, licet eventus non sit secutus. *l.* 10. §. *ult. ff. eod.* V. l'art. 6. de la Sect. 1. Is autem qui negotiorum gestorum agit non solùm si effectum habuit negotium quod gessit,

.actione ista utetur : sed sufficit si utiliter gessit, si effectum non habuit negotium , & ideo si insulam fulsit, vel servum ægrum curavit, etiamsi insula
exusta est, vel servus obiit, aget negotiorum gestorum. *d. l.* 10. §. 1. *ff. eod.*
V. l'art. 35. de la Sect. 3. des Tuteurs.

## VIII.

Si celuy de qui un autre a geré l'affaire a ensuite approuvé ce qui a été fait, après l'avoir connu ; il ne pourra plus s'en plaindre, quand il auroit quelque sujet de
ne pas l'approuver à moins qu'il n'y eût du dol qui n'eût
point paru *h*.

*h* Pomponius scribit, si negotium à te, quamvis malè gestum, probavero,
negotiorum tamen gestorum te mihi non teneri .... quod reprobare non possim
semel probatum. Et quemadmodum, quod utiliter gestum est, necesse est apud
judicem pro rato haberi, ita omne quod ab ipso probatum est. *l.* 9. *ff. de neg.*
*gest.* Ita verum se putare, si dolus malus à te absit. *d. l.*

## IX.

Les dépenses qu'une personne peut faire pour une autre, par un motif de liberalité, ou par quelque devoir de
charité, ne se recouvrent point, & ne sont pas mises au
rang de celles que font ceux qui gerent les affaires des
autres, dans l'esperance de retirer ce qu'ils auront avancé du leur. Ainsi, par exemple, si un oncle donne des
alimens à une niéce, & que se repentant dans la suite de
sa liberalité, ou de ce devoir de proximité, il veüille les
demander, il n'y sera pas reçû. Et il en seroit de même à
plus forte raison d'une mere qui auroit nourri ses enfans.
Mais si outre les alimens, elle avoit fourni quelque argent pour leurs affaires, & qu'il parût que ce fût dans
le dessein de le recouvrer, elle pourroit se le faire rendre *i*.

*i* Titium, si pietatis respectu sororis aluerit filiam, actionem hoc nomine
contra eam non habere respondi. *l.* 27. *in f. ff. de neg. gest.* Munere pietatis fun-
gebaris, quæ causa non admittit negotiorum gestorum actionem. *l.* 1. *C. de*
*neg. gest.* Alimenta quidem, quæ filiis tuis præstitisti, tibi reddi non justa ratione postulas : cùm id exigente materna pietate feceris. Si quid autem in rebus eorum utiliter & probabili more impendisti, si non & hoc materna libera-
litate, sed recipiendi animo fecisse te ostenderis, id negotiorum gestorum actione consequi potes. *l.* 11. *C. eod.* V. les deux articles suivans.

## X.

Si une personne a fait pour une autre de ces sortes de
dépenses qui sont des devoirs de proximité ou de charité,

qu'il eft libre d'exercer ou liberalement , ou avec le deffein de recouvrer ce qu'on y aura employé ; l'intention de cette perfonne fervira de regle , ou pour obliger celuy que ces dépenfes regarderont , à les acquitter , ou pour l'en décharger. Et on jugera de cette intention par les circonftances de la qualité des perfonnes , de leurs biens, des précautions prifes par celuy qui fait de ces fortes de dépenfes & les autres femblables *l*.

*l* Si paterno affectu privignas tuas aluifti, feu mercedes pro his aliquas magiftris expendifti, ejus erogationis tibi nulla repetitio eft. Quod fi , ut repetiturus ea quæ in fumptum mififti , aliquid erogafti, negotiorum geftorum tibi intentanda eft actio: *l.* 15. *C. de neg. geft.* V. l'art. fuivant.

### XI.

11. *On juge de ces fortes de dépenfes par les. circonftances.*

La plus grande proximité des perfonnes ne fuffit pas pour faire préfumer que la dépenfe que l'un a faite pour l'autre foit une liberalité. Et quand même il n'y auroit aucune proteftation de recouvrer ce qui eft avancé , s'il paroît par les circonftances, qu'il n'y ait pas eu d'intention de donner , la perfonne qui a fait de ces fortes de dépenfes pourra les demander. Ainfi , par exemple, fi une mere qui prenoit le foin des biens & des affaires de fes enfans , ou une ayeule de ceux de fes petits enfans , les avoit nourris & entretenus ; il feroit à prefumer en ce cas que l'intention de cette mere , ou de cette ayeule n'auroit été que de nourrir fes enfans ou petits enfans de leur propre bien qu'elle adminiftroit : & cette dépenfe luy feroit allouée , quand même elle n'en auroit fait aucune proteftation ; ce qui recevroit encore moins de difficulté , fi elle en avoit tenu un memoire dans le deffein de la recouvrer *m*.

*m* Nefennius Apollinaris Julio Paulo falutem. Avia nepotis fui negotia geffit. Defunctis utrifque , aviæ heredes conveniebantur à nepotis heredibus negotiorum geftorum actione. Reputabant heredes aviæ alimenta præftita nepoti. Refpondebatur, aviam jure pietatis de fuo præftitiffe: nec enim aut defideraffe ut decernerentur alimenta, aut decreta effent. Præterea conftitutum effe dicebatur, ut fi mater aluiffet, non poffet alimenta quæ pietate cogente de fuo præftitiffet, repetere. Ex contrario dicebatur , tunc hoc recte dici , ut de fuo mater aluiffe probaretur : at in propofito , aviam, quæ negotia adminiftrabat , verifimile effe de re ipfius nepotis eum aluiffe. Tractatum eft numquid utroque patrimonio erogata videantur? Quæro, quid tibi juftiùs videatur? Refpondi: hæc Difceptatio in factum confiftit. Nam & illud quod in matre conftitutum eft , non puto ita perpetuò obfervandum. Quid enim , fi etiam proteftata eft fe filium ideo *alere, ut aut ipsum, aut tutores ejus conveniret? Pone, peregrè patrem ejus obiisse, & matrem, dum in patriam revertitur, tam filium, quàm familiam ejus exhibuisse. In qua specie etiam in ipsum pupillum negotiorum gestorum dandam actionem Divus Pius Antoninus constituit. Igitur in re facti facilius putabo aviam, vel heredes ejus audiendos, si reputare velint alimenta : maximè si etiam in rationem impensarum ea retulisse aviam apparebit. Illud nequaquam admittendum puto, ut de utróque patrimonio erogata videantur. l. 34. ff. de neg. gest.*

---

# TITRE V.

## DE CEUX QUI SE TROUVENT
### avoir quelque chose de commun ensemble
### sans convention.

Lors qu'une chose se trouve commune à deux ou plusieurs personnes, sans qu'ils en fussent convenus, comme une succession entre coheritiers, un legs d'une chose à plusieurs legataires; il se forme entre eux divers engagemens, selon que leurs interêts communs peuvent le demander. Ainsi celuy qui a la chose commune en ses mains doit en prendre soin : Ainsi ils doivent se rembourser ce qui a été employé pour la conserver : Ainsi ils doivent en faire un juste partage. Et ce font ces engagemens, & les autres semblables qui feront la matiere de ce Titre.

Il peut arriver en deux manieres qu'une chose soit commune à plusieurs personnes. L'une, de sorte que chacun d'eux ait son droit indivis sur toute la chose; Ainsi tous les biens d'une succession sont tellement communs entre les coheritiers, que chaque chose de la succession appartient à tous jusques au partage. L'autre est lorsque chacun a sa portion reglée; quoy que le partage n'ait pas été fait. Ainsi un testateur peut leguer à deux personnes un heritage dont il assigne à l'un une moitié à prendre d'un certain côté, & à l'autre la sienne d'un autre côté ; ce qui rendra commune entr'eux au moins la partie de l'heritage par où il faudra regler les bornes qui doivent assigner à chacun sa moitié. Et il se formera

*Choses communes à plusieurs personnes sans convention.*

L. iij.

des engagemens entre ces perfonnes, comme pour les
obliger au partage, & aux reftitutions que l'un pourra
devoir à l'autre pour les joüiffances.

On ne parlera pas icy de la communauté de biens qui
eft établie par plufieurs Coûtumes entre le mary & la
femme. Car encore que cette communauté fe contracte
fans une convention expreffe, par le fimple effet du mariage; c'eft une matiere propre des Coûtumes, qui en
ont differemment établi les regles : & on peut y appliquer auffi celles de ce Titre, & celles de la Societé, felon qu'elles peuvent y convenir.

Ce qu'on dit icy que la communauté de biens entre le
mary & la femme eft une matiere propre des Coûtumes,
fignifie feulement qu'elle eft expreffément établie par
plufieurs Coûtumes ; ce qui n'empêche pas que dans
les autres Coûtumes qui n'en parlent point, & dans les
Provinces qui fe regiffent par le Droit écrit, on ne puiffe
convenir par le contract de mariage d'une communauté
de biens entre le mary & la femme, comme on le pouvoit auffi dans le Droit Romain, ainfi qu'il fe voit en la
loy 16. §. 3. *ff. de alim. & cib. leg.* Mais c'étoit une communauté ou focieté conventionelle, & comme toutes
ces communautez foit coûtumieres ou conventionelles
ont leurs regles ou dans les Coûtumes, ou dans le contract de focieté, & en general dans les conventions; il
ne refte rien de cette matiere qu'il foit neceffaire d'a-
joûter à ce qui a été expliqué dans le Titre des Conventions, dans celuy de la Societé, & dans celuy-cy,

# SECTION I.

*Comment une chose peut être commune à plusieurs personnes sans convention.*

## SOMMAIRES.

1. *Donataires, ou legataires d'une même chose.*
2. *Coheritiers.*
3. *Heritier d'un associé.*

4. *Acquereur de portions indivises.*
5. *Engagemens par la chose commune.*

## I.

UNe chose peut être commune à deux ou plusieurs personnes, sans qu'il y ait entr'eux de societé, ny même aucune convention, ny rien de leur fait. Ainsi, deux donataires, ou legataires d'une même chose l'ont commune entr'eux sans societé, ny convention *a*.

> *a* Communiter res agi potest citra societatem : ut putà cùm non affectione societatis incidimus in communionem, ut evenit in re duobus legata. *l.* 31. *ff. pro socio.* Si donatio communiter nobis obvenit. *d. l.* Sine societate communis res est, veluti inter eos quibus eadem res testamento legata est. *l.* 2. *ff. com. divid.* Cùm sine tractatu, in re ipsa & negotio communiter gestum videtur. *l.* 31. *ff. pro socio. v.* §. 3. *inst. de obl. quæ quasi ex contr.* Hos conjunxit ad societatem, non consensus, sed res. *l.* 15. §. 16. *in f. ff. fam. Ercisc.* V. l'art. 2. de la Sect. 2. de la societé.

> 1. *Donataires, ou legataires d'une même chose.*

## II.

Les coheritiers d'une même succession, soit par testament, ou ab intestat, sont liez par les droits & les charges de la succession qu'ils ont en commun. Et cette liaison se forme sans convention *b*.

> *b* Si hereditas communiter nobis obvenit. *l.* 31. *ff. pro socio.* Cum coherede non contrahimus, sed incidimus in eum. *l.* 25. §. 16. *ff. fam. Ercisc.*

> 2. *Coheritiers.*

## III.

L'heritier d'un associé se trouve lié sans convention avec les associez de celuy à qui il succede : & quoyqu'il ne soit pas luy-même associé, cette liaison est un effet du droit qui luy est acquis en la chose commune *c*.

> *c* Licet (heres) socius non sit, attamen emolumenti successor est. *l.* 63. §. 8. *ff. pro socio.* V. l'art. 3. de la Sect. 2. & toute la Sect. 6. de la societé.

> 3. *Heritier d'un associé.*

## IV.

**4. Acquereur de portions indivises.**

Celuy qui se rend acquereur d'une portion d'un droit, ou autre chose commune à plusieurs personnes, entre dans leurs liaisons sans societé ni convention. Et il en est de même si divers acheteurs acquierent chacun singulierement & separément de differentes portions indivises d'une même chose *d*.

*d* Aut si à duobus separatim emimus partes eorum, non socii futuri. *l.* 31. *ff. pro socio.*

## V.

**5. Engagement par la chose commune.**

Dans les cas des articles precedens, & dans tous les autres évenemens semblables, qui rendent commune à deux ou à plusieurs personnes une même chose sans convention, il se forme entr'eux divers engagemens par le simple effet de leur interêt en la chose qui leur est commune. Et ces engagemens seront expliquez dans la Section suivante *e*.

*e* Alter eorum alteri tenetur communi dividundo judicio. §. 3. *inst. de obl.* quæ quasi. ex cont. In re ipsa & negotio. *l.* 32. *ff. pro socio.* Hos conjunxit ad societatem non consensus, sed res. *l.* 25. §. 16. in *f. ff. fam.* Ercisc.

# SECTION II.

*Des engagemens reciproques de ceux qui ont quelque chose de commun ensemble sans convention.*

## SOMMAIRES.

| | |
|---|---|
| 1. Engagemens generaux de ceux qui ont une chose commune. | 6. L'un ne peut sans l'autre innover en la chose commune. |
| 2. Soin de la chose commune. | 7. Peine de celuy qui fait un changement sans le gré des autres. |
| 3. Rapport des joüissances. | 8. Si le changement a été souffert. |
| 4. Remboursement des avances, & des interêts. | 9. Changement à l'insçû de l'un des interessez. |
| 5. Déterioration de la chose commune. | 10. Changement |

### I.

LEs engagemens de ceux qui ont quelque chose de commun entr'eux sans convention, sont en general: De la partager quand un d'eux le voudra: De se faire justice entr'eux des gains & des pertes: De compter de leurs joüissances, & de leurs dépenses: De répondre chacun de son propre fait, & du dommage qu'il peut avoir causé dans la chose commune, ainsi que ces engagemens, & leurs suites seront expliquées dans les regles qui suivent *a*.

*a* In communi dividundo judicio nihil provenit, ultra divisionem rerum ipsarum quæ communes sunt : & si quid in his damni datum factumve est : sive quid eo nomine aut abest alicui sociorum, aut ad eum pervenit ex re communi. *l. 3. ff. comm. divid.* Idem eorum etiam, quæ vobis permanent communia, fieri divisionem providebit : tam sumptuum, si quis de vobis in res communes fecit, quàm fructuum : item doli & culpæ ( cùm in communi dividundo judicio hæc omnia venire non ambigatur ) rationem, ut in omnibus æquabilitas servetur, habiturus. *l. 4. in f. C. eod.* Inter eos communicentur commoda & incommoda. *l. 19. in f. ff. fam. Ercis.*

1. Engagemens generaux de ceux qui ont une chose commune.

### II.

Pendant que la chose commune entre coheritiers, ou autres demeure indivise, celuy des proprietaires qui l'a en sa puissance, est obligé d'en prendre soin comme de sa chose propre : & il doit répondre non seulement de tout dol & fraude, mais aussi des fautes contraires à ce soin. Mais il n'est pas tenu des mêmes diligences que celuy qui se charge volontairement de l'affaire d'un autre; parce que c'est son interêt qui l'a engagé à une affaire qui le regardoit, & seulement par occasion à ce qui regardoit l'autre interessé. Ainsi il n'y doit que le même soin qu'il auroit pour sa propre affaire *b*.

2. Soin de la chose commune.

*b* Non tantùm dolum, sed & culpam in re hereditaria præstare debet coheres. Quoniam cùm coherede non contrahimus, sed incidimus in eum. Non tamen diligentiam præstare debet, qualem diligens paterfamilias, quoniam hic propter suam partem, causam habuit gerendi : & ideo negotiorum gestorum actioei non competit. Talem igitur diligentiam præstare debet, qualem in suis rebus. Eadem sunt si duobus res legata sit. Nam & hos conjunxit ad societatem non consensus, sed res. *l. 25. §. 16. ff. fam. Ercisc.* Cætera eadem sunt, quæ in familiæ erciscundæ judicio tractavimus. *l. 6. §. 11. ff. comm. divid.*

### III.

*3. Rapport des joüissances.*

Celuy qui a joüi de la chose commune doit en rapporter tous les fruits, & tous les profits. Car sans ce rapport l'égalité qui doit être entre copartageans se trouveroit blessée *c*.

*c* Si socius solus aliquid ex ea re lucratus est, velut operas servi, mercedésve, hoc judicio eorum omnium ratio habetur. *l. 11. in f. ff. comm. divid. l. 4. §. 3. eod.* Sive locando fundum communem, sive colendo, de fundo communi quid socius consecutus sit, communi dividundo judicio tenebitur. *l. 6. §. 2. eod.* Tam sumptuum quàm fructuum ( fieri divisionem. ) *l. 4. C. eod.* Ut in omnibus æquabilitas servetur. *d. l. in f.*

### IV.

*4. Remboursement des avances, & des interêts.*

Si un des propriétaires d'une chose ou affaire commune entr'eux y a employé quelque dépense qu'il ait fallu faire ; comme pour des réparations, des frais d'un procés, ou d'autres semblables, il la recouvrera avec les interêts depuis son avance *d*. Car ces dépenses ont conservé la chose, ou même l'ont renduë plus précieuse, & peuvent avoir été à charge à celuy qui en a fait l'avance.

*d* Sicut autem ipsius rei divisio venit in communi dividundo judicio, ita etiam præstationes veniunt. Et ideo, si quis impensas fecerit, consequatur. *l. 4. §. 3. ff. comm. divid. l. 11. eod.* Qui sumptus necessarios probabiles in communi lite fecit, negotiorum gestorum actionem habet. *l. 31. §. ult. ff. de neg. gest.* Si quid unus ex sociis necessariò de suo impendit in communi negotio, judicio societatis servabit, & usuras *l. 67. §. 2. ff. pro socio. l. 52. §. 10. eod.* Sumptuum, quos unus ex heredibus bona fide fecerit, usuras quoque consequi potest à coherede, ex die moræ, secundùm rescriptum imperatorum Severi & Antonini. *l. 18. §. 3. ff. fam. Ercisc.*

### V.

*5. Déterioration de la chose commune.*

Ceux qui ont une affaire ou autre chose commune ensemble sont tenus réciproquement l'un envers l'autre du maniement, ou de la conduite qu'ils en ont euë, & chacun répondra du dommage ou des pertes qu'il aura pû y causer *e*.

*e* In hoc judicium venit quod communi nomine actum est, aut agi debuit ab eo qui scit se socium habere. *l. 14. ff. comm. divid.* Venit in communi dividundo judicium, etiam si quis rem communem deteriorem fecerit, fortè arbores ex fundo excidendo. *l. 8. §. 2. ff. eod. l. 19. C. fam. Ercisc.*

## VI.

Aucun des proprietaires d'une chose commune ne peut y faire de changement, qui ne soit agreé de tous : & un seul même peut empêcher contre tous les autres qu'il ne soit innové *f*. Car chacun d'eux a la liberté de conserver son droit tel qu'il est. Ce qu'il faut entendre des changemens qui ne sont pas necessaires pour la conservation de la chose. Car il ne seroit pas juste qu'on la laissât perir par la bizarrerie de l'un des proprietaires.

*f* Sabinus, in re communi neminem dominorum jure facere quicquam, invito altero posse. Unde manifestum est prohibendi jus esse. In re enim pari, potiorem causam esse prohibentis constat. *l. 28. ff. comm. divid.* Quod omnes similiter tangit, ab omnibus comprobetur. *l. 5. in f. C. de auct. præst.* *Quoyque ce texte se rapporte à un autre sujet, on peut l'appliquer icy.*

## VII.

Si l'un des proprietaires fait un changement en la chose commune sans necessité, l'autre y resistant ; il sera tenu de remettre les choses dans l'état où elles étoient auparavant, si cela se peut, & de tous les dommages & interêts qu'il aura causez *g*.

*g* Manifestum est prohibendi jus esse. *l. 28. ff. comm. divid.* V. le texte cité sur l'article suivant.

## VIII.

Si le changement a été connu, & souffert, quoyque sans un consentement exprés ; celuy qui l'aura souffert ne pourra obliger l'autre à remettre les choses en leur premier état *h*.

*h* Sed etsi in communi prohiberi socius à socio, ne quid faciat, potest : ut tamen factum opus tollat, cogi non potest : si, cùm prohibere poterat, hoc prætermisit. *l. 28. ff. comm. divid.*

## IX.

Si l'un fait un changement en l'absence, ou à l'insçû des autres, qui leur cause quelque perte, ou qu'ils ayent un juste sujet de ne point agréer ; il sera obligé de remettre les choses comme elles étoient *i*, autant qu'il sera possible, & que l'équité le demandera. Et s'il avoit causé quelque dommage, il en sera tenu.

*i* Quod si quid, absente socio, ad læsionem ejus fecit, tunc etiam tollere cogitur. *l. 28. ff. comm. divid.*

M ij

6 L'un ne peut sans l'autre innover en la chose commune.

7. Peine de celuy qui fait un changement sans le gré des autres.

8. Si le changement a été souffert.

9. Changement à l'insçû de l'un des interessez.

## X.

**10. Changement souffert quoyque nuisible.**

Celuy qui ayant vû le changement y aura consenti, ne pourra s'en plaindre, quand même il en souffriroit quelque perte, ou quelque dommage *l*.

*l* Si facienti consensit, nec pro damno habet actionem. *l. 28. ff. comm. divid.*

## XII.

**11. Engagement de partager la chose commune.**

Il est toûjours libre à chacun de ceux qui ont quelque chose de commun entr'eux, de la partager : & ils peuvent bien convenir de remettre le partage à un certain temps, mais non pas qu'il ne puisse jamais être fait *m*. Car il seroit contre les bonnes mœurs, qu'ils fussent forcez d'avoir toûjours une occasion de se diviser, par la possession indivise d'une chose commune.

*m* In communione, vel societate nemo compellitur invitus detineri. Quapropter aditus præses provinciæ, ea quæ communia tibi cum sorore perspexerit, dividi providebit. *l. ult. C. comm. divid. l. 29. in f. ff. eod. l. 43. ff. fam. ercis.* Si conveniat, ne omnino divisio fiat, hujusmodi pactum nullas vires habere manifestissimum est. Sin autem intra certum tempus, quod etiam ipsius rei qualitati prodest, valet. *l. 14. §. 2. ff. eod.*

## XII.

**12. Si la chose commune ne peut se diviser.**

Si les choses qui sont à partager ne peuvent se diviser en portions égales, les copartageans peuvent s'égaliser par des retours d'argent, ou autrement. Et si la chose commune est indivisible, comme un Office, ou une maison qui ne pût être divisée qu'avec beaucoup de perte, ou de trop grandes incommoditez, elle peut être laissée à un seul, pour un prix qui sera partagé : ou il s'en fait une licitation. Et les étrangers même peuvent être reçûs aux enchères, si quelqu'un des proprietaires qui ne voudra, ou ne pourra peut-être encherir le demande ainsi *n*.

*n* Cùm regionibus dividi commodè aliquis ager inter socios non potest, vel ex pluribus singuli, æstimatione justa fæta, unicuique sociorum adjudicantur, compensatione invicem facta, eoque cui res majoris pretii obvenit cæteris condemnato : ad licitationem nonnumquam etiam extraneo emptore admisso : maximè si se non sufficere ad justa pretia alter ex sociis sua pecunia vincere vilius licitantem profiteatur. *l. 3. C. comm. divid. l. 1. C. eod.* Si familiæ erciscundæ, vel communi dividundo judicium agatur, & divisio tam difficilis sit, ut penè impossibilis esse videatur, potest judex in unius personam totam condemnationem conferre, & adjudicare omnes res. *l. 55. ff. fam. Ercis.*

## XIII.

Si dans un partage de divers heritages, ou d'un herita-ge en deux ou plusieurs portions, il est necessaire d'assu-jettir une de ces portions, ou un de ces heritages à quel-que servitude pour l'usage des autres, comme à un passa-ge, à une prise d'eau, ou autre semblable, les Arbitres, ou Experts qui en connoîtront, pourront charger de la servitude, l'heritage qui devra y être sujet *o.* Et en ce cas on égalisera d'ailleurs la condition des copartageans, ou par un retour d'argent, ou donnant plus de fonds à celuy qui sera chargé de la servitude, ou par d'autres voyes.

*o* Sed etiam cùm adjudicat, poterit imponere aliquam servitutem, ut alium alii servum faciat, ex iis quos adjudicat. *l. 22. §. 3. ff. fam. Ercisc.*

## XIV.

S'il se trouve quelque lesion considerable dans un partage, même entre majeurs, soit par quelque dol de l'un des copartageans, ou même sans que l'un puisse rien imputer à l'autre; cette lesion sera reparée par un nouveau partage *p.*

*p* Majoribus etiam, per fraudem, vel dolum, vel perperam sine judicio factis divisionibus, solet subveniri. Quia in bonæ fidei judiciis, quod inæqualiter factum esse constiterit, in melius reformabitur. *l. 3. C. comm. utr. jud.*
*Par nôtre usage il faut que la lesion soit du tiers au quart, pour refaire un partage.*

## XV.

Aprés le partage des choses qui étoient communes, chacun des copartageans tient lieu de vendeur envers l'autre: & ils doivent se garentir reciproquement leurs portions des évictions. Ainsi, par exemple, si un crean-cier d'une succession dont les heritiers ont partagé les biens, exerce son hypotheque contre l'un d'eux, aprés leur partage; les autres doivent l'en garentir pour leurs portions, quand même il n'auroit été rien dit dans le partage, sur la garentie *q.*

*q* Divisionem prædiorum vicem emptionis obtinere, placuit. *l. 1. C. comm. utr. jud.* Si familiæ erciscundæ judicio, quo bona paterna inter te ac fratrem tuum æquo jure divisa sunt, nihil, super evictione rerum singulis adjudicatarium specialiter inter vos convenit: id est, ut unusquisque eventum rei suscipiat, rectè possessionis evictæ detrimenta, fratrem & coheredem tuum pro-

M. iij.

parte agnoscere præses provinciæ, per actionem præscriptis verbis, compellet. *l.* 14. *C. fam. Ercis.* ( Judex familiæ ercifcundæ) curare debet, ut de evictione caveatur, his quibus adjudicat. *l.* 25. §. 21 *ff. fam. Ercis.*

## XVI.

Les titres des choses communes, qui sont communs à tous les copartageans, peuvent être laissez en la puissance de l'un d'eux qui s'en charge envers les autres, & leur en donne des copies collationées, promettant de representer les originaux quand il le faudra. Ainsi, entre coheritiers les titres demeurent au principal heritier. Que s'il n'y a pas de cause d'en preferer l'un aux autres, où qu'ils ne conviennent pas, ils peuvent tirer au sort, ou le Juge le regle, ou les titres sont déposez entre les mains d'un Notaire qui en fait à chacun des expeditions. Mais on ne met pas en licitation à qui aura les titres *r*.

*r* Si quæ funt cautiones hereditariæ, eas judex curare debet, ut apud eum maneant, qui majore ea parte heres sit. Cæteri descriptum, & recognitum faciant : cautione interpofita, ut cùm res exegerit, ipfæ exhibeantur. Si omnes iisdem ex partibus heredes sint, nec inter eos conveniat, apud quem potius esse debeant, fortiri eos oportet : aut ex consensu, vel suffragio eligendus est amicus, apud quem deponantur : vel in æde sacra deponi debent. *l.* 5. *ff. fam. Ercis. l.* 4. §. *ult. eod.* De instrumentis quæ communia fratrum vestrum tenere proponitis, rector provinciæ aditus, apud quem hæc collocari debeant existimabit. *l.* 5. *C. comm. utr. jud.*

Nam ad licitationem rem deducere, ut qui licitatione vicerit hæc habeat instrumenta hereditaria, non placet neque mihi, neque Pomponio. *l.* 6. *ff. fam. Ercis. V. l. ult. ff. de fide instr.*

## XVII.

Si parmi les biens communs qui sont à partager entre deux ou plusieurs personnes, il se trouve des choses de telle nature qu'elles ne puissent servir qu'à des usages illicites, comme des poisons dont il ne pourroit se faire aucun bon usage, des livres de magie, & autres choses semblables ; elles n'entreront point dans le partage, mais les partageans, ou le Juge, si la chose vient à sa connoissance les mettront en état qu'on ne puisse en faire un mauvais usage *s*.

*s* Mala medicamenta, & venena veniunt quidem in judicium : sed judex omnino interponere se in his non debet. Boni enim & innocentis viri officio eum fungi oportet. Tantumdem debebit facere & in libris improbatæ lectionis : magicis fortè, vel his similibus. Hæc enim omnia protinus corrumpenda funt. *l.* 4. §. 1. *ff. fam. Ercis.*

## XVIII.

Les choses acquises par de mauvaises voyes, comme par un larcin, par un vol, par un sacrilege, n'entrent pas non plus en partage, mais seront restituées à qui il appartiendra †.

† Sed & si quid ex peculatu, vel ex sacrilegio acquisitum erit, vel vi, aut latrocinio, aut aggressura, hoc non dividetur. *l.* 4. §. 2. *ff. fam. Ercisc.*

---

# TITRE VI.

# DE CEUX QUI ONT
## des heritages joignans.

IL y a une autre espece d'engagement sans convention, qui se forme entre les proprietaires d'heritages joignans, par le simple effet de la situation de ces heritages, qui oblige à les confiner, si les bornes en sont incertaines : ou à s'en tenir aux possessions de part & d'autre selon les confins, lorsqu'il y en a.

## SECTION I.

*Comment se bornent ou se confinent les heritages.*

### SOMMAIRES.

1. *Difference entre les bâtimens & les autres heritages.*
2. *Distance du confin pour planter, bâtir, ou faire d'autres ouvrages.*
3. *Du mur mitoyen, & du mur propre à un seul.*
4. *Heritages separez par un grand chemin.*
5. *Heritages traversez par un ruisseau.*
6. *Diverses vûës pour regler les bornes.*
7. *Qui peut faire regler les bornes.*
8. *Question des confins après celle de la possession.*

## I.

L'Usage des bornes est principalement pour les heritages de la campagne, où il n'y a point de bâtiment qui en regle l'étenduë: mais les bâtimens, & les lieux clos de murailles soit dans les villes, ou à la campagne, ont leurs confins par des anciens murs ou mitoyens, ou propres à un seul des voisins *a*.

*a* Hoc judicium locum habet in confinio prædiorum rusticorum: in urbanorum displicuit. Neque enim confines hi, sed magis vicini dicuntur: & ea communibus parietibus plerumque disterminantur. Et ideo, etsi in agris ædificia juncta sint, locus huic actioni non erit. Et in urbe hortorum latitudo contingere potest: ut etiam finium regundorum agi possit. *l.* 4. §. 10. *ff. fin. regund.* V. l'art. suivant.

## II.

Quoyque les heritages qui se joignent soient distinguez par la ligne qui les separe, & qui en est le confin qu'on marque par des bornes, & que le total de chacun des heritages qui se joignent, appartiëne entierement & jusqu'au confin à celuy qui en est le proprietaire; il ne peut neanmoins joüir de telle sorte de son heritage, qu'il puisse ou planter, ou bâtir, ou faire ce qu'il voudroit à fleur du confin, mais selon la qualité du plant, ou du bâtiment, ou autre ouvrage, il doit garder les distances reglées par les coûtumes, & par les usages *b*.

*b* Sciendum est, in actione finium Regundorum illud observandum esse, quod ad exemplum quodammodo ejus legis scriptum est, quam Athenis Solon dicitur tulisse: nam illic ita est, Ἐάν τις αἱμασιὰν παραλλάτειᾳ χωρίῳ ἰείχῃ, τὸν ὅρον μὴ ωβξωβαίνειν. Ἐὰν τειχίον, πόδα ἀπολείπειν. Ἐὰν δὲ οἴχημα, δύο πόδας. Ἐὰν ᾖ Ἰάφοι, ἢ βόθρον ὀρύττῃ, ὅσον τὸ βάϑος ᾖ, τοσαῦτεν ἀπολείπειν. Ἐὰν ᾖ φρέαρ, ὀργυιάν. Ἐλαιαν ᾖ ἣ συκῆν, ἐννέα πόδας ἀπὸ τῦ ἀλλοτρίυ φυτεύειν. Τάδε ἄλλα δένδεα, πέντε πόδας. id est, si quis sepem ad alienum prædium fixerit, infoderitque, terminum ne excedito. Si maceriam, pedem relinquito. Si verò domum, pedes duos. Si sepulcrum, aut scrobem foderit, quantùm profunditatis habuerint, tantum spatii relinquito. Si puteum, passum latitudinis. At verò oleam, aut ficum ab alieno ad novem pedes plantato. Cæteras arbores, ad pedes quinque. *l.* ult. *ff. fin. regund.* V. l'art. 8. de la Sect. 2. des Servitudes.

On n'a pas marqué dans cet article ces distances qu'il faut observer pour planter, bâtir, ou faire d'autres ouvrages. Car nôtre usage est different de la loy citée sur cet article, & on suit pour cela les usages, & les coûtumes des lieux.

## III.

Lorsqu'un mur est sur le confin, il est mitoyen: & étant commun aux deux heritages, il y sert de bornes.

nes *c*. Mais celuy qui bâtit dans son propre fonds , a le mur à soy en gardant la distance necessaire du mur au confin *d*.

*c* ( Prædia urbana ) communibus parietibus plerumque disterminantur. *l.* 4. §. 10. *ff. fin. reg.*
*d V. l'article precedent.*

### IV.

Les heritages separez par un grand chemin ne se confinent pas l'un l'autre : & les proprietaires de ces heritages n'ont pas à regler de bornes entr'eux ; si ce n'est qu'un changement du chemin y donnât sujet *e*.

*e* Sive via publica intervenit, confinium non intelligitur : & ideò finium regundorum agi non potest. Quia magis in confinio meo via publica , vel flumen sit, quàm ager vicini. *l.* 4. *in. f. & l.* 5. *ff. fin. regund.* V. l'art. 6. de la Sect. 1. des Engagemens qui se forment par des cas fortuits.

*4. Heritages separez par un grand chemin.*

### V.

Les ruisseaux qui ne sont pas à l'usage public , & qui sont propres aux particuliers , dont ils traversent les heritages , ne reglent pas leurs bornes ; mais chacun a les siennes , telles que les luy donne son titre , ou sa possession *f*.

*f* Sed si rivus privatus intervenit, finium regundorum agi potest. *l.* 6. *ff. fin. regund.*

*5. Heritages traversez par un ruisseau.*

### VI.

S'il y a de l'incertitude pour les confins des heritages soit de la ville ou de la campagne , ils se reglent par les Titres , lorsqu'il y en a qui marquent ou le lieu des bornes , ou l'étenduë que les heritages doivent avoir : Par d'anciennes marques : Par d'anciens aveus , ou autres preuves semblables. Et comme aprés les titres, il peut arriver divers changemens dans les confins ; ils se reglent aussi par la possession , & par les égards qu'on doit avoir à ces changemens. Comme si un proprietaire de deux heritages qui avoient leurs confins , en vendant l'un le confine autrement : ou s'il se fait d'autres changemens par de differentes acquisitions, ou successions qui confondent ou distinguent les heritages. Et enfin on peut regler les confins par les autres voyes qui peuvent les faire connoître *g*.

*6. Diverses vûës pour regler les bornes.*

*g* In finalibus quæstionibus vetera monumenta , census auctoritas ante litem

*Tome II.* N

inchoatam ordinati sequenda est : modò si non varietate successionum , & arbitrio possessorum sines , additis vel detractis agris , postea permutatos probetur. *l.* 11. *ff. fin. regund. l.* 2. *C. eod.* Eos terminos , quantùm ad dominii quæstionem pertinet , observari oportere fundorum , quos demonstravit is , qui utriusque prædii dominus fuit , cùm alterum eorum venderet. Non enim termini qui singulos fundos separabant , observari debent : sed demonstratio adsinium , novos sines inter fundos constituere. *l.* 12. *ff. fin. reg.* Successionum varietas , & vicinorum novi consensus additis vel detractis agris alterutro , determinationis veteris monumenta sæpe permutant. *l.* 2. *C. eod.*

### V I I.

**7. *Qui peut faire regler les bornes.***

Les Emphyteotes , les Usufruitiers , les Engagistes peuvent , de même que les proprietaires , exercer l'action pour regler les bornes avec les possesseurs des heritages voisins *h.*

*h* Finium regundorum actio in agris vectigalibus,& inter eos qui usum fructum habent , vel fructuarium & dominum proprietatis vicini fundi , & inter eos qui jure pignoris possident , competere potest. *l.* 4. §. 9. *ff. fin. regund.*

### V I I I.

**8. *Question d'un confin , aprés celle de la possession.***

Si les mêmes parties qui sont en procés pour des confins , se contestent aussi la possession des lieux qu'il faut borner; il faudra premierement juger la possession *i.* Car la question des confins regarde la proprieté qui ne doit être jugée qu'aprés la possession *l.*

*i* Si quis super sui juris locis prior de finibus detulerit querimoniam , quæ proprietatis controversiæ cohæret , prius possessionis quæstio finiatur. *l.* 3. *C. fin. reg.*

*l* V. *l'art.* 17. *de la Sect.* 1. *de la possession.*

## S E C T I O N  I I.

### *Des engagemens reciproques des proprietaires ou possesseurs d'heritages joignans.*

### S O M M A I R E S.

### I.

**1. *Distance du confin pour planter ou bâtir.***

LE proprietaire , ou autre possesseur d'un heritage , faisant un plant , un bâtiment , ou autre ouvrage , doit garder les distances entre son ouvrage & le confin ,

ainſi qu'elles ſont reglées par les coûtumes, & par les
uſages *a*. Et s'il y contrevient, il ſera obligé de démolir ſon bâtiment, arracher ſon plant, & remettre les
choſes dans l'état où elles doivent être, avec les dommages & interêts que ſon entrepriſe aura pû cauſer *b*.

*a* V. l'art. 2. de la Sect. 1.
*b* Culpa & dolus exinde præſtantur. *l. 4. §. 2. ff. fin. regund.* Sed & ſi quis
judici non pareat in ſuccidenda arbore, vel ædificio in ſine poſito deponendo,
partéve ejus, condemnabitur. *d. l. 4. §. 3.*

## II.

Si le poſſeſſeur d'un heritage uſurpe ſur ſon voiſin au
delà des confins, il ſera tenu des dommages & interêts
pour ſon entrepriſe *c*, & de la reſtitution des fruits ou autres revenus depuis ſon uſurpation. Mais celuy qui ſe
trouvera avoir joüy au-delà de ſes bornes ſans mauvaiſe
foy, ne devra les fruits que depuis la demande *d*.

2. Vſurpation au-
delà du confin.

*c* In judicio finium regundorum etiam ejus ratio fit quod intereſt. Quid enim,
ſi quis aliquam utilitatem ex eo loco percepit, quem vicini eſſe appareat? Ini-
que damnatio eo nomine fiet? *l. 4. §. 1. ff. fin. regund.*
*d* Poſt litem conteſtatam etiam fructus venient in hoc judicio: nam & culpa & dolus exinde præſtantur. Sed ante judicium percepti non omnimodo hoc
in judicium venient: aut enim bona fide percepit, & lucrari eum oportet, ſi
eos conſumpſit: aut malâ fide, & condici oportet. *l. 4. §. 2. ff. fin. regund.*

## III.

Si les confins de deux heritages deviennent incertains,
ſoit par le fait du proprietaire ou poſſeſſeur de l'un des
heritages, ou par un cas fortuit; comme ſi une inonda-
tion a enlevé les bornes, ou que quelqu'autre évenement
ait ôté la connoiſſance de la ſeparation des heritages;
ils ſeront de nouveau confinez par l'avis des Experts, ou
ſuivant les titres, ou par les autres voyes qu'on a remarquées dans l'art. 6. de la Sect. 1. & celuy qui aura uſur-
pé ſera tenu de la reſtitution des fruits, ou autres revenus,
& des dommages & interêts s'il y en a lieu *e*.

3. S'il ne paroît
pas de bornes.

*e* Si irruptione fluminis fines agri confudit inundatio: ideoque uſurpandi
quibuſdam loca, in quibus jus non habent, occaſionem præſtat: præſes provinciæ alieno eos abſtinere, & domino ſuum reſtitui, terminóſque per menſo-
rem declarari jubet. *l. 8. ff. fin. regund.* Ad officium de finibus cognoſcentis
pertinet, menſores mittere, & per eos dirimere ipſam finium quæſtionem, ut
æquum eſt, ſi ita res exigit, oculíſque ſuis ſubjectis locis. *d. l. §. 1.*

## VI.

4. *De celuy qui enleve les bornes.*

Si les bornes ont été enlevées par le fait de l'un des possesseurs, il sera non seulement tenu de la restitution des fruits & des dommages & interêts ; mais on pourra luy faire son procés pour ce crime, & il sera condamné à telle peine que le fait pourra meriter selon les circonstances *f*.

*f* Divus Hadrianus in hæc verba rescripsit : quin pessimum factum sit, eorum qui terminos finium causa positos, propulerunt, dubitari non potest. De pœna tamen modus ex conditione personæ, & mente facientis magis statui potest &c. *l. 2. & toto Titulo. ff. de term. mot. l. 4. §. 4. ff. fin. regund. v. l. 4. C. eod.*

## V.

5. *Pouvoir de ceux qui mettent des bornes.*

Les Arbitres, ou Experts qui reglent des bornes peuvent, selon les circonstances de l'état des lieux, de l'obscurité des confins, & de la commodité de l'un & de l'autre des proprietaires, ou partager ce qui est en contestation, si le droit de chacun y est incertain, ou l'adjuger à l'un d'eux s'il y en a lieu, ou borner les heritages par un autre endroit, en laissant d'une part autant qu'on ôte de l'autre, ou obligeant à quelque retour celuy qui profiteroit de ce changement.

*g* Judici finium regundorum permittitur, ut, ubi non possit dirimere fines, adjudicatione controversiam dirimat. Et si forte, amovendæ veteris obscuritatis gratia, per aliam regionem fines dirigere judex velit, potest hoc facere, per adjudicationem, & condemnationem. Quo casu, opus est, ut ex alterutrius prædio alii adjudicandum sit. Quo nomine is cui adjudicatur, invicem pro eo quod ei adjudicatur, certa pecunia condemnandus est. Sed & loci unius, controversia in partes scindi adjudicationibus potest : prout cujusque dominium in eo loco judex compererit. *l. 2. §. 1. l. 3. & l. 4. ff. fin. regund.*

# TITRE VII.

## DE CEUX QUI RECOIVENT ce qui ne leur est pas dû, ou qui se trouvent avoir la chose d'autruy sans convention.

IL peut arriver par divers évenemens qu'une personne se trouve avoir une chose d'une autre, & qu'elle soit obligée de la rendre, sans qu'il y ait eu entr'eux de convention qui ait formé cet engagement. Ainsi, celuy à qui on paye par erreur une somme qui ne luy étoit pas dûë, est obligé de la rendre. Ainsi, celuy qui se croyant seul heritier, s'étoit mis en possession de tous les biens d'une succession, est obligé de rendre aux autres qui sont appellez à la même heredité, ce qui peut leur en revenir. Ainsi, celuy qui trouve une chose perduë, doit la rendre au maître. Ainsi, le possesseur d'un heritage où il s'est fait une décharge de choses qu'un débordement y a entraînées, doit les rendre, ou les laisser prendre à celuy qui en est le maître.

*Differentes manieres d'avoir la chose d'autruy sans convention.*

On voit par ces exemples, qu'il arrive en deux manieres qu'une personne se trouve avoir sans convention une chose d'une autre. Car on peut l'avoir ou par un pur cas fortuit, comme dans ces deux derniers cas : ou par une suite d'un fait volontaire, comme dans les deux premiers.

De quelque maniere qu'une personne se trouve avoir une chose d'une autre, soit par un pur cas fortuit, ou par une suite de quelque fait volontaire, les engagemens sont à peu prés les mêmes. Mais on a crû ne devoir pas mêler & confondre ces deux sortes d'évenemens, & on ne traite icy que de ceux qui font qu'une personne se trouve avoir une chose d'une autre sans convention par la suite de quelque fait volontaire, comme il arrive à ce-

*Matiere de ce Titre.*

luy qui reçoit ce qui ne luy eſt pas dû. Car l'autre maniere d'avoir une choſe d'une autre perſonne par un pur
cas fortuit, fait partie de la matiere du Titre 9. où il eſt
traité en general des engagemens qui ſe forment par
des cas fortuits, ſoit que le cas fortuit mette entre les
mains d'une perſonne une choſe d'une autre, comme
dans les deux cas qu'on vient de remarquer, ou que ſans
cela il ſe forme une autre ſorte d'engagement, comme
il arrive à celuy de qui les marchandiſes ont été ſauvées
dans un peril de naufrage par la perte d'autres marchandiſes qu'on a jettées dans la mer pour ſauver le vaiſſeau, car il doit porter ſa part de la perte : & cet engagement ſe forme ſans que l'un ait une choſe de l'autre.
Ainſi on aura dans le 9. Titre, & dans celuy cy, toutes les regles qui regardent les differentes manieres
dont une perſonne peut avoir une choſe d'une autre: &
le Titre 9. contiendra de plus les autres ſortes d'engagemens qui ſe forment par des cas fortuits.

Comme il y a une infinité de cas où il peut arriver que
par la ſuite de quelque fait volontaire ſoit licite ou illicite, une perſonne ſe trouve avoir une choſe d'une autre
ſans convention ; il ſuffit de voir en quelques cas les regles de cette matiere qu'il ſera facile d'appliquer à tous
les autres qui peuvent arriver.

## SECTION I.

*Quelques exemples des cas qui font la matiere de*
*ce Titre, & qui n'ont rien d'illicite.*

## SOMMAIRES.

1. Celuy qui reçoit ce qui ne luy eſt pas dû eſt obligé de le rendre.

2. Du payement fait par celuy qui ſe croit debiteur, & qui ne l'eſt pas.

3. Du payement fait par un tiers pour le debiteur.

4. Le creancier ne rend pas ce qui luy eſt payé avant le terme.

5. Si on paye par erreur, ou

## I.

CEluy qui reçoit un payement de ce qui ne luy est pas dû, quand même il croiroit de bonne foy qu'il luy seroit dû, & que celuy qui paye le penseroit de même, n'acquiert aucun droit sur ce qui luy est payé de cette maniere ; mais il doit le rendre. Ainsi celuy qui a receu un legs d'un testament qui dans la suite se trouve faux, doit rendre ce qu'il a receu à ce titre. Et il en seroit de même quand le testament ne seroit pas faux, si le legs se trouvoit revoqué par un codicile qui ne parût qu'après le payement *a*.

*a* Si quid ex testamento solutum sit, quod postea falsum, vel inofficiosum, vel irritum, vel ruptum apparuerit, repetetur. *l. 2. §. 1. de cond. ind.* Si post multum temporis.... codicilli diu celati, prolati : qui ademptionem contineant legatorum solutorum : vel deminutionem, per hoc, quia aliis quoque legata relicta sunt ( solutum ex testamento repetetur. ) *l. 2. §. 1. ff. de cond. ind.* Is cui quis per errorem non debitum solvit, quasi ex contractu debere videtur. *§. 6. inst. de obl. quæ quas. ex contr.*

## I I.

Si un creancier reçoit un payement des mains de celuy qui pensant être son debiteur ne l'étoit pas en effet, & ne payoit que croyant s'acquiter ; ce payement n'acquitte pas le vray debiteur, & oblige celuy qui le reçoit à rendre ce qui ne luy est payé que par cette erreur. Ainsi par exemple, si un heritier presomptif sçachant la mort de son parent à qui il devroit succeder, & ignorant un testament qui le prive de toute la succession, en acquitte une dette, avant que de s'y être immiscé, croyant s'acquitter soy-même comme heritier, & y employant de son argent propre : le creancier qui aura reçû cet argent sera tenu de le rendre, & conservera

1. *Celuy qui reçoit ce qui ne luy est pas dû, est obligé de le rendre.*

2. *Du payement fait par celuy qui se croit debiteur, & qui ne l'est pas.*

son droit sur la succession *b*. Mais si ce creancier avoit aneanti le titre de sa creance, comme si c'étoit une obligation qu'on eût déchirée, de sorte que sa dette fut perduë, ou en peril, le payement en ce cas subsisteroit : & celuy qui l'auroit fait devroit se l'imputer. Et il auroit son action contre l'heritier, pour recevoir ce qu'il auroit payé en son acquit.

*b* Indebitum est non tantùm, quod omnino non debetur : sed & quod alii debetur ; si alii solvatur : aut si, id quod alius debeat, alius quasi ipse debeat, solvat. *l. 65. §. ult. ff. de condict. indeb.* Quamvis debitum sibi quis recipiat, tamen si is quidat, non debitum dat, repetitio competit. Veluti, si is qui heredem se, vel bonorum possessorem falso existimans, creditori hereditario solverit. Hîc enim neque verus heres liberatus erit : & is, quod dedit, repetere poterit. Quamvis enim debitum sibi quis recipiat ? tamen si is qui dat, non debitum dat, repetitio competit. *l. 19. §. 1. ff. de cond. indeb.* V. l'article 7. de la Sect. 1. des vices des conventions.

*Il faut entendre cette regle dans le cas où celuy qui se croyoit heritier, & qui ne l'étoit point, auroit payé de son propre bien avant que de s'immiscer dans la succession, & où les choses seroient encore entieres. Il ne faut pas confondre le cas de cette regle avec le cas de celle qui suit.*

### III.

*3. Du payement fait par un tiers pour le debiteur.*

Si un tiers paye à un creancier ce qu'il sçait luy être dû par un autre ; ce creancier ne sera pas tenu de le rendre ; car il n'a reçû que ce qui luy étoit dû : & ce tiers a pû vouloir acquiter le vray debiteur *c*.

*c* Repetitio nulla est ab eo qui suum recepit ; tametsi ab alio, quàm vero debitore, solutum est. *l. 44. ff. de cond. indeb.*

### IV.

*4. Le creancier ne rend pas ce qui luy est payé avant le terme.*

Si un debiteur paye avant le terme, quand même la chose ne seroit dûë qu'aprés sa mort ; le creancier qui reçoit ce payement, quoy qu'il n'eût pas droit de le demander, peut le retenir. Car le debiteur a pû l'avancer, & n'a payé que ce qu'il devoit *d*. Mais si c'étoit une dette conditionelle qui dépendît de l'évenement d'un cas qui pût ne pas arriver, & qui ne fût pas encore arrivé, celuy qui en auroit reçû le payement fait par quelque erreur, ne pourroit le retenir : car il n'étoit pas encore creancier. Que si le cas étoit tel qu'il dût

*d* In diem debitor adeo debitor est, ut ante diem solutum repetere non possit. *l. 10. ff. de cond. indeb.* Si cùm moriar dare promisero, & antea solvam, repetere me non posse, Celsus ait. Quæ sententia vera est. *l. 17. eod.* V. l'art. 5. de la Sect. 1. des Payemens.

arriver

arriver neceffairement, il n'y auroit pas de repetition d'un tel payement *e*.

*e* Sub conditione debitum , per errorem folutum pendente quidem conditione repetitur. *l.* 16. *ff. de cond. indeb.* Quòd fi ea conditione debetur , quæ omnimodo extatura eft , folutum repeti non poteft : licet fub alia conditione , quæ an impleatur incertum eft , fi ante folvatur , repeti poffit. *l.* 18. *eod.*

### V.

Celuy qui paye par erreur ce qu'il croyoit devoir ne le devant point, peut le recouvrer, foit que la chofe ne fût en effet aucunement dûë, ou qu'ayant été dûë, il fût arrivé un fait qui aneantiffoit la dette, & qui étoit ignoré par ce debiteur. Comme, par exemple, fi un debiteur ayant payé à l'heritier de fon creancier, il paroiffoit un teftament par lequel ce creancier eût remis cette dette. Mais celuy qui fçachant qu'il a des moyens pour fe défendre contre fon creancier, ne laiffe pas de payer volontairement, ne peut demander ce qu'il a payé. Car il a pû renoncer aux raifons qu'il pouvoit avoir de ne point payer *f*.

5. Si on paye par erreur ou volontairement ce qui n'eft pas dû.

*f* Si quis indebitum ignorans folvit, per hanc actionem condicere poteft. Sed fi fciens fe non debere, folvit : ceffat repetitio. *l.* 1. §. 1. *ff. de cond. indeb.* Indebitum autem folutum accipimus, non folùm fi omnino non debeatur, fed etfi per aliquam exceptionem perpetuam peti non poterat : quare hoc quoque repeti poterit, nifi fciens fe tutum exceptione, folvit. *l.* 26. §. 3. *ff. eod.*

### VI.

Celuy qui dans le doute, s'il doit ou non, paye à toutes fins pour fe liberer, en cas qu'il fe trouve debiteur, pourra recouvrer ce qu'il aura payé, s'il fe trouve qu'en effet il ne devoit rien; fi ce n'eft qu'il paroiffe que dans ce doute les parties ont voulu terminer leur different par ce payement, & qu'il ait tenu lieu de tranfaction. Car en ce cas le payement fubfifte *g*.

6. Payement fait dans le doute.

*g* Pro dubietate eorum, qui mente titubante indebitam folverint pecuniam; certamen legumlatoribus incidit, idne quod ancipiti animo perfolverint, poffint repetere, an non. Quod nos decidentes, fancimus, omnibus, qui incerto animo indebitam dederint pecuniam, vel aliam quandam fpeciem perfolverint, repetitionem non denegari : & præfumptionem transactionis non contra eos induci ; nifi hoc fpecialiter ab altera parte approbetur. *l. ult. C. de cond. indebit.*

### VII.

Si celuy qui devoit de deux chofes l'une a donné les deux, ou par une méprife, ou par ignorance, il ne fera

7. De celuy qui doit de deux chofes l'une.

pas libre, à celuy qui les a reçûës de choisir celles dés deux qu'il voudra garder; mais ce debiteur conservera le droit de choisir, & de laisser celle qu'il voudra donner, & retirer l'autre *h*.

*h* Si quis servum certi nominis, aut quamdam solidorum quantitatem, vel aliam rem promiserit : & cum licentia ei fuerat unum ex his solvendo liberari, utrumque per ignorantiam dependerit : dubitabatur, cujùs rei daretur à legibus ei repetitio, utrúmve servi, an pecuniæ : & utrum stipulator, au promissor habeat hujus rei facultatem. Et Ulpianus quidem .... nobis hæc decidentibus Juliani, & Papiniani sententia placet, ut ipse habeat electionem recipiendi, qui & dandi habuit. *l. pen. C. de cond. indebit.*

## VIII.

*8. Exemple d'une autre sorte.*

Celuy qui se trouve en possession d'une chose appartenant à un autre , soit meuble, ou immeuble , à quelque titre qu'il la possede , vente , donation, ou autre , est obligé de la rendre au maître , quand il paroît ; & qu'il établit son droit. Ainsi , un acquereur d'un fonds en étant évincé par celuy qui en étoit le maître , il doit le luy remettre : & cet engagement est du nombre de ceux qui se forment sans convention *i*.

*i V. la Sect. 10. du contrat de vente.*

## IX.

*9. Autre exemple.*

L'heritier qui pendant l'absence de son coheritier, ou se croyant seul heritier, se met en possession de tous les biens, s'oblige sans convention à rendre à l'autre sa portion de l'heredité , quand il paroîtra *l*.

*l V. l'art. 9. de la Sect. 3. des interêts.*

## X.

*10. Restitution d'une chose qu'on a sans juste titre.*

Celuy qui se trouve avoir une chose d'un autre sans quelque juste cause, ou à qui une chose étoit donnée pour une cause qui cesse, ou sous une condition qui n'arrive point ; n'ayant plus de cause pour la retenir doit la restituer. Ainsi, celuy qui avoit reçû une dot pour un mariage qui ne s'accomplit point, ou qui est annullé, doit rendre ce qui n'étoit donné qu'à ce titre *m*. Ainsi à plus forte raison, ceux qui ont reçû de l'argent, ou autre chose pour une cause injuste sont tenus de le rendre.

*m* Constat id demum posse condici alicui , quod vel non ex justa causa ad eum pervenit, vel redit ad non justam causam. *l. 1. §. ult. ff. de cond. sine causa.* Nihil refert utrûmne ab initio sine causa quid datum sit, an causa propter quam datum sit, secuta non sit. *l. 4. eod.* Fundus dotis nomine traditus, si nuptiæ insecutæ non fuerint., conditione repeti potest. *l. 7. §. ult. ff. de condict. causf. dat. l. 8. eod. l. 1. §. 1. ff. de cond. ob turp. vel inj. cauf.*

*On peut recevoir quelque chose pour une cause injuste sans convention, comme par une concussion ou autre violence. Et on peut aussi recevoir quelque chose par une convention injuste. Surquoy V. l'article dernier de la Sect. 4. des vices des conventions, & la Section suivante.*

### XI.

Les debiteurs qui acquittent volontairement des dettes qu'ils auroient pû faire annuller en justice, mais que l'équité naturelle rendoit legitimes, ne peuvent revenir contre cette approbation *n*. Ainsi, par exemple, si une femme obligée sans l'autorité de son mary, ou même avec cette autorité dans des Coûtumes où la femme en puissance de mary ne peut s'obliger, étant veuve acquitte son obligation, qui auroit été déclarée nulle en justice, elle ne pourra revenir contre le payement qu'elle en aura fait. Ainsi un Mineur devenu majeur, payant une dette dont il auroit pû être relevé, ne pourra retirer ce qu'il aura payé. Car dans ces cas il y avoit une obligation naturelle que le debiteur a pû acquitter.

11. *Payement d'une dette qu'on pouvoit ne pas payer.*

*n* Naturales obligationes non eo solo æstimantur, si actio aliqua earum nomine competit, verùm etiam eo, si soluta pecunia repeti non possit, *l. 19. ff. de obl. & act.* V. l'art. 4. de la Sect. 1. des payemens.

## SECTION II.

### *Autres exemples de la même matiere dans des cas de faits illicites.*

ON appelle icy des faits illicites, non seulement ceux qui sont défendus par des Loix expresses, mais tous ceux qui blessent l'équité, l'honêteté, ou les bonnes mœurs, quoyqu'il ne se trouvât point de loy écrite qui les exprimât. Car tout ce qui est contraire à l'équité, à l'honêteté, ou aux bonnes mœurs, est contraire aux principes des Loix divines & humaines.

## SOMMAIRES.

### I.

**1. Trois sortes de faits illicites.**

IL peut arriver en trois manieres que par un fait illicite une personne reçoive une somme d'argent, ou quelqu'autre chose d'une autre personne. Car le fait peut être illicite ; ou seulement de la part de celuy qui donne, ou seulement de la part de celuy qui reçoit, ou de la part de l'un & de l'autre *a*. Ainsi celuy qui sous un pretexte d'honêteté feroit un present à une personne qu'il sçauroit devoir être son Juge, ou son Arbitre, mais qui de sa part ignoreroit le motif de ce present, donneroit illicitement ce que cette personne pourroit recevoir sans blesser la justice. Ainsi lorsqu'une personne fait par elle-même, ou par d'autres, une exaction de quelque somme d'argent, ou d'autres choses, pour s'abstenir de quelque violence encore plus grande, ou se fait rendre les titres de quelque creance, ou de quelque droit qu'elle pourroit devoir ; ce fait n'est illicite que de la part de cette personne, & non de la part de celuy qui souffre cette violence. Ainsi lorsqu'une personne reçoit de l'argent d'une autre, ou par un tiers, ou par elle-même, pour commettre quelque crime, quelque delit, ou quelque injustice ; le fait est illicite & de la part de celuy qui reçoit, & de la part de celuy qui donne.

*a* Omne quod datur, aut ob rem datur, aut ob causam. Et ob rem, aut turpem, aut honestam. Turpem autem : aut ut dantis sit turpitudo, non accipientis : aut ut accipientis dumtaxat, non etiam dantis : aut utriusque. *l.* 1. *ff. de condict. ob turp. vel inj. cauf.*

### II.

**2. Fait illicite de la part de celuy qui donne.**

Si le fait n'est illicite que de la part de celuy qui donne, celuy qui a reçû ne sera pas obligé de rendre ; si ce n'est que les circonstances reglent autrement quel sera

son devoir. Ainfi dans le cas de celuy qui avoit reçû un
prefent dont il ignoroit le motif injufte, comme il a été
expliqué dans le premier article, fi ce motif venoit à fa
connoiffance, il feroit obligé ou à s'abftenir de la fonction de Juge ou d'Arbitre, ou à rendre le prefent qu'il
auroit reçû, ou même à l'un & à l'autre, felon que la
prudence & l'équité pourroient le demander dans les
circonftances de la qualité des perfonnes, & de celle du
fait *b*.

*b C'eft une fuite du premier cas expliqué dans l'article precedent. Ut dantis
fit turpitudo. l. 1. ff. de cond. ob turp. vel inj. cauf.*

### III.

Lorfque le fait n'eft illicite que de la part de celuy qui
a reçû une chofe pour une caufe injufte, celuy qui l'a
donnée pourra fe la faire rendre, quoyque l'autre ait
executé ce que fon engagement pouvoit demander *c*. Et
rien ne peut difpenfer celuy-cy ni de la reftitution,
quand même on ne luy feroit aucune demande, ni des
autres peines que le fait pourra meriter, fi la juftice
vient à le connoître.

*3. Fait illicite de
la part de celuy qui
reçoit.*

*c Quod fi turpis caufa accipientis fuerit, etiamfi res fecuta fit, repeti po-
teft. l. 1. §. 2. ff. de cond. ob turp. vel inj. cauf. Perpetuò Sabinus probavit ve-
terum opinionem exiftimantium, id quod ex injufta caufa apud aliquem fit,
poffe condici. In qua fententia etiam Celfus eft. l. 6. ff. eod.*

### IV.

Si le fait eft illicite & de la part de celuy qui donne,
& de la part de celuy qui reçoit, celuy qui a donné perdra juftement ce qu'il avoit fi mal employé, & n'aura
aucune action pour le recouvrer *d*. Et celuy qui a reçû
ne pourra retenir ce profit injufte: & quand même il auroit executé l'engagement illicite pour lequel il avoit reçû, il fera obligé à la reftitution à qui elle pourra être
dûë, & tenu des autres peines qu'il aura merité.

*4. Fait illicite de
la part de l'un &
de l'autre.*

*d Ubi autem & dantis & accipientis turpitudo verfatur, non poffe repeti
dicimus. l. 3. ff. de cond. ob turp. vel inj. cauf. V. les articles 3. 4. 5. de la
Sect. 4. des vices des conventions, & la remarque fur cet article 5.*

O iij

## SECTION III.

*Des engagemens de celuy qui a quelque chose d'une*
*autre personne, sans convention.*

### SOMMAIRES.

1. *Restitution de deniers, &*
*des interêts s'il y en a*
*lieu.*
2. *Soin de la chose.*
3. *Restitution des fruits.*

4. *Et de l'augmentation ar-*
*rivée à la chose.*
5. *Si celuy qui avoit une*
*chose d'un autre, l'a alie-*
*née.*

### I.

L'Engagement de celuy qui se trouve avoir une somme d'argent d'une autre personne, soit qu'il l'eût
reçuë en payement ne luy étant pas dûë, ou qu'il l'eût
autrement, consiste à rendre cet argent sans interêt *a*,
que depuis la demande, pourvû qu'il fût dans la bonne foy. Mais s'il y avoit de sa part de la mauvaise foy,
il devroit les interêts depuis que cette mauvaise foy
auroit commencé.

*a* Pecuniæ indebitæ, per errorem, non ex causa judicati solutæ, esse repetitionem jure condictionis, non ambigitur. Si quid igitur probare potueris patrem tuum, cui heres extitisti, amplius debito creditori suo persolvisse : repetere potes. Usuras autem ejus summæ præstari tibi frustra desideras. Actione
enim condictionis ea sola quantitas repetitur, quæ indebita soluta est. *l.* 1. C.
*de cond. ind.*

### II.

Si c'est quelque autre chose que de l'argent qui doive
être restituée, celuy qui commence de connoître cet engagement, doit prendre soin de la chose, & la conserver,
jusqu'à ce qu'il la rende. Mais si la chose vient à être endommagée, ou que même elle perisse, pendant qu'il
croyoit de bonne foy qu'elle fût à luy, & avant que la
demande luy en eût été faite, & qu'il fût en demeure de
la restituer, il n'en seroit pas tenu, quand il y auroit même de sa faute. Car sa condition doit être la même que
s'il avoit été le maître de la chose. Mais aprés la deman-

de, s'il étoit en demeure, il seroit tenu de ce qui arriveroit même sans sa faute. *b*.

*b* Non solùm autem rem restitui, verùm & si deterior res sit facta, rationem
judex habere debebit. Finge enim debilitatum hominem, vel verberatum, vel
vulneratum restitui: utique ratio per judicem habebitur, quantò deterior sit
factus. *l. 13. ff. de rei vind.* Si servus petitus, vel animal aliud demortuum sit,
sine dolo malo & culpa possessoris, pretium non esse præstandum, plerique aiunt.
Sed est verius, si forte distracturus erat petitor, si accepisset, moram passo debere præstari. Nam si ei restituisset, distraxisset, & pretium esset lucratus. *l. 15.*
*§. ult. eod.* Si homo sit qui post conventionem restituitur, si quidem à bonæ
fidei possessore, puto cavendum esse de dolo solo, debere cæteros etiam de culpa
sua: inter quos erit & bonæ fidei possessor, post litem contestatam. *l. 45. eod.*

### III.

Si c'est un heritage qu'on doive restituer, ou une autre chose qui produise quelques revenus, le possesseur
qui doit la restituer, doit aussi les fruits ou revenus qu'il
en a perçûs, ou seulement depuis la demande, ou même de tout le tems qu'il aura joüi, selon la qualité de
la cause qui avoit fait passer la chose en ses mains, &
les circonstances *c*.

*3. Restitution des fruits.*

*c* Indebiti soluti conditio naturalis est: & ideo etiam quod rei solutæ accessit, venit in conditionem. Ut putà partus qui ex ancilla natus sit, vel
quod alluvione accessit. Imò & fructus quos is, cui solutum est, bona fide
percepit, in conditionem veniunt. *l. 15. ff. de cond. in deb. l. 38. §. 2. ff. de*
*usur.* Ei qui indebitum repetit, & fructus & partus restitui debent. *l. 65. §. 5.*
*ff. de cond. ind.*

Il y a plusieurs cas où la bonne foy ne décharge pas le possesseur de la restitution des fruits. V. les articles 9. 10. & 14. de la Sect. 3. des interêts. V. l. 7. §.
ult. ff. & l. 12. ff. de cond. causf. dat.

*Les Loix citées sur cet article ne se rapportent pas à tous les cas expliquez*
*dans la Section premiere, mais seulement au cas de celuy qui a reçû une chose*
*qui ne luy étoit pas düe: & si elle produit quelques fruits ou d'autres revenus,*
*ces Loix obligent indistinctement à la restitution des fruits le possesseur même qui*
*a joüy de bonne foy, quoyque celuy qui avoit reçû de l'argent qui ne luy étoit*
*pas dû, n'en doive pas les interêts, comme il a été dit dans le premier article*
*de cette Section. Mais on a crû que cette regle, qui peut être juste en de cer-*
*tains cas, pourroit en d'autres tourner en une dureté que seroit injuste, la res-*
*treignant même à ce qui auroit été donné n'étant point dû. Ainsi, par exemple,*
*si un heritier délivre à un pauvre legataire un fonds qui luy étoit donné par un*
*codicille, & que ce legataire ayant joüy plusieurs années, le codicille se trouve*
*faux, sans qu'il ait aucune part à la fausseté; mais qu'ayant joüy de bonne foy,*
*il ait consommé ces fruits pour faire subsister sa famille, & qu'il ne pût les*
*rendre sans être ruiné ou beaucoup incommodé, seroit-il injuste de le décharger*
*de cette restitution, dont un legataire riche ou accommodé pourroit être tenu par*
*cette raison qu'il ne devroit pas profiter de la joüissance d'un bien où il n'auroit*
*aucun droit, & dont le vray maître se trouveroit dépoüillé par un titre faux.*
*C'est par les vûës de ces divers évenemens & des autres differentes causes qui*
*peuvent obliger à la restitution de fruits, ou en décharger, qu'on a crû que l'u-*
*sage de la regle doit être laissé à la prudence du Juge, selon la cause de la joüis-*
*sance, & les circonstances.*

IV.

Si la chose qui doit être renduë se trouvoit augmentée, pendant qu'elle étoit en la possession de celuy qui se trouve obligé de la rendre, comme si un troupeau de bétail, étoit crû en nombre, ou un heritage joignant à une riviere devenu plus grand, le tout seroit rendu *d*.

*d* Ut putà partus qui ex ancilla natus sit, vel quod alluvione accessit. *l. 15. ff. de condict. ind.*

V.

Si celuy qui avoit une chose d'un autre, croyant de bonne foy en être le maître, l'avoit alienée dans cette bonne foy, il ne seroit tenu de rendre que ce qu'il en auroit tiré de profit, comme le prix qu'il en auroit reçû, s'il l'avoit venduë, quoyqu'il ne l'eût pas venduë à son juste prix *e*,

*e* Hominem indebitum ( dedi ) & hunc sine fraude modico distraxisti : nempe hoc solum refundere debes, quod ex pretio habes. *l. 26. §. 12. ff. de condict. ind.*

# SECTION IV.

## Des engagemens du maître de la chose.

## SOMMAIRE.

*Le Maître doit ce qui a été dépensé pour conserver la chose.*

CEluy dont la chose étoit en la puissance d'un autre & qui la recouvre, quand ce seroit même d'un possesseur de mauvaise foy, est obligé de luy rendre tout ce qui peut avoir été utilement employé pour la conserver : & s'il y a des fruits à restituer, il en faut déduire les dépenses faites pour les recüeillir *a*.

*a* Ei qui indebitum repetit & fructus, & partus restitui debent deducta impensa. *l. 65. §. 5. ff. de cond. indeb.*
Quod in fructus redigendos impensum est, non ambigitur ipsos fructus minuere debere. *l. 46. ff. de usur.* V. l'art. 11. de la Sect. 3. des interêts, & la remarque sur cet article.

TITRE

# TITRE VIII.

## DES DOMMAGES CAUSEZ
*par des fautes qui ne vont pas à un crime, ni à un delit.*

ON peut distinguer trois sortes de fautes dont il peut arriver quelque dommage. Celles qui vont à un crime ou à un delit: Celles des personnes qui manquent aux engagemens des conventions, comme un vendeur qui ne délivre pas la chose venduë, un locataire qui ne fait pas les reparations dont il est tenu : Et celles qui n'ont point de rapport aux conventions, & qui ne vont pas à un crime ni à un delit ; Comme si par legereté on jette quelque chose par une fenêtre qui gâte un habit : Si des animaux mal gardez font quelque dommage : Si on cause un incendie par une imprudence : Si un bâtiment qui menace ruine n'étant pas reparé tombe sur un autre, & y fait du dommage.

*Matiere de ce Titre.*

De ces trois sortes de fautes il n'y a que celles de la derniere espece qui soient la matiere de ce Titre. Car les crimes & les délits ne doivent pas être mêlez avec les matieres civiles, & tout ce qui regarde les conventions, a été expliqué dans le premier Livre.

On peut voir sur la matiere de ce Titre celuy des interêts & dommages & interêts.

## SECTION I.

*De ce qui est jetté d'une maison, ou qui en peut tomber, & causer du dommage.*

### SOMMAIRES.

| | |
|---|---|
| 1. Celuy qui habite la maison est tenu de ce dommage. | 2. Les défenses de jetter regardent la sûreté de toute sorte de lieux. |

3. *Condamnation d'amende.*

4. *Si quelqu'un est tué ou blessé.*

5. *Si plusieurs habitent le même lieu.*

6. *Si un seul tient la maison, & loüe des chambres.*

7. *De ceux qui reçoivent dans leurs maisons des écoliers*

*ou d'autres personnes.*

8. *Si on a jetté à dessein de nuire.*

9. *Défenses d'avoir des choses suspenduës qui puissent tomber & nuire.*

10. *Si la chûte de ces choses cause quelque mal.*

11. *Tuiles tombées d'un toict.*

## I.

*1. Celuy qui habite la maison est tenu de ce dommage.*

CEluy qui habite une maison, soit le proprietaire, locataire, ou autre, est tenu du dommage que peut causer ce qui est jetté, ou répandu de quelque endroit de cette maison, soit de jour ou de nuit. Et il en doit répondre à celuy qui aura souffert le dommage, soit que ce fût luy-même qui eût jetté, ou quelqu'un de sa famille, ou de ses domestiques, même en son absence, ou à son insçû *a*.

*a* Prætor ait de his qui dejecerint, vel effuderint, *Vnde in eum locum quo vulgò iter fiet, vel in quo consistitur, dejectum, vel effusum quid erit; quantum ex ea re damnum datum, factumve erit; in eum qui ibi habitaverit, in duplum judicium dabo.* l. 1. ff. de his qui effud. vel dejec. Habitator suam, suorumque culpam præstare debet. l. 6. §. 2. eod. Insciente Domino. d. l. 1. Labeo ait locum habere hoc edictum, si interdiu dejectum sit, non nocte : sed quibusdam locis & nocte iter sit. l. 6. §. 1. eod. V. les articles suivans.

## II.

*2. Les défenses de jetter regardent la sûreté de toute sorte de lieux.*

Comme les défenses de jetter ou de répandre regardent la sûreté des lieux où le dommage peut arriver, elles ne sont pas bornées aux ruës, aux places, & autres lieux publics, mais elles s'étendent à tous les lieux où cette imprudence pourroit être suivie de quelque dommage *b*.

*b* Summa cum utilitate id prætorem edixisse, nemo est qui neget. Publicè enim utile est, sine metu & periculo per itinera commeari. Parvi autem interesse debet, utrum publicus locus sit, an verò privatus : dum modo per eum vulgò iter fiat : quia iter facientibus prospicitur, non publicis viis studetur. Semper enim ea loca per quæ vulgò iter solet fieri, eamdem securitatem debent habere. l. 1. §. 1. & 2. ff. de his qui effud. vel dejec. In eum locum quo vulgò iter fit, vel in quo consistitur. d. l. 1.

## III.

Outre le dédommagement du mal qu'aura pû causer ce qui aura été jetté ou répandu , celuy qui tient la maison sera condamné à l'amende que la police peut avoir reglée *c*, ou à telle autre qui sera ordonnée par le Juge selon les circonstances *d*.

*c* In duplum judicium dabo. *l. 1. ff. de his qui effud. vel dejec.*
*d* Les peines sont arbitraires en France.

*3. Condamnation d'amende.*

## IV.

Si ce qui aura été jetté cause la mort de quelque personne , ou quelque blessure , le procés sera fait à celuy qui s'en trouvera la cause. Et il sera puni selon la qualité du fait & tenu de l'interêt civil. Et celuy qui tient la maison sera aussi tenu & de l'amende, & de tel dédommagement , ou autre peine qu'il pourra meriter selon les circonstances *e*.

*e* Si eo ictu homo liber periisse dicetur , quinquaginta aureorum judicium dabo, si vivet nocitúmque ei esse dicetur , quantum ob eam rem æquum judici videbitur , eum cum quo agetur condemnari, tanti judicium dabo. *l. 1. ff. de his qui effud. vel dejec.*

*4. Si quelqu'un est tué ou blessé.*

## V.

Si plusieurs habitent le même lieu d'où quelque chose ait été jettée ou répanduë, chacun sera tenu solidairement de tout le dommage ; si ce n'est qu'on pût connoître qui l'auroit causé, ou des maîtres, ou des personnes dont chacun doit répondre. Mais si leur habitation est separée, chacun ne sera tenu que de ce qui sera jetté des lieux qu'il occupe. *f.*

*f* Si plures in eodem cœnaculo habitent , unde dejectum est , in quemvis hæc actio dabitur : cùm sanè impossibile est scire quis dejecisset , vel effudisset , & quidem in solidum. *l. 1. §. ult. l. 2. & l. 3. ff. de his qui effud. vel dejec.* Si verò plures , diviso inter se cœnaculo , habitent , actio in eum solum datur , qui inhabitat eam partem , unde effusum est. *l. 5. eod.* V. l'art. suivant.

*5. Si plusieurs habitent le même lieu.*

## VI.

Quoyque le proprietaire, ou le principal locataire d'une maison n'en occupe que la moindre partie , s'il en loüe des chambres : ou s'il reçoit en quelqu'une un de ses amis , il sera tenu du fait de ceux qu'il reçoit dans cette maison. Que s'il paroît de quelle chambre il a été

*6. Si un seul tient la maison , & loüe des chambres.*

P ij

jetté, on pourra agir ou contre celuy qui l'occupe, ou contre celuy qui tient la maison *g*. Et celuy-cy aura son recours contre l'autre.

*g* Idem erit dicendum & si quis amicis suis modica hospitiola distribuerit. Nam & si quis cœnaculariam exercens ipse maximam partem cœnaculi habebat, solus tenebitur. Sed & si hospitaculi habeat, solus tenebitur. Sed si quis, cœnaculi, ipse solus equè tenebitur. Sed si quis cœnaculariam exercens modicum sibi hospitium retinuerit, residuum locaverit pluribus, omnes tenebuntur, quasi in hoc cœnaculo habitantes unde dejectum, effusúmve est. Interdum tamen (quod sine captione actoris fiat) oportebit prætorem æquitate motum, in eum potius dare actionem, ex cujus cubiculo vel exedra dejectum est, licet plures in eodem cœnaculo habitent. Quòd ex mediano cœnaculi quid dejectum sit, verius est omnes teneri. *l. 5. §. 1. & 2. ff. de his qui effud. vel dejec.* V. l'article precedent.

*La police des villes s'addresse à ceux qui tiennent les maisons, parce qu'on les considere comme habitans, qui répondent au public des personnes qu'ils reçoivent chez eux, pour ce qui regarde le fait de police dont on traite icy.*

### VII.

**7. De ceux qui reçoivent dans leurs maisons des Ecoliers ou d'autres personnes.**

Les Maîtres d'école, les Artisans, & autres qui reçoivent dans leurs maisons des Ecoliers, des Apprentifs, ou d'autres personnes pour quelque art, quelque manufacture, ou quelque commerce, sont tenus du fait de ces personnes *h*.

*h* Si horrearius aliquid dejecerit, vel effuderit: aut conductor apothecæ: vel qui in hoc dumtaxat conductum locum habet, ut ibi opus faciat, vel doceat: in factum actioni locus est, etiam si quis operantium dejecerit, vel effuderit, vel si quis discentium. *l. 5. §. 3. ff. de his qui effud. vel dejec.*

### VIII.

**8. Si on a jetté à dessein de nuire.**

Tous les articles precedens s'entendent de ce qui a été jetté ou répandu par mégarde, & sans aucun dessein. Que s'il y a du dessein, l'injure, le délit, ou le crime sera reprimé par de plus griéves peines, selon la qualité du fait, & les circonstances *i*.

*i* Interdum injuriæ appellatione damnum culpa datum significatur, ut in lege Aquilia dicere solemus. *l. 1. ff. de injur.*

### IX.

**9. Défenses d'avoir des choses suspenduës qui puissent tomber & nuire.**

S'il y a quelque chose de suspendu d'un toit, d'une fenêtre, ou d'un autre endroit, d'où la chûte puisse causer quelque mal, ou quelque dommage, celuy qui tient ce lieu sera condamné à une amende telle qu'elle aura été reglée par la police, ou qu'elle sera arbitrée par le Juge, selon les circonstances, quand même la chose ne seroit pas tombée, & qu'elle auroit été mise en ce lieu par un autre que luy. Car il est de l'interêt public qu'on aille sans peril, & en sûreté des accidens de cette nature *l*.

*l* Prætor ait, *ne quis in suggrundâ, protectóve, supra eum locum quo vulgo iter fiet, invéquo consistetur, id positum habeat, cujus casus nocere cui possie. Qui adversus ea fecerit, in eum solidorum decem in factum judicium dabo.* l. 5. §. 6. ff. de his qui effud. vel dejec. Hoc edictum superioris portio est : consequens etenim fuit, prætorem etiam in hunc casum prospicere, ut si quid in his partibus ædium periculosè positum esset, non noceret. *d. l. 5. §. 7.* Ait prætor, *Ne quis in suggrundâ, protectóve,* hæc verba *Ne quis* ad omnes pertinent, vel inquilinos, vel dominos ædium, sive inhabitent, sive non, habent tamen aliquid expositum his locis. *d. l. 5. §. 8.* Positum habere etiam is rectè videtur, qui ipse quidem non posuit, verùm ab alio positum patitur. Quare si servus posuerit, dominus autem positum patiatur, non noxali judicio dominus, sed suo nomine tenebitur. *d. l. 5. §. 10.* Prætor ait, *cujus casus nocere posset.* Ex his verbis manifestatur non omne quidquid positum est, sed quidquid sic positum est, ut nocere possit. *d. l. 5. §. 11.*

## X.

Si la chose suspenduë vient à tomber, & cause quelque mal, celuy qui habite la maison sera tenu du dommage, outre la peine de l'amende qu'il devroit, quand il n'en seroit arrivé, aucun accident *m*.

*m* Coercetur autem qui positum habuit, sive nocuit id quod positum erat, sive non nocuit. l. 5. §. 11. ff. de his qui effud. vel dejec.

## XI.

Si des tuiles tombent d'un toict qui fût en bon état, & par le seul effet d'un orage, le dommage qui peut en arriver est un cas fortuit dont le proprietaire ou le locataire ne peut être tenu. Mais si le troict étoit en mauvais état, celuy qui devoit y pourvoir pourra être tenu du dommage arrivé, selon les circonstances *n*.

*n* Servius quoque putat, si ex ædibus promissoris, vento tegulæ dejectæ damnum vicino dederint, ita eum teneri, si ædificii vitio id acciderit, non si violentia ventorum, vel quâ alia ratione, quæ vim habet divinam. Labeo & rationem adjicit, quòd si hoc non admittatur, iniquum erit. Quod enim tam firmum ædificium est, ut fluminis, aut maris, aut tempestatis, aut ruinæ, aut incendii, aut terræ motus vim sustinere possit. *l. 24. §. 4. l. 43. ff. dam. inf.*

*Quoyque les Loix citées sur cet article soient dans le cas d'un voisin qui s'é-toit pourvû pour prevenir le peril, ne seroit-il pas juste qu'un proprietaire ou locataire fût puni d'une negligence qui auroit été suivie d'un tel accident.* V. Deuteron. c. 22. 8.

## SECTION II.

### Des dommages causez par des animaux.

L'Ordre qui lie les hommes en societé ne les oblige pas seulement à ne nuire en rien par eux-mêmes à qui que ce soit, mais il oblige aussi chacun à tenir tout ce qu'il possede en un tel état que personne n'en reçoive ni mal ni dommage; ce qui renferme le devoir de contenir les animaux qu'on a en sa possession; de sorte qu'ils ne puissent ni nuire aux personnes, ni causer dans leurs biens quelque perte ou quelque dommage.

Le dommage le plus frequent que causent les animaux est celuy que font les bestiaux de la campagne, en pascageant dans des lieux, ou dans des tems où l'on n'a pas ce droit. Comme ce qui regarde ces sortes de dommages est autrement reglé par plusieurs Coûtumes que par le Droit Romain, on ne mettra icy que quelques regles generales d'un usage commun, & non ce qu'il y a dans ce Droit contraire aux coûtumes, ni ce que les Coûtumes ont de particulier. Ainsi, par exemple, il n'étoit pas permis par le Droit Romain de renfermer les bestiaux qui avoient causé quelque dommage *a*; mais quelques Coûtumes le permettent, & de les garder pendant quelque temps pour preuve du dommage: & condamnent même à l'amende les maîtres ou possesseurs du bétail, quoyque le dommage n'ait été fait que par du bétail échapé de sa garde.

*a l. 39. §. 1. ff. ad. legem. Aquil.*

## SOMMAIRES.

1. Le Maître du bétail tenu du dommage qu'il peut causer.
2. Amende.
3. Autre dommage que par le pascage.
4. Chasser le bétail sans nuire.
5. De celuy qui ne peut contenir son cheval ou autre bête.
6. Du bœuf qui frape de

la corne.

7. Des chevaux qui mordent, ou ruent.

8. Des chiens qui mordent.

9. Des bêtes farouches.

10. Si une bête nuit étant

agacée.

11. Si la bête avoit été excitée par une autre.

12. Si une bête en tuë une autre d'un autre Maître.

## I.

SI quelque bétail gardé, ou échapé, a pascagé dans un lieu où le Maître du bétail n'en avoit pas le droit, ou en un temps auquel le pascage n'étoit pas permis, il sera tenu du dommage que son bétail aura pû causer *a*.

*1. Le Maître du bétail tenu du dommage qu'il peut causer.*

*a* Si quadrupes pauperiem fecisse dicatur, actio ea lege duodecim tabularum descendit. *l. 1. ff. si quadr. paup. fec. dic.* De his quæ per injuriam depasta contendis, ex sententia legis Aquiliæ agere minimè prohiberis. *l. ult. C. de lege Aquil.* Si quid ex ea re damnum cepit, habet proprias actiones. *l. 39. §. 1. ff. ad leg. Aquil.* V. *Exod.* 22. 5.

## II.

Si on fait pascager du bétail dans un lieu qui n'y soit point sujet, ou en un temps que le pascage doive cesser, le maître ou autre posseffeur du bétail sera non seulement tenu du dommage, mais condamné à une amende telle que le fait pourra meriter, selon les circonstances *b*.

*2. Amende.*

*b* Si quis ovium vel equarum greges in saltus rei dominicæ alienos immiserit, fisco illico vindicentur. *l. 1. C. de fund. & salt. rei dom.* Insignis authoritas tua, hac conditione à publicis pratis, ac amænis pascuis animalia militum prohiberi præcipiat, ut universi cognoscant, de emolumentis eorum, tuique officii facultatibus duodecim libras auri, fisci commodis exhibendas, si quisquam post hac memorata prata mutilare tentaverit. Non mitiore decernenda pœna, si etiam prata privatorum Antiochenorum fuerint devastata. *l. 2. C. de pasc. publ. & privat. l. ult. eod.*

## III.

Si du bétail gardé, ou non gardé, fait quelqu'autre dommage qu'en pascageant, comme s'il rompt ou endommage des arbres, le maître ou autre posseffeur en sera tenu, & condamné même à une amende s'il y en a lieu *c*.

*3. Autre dommage que par le pascage.*

*c* Si quid ex ea re damnum cepit, habet proprias actiones. *l. 39. §. 1. ff. ad leg. Aquil.*

## IV.

Celuy qui aura surpris dans son heritage le bétail d'un autre y pascageant, ou faisant quelqu'autre dommage, ne pourra user de voye de fait qui nuise au bétail, ni le détourner autrement qu'il feroit le sien propre. Et s'il cause quelque dommage à ce bétail, il en sera tenu *d*.

*d* Quintus Mucius scribit, equa cùm in alieno pasceretur, in cogendo, quòd prægnans erat, ejecit. Quærebatur dominus ejus possétne cum eo, qui coegisset lege Aquilia agere, quia equam ejiciendo ruperat. Si percussisset ; aut consultò vehementius egisset, visum est agere posse. Pomponius, quamvis alienum pecus in agro suo quis deprehendisset, sic illud expellere debet, quomodo si suum deprehendisset : quoniam si quid ex ea re damnum cepit, habet proprias actiones. Itaque qui pecus alienum in agro suo deprehenderit, non jure id includit : nec agere illud aliter debet, quàm ut supra diximus, quasi suum : sed vel abigere debet sine damno, vel admonere dominum ut suum recipiat. *l.* 39. *ff. ad legem. Aquil.*

*Par quelques Coûtumes il est expressément permis de renfermer le bétail qui cause du dommage, comme il a été remarqué dans le preambule.*

## V.

De tout autre dommage qui peut être causé par des animaux, celuy qui en est le maître, ou qui en est chargé, en sera tenu, s'il pouvoit ou devoit prevenir le mal. Ainsi un Muletier, Charretier, ou autre Voiturier qui n'a pas la force ou l'adresse de retenir un cheval fougueux, ou une mule qui s'effarouche, sera tenu du dommage qui en arrivera. Car il ne devoit pas entreprendre ce qu'il ne sçavoit, ou ne pouvoit faire : Ainsi celuy qui pour trop charger un cheval ou autre bête, ou pour ne pas éviter un pas dangereux, ou par quelqu'autre faute, donne sujet à une chûte qui cause du dommage à quelque passant, répondra de ce fait. Et dans tous ces cas, celuy qui aura souffert le dommage, aura son action contre ce Voiturier, ou contre celuy qui l'avoit employé *e*.

*e* Mulionem quoque, si per imperitiam impetum mularum retinere non potuerit, sive alienum hominem obtriverint, vulgò dicitur culpæ nomine teneri. Idem dicitur, & si propter infirmitatem sustinere mularum impetum non potuerit. Nec videtur iniquum si infirmitas culpæ adnumeretur : cùm affectare quisque non debeat in quo vel intelligit, vel intelligere debet infirmitatem suam alii periculosam futuram. Idem juris est in persona ejus, qui impetum equi, quo vehebatur, propter imperitiam vel infirmitatem, retinere non poterit. *l.* 8. §. 1. *ff. ad leg. Aquil.* Si propter loci iniquitatem, aut propter culpam mulionis aut si plus justo onerata quadrupes, in aliquem onus everterit : hæc actio cessabit, damnique injuriæ agetur : *l.* 1. §. 4. *ff. si quadr. pauper. fec. dic.*

VI.

## VI.

Si un bœuf a de coûtume de fraper de la corne, & qu'il blesse quelqu'un, ou cause quelqu'autre dommage, le maître qui n'aura pas renfermé ou retenu ce bœuf, ou averti desorte qu'on pût l'éviter, sera tenu du mal qui en arrivera *f*.

*f* Quidam boves vendidit, ea lege uti daret experiundos : postea dedit experiundos : emptoris servus in experiundo percussus ab altero bove cornu est. Quærebatur, num venditor emptori damnum præstare deberet. Respondi, si emptor boves emptos haberet, non debere præstare : sed si non haberet emptos, tum si culpa hominis factum esset ut à bove feriretur, non debere præstari : si vitio bovis, debere. *l. 52. §. 3. ff. ad leg. Aquil.* V. Exod. 21. 29. 36.

## VII.

Ceux qui ont des chevaux ou des mules qui ruent ou mordent, doivent ou en avertir, ou les faire garder, pour prévenir les occasions de peril, autrement ils seroient tenus du dommage qui en pourra arriver *g*.

*g* Itaque, ut Servius scribit, tunc hæc actio locum habet, cùm commota feritate nocuit quadrupes. Putà si equus calcitrosus calce percusserit ; aut bos cornu petere solitus, petierit ; aut mula propter nimiam ferociam. *l. 1. §. 4. ff. si quadr. paup. fec. dic.* Agaso cùm in tabernam equum deduceret, mulam equus olfecit, mula calcem rejecit, & crus Agasonis fregit. Consulebatur, possétne cum domino mulæ agi, quòd ea pauperiem fecisset, respondi, posse. *l. ult. eod.* Si cùm equum permulsisset quis, vel palpatus est, & calce eum percusserit, erit actioni locus. *l. 1. §. 7. eod.*

*Il faut prendre garde sur ce dernier texte de ne pas imputer facilement au maître d'un cheval, ou d'une autre bête les accidens que peut attirer l'imprudence de ceux à qui ils arrivent. Ainsi, par exemple, si une personne qui ignore qu'un cheval ruë, s'en approche trop sans necessité, & luy met la main sur la croupe, se tenant à la portée d'une ruade, c'est une imprudence, car on doit se défier : & cette imprudence peut attirer un coup de pied d'un cheval dans des circonstances où rien ne pourroit être imputé au maître du cheval.*

## VIII.

Si un chien qui a coûtume de mordre n'est pas retenu, ou s'il s'échape, faute de bonne garde, & blesse quelqu'un ; le maître du chien en sera tenu. Et à plus forte raison, si c'étoit un chien qu'on dût enchaîner, & qui ne fût pas mis hors d'état de nuire à ceux qui pourroient s'en approcher par quelque mégarde *h*.

*h* Sed etsi canis cùm duceretur ab aliquo, asperitate sua evaserit, & alicui damnum dederit : si contineri firmius ab alio poterit, vel si per eum locum induci non debuit, hæc actio cessabit, & tenebitur qui canem tenebat. *l. 1. §. 5. ff. si quadr. paup. fec. dic.* Si quis aliquem evitans, magistratum forte, in taberna proxima se immisisset, ibique à cane feroce læsus esset, non posse agi canis nomine quidam putavit : at si solutus fuisset contra. *l. 2. §. 1. eod.*

## IX.

*9. Des bêtes farouches.*

Ceux qui ont des bêtes farouches, comme des lions, des tigres, des ours & autres femblables, doivent les tenir de forte qu'elles ne puiffent nuire: & ils repondront des dommages arrivez faute de bonne garde *i*.

*i* C'eft une fuite de l'article precedent. In beftiis autem propter naturalem feritatem, hæc actio locum non habet. Et ideo, fi urfus fugit, & fic nocuit, non poteft quondam dominus conveniri: quia definit dominus effe, ubi fera evafit. Et ideo, & fi eum occidi, meum corpus eft. *l.* 1. §. 10. *ff. fi quadr. paup. fec. dic.*

*Pour rendre jufte l'impunité du maître de cet ours, il faudroit fuppofer que ce fût fans fa faute que l'ours fe fût échappé, comme fi quelqu'un par malice l'avoit mis en liberté fans qu'on pût rien imputer au maître. Car fi c'eft par fa faute, il eft de l'équité, & de l'interêt public qu'il répond d'une faute de cette conféquence. Et comme il profite de l'ufage qu'il pouvoit faire de cette bête, qu'il en étoit le maître, & qu'il peut même la vendiquer, fe l'étant acquife ou à prix d'argent, ou par fon induftrie, & ayant mis fon temps & fa peine pour en tirer quelque profit; il doit en répondre.*

## X.

*10. Si une bête nuit étant agafsée.*

Si un chien ou un autre animal ne mord ou ne fait quelqu'autre dommage, que parce qu'il a été agaffé, ou effarouché; celuy qui aura donné fujet au mal arrivé, en fera tenu: & fi c'eft le même qui l'a fouffert, il doit fe l'imputer *l*.

*l* Item cum eo qui canem irritaverat, & effecerat ut aliquem morderet, quamvis eum non tenuit, Proculus refpondit, Aquiliæ actionem effe. *l.* 11. §. 5. *ff. ad leg. aquil. l.* 1. §. 6. *ff. fi quadr. paup. fec. dic. v. d. l.* §. 7.

## XI.

*11. Si la bête avoit été excitée par une autre.*

Si la bête qui aura caufé le dommage avoit été effarouchée par quelqu'autre bête, le maître de celle-cy en fera tenu *m*.

*m* Et fi alia quadrupes aliam concitavit, ut damnum daret: ejus, quæ concitavit nomine, agendum erit. *l.* 1. §. 8. *ff. fi quadr. paup. fec. dic. v. d. l.* §. 7.

## XII.

*12. Si une bête en tuë une autre d'un autre maître.*

Si deux beliers ou deux bœufs appartenans à deux maîtres viennent à s'entrechoquer, & que l'un tuë l'autre; le maître du bœuf ou belier qui aura le premier frapé fera tenu ou d'abandonner la bête qui aura caufé le dommage, ou de dédommager *n*.

*n* Cùm arietes vel boves commififfent, & alter alterum occidit: Quintus Marcius diftinxit, ut fi quidem is periiffet qui aggreffus erat, ceffaret actio: fi is qui non provocaverat, competeret actio. Quamobrem, eum tibi aut noxam farcire, aut in noxam dedere oportere. *l.* 1. §. 11. *ff. fi quadr. paup. fec. dic.*

# SECTION III.

*Du dommage qui peut arriver de la chûte d'un bâtiment, ou de quelque nouvelle œuvre.*

COmme dans cette matiere nôtre usage est different de la disposition du droit Romain, & que nous n'observons pas la regle qui vouloit, que celuy dont le bâtiment pouvoit être endommagé par la chûte d'un autre qui étoit en peril de ruine, fût mis en possession de cet heritage voisin, si le proprietaire ne luy donnoit des sûretez pour le dommage qui étoit à craindre *a*; on a tâché de tourner & accommoder à nôtre usage les regles du droit Romain, selon qu'elles peuvent s'y rapporter.

*a* Si intra diem à prætore constituendum non caveatur, in possessionem ejus rei mittendus est. *l. 4. §. 1. ff. de damn. inf.*

## SOMMAIRES.

### I.

SI un bâtiment est en peril de ruine, le proprietaire du bâtiment, ou autre heritage voisin, qui voit le sien en danger d'être endommagé par la chûte de l'au-

1. Sommation de démolir ou appuyer.

Q ij

tre, peut fommer celuy qui en eft le proprietaire de le démolir, où le réparer, de forte qu'il faffe ceffer le peril *a*. Et comme c'eft un mal à venir qui peut arriver à chaque moment, & qu'il faut prevenir, s'il n'y fatisfait promptement, il y fera pourvû, felon les regles qui fuivent.

*a* Damnum infectum eft damnum nondum factum, quod futurum veremur. *l. 2. ff. de damn. inf.* Hoc edictum profpicit damno nondum facto. *l. 7. §. 1. eod.* Prætor ait, damni infecti fuo nomine promitti, alieno fatisdari, jubebo. *d. l. 7.* Res damni infecti celeritatem defiderat : & periculofa dilatio. *l. 1. eod.* Hoc edictum profpicit damno nondum facto. *l. 7. §. 1. eod. l. 2. eod.*

## I I.

**2. Permiffion du Juge de pourvoir au peril.**

Si aprés la fommation ou affignation en juftice le proprietaire du bâtiment dont la chûte peut nuire au voifin, neglige d'y pourvoir, celuy qui voit fon heritage en danger par la ruine de l'autre, peut demander par provifion, qu'il luy foit permis de faire luy-même ce que les Experts jugeront neceffaire pour prevenir la chûte de ce bâtiment, foit en l'appuyant ou démoliffant, s'il en eft befoin, & il recouvrera contre le proprietaire la depenfe qu'il y aura faite *b*.

*b* Eum cui ita non cavebitur, in poffeffionem ejus rei cujus nomine ut caveatur poftulabitur, ire & cùm jufta caufa effe videbitur, etiam poffidere jubebo. *l. 7. ff. de damn. inf.* Caffius fcribit, eum qui damni infecti stipulatus eft, fi propter metum ruinæ ea ædificia quorum nomine fibi cavit, fulfit, impenfas ejus rei ex stipulatu confequi poffe. *l. 28. eod. l. 15. §. 34. eod.*

## I I I.

**3. Dommages & interêts contre le proprietaire negligent.**

Si pendant le retardement du proprietaire condamné ou fommé de démolir ou appuyer fon bâtiment, la chûte en arrive il fera tenu des dommages & interêts felon les circonstances *c*.

*c* In eum qui neque caverit, neque in poffeffione effe, neque poffidere paffus erit, judicium dabo : ut tantum præftet, quantum præftare eum oporteret, fi de ea re ex decreto meo, ejúfve cujus de ea re juriidictio fuit, quæ mea eft, cautum fuiffet. *l. 7. ff. de damn. inf.* In hac stipulatione venit quanti ea res erit. *l. 28. eod.* In eadem caufa eft detrimentum quoque propter emigrationem inquilinorum, quod ex jufto metu factum eft. *d. l. 28.* Sed etfi conducere hofpitium nemo velit propter vitium ædium, idem erit dicendum. *l. 29. eod.*

*Si à caufe du danger de la chûte de ce bâtiment, ou du dommage que fa chûte arrivée peut avoir caufé à une maifon voifine, le proprietaire, ou des locataires de cette maifon ont été contraints de quitter leur logement, & que cette maifon foit ou tombée, ou hors d'état de pouvoir être habitée, le proprietaire du bâtiment tombé deura-t'il non feulement les dommages & interêts de la chûte, ou des deteriorations.*

*de cette maison : mais aussi le dédommagement de la perte de ces loyers ? Et tous ces dédommagemens seront-ils dûs en toute sorte de cas , sans distinction des differentes circonstances qui peuvent s'y rencontrer ? Et s'il arrivoit par exemple , que le proprietaire de la maison qui menaçoit ruine fût dans une longue absence, ou que n'ayant pas le moyen de reparer sa maison ny de l'appuyer , il eût répondu à la sommation , que ne pouvant y satisfaire , il prioit son voisin qui étoit une personne accommodée , d'appuyer luy-même ce bâtiment , ou d'y faire les reparations necessaires , luy offrant sa sûreté par l'affectation de la maison même , & que ce voisin n'en voulant rien faire , la maison fût tombée ; ne seroit-il pas de l'equité dans ces circonstances , de moderer le dedommagement , ou même d'en décharger ce proprietaire ? Mais si on suppose un proprietaire riche & negligent , qui sommé d'appuyer son bâtiment , l'ait laissé tomber sur la maison d'un voisin pauvre ; cette negligence ne devra-t'elle pas être punie d'un entier dédommagement , & de la perte du bâtiment , & aussi des loyers ?*

## IV.

Si le bâtiment tombe avant qu'il y eût une dénonciation au proprietaire, il ne sera pas tenu du dommage, s'il veut abandonner & la place & les materiaux : & il ne sera pas même obligé en ce cas de les enlever. Car celuy qui a souffert le dommage doit s'imputer de n'avoir pas assez tôt pourvû au danger qu'il pouvoit connoître. Mais si ce proprietaire veut reprendre ses materiaux ou garder sa place, il sera tenu de tout le dommage causé par la chûte de son bâtiment, quoy qu'il n'y eût pas de dénonciation qui eût precedé la chûte. Et il sera aussi tenu en ce cas d'enlever non seulement les materiaux qui peuvent servir , mais tout l'inutile *d*.

4. Si le bâtiment tombe avant la dénonciation.

*d* Unicuique licet damni infecti nomine rem derelinquere. *l.* 10. §. 1. *ff. de neg. gest.*

Evenit ut nonnumquam damno dato nulla nobis competat actio , non interposita antea cautione: veluti, si vicini ædes ruinosæ ceciderint. Adeo ut plerisque placuerit , nec cogi quidem eum posse ut rudera tollat : si modo omnia quæ jaceant pro derelicto habeat. *l.* 6. *ff. de damn. inf.* Hoc edictum prospicit damnorum nondum facto, cùm cæteræ actiones ad damna quæ contigerunt sarcienda pertineant : ut in legis Aquiliæ actione , & aliis. De damno verò facto , nihil Edicto cavetur, Cùm enim animalia quæ noxam commiserunt , non ultra nos solent onerare , quàm ut noxæ ea dedamus : multò magis ea quæ anima carent , ultra nos non deberent onerare : præsertim cùm res quidem animales , quæ damnum dederint , ipsæ extent , ædes autem si ruina sua damnum dederunt , desierint extare, unde quæritur, si antequam caveretur , ædes deciderunt , neque dominus rudera velit egerere , eáque derelinquat, an sit aliqua adversus eum actio ? & Julianus consultus , si priusquam damni infecti stipulatio interponeretur , ædes vitiosæ corruissent , quid facere debet is in cujus ædes rudera decidissent , ut damnum sarciretur: respondit, si dominus ædium quæ ruerunt , vellet tollere , non aliter permittendum , quàm ut omnia , id est , ut quæ inutilia essent auferret : nec solùm de futuro , sed & de præterito damno cavere eum debere. Quod si dominus ædium quæ deciderunt , nihil facit , interdictum reddendum

Q iij

ci, in cujus ædes rudera decidiſſent, per quod vicinus compelletur, aut tollere, aut totas ædes pro derelicto habere. *l. 7. §. 1. & 2. ff. eod.* V. les art. 4. &
5. de la Sect. 2. du Titre des Engagemens qui ſe forment par des cas fortuits.

## V.

Si par la chûte d'un bâtiment qui en auroit abbatu un autre, il y a lieu de dommages & interêts, & qu'il y eût des peintures, des ſculptures, ou d'autres ornemens pour le ſeul plaiſir dans le lieu que la ruine de ce bâtiment auroit abbatu ; il ne ſe feroit pas une eſtimation exacte des choſes de cette nature, dont l'uſage ſuperflu ne doit pas tourner à une telle perte. Mais cette eſtimation ſe feroit moderément, & avec un temperament de juſtice & d'humanité, ſelon que la qualité du fait qui auroit donné ſujet au dommage, celle des perſonnes, & les autres circonſtances pourroient le demander *e*.

*e* Ex damni infecti ſtipulatione non oportet infinitam vel immoderatam æſtimationem fieri ; ut putà ob tectoria, & ob picturas : licet enim in hæc magna
erogatio facta eſt, attamen ex damni infecti ſtipulatione moderatam æſtimationem faciendam : quia honeſtus modus ſervandus eſt, non immoderata cujuſ-
que luxuria ſubſequenda. *l. 40. ff. de dam. inf.*

*Il faut remarquer la difference entre ce cas & celuy de l'art. 4. de la Sect. 4. des
Servitudes, où celuy qui demolit le mur mitoyen pour le rendre ſuffiſant à l'uſage
de la ſervitude, ne doit rien pour la valeur des peintures que ſon voiſin avoit ſur ce
mur. Car dans le cas de cet article 4. chaque proprietaire a droit de démolir &
refaire le mur mitoyen ſelon que le demande l'uſage de la ſervitude, & il ne
doit par conſequent aucuns dommages & interêts. Et celuy qui avoit fait ces dépenſes ſuperfluës doit s'imputer de les avoir expoſées à cet évenement. Icy au
contraire c'eſt par la faute du voiſin que ſon bâtiment a abbatu l'autre.*

## VI.

Si une maiſon qui menaçoit ruine, & pour laquelle le voiſin avoit denoncé, eſt enſuite abbatuë par un cas for-
tuit, comme par un débordement, ou par la violence des vents, & que ſa chûte abbate la maiſon voiſine ; le proprietaire de la maiſon dont la chûte a abbatu l'autre, ne ſera pas tenu de ce cas fortuit ; ſi ce n'eſt que le débordement ou l'orage ne l'ait abbatuë qu'à cauſe du mau-
vais état où elle ſe trouvoit *f*.

*f* Idem ait, ſi damni infecti ædium mearum nomine tibi promiſero, deinde
hæ ædes vi tempeſtatis in tua ædificia ceciderint, eáque diruerint : nihil ex ea
ſtipulatione præſtari, quia nullum damnum vitio mearum ædium tibi contingit : niſi forte ita vitioſæ meæ ædes fuerint, ut qualibet vel minima tempeſtate
ruerint. *l. 24. §. 10. ff. de damn. inf.*

### VII.

Si le bâtiment dont la chûte a caufé quelque dommage appartient à plufieurs maîtres , ils n'en feront pas tenus folidairement; mais chacun à proportion de la part
qu'il avoit au bâtiment tombé *g.*

7. Si la maifon
qui menace ruine
appartient à plu-
fieurs maîtres.

*g* Si plurium fint ædes quæ damnosè imminent , utrum adverfus unumquemque dominorum in folidum competit, an in partem ? & fcribit Julianus ,
quod & Sabinus probat , pro dominicis partibus conveniri eos oportere. *l.* 40.
§. 3. *ff. de damn. inf. l.* 5. §. 1. *eod.*

### VIII.

Ceux qui font quelque nouvelle œuvre , c'eft à dire ,
qui font quelque changement de l'état des lieux *h* , foit
dans des heritages de la ville ou de la campagne , foit
dans des lieux particuliers , ou qui foient d'un ufage public, doivent s'accommoder de forte qu'ils ne bleffent en
rien le droit d'autres perfonnes intereffées au changement qu'ils pretendoient faire *i.* Car encore qu'on puiffe
faire chez foy les changemens dont on a befoin , & fouvent même encore qu'ils nuifent à d'autres perfonnes,
ainfi qu'il fera expliqué dans l'article fuivant; on ne peut
faire ceux qu'un autre peut avoir le droit d'empêcher.
Ainfi quoy qu'on puiffe élever fa maifon , & par là nuire
à ceux de qui on ôte la vûë; celuy qui eft affujetti à la
fervitude de ne point hauffer fon bâtiment , n'a plus cette liberté , tandis que la fervitude peut avoir fon ufage *l.*
Ainfi celuy qui pour une fource qu'il avoit dans fon heritage, ou pour un ruiffeau qui couloit à travers fon fonds,
pouvoit en laiffer la décharge telle que le cours de cette
eau devoit y donner naturellement , auroit perdu cette
liberté par le droit d'un voifin qui pourroit prendre cette eau par une décharge reglée en un certain lieu *m.* Et
fi dans ces cas le proprietaire d'un fonds y fait quelque

*h* Opus novum facere videtur qui aut ædificando , aut detrahendo aliquid ,
priftinam faciem operis mutat. *l.* 1. §. 11. *ff. de oper. nov. nunt.*
   *i* Sic debet meliorem fuum agrum facere , ne vicini deteriorem faciat. *l.* 1.
§. 4. *ff. de aqua & aq. plu. arc.* Prodeffe fibi unufquifque , dum alii non nocet ,
non prohibetur. *d. l.* §. 11.
   *l* V. l'art. 9. *de la Sect.* 2. *des Servitudes, & l'article* 4. *de la Section* 6. *du
même Titre.*
   *m* V. l'art. 3. *de la Sect.* 3. *des Servitudes , & l'art.* 1. *de la Sect.* 4. *du même Titre.*

nouvelle œuvre qui nuiſe ou au voiſin, ou à d'autres mêmes qui ont des heritages ſeparez du ſien, mais qui
auroient droit de l'en empêcher ; il ſera tenu de remettre les choſes dans l'ancien état, & de reparer le dommage que ſon entrepriſe aura pû cauſer *n*.

*n* Quem in locum nuntiatum eſt, nequid operis novi fieret, qua de re agitur, quod in eo loco, antequam nuntiatio miſſa fieret, aut in ea cauſa eſſet,
ut remitti deberet, factum eſt, id reſtituas. *l.* 20. *ff. de op. nov. nunt.* Quod ſi
ita reſtitutum non erit, quanti ea res erit, tantam pecuniam dabit. *l.* 21. §. 4.
*eod.* Non ſolùm proximo vicino, ſed etiam ſuperiori opus facienti nuntiare opus
novum potero. Nam & ſervitutes quædam intervenientibus mediis locis, vel
publicis, vel privatis eſſe poſſunt. *l.* 8. *eod.* Sive autem intra oppida, ſive extra oppida, in villis vel agris opus novum fiat, nuntiatio ex hoc edicto locum habet, ſive in privato, ſive in publico opus fiat. *d. l.* 1. §. 14.

## IX.

Celuy qui faiſant une nouvelle œuvre dans ſon heritage uſe de ſon droit, ſans bleſſer ni loy, ni uſage, ni
titre, ni poſſeſſion qui pourroient l'aſſujettir envers ſes
voiſins, n'eſt pas tenu du dommage qui pourra leur en
arriver ; ſi ce n'eſt qu'il ne fit ce changement que pour
nuire aux autres, ſans uſage pour ſoy. Car en ce cas ce
ſeroit une malice que l'équité ne ſouffriroit point. Mais
ſi l'ouvrage luy étoit utile, comme s'il faiſoit dans ſon
heritage une reparation permiſe, pour le défendre contre les débordemens d'un torrent ou d'une riviere, &
que l'heritage voiſin y fût plus expoſé, ou en reçût quelqu'autre incommodité, il ne pourroit en être tenu.
Ainſi celuy qui creuſant dans ſon heritage pour y trouver de l'eau, feroit tarir celle d'un puits ou d'une ſource
de ſon voiſin, n'en ſeroit pas tenu *o*. Car dans ces cas &

*o* Marcellus ſcribit cum eo qui in ſuo fodiens, vicini fontem avertit, nihil
poſſe agi : nec de dolo actionem. Et ſanè non debet habere, ſi non animo vicino
nocendi, ſed ſuum agrum meliorem faciendi, id fecit. *l.* 1. §. 12. *ff. de aq. &*
*aq. plu. arc. l.* 21. *eod.* In domo mea puteum aperio, quo aperto venæ putei
tui præciſæ ſunt : an tenearis ? Trebatius non teneri me damni infecti : neque
enim exiſtimari, operis mei vitio damnum tibi dari, in ea re, in qua jure meo
uſus ſum. *l.* 24. §. 12. *ff. de damn. inf.* V. l'art. 9. de la Sect. 2. des Servitudes. Idem Labeo ait ſi vicinum flumen torrentem averterit, ne aqua ad eum,
perveniat ; & hoc modo ſit effectum, ut vicino noceatur, agi, cum eo aquæ
pluviæ arcendæ non poſſe. *Aquam* enim *arcere*, hoc eſſe curare ne influat. Quæ
ſententia verior eſt : ſi modo non hoc animo fecit, ut tibi noceat, ſed ne ſibi noceat. *l.* 2. §. 9. *ff. de aq. & aq. plu. arc.* Neque malitiis indulgendum eſt. *l.* 38.
*ff. de rei vind.*

les autres semblables, ces évenemens sont des cas fortuits, & des effets naturels de l'état où celuy qui fait les changemens a eu droit de mettre les choses. Et ce n'est pas son fait qui cause le dommage.

## X.

Si l'ouvrage qu'un proprietaire feroit dans son fonds blessoit ou quelque Loy, où quelque Usage, ou si c'étoit une entreprise contre un titre, ou une possession au prejudice d'un voisin qui pourroit en souffrir quelque dommage, il pourroit l'empêcher & recouvrer même les dommages & interêts qu'il en auroit soufferts. Ainsi celuy qui creusant dans son fonds au-delà de la distance reglée mettroit en peril les fondemens du bâtiment de son voisin en seroit tenu *p*.

10. *Ouvrage qu'on ne peut faire au prejudice du voisin.*

*p* Si tam altè fodiam in meo ut paries tuus stare non possit, damni infecti stipulatio committitur. *l.* 24. §. 12. *ff. de damn. inf.*

## XI.

Si les eaux des pluyes ou autres ont leur cours reglé d'un heritage à un autre, soit par la nature du lieu, ou par quelque reglement, ou par un titre ou par une ancienne possession, les proprietaires de ces heritages ne peuvent rien innover à cet ancien cours. Ainsi, celuy qui a l'heritage d'enhaut ne peut changer le cours de l'eau, soit en le détournant, ou le rendant plus rapide, ou y faisant d'autres changemens, au prejudice du maître de l'heritage qui est au dessous: Et celuy qui a l'heritage de dessous ne peut non plus empêcher que son heritage ne reçoive l'eau qu'il doit recevoir, & de la maniere qui étoit reglée *q*. Mais les changemens qui arrivent naturellement sans le fait des hommes, & qui causent quelque perte à l'un des voisins, l'autre en profitant, doivent être ou soufferts, ou reparez, selon les regles qui seront expliquées dans le titre suivant *r*.

11. *On ne peut changer l'ancien cours des eaux.*

*q* V. les articles 5. & 6. de la Sect. 1. du Titre suivant.
*r* In summa tria sunt per quæ inferior locus superiori servit, lex, natura loci, vetustas, quæ semper pro lege habetur, minuendarum litium causa. *l.* 2. *ff. de aqu. & aq. plu. arc.* Item sciendum est, hanc actionem vel superiori adversus inferiorem competere, ne aquam quæ natura fluat, opere facto inhibeat per suum agrum decurrere: & inferiori adversus superiorem, ne aliter aquam mittat, quàm

fluere natura folet. *l.* 1. §. 13. *eod.* Toties locum habet ( hæc actio ) quoties manufacto opere agro aqua nocitura eft : cùm quis manu fecerit quò aliter flueret , quàm natura foleret : fi forte immittendo eam aut majorem fecerit aut citatiorem , aut vehementiorem , aut fi comprimendo redundare effecit. *l.* 1. §. 1. *ff. de aq. & aq. pl. arc.* Quod fi natura aqua noceret , ea actione non continetur. *d.* §. 1. *in f.* Iidem aiunt fi aqua naturaliter decurrat , aquæ pluviæ actionem ceffare. Quod fi opere facto aqua aut in fuperiorem partem repellitur , aut in inferiorem derivatur , aquæ pluviæ arcendæ actionem competere. *l.* 1. §. 10. *ff. de aqua & aq. pluv. arc.*

## XII.

Celuy qui pretend qu'une nouvelle œuvre qu'un autre entreprend luy fait préjudice , doit fe pourvoir au Juge qui pourra faire défenfes ou de commencer l'ouvrage, ou de continuer ce qui eft commencé , jufqu'à ce qu'il foit jugé fi l'ouvrage devra être permis ou défendu. Et ces défenfes peuvent être ordonnées par provifion , fur la feule plainte de la nouvelle entreprife, s'il y a du doute qu'elle puiffe nuire*f.*

*f* Hoc edicto promittitur , ut , five jure , five injuria opus fieret , per nunciationem inhiberetur , deinde remitteretur prohibitio hactenus , quatenus prohibendi jus is qui nuntiaffet , non haberet. *l.* 1. *ff. de oper. nov. nunt.*

## XIII.

Les entreprifes de nouveaux ouvrages dans des lieux publics font défenduës , à plus forte raifon que celles qui fe font dans des lieux particuliers. Et elles font de plus reprimées par des amendes , ou d'autres peines , felon la qualité du fait , & les circonftances *t.*

*t* Nuntiatio ex hoc edicto locum habet , five in privato , five in publico opus fiat. *l.* 1. §. 14. *ff. de oper. nov. nunt.* Publici juris tuendi gratia. *d. l.* 1. §. 16. Nuntiamus autem . . . . fi quid contra leges , edictáve principum , quæ ad modum ædificiorum facta funt , fiet , vel in facro , vel in loco religiofo , vel in publico , ripáve fluminis , quibus ex caufis & interdicta proponuntur. *d. l.* §. 17.

# SECTION IV.

## *Des autres especes de dommages causez par des fautes, sans crime ni délit.*

*Voyez sur cette matiere la Section 1. du Titre des interêts, dommages & interêts.*

## SOMMAIRES.

### I.

TOutes les pertes, & tous les dommages qui peuvent arriver par le fait de quelque personne, soit imprudence, legereté, ignorance de ce qu'on doit sçavoir, ou autres fautes semblables, si legeres qu'elles puissent être, doivent être reparées par celuy dont l'imprudence, ou autre faute y a donné lieu. Car c'est un tort qu'il a fait, quand même il n'auroit pas eu intention de nuire. Ainsi celuy qui joüant imprudemment au mail dans un lieu où il pouvoit y avoir du peril pour les passans, vient à blesser quelqu'un, sera tenu du mal qu'il aura causé *a*.

*a* Interdùm injuriæ appellatione damnum culpa datum significatur, ut in lege Aquilia dicere solemus. *l. 1. ff. de injur.* Injuriam autem hic accipere nos oportet non quemadmodum circa injuriarum actionem, contumeliam quamdam, sed quod non jure factum est, hoc est contra jus.... igitur injuriam hic damnum accipiemus culpa datum, etiam ab eo qui nocere noluit. *l. 5. §. 1. ff. ad leg. Aquil.* Si per lusum à jaculantibus servus fuerit occisus, Aquiliæ locus est. *l. 9. §. ult. eod.* Nam lusus quoque noxius in culpa est. *l. 19. eod.* In lege Aquilia & levissima culpa venit. *l. 44. eod.*

*1. Dommages causez par des fautes sans dessein de nuire.*

R ij

I I.

Le défaut de s'acquitter d'un engagement est aussi une faute qui peut donner occasion à des dommages & interêts dont on sera tenu. Ainsi un vendeur qui est en demeure de délivrer ce qu'il a vendu, un dépositaire qui differe de rendre le dépôt, un heritier qui retient une chose leguée, & tous ceux qui ayant en leur possession une chose qu'ils doivent délivrer, refusent, ou different, sont tenus non seulement des dommages & interêts que leur retardement aura pû causer, mais de la valeur même de la chose, si elle perit, aprés qu'ils auront été en demeure de la rendre, quand même ce seroit par un cas fortuit. Car cet évenement pouvoit ne pas arriver entre les mains du maître, ou il auroit pû disposer de la chose avant qu'elle perit *b*.

*b* Quod te mihi dare oporteat, si id postea perierit, quàm per te factum erit, quominus id mihi dares, tuum fore id detrimentum constat. *l.* 5. *ff. de reb. cred.* V. l'art. 17. de la Sect. 2. & l'art. 3. de la Sect. 7. du contract de vente, & l'art. 10. de la Sect. 3. du dépôt.

I I I.

S'il arrive quelque dommage par une suite imprevüe d'un fait innocent, sans qu'on puisse imputer de faute à l'autheur de ce fait; il ne sera pas tenu d'une telle suite. Car cet évenement aura quelqu'autre cause jointe à ce fait, soit l'imprudence de celuy qui aura souffert le dommage, ou quelque cas fortuit. Et c'est ou à cette imprudence, ou à ce cas fortuit que le dommage doit être imputé. Ainsi par exemple, si quelqu'un va traverser un jeu de mail public pendant qu'on y joue, & que la boule déja jettée vienne à le blesser; le fait innocent de celuy qui a poussé la boule, ne le rend pas responsable d'un évenement qu'on doit imputer ou à l'imprudence de celuy à qui il est arrivé, s'il ne pouvoit ignorer que ce fût un jeu de mail, ou à un cas fortuit si ce fait luy étoit inconnu, & qu'on ne pût imputer d'imprudence à celuy qui joüoit *c*.

*c* Si cùm alii in campo jacularentur, servus per eum locum transierit, Aquilia cessat. Quia non debuit per campum jaculatorium iter intempestivè facere. *l.* 9. §. *ult. ff. ad leg. Aquil.*
Item Mela scribit, si cùm pila quidam luderent, vehementius quis pila per-

cuſſa in tonſoris manus eam dejecerit , & ſic ſervi, quem tonſor radebat , gu-
la ſit præciſa adjecto cultello : in quocumque eorum culpa ſit , eum lege Aquilia teneri. Proculus, in tonſore eſſe culpam. Et ſanè , ſi ibi tondebat ubi ex
conſuetudine ludebatur , vel ubi tranſitus frequens erat , eſt quod ei imputc-
tur. Quamvis nec illud malè dicatur , ſi in loco periculoſo ſellam habenti ton-
ſori ſe quis commiſerit , ipſum de ſe queri debere. *l.* 11. *eod.* V. l'article 9.

### I V.

Ceux qui font quelques ouvrages ou quelques travaux
d'où il peut ſuivre quelque dommage à d'autres perſonnes, en ſeront tenus, s'ils n'ont uſé des precautions neceſſaires pour le prevenir. Ainſi , les Maçons , les Char-
pentiers, & autres qui par des machines élevent des materiaux : ceux qui du haut d'un arbre en coupent & abbattent les branches , doivent avertir les perſonnes que
leur ouvrage pourroit mettre en peril : & s'ils ne le font ,
& à temps , il ſeront tenus du dommage qui en arrivera,
& même d'autres peines , ſelon les circonſtances. Ainſi
les Chaſſeurs , ou autres qui font des foſſes dans des chemins , ou en d'autres lieux , ſans en avoir le droit repondront du dommage qui en pourra ſuivre *d*.

*4. Précautions dans les ouvrages & travaux, d'où il peut arriver quelque dommage.*

*d* Si putator ex arbore ramum cùm dejecerit , vel machinarius, hominem
prætereuntem occidit : ita tenetur , ſi is in publicum decidat , nec ille procla-
mavit , ut caſus ejus evitari poſſet. Sed Mucius etiam dixit , ſi in privato idem
accidiſſet , poſſe de culpa agi. Culpam autem eſſe , quod cùm à diligente provi-
deri poterit , non eſſet proviſum , aut tum denuntiatum eſſet , cùm periculum
evitari non poſſit. Secundùm quam rationem non multùm refert per publicum , an per privatum iter fieret : cùm plerumque per privata loca vulgò iter
fiat. Quòd ſi nullum iter erit , dolum dumtaxat præſtare debet , ne immittat
in eum quem viderit tranſeuntem. Nam culpa ab eo exigenda non eſt : cùm di-
vinare non potuerit an per eum locum aliquis tranſiturus ſit. *l.* 31. *ff. ad leg.*
*Aquil.* Præterea ſi foſſam feceris in ſylva publica , & bos meus in eam inciderit agere poſſum hoc interdicto, quia in publico factum eſt. *l.* 7. §. 8. *ff. quod*
*vi. aut. clam.* Qui foveas urſorum , cervorúmque capiendorum cauſa faciunt,
ſi in itineribus fecerint , eóque aliquid decidit factúmque deterius eſt , lege
Aquilia obligati ſunt. At ſi in aliis locis ubi fieri ſolent , fecerunt , nihil tenentur. *l.* 28. *ff. ad leg. Aquil.*

### V.

Il faut mettre au nombre des dommages cauſez par
des fautes ceux qui arrivent par l'ignorance des choſes
que l'on doit ſçavoir. Ainſi lors qu'un Artiſan pour ne
pas ſçavoir ce qui eſt de ſa profeſſion, fait une faute qui
cauſe quelque dommage , il en ſera tenu. Ainſi s'il arrive
qu'un Charretier ayant mal rangé des pierres ſur une

*5. Ignorance de ce qu'on doit ſça-voir.*

charrette, la chûte d'une pierre cause quelque mal, il en répondra *e*.

*e* Celsus etiam imperitiam culpæ adnumerandam libro octavo digestorum scripsit. Si quis vitulos pascendos, vel sarciendum quid poliendúmve conduxit, culpam præstare eum debere ; & quod imperitia peccavit, culpam esse, quippe ut artifex conduxit. *l. 9. §. 5. ff. locati.*

Imperitia quoque culpæ adnumeratur. Veluti si medicus ideo servum tuum occiderit, quia male eum secuerit, aut perperam ei medicamentum dederit. *§. 7. inst. de leg. Aquil. l. 7. §. ult. l. 8. ff. ad leg. Aquil.* Si ex plaustro lapis ceciderit, & quid ruperit, vel fregerit, Aquiliæ actione plaustrarium teneri placet : si male composuit lapides, & ideo lapsi sunt. *l. 27. §. 33. eod.* V. l'article 5. de la Section 2.

## VI.

6. *Incendies.*

Les incendies n'arrivent presque jamais que par quelque faute, au moins d'imprudence, ou de negligence: & ceux de qui la faute, si legere qu'elle puisse être, cause un incendie, en seront tenus *f*.

*f* Plerumque incendia culpa fiunt inhabitantium. *l. 3. §. 1. ff. de off. præf. vig.* Qui ædes acervúmve frumenti juxta domum positum combusserit, vinctus, verberatus, igni necari jubebitur, si modò sciens prudénsque id commiserit: si verò casu, id est negligentia, aut noxiam sarcire jubetur, aut si minus idoneus sit, levius castigatur. *l. 9. ff. de incend.* In lege Aquilia &levissima culpa venit. *l. 44. ff. ad. leg. Aquil.* Si fornacarius servus coloni ad fornacem obdormisset, & villa fuerit exusta : Neratius scribit, ex locato conventum præstare debere, si negligens in eligendis ministeriis fuit. Cæterùm, si alius negligenter ignem subjecerit fornaci, alius negligenter custodierit : an tenebitur, qui subjecerit ? Nam qui custodiit nihil fecit : qui recte ignem subjecit, non peccavit. Quid ergo ( est ? ) puto utilem competere actionem, tam in eum, qui ad fornacem obdormivit, quàm in eum qui negligenter custodiit. Nec quisquam dixerit in eo, qui obdormivit, rem eum humanam passum : cùm deberet vel ignem extinguere, vel ita munire, ne evagaretur. *l. 27. §. 9. ff. ad leg. Aquil.*

## VII.

7. *Dommage causé pour éviter un peril.*

Il arrive quelquefois qu'un fait volontaire cause du dommage, sans que celuy qui le cause en soit responsable. Ainsi, par exemple, si un coup de vent jette un vaisseau sur les cordes des anchres d'un autre vaisseau, ou sur des filets de pescheurs, & que le maître du vaisseau jetté par le vent ne pouvant se dégager autrement, fasse couper ces cordes, ou ces filets ; il ne sera pas tenu de ce dommage que ce cas fortuit a rendu necessaire. Et il en est de même de ceux qui dans un incendie ne pouvant sauver une maison où le feu va prendre, abbattent cette maison pour sauver les autres. Car dans ces sortes d'éve-

nemens , c'eſt le cas fortuit qui cauſe la perte, & chacun
en ſouffre ce qui le regarde *g*.

*g* Item Labeo ſcribit , ſi cùm vi ventorum navis impulſa eſſet in funes an-
chorarum alterius , & nautæ funes præcidiſſent : ſi nullo alio modo , niſi præ-
ciſis funibus , explicare ſe potuit, nullam actionem dandam, idemque Labeo,
& Proculus & circa retia piſcatorum, in quæ navis inciderat, æſtimaverunt.
*l.* 29. §. 3. *ff. ad leg. Aquil.*
Quod dicitur damnum injuria datum Aquilia perſequi , ſic erit accipiendum , ut videatur damnum injuria datum , quod cùm damno injuriam attulerit : niſi magna vi cogente fuerit factum , ut Celſus ſcribit , circa eum qui incendii arcendi gratia , vicinas ædes intercîdit. Nam hîc ſcribit, ceſſare legis
Aquiliæ actionem. Juſto enim metu ductus , ne ad ſe ignis perveniret , vicinas
ædes intercidit. Et ſive pervenit ignis, ſive ante extinctus eſt , exiſtimat legis
Aquiliæ actionem ceſſare. *l.* 49. §. 1. *eod. v. l.* 3. §. 7. *ff de incend. l.* 7. §. 4.
*ff. quod vi aut clam.* V. l'art. 2. de la Sect. 2. des interêts.
*On n'a pas mis dans cet article pour le cas de l'incendie l'exemple que donne
cette Loy d'un particulier qui démolit la maiſon voiſine de la ſienne, car cette
licence ſuppoſe une neceſſité pour le bien public, dont un particulier ne doit pas
être le Juge. Mais dans ces cas il y eſt pourvû par les Officiers de la police, ou
par la multitude qui voyant le peril a droit d'y pourvoir.*

## VIII.

Ceux qui pouvant empêcher un dommage , que quelque devoir les engagoit de prevenir , y auront manqué,
pourront en être tenus , ſelon les circonſtances. Ainſi ,
un maître qui voit & ſouffre le dommage que fait ſon do-
meſtique , pouvant l'empêcher, en eſt reſponſable *h*.

*h* Quoties ſciente domino ſervus vulnerat , vel occidit , Aquilia dominum teneri dubium non eſt. Scientiam hîc pro patientia accipimus , ut qui prohibere
potuit , teneatur ſi non fecerit. *l.* 44. §. 1. *& l.* 45. *ff. ad leg. Aquil. l.* 4. *C.
de nox. act.*

## IX.

Lorſque quelque perte ou quelque dommage ſuit d'un
cas fortuit , & que le fait de quelque perſonne qui s'y
trouve mêlé a été ou la cauſe , ou l'occaſion de cet évenement ; c'eſt par la qualité de ce fait , & par la liaiſon
qu'il peut avoir à ce qui eſt arrivé , qu'on doit juger ſi
cette perſonne en devra répondre , ou ſi elle devra en
être déchargée. Ainſi dans les cas du premier article de
cette Section & du 4ᵉ , l'évenement eſt imputé à celuy
de qui le fait eſt ſuivy de quelque dommage : Ainſi au
contraire dans les cas de l'article 3. & de l'article 7. l'évenement n'eſt point imputé *i*. Ainſi pour un autre cas
different de ceux de tous ces articles , ſi une perſonne qui

*i* V. les articles 1. *&* 4. 3. *&* 7. de cette Section.

8. Dommage qu'on pouvoit em-pêcher.

9. Dommage ar-
rivé par un cas
fortuit , precedé de
quelque fait qui y
donne licu.

feroit les affaires d'un autre à son infçû, ou un Tuteur,
Curateur, ou autre Adminiftrateur, ayant reçû une
fomme d'argent pour la perfonne de qui les affaires feroient en fes mains, mettoit cet argent en referve pendant quelque temps, fans en faire d'employ, pouvant
même payer des dettes que fon adminiftration l'obligeoit
d'acquitter, foit à d'autres creanciers, ou à foy même
s'il étoit de ce nombre : & qu'il arrive que cet argent foit
enlevé par des voleurs, ou periffe par un incendie, ou
que la valeur des efpeces foit diminuée; cette perte pourroit tomber fur cette perfonne, s'il n'y avoit eu aucun
fujet de garder cet argent, & qu'il y eût de fa faute de
ne l'avoir pas employé, ou le prenant pour fon payement,
ou en acquittant d'autres creanciers, ou le mettant à
d'autres ufages où la perte pourroit regarder les perfonnes pour qui l'argent avoit été reçû, fi quelque caufe en
avoit fait differer l'employ. Ce qui dépendroit de la qualité de la conduite que cette perfonne auroit tenuë, &
des autres circonftances qui pourroient ou obliger à répondre de cette perte, ou l'en décharger *l*.

*l* Debitor meus, qui mihi quinquaginta debebat, deceffit. Hujus hereditatis
curationem fufcepi, & impendi decem : Deinde redacta ex venditione rei hereditariæ centum in arca repofui:hæc fine culpa mea perierunt: quæfitum eft an ab
herede, qui quandoque extitiffet, vel creditam pecuniam quinquaginta petere
poffim, vel decem quæ impendi. Julianus fcribit, in eo verti quæftionem ut ani-
madvertamus, an juftam caufam habuerim feponendorum centum : nam fi de-
buerim & mihi & cæteris hereditariis creditoribus folvere, periculum non folum fexaginta, fed & reliquorum quadraginta(millium)me præftaturum : decem
tamen, quæ impenderim retenturum. Id eft fola nonaginta reftituenda. Si verò
jufta caufa fuerit, propter quam integra centum cuftodirentur, veluti periculum
erat, ne prædia in publicum committerentur, ne pœna trajectitiæ pecuniæ auge-
retur, aut ex compromiffo committeretur : non folùm decem quæ in hereditaria
negòtia impenderim, fed etiam quinquaginta quæ mihi debita funt, ab herede
me confequi poffe. *l.* 13. *ff. de negot. geft.*

Si quis in ftipulam fuam vel fpinam, comburendæ ejus caufa, ignem immife-
rit : & ulterius evagatus, & progreffus ignis alienam fegetem, vel vineam
læferit : requiramus, num imperitia ejus, aut negligentia id accidit. Nam fi die
ventofo id fecit, culpæ reus eft. Nam & qui occafionem præftat, damnum feciffe videtur. In eodem crimine eft & qui non obfervavit ne ignis longius pro-
cederet. At fi omnia quæ oportuit obfervaverit, vel fubita vis venti longius
ignem produxit, caret culpa. *l.* 30. §. 3. *ff. ad leg. Aquil.*

*On n'a pas mis dans cet article le cas rapporté dans cette Loy* 30. §.3. ff. ad leg.
Aquil. *qui veut que fi celuy qui faifoit brûler fon chaume avoit pris les precau-*
*tions qu'il falloit prendre, il ne foit pas tenu de l'incendie arrivé par un vent fubit.*
*Car il femble que cet évenement devoit être prevû ; & qu'on pouvoit même le pre-*
*venir,*

*venir, arrachant au large tout ce qui pouvoit joindre la moisson voisine, ou re-*
*mettant même de brûler ce chaume jusqu'après la recolte : & qu'enfin en de pa-*
*reils cas, où l'on ne peut s'engager sans prendre les précautions necessaires pour*
*prevenir le dommage que d'autres personnes en pourroient souffrir, on doit ou*
*s'abstenir de ce qui peut causer du dommage, ou se charger de l'évenement, si on*
*s'y expose. Et aussi la Loy divine semble dans ce cas obliger indistinctement celuy*
*qui a mis le feu à reparer le dommage qui en sera suivi. Si egressus ignis inve-*
*nerit spinas, & comprehenderit acervos frugum, sive stantes segetes in agris,*
*reddet damnum qui ignem succenderit. Exod. 22. 6.*

## X.

Si le cas fortuit est une suite d'un fait illicite, & qu'il en arrive quelque dommage ; celuy dont le fait y a donné lieu, en sera tenu, à plus forte raison que si le cas fortuit n'étoit que la suite de quelque imprudence, comme dans les cas de l'article quatriéme. Ainsi, par exemple, si un creancier prend sans autorité de justice un gage de son debiteur qui n'y consente point, & que ce gage vienne à perir par un cas fortuit entre les mains de ce creancier, il en sera tenu *m*.

10 Dommage par<br>un cas fortuit pre-<br>cedé d'une faute.

*m* Qui ratiario crediderat, cùm ad diem pecunia non solveretur, ratem in flumine sua auctoritate detinuit : postea flumen crevit, & ratem abstulit : si invito ratiario retinuisset, ejus periculo ratem fuisse, respondit. l. 30. ff. de pign. act.

# TITRE IX.

## DES ENGAGEMENS
### qui se forment par des cas fortuits.

ON verra dans ce Titre une espece d'engagemens involontaires, & qui n'ont pas d'autre cause que des cas fortuits. On appelle cas fortuits les évenemens qui sont indépendans de la volonté de ceux à qui ils arrivent, soit que ces évenemens causent des gains, ou des pertes. Ainsi, trouver un tresor & perdre sa bourse, sont des cas fortuits de ces deux especes.

Les cas fortuits arrivent ou par le fait des hommes, comme un vol, un incendie : ou par un pur effet de l'ordre divin & du cours ordinaire de la nature, comme un coup de foudre, un naufrage, un débordement : Ou par un effet mêlé d'un évenement naturel & du fait des hommes, comme un incendie, arrivé pour avoir renfermé du foin sans secher.

Il faut encore distinguer dans les cas fortuits où il se rencontre du fait des hommes deux sortes de faits. L'une de ceux où il y a quelque faute, comme si joüant au mail dans un grand chemin, on blesse un passant. Et l'autre de ceux qui sont innocens, & où rien ne peut être imputé à l'auteur du fait, comme si ce même cas étoit arrivé dans un jeu de mail, par la faute de celuy qui le traversant imprudemment y seroit blessé.

Lorsque le cas fortuit est une suite de quelque faute qui y a donné lieu, celuy dont le fait a été la cause ou l'occasion du cas fortuit doit reparer le dommage qui en est suivi. Et alors son engagement est plus l'effet de sa faute que du cas fortuit, & cette sorte d'engagemens fait une partie de la matiere du Titre precedent. Mais dans celuy-cy, on ne parlera que des engagemens qui n'ont aucune autre cause que le cas fortuit. Les cas fortuits qu'on ne peut imputer à aucune faute, peuvent avoir de diverses suites, pour ce qui regarde les engagemens. Quelquefois ils rompent les engagemens. Ainsi un vendeur est déchargé de l'obligation de délivrer la chose venduë, si elle perit sans sa faute, pendant qu'il n'est pas en demeure de la délivrer : & l'acheteur ne laisse pas d'en devoir le prix [a]. Quelquefois le cas fortuit diminuë l'engagement, comme lors qu'un Fermier souffre une perte considerable par une sterilité, par une grêle, par une gelée, ou d'autres cas fortuits [b]. D'autres fois le cas fortuit ne change rien à l'engagement, quoyqu'il cause des pertes. Ainsi s'il arrive que celuy qui avoit emprunté de l'argent le perde par un vol, par un incendie, ou autre cas fortuit, il ne laisse pas d'être obligé de le rendre de même que s'il en avoit fait un employ utile [c]. Et il arrive enfin par un autre effet des cas fortuits, qu'ils forment des engagemens d'une personne

a V. l'art. 11. de la Sect. 2. du Contract de vente.
b V. l'article 4. & les suivans de la Sect. 5. du loüage.
c V. l'article 2. de la Sect. 3. du prêt.

à une autre. Et c'eſt ce dernier effet des cas fortuits
qui fera la matiere de ce Titre; les autres ayant leurs
places dans les matieres qu'ils peuvent regarder.

Quand on parle icy des engagemens qui naiſſent des
cas fortuits, on n'y comprend pas cette multitude infinie
d'engagemens où Dieu met les hommes, par ces ſortes
d'évenemens qui les obligent à ſe rendre les uns aux autres les differens devoirs que demandent les conjonctures; comme de ſecourir celuy qu'on trouve tombé, d'aider de ſes biens ceux qui perdent les leurs, & mille autres
ſemblables, mais on parle ſeulement des engagemens
qui ſont tels que les loix civiles permettent de contraindre ceux qui s'y trouvent à s'en acquitter; Comme on le
verra par les divers exemples qui ſeront rapportez dans
la premiere Section qu'on a compoſée de ces differens
exemples, pour faire comprendre comment ſe forment
ces ſortes d'engagemens : Et on expliquera dans la ſe-
conde Section le détail de leurs ſuites.

## SECTION I.

*Comment ſe forment les engagemens qui naiſſent
des cas fortuits.*

### SOMMAIRES.

S ij

## I.

CEluy qui trouve une chose perduë doit la rendre à son maître, s'il sçait à qui elle est, ou s'il peut le sçavoir : & s'il l'a retient sans dessein de la rendre, ou sans tâcher de découvrir le maître, il commet un larcin *a*.

*a* Qui alienum quid jacens, lucri faciendi causa sustulit, furti obstringitur, sive scit cujus sit, sive ignoravit. Nihil enim ad furtum minuendum facit quòd cujus sit ignoret. *l.* 43. §. 4. *ff. de furt.* Si jacens tulit non ut lucretur, sed redditurus ei cujus fuit, non tenetur furti. *d. l.* §. 7. Non videbis bovem fratris tui, aut ovem errantem, & præteribis : sed reduces fratri tuo, etiamsi non est propinquus frater tuus, nec nosti eum : Duces in domum tuam, & erunt apud te quamdiu quærat ea frater tuus, & recipiat. Similiter facies de asino, & de vestimento, &. de omni re fratris tui, quæ perierit : si inveneris eam, ne negligas quasi alienam. *Deuter.* 22. 1. *Levit.* 6. 2.

*Les engagemens de celuy qui trouve une chose, & de celuy à qui elle appartient seront expliquez dans les articles 1. & 2. de la Section 2.*

*Il ne faut pas mettre les tresors au nombre des choses perduës ; car on n'appelle tresor que ce qui ayant été caché ne trouve plus de maître. Voyez pour les tresors l'art. 7. de la Sect. 2. de la possession.*

## I I.

Si un débordement abbat une maison, & en entraîne des materiaux ou des meubles dans quelque heritage, le proprietaire ou le possesseur de cet heritage, est obligé d'y donner l'entrée au maître de cette maison, & de souffrir qu'il en enleve ce que le débordement y auroit laissé. Et il en seroit de même d'un bâteau, ou d'une autre chose entraînée par la force des eaux *b*.

*b* Si Ratis delata sit vi fluminis in agrum alterius, posse eum conveniri ad exhibendum Neratius scribit. *l.* 5. §. 4. *ff. ad exhib.* V. les art. 3, 4. & 5. de la Section 2.

## I I I.

Si dans un peril de naufrage on est obligé de jetter une partie de la charge pour sauver le reste, ceux dont les hardes ou marchandises ont été sauvées sont obligez de porter leur part de la perte de ce qui a été jetté pour l'interêt commun *c*, suivant les regles qui seront expliquées dans la Section suivante.

*c* Lege Rhodiâ cavetur, ut si levandæ navis gratia jactus mercium factus est, omnium contributione sarciatur, quod pro omnibus datum est. *l.* 1. *ff. de leg. Rhod. de jactu.* V. l'article 6. & les suivans de la Section 2.

## IV.

Si dans un voyage fur mer, ou autre occafion femblable où plufieurs perfonnes peuvent fe rencontrer ,
les provifions des vivres viennent à manquer , & que
quelques-uns d'entr'eux fe trouvent en avoir en referve
pour eux en particulier, mais qu'il ne foit pas poffible
d'en avoir d'ailleurs pour les autres ; ce qui peut refter à
quelques-uns , devient commun à tous *d*.

*d* Cibaria fi quando defecerint in navigationem , quod quifque habet in commune confertur. *l. 2. §. 2. in f. ff. de leg. Rhod.* V. l'art. 8. de la Sect. 2.

## V.

5. Comment le
changement des
lieux arrivé par
un cas fortuit peut
être reparé.

Si un cas fortuit fait un changement de l'état de quelques lieux qui nuife à quelqu'un , & qu'il foit jufte de remettre les chofes au premier état, cet évenement oblige
ceux chez qui le travail devra être fait , d'en laiffer la
liberté à celuy qui fouffre le dommage , ou de le faire
eux-mêmes , ou d'y contribuer , s'ils en font tenus. Ainfi , par exemple, fi une eau coulante qui traverfe des heritages de diverfes perfonnes , refluë en ceux d'en haut
par l'amas des ordures qu'elle charrie, ou par quelqu'autre obftacle, ceux qui en fouffriront le dommage ou l'incommodité pourront obliger le proprietaire de l'heritage où le cours de l'eau a ceffé d'être libre, de fouffrir que
les chofes foient remifes au premier état , ou de les y
remettre luy-même , ou d'y contribuer felon qu'il pourra en être tenu , & s'il arrive d'autres changemens femblables qu'on doive reparer, il eft de la même équité que
ceux qui en fouffrent quelque perte puiffent remettre
les chofes comme elles étoient. Car encore que ces changemens arrivent naturellement, & même fans le fait des
hommes , fi on peut y pourvoir quand ils font arrivez ,
ceux qui fouffrent de femblables pertes ne doivent pas
être privez des remedes permis , & poffibles ; pourvû
qu'en retabliffant les chofes ils ne nuifent point , ou
qu'ils dédommagent , s'il y en avoit lieu *e*. Mais fi le

*e* Apud Namufam relatum eft , fi aqua fluens iter fuum ftercore obftruxerit;
& ex reftagnatione fuperiori agro noceat, poffe cum inferiore agi, ut finat pur-
gari. Hanc enim actionem non tantùm de operibus effe utilem manufactis, verùm
etiam in omnibus quæ non fecundùm voluntatem fint. Labeo contra Namufam

changement étoit de telle nature, qu'il ne fût pas juste de remettre les choses au premier état, comme si un débordement ayant détaché des rochers d'un heritage, les avoit transportez dans un autre, & par là rendu l'un des heritages meilleur qu'il n'étoit, & endommagé l'autre; cet évenement étant un pur effet de l'ordre divin, qui auroit changé la face des lieux, il auroit aussi changé les possessions des proprietaires de ces heritages : & aucun ne pourroit faire de nouveau changement dans celuy de l'autre, sinon de son gré. Et il ne pourroit même faire dans le sien, que ce qui se pourroit sans blesser les droits des voisins.

probat, ait enim naturam agri ipsam à se mutari posse. Et ideo, cùm per se natura agri fuerit mutata, æquo animo unumquemque ferre debere sive melior, sive deterior ejus conditio facta sit. Idcirco, etsi terræ motu, aut tempestatis magnitudine, soli causa mutata sit, neminem cogi posse ut sinat in pristinam loci conditionem redigi. Sed nos etiam in hunc casum æquitatem admisimus. *l. 2. §. 6. ff. de aqua. & aq. pluv. arc. V. d. l. §. 4.* V. l'article suivant.

## VI.

6. Si le changement ne pouvoit être reparé.

Si le changement des lieux arrivé par un cas fortuit est irreparable, la perte ou le gain qui en arriveront regarderont ceux à qui l'évenement aura été utile ou nuisible, sans que l'un soit obligé de dédommager l'autre. Ainsi, par exemple, si une riviere quitte insensiblement un côté, & s'étend vers l'autre; ce qu'elle ôte à l'un est perdu pour luy, & ce qu'elle laisse à l'autre augmente son fonds *f.* Ou si une riviere change de lit, les lieux qu'elle occupe par son nouveau cours seront perdus pour ceux qui en étoient les maîtres : & les voisins de l'ancien canal pourront profiter de ce qui se trouvera ajoûté à leurs heritages *g*, sans qu'il se forme aucun engagement entre ceux qui profitent, & ceux qui perdent;

*f* Si fluvius paulatim ita auferat, ut alteri parti applicet, id alluvionis jure ei quæritur, cujus fundo accressit. *l. 1. C. de alluv.* Quod per alluvionem agro tuo flumen adjecit, jure gentium tibi aquiritur. Est autem alluvio incrementum latens. Per alluvionem autem id videtur adjici, quod ita paulatim adjicitur, ut intelligi non possit, quantùm quoquo temporis momento adjiciatur. *§. 10. inst. de rer. divis.*

*g* Quod si naturali alveo in universum derelicto ad aliam partem fluere cœperit, prior quidem alveus eorum est qui prope ripam ejus prædia possident, pro modo scilicet latitudinis cujusque agri, quæ prope ripam sit. *§. 23. eod.*

car l'un n'acquiert pas ce que l'autre perd. Et ceux qui ont perdu leurs héritages n'ont aucun droit au fonds que l'eau occupoit, & qu'elle a quitté : Mais ils doivent souffrir un évenement dont il n'y a pas d'autre cause que l'ordre divin qui leur a ôté leur possession [b].

[b] Cùm per se natura agri fuerit mutata, æquo animo unumquemque ferre debere, sive melior, sive deterior ejus conditio facta sit. *l. 2. §. 6. ff. de aqua. & aq. plu. arc.* V. l'art. 8. de la Sect. 2. de la possession.

## V I I.

Lorsqu'il arrive que de deux ou plusieurs choses qui appartiennent à divers maîtres il s'en fait contre leur gré, ou à leur insçû, un tel mélange qu'on ne peut facilement, & sans inconvenient les separer, & rendre à chacun la sienne, ce tout devient commun à ces personnes ; non par indivis, car chacun n'a rien en la chose de l'autre, mêlée avec la sienne, mais selon ce que chacun peut avoir dans ce tout. Et cet évenement forme entre eux l'engagement ou de diviser la chose de la maniere qu'il sera possible, ou de se faire autrement justice pour la valeur de chacune des choses qui ont été confonduës. Ainsi, par exemple, s'il s'est fait une masse de deux pieces d'or fonduës ensemble, & qui appartenoient à deux personnes, ou que des laines de plusieurs maîtres on ait fait une étofe, ou qu'on ait autrement mêlé des choses de different genre, comme de divers métaux, ou des liqueurs de diverses sortes; Dans ces cas il faut ou partager la chose, si elle peut être divisée, & en donner à chacun à proportion de ce que valoit ce qu'il a dans le tout : ou en faire une estimation, & partager le prix sur ce même pied. Mais si ce mélange a été fait volontairement par les maîtres des choses, l'engagement en ce cas se forme par convention, & la masse est commune entr'eux, selon les conditions qu'ils se sont prescrites [i].

[i] Si duorum materiæ ex voluntate dominorum confusæ sint, totum id corpus quod ex confusione fit, utriusque commune est. Veluti si qui vina sua confuderint, aut massas argenti, vel auri conflaverint. Sed etsi diversæ materiæ sint, & ob id propria species facta sit, forte ex vino & melle mulsum, aut ex auro & argento electrum, idem juris est. Nam & hoc casu communem esse speciem non dubitatur. Quòd si fortuitò, & non voluntate dominorum confusæ fuerint vel ejusdem generis materiæ, vel diversæ, idem juris esse placuit. *§. 27. inst. de rerum divi.*

## VIII.

Si par quelque évenement il arrive qu'une personne ait mis en quelque lieu caché dans le fonds d'un autre, ou de l'argent, ou d'autres choses que dans la suite luy ou ses heritiers veüillent retirer, le maître du fonds sera tenu de le souffrir, en le dédommageant s'il y en a lieu *l*.

*l* Thesaurus meus in tuo fundo est, nec eum pateris me effodere .... Labeo ait, non esse iniquum juranti mihi non calumniæ causa id postulare, vel interdictum, vel judicium ita dari, ut, si per me non stetit quominus damni infecti tibi operis nomine caveatur, ne vim facias mihi, quominus eum thesaurum effodiam, tollam, exportem. *l. 15. ad. ff. exhib.*
*Ce qui fait le cas de cette Loy n'est pas proprement un tresor. V. l'art. 7. de la Sect. 2. de la possession.*

## IX.

*9. Engagemens reciproques, ou non reciproques.*

Des engagemens qui se forment par des cas fortuits, quelques uns sont reciproques & obligent de part & d'autre : & d'autres n'obligent que d'une part. Ainsi dans le cas de l'article premier si celuy qui a trouvé une chose perduë sçait qui en est le maître, & s'il peut d'abord la rendre sans qu'il luy en coûte rien, l'engagement n'est que de sa part. Mais s'il a fait quelque dépense, comme pour une publication afin de sçavoir qui étoit le maître de la chose, ou pour la luy faire tenir, le maître en ce cas doit luy rendre ce qu'il a fourni. Ainsi l'engagement sera reciproque, & dans tous les autres cas il est facile de discerner si l'engagement est reciproque, où s'il ne l'est point *m*.

*m C'est une suite des articles precedens.*

## X.

*10. Pertes & gains sans engagemens.*

Tous les cas fortuits qui causent des gains ou des pertes, ne forment pas pour cela des engagemens. Et si par exemple, un vaisseau dans une tempête poussé contre un autre vient à le briser ; cet évenement ne fait aucun engagement de la part du maître du vaisseau qui a brisé l'autre, si ce n'est qu'il y eût de sa faute, ou des personnes dont il dût répondre. Car c'est un pur effet de ce cas fortuit, & quelquefois même celuy qui souffre du dommage par un cas fortuit, dont il arrive d'ailleurs du profit

profit à un autre, ne peut neanmoins prétendre aucun dédommagement, comme dans le cas de l'article 6me *n*.

*n* Si navis tua impacta in meam scapham damnum mihi dedit, quæsitum est, quæ actio mihi competeret. Et ait Proculus, si in potestate nautarum fuit ne id accideret, & culpa eorum factum sit, lege Aquilia cum nautis agendum.... sed si fune rupto, aut cùm à nullo regeretur navis, incurrisset: cum domino agendum non esse. *l. 29. §. 2. ff. ad leg. Aquil. d. l. §. 4.*

## X I.

Il s'ensuit des articles precedens qu'on ne peut faire une regle generale qui distingue les cas fortuits dont il peut naître des engagemens, soit d'une part seulement, ou qui soient reciproques, & ceux dont il n'arrive aucune sorte d'engagement. Mais ces differences dépendent des conjonctures qui diversifient les évenemens, & qui feront juger à quoy se trouve obligé chacun de ceux que les suites du cas fortuit peuvent regarder. Ainsi, lors qu'un vaisseau tombe entre les mains des Corsaires, s'il est racheté, tous les interessez y contribuent à proportion de ce qu'ils conservent : & il se forme entr'eux un engagement qui est commun à tous. Mais si ces Corsaires n'enlevent qu'une partie de la charge du vaisseau, sans toucher au reste; la perte tombera sur ceux de qui les marchandises & autres choses auront été enlevées, sans que les maîtres de ce qui est resté soient obligez de souffrir leur part de la perte. Et ces deux differentes regles dans des cas fortuits de même nature dépendent d'un même principe commun à ces deux divers évenemens; Que la perte regarde le maître de ce qui est perdu. Ce qui fait que la perte de l'argent donné pour racheter le vaisseau est commune à tous ceux que la perte du vaisseau auroit regardé : & que celle des marchandises volées tombe sur ceux qui en étoient les maîtres *o*.

11. *Differens effets des cas fortuits pour les suites des pertes.*

*o* Si navis à Piratis redempta sit: Servius, Ofilius, Labeo, omnes conferre debere aiunt. Quod verò prædones abstulerint, eum perdere cujus fuerit, nec conferendum ei qui suas merces redemerit. *l. 2. §. 3. ff. de leg. Rhod.*

# SECTION II.

### Des suites des engagemens qui naissent des cas fortuits.

## SOMMAIRES.

## I.

**1. Engagemens de celuy qui trouve une chose perduë.**

CEluy qui a trouvé une chose perduë est obligé de la conserver, & d'en prendre soin pour la rendre à son maître. Et s'il ne sçait à qui elle appartient, il doit s'en informer par les voyes qui peuvent dépendre de luy; en faisant faire même des publications pour le découvrir, si la chose le merite, & qu'il soit de la prudence d'en ufer ainſi *a*. Et quand il la rendra, ſoit que ce ſoit de l'argent ou autre choſe, il ne pourra ni en retenir une partie, ni en rien exiger *b*. Mais il recouvrera ſeulement ce qu'il pourra avoir dépenſé, ainſi qu'il ſera dit dans l'article ſuivant.

*a V. les textes citez ſur l'art. 1. de la Section precedente.*
Solent plerique etiam hoc facere, ut libellum proponant continentem inveniſſe, & redditurum ei qui deſideraverit. Hi ergo oſtendunt non furandi animo ſe feciſſe. *l. 43. §. 8. ff. de furt.* Quaſi redditurus ei qui deſideraſſet, vel qui oſtendiſſet rem ſuam. *d. §. V. l'art. 1. de la Sect. 1.* Si inveneris eam, ne negligas quaſi alienam. *Deuter. 22. 3.*
*b* Quid ergo, ſi ευρεεχ id eſt, *inventionis præmia* quæ dicunt, petat? Nec hic videtur furtum facere, etſi non probè petat aliquid. *l. 43. §. 9. ff. de furtis.*
*Quoyque celuy qui rend une choſe trouvée ne puiſſe rien exiger, ſi neanmoins c'eſt une perſonne pauvre, elle peut recevoir licitement & honêtement ce qui luy ſera donné, quoyqu'il fût mal-honnête à une autre perſonne de recevoir quoyque ce ſoit pour la même cauſe.*

## II.

Celuy à qui on rend la choſe qu'il avoit perduë, eſt obligé de ſa part de rendre les dépenſes employées, ou pour la conſerver, ou pour la luy remettre ; comme ſi c'étoit quelque bête égarée qu'il ait falu nourrir, ou que le tranſport de la choſe d'un lieu en un autre oblige à quelque dépenſe, ou ſi on a fait quelques frais pour des publications, afin d'avertir le maître. Et ſi celuy qui rend la choſe à ſon maître, n'eſt pas le même qui l'avoit trouvée, & qu'il ait donné quelque choſe pour la ravoir de la perſonne qui l'avoit trouvée, il le recouvrera *c*.

2. *Engagemens de celuy qui recouvre ce qu'il avoit perdu.*

*c Hęc æquitas ſuggerit. l. 2. §. 5. in f. ff. de aqua & aq. pluv. arc.*

## III.

Le proprietaire d'un heritage où s'eſt déchargé le débris d'un bâtiment tombé, ou ce qu'un débordement a détaché d'un autre heritage, eſt obligé de ſouffrir que celuy qui a fait cette perte retire ce qui en reſte, & de donner pour cela l'accés neceſſaire dans ſon heritage *d*. Mais ſous les conditions expliquées dans l'article qui ſuit.

3. *Droit de retirer de l'heritage d'un autre ce qu'un cas fortuit peut y avoir jetté.*

*d V. le texte cité ſur l'article 2. de la Section 1. & ceux qui ſont citez ſur l'article ſuivant.*
De his quæ vi fluminis importata ſunt, an interdictum dari poſſit, quæritur? Trebatius refert, cùm Tiberis abundaſſet & res multas multorum in aliena ædi-

ficia detuliſſet, interdictum à prætore datum ne vis fieret dominis, quo minus
ſua tollerent auferrent, modò damni infecti repromitterent. *l. 9. §. 1. ff. de
domn. inf.*

## IV.

Dans les cas de l'article precedent celuy qui veut
retirer les materiaux de ſon bâtiment tombé, ou ce qu'un
débordement avoit entrainé de ſon heritage dans le
fonds d'un autre, eſt obligé de ſa part non ſeulement de
dédommager le proprietaire de ce fonds du dommage
qui pourra y être fait quand on en retirera ce qui s'y
étoit déchargé, mais il doit de plus réparer tout le dommage qu'avoit déja cauſé la décharge qui s'y étoit faite*e*.
Que s'il aime mieux ne rien retirer, il ne devra rien, car
abandonnant au proprietaire de ce fonds tout ce qui s'y
trouve, il n'eſt point tenu d'un dommage arrivé par le
ſeul effet de ce cas fortuit : & il ſuffit qu'il perde ce que
cet evenement luy a enlevé *f*.

*e* Ratis vi fluminis in agrum meum delate, non aliter poteſtatem tibi faciendam, quàm ſi de præterito quoque damno mihi caviſſes. *l. 8. ff. de incend.*
*l. 9. §. 3. ff. de dam. inf.* Alfenus quoque ſcribit, ſi ex fundo tuo cruſta lapſa
ſit in meum fundum, eámque petas, dandum in te judicium de damno jam
facto. *d. l. 9. §. 2.*

*f* V. les textes citez ſur l'article 4. de la Section 3. du Titre des dommages
cauſez par des fautes.

## V.

Si celuy de qui les materiaux, ou autres choſes ont été
laiſſées par ces cas fortuits dans l'heritage d'un autre
veut les retirer, il ſera tenu, outre le dommage, d'enlever
auſſi bien tout l'inutile dont il n'a que faire, que ce qu'il
veut prendre, & de laiſſer libre la face de l'heritage où
cette décharge avoit été faite*g*.

*g* Nec aliter dandam actionem, quàm ut omnia tollantur, quæ ſunt pro-
lapſa. *l. 9. §. 2. ff. de dam. inf.* Tollere non aliter permittendum quàm ut omnia id eſt, & quæ inutilia eſſent, auferret. *l. 7. §. ult. eod.* V. l'art. 4. de la
Sect. 3. du Titre des dommages cauſez par des fautes.

## VI.

Lorſque pour décharger un vaiſſeau dans un peril de
naufrage, on jette à la mer une partie de la charge, &
qu'on ſauve le vaiſſeau, cette perte eſt commune à tous
ceux qui avoient à perdre quelque choſe dans ce peril.
Ainſi le maître du vaiſſeau, tous ceux de qui les mar-

chandises, ou autres choses ont été garenties, & ceux
de qui les marchandises ont été jettées, porteront chacun leur part de la perte à proportion de celle qu'ils
avoient au tout. Et si, par exemple, le vaisseau & toute
la charge étoit de cent mille écus, & que ce qui a été
jetté en valût vingt mille, la perte étant d'un cinquiéme, chacun contribuera d'un cinquiéme de la valeur de
ce qu'il conserve ; ce qui fera en tout seize mille écus,
& par cette contribution ceux qui avoient perdu les
vingt mille écus en recouvrant seize mille, ne reste-
ront en perte que d'un cinquiéme comme tous les autres *h*.

*h* Lege Rhodia cavetur, ut si levandæ navis gratia jactus mercium factus
est, omnium contributione sarciatur, quòd pro omnibus datum est. *l. 1. ff. de
lege Rhod.* Placuit omnes quorum interfuisset jacturam fieri, conferre oportere : quia id tributum observatæ res deberent . . . . jacturæ summam pro rerum
pretio distribui oportet. *l. 2. §. 2. eod.* Æquissimum enim est, commune detrimentum fieri eorum, qui propter amissas res aliorum consecuti sunt, ut merces
suas salvas haberent. *d. l. 2.* Portio autem pro æstimatione rerum, quæ salvæ
sunt, & earum quæ amissæ sunt præstari solet. *l. 2. §. 4. eod.*

*Sur quel pied faut-il regler la contribution pour le desintéressement de ceux
de qui les marchandises, ou autres choses ont été jettées ? Il est dit en la Loy 2.
§. 4. ff. de lege Rhod. que ce doit être sur le pied de l'estimation tant de ce qui est
perdu, que de ce qui est sauvé : qu'il n'importe que les choses perduës auroient
pû se vendre plus cher, car il s'agit d'une perte dont on doit dédommager, & non
pas d'un gain qu'on doive faire bon ; mais que pour les choses qui ont été sauvées, & qui doivent porter la contribution, on doit les estimer non sur le pied
de ce qu'elles ont coûté, mais sur le pied de ce qu'elles peuvent être venduës. C'est
ce que signifie ce texte, dont voicy les termes. Portio autem pro æstimatione rerum, quæ salvæ sunt, & earum, quæ amissæ sunt, præstari solet. Nec ad rem
pertinet, si hæ, quæ amissæ sunt, pluris venire poterunt : quoniam detrimen-
ti, non lucri fit præstatio : sed in his rebus, quarum nomine conferendum est,
æstimatio debeat haberi, non quanti emptæ sint, sed quanti venire possunt. S'il
est juste que l'estimation des choses restées se fasse sur le pied de ce qu'elles pourront être venduës, parce que c'est cette valeur qui a été sauvée du peril ; Pourquoy ce qui a été perdu pour sauver le reste ne sera-t'il pas estimé de même ? Et si
on suppose que de deux Marchands de qui les marchandises étoient les mêmes,
achetées au même prix, dans le même lieu pour être revenduës dans la même
ville où étoit le port ; celles de l'un ayent été jettées pour sauver le vaisseau à l'entrée du port où il alloit perir, & que celles qui sont restées s'y vendent sur le champ
à un plus haut prix que celuy de l'achat, ne sera-t'il pas juste que celles qui
n'ont été perduës que pour sauver les autres, soient estimées de même ? puisqu'il n'y avoit aucune raison de jetter plûtôt celles de l'un des Marchands, que
celles de l'autre, & de distinguer leur condition. A quoy on peut ajoûter, que
comme il sera remarqué sur l'article 15. la contribution ne doit se faire qu'a-
prés que le vaisseau est arrivé au port & en sûreté, & qu'ainsi comme ce n'est
qu'alors qu'on doit faire les contributions, il semble qu'on doive estimer le tout
sur le pied de ce que valent les choses au debarquement, tous les frais déduits. Et
c'est vray-semblablement par ces raisons, qu'il y a eu des reglemens qui ont or-*

donné que les marchandises jettées seroient estimées sur le même pied que celles
qui ont été sauvées, & au prix qu'elles seront venduës *. Mais comme les marchandises ne se vendent pas toutes au port, qu'il y en a souvent plusieurs qui
doivent être encore transportées ailleurs par mer ou par terre, & qu'elles ont par
consequent à courir de nouveaux perils, qu'il peut y avoir plusieurs diminutions
des profits dans les ventes, & même des pertes par de divers évenemens, il ne seroit ni juste ni possible de regler les contributions sur le pied des ventes qui seront
faites après que les marchandises & les personnes seront dispersées en divers en-
droits; de sorte que la contribution devant se faire au port, il semble que c'est
par consequent sur le port que les estimations doivent être reglées; non sur le pied
de ce que les marchandises seront venduës, ce qui est impossible: ni sur le pied de
l'achat, tant par les raisons qui ont été remarquées, que parce qu'il ne seroit pas
possible de sçavoir toûjours au juste le prix de l'achat, & qu'il pourroit s'y
faire plusieurs tromperies; mais sur le pied du prix qu'on peut donner raisonnablement aux marchandises & aux autres choses à l'arrivée au port, selon les diverses vûës, & les differens égards qui pourront servir à une juste estimation.

* V. Les Jugemens d'Oleron art. 8. & les Ordonnances de Vvisbuy art. 20. & art. 39.

## VII.

7. Sur quel pied
se fait cette contri-
bution.

Tout ce qui est sauvé du naufrage par la décharge du
vaisseau porte la contribution selon sa valeur, sans distinction de ce qui faisoit moins de charge, comme des
pierreries, & de ce qui en faisoit plus comme des me-
taux. Car on considere la valeur de ce qui pouvant perir a été sauvé: ainsi le maître du vaisseau contribuë à
proportion de la valeur du vaisseau *i*, mais les personnes
n'entrent point en contribution *l*; si ce n'est pour les habits, les bagues, & autres choses que chacun a sur soy *m*,

*i* Cùm in eadem nave varia mercium genera complures mercatores coegis-
sent, prætereàque multi vectores servi, liberique in ea navigarent: tempestate
gravi orta, necessariò jactura facta erat. Quæsita deinde sunt hæc : an omnes jacturam præstare oporteat, & si qui tales merces imposuissent, quibus
navis non oneraretur, veluti gemmas, margaritas : & quæ portio præstanda
est : & an etiam pro liberis capitibus dari oporteat : & qua actione ea res expediri possit. Placuit, omnes quorum interfuisset jacturam fieri conferre oportere : quia id tributum observatæ res deberent. Itaque dominum etiam navis,
pro portione obligatum esse. l. 2. §. 2. ff. de lege Rhod.
*l* Corporum liberorum æstimationem nullam fieri posse. d. §.
*m* Itidem agitatum est an etiam vestimentorum cujusque, & annulorum
æstimationem fieri oporteat, & omnium visum est. d. §.

## VIII.

8. Les vivres ne
contribuent point.

Les provisions qui ne sont dans le vaisseau que pour
s'y consumer pendant la navigation, comme les vivres,
n'entrent point dans la contribution *n*. Car ces sortes de

*n* Nisi si qua consumendi causa imposita forent: quo in numero essent cibaria : eo magis, quòd si quando ea defecerint in navigationem, quod quisque haberet, in commune conferret. l. 2. §. 2. in f. ff. de leg. Rhod. V. l'article 4. de la Section 1.

chofes font pour l'ufage commun , mais il ne faut pas
mettre dans ce rang les grains, les vins, & les autres chofes femblables , qui ne font pas dans le vaiffeau pour y
être confumées , mais comme des marchandifes qu'on
tranfporte d'un lieu à un autre.

## IX.

Ceux dont les marchandifes ont été jettées pour fauver le vaiffeau, peuvent pour leur fûreté empêcher le
débarquement de celles qui reftent , ou les faire faifir fi
on les débarque *o*.

*9. Precaution pour la contribution.*

*o* Servius refpondit , ex locato agere cum magiftro navis debere , ut cæterorum vectorum merces retineat , donec portionem damni præftent. *l. 2. ff. de
lege Rhod.*

## X.

Si le vaiffeau eft endommagé par un orage, avec quelque perte des mâts , des vergues , ou d'autres pieces ou
parties du vaiffeau , la dépenfe pour le radouber , &
pour remplacer ce qui étoit perdu tombera fur le maître du vaiffeau ; car il eft tenu de le fournir en bon état
pour ce qu'il voiture , de même que les ouvriers fourniffent leurs outils , & en fouffrent les pertes *p*.

*10. Du dommage arrivé au vaiffeau.*

*p* Si confervatis mercibus, deterior facta fit navis , aut fi quid exarmaverit ,
nulla facienda eft collatio : quia diffimilis earum rerum caufa fit , quæ navis
gratia parentur , & earum pro quibus mercedes aliquis acceperit. Nam etfi
faber incudem , aut malleum fregerit , non imputaretur ei qui locaverit opus.
*l. 2. §. 1. ff. de leg. Rhod.* Navis adverfa tempeftate depreffa , ictu fluminis
douftis armamentis , & arbore , & antenna Hipponen delata eft : ibique tu-
multuariis armamentis ad præfens comparatis , Hoftiam navigavit , & opus
integrum pertulit. Quæfitum eft , an hi quorum onus fuit , nautæ pro damno
conferre debeant ? Refpondit , non debere : hic enim fumptus inftruendæ magis navis , quàm confervandarum mercium gratia factus. *l. 6. ff. de leg. Rhod.*
Voyez l'article fuivant.

## XI.

Si pour prevenir un naufrage , on coupe & jette les
mâts & les vergues, ou qu'on jette d'autres chofes pour
la décharge du vaiffeau , & qu'il ne periffe point, cette
perte fera commune. Car elle n'eft pas un effet qu'ait
caufé l'orage , comme s'il avoit brifé les mâts ou les vergues, ou caufé quelqu'autre dommage , ce qui feroit dans
le cas de l'article precedent ; mais c'eft un effet de la

*11. Si à caufe du peril on coupe les mâts , la perte en eft commune.*

crainte du peril commun ; ainsi la perte doit en être commune *q*.

*q* Cùm arbor aut aliud navis inſtrumentum removendi communis periculi cauſa dejectum eſt, contributio debetur. *l.* 5. *ff. de leg. Rhod. l.* 5. §. 1. *eod.* Si voluntate vectorum, vel propter aliquem metum id detrimentum factum ſit ; hoc ipſum farciri oportet. *l.* 2. §. 1. *in f. eod.*

## XII.

12. Nulle contribution ſi le vaiſſeau perit.

Si le vaiſſeau perit, & que dans le débris du naufrage quelques-uns ſauvent de leurs marchandiſes ou autres choſes, il n'y aura pas de contribution de leur part à la perte que ſouffrent les autres. Car ce n'eſt pas par la perte du vaiſſeau & des autres choſes qui periſſent, qu'ils ſauvent les leurs : mais chacun tire ce qu'il peut du débris commun ; & la contribution n'a lieu que lorſqu'il faut deſintereſſer ceux de qui la perte a ſauvé ce qui reſte aux autres *r*.

*r* Amiſſæ navis damnum, collationis conſortio non ſarcitur per eos, qui merces ſuas, naufragio liberaverunt. Nam hujus æquitatem tunc admitti placuit, cum jactus remedio cæteris in communi periculo, ſalva navi, conſultum eſt. *l.* 5. *ff. de lege Rhod.* Cum depreſſa navis, aut dejecta eſſet : quod quiſque ex ea ſuum ſervaſſet, ſibi ſervare reſpondit, tanquam ex incendio. *l.* 7. *ff. de lege Rhod.*

## XIII.

13. Si on décharge du vaiſſeau dans la chaloupe & qu'elle periſſe.

Si pour faire aborder un vaiſſeau, ou pour le faire entrer dans une riviere, il faut ôter une partie de ſa charge, & que ce qu'on a déchargé dans une chaloupe vienne à y perir ; cette perte ſera commune, & ce qui eſt reſté dans le vaiſſeau entrera en contribution. Car c'étoit pour l'interêt du vaiſſeau que cette décharge avoit été faite *ſ*.

*ſ* Navis onuſtæ levandæ cauſa, quia intrare flumen vel portum non potuerat cum onere, ſi quædam merces in ſcapham trajectæ ſunt, ne aut extra flumen periclitetur, aut in ipſo oſtio, vel portu : eáque ſcapha ſummerſa eſt : ratio haberi debet inter eos qui in nave merces ſalvas habent cum his qui in ſcapha perdiderunt, perinde tamquam ſi jactura facta eſſet. *l.* 4. *ff. de leg. Rhod.*

## XIV.

14. Si dans le même cas le vaiſſeau perit, & non la chaloupe.

Si dans le cas de l'article precedent le vaiſſeau perit, & que la chaloupe vienne à bon port, il n'y aura pas de contribution ; mais la perte tombera ſur ceux à qui appartenoit ce qui eſt perdu. Car la décharge qu'on avoit faite dans la chaloupe n'étoit pas pour l'interêt de ceux

de

de qui les marchandifes y avoient été mifes : & ce n'eft
que la perte du vaiffeau qui les a fauvées *t*.

*t* Contra fi fcapha cum parte mercium falva eft, navis periit : ratio haberi
non debet eorum qui in navi perdiderunt. Quia jactus in tributum nave falva
venit. *l. 4. ff. de leg. Rhod.*

*S'il avoit été convenu en faifant cette décharge dans la chaloupe, que s'il ar-
rivoit que le vaiffeau feul, ou la chaloupe feule vint à perir, la perte feroit commune : cette convention feroit executée n'ayant rien d'illicite. Pourroit-on dire
dans le cas où le vaiffeau perit, fans qu'on eût fait cette convention, qu'elle
feroit fous-entenduë, quoiqu'on ne fe fût pas avifé de l'exprimer : Et que la décharge ayant été faite pour le bien de tous, & peut-être même du plus precieux
dans la chaloupe, dans le deffein commun de fauver le tout, l'intention de tous
auroit été que les évenemens leur fuffent communs : Et que comme la chaloupe venant à perir la perte devoit être commune à ceux qui avoient fauvé leurs marchandifes dans le vaiffeau, la condition fût reciproque, & que le vaiffeau venant à perir, la perte dût regarder auffi ceux qui avoient fauvé les leurs dans
la chaloupe? Ou ne faut-il pas dire au contraire, fuivant l'efprit de la Loy
citée fur cet article, que la décharge ayant été faite dans la chaloupe, fans
convention, & dans la feule vuë commune de tous de faire aborder le vaiffeau,
leur intention étoit que les marchandifes du vaiffeau répondiffent du peril de la
chaloupe chargée pour le fauver : & que fi cette décharge ne le garantiffoit pas,
chacun portât la perte qu'il y pourroit faire?*

## XV.

Si un vaiffeau garenti d'un peril par une décharge de
marchandifes jettées dans la mer, vient enfuite à faire
naufrage dans un autre lieu, & que par des plongeurs,
ou autrement, on fauve une partie de ce qui étoit peri
dans ce naufrage; ceux dont les marchandifes en auront été fauvées contribueront à la perte de ce qui avoit
été jetté dans le premier peril *u*. Car ces marchandifes
y feroient peries fans la perte de ce qui avoit été jetté.

*15. Si le vaiffeau periffant en un au-
tre lieu, on en fauve quelques marchandifes.*

*u* Si navis quæ in tempeftate jactu mercium unius mercatoris levata eft, in
alio loco fubmerfa eft : & aliquorum mercatorum merces per urinatores extractæ funt, data mercede : rationem haberi debere ejus, cujus merces in
navigatione levandæ navis caufa jactæ funt, ab his qui poftea fua per urinatores fervaverunt, Sabinus æquè refpondit. *l. 4. §. 1. ff. de lege Rhod.*

*Il s'enfuit de cette regle, qu'il ne faut faire la contribution qu'après l'arri-
vée au port. Car fi le vaiffeau qu'on a garenti, en jettant à la mer, perit enfuite
avant le débarquement, la perte de ce qui avoit été jetté devenant inutile à
ceux qui fouffrent la feconde perte, il n'y aura pas de contribution de leur part.
Mais fi dans la feconde perte quelques-uns fauvent leurs marchandifes, ils
contribuëront fuivant la regle expliquée dans cet article.*

## XVI.

Si dans le cas de l'article precedent celuy dont les
marchandifes avoient été jettées dans le premier peril,
vient à les recouvrer, il ne fera pas tenu de contribuer

*16. Si on recouvre
ce qui avoit été jet-
té dans le premier
peril.*

à la perte de ce qui perit dans le second. Car ce n'est pas
par cette perte qu'il recouvre ce qu'il avoit perdu *x*.

*x* Eorum verò qui ita servaverunt, invicem rationem haberi non debere, ab
eo qui in navigatione jactum fecit, si quædam ex his mercibus per urinatores
extractæ sunt. Eorum enim merces non possunt vidéri servandæ navis causa
jactæ esse, quæ periit. *l. 4, §. 1. in fine ff. de leg. Rhod.* V. l'art. suivant.

## XVII.

17. Dans le cas de l'article precedent la contribution cesse.

Si les choses jettées viennent à se recouvrer, ou une
partie, la contribution cessera à proportion. Et si elle
avoit été déja faite, ceux qui l'auront reçuë la rendront aux autres *y*,

*y* Si res quæ jactæ sunt apparuerint, exoneratur collatio. Quòd si jam
contributio facta sit, tunc hi qui solverint, agent &c. *l. 4, §. 7. ff. de lege
Rhod.*

## XVIII.

18. Si pour avoir jetté des marchandises, d'autres sont endommagées.

Si dans un peril qui a obligé de jetter des marchandises à la mer, il est arrivé que d'autres marchandises
découvertes à cause de la décharge de celles qui ont été
jettées, ayent reçu par là quelque dommage, comme
si des flots les ont penetrées; cette perte sera portée par
contribution, comme une suite de celle des choses jettées *z*. Et celuy à qui seront ces marchandises alterées
contribuëra de sa part à la perte de celles qu'on a jettées, mais seulement sur le pied de leur valeur aprés
ce dommage, car il ne sauve que cette valeur *a*.

*z* Cùm autem jactus de nave factus est, & alicujus res quæ in navi remanserunt deteriores factæ sunt, videndum an conferre cogendus sit: quia non debet duplici damno onerari, & collationis, & quòd res deteriores factæ sunt.
Sed defendendum est, hunc conferre debere pretio presente rerum. *l. 4, §. 2.
ff. de leg. Rhod.*

*a* Sed hic videamus, num & ipsi conferre oporteat. Quid enim interest jac-
tatas res meas amiserim, an nudatas deteriores habere cæperim. Nam sicut
ei qui perdiderit subvenitur, ita & ei subveniri oportet qui deteriores propter
jactum res habere cæperit. Hæc ita Papirius Fronto respondit. *d. l. 4. in
fine.*

# TITRE X.

## DE CE QUI SE FAIT
### en fraude des Creanciers.

QUoyque les fraudes au prejudice des creanciers se fassent souvent par des conventions entre les debiteurs & ceux qui sont avec eux d'intelligence, les engagemens qui naissent de ces fraudes, & qui obligent envers les creanciers ceux qui y participent, ne laissent pas d'être du nombre des engagemens qui se forment sans convention; car il ne s'en passe aucune entr'eux & le creancier.

Les fraudes que font les debiteurs & ceux qui se rendent leurs complices, pour faire perdre aux creanciers ce qui leur est dû sont de plusieurs sortes, & forment des engagemens qui feront la matiere de ce Titre.

Il faut remarquer sur cette matiere des fraudes qui se font au prejudice des creanciers, que les fraudes que peuvent faire des debiteurs par des dispositions de leurs immeubles, sont bien moins frequentes parmi nous qu'elles ne l'étoient dans le Droit Romain. Car on y contractoit souvent sans écrit *a* : & l'hypotheque même pouvoit s'acquerir par une convention non écrite, & par un simple pacte *b* ; ce qui rendoit les fraudes faciles. Mais par nôtre usage, toutes conventions qui excedent la valeur de cent livres doivent être écrites *c* : & l'hypotheque ne s'acquiert que par des actes passez pardevant des Notaires, ou par l'authorité du Juge. Ainsi les creanciers ont leur assurance sur les immeubles par leur hypotheque, qu'on ne peut leur faire perdre que par des actes faux ; ce qui est difficile, car il faut que l'acte faux soit fabriqué par les Notaires mêmes, ou par des personnes qui imitent leurs seings.

*a Toto tit. ff. de verb. obl. Inst. eod.*
*b L. 4. ff. de pign.*
*c V. l'art. 11. de la Sect. 1. des Conventions.*

V ij

On n'a pas mis dans ce Titre la regle du Droit Romain qui laisse au debiteur la liberté de renoncer aux successions testamentaires & ab intestat qui peuvent luy échoir, quoyque ses creanciers en reçoivent du prejudice *d*. Ce qui étoit fondé sur ce que chacun peut s'abstenir d'augmenter ses biens *e*. Ainsi on ne consideroit comme fraude au prejudice des creanciers que ce qui alloit à la diminution des biens déja acquis au debiteur. Et on ne mettoit pas non plus au nombre des fraudes au prejudice des creanciers, la délivrance que pouvoit faire un heritier du total des legs & des fideicommis, sans retenir ces portions, qu'on appelle la Falcidie & la Trebellianique, dont il sera parlé dans la seconde partie ; parce qu'on jugeoit que l'heritier avoit la liberté de se priver de ce que la Loy luy donnoit droit de retrancher sur les legs & les fideicommis, & qu'ainsi il pouvoit acquiter pleinement la volonté du défunt. Et ce qui a obligé à ne pas mettre icy ces regles, c'est qu'il y a quelques Coûtumes qui veulent que si un debiteur renonce à une succession qui luy soit échûë, ses creanciers puissent se faire subroger à ses droits pour l'accepter, s'ils esperent y trouver leur compte. Ce qui ne fait aucun tort au debiteur ; car si la succession est avantageuse, il est juste que ses creanciers en profitent : & si au contraire elle est onereuse, ils ne l'engagent point, & ne s'obligent qu'eux-mêmes aux charges de cette succession. Et à l'égard de la Falcidie & de la Trebellianique, si les legs & les fideicommis n'étant pas encore acquitez par l'heritier, ses creanciers en empêchoient la délivrance, pour retenir la Falcidie ou la Trebellianique, il semble qu'il seroit de l'équité qu'il leur fût permis d'exercer ce droit de leur debiteur. Car il est naturel, & de nôtre usage, & des regles même du Droit Romain, que les creanciers puissent exercer tous les droits, & les actions de leurs debiteurs, comme il est dit expressément en la Loy premiere *C. de præt. pign.* dont

*d* L. 6. §. 2. ff. quæ in fraud. cred.
*e* L. 6. ff. quæ in fr. cred. v. l. 28. ff. de verb. sign. l. 119. ff. de reg. jur. l. 134. eod.

voicy les termes : *Si prætorium pignus quicumque judices dandum alicui perspexerint : non solùm super mobilibus rebus, & immobilibus, & se moventibus, sed etiam super actionibus quæ debitori competunt, præcipimus hoc eis licere decernere.* A quoy on peut ajoûter qu'il se peut faire que le creancier ait eu sujet de compter parmi les assurances qu'il pouvoit prendre sur les biens de son debiteur, celles des successions qu'il pouvoit attendre.

## SECTION I.

*Des diverses sortes de fraudes qui se font au prejudice des creanciers.*

### SOMMAIRES.

<table>
<tr><td>1. On revoque ce que font les debiteurs en fraude de leurs creanciers.</td><td>7. Diverses manieres de fraudes.</td></tr>
<tr><td>2. Liberalitez frauduleuses.</td><td>8. Autres sortes de fraudes.</td></tr>
<tr><td>3. Alienations à des acquereurs de bonne foy.</td><td>9. Autre espece de fraude.</td></tr>
<tr><td>4. Alienations à des acquereurs de mauvaise foy.</td><td>10. Autres fraudes.</td></tr>
<tr><td>5. Acquereur qui connoît la fraude.</td><td>11. Dot en fraude des creanciers.</td></tr>
<tr><td>6. Dessein de fraude, suivy de l'evenement.</td><td>12. Celuy qui reçoit ce qui luy est dû, ne fait pas de fraude.<br>13. Exception de l'article precedent.</td></tr>
</table>

### I.

TOut ce que font les debiteurs pour frustrer leurs creanciers, par des alienations, & autres dispositions quelles qu'elles soient, est revoqué, selon que les circonstances, & les regles qui suivent peuvent y donner lieu *a*.

1. On revoque ce que font les debiteurs en fraude de leurs creanciers.

*a* Necessariò Prætor hoc edictum proposuit : quo edicto consulit creditoribus, revocando ea quæcumque in fraudem eorum alienata sunt. *l. 1. §. 1. ff. quæ in fr. cred.* §. 6. *inst. de act.* Omnem omninò fraudem factam, vel alienationem, vel quemcunque contractum &c. *d. l. §. 1.* V. l'art. 7.

## II.

Toutes les difpofitions que peuvent faire les debiteurs à titre de liberalité au prejudice de leurs creanciers, peuvent être revoquées, foit que celuy qui reçoit la liberalité ait connu le prejudice fait aux creanciers, ou qu'il l'ait ignoré. Car fa bonne foy n'empêche pas qu'il ne fût injufte qu'il profitât de leur perte. Mais fi le donataire ayant été de bonne foy, la chofe donnée n'étoit plus en nature, & qu'il n'en eût tiré aucun profit, il ne feroit pas tenu de rendre un bienfait dont il ne luy refteroit aucun avantage *b*.

*b* Simili modo dicimus, & fi cui donatum eft, non effe quærendum, an fciente eo cui donatum, geftum fit, fed hoc tantùm, an fraudentur creditores: nec videtur injuria affici is qui ignoravit, cùm lucrum extorqueatur, non damnum infligatur. In hos tamen qui ignorantes ab eo, qui folvendo non fit, liberalitatem acceperunt, hactenus actio erit danda, quatenus locupletiores facti funt, ultra non. *l. 6. §. 11. ff. qua in fraud. cred. l. 5. C. de revoc. his qua in fr. cred.*

## III.

Les alienations de meubles & immeubles que font les debiteurs à autre titre que de liberalité, à des perfonnes qui acquierent de bonne foy, & à titre onereux, ignorant qu'il foit fait prejudice à des creanciers, ne peuvent être revoquées, quelque intention de frauder qu'ait le debiteur. Car fa mauvaife foy ne doit pas caufer une perte à ceux qui exercent avec luy un commerce licite, & fans part à fa fraude *c*.

*c* Ait Prætor, qui fraudationis caufa gefta erunt, cum eo qui fraudem non ignoraverit .... actionem dabo. *l. 1. ff. quæ in fraud. cred. l. 10. eod.* Hoc Edictum eum coercet, qui fciens eum in fraudem creditorum hoc facere, fufcepit quod in fraudem creditorum fiebat. Quare fiquidem in fraudem creditorum factum fit, fi tamen is qui cepit ignoravit, ceffare videntur verba Edicti. *l. 6. §. 8. eod.*

On peut remarquer fur cet article, qu'il ne s'étend pas au cas où les creanciers ont un privilege, ou une hypotheque fur la chofe alienée.

## IV.

Quoyque l'alienation frauduleufe foit faite à titre onereux, comme par une vente, s'il eft prouvé que l'acheteur ait participé à la fraude pour en profiter, achetant à vil prix, l'alienation fera revoquée, fans aucune restitution du prix à cet acheteur complice de la fraude *d*, à moins que les deniers qu'il auroit payez se trouvassent encore en nature entre les mains de ce debiteur qui luy auroit vendu *e*.

*d* Si debitor in fraudem creditorum minore pretio fundum scienti emptori vendiderit : deinde hi , quibus de revocando eo actio datur, eam petant , quæsitum est, an pretium restituere debent ? Proculus existimat , omnimodo restituendum esse fundum , etiamsi pretium non solvatur. Et rescriptum est secundum Proculi sententiam. *l. 7. ff. quæ in fr. cred.*

*e* Ex his colligi potest , nequidem portionem emptori reddendam ex pretio. Posse tamen dici , eam rem apud arbitrum ex causa animadvertendam , ut si nummi soluti in bonis extent , jubeat eos reddi : quia ea ratione nemo fraudetur. *l. 8. eod.*

### V.

5. Acquereur qui connoît la fraude.

Pour obliger à la restitution celuy qui acquiert d'un debiteur , ce n'est pas assez qu'il ait sçû que ce debiteur avoit des creanciers ; mais il faut que le dessein de frauder luy ait été connu. Car plusieurs de ceux qui ont des creanciers ne sont pas insolvables , & on ne se rend complice d'une fraude qu'en y prenant part *f*.

*f* Quod ait Prætor , *scienter*, sic accipimus , te conscio, & fraudem participante , non enim si simpliciter scio illum creditores habere, hoc sufficit ad contendendum , teneri eum in factum actione : sed si particeps fraudis est. *l. 10. §. 2. ff. quæ in fraud. cred.* Alias autem qui scit aliquem creditores habere, si cum eo contrahat simpliciter , sine fraudis conscientia , non videtur hac actione teneri. *d. l. 10. §. 4.*

### V I.

6. Dessein de fraude suivy de l'évenement.

Si le dessein de frauder n'est pas suivy de l'évenement & de la perte effective des creanciers , & que par exemple, pendant qu'ils exercent leur action, ou qu'ils veulent l'exercer, le debiteur les satisfasse par la vente de ses biens ou autrement, l'alienation qui avoit été faite à leur prejudice aura son effet. Et si dans la suite il vient à emprunter , les nouveaux creanciers ne pourront pas revoquer cette premiere alienation qui n'avoit pas été faite à leur prejudice *g*. Mais s'ils avoient prêté pour payer les

*g* Ita demum revocatur, quod fraudandorum creditorum causa factum est , si eventum fraus habuit , scilicet , si hi creditores, quorum fraudandorum causa fecit, bona ipsius vendiderunt. Cæterùm , si illos dimisit, quorum fraudandorum causa fecit , & alios sortitus est , siquidem simpliciter dimissis prioribus , quos fraudare voluit, alios postea sortitus est , cessat revocatio. Si autem horum pecunia quos fraudare noluit, priores dimisit , quos fraudare voluit , Marcellus dicit , revocationi locum fore. Secundùm hanc distinctionem & ab Imperatore

premiers, & que leurs deniers euffent été employez à ce payement, ils pourroient revoquer l'alienation faite avant leur creance. Car en ce cas ils exerceroient les droits de ceux à qui ce payement les auroit fubrogez, fuivant les regles expliquées en leur lieu *h*.

Severo, & Antonino refcriptum eft. Eòque jure utimur. *l. 10. §. 1. ff. qua in fraud. cred. l. 15. l. 6. eod.* Utrumque in eorumdem perfonam exigimus, & confilium, & eventum. *l. 15. cod.* Confilium fraudis. & eventus damni. *l. 1. C. qui man. n. poff.*

*h* V. la Section 7. *des gages & hypotheques.*

### VII.

Toutes les manieres dont les debiteurs diminuent frauduleufement le fonds de leurs biens, pour en priver leurs creanciers, font illicites : Et tout ce qui fera fait à leur prejudice par de telles voyes, fera revoqué. Ainfi les donations, les ventes à vil prix, ou à un prix fimulé dont le debiteur donne la quittance, les tranfports à des perfonnes interpofées, les acquits frauduleux, & generalement tous les contracts, & autres actes, & difpofitions faites en fraude des creanciers feront annullées *i*.

*i* Ait ergo Prætor, *qua fraudationis caufa gefta erunt.* Hæc verba generalia funt, & continent in fe omnem omninò fraudem factam, vel alienationem, vel quemcunque contractum. Quodcunque igitur fraudis caufa factum eft, videtur his verbis revocari, qualecunque fuerit, nam verba ifta patent, five ergo rem alienavit, five acceptilatione, vel pacto aliquem liberavit, idem erit probandum. *l. 1. §. 2. & l. 2. ff. qua in fraud. cred. l. 7. eod.*

### VIII.

Si pour frauder des creanciers un debiteur d'intelligence avec fon debiteur, fe defifte d'une hypotheque qu'il avoit pour fa fureté *l*: fi pour éteindre la dette il fournit à fon debiteur des exceptions qui ne luy fuffent pas juftement acquifes, ou s'il luy defere le ferment fur une demande dependant de faits qu'il pouvoit prouver *m*: s'il tranfige de mauvaife foy, ou s'il donne quittance fans payement *n*: s'il fe laiffe débouter d'une demande legi-

*l* Et fi pignora liberet *l. 2. ff. qua in fr. cred.*

*m* Vel ei præbuit exceptionem. *l. 3. cod.* Si quis in fraudem creditorum jusjurandum detulerit debitori, adverfus exceptionem jurisjurandi replicatio fraudis creditoribus debet dari. *l. 9. §. 5. ff. de jurejur.*

*n* Omnes debitores qui in fraudem creditorum liberantur, per hanc actionem revocantur in priftinam obligationem. *l. 17. eod.* Si ( libertus ) tranfegit in fraudem patroni, poterit patronus Faviana uti. *l. 1. §. 9. ff. fi quid in fr. patr.*

time

time par collusion avec son debiteur, ou s'il se laisse condamner envers un creancier contre qui il avoit de justes
defenses *o* : s'il laisse perir une instance *p* : s'il laisse prescrire une dette par intelligence avec son debiteur *q* : Et
s'il fait ou cesse de faire quelqu'autre chose par où il cause
une perte ou une diminution volontaire de ses biens au
préjudice de ses creanciers *r* ; Ce qui aura été fait par
cette collusion sera revoqué, & les creanciers seront remis
aux premiers droits de leur debiteur *s*.

*o* Verùm etiam si fortè data opera ad judicium non adfuit. *d. l.* 3. §. 1. *ff.*
*quæ in fr. cred.*

*p* Vel litem mori patiatur. *d.* §. 1.

*q* Vel à debitore non petit, ut tempore liberetur. *d.* §. 1.

*r* Et qui aliquid fecit ut desinat habere quod habet, ad hoc edictum pertinet. In fraudem facere etiam eum, qui non facit quod debet facere, intelligen-
dum est : id est, si non utatur servitutibus. *d. l.* 3. §. ult. & *l.* 4. *eod.*

*s* Quodcumque igitur fraudis causa factum est, videtur his verbis revocari, *qualecunque fuerit.* l. 1. §. ult. eod.

## IX.

Si un debiteur qui avoit un terme pour payer ce qu'il
devoit à un de ses creanciers, ou qui ne devoit que sous
une certaine condition qui n'étoit pas encore arrivée,
colludant avec ce creancier pour le favoriser, luy avance son payement, les autres creanciers pourront demander à celuy qui aura reçû ce payement les interêts du
temps de l'avance *t*, & même le principal, si c'étoit une
dette qui ne fût dûë que sous une condition qui ne seroit
pas encore arrivée. Et en ce cas il sera pourvû à la sûreté de ceux à qui cet argent devra revenir ; soit de ce
creancier, si la condition arrive, ou de ceux qui devront
le recevoir, si elle n'arrive point.

*t* Si cùm in diem mihi deberetur, fraudator præsens solverit, dicendum
erit, quòd in eo quod sensi commodum in repræsentatione, in factum actioni
locum fore. Nam prætor fraudem intelligit etiam in tempore fieri. *l.* 10. §. 12.
*ff. quæ in fr. cred. l.* 17. *in f. eod.*

## X.

Si un debiteur s'oblige au préjudice de ses creanciers
pour des choses qu'il ne doive point, s'il donne de l'argent
ou quelqu'autre chose à des personnes à qui il ne devroit
rien, ou s'il fait d'autres semblables fraudes, le tout sera
revoqué par ses creanciers. *u*.

*u* Sive se obligaverit fraudandorum debitorum causâ, sive numeravit pecu-

*Tome II.*                       X

niam , vel quodcunque aliud fecit in fraudem creditorum , palam eft edictum
locum habere. *l. 3. ff. quæ in. fraud. cred.*

## XI.

**11. Dot en fraude des creanciers.**

On ne doit pas mettre au nombre des liberalitez frauduleufes qui peuvent être revoquées , ce qui eft donné à
titre de dot , foit par le pere de la fille , ou par d'autres
perfonnes , lorfque le mary ignore la fraude. Car encore
que la dot puiffe être conftituée frauduleufement de la
part de ceux qui dotent la fille, le mary qui reçoit la dot
à titre onereux , & qui fans cette dot ne fe feroit pas engagé dans le mariage , ne doit pas la perdre *x*. Mais fi le
mary avoit participé à la fraude , il pourroit être tenu de
ce qui feroit de fon fait , felon les circonftances *y*.

*x.* In maritum qui ignoraverit , non dandam actionem , non magis quàm in
creditorem qui à fraudatore quod ei deberetur acceperit. Cùm is indotatam
uxorem ducturus non fuerit. *l. 25. §. 1. in f. ff. quæ in fr. cred.*

*y.* Si à focero fraudatore fciens gener accepit dotem , tenebitur hac actione.
*d. §.* 1. Ergo & fi fraudator pro filia fua dotem dediffet fcienti fraudari creditores , filia tenetur , ut cedat actione de dote adverfus maritum. *l. 14. in fine
eod.*

Si cùm mulier fraudandorum creditorum confilium iniffet , marito fuo ei-
demque debitori in fraudem creditorum acceptum debitum fecerit , dotis conf-
tituendæ caufa , locum habet hæc actio. Et per hanc omnis pecunia quam maritus debuerat , exigitur : nec mulier de dote habet actionem. Neque enim
dos in fraudem creditorum conftituenda eft. Et hoc certo certius eft , & fæpif-
fimè conftitutum. *l. 10. §. 14. eod. l. 2. C. de revoc. his quæ in fraud. cr. al. s.*

*Par les Ordonnances de François I. du 8. Juin 1532. & de Charles IX. en
Janvier 1563. les conftitutions de dot ne pouvoient exceder dix mille livres. Ce
qui pouvoit avoir entr'autres motifs celuy de reprimer les fraudes dans les dots.
Mais ces Ordonnances ne font d'aucun ufage.*

*Il faut remarquer fur cet article la difference entre la condition d'un mary à
qui on auroit conftitué une dot , fans qu'il eût part à aucune fraude , & qui reçoit ce qui luy a été promis en dot , de la perfonne qui avoit fait la conftitution ,
quoyque cette perfonne l'eût faite en fraude de fes creanciers : & la condition d'un
mary qui auroit eu part à la fraude qu'on auroit faite à des creanciers , en luy
conftituant une dot exceffive. Car celuy-cy pourroit être complice de la fraude , &
en être tenu felon les circonftances. Mais l'autre auroit droit de recevoir la dot
qui luy auroit été promife , de même que tout creancier peut recevoir ce qui luy
eft dû , quoyqu'il n'en refte pas affez pour les autres creanciers.*

*Il faut encore diftinguer fur cet article la dot que la femme fe conftitue elle-
même , & celle que fon pere ou d'autres perfonnes peuvent luy conftituer. Au premier cas , ce que la femme fe conftitue de fon bien propre ne peut pas faire de prejudice à fes creanciers , car ils auront leur action contre le mary pour ce qu'il fe
trouvera avoir reçû à titre de dot , étant en cela le debiteur de fa femme. Mais
au fecond cas , les creanciers de ceux qui ont fait la conftitution n'ont pas d'action
contre le mary qui n'a reçû que ce qu'il devoit recevoir pour la dot de fa femme.*

## XII.

Le creancier qui reçoit de son debiteur ce qui luy est dû, ne fait point de fraude, mais se fait justice en veillant pour soy comme il luy est permis. Et quoyque son debiteur se trouve insolvable, & que par ce payement il n'en reste pas assez pour les autres creanciers, ou que même il ne reste rien, il n'est pas tenu de rendre ce qu'il a reçû pour son payement; mais les autres creanciers doivent s'imputer de n'avoir pas veillé pour eux, comme a fait celuy qui s'est fait payer *z*.

*z* Apud Labeonem scriptum est, eum qui suum recipiat, nullam videri fraudem facere. Hoc est, eum qui quod sibi debetur, receperat. *l. 6. §. 6. ff. quæ in fr. cred.* Sciendum, Julianum scribere, eoque jure nos uti, ut qui debitam pecuniam recepit, antequam bona debitoris possideantur, quamvis sciens prudensque solvendo non esse, recipiat, non timere hoc edictum. Sibi enim vigilavit. *d. l. 6. §. 7. l. 24. eod.* Alii creditores suæ negligentiæ expensum ferre debent. *d. l. 24.* Vigilavi, meliorem meam conditionem feci. Jus civile vigilantibus scriptum est. Ideoque non revocatur id quod percepit. *d. l. 24. in. fine.* Licet creditori vigilare ad suum consequendum. *l. 21. ff. de pecul.* V. l'article suivant.

## XIII.

Si après une saisie des biens d'un debiteur, ou après le délaissement qu'il en auroit fait à ses creanciers, un d'eux reçoit son payement ou du fonds des choses saisies, ou de ce qui étoit délaissé aux creanciers; il rapportera ce qu'il aura reçû; parce qu'alors il prend pour soy ce qui étoit à tous *a*. Ce qui ne s'entend pas de ce qu'un saisissant de meubles peut recevoir par l'effet de ses diligences avant qu'il y ait des oppositions *b*.

*a* Qui verò post bona possessa debitum suum recepit, hunc in portionem vocandum, exæquandúmque cæteris creditoribus. Neque enim debuit præripere cæteris, post bona possessa, cùm jam par conditio omnium creditorum facta esset. *l. 6. §. 7. ff. quæ in fraud. cred.*

*b* Aliter atque si creditor est, cui permissum est possidere, postea recepit debitum suum. Cæteri enim poterunt peragere bonorum venditionem. *l. 12. ff. de reb. auth. jud. poss.* Si debitorem meum, & complurium creditorum consecutus essem fugientem, secum ferentem pecuniam, & abstulissem ei id quod mihi debeatur: Placet Juliani sententia dicentis, multùm interesse, antequam in possessionem bonorum ejus creditores mittantur hoc factum sit: an postea. Si ante, cessare in factum actionem: si postea, huic locum fore. *l. 10. §. 16. ff. quæ in fraud. cred.*

## SECTION II.

### Des engagemens de ceux qui font ces fraudes, ou qui y participent.

#### SOMMAIRES.

#### I.

*1. Engagemens qui suivent des fraudes aux creanciers.*

CEluy qui aura participé à une fraude faite à des creanciers, sera tenu de rendre tout ce qu'il se trouvera avoir reçû par une telle voye, avec les fruits ou autres revenus, & les interêts, si ce sont des deniers, à compter depuis le jour qu'il les aura reçûs. Et toutes choses seront remises au même état où elles étoient avant cette fraude *a*.

*a* Per hanc actionem res restitui debet cum sua scilicet causa. & fructus non tantùm qui percepti sunt, verùm etiam hi qui percipi potuerunt à fraudatore, veniunt. *l. 10. §. 19. & 20. ff. quæ in fraud. cred.* Præterea generaliter sciendum est, ex hac actione restitutionem fieri oportere in pristinum statum, sive res fuerunt, sive obligationes : ut perinde omnia revocentur, ac si liberatio facta non esset. Propter quod etiam medii temporis commodum, quod quis consequeretur liberatione non facta, præstandum erit. *d. l. 10. §. 22.* in Faviana quoque actione, & Pauliana, per quam, quæ in fraudem creditorum alienata sunt, revocantur, fructus quoque restituuntur. Nam prætor id agit, ut perinde sint omnia, atque si nihil alienatum esset. Quod non est iniquum. Nam & verbum *restituas*, quod in hac re prætor dixit, plenam habet significationem, ut fructus quoque restituantur. *l. 38. §. 4. ff. de usur.*

#### II.

*2. Complices des fraudes.*

Tous ceux qui contribuent aux fraudes que font les debiteurs à leurs creanciers, soit qu'ils en profitent, ou qu'ils prêtent seulement leurs noms, sont tenus de réparer le tort qu'ils ont fait. Ainsi, ceux qui acceptent des transports frauduleux de ce qui est dû au debiteur, sont tenus de remettre aux creanciers les titres des creances

avec leurs tranfports, ou ce qu'ils peuvent en avoir
reçû, ou fait recevoir par le debiteur qui empruntoit
leur nom *b*.

*b* Hac in factum actione non folùm dominia revocantur, verùm etiam
actiones reftaurantur. Ea propter competit hæc actio & adverfus eos qui res
non poffident, ut reftituant : & adverfus eos quibus actio competit, ut actione cedant. Proinde fi interpofuerit quis perfonam Titii, ut ei fraudator res
tradat, actione mandati cedere debet. *l.* 14. *ff. quæ in fr. cred.* V. l'article
fuivant.

### III.

Le debiteur qui a fraudé fes creanciers n'eft pas
feulement tenu de reparer autant qu'il fe peut fur fes
biens l'effet de la fraude; mais il doit auffi être condamné aux peines qu'il pourra meriter felon les circonftances *c*.

*c* Hæc actio in ipfum fraudatorem datur, licet Mela non putabat in fraudatorem eam dandam. Quia nulla actio in eum ex ante gefto ; poft bonorum
venditionem daretur : & iniquum effet actionem dari in eum, cui bona ablata effent. Si verò quædam difperdidiffet, fi nulla reftitutione recuperari pof-
fent, nihilominus actio in eum dabitur. Et prætor non tantum emolumentum
actionis intueri videtur in eo qui exutus eft bonis, quàm pœnam. *l. ult.* §.
ult. *ff. quæ in fr. cred.* Actionem dabo, idque etiam adverfus ipfum qui fraudem fecit, fervabo. *l.* 1. *eod. V. l'Ordonnance d'Orleans art.* 143. *celle de Blois
art.* 205. *& autres, qui établiffent les peines de ceux qui font des banqueroutes frauduleufes.*

### IV.

Si un Tuteur ou Curateur fe rend participant de
quelque fraude que fait un debiteur à fes creanciers,
favorifant en cette qualité la mauvaife foy de ce debiteur par quelque acte qui regarde la perfonne que ce
Tuteur ou Curateur peut avoir fous fa charge; il fera
tenu perfonnellement de la perte que fon dol aura pû
caufer. Et celuy dont ce Tuteur ou Curateur adminiftroit les biens, fera auffi tenu de reparer la fraude
quoy qu'elle luy ait été inconnuë, mais feulement
jufqu'à la concurrence de ce qui en fera tourné à fon
profit *d*.

*d* Ait prætor, *fciente,* id eft, eo qui convenietur hac actione. Quid ergo fi
fortè tutor pupilli fcit, ipfe pupillus ignoravit, videamus, an actioni locus
fit, ut fcientia tutoris noceat : idem & in curatore furiofi, & adolefcentis? Et

X iij

putem hactenus illis nocere conscientiam tutorum, sive curatorum, quatenus
quid ad eos pervenit. *l.* 10. *§. 5. ff. qua in fr. cred. d. l. §.* 11.

*Quoyque ces Loix ne parlent point de ce que le Tuteur peut être obligé de
porter en son nom, pour son propre fait, il est sans doute tenu de la perte que son
dol aura pû causer, comme le sont tous ceux qui nuisent par leur dol.* Quæ
dolo malo facta esse dicuntur, si de his rebus alia actio non erit, & justa causa
esse videbitur judicium dabo. *l.* 1. *§.* 1. *ff. de dolo.*

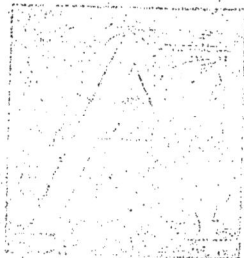

# LES
# LOIX CIVILES
## DANS
## LEUR ORDRE NATUREL.

## LIVRE TROISIEME.

*Des suites qui ajoûtent aux engagemens, ou
les affermissent.*

PRE's avoir expliqué les diverfes fortes d'engagemens qui
font des matieres des Loix Civiles, & qui fe forment ou par
des conventions, dont on a
traité dans le premier Livre, ou
fans convention, tels que font
ceux qui ont fait la matiere du fecond Livre ; il

refte pour achever la premiere partie, fuivant le
plan qu'on en a fait dans le dernier chapitre du
Traité des Loix, d'expliquer les fuites des engagemens. Et on verra dans ce Livre 3^{me} les fuites
qui ajoûtent aux engagemens, ou qui les affermiffent, & dans le 4^{me} celles qui les aneantiffent,
ou qui les diminuent.

# TITRE I.
## DES GAGES ET HYPOTHEQUES,
### & des privileges des Creanciers.

*L'hypotheque eft une fuite des engagemens.*

LA premiere & la plus frequente de toutes les
fuites des engagemens, foit qu'ils naiffent des
conventions, ou qu'ils fe forment fans convention, eft le Gage ou Hypotheque, c'eft à dire, l'affectation des biens d'une perfonne pour un engagement où
elle fe rencontre. On verra plus particulierement dans
l'article premier de la Section premiere le fens, & l'ufage
de ces deux mots.

*Origine des hy-potheques.*

Les Gages ou Hypotheques ont leur origine toute naturelle dans les engagemens dont l'execution peut dépendre des biens. Car la plus grande force des obligations, & la plus parfaite fidelité de ceux qui font obligez feroient inutiles, s'ils étoient fans biens : & la fûreté
fur ceux même qui ont des biens ne feroit pas entiere,
fi l'hypotheque ne les affectoit; parceque fe dépoüillant de leurs biens, ou par des donations, ou par des
ventes, ou par d'autres titres, & les biens alienez n'é-
tant plus à eux; ceux envers qui ils feroient obligez
n'auroient plus de reffource s'ils n'avoient le droit de
fuivre ces biens alienez en quelques mains qu'ils euffent
paffé. Et c'eft par l'ufage de l'hypotheque qu'on a établi
ce droit.

On ne parlera pas icy des privileges des creanciers;

ce

ce fera la matiere de la Section 5me, & on n'y fera pas
d'autres remarques fur la nature des hypotheques, leurs
efpeces ; les chofes qui y font fujettes, les manieres dont
elles s'acquierent, & le refte de cette matiere. Car on
verra affez l'ordre & la place de chacune de toutes ces
chofes par la diftinction des Sections de ce Titre.

## SECTION I.

*De la nature du gage & de l'hypotheque, & des
chofes qui en font fufceptibles, ou non.*

COmme la nature de l'hypotheque eft d'affecter les
biens pour la fûreté des engagemens, & que par
exemple, le creancier d'une fomme d'argent afsûre fon
payement fur le droit de fuivre par tout la chofe qui luy
eft hypothequée, il eft neceffaire de remarquer une difference importante entre nôtre ufage & le droit Romain, en ce qui regarde l'affurance fur les meubles &
effets mobiliaires des debiteurs.

> *Difference entre
> nôtre ufage & le
> Droit Romain pour
> les meubles, en ce
> qui regarde l'hy-
> potheque.*

Dans le droit Romain l'hypotheque avoit le même
effet fur les meubles que fur les immeubles, avec ce droit
de fuite. Mais les inconveniens d'affujettir à ce droit de
fuite les meubles fi fujets à changer de main, ont fait
établir une autre jurifprudence dans ce Royaume. Et
c'eft nôtre regle que l'hypotheque fur le meuble ne dure que tandis qu'il demeure en la puiffance de celuy qui
eft obligé, ou que celuy qui l'a pour fûreté s'en trouve
faifi. Mais fi le debiteur le fait paffer en d'autres mains,
ou par une alienation, ou le donnant en gage, on ne
peut plus le fuivre. C'eft cette regle qu'on exprime par
ces mots, que *Meuble n'a point de fuite par hypotheque.*

L'ufage eft donc en France à l'égard des meubles,
que les creanciers y exercent leur droit en deux manieres. L'une, lorfque le meuble eft en la puiffance du creancier qui en eft faifi, & qui le tient en gage. Et l'autre,
lorfque le meuble eft en la puiffance du debiteur, ou
d'autres perfonnes qui l'ont en fon nom, comme un dépofitaire, ou celuy qui l'a emprunté, ou un autre crean-

cier qui auroit en gage un meuble dont la valeur excederoit celle de sa dette. Au premier cas, le creancier peut faire vendre le meuble, si le debiteur y consent, ou à son refus par l'authorité du Juge, pour être payé sur le prix qui s'en tirera, par preference à tous autres creanciers, même anterieurs, mais non au prejudice du creancier qui auroit un privilege sur ce même gage [a]. Dans le second cas le creancier peut saisir & faire vendre le meuble de son debiteur, s'il a une hypotheque sur ses biens, ou une permission du Juge pour saisir. Et si d'autres creanciers concourent avec luy par d'autres saisies ou oppositions, il leur sera preferé, s'il a saisi le premier; si ce n'est que tous les biens du debiteur ne fussent pas suffisans pour tous ses creanciers. Car en ce cas, qu'on appelle le cas de déconfiture, le premier saisissant n'est pas preferé, & il n'y a de preference que pour ceux qui ont quelque privilege, & tous les autres viennent en contribution selon leurs creances, ainsi qu'il sera expliqué dans le Titre 5. du Livre 4. au lieu que sur les immeubles les creanciers sont preferez les uns aux autres selon la priorité de leurs hypotheques, ce qui vient de la difference que nôtre usage met entre les immeubles susceptibles d'hypotheque, & les meubles sur lesquels l'hypotheque n'a pas de suite. Et quand le meuble n'est ni en la puissance du creancier, ni en celle du debiteur, ou d'autre en son nom, le debiteur l'ayant alienè; alors le creancier n'y a plus de droit, sinon dans le cas qui sera remarqué sur l'article 4. de la Sect. 5.

[a] V. la remarque sur l'art. 4. de la Sect. 5.

## SOMMAIRES.

1. Signification des mots de gage & hypotheque.
2. Les hypotheques sont pour l'assurance des obligations.
3. Hypotheque pour une dette conditionelle.
4. Il n'y a pas d'hypotheque pour un prêt à venir.
5. Hypotheque sur les biens à venir.
6. Comment l'hypotheque s'étend à tous les biens ou se borne à de certains biens.

## I.

LE mot d'Hypotheque signifie d'ordinaire la même chose que le mot de Gage, c'est à dire, l'affectation de la chose donnée pour sûreté d'un engagement: & on use indistinctement de ces deux mots dans le même sens. Mais le mot de Gage se dit plus proprement

1. Signification des mots de gage & hypotheque.

Y ij

des choses mobiliaires, & qui se mettent entre les mains & en la puissance du creancier : & le mot d'Hypotheque signifie proprement le droit acquis au creancier sur les immeubles qui luy sont affectez par son debiteur, encore qu'il n'en soit pas mis en possession *a*.

*a* Inter pignus autem & hypothecam, quantùm ad actionem hypothecariam attinet, nihil interest. Nam de qua re inter creditorem & debitorem convenerit, ut sit pro debito obligata, utraque hac appellatione continetur. Sed in aliis differentia est. Nam pignoris appellatione eam propriè rem contineri dicimus, quæ simul etiam traditur creditori, maximè si mobilis sit. At eam, quæ sine traditione, nuda conventione tenetur, propriè hypothecæ appellatione contineri dicimus. §. 7. inst. de act. Inter pignus autem & hypothecam tantùm nominis sonus differt. l. 5. §. 1. ff. de pign. & hypot. Pignus appellatum à pugno, quia res quæ pignori dantur, manu traduntur. Unde etiam videri potest, verum esse quod quidam putant, pignus propriè rei mobilis constitui. l. 238. §. 2. ff. de verb. signif. Propriè pignus dicimus, quod ad creditorem transit. Hypothecam, cùm non transit, nec possessio ad creditorem. l. 9. §. 2. ff. de pign. act. Etsi non traditum est. l. 1. eod.

## II.

L'hypotheque étant établie pour l'assurance des diverses sortes d'obligations & d'engagemens, il n'y en a aucun où l'on ne puisse donner des hypotheques pour la sûreté du creancier. Ainsi, ceux qui empruntent, qui vendent, achetent, loüent, prenent à loüage, ou entrent dans d'autres engagemens, peuvent ajoûter l'hypotheque de leurs biens pour la sûreté de celuy envers qui ils s'obligent *b*.

*b* Res hypothecæ dari posse sciendum est, pro quacumque obligatione, sive mutua pecunia datur, sive dos, sive emptio vel venditio contrahatur, vel etiam locatio & conductio, vel mandatum. l. 5. ff. de pign. & hyp. Vel pro civili obligatione, vel honoraria, vel tantùm naturali. d. l. non tantùm autem ob pecuniam, sed & ob aliam causam pignus dari potest : veluti si quis pignus alicui dederit ut pro se fidejubeat. l. 9. §. 1. ff. de pign. act.

## III.

On peut hypothequer ses biens non seulement pour les engagemens qui ont leur effet present & certain, comme pour une obligation à cause de prêt, pour une vente, pour un loüage, & autres semblables où l'engagement est formé d'abord, quoyqu'il y ait un terme pour le payement ; mais encore pour les engagemens dont l'effet dépend d'une condition, ou autre evenement qui pourroit ne pas arriver. Ainsi, les engagemens qui se forment par un contract de mariage renferment toûjours la condition, si le mariage s'accomplit ; mais l'hypotheque est acquise dés le jour du contract, & au mary sur les biens de ceux qui constituent la dot, & à la femme sur les biens du mary pour la recouvrer quand il y en aura lieu. Et comme on peut donner une hypotheque pour une dette conditionelle, on peut aussi donner une hypotheque sous condition, pour une dette qui soit pure & simple, desorte que l'hypotheque n'ait son effet que lorsque cette condition sera arrivée *c*.

*c* Et sive pura est obligatio , vel in diem , vel sub conditione , & sive in presenti contractu , sive etiam præcedat , sed & futuræ obligationis nomine ( res hypothecæ ) dari possunt. *l. 5. ff. de pign. & hyp.* In conditionali obligatione non alias ( res ) obligantur, nisi conditio extiterit. *d. l.* Cùm enim semel conditio extitit , perindè habetur , ac si illo tempore , quo stipulatio interposita est sine conditione facta esset. *l. 11. §. 1. ff. qui pot.* Qui dotem pro muliere promisit, pignus sive hypothecam de restituenda sibi dote accepit : subsecuta deinde pro parte numeratione , maritus eandem rem pignori alii dedit ; mox residuæ quantitatis numeratio impleta est. Quærebatur de pignore ? Cùm ex causa promissionis ad universæ quantitatis exolutionem qui dotem promisit compellitur , non utique solutionum observanda sunt tempora , sed dies contractæ obligationis. Nec probè dici , in potestate ejus esse , ne pecuniam residuam redderet , ut minùs dotata mulier esse videatur. Alia causa est ejus, qui pignus accepit ad eam summam quam intra diem certum numerasset : ac fortè priusquam numeraret , alii res pignori data est. *l. 1. ff. qui pot. d. l. §. 1.*

*V. sur l'hypotheque conditionelle l'art. 20. de cette Section, & l'article 17. de la Section 3. Si præsens sit debitum , hypotheca verò sub conditione. l. 13. §. 5. ff. de pignor.* V. l'article suivant.

## IV.

Si une personne prevoyant que dans quelque temps il luy faudra emprunter de l'argent, s'oblige par avance pour la somme qu'elle pourra emprunter dans la suite, & engage ses biens pour ce prêt à venir ; l'hypotheque stipulée pour une telle cause sera sans effet. Car l'hypotheque n'est qu'un accessoire d'un engagement qui est déja formé, & jusques-là il n'y auroit point de prêt, cette personne pouvant même ne pas emprunter. Et d'ailleurs si l'hypotheque s'acqueroit ainsi, il seroit facile par une obligation de cette nature faite à un prête-nom, de frauder les creanciers de qui on pourroit emprunter ensuite *d*.

4. Il n'y a pas d'hypotheque pour un prêt à venir.

*d* Titius , cùm mutuam pecuniam accipere vellet à Mævio , cavit ei, & quasdam res hypothecæ nomine dare destinavit : deinde, postquam quasdam ex his rebus vendidisset, accepit pecuniam. Quæsitum est , an & prius res venditę creditori tenerentur ? Respondit, cùm in potestate fuerit debitoris , post cautio-

nem interpofitam, pecuniam non accipere, eo tempore pignoris obligationem contractam videri, quo pecunia numerata eft. Et ideo infpiciendum, quas
res in bonis debitor numeratæ pecuniæ tempore habuerit. *l. 4. ff. qua. res pign.
vel hyp. l. 11. ff. qui potior.* Re contrahitur obligatio mutui datione. *inft. quib.
mod. re contr. obl.* V. la fin du texte cité fur l'article precedent, tiré de la Loy
1. *ff. qui pot.*

*Si l'obligation étoit caufée pour un prêt déja fait, elle porteroit la preuve de
la délivrance de l'argent, quoyque le creancier ne le délivrât que quelque temps
aprés l'obligation, & l'hypotheque ne laifferoit pas d'avoir fon effet. Tous les
jours on fait des obligations pour des fommes qui ne feront délivrées que quelque
temps aprés, & en un autre lieu; mais l'engagement eft déja formé, & la délivrance de l'argent peut être retardée par quelque obftacle fans mauvaife foy.*

## V.

5. *Hypotheque fur
les biens à venir.*

Ceux qui s'obligent à quelque engagement que ce
puiffe être, peuvent y affecter & hypothequer non feulement leurs biens prefens, mais encore tous leurs biens
à venir. Ce qui s'étend à toutes les chofes qu'on pourra acquerir dans la fuite, & qui feront fufceptibles de
l'hypotheque, à quelque titre qu'on puiffe les acquerir,
& à celles même qui ne font pas encore en nature quand
on s'oblige; ainfi les fruits qui pourront naître des heritages feront compris dans l'hypotheque des biens à
venir *e.*

*e* Conventio generalis in pignore dando bonorum vel poftea quæfitorum recepta eft. *l. 1. ff. de pign. & hyp*
Et quæ nondum funt, futura tamen funt, hypothecæ dari poffunt: ut
fructus pendentes, partus ancillarum, fœtus pecorum, & ea quæ nafcuntur
fint hypothecæ obligata. *l. 15. eod.*
*Voyez pour les chofes qui ne font pas fufceptibles de l'hypotheque l'article
24. & les fuivans.*

## VI.

6. *Comment l'hy-
potheque s'étend à
tous les biens ou fe
borne à de certains
biens.*

Quoyque l'obligation ne foit pas expreffe des biens
à venir, ou que même on n'oblige que fes biens, fans y
ajouter le mot de tous, elle comprendra tous les biens
prefens & à venir. Mais fi l'hypotheque étoit feulement
particuliere, & reftreinte à de certains biens, elle n'auroit pas d'effet fur les autres *f.*

*f* Quod dicitur, creditorem probare debere, *cùm conveniebat, rem in bonis
debitoris fuiffe,* ad eam conventionem pertinet, quæ fpecialiter facta eft, non
ad illam quæ quotidie inferi folet cautionibus, *ut fpecialiter rebus hypotheca nomine datis,cætera etiam bona teneantur debitoris; quæ poftea acquifierit, perinde
atque fi fpecialiter hæ res fuiffent obligata.* l. 15. §. 1. ff. de pign. & hyp. Si quis
in cujufcunque contractus inftrumento ea verba pofuerit, *fide & periculo rerum ad me pertinentium,*vel per earum *exactionem fatisfieri tibi promitto:* fufficere ea verba ad rerum tam earum quas in prefenti debitor habet, quàm futu-

rarum hypothecam fancimus. *l. ult. C. quæ res pig. obl.* Sancimus, fi res fuas fupponere debitor dixerit, non adjecto, *tam præfentes quàm futuras*, jus tamen generalis hypothecæ, etiam ad futuras res producatur. *d. l. ult. in f.*

*Lorfqu'un debiteur qui a obligé tous fes biens vient à faire quelque acquifition, fes creanciers n'ont hypotheque fur le fonds qu'il acquiert, que du jour de fon acquifition, & non du jour de leur hypotheque fur les autres biens. Car autrement il feroit fait tort aux creanciers de celuy de qui ce debiteur auroit acquis ce fonds, dont l'alienation n'a pas pû faire de prejudice à leurs hypotheques. Mais entre les creanciers de cet acquereur, les plus anciens feront preferez aux autres fur ce fonds acquis aprés leurs hypotheques.*

## VII.

Si l'hypotheque eft reftreinte à de certaines chofes, elle ne laiffera pas de s'étendre à tout ce qui pourra naître ou provenir de la chofe hypothequée, ou qui pourra l'augmenter, & en faire partie. Ainfi, les fruits qui naiffent dans le fonds hypothequé font fujets à l'hypotheque pendant qu'ils tiennent au fonds *g.* Ainfi lorfqu'un haras, ou un troupeau de bétail eft mis en gage chez le creancier, les poulins, les agneaux, & autres animaux qui en naiffent & augmentent le nombre font auffi affectez : & fi le troupeau entier fe trouve changé, ce qui l'a renouvellé eft engagé de même *h.* Ainfi lorfque l'étenduë d'un heritage hypothequé fe trouve augmentée de ce que le cours d'une riviere peut y ajoûter, l'hypotheque s'étend à ce qui a augmenté le fonds *i.* Ainfi le bâtiment élevé fur un heritage fujet à une hypotheque y eft fujet auffi. Et fi au contraire un bâtiment eft hypothequé, & qu'il periffe par un incendie ou tombe en ruine, l'hypotheque fubfifte fur le fonds qui refte *l.* Ainfi lorfqu'un debiteur hypotheque un fonds dont il n'a que la fimple proprieté, un autre en ayant l'ufufruit, lorfque cet ufufruit fera fini, l'hypotheque comprendra le fonds & les fruits *m.*

7. *Acceffoires de l'hypotheque.*

*g* V. l'art. 4. cy-devant.
*h* Grege pignori obligato, quæ poftea nafcuntur, tenentur. Sed etfi prioribus capitibus decedentibus, totus grex fuerit renovatus, pignori tenebitur. *l. 13. ff. de pign. l. 29. §. 1. eod.*
*i* Si fundus hypothecæ datus fit, deinde alluvione major factus eft, totus obligabitur. *l. 16. eod. l. 18. §. 1. ff. de pign.*
*l* Domo pignori data, & area ejus tenebitur: eft enim pars ejus. Et contra, jus foli fequetur ædificium. *l. 21. ff. de pign. act. v. l. 29. §. 2. ff. de pign. & hyp.*
*m* Si nuda proprietas pignori data fit, ufusfructus qui poftea accreverit, pignori erit. *l. 18. §. 1. ff. de pign. act.*

*Quoyque les animaux foient du nombre des effets mobiliaires, qui ne font pas*

susceptibles d'hypotheque par nôtre usage, on peut les avoir en gage en sa puissance, comme pour un legs, pour une rente, ou autre dette. Et il en seroit de
même si un troupeau de bétail avoit été acheté des deniers d'un creancier à qui
il seroit affecté. Car ce creancier conserveroit sa preference sur ce troupeau, tandis qu'il seroit en la puissance du proprietaire. Voyez la remarque sur l'article 5.
de la Sect. 5. & ce qui a été dit dans le preambule de cette Section ; & la remarque sur l'article 4. de la Sect. 5.

### VIII.

**8. De ce qui est provenu de la chose hypothequée, & en est separé.**

Tout ce qui a été dit dans l'article precedent ne se
doit entendre que des augmentations, ou accessoires
qui font partie de la chose hypothequée, & ne s'étend
pas à ce qui en étant provenu en est détaché & change
de nature. Car par exemple, si d'une forest hypothequée on tire du bois pour employer à un bâtiment, ou
pour en fabriquer un vaisseau, l'hypotheque sur la forest ne passera pas à ce bois qui en est provenu *n*.

*n* Si quis caverit, ut sylva sibi pignori esset, navem ex materia factam non
esse pignoris, Cassius ait. Quia aliud sit materia, aliud navis. Et ideo nominatim in dando pignore adjiciendum esse ait, quæque ex sylva facta, natáve
sint. l. 18. §. 3. ff. de pign. act.

*Par nôtre usage, où le meuble n'a pas de suite par hypotheque, une autre
raison fait que ces sortes de changemens font perdre l'hypotheque sur ce qui devient meuble, & qui cesse d'être en la puissance du debiteur, ou du creancier.
Ainsi le bois separé de la forest, & les materiaux d'une maison ruinée étant
alienez par le debiteur, l'acquereur les possede libres de l'hypotheque qu'avoit
un creancier sur cette forest, ou sur cette maison.*

### IX.

**9. Du bâtiment élevé sur le fonds hypothequé.**

Si un tiers possesseur d'un heritage sujet à une hypotheque y fait un bâtiment, l'hypotheque sur le fonds
s'étendra aussi sur ce bâtiment. Car c'est un accessoire
qui suit la nature du fonds : & qui même appartient au
maître de cet heritage. Mais le creancier qui exerce son
hypotheque sur le fonds bâti, ne peut se le faire adjuger
qu'à la charge de rembourser à ce possesseur qui a fait
le bâtiment, les dépenses qu'il y a employées, si ces dépenses n'excedent pas la valeur de ce bâtiment ; car si
elles l'excedent, il ne seroit pas juste que ce creancier y
fût obligé *o*. Mais soit que le bâtiment vaille plus qu'il
n'a coûté, ou autant, ou moins, il sera libre à ce possesseur de conserver le fonds & le bâtiment, en payant la
dette.

*o* Domus pignori data exusta est, eamque aream emit Lucius Titius, & extruxit : Quæsitum est de jure pignoris ? Paulus respondit, pignoris persecutionem

rarum hypothecam fancimus. *l. ult. C. quæ res pig. obl.* Sancimus, fi res fuas
fupponere debitor dixerit, non adjecto, *tam prefentes quàm futuras*, jus tamen generalis hypothecæ, etiam ad futuras res producatur. *d. l. ult. in f.*

*Lorfqu'un debiteur qui a obligé tous fes biens vient à faire quelque acquifi-*
*tion, fes creanciers n'ont hypotheque fur le fonds qu'il acquiert, que du jour*
*de fon acquifition, & non du jour de leur hypotheque fur les autres biens. Car*
*autrement il feroit fait tort aux creanciers de celuy de qui ce debiteur auroit ac-*
*quis ce fonds, dont l'alienation n'a pas pû faire de prejudice à leurs hypothe-*
*ques. Mais entre les creanciers de cet acquereur, les plus anciens feront preferez*
*aux autres fur ce fonds acquis après leurs hypotheques.*

## VII.

Si l'hypotheque eft reftreinte à de certaines chofes,
elle ne laiffera pas de s'étendre à tout ce qui pourra naître ou provenir de la chofe hypothequée, ou qui pourra
l'augmenter, & en faire partie. Ainfi, les fruits qui
naiffent dans le fonds hypothequé font fujets à l'hypotheque pendant qu'ils tiennent au fonds *g.* Ainfi lorfqu'un haras, ou un troupeau de bétail eft mis en gage
chez le creancier, les poulins, les agneaux, & autres
animaux qui en naiffent, & augmentent le nombre font
auffi affectez : & fi le troupeau entier fe trouve changé,
ce qui l'a renouvellé eft engagé de même *h.* Ainfi lorfque l'étenduë d'un heritage hypothequé fe trouve
augmentée de ce que le cours d'une riviere peut y ajoûter, l'hypotheque s'étend à ce qui a augmenté le fonds *i.*
Ainfi le bâtiment élevé fur un heritage fujet à une hypotheque y eft fujet auffi. Et fi au contraire un bâtiment
eft hypothequé, & qu'il periffe par un incendie ou
tombe en ruine, l'hypotheque fubfifte fur le fonds qui
refte *l.* Ainfi lorfqu'un debiteur hypotheque un fonds
dont il n'a que la fimple proprieté, un autre en ayant
l'ufufruit, lorfque cet ufufruit fera fini, l'hypotheque
comprendra le fonds & les fruits *m.*

7. *Acceffoires de*
*l'hypotheque.*

*g V. l'art. 4. cy-devant.*
*h* Grege pignori obligato, quæ poftea nafcuntur, tenentur. Sed etfi prioribus capitibus decedentibus, totus grex fuerit renovatus, pignori tenebitur. *l. 13. ff. de pign. l. 29. §. 1. eod.*
*i* Si fundus hypothecæ datus fit, deinde alluvione major factus eft, totus
obligabitur. *l. 16. eod. l. 18. §. 1. ff. de pign. act.*
*l* Domo pignori data, & area ejus tenebitur: eft enim pars ejus. Et contra, jus
foli fequetur ædificium. *l. 21. ff. de pign. act. v. l. 29. §. 2. ff. de pign. & hyp.*
*m* Si nuda proprietas pignori data fit, ufusfructus qui poftea accreverit,
pignori erit. *l. 18. §. 1. ff. de pign. act.*

*Quoyque les animaux foient du nombre des effets mobiliaires, qui ne font pas* ſuſceptibles d'hypotheque par nôtre uſage, on peut les avoir en gage en ſa puiſſance, comme pour un legs, pour une rente, ou autre dette. Et il en ſeroit de même ſi un troupeau de bétail avoit été acheté des deniers d'un creancier à qui il ſeroit affecté. Car ce creancier conſerveroit ſa preference ſur ce troupeau, tandis qu'il ſeroit en la puiſſance du proprietaire. Voyez la remarque ſur l'article 5. de la Sect. 5. & ce qui a été dit dans le preambule de cette Section ; & la remarque ſur l'article 4. de la Sect. 5.

## VIII.

8. De ce qui eſt provenu de la choſe hypothequée, & en eſt ſeparé.

Tout ce qui a été dit dans l'article precedent ne ſe doit entendre que des augmentations, ou acceſſoires qui font partie de la choſe hypothequée, & ne s'étend pas à ce qui en étant provenu en eſt détaché & change de nature. Car par exemple, ſi d'une foreſt hypothequée on tire du bois pour employer à un bâtiment, ou pour en fabriquer un vaiſſeau, l'hypotheque ſur la foreſt ne paſſera pas à ce bois qui en eſt provenu n.

n Si quis caverit, ut ſylva ſibi pignori eſſet, navem ex materia factam non eſſe pignoris, Caſſius ait. Quia aliud ſit materia, aliud navis. Et ideo nominatim in dando pignore adjiciendum eſſe ait, quæque ex ſylva facta, natáve ſint. l. 18. §. 3. ff. de pign. act.
Par nôtre uſage, où le meuble n'a pas de ſuite par hypotheque, une autre raiſon fait que ces ſortes de changemens font perdre l'hypotheque ſur ce qui devient meuble, & qui ceſſe d'être en la puiſſance du debiteur, ou du creancier. Ainſi le bois ſeparé de la foreſt, & les materiaux d'une maiſon ruinée étant alienez par le debiteur, l'acquereur les poſſede libres de l'hypotheque qu'avoit un creancier ſur cette foreſt, ou ſur cette maiſon.

## IX.

9. Du bâtiment élevé ſur le fonds hypothequé.

Si un tiers poſſeſſeur d'un heritage ſujet à une hypotheque y fait un bâtiment, l'hypotheque ſur le fonds s'étendra auſſi ſur ce bâtiment. Car c'eſt un acceſſoire qui ſuit la nature du fonds : & qui même appartient au maître de cet heritage. Mais le creancier qui exerce ſon hypotheque ſur le fonds bâti, ne peut ſe le faire adjuger qu'à la charge de rembourſer à ce poſſeſſeur qui a fait le bâtiment, les dépenſes qu'il y a employées, ſi ces dépenſes n'excedent pas la valeur de ce bâtiment ; car ſi elles l'excedent, il ne ſeroit pas juſte que ce creancier y fût obligé o. Mais ſoit que le bâtiment vaille plus qu'il n'a coûté, ou autant, ou moins, il ſera libre à ce poſſeſſeur de conſerver le fonds & le bâtiment, en payant la dette.

o Domus pignori data exuſta eſt, eamque aream emit Lucius Titius, & extruxit : Quæſitum eſt de jure pignoris ? Paulus reſpondit, pignoris perſecutionem tem perseverare :& ideo jus soli superficiem secutam videri, id est, cum jure pignoris. Sed bona fide possessores non aliter cogendos creditoribus ædificium restituere, quàm sumptus in extructione erogatos, quatenus pretiosior res facta est, reciperent. *l. 29. §. 2. ff. de pign. & hyp.*

Si quis in alieno solo sua materia ædificaverit, illius fit ædificium cujus & solum est. *l. 7. §. 12. ff. de acquir. rer. dom. §. 30. inst. de rer. div.* Certè si dominus soli petat ædificium, nec solvat pretium materiæ, & mercedes fabrorum, poterit per exceptionem doli mali repelli. *d. l. 7. §. 12. inst. & d. §. 30.*

## X.

Si une maison sujette à une hypotheque vient à être brûlée, & qu'elle soit rebâtie par le debiteur, le creancier aura sa même hypotheque & sur le fonds, & sur le bâtiment à plus forte raison que dans le cas de l'article precedent *p*.

*10. Du fonds restant d'un bâtiment hypothequé, & du bâtiment refait.*

*p* Si insula quam tibi, ex pacto convento, licuit vendere, combusta est : deinde à debitore tuo restituta, idem in nova insula juris habes. *l. ult. ff. de pign. & hyp.*

## XI.

Les autres changemens que peut faire tout possesseur d'un fonds sujet à une hypotheque, ne l'éteignent point ; mais elle subsiste sur le fonds, soit empiré, ou amelioré, & dans l'état qu'il se trouve. Ainsi, par exemple, si une maison est mise en jardin, un champ en vigne, un bois en prairie, l'hypotheque se conserve sur la nouvelle face donnée à l'heritage *q*.

*11. Du changement de la face de l'heritage hypothequé.*

*q* Si res hypothecæ data postea mutata fuerit, æquè hypothecaria actio competit. Veluti de domo data hypothecæ, & horto facta : item si de loco convenit, & domus facta sit : item de loco dato, deinde vineis in eo depositis. *l. 16. §. 2. ff. de pign. & hyp.*

## XII.

Si un debiteur qui n'auroit pas obligé tous ses biens, mais seulement un heritage, employe les deniers provenus des fruits de cet heritage pour en acquerir un autre, ce nouveau fonds, quoyque provenu de ces fruits qui avoient été sujets à l'hypotheque, n'y sera pas sujet ; non plus qu'un fonds qui seroit acquis de deniers, ou autre chose que le creancier auroit eu en gage *r*. Car l'hypotheque peut bien s'etendre aux accessoires de la chose hypothequée, suivant la regle expliquée dans l'art. 7me. Mais elle ne passe pas d'une chose à une autre que l'affectation à l'hypotheque ne regardoit point.

*12. De ce qui est acquis des deniers provenus du fonds hypothequé.*

*r* Quamvis fructus pignori datorum prædiorum, & si id apertè non sit expressum, & ipsi pignori credantur tacita pactione inesse : prædia tamen quæ

emuntur ex fructuum pretio, ad eandem caufam veniffe, nulli prudentium
placuit. *l. 3. C. in quib. cauf. pign.* Res ex nummis pignoratis empta, non eft
pignorata ob hoc folùm, quia pecunia pignorata erat. *l. 7. in f. ff. qui pot.*

Si un debiteur acquiert par un échange un autre heritage au lieu de celuy
qu'il avoit hypothequé, cet échange du fonds fera-il paffer l'hypotheque à l'heritage pris en contr'échange? Si l'hypotheque avoit été reftreinte par une convention à l'heritage donné en échange par ce debiteur, il femble que l'hypotheque ne
doit point changer, non plus qu'elle ne doit pas s'étendre aux deux heritages,
car outre que c'eft la nature de l'hypotheque qu'elle n'affecte que le fonds engagé,
& qu'elle le fuit; le changement qui déchargeroit de l'hypotheque l'heritage donné en échange par le debiteur, & qui en chargeroit l'heritage qu'il auroit pris,
feroit fuivie d'inconveniens qui cauferoient des injuftices aux creanciers des com-
permutans, non feulement par l'inégalité qui pourroit fe rencontrer dans la valeur des deux heritages, mais par d'autres fuites, dont il eft facile de juger fans
qu'on les explique. Mais fi ce debiteur avoit hypothequé tous fes biens prefens &
à venir, l'hypotheque s'étendroit aux deux heritages.

## XIII.

13. *Du fonds hy-pothequé en même temps à deux creanciers.*

Si un même fonds eft hypothequé à deux creanciers
pour diverfes caufes dans le même temps, fans qu'on ait
diftingué une portion pour l'un, & une pour l'autre;
chacun aura fon hypotheque fur le fonds entier pour
toute fa dette. Et fi tout le fonds ne fuffit pas pour les
deux enfemble, leur droit fe divifera, non par moitié,
mais à proportion de la difference de leurs creances. Car
chacun ayant l'hypotheque fur le tout pour toute fa dette, le concours divife leurs droits fur ce même pied.
Et fi par exemple, il eft dû dix mille livres à l'un de ces
creanciers, & cinq mille à l'autre, & que le fonds fujet
à leurs hypotheques ne vaille pas quinze mille livres,
l'un aura les deux tiers pour fon hypotheque & l'autre
le tiers *f*.

*f* Si duo pariter de hypotheca pacifcantur, in quantum quifque obligatam
hypothecam habeat, utrum pro quantitate debiti, an pro partibus dimidiis quæritur? & magis eft, ut pro quantitate debiti pignus habeant obligatum. Sed uterque fi cum poffeffore agat, quemadmodum? Utrum de parte quifque, an de
toto, quafi utrique in folidum res obligata fit? Quod erit dicendum, fi eodem
die pignus utrique datum eft feparatim : fed fi fimul illi & illi, fi hoc actum eft,
uterque rectè in folidum aget : fi minus unufquifque pro parte. *l. 16. §. 8. ff.
de pign. & hyp. l. 10. eod.* Si pluribus res fimul pignori detur æqualis omnium
caufa eft. *l. 20. §. 1. ff. de pign. act.* V. les trois articles fuivans.

## XIV.

14. *Preference du poffeffeur en parité d'hypotheque.*

Si de deux creanciers à qui la même chofe eft engagée
entiere dans le même temps, l'un en eft mis en poffeffion, il fera preferé. Car la poffeffion diftingue leur droit
en faveur de celuy qui outre l'égalité du titre a l'avanta-

ge de posseder *t*. Mais si une partie de la chose est engagée à un creancier, & le reste à un autre, chacun aura son droit separé sur sa portion *u*.

*t* In pari causa possessor potior haberi debet. *l.* 128. *ff. de reg. jur.*

Si debitor res suas duobus simul pignori obligaverit, itaut utrique in solidum obligatæ essent, singuli in solidum adversus extraneos Serviana utentur: inter ipsos autem si quæstio moveatur, possidentis meliorem esse conditionem. *l.* 10. *ff. de pign. & hyp. l.* 1. §. 1. *ff. de salv. interd.* V. l'art. 13. de la Sect. 2. du Contract de vente, & cy-aprés l'art. 3. de la Sect. 3.

*u* Si autem id actum fuerit, ut pro partibus res obligarentur, utilem actionem competere, & inter ipsos, & adversus extraneos, per quam dimidiam partis possessionem adprehendant singuli. *dd. ll.* V. l'article precedent.

## XV.

Si un heritage étant commun par indivis entre deux ou plusieurs personnes, comme entre des associez, coheritiers, ou autres, un d'eux avoit obligé à son creancier ou tous ses biens, ou ce qu'il avoit dans cet heritage; ce creancier aura son hypotheque sur la portion indivise de son debiteur *x*, tandis que le fonds demeurera en commun. Mais aprés le partage, le droit de ce debiteur étant fixé à la portion qui luy sera échûë, l'hypotheque aussi se fixera de même. Car encore qu'avant le partage tout l'heritage fût sujet à l'hypotheque pour la portion indivise de ce debiteur, & qu'on ne puisse diminuer un droit qui est acquis; comme le debiteur n'avoit pas un droit simple & immuable d'avoir cette moitié toûjours indivise, mais que ce droit renfermoit la condition de la liberté à tous les proprietaires de venir à un partage pour assigner à chacun une portion qui fût entiere à luy, l'hypotheque, qui n'étoit qu'un accessoire de ce droit, renfermoit aussi cette même condition: & n'affectoit que ce qui écherroit à ce debiteur, les portions des autres devant leur être libres. Mais si dans le partage il y avoit quelque fraude, le creancier pourroit faire reformer ce qui auroit été fait à son prejudice.

*x* Si fundus communis nobis sit, sed pignori datus à me, venit quidem in communi dividundo: sed jus pignoris creditori manebit, etiam si adjudicatus fuerit. Nam etsi pars socio tradita fuisset, integrum maneret. Arbitrum autem communi dividundo hoc minoris partem æstimare debere, quòd ex pacto eam rem vendere creditor potest, Julianus ait. *l.* 6. §. 8. *ff. comm. divid.* Illud tenendum est, si quis communis rei partem pro indiviso dederit hypothecæ, divisione facta cum socio, non utique eam partem creditori obligatam esse qua

15. De l'hypotheque sur la portion indivise de l'un des heritiers.

ei obtingit, qui pignori dedit : fed utriufque pars pro indivifo, pro parte dimidia manebit obligata. *l. 7. §. ult. ff. quib. mod. pign. v. h. f. l. 3. §. ult. ff. qui pot.*

On a ajoûté à la regle tirée des textes citez fur cet article, qu'après le partage l'hypotheque eft fixée à la portion échuë au debiteur. Car c'eft nôtre ufage, & c'eft ce que demande auffi l'équité, comme il paroît par les raifons expliquées dans l'article. Ainfi nous ne fuivons pas la difpofition de ces textes, non plus qu'une autre femblable de la *Loy 31. ff. de ufu. & ufufr. & red.* qui veut que l'u-fufruitier d'une portion indivife conferve fon droit après le partage entre les pro-prietaires, & qu'il ait fon ufufruit indivis fur les portions de l'un & de l'au-tre. Ces Loix font fondées fur cette fubtilité que l'ufufruitier, ou le creancier ayant leur droit indivis fur tout l'heritage, le partage ne doit pas leur ôter ce droit. Mais ce droit n'eft en effet que tel qu'on l'a expliqué dans l'article. Et auffi cette fubtilité feroit fuivie d'une infinité d'inconveniens, fi des copartageans, foit affociez, coheritiers, ou autres : après un partage fans fraude, pou-voient être inquietez par les creanciers de l'un d'eux, & qu'on pût faifir & fai-re vendre toutes leurs portions pour la dette d'un feul. A quoy on peut rapporter les dernieres paroles de la *Loy unique. C. fi comm. res. pign.* d. f. Unde intelligis contractum ejus nullum præjudicium dominio veftro facere potuiffe.

La difficulté feroit plus grande dans le cas du partage d'une fucceffion qui feroit compofée d'effets mobiliaires, & d'un feul fonds, qu'il feroit ou impoffible, ou trop incommode de partager, ou même de plufieurs fonds que la commodité des heritiers obligeroit à partager, deforte que quelques-uns n'euffent dans leurs lots que des effets mobiliaires, & peu ou point de fonds. Car en ce cas les creanciers de l'heritier qui n'auroit dans fon lot que peu ou point de fonds, fe trouveroient fruftrez de l'efperance qu'ils pouvoient avoir euë d'une hypotheque fur les fonds. Mais ces creanciers doivent veiller avant le partage & fur les meubles, & fur les immeubles, pour empêcher qu'il ne foit rien fait à leur prejudice. Car fi le partage étoit fait fans fraude, on pourroit leur dire qu'ils n'avoient leur sûreté que fur ce qui pourroit écheoir à leur debiteur, & fi, par exemple, ce debiteur avoit confommé & diffipé les effets mobiliaires de fon lot, il ne feroit pas jufte que les lots des autres en répondiffent à fes creanciers.

## XVI.

*16. Hypotheque du creancier fur toutes les portions des heritiers du de-biteur.*

Les partages que font les heritiers des fonds de la fuc-ceffion, n'apportent aucun changement à l'hypotheque des creanciers du défunt : & chaque heritage demeure affecté pour toute la dette. Ainfi, l'heritier qui poffede un fonds de la fucceffion ayant payé fa portion de la dette, ne pourra empêcher que fon fonds ne foit faifi pour celles des autres, non plus que fi le payement n'a-voit été fait que par le défunt. Car l'hypotheque affecte chaque fonds, & chaque partie du même fonds pour toute la dette *y*. Mais cet heritier aura feule-ment fon recours contre fes coheritiers pour leurs portions.

*y* Si unus ex heredibus portionem fuam folverit, tamen tota res pignori data venire poterit : quemadmodum fi ipfe debitor portionem folviffet. *l. 8. §. 2. ff. de pign. act.* Actio quidem perfonalis inter heredes pro fingulis portionibus quæsitis scinditur, pignoris autem jure multis obligatis rebus, quas diversi possident, cùm ejus vindicatio non personam obliget, sed rem sequatur, qui possident tenentes non pro modo singularum rerum substantiæ conveniuntur, sed in solidum ; ut vel totum debitum reddant, vel eo quod detinent cedant. *l. 2. C. si unus ex plur. hered. credit. l. 16. C. de distr. pign. l. 1. C. de luit. pign.*

C'est sur cette regle qu'est fondée cette maxime vulgaire, Que les heritiers sont tenus hypothecairement pour le tout, quoiqu'ils ne soient tenus personnellement que chacun pour la portion pour laquelle il est heritier. Car l'action personelle se divise entre les personnes des heritiers, comme il sera expliqué en son lieu. Mais l'hypotheque subsiste indivise, & affecte également tous les heritages qui y sont sujets, & toutes les parties de chaque heritage.

## XVII.

Si de plusieurs heritiers d'un creancier l'un reçoit sa portion du debiteur, l'hypotheque reste entiere aux autres heritiers pour leurs portions sur tout ce que ce debiteur avoir hypothequé à ce creancier *z*.

17. Hypotheque pour tous les heritiers du creancier sur tout ce qui est hypothequé.

*z* Si creditori plures heredes extiterint, & uni ex his pars ejus solvatur, non debent cœteri heredes creditoris injuria affici : sed possunt totum fundum vendere. *l. 11. §. 4. ff. de pign. act.*

## XVIII.

L'hypotheque fait une affectation indivise de tout ce qui est hypothequé, pour tout ce qui est dû, & de telle sorte que, par exemple, si deux heritages sont hypothequez pour une somme, cette affectation n'a pas cet effet, que chaque heritage ne soit engagé que pour une partie ; mais de quelque valeur qu'ils puissent être, ils sont l'un & l'autre affectez pour toute la somme, & si un de ces heritages vient à perir, l'hypotheque demeure entiere pour toute la dette sur celuy qui reste *a*. Et aussi, quoyque le debiteur paye une moitié, ou autre partie de la dette, les deux heritages demeurent engagez pour tout ce qui reste. Car c'est la nature de l'hypotheque que tout ce qui est engagé serve de sûreté pour toute la dette, & les parties même de chaque heritage sont toutes affectées pour tout ce qui est dû *b*.

18. L'Hypotheque est indivise.

*a* Qui pignori plures res accipit, non cogitur unam liberare, nisi accepto universo quantum debetur. *l. 19. ff. de pign.*
*b* Quamdiu non est integre pecunia creditori numerata, etiamsi pro parte majore eam consecutus sit, distrahendi rem obligatam non amittit facultatem. *l. 6. C. de distr. pign. l. 1. C. de luit. pign.* Propter indivisam pignoris causam. *l. 65. ff. de evict.*

## XIX.

On ne peut engager & hypothequer que les choses qui peuvent se vendre : & ce qui ne peut être vendu ne peut aussi être hypothequé. Car l'hypotheque n'a son usage que par l'alienation qui peut se faire de la chose hypothequée, pour le payement de ce qui est dû sous cette sûreté c.

c Quod emptionem venditionemque recipit, etiam pignorationem recipere potest. l. 9. §. 1. ff. de pign. & hypoth. Eam rem quam quis emere non potest, quia commercium ejus non est, jure pignoris accipere non potest. l. 1. §. 2. ff. quæ res pign. vel hyp. dat. obl. n. p. V. l. ult. C. de reb. al. n. alien.

On a vû dans la Section 8. du Contract de vente quelles sont les choses qui ne peuvent être venduës. Mais il y a d'autres choses qu'on ne peut hypothequer, quoy-qu'on puisse les vendre. Voyez cy-après l'article 24. & les suivans.

## XX.

Comme on peut vendre une chose qui appartienne à une autre personne d, on peut de même l'hypothequer, soit que le maître consente à l'hypotheque, ou qu'il la ratifie e, ou que l'hypotheque soit conditionelle, pour avoir son effet lorsque celuy qui engage une chose dont il n'est pas le maître pourra le devenir f. Mais c'est un stellionat si le debiteur engage comme sienne une chose qu'il sçait n'être pas à luy g. Que si dans la suite il en devient le maître, l'hypotheque alors aura son effet h. Mais sans prejudice des hypotheques des creanciers de celuy à qui elle étoit.

d V. l'art. 13. de la Sect. 4. du Contract de vente.

e Aliena res pignori dari voluntate domini potest. Sed etsi ignorante eo data sit, & ratum habuerit, pignus valebit. l. 20. ff. de pign. act.

f Aliena res utiliter potest obligari sub conditione, si debitoris facta fuerit. l. 16. §. 7. ff. de pign. & hyp.

g Si quis rem alienam mihi pignori dederit sciens prudensque . . . . . . . crimine ( stellionatus ) plectetur. l. 36. §. 1. ff. de pign. act.

h Rem alienam pignori dedisti, deinde dominus rei ejus esse cœpisti, datur utilis actio pignoratitia creditori. l. 41. eod. Cùm res quæ needum in bonis debitoris est, pignori data ab eo, postea in bonis ejus esse incipiat, ordinariam quidem actionem super pignore non competere manifestum est : sed tamen æquitatem facere, ut facilè utilis persecutio, exemplo pignoratitiæ, detur. l. 5. C. si alien. res pig. dat. sit, V. l'art. 21. de la Sect. 3.

## XXI.

Celuy qui ayant engagé un certain fonds specifié & designé à un creancier l'engage à un autre, sans luy declarer cette premiere obligation, commet une infidelité qu'on appelle un Stellionat. Et si ce second creancier se trouvoit en perte, ce debiteur n'ayant pas dequoy satisfaire ses creanciers, il devroit en être puni selon que le fait pourroit le meriter : & à plus forte raison, s'il avoit declaré à ce second creancier, que l'heritage qu'il luy engageoit n'avoit point été engagé à d'autres, car en ce cas le dol seroit plus grand. Et quand même le debiteur auroit d'ailleurs des biens suffisans, il seroit tenu des suites, & si par exemple, ce fonds avoit été donné à ce second creancier pour assigner une rente, le debiteur pourroit être contraint à cause de cette fraude de racheter cette rente, ou même être puny d'autres peines selon les circonstances. Mais on n'impute pas de stellionat à celuy qui ayant une fois obligé tous ses biens, oblige encore dans la suite ou tous ses biens en general, ou quelques-uns en particulier. Ny à celuy qui engage le même fonds à plusieurs creanciers de qui toutes les creances ensemble n'excedent pas la valeur du fonds *i*.

*i* Si quis alii obligatam ( rem ) mihi obligavit, nec me de hoc certioraverit, crimine ( stellionatus ) plectetur. *l. 36. §. 1. ff. pign. act.* Improbum quidem & criminosum fateris, easdem res pluribus pignorasse, dissimulando in posteriore obligatione, quod eædem aliis pignori tenerentur. Verùm securitati tuæ consules, si oblato omnibus debito, criminis instituendi causam peremeris. *l. 1. C. de crim. stell.* Planè si ea res ampla est, & ad modicum æris fuerit pignorata : dici debebit, cessare non solùm stellionatus crimen, sed etiam pignoratitiam, & de dolo actionem : quasi in nullo captus sit, qui pignori secundo loco accepit. *l. 36. in f. ff. de pign. act.*

## XXII.

22. Comment le Tuteur, & Procureur constitué peuvent hypothequer.

Le Tuteur, le Procureur constitué, & autres qui ont le pouvoir ou par leurs charges, ou par quelque ordre, d'emprunter & engager les biens de ceux dont les affaires sont sous leur conduite, peuvent hypothequer ces biens, selon le pouvoir que leur en donnent ou leurs charges, ou les ordres de ceux pour qui ils traittent. Mais si ce sont des biens de Mineurs, ou de quelque communauté, l'engagement & l'hypotheque qui en est la suite, n'ont leur effet qu'en cas que l'obligation soit tournée à leur profit, & que les formalitez ayent été observées *l*.

*l* Curator adulti, vel Tutor pupilli, propriam rem mobilem ejus cujus negotia tuetur, pignoris jure non obligare potest, nisi in rem ejus pecuniam mu-

tuam accipiat. *l. 3. C. si alien. res pign. d. s.* Procurator citra domini voluntatem domum pignori frustra dedit : si tamen pecuniam creditoris in rem domini
versam constabit, non inutilis erit exceptio, dumtaxat quod numeratum est
exolvi desideranti. *l. 1. eod.* Si is qui bona Reipublicæ jure administrat, mutuam
pecuniam pro ea accipiat, potest rem ejus obligare. *l. 11. ff. de pign. V. l. 27.*
*ff. de reb. cred.*

## XXIII.

On peut hypothequer & engager non seulement les
choses corporelles, c'est à dire, sensibles & qu'on peut
toucher, mais aussi les choses incorporelles comme les
dettes, les actions, & autres droits : & cette sorte de
biens sont compris dans l'hypotheque generale, quoy-
qu'ils ne soient pas specialement exprimez. Ainsi, le
creancier pourra exercer le droit que luy acquiert l'affectation des biens, autant sur ces sortes de droits que
sur les autres biens, & saisir entre les mains des debiteurs
de son debiteur, ce qu'ils peuvent luy devoir jusqu'à la
concurrence de ce qui est dû à ce creancier. *m.*

*m* Nomen quoque debitoris pignorari & generaliter & specialiter posse, jam
pridem placuit. Quare si debitor is satis non fecerit, cui tu credidisti, ille
cujus nomen tibi pignori datum est, nisi ei cui debuit solvit, nondum certior
à te de obligatione tua factus, utilibus actionibus satis tibi facere, usque ad id
quod tibi deberi à creditore ejus probaveris, compelletur ; quatenus tamen ipse debet. *l. 4. C. qua res pign. obl. poss.* Etiam nomen debitoris, in causa judicati, capi posse, ignotum non est. *l. 5. C. de exec. rei jud. l. 1. C. de præt. pign.*
Si convenerit, ut *nomen debitoris mei tibi pignori sit*, tuenda est à prætore
hæc conventio. *l. 18, ff. de pign. act.*

*Il faut remarquer sur cet article qu'il y a des droits qui sont de la nature des*
*immeubles, comme les rentes, & que d'autres sont de la nature des meubles,*
*comme une obligation à cause de prêt, & autres dettes personelles. Les rentes*
*sont tellement sujettes à l'hypotheque, que le creancier y conserve son droit, quoy*
*qu'elles passent hors des mains de son debiteur. Mais les obligations, & autres*
*dettes personelles sont comme des meubles, & n'ont point de suite. Et quoyqu'on*
*puisse les faire saisir pendant qu'elles sont encore au debiteur ; on ne peut les sui-*
*vre quand il en a fait un transport à une autre personne, & que ce transport a*
*été signifié à celuy qui est obligé envers ce debiteur, ou qu'il l'a accepté. Les Offi-*
*ces sont immeubles & susceptibles d'hypotheque. V. l'Edit de Février 1683. V. sur*
*les saisies des effets mobiliaires la fin du preambule de cette Section. Voyez pour*
*les choses corporelles & incorporelles l'art. 3. de la Sect. 2. du Titre des choses.*

## XXIV.

L'hypotheque generale en quelques termes qu'elle
soit conçuë, ne s'étend pas aux choses dont l'humanité
défend de dépouiller les debiteurs, & qui par consequent ne doivent point être comprises dans l'hypotheque. Ainsi, un creancier ne peut saisir, ni prendre en
gage

gage les habits neceſſaires, le lit, ni les autres meubles
& utenciles d'une pareille neceſſité. Et les debiteurs ne
peuvent même obliger ſpecialement ces ſortes de choſes.
Car le creancier ne pourroit ſtipuler un tel engagement
ſans bleſſer l'équité & les bonnes mœurs *n*.

*n* Obligatione generali rerum *quas quis habuit habiturúſve ſit*, ea non
continebuntur quæ veriſimile eſt quemquam ſpecialiter obligaturum non fuiſſe:
ut puta ſupellex. Item veſtis relinquenda eſt debitori, & ex mancipiis quæ in
eo uſu habebit, ut certum ſit eum pignori daturum non fuiſſe. Proinde de mi-
niſteriis ejus perquàm ei neceſſariis, vel quæ ad affectionem ejus pertineant,
vel quæ in uſum quotidianum habentur, Serviana non competit. *l. 6. & l. 7.
ff. de pign. & hypot.* Res quas neminem credibile eſt pignori ſpecialiter daturum fuiſſe, generali pacti conventione, quæ de bonis tuis facta eſt, in cauſa
pignoris non fuiſſe, rationis eſt. *l. 1. C. quâ res pign. obl. poſſ. vel non. V. Exod
22. 26. Deuter. 24. 6. 17. Job 24. 3.*
*V. ſur cet article & les ſuivans les articles 14. 15. & 16. du Titre 33. de
l'Ordonnance du mois d'Avril 1667. & celle d'Orleans art. 28. de Blois art. 57.
l'Edit du 16. Mars 1595. & autres Reglemens.*

### XXV.

25. Choſes ne-
ceſſaires pour l'a-
griculture.

Les bêtes de labourage, les charruës, & les autres choſes neceſſaires pour labourer & cultiver les heritages, ne
ſont point ſujettes à l'hypotheque, & ne peuvent être ſaiſies, non ſeulement par la preſomption que l'intention du
debiteur & du creancier n'eſt pas de dépoüiller le debiteur des choſes deſtinées à un uſage ſi neceſſaire, mais
auſſi à cauſe de la conſequence pour l'interêt public *o*.

*o* Executores à quocumque judice dati ad exigenda debita ea quæ civiliter
poſcuntur, ſervos aratores, aut boves aratorios, aut inſtrumentum ara-
rium, pignoris cauſa de poſſeſſionibus non abſtrahant. *l. 7. C. quâ res pign.
obl. poſſ. v. n.* Pignorum gratia aliquid quod ad culturam agri pertinet, auferri non convenit. *l. 8. eod.*

### XXVI.

26. Choſes qui
ne ſont point en
commerce.

Les choſes qui ne ſont point en commerce, & qui ne
peuvent être venduës, comme les choſes publiques, les
choſes ſacrées ne peuvent auſſi être hypothequées tandis
qu'elles demeurent deſtinées à ces ſortes d'uſages *p*.

*p* Eam rem quam quis emere non poteſt, quia commercium ejus non eſt,
jure pignoris accipere non poteſt. *l. 1. §. 2. ff. quâ res pign.* Sancimus nemini
licere ſacratiſſima atque arcana vaſa, vel veſtes, cæteraque donaria quæ ad divinam religionem neceſſaria ſunt ( cùm etiam veteres leges ea quæ juris divini
ſunt, humanis nexibus non illigari ſanxerint; ) vel ad venditionem, vel
pignus trahere. *l. 21. C. de ſacr. Eccleſ.*

### XXVII.

27. Bienfaits des
Princes.

Les bienfaits du Prince, les appointemens des Officiers de guerre, la paye des ſoldats ſont des biens qu'on

*Tome II.*                                      A a

ne peut faifir. Car il eft de l'interêt public qu'ils ne
foient pas divertis de leur ufage pour le fervice du Prince,
& pour le bien public q.

q Stipendia retineri propterea quod condemnatus es non patietur præfes
provinciæ, cùm rem judicatam poffit aliis rationibus exequi. l. 4. C. de re
judic. Spem eorum præmiorum quæ pro coronis Athletis penfitanda funt, privata pactione pignorari minimè admittendum eft. Et ideo, nec fi generale
pactum de omnibus bonis pignori obligandis intervenerit. l. 5. C. qua res
pign. obl. p. v. n. l. ult. C. de pign. Nov. 53. c. 5.

## XXVIII.

28. Antichrefe.

L'antichrefe eft l'engagement d'un fonds dont le debiteur met fon creancier en poffeffion pour l'avoir en
gage, & pour en joüir, à condition d'en compenfer les
fruits avec les interêts legitimes que doit le debiteur.
Ainfi, par exemple, fi un beau-pere qui doit à fon gendre la dot de fa fille, luy donne un fonds à joüir, dont les
fruits tiennent lieu des interêts de la dot, c'eft une antichrefe. Et ce contract donne au creancier outre l'hypotheque le droit de joüir r.

r Si ἀντίχρησις, id eft, mutuus pignoris ufus pro credito facta fit, & in
fundum aut in ædes aliquis inducatur, eoúfque retinet poffeffionem pignoris
loco, donec illi pecunia folvatur. Cùm in ufuras fructus percipiat, aut locando, aut ipfe percipiendo, habitandóque. l. 11. §. 1. ff. de pign. & hyp. V.
l'art. 4. de la Section 4.
On donne icy pour exemple de l'antichrefe l'engagement d'un fonds pour une
dot, parce que les interêts de la dot étant dûs au mary, cette convention n'a rien
d'illicite de fa nature. Mais l'antichrefe pour l'interêt du prêt qui étoit permi-
fe dans le Droit Romain, comme l'étoit l'ufure, eft illicite par nôtre ufage qui
punit l'ufure, & les contracts qui la pallient fous l'apparence d'autres conventions. V. l'art. 4. de la Sect. 4. fur l'ufure. V. le preambule du Titre du Prêt,
& la fin du preambule du Titre des vices des Conventions.

## XXIX.

29. Creancier qui a droit de joüir peut bailler à ferme.

Le creancier qui a droit de joüir du fonds qui luy eft
hypothequé, peut le bailler à ferme f.

f Creditor prædia fibi obligata ex caufa pignoris locare rectè poterit. l. 23
ff. de pign. l. 11. §. 1. eod.

## XXX.

30. Si le debiteur emprunte fes meubles qu'il a engagez.

Lorfque le creancier eft mis en poffeffion du meuble ou immeuble qui luy fert de gage, il a droit de le
retenir jufqu'au payement: & le debiteur ne peut l'er-
depof  feder, ny ufer de fa chofe propre fans le confentement de fon creancier. Et fi par exemple, le gage eft

un meuble dont le creancier veüille permettre l'ufage
à fon debiteur., ce fera une efpece de prêt à ufage qui
donnera au creancier le droit de reprendre fa poffeffion,
celle du debiteur pendant l'ufage qu'il fera de fa chofe
propre n'étant que precaire *t*.

*t* Pignus., manente proprietate debitoris., folam poffeffionem transfert ad
creditorem. Poteft tamen & precariò., & pro conducto re fua uti. *l. 35. §. 1.*
*ff. de pign. act.*

## XXXI.

S'il arrive que le gage qu'un creancier a pris pour fa
fûreté ne fuffife pas pour fon payement, & qu'on ne
puiffe luy imputer aucune faute qui ait diminué la valeur
du gage., il ne laiffera pas de recouvrer le furplus de fa
dette, fur les autres biens de fon debiteur *u*.

*31. Si le gage ne fuffit, la creancerefte pour le furplus.*

*u* Creditor qui non idoneum pignus accepit, non amittit exactionem ejus
debiti quantitatis, in quam pignus non fufficit. *l. 18. ff. de red. cred.* Si quidem
minus in pignore, plus in debito inveniatur, in hoc quod nofcitur abundare,
fit creditoris omnis ratio integra. *l. ult. §. 4. C. de jure dam. imp.* Quæfitum
eft, fi creditor ab emptore pignoris pretium fervare non potuiffet, an debitor
liberatus effet? Putavi fi nulla culpa imputari creditori poffit, manere debitorem obligatum. *l. 9. ff. de diftr. pign.* Adverfus debitorem electis pignoribus,
perfonalis actio non tollitur: fed eo quod de pretio fervari potuit in debitum
computato, de refiduo manet integra. *l. 10. C. de obl. & act.*

## XXXII.

On peut hypothequer fes biens non feulement pour
fes propres dettes, mais encore pour celles des autres de
même qu'on peut s'obliger pour d'autres perfonnes *x*.

*32. Hypotheque pour la dette d'un autre.*

*x* Dare autem quis hypothecam poteft, five pro fua obligatione, five pro
aliena. *l. 5 §. ult. ff. de pign. & hyp.*

## XXXIII.

Si un debiteur engage ce qui eft à un autre, & que
celuy-cy confente à l'hypotheque, ou que par quelque
acte il marque qu'il l'approuve, comme s'il foufcrit l'obligation, ou l'écrit de fa main, l'hypotheque aura fon
effet. Car autrement il auroit impunément participé à
la fraude faite à ce creancier. Et il en feroit de même
quand ce feroit un pere qui auroit engagé un fonds de
fon fils *y*.

*33. Approbation de celuy de qui on hypotheque la chofe.*

*y* Pater Seio emancipato filio facilè perfuafit, ut quia mutuam quantitatem ac-
ciperet à Septicio creditore, chirographum perfcriberet fua manu filius ejus,
quòd ipfe impeditus effet fcribere, fub commemoratione domus ad filium per-

tinentis pignori dandæ. Quærebatur, an Seius inter cætera bona etiam hanc domum jure optimo poffidere poffit, cùm patris fe hereditate abftinuerit, nec metuiri ex hôc folo quòd mandante patre manu fua perfcripfit inftrumentum chirographi : cùm neque confenfum fuum accommodaverat patri, aut figno fuo , aut alia fcriptura ? Modeftinus refpondit, cùm fua manu pignori domum fuam futuram Seius fcripferat, confenfum ei obligationi dediffe manifeftum eft. *l. 26. §. 1. ff. de pign. & hyp.* V. les articles 12. & 15. de la Sect. 7. & la remarque fur cet article 15.

# SECTION II.

## Des diverfes fortes d'hypotheque , & comment elle s'acquiert.

Deux fortes d'hy-
pothèque, la con-
ventionelle, & la
legale.

COmme l'hypotheque eft un acceffoire des engagemens, & qu'il y a des engagemens où l'on entre par des conventions , d'autres qui fe forment fans convention ; l'hypotheque peut auffi s'acquérir ou par une convention, & c'eft une hypotheque conventionelle : ou fans convention par le fimple effet de la loy , & c'eft une hypotheque qu'on peut appeller legale. Ainfi, lorfqu'un vendeur oblige fes biens pour la garentie , de ce qu'il vend , & l'acheteur les fiens pour le payement du prix , ce font des hypotheques conventionelles : Ainfi, lorfqu'un Tuteur eft appellé à cette charge , fes biens font hypothequez pour tout ce qu'il pourra devoir de fon adminiftration, & cette hypotheque qui eft acquife au Mineur par la loy fans convention , peut être appellée une hypotheque legale *a*. Ainfi les biens des officiers comptables, & ceux des perfonnes qui font appellées à ces charges qu'on appelle Municipales pour la levée des deniers publics, font hypothequez pour ce qu'ils en devront *b*. Ainfi, les condamnations en Juftice donnent l'hypotheque *c*. Et c'eft par l'autorité de la loy que toutes ces fortes d'hypotheques ont été établies indépendamment des conventions.

L'hypotheque conventionelle s'acqueroit dans le Droit Romain par le fimple effet d'une convention fi

*a* V. l. l'art. 36. de la Sect. 3. des Tuteurs.
*b* V. cy-après les articles 19. & 20. de la Section 5.
*c* V. l'article 4. de cette Section, & la remarque qu'on y a faite.

l'hypotheque y étoit stipulée, même sans écrit *d*, & sans qu'il fût besoin du ministere d'un officier public; à quoy l'Empereur Leon apporta le temperament de la presence de trois témoins personnes de probité *e*. Mais par nôtre usage les conventions ne donnent point d'hypotheque, quand même elle seroit exprimée, si elles ne se passent pardevant Notaires. Car sans cette forme il seroit facile aux debiteurs qui voudroient frauder leurs creanciers, de donner aux derniers d'anciennes hypotheques par des antidates. Ainsi, quand on parlera dans la suite d'hypotheque conventionelle, il faut toûjours l'entendre des conventions pardevant Notaires.

*d L. 4. ff. de pign.*     *e L. 11. c. qui pot.*

## SOMMAIRES.

1. L'hypotheque est ou generale, ou speciale.
2. Hypotheque speciale de deux sortes.
3. Hypotheque simple, ou privilegiée.
4. Trois manieres dont on acquiert l'hypotheque.
5. Hypotheque expresse, ou tacite.
6. Hypotheque conventionelle, hypotheque legale.
7. Le creancier ne peut de voye de fait, se saisir d'un gage.

### I.

ON peut hypothequer ou tous ses biens generalement, ou quelques-uns seulement que l'on specifie. Ce qui fait deux premieres especes d'hypotheque, l'une generale, & l'autre speciale, & on peut aussi joindre l'une & l'autre, obligeant en même temps & tous ses biens en general, & encore specialement quelques uns qu'on exprime en particulier *a*.

> *a Quod dicitur, creditorem probare debere, cum conveniebat rem in bonis debitoris fuisse, ad eam conventionem pertinet, quæ specialiter facta est, non ad illam, quæ quotidie inseri solet cautionibus, ut specialiter rebus hypotheca nomine datis, cætera etiam bona teneantur debitoris, quæ nunc habet, & quæ postea acquisiverit, perinde atque si specialiter hæ res fuissent obligatæ. l. 15. §. 1. ff. de pign. & hyp. Per generalem, aut specialem nominatim hypothecam. Novel. 112. c. 1.*

### II.

L'hypotheque speciale est de deux sortes, l'une où le creancier est mis en possession, & l'autre où la chose

A a iij

demeure en la puissance du debiteur. Ainsi, dans l'antichrese le creancier possede son gage, & dans le simple
engagement special d'un heritage le debiteur en demeure en possession. Ainsi, on peut donner ses meubles
pour sûreté, soit qu'on les délivre, ou qu'on les retienne. Mais l'affectation n'est proprement speciale sur un
meuble que lorsqu'il est en la puissance du creancier,
ou qu'il a sur ce meuble une preference.[b]

[b] Pignus contrahitur non sola traditione, sed etiam nuda conventione, etsi
non traditum est. l. 1. ff. de pign. act. Si ἀντίχρησις id est, mutuus pignoris usus
pro credito, facta sit, & in fundum aut in ædes aliquis inducatur : eousque
retinet possessionem pignoris loco, donec illi pecunia solvatur. l. 11. §. 1. ff. de
pign. & hyp. V. la Sect. 5. sur les preferences.

### III.

On peut diviser l'hypotheque par une autre vûë en
deux autres especes, l'une de la simple hypotheque, &
l'autre de celle qui donne une preference, ou un privilege. La simple hypotheque est celle qui ne fait qu'une
affectation de la chose hypothequée, sans autre difference entre plusieurs creanciers à qui la même chose
peut être engagée, en divers temps, qu'en ce que le premier en datte sera preferé aux autres qui n'auront aucun privilege: & l'hypotheque privilegiée est celle qui
donne une preference sans égard au temps. Ainsi celuy
de qui les deniers ont été employez à reparer ou rebâtir
une maison, est preferé aux creanciers qui avoient auparavant une hypotheque sur cette maison.[c]

[c] Cùm de pignore utraque pars contendit, prævalet jure, qui prævenit tempore. l. 1. in fine C. qui. pot. in pign. hab.
Sicut prior es tempore, ita potior es jure. l. 4. eod.
Interdum posterior potior est priori, ut putà, si in rem istam conservandam impensum est, quod sequens credidit. l. 5. ff. eod.

### IV.

L'hypotheque s'acquiert en trois manieres, ou du
consentement du debiteur par convention, s'il oblige
ses biens[d] : ou sans que le debiteur y consente, & par la
qualité & le simple effet de l'engagement dont la nature est telle que la Loy y a attaché la sûreté de l'hypo-

[d] De pignore jure honorario nascitur pacto actio. l. 17. §. 2. ff. de pact.
Contrahitur hypotheca per pactum conventum. l. 4. ff. de pign. & hyp.

theque, comme dans les cas dont il eſt parlé dans l'article ſuivant *e*: ou enfin l'hypotheque s'acquiert par l'autorité de la Juſtice *f* quoyque la Loy ne donnât point d'hypotheque: ce qui arrive lorſque le creancier qui n'avoit point d'hypotheque obtient une condamnation: car la Sentence ou Arreſt qui condamne le debiteur, donne hypotheque au creancier, encore qu'il n'y en ſoit fait aucune mention.

*e* Eo jure utimur, ut quæ in prædia urbana inducta, illata ſunt, pignori eſſe credantur, quaſi id tacitè convenerit. *l. 4. ff. in quib. cauſ. pign. vel. hyp. tac. contr.* Fiſcus ſemper habet jus pignoris. *l. 46. §. 3. ff. de jur fiſci.*

*f* ( Pignus ) quod à judicibus datur, & prætorium nuncupatur. *l. ult. C. de prat. pign.* Non eſt mirum, ſi ex quacunque cauſa magiſtratus in poſſeſſionem aliquem miſerit, pignus conſtitui. *l. 26. ff. de pign. act.*

*Par l'article 53. de l'Ordonnance de Moulins & la Declaration du 10. Juillet 1666. ſur cet article, les condamnations en juſtice portent hypotheque du jour de la Sentence, ſi elle eſt confirmée par Arreſt, ou qu'il n'y ait point d'appel. Et par les articles 92. & 93. de l'Ordonnance de 1539. les promeſſes ſous ſeing privé portent hypotheque par un ſeul defaut ſur la demande, & ſi elle eſt conteſtée, & enſuite prouvée, l'hypotheque aura lieu du jour de la denegation, ou conteſtation.*

### V.

Toute hypotheque eſt ou expreſſe, ou tacite. On appelle expreſſe, celle qui s'acquiert par un titre où elle eſt exprimée, comme par une obligation, ou par un contract *g*. Et on appelle tacite, celle qui ſans qu'on l'exprime, eſt acquiſe de droit *h*, comme celle qu'ont les mineurs, les prodigues, les inſenſez, ſur les biens de leurs Tuteurs ou Curateurs *i*, celle qu'a le Roy ſur les biens de ſes Fermiers & Receveurs *l*: & quelques autres qui ſeront expliquées dans la Section 5ᵐᵉ.

*5. Hypotheque expreſſe, ou tacite.*

*g* Contrahitur hypotheca per pactum conventum. *l. 4. ff. de pign. & hyp.*

*h* Quaſi id tacitè convenit. *l. 4. ff. in quib. cauſ. pign. vel hyp. tac. contr.*

*i* Pro officio adminiſtrationis tutoris, vel curatoris bona, ſi debitores exiſtant, tamquam pignoris titulo obligata, minores ſibi vindicare minimè prohibentur. *l. 20. C. de adm. tut. Novell.* 118. *c. 5. in f.* Æquiſſimum erit cæteros quoque quibus curatores, quaſi debilibus, vel prodigis dantur, vel ſurdo, vel muto, vel fatuo, idem privilegium competere. *l. 19. §. 1. l. 20. l. 21. l. 22. ff. de reb. auct. jud. poſſ. l. un. §. 1. C. de rei ux. act.* V. l'art. 36. de la Sect. 3. des Tuteurs.

*l* Certum eſt ejus qui cum fiſco contrahit, bona veluti pignoris titulo obligari, quamvis ſpecialiter id non exprimatur. *l. 1. C. in quib. cauſ. p. v. hyp. t. c.* V. l'art. 19. de la Sect. 5.

## VI.

La distinction expliquée dans l'article precedent, de l'hypotheque expresse, & de l'hypotheque tacite, peut se rapporter à celle de l'hypotheque conventionelle & de l'hypotheque legale, dont il a été parlé dans le preambule de cette Section ; car l'hypotheque conventionelle est expressément stipulée par la convention : & l'hypotheque legale est sous-entenduë, soit qu'on l'exprime ou non. *m.*

*m.* Duplum genus hypothecarum, unum quidem quod ex conventionibus & pactis hominum nascitur : aliud quòd à judicibus datur, & prætorium nuncupatur. *l. 2. C. de prat. pign.* V. l'article 5.

## VII.

On ne peut acquerir l'hypotheque que par l'une des voyes expliquées dans l'article quatriéme, & le creancier ne peut par son fait, ou se mettre en possession de l'immeuble, ou se saisir du meuble de son debiteur, si ce n'est qu'il y consente, ou que ce soit par l'autorité de la Justice, s'il n'y consent point. Ainsi le creancier peut encore moins entrer dans la maison de son debiteur pour y prendre des gages *n.* Et si un meuble enlevé de cette maniere, sans le consentement du debiteur, venoit à perir, même par un cas fortuit, la perte en tomberoit sur ce creancier *o.*

*n.* Nec creditor, citra conventionem, vel præsidialem jussionem, debiti causa, res debitoris arbitrio suo auferre potest. *l. 11. C. de pign. act.*

Authoritate præsidis possessionem adipisci debent. *l. 3. C. de pign. & hyp.*

Cum repetes à proximo tuo rem aliquam, quam debet tibi, non ingredieris domum ejus, ut pignus auferas : sed stabis foris, & ille tibi proferet quod habuerit. *Deuter.* 24. 10.

*o.* Qui ratiario crediderat, cùm ad diem pecunia non solveretur, ratem in flumine sua auctoritate detinuit : postea flumen crevit, & ratem abstulit. Si invito ratiario retinuisset, ejus periculo ratem fuisse, respondit. *l. 30. ff. de pign. act.*

SECTION

# SECTION III.

*Des effets de l'hypotheque, & des engagemens qu'elle forme de la part du debiteur.*

## SOMMAIRES.

*Tome II.*

Bb

## I.

L'Usage de l'hypotheque étant de donner au crean-cier la sûreté de son payement, le premier effet de l'hypotheque est le droit de faire vendre le gage, soit que le creancier en ait été mis en possession, ou qu'il soit demeuré en celle du debiteur *a*.

*a* Si in hoc, quod jure tibi debetur, satisfactum non fuerit, debitoribus res obligatas tenentibus, aditus præses provinciæ, tibi distrahendi facultatem jubebit fieri. *l.* 14. *C. de distract. pign. l.* 9. *eod.*
Sed & si non convenerit de distrahendo pignore, hoc tamen jure utimur, ut liceat distrahere. *l.* 4. *ff. de pign. act.*
*Par nôtre usage le gage ne peut être vendu que du consentement du creancier, ou par autorité de justice. V. l'article 9. & la remarque qu'on y a faite, & l'article 10.*

## I I.

Le second effet de l'hypotheque est qu'en quelques mains que passe la chose hypothequée, soit que le debi-teur l'engage à un second creancier, luy donnant le pouvoir de la vendre qu'il n'auroit pas donné au pre-mier, ou qu'il en laisse même la possession à ce second, ou qu'il vende la chose, ou qu'il la donne, ou en dis-pose autrement, ou que sans son fait il en soit dépoüillé; le creancier à qui elle avoit été auparavant hypothequée a droit de la suivre contre les possesseurs *b*.

*b* Si fundus pignoratus venierit, manere causam pignoris, quia cum sua causa fundus transeat. *l.* 18. *§.* 2. *de pign. act. V. Nov.* 112. *c.* 1.
Si priori hypotheca obligata sit, nihil verò de venditione convenerit, pos-terior verò de hypotheca vendenda convenerit : verius est priorem potiorem esse. Nam & in pignore placet, si prior convenerit de pignore, licet posteriori res tradatur, adhuc potiorem esse priorem. *l.* 12. *§. ult. ff. qui pot. in pign.*

## I I I.

Le troisiéme effet de l'hypotheque, & qui est une suite des deux premiers, est qu'entre plusieurs creanciers à qui le même debiteur hypotheque le même fonds, le premier en date est preferé, & a droit de suivre le fonds entre les mains des autres, & d'en dépoüiller même ce-luy qui en seroit en possession *c*.

*c* Cùm de pignore utraque pars contendit, prævalet jure, qui prævenit tempore. *l.* 2. *in fine. l.* 4. *C. qui pot. l.* 11. *ff. eod.* In pignore placet, si prior convenerit de pignore, licet posteriori res tradatur, adhuc potiorem esse priorem. *l.* 12. *in f. ff. qui pot. V.* l'art. 2.

## IV.

C'eſt encore un quatriéme effet de l'hypotheque, qu'elle ſert de ſûreté non ſeulement pour ce qui eſt dû lorſqu'elle eſt contractée, mais auſſi pour toutes les ſuites qui naîtront de cette dette, & qui l'augmenteront; comme ſont les interêts, dommages interêts, frais de juſtice, dépenſes employées pour la conſervation du gage, & autres ſemblables *d*. Et le creancier aura ſon hypotheque pour toutes ces ſuites, du jour qu'il l'aura pour ſon principal *e*.

*d* Cùm pignus ex pactione venire poteſt, non ſolùm ob ſortem, ſed ob cætera quoque veluti uſuras, & quæ in id impenſa ſunt. *l.* 8. §. *ult. ff. de pign. act.*

*e* Lucius Titius pecuniam mutuam dedit ſub uſuris, acceptis pignoribus: eidémque debitori Mævius, ſub iiſdem pignoribus, pecuniam dedit. Quæro, an Titius non tantum ſortis, & earum uſurarum nomine quæ acceſſerunt, potior eſſet? Reſpondit, Lucium Titium in omne quod ei debetur potiorem eſſe. *l.* 18. *ff. qui pot. in pig. v. l.* 8. *ff. de pign. act.*

## V.

Tous ces effets de l'hypotheque ont également lieu ſur le fonds hypothequé, ſoit que le premier creancier eût une hypotheque generale ſur tous les biens, ou une hypotheque ſpeciale ſur ce fonds: & ſoit auſſi que les autres creanciers ayent leur hypotheque ou generale, ou ſpeciale. Ainſi, celuy qui a le premier une hypotheque generale eſt preferé au ſecond qui l'a ſpeciale. Ainſi encore le premier dont l'hypotheque eſt ſpeciale, eſt preferé au ſecond qui l'a generale *f*.

*f* Qui generaliter bona debitoris pignori accepit, eo potior eſt, cui poſtea prædium ex his bonis datur. *l.* 2. *ff. qui pot. in pign.* Si generaliter bona ſint obligata, & poſtea res alii ſpecialiter pignori dentur: quoniam ex generali obligatione potior habetur creditor qui antea contraxit, ſi ab illo priore tempore tu comparaſti, non oportet te ab eo, qui poſtea credidit, inquietari. *l.* 6. *C. eod.* V. l'art. ſuivant.

## VI.

Quoyque le creancier qui a une hypotheque ſoit generale, ou ſpeciale, puiſſe l'exercer ſur tous les biens qui y ſont ſujets, & ſur ceux même qui ſont poſſedez par des tierces perſonnes, qu'on appelle tiers detenteurs; il eſt de l'équité, que s'il peut eſperer ſon payement ſur les biens reſtez à ſon debiteur, il ne commence pas par

troubler le tiers detenteur, quand même son hypotheque seroit speciale, mais qu'avant que d'inquieter ce
possesseur, & donner sujet aux suites d'un recours contre le debiteur, il discute les autres biens qui peuvent être
possedez par ce debiteur g.

g Quamvis constet specialiter quædam, & universa bona generaliter ad-
versarium tuum pignori accepisse, & æquale jus in omnibus habere, jurisdictio
tamen temperanda est : ideoque, si certum est posse eum ex his, quæ nominatim ei pignori obligata sunt, universum redigere debitum, ea quæ postea ex
eisdem bonis pignori accepisti, interim tibi non auferri præses provinciæ jubebit. l. 2. c. de pign. & hyp.

Quæ specialiter vobis obligata sunt, debitoribus detrectantibus solutionem,
bona fide debetis & solenniter vendere. Ita enim apparebit, an ex pretio pignoris
debito satisfieri possit. Quòd si quid deerit, non prohibemini cætera etiam bona,
jure conventionis consequi. l. 9. C. de distr. pign. Moschis quædam fisci debi-
trix ex conductione vectigalis, heredes habuerat, à quibus post aditam hereditatem Faria Senilla, & alii prædia emerant : cùm convenirentur propter Moschidis reliqua, & dicebant heredes Moschidis idoneos esse, & multos alios ex
iisdem bonis emisse, æquum putavit Imperator, prius heredes conveniri debere ::
in reliquum, possessorem omnem : & ita pronuntiavit. l. 47. ff. de jur. fisc. l.
1. C. de conv. fisc. deb. Sed neque ad res debitorum, quæ ab aliis detinentur
veniat prius antequam transeat viam super personalibus, &c. Nov. 4. c. 2.

On a mis icy cette regle de la discussion, parce qu'elle est du Droit Romain, &
qu'elle s'observe en quelques Provinces. Mais en d'autres, le creancier n'est pas
obligé de discuter les biens du debiteur, avant que de venir au tiers detenteur, &
il peut saisir en même tems, & sans discussion, tous les biens sujets à son hypotheque, soit generale, ou speciale, encore qu'ils soient possedez par des tiers dé-
tenteurs. V. l'art: 4. de la Sect. 2. des Cautions.

Il faut remarquer sur ce sujet de l'hypotheque generale & de la speciale, qu'encore qu'il semble que l'hypotheque speciale marque une affectation plus particuliere sur l'heritage specifié, que la simple hypotheque generale qui n'en designe
aucun ; il est pourtant vray, que pour ce qui est du droit d'hypotheque & de ses effets, il est égal pour le creancier, que son hypotheque soit seulement sur tous les
biens, ou qu'on y ajoûte une hypotheque speciale sur quelques uns qui soient dé-
signez. Car les effets de l'hypotheque sont toûjours les mêmes sur les biens qui y
sont sujets, comme il a été remarqué dans l'article 5. Et l'affectation generale
donne le même droit au creancier sur chacun des fonds qu'elle peut comprendre,
que pourroit luy donner une désignation expresse qui les marqueroit tous. Ainsi,
pour ce qui regarde l'effet & l'usage de l'hypotheque entre le creancier & le debiteur, il semble qu'il n'y ait pas d'autre difference de l'hypotheque speciale à la generale, qu'en ce que la speciale désigne au creancier de certains fonds sur lesquels il peut exercer son droit, & que la generale n'en désignant aucun, le creancier qui ignore quels sont les fonds de son debiteur, est obligé de s'en informer.

Que si on considere l'usage de l'hypotheque entre les creanciers d'un même debiteur, ou entre un creancier & un tiers possesseur de biens sujets à l'hypotheque de ce creancier ; il semble par les deux premiers textes citez sur cet article,
que lorsque le creancier qui a une hypotheque speciale sur quelque fonds, & une
hypotheque generale sur tous les biens de son debiteur, exerce son hypotheque sur
d'autres biens que ceux qui lui sont specialement affectez : & que son action
interesse ou d'autres creanciers, ou des tiers detenteurs à qui il s'addresse ; ces autres creanciers & ces detenteurs pourroient l'obliger à commencer par la discussion des biens qui lui seroient specialement affectez, avant que de venir aux au-

*tres. Mais par cet effet de l'hypotheque speciale, la precaution du creancier qui l'auroit stipulée tourneroit contre lui. Et c'est vrai-semblablement ce qui a donné sujet à ceux qui outre l'hypotheque generale sur tous les biens, se faisoient affecter quelques fonds en particulier, d'ajoûter la clause, que l'hypotheque speciale ne derogeroit point à la generale, ni la generale à la speciale. Et comme l'usage de cette clause est ordinaire dans tous les actes où il y a des hypotheques speciales, & qu'elle est d'une équité toute naturelle, puisque l'hypotheque speciale n'a pas été ajoûtée à la generale pour y déroger, & pour rendre la condition du creancier moins avantageuse; il semble que par un effet de cette équité, & de l'accoûtumance à cette clause, il est arrivé qu'elle est toûjours sous-entenduë, & que l'usage a remis les creanciers dans leur droit naturel d'exercer leur hypotheque indistinctement sur tous les biens qui y sont sujets, sans qu'ils soient obligez à la discussion de l'hypotheque speciale, quand même cette clause n'auroit pas été exprimée. Ainsi, il semble qu'il ne reste aucun usage de la discussion des biens specialement hypothequez, avant que de venir aux autres.*

*Mais il y a une autre sorte de discussion qui est celle qu'on a expliquée dans cet article, établie en faveur du tiers detenteur qui se trouve posseder un heritage sujet à l'hypotheque d'un creancier. Et cette discussion n'a rien de commun avec celle de l'hypotheque speciale avant la generale. Car au contraire encore que l'hypotheque du creancier sur le fonds que possede un tiers detenteur soit une hypotheque speciale, il ne peut l'exercer contre ce detenteur, qu'après avoir discuté les autres biens sujets à son hypotheque. Ce qui est fondé sur un principe d'équité qui semble demander, qu'on ne trouble pas ce possesseur sans necessité, & qu'on ne l'engage pas à un recours contre le debiteur, & que le debiteur ne soit pas exposé aux suites de la garentie : mais qu'il soit sursis, jusqu'à ce que la discussion des autres biens fasse connoître, si le creancier pourra être payé sans venir au tiers detenteur. C'est par ces raisons, & suivant le dernier texte cité sur cet article, que la discussion en faveur du tiers detenteur est d'usage en quelques Coûtumes, quoiqu'en d'autres le creancier puisse agir directement contre le tiers detenteur, par une autre vûë d'équité, à cause des inconveniens, s'il arrive que les autres biens ne suffisent pas. Car alors la discussion se trouve inutile, & n'a pas d'autre usage que de multiplier des procedures & des frais qui tournent à charge & au creancier, & au debiteur, & au detenteur même de qui l'heritage se trouvera engagé pour plus qu'il ne l'étoit avant la discussion; au lieu que sa condition auroit pû être meilleure acquitant d'abord la dette pour garder son fonds; de sorte qu'il seroit peut-être plus avantageux & au creancier, & au debiteur, & au detenteur même, qu'il n'y eût point de discussion. Car le detenteur doit prendre ses mesures, & faire son chois, ou de ne point demander la discussion, ou de se soumettre d'en porter les frais si elle se trouve inutile par l'évenement.*

*On ne s'arrête pas à expliquer ici quelques autres differences qu'on voit dans le Droit Romain entre l'hypotheque speciale & la generale, car elles ne sont pas de nôtre usage. V. l. 12. C. de donat. int. vir. & ux. l. 3. C. de serv. pign. dat. man. Nov. 7. c. 6.*

## VII.

L'effet de l'hypotheque est inutile au creancier, tandis que d'autres anterieurs ont leur hypotheque sur le même fonds pour tout ce qu'il vaut. Mais il peut s'assurer son hypotheque en payant ce qui peut être dû aux creanciers dont l'hypotheque precede la sienne, ou le consignant en cas de refus [b].

7. *Comment le creancier subsequent s'assure l'hypotheque.*

*b. Prior quidem creditor compelli non potest tibi, qui posteriore loco pignus*

B b iij

accepisti , debitum offerre : sed si tu illi id omne quod debetur solveris , pignoris tui causa firmabitur. l. 5. C. qui potior. Qui pignus secundo loco accipit ,
ita jus suum confirmare potest , si priori creditori pecuniam solverit : aut cùm
obtulisset , isque accipere noluisset , eam obsignavit , & deposuit , nec in usus
suos convertit. l. 1. eod.

*Cette consignation doit se faire suivant les formes prescrites par nôtre usage,*
*c'est à dire avec la permission du Juge, & la partie appellée pour voir consigner.*
*Il faut remarquer sur cet article qu'on n'y parle pas de la subrogation à l'an-*
*cien creancier. V. sur cette subrogation l'art. 6. de la Sect. 6.*

## VIII.

*8. Idem.*

Le payement que peut faire un creancier à un autre
anterieur ne luy assûre son gage qu'à l'égard des creanciers subsequens à celuy qu'il paye. Mais il luy est inutile à l'égard de tous autres anterieurs à son hypotheque,
& à celle qu'il a acquitée *i*.

*i C'est une suite des articles precedens.* Si quoniam non restituebat rem
pignoratam possessor condemnatus ex præfatis modis , litis æstimationem exol-
verit : an perinde secundo creditori teneatur , ac si soluta sit pecunia priori
quæritur. Et rectè puto , hoc admittendum esse. l. 12. §. 1. ff. qui pot.

## IX.

*9. De la vente*
*du gage.*

Soit qu'il ait été convenu que le creancier pourra
vendre le gage , ou qu'il n'y en ait rien d'exprimé , il
peut être vendu. Car c'est l'effet naturel de l'hypotheque, que le debiteur ne payant point d'ailleurs, le creancier tire son payement du prix qui pourra se tirer du gage. Ainsi le creancier qui a stipulé qu'il pourroit faire
vendre le gage, n'a pas de preference à celuy qui n'a pas
fait une pareille stipulation *l*.

*l* Si convenerit de distrahendo pignore , sive ab initio sive postea , non tantùm venditio valet , verùm incipit emptor dominium rei habere. Sed & si non
convenerit de distrahendo pignore hoc tamen jure utimur , ut liceat distrahere.
l. 4. ff. de pign. act. Si priori hypotheca obligata sit , nihil verò de venditione
convenerit , posterior verò de hypotheca vendenda convenerit , verius est priorem potiorem esse. l. 12. ff. qui potior.

*On ne met pas dans cet article que le creancier pourra vendre le gage, mais*
*seulement que le gage pourra être vendu. Car par nôtre usage le creancier ne*
*peut pas de son autorité vendre la chose sujette à son hypotheque , comme il le pou-*
*voit dans le Droit Romain. Mais il faut qu'elle soit venduë ou du consentement*
*du debiteur, ou par l'autorité de la Justice. Ainsi, pour les immeubles le fonds*
*hypothequé peut être vendu par le debiteur, de gré à gré, ou au creancier même,*
*pour un juste prix , ou à un tiers , à la charge d'acquitter la dette. Mais si le de-*
*biteur refuse de vendre , ou qu'il ne le puisse , soit parce que sa garentie n'est pas*
*assez sûre , ou pour d'autres causes , le creancier peut alors saisir le fonds , & le*
*faire vendre aux encheres , après des publications qu'on appelle criées , & les au-*
*tres formalitez. Et cette maniere de saisir & vendre dans toutes ces formes a été*

*établie en faveur des creanciers pour parvenir à leur payement, en faveur des debiteurs pour trouver des encherisseurs, ou leur donner du temps pour payer, & en faveur de ceux qui achetent pour assurer leur acquisition, en dégageant l'heritage de toutes hypotheques par l'effet d'une adjudication precedée de toutes ces formalitez. Car les creanciers sont obligez de faire connoître leur droit, en s'opposant aux saisies des biens de leurs debiteurs, pour leurs hypotheques & autres droits, à la reserve de quelques-uns qui se conservent sans opposition; comme les cens, les servitudes, les droits de fief. Et si le creancier ne s'oppose pour son hypotheque, il aura perdu son droit sur le fonds vendu.* Si eo tempore quo prædium distrahebatur, programmate admoniti creditores, cùm presentes essent, jus suum executi non sunt, possunt videri obligationem pignoris amisisse. l. 6. C. de remiss. pig. V. Tit. C. de jure dom. impetr. *Quoyque cette Loy se rapporte à un usage different du nôtre, on peut l'y appliquer.*

*A l'égard des meubles, si le creancier est saisi d'un gage, il peut de gré à gré avec son debiteur ou l'acheter luy-même pour un juste prix, ou le laisser vendre à un tiers & recevoir le prix: ou si le debiteur ne consent pas à la vente, le creancier peut obtenir la permission du Juge pour le faire vendre. Et pour les meubles qui demeurent en la puissance du debiteur, le creancier qui a une hypotheque, ou une permission de saisir, peut les faire saisir & vendre, en observant les formalitez prescrites pour ces sortes de ventes.*

## X.

S'il avoit été convenu entre le debiteur & le creancier, que le gage ne pût être vendu qu'après un certain temps, ou simplement qu'il ne pourroit être vendu; la vente au premier cas ne pourroit s'en faire qu'après le delay : & dans le second cas le creancier pourroit sommer le debiteur de payer, & faute de payement faire ordonner la vente après un delay qui seroit reglé par le Juge. Car l'effet de cette convention n'est pas de rendre le gage toûjours inutile *m*.

*m* Ubi verò convenit ne distraheretur, creditor, si distraxerit, furti obligatur: nisi ei ter fuerit denuntiatum ut solvat, & cessaverit. l. 4. ff. de pign. act.

*Ces trois sommations ne sont pas de nôtre usage. Car comme il a été remarqué sur l'article 9. la vente du gage ne peut se faire que par Justice, si le debiteur n'y consent. Ainsi on a conçû cet article 10me. suivant nôtre usage.*

## XI.

Quoyque le gage soit donné pour être vendu faute de payement, le creancier ne peut stipuler, que s'il n'est pas payé au terme, la chose engagée luy demeure acquise pour son payement. Car cette convention blesseroit les bonnes mœurs & l'humanité; le gage pouvant être de plus grand prix, ou plus estimé par le debiteur que la dette ne pourroit valoir: & n'étant donné au creancier que pour sa sûreté, & non pour profiter de l'im-

10. *Convention sur la vente du gage.*

11. *Stipulation que le gage sera au creancier, faute de payement.*

puiſſance de ſon debiteur *n*. Mais le debiteur & le creancier peuvent convenir, que ſi le debiteur ne paye dans un certain temps, la choſe engagée demeurera venduë au creancier pour le prix qu'ils pourront regler entr'eux lorſque cette vente devra s'executer. Et c'eſt une vente conditionelle qui n'a rien d'illicite *o*, pourvû que l'eſtimation ſe faſſe à un prix raiſonnable, ſoit en juſtice, ou de gré à gré, & avec la liberté au debiteur ou de laiſſer le gage à ce prix, payant le ſurplus s'il ne ſuffit pas, ou de le faire vendre aux encheres, ou de le retirer en payant la dette. Et ſi le debiteur prend ce dernier parti, le Juge pourra regler dans quel temps il devra payer.

*n* Quoniam inter alias captiones præcipuè commiſſoriæ pignorum legis creſcit aſperitas, placet infirmari eam, & in poſterum omnem ejus memoriam aboleri. Si quis igitur tali contractu laborat, hac ſanctione reſpiret, quæ cum præteritis præſentia quoque repellit, & futura prohibet. Creditores enim re amiſſa jubemus recuperare quod dederunt. *l. ult. C. de pact. pign.* V. l'art. 8. de la Sect. 3. & les articles 11. & 12. de la Sect. 11. du Contract de vente.

*o* Poteſt ita fieri pignoris datio, hypothecæve, ut, *ſi intra certum tempus non ſit ſoluta pecunia, jure emptoris poſſideat rem, juſto pretio tunc æſtimandam.* Hoc enim caſu videtur quodam modo conditionalis eſſe venditio. Et ita divi Serenus, & Antoninus reſcripſerunt. *l. 16. §. ult. ff. de pign. & hyp.* V. l'art. 4. de la Section 5. du Contract de vente, & l'art. 17. de la Section 2. des Conventions.

Æſtimationem autem pignoris, donec apud creditorem eumdemque dominum permaneat, ſive amplioris, ſive minoris, quantùm ad debitum, quantitatis eſt, judicialis eſſe volumus definitionis. Ut quod judex ſuper hoc ſtatuerit, hoc in æſtimatione pignoris obtineat. *l. ult. C. de jure dom. impetr.*

### XII.

Si pluſieurs choſes ſont hypothequées pour une ſeule dette, ſoit par une affectation ſpeciale, ou en general, il eſt au chois du creancier d'exercer ſon hypotheque ſur celle qu'il veut *p*. Ainſi, le creancier à qui tous les meubles ſont engagez, peut ſaiſir & faire vendre ceux de ces meubles que bon luy ſemblera : & il peut de même choiſir entre les immeubles. Mais encore que tous les biens meubles & immeubles luy ſoient obligez, ſi le debiteur eſt un mineur, il ne peut faire vendre les immeubles, ni les ſaiſir, ſans avoir auparavant diſcuté les meubles *q*.

*p* Creditoris arbitrio permittitur, ex pignoribus ſibi obligatis, quibus velit diſtractis, ad ſuum commodum pervenire. *l. 8. ff. de diſtr. pign.*

*q* In venditione pignorum captorum facienda, primò quidem res mobiles

animales

animales pignori capi jubent, mox distrahi: quarum pretium si suffecerit bene est, si non suffecerit, etiam soli pignora capi jubent, & distrahi. *l. 15. §. 2. ff. de re jud.*

*Cette loy de la discussion des meubles est abolie par l'article 74. de l'Ordonnance de 1539. & nous ne l'observons qu'à l'égard des mineurs, à la reserve de quelques Coûtumes qui ordonnent une perquisition de meubles avant la saisie réelle.*

## XIII.

Le debiteur qui a hypothequé une chose, ou qui l'a donnée en gage, ne peut la dégager sans le consentement de son creancier, non pas même en donnant une caution; car cette sûreté n'est pas égale à celle du gage. Mais s'il offre un autre gage qui vaille autant ou plus que celuy qu'il avoit donné, & que par exemple, au lieu d'un lit, d'une tapisserie, ou autre meuble engagé, le debiteur qui en a besoin offre de la vaisselle d'argent de valeur suffisante, & qui soit à luy; il seroit de l'équité de ne pas favoriser l'injuste bizarerie de ce creancier, s'il refusoit *r*.

*13. Si le debiteur peut dégager un gage en donnant un autre, ou une caution.*

*r* Quod si non solvere, sed alia ratione satisfacere paratus est; forte si ex promissorem dare vult, nihil prodest. *l. 10. ff. de pign. act.* Neque malitiis indulgendum est. *l. 38. ff. de rei vind.*

## XIV.

Si le debiteur a engagé plusieurs choses pour sûreté d'une seule dette, il ne peut en dégager aucune, sans le consentement de son creancier, s'il ne paye le tout *s*.

*14. S'il y a plusieurs gages pour une même dette.*

*s* Qui pignori plures res accepit, non cogitur unam liberare, nisi accepto universo, quantum debetur. *l. 19. ff. de pign. & hyp.*

*L'équité de cet article est plus sensible dans nôtre usage, pour les immeubles, que pour les meubles. Car pour les immeubles, chaque creancier qui ignore les hypotheques des autres, peut conserver la sienne sur tous les fonds de son debiteur, & il n'y en a point d'inconvenient. Mais pour les meubles, qui n'ont pas de suite par hypotheque, le creancier en prenant trop, il pourroit y avoir une dureté qui meriteroit d'être reprimée.*

## XV.

Comme l'hypotheque est donnée pour sûreté non seulement du principal de la dette, mais des interêts s'il en étoit dû: & que les interêts sont un dédommagement de la perte que cause le retardement d'acquiter le principal; les deniers qui peuvent se tirer du gage ne suffisant pas pour payer le tout, ils seront premierement imputez sur les interêts. Car il faut commencer par des-

*15. Imputation des deniers provenus du gage sur les interêts, & puis sur le principal.*

intereſſer le creancier du dommage que luy a cauſé ce
retardement *t*.

*t* V. *l'article 4. de cette Section.*
Cùm & ſortis nomine & uſurarum aliquid debetur ab eo , qui ſub pignoribus pecuniam debet : quidquid ex venditione pignorum recipiatur , primùm
uſuris , quas jam tunc deberi conſtat , deinde , ſi quid ſupereſt , ſorti accepto
ferendum eſt. Nec audiendus eſt debitor , ſi cùm parum idoneum ſe eſſe ſciat,
eligit , quo nomine exonerari pignus ſuum malit. *l. 35. ff. de pigner. act.* V. les
articles 5. & 7. de la Sect. 4. des payemens.

## XVI.

16. Effet de l'hy-
potheque avant le
terme du payement.

Quoyque le terme du payement ne ſoit pas échû , le
creancier peut exercer ſon hypotheque pour ſa ſûreté ,
ſelon les circonſtances. Ainſi , il peut s'oppoſer à la vente de ſon gage , ſoit meuble ou immeuble , pour conſerver ſon droit *u*.

*u* Quæſitum eſt ſi nondum dies penſionis venit , an & medio tempore perſequi pignora permittendum ſit ? Et puto dandam pignoris perſecutionem: quia
intereſt mea. *l. 14. ff. de pign. & hyp.* V. l'art. ſuivant.

## XVII.

17. Hypotheque
pour une dette con-
ditionelle.

Si une hypotheque a été donnée pour ſûreté d'une
dette qui dépende de l'évenement incertain d'une condition , celuy qui pourra devenir creancier , lorſque la
condition ſera arrivée , n'ayant pas encore ſon droit acquis , ne peut cependant exercer ſon action pour l'hypotheque , ſoit pour faire vendre le gage qui luy eſt affecté , ou pour demander d'en être mis en poſſeſſion. Mais
quand la condition ſera arrivée , elle aura cet effet, qu'on
appelle retroactif, qui donnera à l'obligation & à l'hypotheque leur force du jour de leur titre, de même que
s'il n'y avoit point eu de condition. Ainſi ce creancier
ſera preferé aux creanciers intermediaires , c'eſt-à-dire,
qui ſeront ſurvenus entre le titre de la creance, & l'évenement de la condition. Et il pourra cependant , avant
que la condition ſoit arrivée , veiller à la conſervation
de ſon droit, ſoit en prévenant des alienations frauduleu-
ſes , ou s'oppoſant aux ſaiſies des biens ſujets à ſon hypotheque , ou interrompant une preſcription contre un
tiers detenteur *x*.

*x* Si ſub conditione debiti nomine obligata ſit hypotheca , dicendum eſt,
ante conditionem non rectè agi , cùm nihil interim debeatur. Sed , ſi ſub con-

ditione debiti conditio venerit, rursus agere poterit. *l.* 13. §. 5. *ff. de pign. &
hyp.*

Sed & si heres ob ea legata, quæ sub conditione data erant, de pignore rei
suæ convenisset : & postea eadem ipsa pignora ob pecuniam creditam pignori
dedit : ac post conditio legatorum extitit, hîc quoque tuendum eum cui
prius pignus datum esset, existimavit. *l.* 9. §. 2. *ff. qui pot.* Cùm enim semel
conditio extitit, perinde habetur, ac si illo tempore quo stipulatio interposita
est, sine conditione facta esset : quod & melius est. *l.* 11. §. 1. *eod.* V. l'article
precedent.

*Il faut entendre cette Loy* 13. §. 5. *ff. de pign. au sens expliqué dans l'article. Car il ne seroit pas juste d'ôter à ce creancier futur la sûreté de son hypotheque. Mais pour ces sortes d'obligations conditionelles, on peut s'opposer à une
saisie, & faire assigner un tiers detenteur pour empêcher la prescription. Et
l'effet de cette diligence est qu'à l'égard du tiers detenteur le fonds demeurera
obligé si la condition arrive : & à l'égard des saisies, on ordonne dans les ordres,
que les creanciers qui se trouveront subsequens à l'hypotheque d'une dette conditionelle, se soûmettront & donneront caution à celui à qui il est dû sous condition, de lui rapporter ce qu'ils auront reçû, jusqu'à la concurrence de ce qui
se trouvera dû en cas que la condition arrive. Ainsi, par exemple, si dans un
contract de mariage un parent ou autre donne une somme à l'aîné mâle qui pourra naître de ce mariage; & que les biens de ce donateur soient saisis avant la
naissance d'un mâle, le mari & la femme pourront s'opposer, & faire ordonner que les creanciers subsequens qui se trouveront utilement colloquez se
soûmettront & donneront caution de rendre en cas qu'il naisse un enfant mâle de
ce mariage.*

## XVIII.

Si un debiteur qui a déja hypothequé un fonds à un
creancier l'engage à un second, quoyque ce debiteur,
pour ne pas commettre un stellionat, declare à ce second
creancier, que le fonds étoit déja engagé à un autre,
l'hypotheque du second creancier n'aura pas seulement
son effet sur ce que le fonds peut valoir de plus qu'il n'est
dû au premier ; mais elle affecte l'heritage entier, pour
avoir son effet sur tout l'heritage, aprés que le premier
creancier aura été payé. Et il en seroit de même, quand
le debiteur n'auroit affecté au second creancier, que ce
qui resteroit aprés que le premier auroit été payé. Car
aprés ce payement, ce restant comprendroit le total du
fonds *y.*

18. *Effet de l'hy-
potheque d'un se-
cond creancier sur
la chose engagée à
un autre.*

*y.* Qui res suas jam obligaverint, & alii secundo obligant creditori, ut effu-
giant periculum quod solent pati, qui sæpius easdem res obligant, prædicere solent, *alii nulli rem obligatam esse quàm forte Lucio Titio:* ut in id quod excedit
priorem obligationem, res sit obligata : ut sit pignori hypothecæve id quod
pluris est, aut solidum cùm primo debito liberata res fuerit. De quo videndum
est, utrùm hoc ita se habeat, si & conveniat. An etsi simpliciter convenerit de eo
quod excedit, ut sit hypothecæ & solida res inesse conventioni videtur cùm à
priore creditore fuerit liberata, an adhuc pars. Sed illud magis est, quod prius

diximus. *l. 15. §. 2. ff. de pign. & hyp.* Cùm pignori rem pignoratam accipi poſſe placuerit, quatenus utraque pecunia debetur, pignus ſecundo creditori tenetur. *l. 13. §. 2. cod.*

## XIX.

**19. Des dépenſes que le creancier a faites pour le gage.**

Tous les effets de l'hypotheque, dont il a été parlé juſqu'à cette heure, ſont comme autant d'engagemens où le debiteur eſt aſſujetti. Et ç'en eſt encore un autre, que ſi le creancier a fait quelque dépenſe neceſſaire pour la conſervation du gage, ſoit qu'il en fût en poſſeſſion ou non, le debiteur eſt tenu de l'en rembourſer, quand même la choſe ne ſeroit plus en nature; comme ſi une maiſon reparée par le creancier, avoit été entraînée par un debordement, ou brûlée ſans ſa faute. Et ſi le gage eſt encore en nature, & en la puiſſance du creancier, il peut le retenir pour des dépenſes de cette nature; car elles augmentent la dette, & en font partie z.

z Si neceſſarias impenſas fecerim in ſervum, aut in fundum, quem pignoris cauſa acceperim, non tantùm retentionem, ſed etiam contrariam pigneratitiam actionem habebo. Finge enim medicis, cum ægrotaret ſervus, dediſſe me pecuniam, & eum deceſſiſſe: item inſulam fulfiſſe, vel refeciſſe, & poſtea deuſtam eſſe, nec habere quod poſſem retinere. *l. 8. ff. de pig. act.* In ſumma debiti computabitur etiam id, quod propter poſſeſſiones pignori datas, ad collationem viarum muniendarum, vel quodlibet aliud neceſſarium obſequium, præſtitiſſe creditorem conſtiterit. *l. 6. C. de pignor.*

*Le creancier n'a pas ſeulement une hypotheque pour ces ſortes de dépenſes, mais il a auſſi un privilege. V. l'art. 6. de la Sect. 5.*

## XX

**20. Amelioration du gage faite par le creancier.**

Si le creancier a fait quelque dépenſe qui ne fût pas neceſſaire pour la conſervation du gage, mais qui en ait augmenté le prix; comme s'il a amelioré un fonds qu'il tenoit par antichreſe, de telle ſorte que le debiteur n'étant pas en état d'acquiter les ameliorations, ſoit reduit ou à laiſſer vendre l'heritage, ou à l'abandonner; ces ſortes de dépenſes ſeront moderées ſelon les circonſtances. Ainſi, par exemple, ſi le debiteur avoit luymême commencé ces ameliorations, il pourra moins s'en plaindre: ou ſi le creancier en a tiré des joüiſſances au delà de l'intereſt des deniers qu'il y avoit mis, il prétendra moins de rembourſement. Et ſelon les autres circonſtances des perſonnes; de la nature du fonds, de la qualité des ameliorations, de la valeur des fruits dont le creancier aura joüy , de la durée de sa joüissance , & les autres semblables , il faudra prendre un temperament qui ne favorise ny la dureté du creancier , ny les difficultez déraisonnables du debiteur *a*.

*a* Si servos pigneratos artificiis instruxit creditor , si quidem jam imbutos , vel voluntate debitoris , erit actio contraria : si vero nihil horum intercessit , si quidem artificiis necessariis , erit actio contraria. Non tamen sic ut cogatur servis carere pro quantitate sumptuum debitor. Sicut enim negligere creditorem dolus & culpa , quam præstat , non patitur : ita nec talem efficere rem pignoratam , ut gravis sit debitori ad recuperandum. Putà saltum grandem pignori datum ab homine , qui vix lucre potest ; nedum excolere , ut acceptum pignori excoluisti sic , ut magni pretii faceres. Alioquin non est æquum , aut quærere me alios creditores , aut cogi distrahere quod velim receptum , aut tibi penuria coactum derelinquere. Mediè igitur hæc à judice erunt dispicienda : ut neque delicatus debitor , neque onerosus creditor audiatur. *l. 25. ff. de pign. act. V. l. 38. ff. de rei. vind.* V. les articles 17. & 18. de la Section 10. du Contract de vente.

## XXI.

Si par le délaissement du fonds hypothequé le creancier se trouve payé , & que dans la suite un autre creancier vienne à l'évincer : ou si ayant reçû des deniers dans un ordre , il est obligé de les rapporter , comme dans le cas remarqué sur l'article 17. sa dette revit. Car elle n'étoit éteinte qu'à condition , que le payement soit en fonds ou en deniers auroit son effet *b*.

21. La perte de l'hypotheque ne diminuë pas la dette.

*b* Eleganter apud me quæsitum est , si impetrasset creditor à Cæsare , ut pignus possideret , idque evictum esset : an habeat contrariam pigneratitiam ? Et videtur finita esse pignoris obligatio , & à contractu recessum. Imò utilis ex empto accommodata est , quemadmodum si pro soluto ei res data fuerit , ut in quantitatem debiti ei sufficiat , vel in quantum ejus intersit. *l. 24. ff. de pign. act.*
Suas conditiones habet hypothecaria actio , id est , si soluta est pecunia , aut satisfactum est. *l. 13. §. 4. ff. de pignor.*

## XXII.

Le debiteur qui donne en gage à son creancier une chose pour une autre , comme du cuivre doré pour vermeil doré , commet un stellionat dont il peut être puny selon les circonstances *c*.

22. Engagement d'une chose pour une autre.

*c* Si quis in pignore pro auro æs subjecisset creditori qualiter teneatur , quæsitum est. . . . sed hîc puto pignoraticium judicium locum habere. Et ita Pomponius scribit. Sed & extra ordinem stellionatus nomine plectetur : ut est sæpissimè rescriptum. *l. 36. ff. de pign. act.* V. les articles 20. & 21. de la Section 1.

## XXIII.

23. *Comment le creancier peut être mis en possession.*

Si un creancier veut se mettre en possession du gage en vertu d'une convention qui le luy permette, & que le debiteur n'y consente pas, il ne peut le deposseder de voye de fait ; mais il doit se pourvoir en justice, pour être mis en possession de l'autorité du Juge, qui l'y mettra, s'il y en a lieu *d*.

*d.* Creditores qui non reddita sibi pecunia, conventionis legem, ingressi possessionem exercent, vim quidem facere non videntur : attamen auctoritate præsidis possessionem adipisci debent. *l. 3. C. de pign.*

## XXIV.

24. *Le debiteur ne peut reprendre le gage sans le consentement du creancier.*

Le debiteur de qui le gage est en la possession du creancier soit par leur convention, ou par l'autorité de la justice, ne peut l'y troubler. Et il commettroit même une espece de larcin, si sans le consentement du creancier, il reprenoit un meuble qui luy fût engagé *e*.

*e.* Sed etsi res pignori data sit, creditori quoque damus furti actionem, quamvis in bonis ejus res non sit. Quin imò non solum adversus extraneum dabimus, verùm & contra ipsum quoque dominum furti actionem. *l. 12. §. 2. ff. de furtis.*

## XXV.

25. *L'hypotheque est bornée au droit qu'avoit le debiteur.*

Le creancier ne peut pretendre sur le gage que le même droit que le debiteur pouvoit y avoir. Car c'est seulement ce droit qu'il a engagé *f*.

*f.* Non plus habere creditor potest, quàm habet, qui pignus dedit. *l. 3. §. 1. ff. de pignor.* Quid in ea re, quæ pignori data est debitor habuerit, considerandum est. *d. §. in f.*

## XXVI.

26. *L'effet de l'hypotheque dépend de celui de l'obligation.*

Tout ce qui a été dit dans cette Section des effets de l'hypotheque, ne doit s'entendre que des cas où les obligations dont l'hypotheque étoit une suite, peuvent subsister & avoir leur effet. Car comme l'hypotheque n'est qu'un accessoire de l'obligation, elle n'a son effet que lorsque l'obligation doit avoir le sien. Ainsi, l'obligation d'un Mineur qui auroit hypothequé ses biens étant confirmée, l'hypotheque sur ses biens est confirmée aussi. Ainsi, dans les cas de ces sortes d'obligations qu'on appelle obligations naturelles dont il a été parlé dans l'article 9. de la

Section 5. des Conventions, l'effet de l'hypotheque dépend de celuy qu'aura l'obligation *g*.

g Ex quibus caufis naturalis obligatio confiftit, pignus perfeverare confti-
tit. *l.* 14. §. 1. *ff. de pign. & hyp.* Res hypothecæ dari poffe fciendum eft, pro
quacumque obligatione .... vel tantùm naturali. *l.* 5. *eod.*

## SECTION IV.

### Des engagemens du creancier envers le debiteur à cause du gage ou hypotheque.

## SOMMAIRES.

1. *Soin du creancier pour le gage qui eft en fa puiffance.*
2. *Si le gage perit par un cas fortuit.*
3. *Du creancier qui fe fert du gage.*
4. *Si le creancier reçoit de la vente du gage plus qu'il ne luy eft dû.*
5. *Engagement du creancier dans l'Antichrefe.*
6. *Si le gage reçoit quelque augmentation.*
7. *Le gage eft imprefcriptible.*

### I.

LE creancier qui n'eft pas en poffeffion de fon gage ne contracte aucun engagement envers fon debiteur; mais s'il le poffede, fon premier engagement eft d'en prendre foin. Et non feulement il répondra des per-
tes & dommages qu'il pourroit avoir caufez par fon fait, mais il fera tenu de ce qui pourra arriver par quelque negligence, ou par quelque faute où ne tomberoit pas un pere de famille foigneux & vigilant *a*.

*1. Soin du crean-
cier pour le gage
qui eft en fa puif-
fance.*

a Contractus quidam dolum malum dumtaxat recipiunt, quidam & dolum
& culpam .... Dolum & culpam mandatum, commodatum, venditum, pignori acceptum. *l.* 23. *ff. de reg. jur.* Venit autem in hac actione & dolus & culpa, ut in commodato, venit & cuftodia. *l.* 13. §. 1 *ff. de pign. act.* Ea igitur quæ
diligens paterfamilias in fuis rebus præftare folet, à creditore exiguntur. *l.* 14.
*eod.* §. *ult. inft. quib. mod. re contr. obl.* In pigneratitio judicio venit, & fi res
pignori datas malè tractavit creditor, vel fervos debilitavit. *l.* 24. §. *ult. ff.
de pign. act.* Si agrum deteriorem conftituit (creditor) eo quoque nomine pí-
gneratitia actione obligatur. *l.* 3. *in fine. C. de pign. act. l.* 7. *eod.* Exactam diligentiam adhibeat. §. *ult. inft. quib. mod. re contr. obl.*

## II.

*2. Si le gage perit par un cas fortuit.*

Si le gage perit en la puissance du creancier par un cas fortuit, il n'en répond point, & ne laisse pas de conserver son droit sur les autres biens de son debiteur *b*. Mais si le cas fortuit étoit une suite de quelque negligence, ou de quelque faute, comme seroit un larcin d'un meuble, ou un incendie d'une maison arrivé par un défaut de soin de celuy qui la tiendroit à titre d'antichrese, ou autre engagement, il en seroit tenu.

*b* Quia pignus utriusque gratia datur, & debitoris quo magis pecunia ei credatur, & creditoris quo magis ei in tuto sit creditum: placuit sufficere si ad eam rem custodiendam exactam diligentiam adhibeat: quam si præstiterit, & aliquo fortuito casu rem amiserit, securum esse, nec impediri creditum petere. §. *ult. inst. quib. mod. re contr. obl.* Vis major non venit. *l. 13. inf. ff. de pign. act.* Culpam dumtaxat ei præstandam, non vim majorem. *l. 30. inf. ff. eod. l. 5. l. 6. C. eod.* Sicut vim majorem pignorum creditor præstare non habet necesse ita dolum & culpam, sed & custodiam exhibere cogitur. *l. 19. C. de pignor.* V. les articles 4. & 5. de la Sect. 2. du loüage.

## III.

*3. Du creancier qui se sert du gage.*

Le creancier qui use de la chose engagée contre le gré du maître, commet une espece de larcin. Car ce n'est pas pour en user, mais pour la sûreté de sa creance qu'il la tient en gage: & l'usage peut l'endommager *e*.

*e* Si pignore creditor utetur, furti tenetur. *l. 54. ff. de furt.*

## IV.

*4. Si le creancier reçoit de la vente du gage plus qu'il ne lui est dû.*

Si le creancier reçoit de la vente du gage plus qu'il ne luy est dû, il rendra le surplus avec les interêts du temps du retardement, quoyqu'il ne luy en ait été fait aucune demande; s'il n'a fait ses diligences pour le restituer *d*.

*d* Si creditor pluris fundum pignoratum vendiderit, si id fœneret, usuram ejus pecuniæ præstare debet ei, qui dederit pignus. Sed etsi ipse usus sit ea pecunia usuram præstari oportet. Quòd si eam depositam habuerit usuras non debet. *l. 6. §. 1. ff. de pign. act.* V. l'art. 8. de la Sect. 1. des interêts.

## V.

*5. Engagement du creancier dans l'ant chrese.*

Si l'engagement donne au creancier le droit de joüir, comme dans une antichrese, il doit restituer les revenus qui excedent la rente ou l'interêt legitime qui peut luy être dû. Ainsi celuy qui joüit d'un loyer de maison, ou d'une rente fonciere plus forte que sa rente ou son interêt,

rêt, doit rendre le surplus, de même qu'on devroit rendre les deniers du prix de la vente d'un gage qui excederoient ce qui seroit dû. Mais si les fruits, ou autres
revenus du fonds donné par antichrese sont incertains,
& que la joüissance en soit donnée au creancier pour son
interêt, soit qu'ils l'excedent ou qu'ils soient moindres,
& par une espece de forfait qui n'ait rien d'illicite, comme dans le cas de l'article 28. de la Sect. 1. il ne rendra
rien de sa joüissance. Car comme il ne pourroit demander de surplus si les fruits étoient moindres que son interêt, il n'est point aussi obligé à restituer ce qu'il peut
y avoir de plus. Mais si l'antichrese étoit illicite, ou
que la lesion dans les fruits parût usuraire, ou si le creancier n'avoit aucun juste titre de sa joüissance, il l'impute-
roit sur ce qui pourroit luy être dû legitimement *e*.

*e* Ex pignore percepti fructus imputantur in debitum : qui si sufficiant ad
totum debitum, solvitur actio, & redditur pignus : si debitum excedant qui
supererunt, redduntur. *l.* 1. *C. de pign. act. l.* 2. *&* 3. *eod. l.* 1. *C. de distr.*
*pign.* Si accepit jam pecuniam, superfluum reddit. *l.* 24. §. 2. *in f. ff. de pign.*
*act. l. ult. C. de distr. pign.* *
Si ea lege possessionem mater tua apud creditorem suum obligaverit, ut
fructus in vicem usurarum consequeretur, obtentu majoris percepti emolu-
menti, propter incertum fructuum proventum, rescindi placita non possunt.
*l.* 17. *C. de usur.* V. l'art. 28. de la Sect. 1.

## VI.

Tout ce qui peut arriver d'augmentation à la chose
hypothequée, soit par un cas fortuit, ou autrement,
sans que le creancier y ait rien mis du sien, est au debiteur, & le creancier doit le luy remettre, quoyque
le gage fût en sa possession quand ce changement y est
arrivé. Car ces augmentations sont des accessoires du
droit de proprieté qui est au debiteur *f*.

*6. Si le gage re-*
*çoit quelque aug-*
*mentation.*

*f* Quidquid pignori commodi, sive incommodi fortuito accessit, id ad debitorem pertinet. *l.* 21. §. 2. *ff. de pign. & hyp.*

## VII.

C'est encore un engagement du creancier qui possede
un gage, & de ses heritiers, qu'ils demeurent perpetuel-
lement obligez à le restituer après le payement, sans que le

*7. Le gage est*
*imprescriptible.*

*Tome II.* Dd

temps de la prescription puisse leur en acquerir la proprieté.

g Nec creditores nec qui his successerunt, adversus debitores pignori quondam res nexas petentes, reddita jure debiti quantitate, vel his non accipientibus oblata & consignata & deposita, longi temporis præscriptione muniri possunt. *l. 10. C. de pign. act. l. ult. eod.* V. l'art. 11. de la Sect. 5. de la possession.

# SECTION V.

## Des privileges des Creanciers.

*Trois sortes de creanciers.*

IL faut distinguer trois sortes de creanciers. Ceux qui n'ont ni hypotheque ni privilege, comme est celuy qui n'a qu'une simple promesse à cause de prêt : ceux qui ont hypotheque sans privilege, comme est celuy qui a une obligation à cause de prêt pardevant Notaires : & ceux dont la creance a quelque privilege qui distingue leur condition de celle des autres creanciers, & qui leur donne une preference à ceux dont la creance seroit precedente. Ainsi celuy qui a prêté pour acheter un heritage, ou pour le reparer, est preferé sur cet heritage aux autres creanciers hypothequaires, & plus anciens du même debiteur.

*Deux sortes de privileges.*

Les privileges des creanciers sont de deux especes. L'une, de ceux qui donnent la preference sur tous les biens, sans affectation particuliere sur aucune chose, comme sont, par exemple, le privilege des frais de justice, & celuy des frais funeraires : & l'autre de ceux qui n'ont qu'une affectation particuliere sur de certaines choses, & non sur les autres biens, comme le privilege de ceux qui ont fourni les deniers pour acquerir un fonds, ou pour y bâtir, celuy du proprietaire d'une maison sur les meubles de son locataire pour ses loyers, & les autres semblables.

On ne mettra pas dans les regles de cette Section celles du Droit Romain qui regardent les privileges que Justinien accorda aux femmes pour la dot, dont il ordonna la preference aux creanciers hypothequaires anterieurs *a*, & même à celuy de qui les deniers avoient été

a *L. ult. C. qui pot.*

employez pour l'acquisition ou reparation du fonds *b* ; car ces privileges ne sont pas de nôtre usage, à la reserve de quelques Provinces où la femme a la preference aux creanciers hypothequaires anterieurs, & de quelques lieux où elle n'a cette preference que sur les meubles.

On ne met pas au nombre des privileges la preference qu'a le creancier sur les meubles qui luy ont été donnez en gage, & qui sont en sa puissance. Car cette preference n'est pas fondée sur la qualité de la creance, mais sur la sûreté que le creancier a prise se saisissant du gage. Ce qui ne s'étend pas aux immeubles dont la possession ne donne pas de preference au creancier, s'il ne l'a d'ailleurs. Et pour les meubles, comme ils ne sont pas sujets à l'hypotheque par nôtre usage, le creancier qui a un meuble en gage en sa possession y a sa sûreté. V. le preambule de la Sect. 1. & celuy du Titre de la Cession des biens. V. *l.* 10 *ff. de pign.*

*b Nov. 97. c. 3.*

## SOMMAIRES.

1. *Definition du privilege.*
2. *Priorité de temps indifferente entre privilegiez.*
3. *Effet du privilege.*
4. *Privilege du vendeur.*
5. *Privilege de celuy qui prête les deniers pour une acquisition.*
6. *Privilege de celuy qui prête pour conserver la chose.*
7. *Privilege pour des ameliorations.*
8. *Effet de ce privilege.*
9. *Privilege des Architectes & des ouvriers.*
10. *Privilege de celuy qui prête pour quelque ouvrage.*
11. *Privilege des Voituriers & autres.*
12. *Privilege sur les fruits pour le prix d'une ferme.*
13. *Privilege du cens & de la rente emphyteotique.*
14. *Privilege sur les meubles du locataire pour les loyers & les suites du Bail.*
15. *Des meubles du sous-locataire.*
16. *Exception aux deux articles precedens.*
17. *Autre exception.*
18. *Privilege pour loyers d'autres bâtimens que des maisons.*

Dd ij

### I.

*1. Definition du privilege.*

LE privilege d'un creancier est le droit distingué que luy donne la qualité de sa creance, qui le fait preferer aux autres creanciers, & même aux hypothequaires quoy qu'anterieurs *a*.

*a* Privilegia non tempore æstimantur, sed ex causa. *l.* 32. *ff. de reb. auct. jud. poss.* Interdum posterior potior est priori. Ut putà, si in rem istam conservandam impensum est, quod sequens credidit. Veluti si navis suit obligata, & ad armandam eam rem, vel reficiendam ego credidero. *l.* 5. *ff. qui potior.*

### II.

*2. Priorité de temps indifferente entre privilegiez.*

Entre creanciers privilegiez il n'importe lequel soit le premier ou le dernier par l'ordre du temps ; car ils ne sont distinguez que par la nature de leurs privileges. Et si deux creanciers ont un pareil privilege, quoyque de divers temps, ils seront payez dans le même ordre, & en concurrence *b*.

*b* Privilegia non tempore æstimantur, sed ex causa. Et si ejusdem tituli fuerint, concurrunt, licet diversitates temporis in his fuerint. *l.* 32. *ff. de reb. auct. jud. poss.*

### III.

*3. Effet du privilege.*

De tous les privileges des creanciers les moindres donnent la preference contre les creanciers chirographaires,

hypothequaires, & autres qui n'ont aucun privilege. Et
entre privilegiez il y a des preferences des uns aux autres,
felon les differentes qualitez de leurs privileges *c*.

*c* Interdum posterior potior est priori. Ut putà si in rem istam conservandam impensum'eft, quod sequens credidit. *l. 5. ff. qui pot.*

### I V.

Celuy qui a vendu un immeuble dont il n'a pas reçû
le prix, est preferé aux creanciers de l'acheteur, & à
tous autres fur le fonds vendu. Car la vente renfermoit
la condition, que l'acheteur ne feroit le maître qu'en
payant le prix. Ainsi le vendeur qui n'en est pas payé
peut ou retenir le fonds, si le prix devoit être payé avant
la délivrance, ou le suivre en quelques mains qu'il ait pû
passer, s'il l'a delivré avant le payement *d*.

*d* Quod vendidi, non aliter fit accipientis, quàm si aut pretium nobis solutum fit, aut fatis eo nomine factum. *l. 19. de contr. empt. l. 53. eod. §. 41.*
*inst. de rerum divi.* Venditor quasi pignus retinere poteft, eam rem quam vendidit. *l. 13. §. 8. ff. de act. empt. & vend.* Hereditatis venditæ pretium pro parte
accepit, reliquum emptore non solvente, quæsitum eft, an corpora hereditaria pignoris nomine teneantur? Respondi, nihil proponi, cur non teneantur.
*l. 21. ff. de hered. vel act. vend. l. 31. §. 8. ff. de ædil. ed.*

Par l'art. 3. de l'Edit du mois d'Aoust 1669. pour les hypotheques du Roy, *ce*
*vendeur est preferé au Roy.*

La regle qui donne cette preference au vendeur, ne doit s'entendre qu'au cas
qu'il paroisse par le contract de vente qu'il n'ait pas été payé. Car s'il avoit donné quittance, & pris une promesse ou une obligation, il auroit perdu sa preference le contract paroissant acquité. Autrement ceux qui prêteroient ensuite à
cet acheteur pourroient être trompez. Et d'ailleurs la novation éteint l'hypotheque. V. l'art. 2. de la Sect. 7.

Il faut remarquer fur cet article, que par nôtre usage il n'a lieu que pour les
immeubles: & on l'a restreint à ce fens. Car pour les meubles, comme ils n'ont
point de suite par hypotheque, & que le vendeur en a perdu la propriété en les
delivrant à l'acheteur; il peut bien les faisir entre les mains de l'acheteur, &
il aura même la preference pour le payement du prix; mais si l'acheteur en a dif-
posé, le vendeur ne peut les suivre entre les mains de personnes tierces pour le
payement de son prix, sinon en un cas exprimé par quelques Coûtumes, sçavoir, lorsque la chose mobiliaire a été venduë fans jour & fans terme, le vendeur espérant d'être payé promptement. Car en ce cas l'infidelité de l'acheteur ne
prive pas le vendeur de l'effet de cette convention, & il est considéré comme étant
demeuré le maître jusqu'à son payement. Ainsi il agit non comme creancier du
prix, mais comme maître qui vendique son meuble. V. l'art. 3. de la Sect. 2. de la
Cession de biens.

### V.

Celuy qui prête à l'acquereur pour payer le prix de
la vente, a le même privilege qu'auroit le vendeur, s'il

D d iij

4. Privilege du
vendeur.

5. Privilege de
celui qui prête les
deniers pour une
acquisition.

n'étoit pas payé. Car ce font fes deniers qui affurent dans les biens de cet acquereur ce qui luy eft vendu *e*. Mais pour faire paffer le droit du vendeur à celuy qui prête les deniers pour fon payement, il faut obferver les precautions qui feront expliquées dans la Section 6me.

*e* Qui in navem emendam credidit, privilegium habet. *l.* 26. *ff. de reb. auct. jud. poff.* Licet iifdem pignoribus, multis creditoribus diverfis temporibus datis, priores habeantur potiores: tamen eum, cujus pecunia prædium comparatum probatur, quod ei pignori effe fpecialiter obligatum ftatim convenit, omnibus anteferri juris auctoritate declaratur. *l.* 7. *C. qui pot. in pign.* Quamvis ea pecunia, quam à té mutuo frater tuus accepit, comparaverit prædium: tamen nifi fpecialiter, vel generaliter hoc tibi obligaverit, tuæ pecuniæ numeratio in caufam pignoris non deduxit. Sanè perfonali actione debitum apud præfidem petere non prohiberis. *l.* 17. *C. de pign.*

Ce creancier eft preferé au Roy par l'art. 3. de l'Edit du mois d'Aouft 1669. V. fur cette preference du creancier au Roy. *l.* ult. §. ult. *ff. qui pot.* & *l.* 34. *ff. de reb. auct. jud. poff.*

Cette preference n'a lieu dans nôtre ufage, à l'égard des meubles, que quand ils font en la puiffance du debiteur. Car quand ils font alienez & hors de fes mains & de celles du creancier, le privilege non plus que l'hypotheque, n'y a plus de lieu. V. la remarque fur l'article 4.

## VI.

6. Privilege de celui qui prête pour conferver la chofe.

Le creancier de qui les deniers ont été employez pour conferver la chofe ou pour la refaire, comme pour défendre un heritage contre le cours de l'eau, pour prevenir la ruine d'une maifon, ou pour la rebâtir après fa ruine, a un privilege. Car il a fait fubfifter la chofe pour l'interêt commun & du proprietaire & des creanciers : & elle eft comme fienne jufqu'à la concurrence de ce qu'il y a mis *f*.

*f* Creditor qui ob reftitutionem ædificiorum crediderit, in pecuniam quam crediderit, privilegium exigendi habebit. *l.* 25. *ff. de reb. cred. l.* 24. §. 1. *ff. de reb. auct. jud. poff. l.* 1. *ff. de ceff. bon.* Qui in navem extruendam, vel inftruendam credidit, privilegium habet. *l.* 26. *ff. de reb. auct. jud. poff. l.* 5. *ff. qui pot.* Hujus enim pecunia falvam fecit totius pignoris caufam. *l.* 6. *eod.* V. la Loy citée fur l'article 3.

## VII.

7. Privilege pour des ameliorations.

Ceux de qui les deniers ont été employez pour ameliorer un fonds, comme pour y faire un plant, ou pour y bâtir, ou pour augmenter le logement d'une maifon, ou pour d'autres caufes femblables, ont un privilege fur ces ameliorations, comme fur une acquifition faite de leurs deniers *g*.

*g* Quod quis navis fabricandæ, vel emendæ, vel armandæ, vel inftruendæ caufa,

*vel quoquo modo, crediderit, vel ob navem venditam petat, habet privile-*
*gium. l. 34. ff. de reb. auct. jud. poss. l. 26. eod. V. cy-devant l'article 5.*
*Pignus insulæ creditori datum qui pecuniam ob restitutionem ædificii mu-*
*tuam dedit. l. 1. ff. in quib. causs. pign. v. h. tac. contr.*

## VIII.

Cette preference pour les ameliorations est bornée à ce qui en reste en nature, & n'affecte pas le corps de l'heritage, comme celle des reparations qui l'ont confervé. Car s'il ne reste rien des ameliorations, l'heritage n'en étant pas plus precieux, & personne n'en profitant, il ne reste plus de caufe de la preference. Et lorfque les ameliorations fubfistent, le privilege de celuy qui les a faites ne fe prend que fur la valeur de ce qui en reste [h].

> 8. *Effet de ce privilege.*

*h Quasi pignus retinere potest eam rem. l. 13. §. 8. ff. de act. empt. & vend. Ces paroles qui font pour le vendeur, peuvent s'apliquer à cet article. Car celuy qui a fait les ameliorations y tient lieu de vendeur. V. cy-après l'art. 31.*

## IX.

Les Architectes & autres Entrepreneurs, les Ouvriers, & les Artifans qui employent leur travail pour des bâtimens, ou d'autres ouvrages, & qui fournissent des materiaux, & en general tous ceux qui mettent leur temps, leur travail, leur foin, ou quelque matiere, foit pour faire une chofe, ou pour la refaire, ou la conferver, ont le même privilege pour leurs falaires & fournitures que ceux qui ont fourni les deniers pour ces fortes d'ouvrages, & qu'a le vendeur pour le prix de la chofe venduë [i].

> 9. *Privilege des Architectes & des ouvriers.*

*i De même à plus forte raifon que ceux qui prêtent pour ces fortes de chofes. V. les articles 4. 6. 10. & 11. de cette Section.*
*V. fur ce privilege à l'égard des meubles les remarques fur l'article 5. & fur les articles 11. & 12.*

## X.

Si un tiers prête à un Architecte ou autre Entrepreneur des deniers qui foient employez pour un bâtiment, ou pour quelqu'autre ouvrage, & que ce prêt ait été fait par l'ordre du maître, pour qui cet ouvrage aura été fait, ce tiers aura le même privilege que s'il avoit prêté au maître pour ce même ufage [l]. Mais fi le

> 10. *Privilège de celui qui prête pour quelque ouvrage.*

*l Divus Marcus ita edixit, creditor qui ob restitutionem ædificiorum crediderit, in pecunia quæ credita erit, privilegium exigendi habebit: quod ad*

prêt avoit été fait à l'infçû du maître, ou fans fon ordre, & qu'il eût payé cet Entrepreneur ; celuy qui avoit fait ce prêt n'auroit plus d'action que contre celuy à qui il avoit prêté. Que fi le maître n'avoit pas payé l'Entrepreneur, ce tiers pourroit exercer le privilege, foit qu'il eût prêté par ordre du maître, ou fans cet ordre, pourvû qu'il eût pris les precautions qui feront expliquées dans la Section 6me.

eum quoque pertinet, qui redemptori, domino mandante, pecuniam adminiftravit. l. 24. §. 1. ff. de reb. auct. jud. poff. l. 1. ff. in quib. cauf. pign. vel hypot. t. c.

## IX.

Les Voituriers ont un privilege fur les marchandifes qu'ils ont voiturées, pour le droit de voiture, & pour les droits de doüane, d'entrées, ou autres qu'ils auront payez à caufe de ces marchandifes. Et ce même privilege eft acquis à tous ceux de qui les deniers font employez à des dépenfes d'une pareille neceffité, comme pour la garde & nourriture de quelques beftiaux, & autres femblables m.

m Hujus enim pecunia falvam facit totius pignoris caufam, quod poterit quis admittere, & fi in cibaria nautarum fuerit creditum, fine quibus navis falva pervenire non poterat. Item fi quis in merces fibi obligatas crediderit, vel ut falvæ fiant, vel ut naulum exolvatur, potentior erit, licet pofterior fit. Nam & ipfum naulum potentius eft. Tantumdem dicetur, & fi merces horreorum, vel areæ, vel vectura jumentorum debetur. Nam & hic potentior erit. l. 6. d. l. §. 1. & 2. ff. qui pot. V. fur cet article fes remarques fur l'article 5. fur l'art. 9. & fur l'article fuivant.

## XII.

Le propriétaire d'un heritage baillé à ferme a la preference fur les fruits qui en proviennent, pour le payement du prix de fa ferme. Et cette preference eft acquife de droit, fans que le bail en faffe mention. Car ces fruits ne font pas tant fon gage, qu'ils font fa chofe propre jufqu'au payement.n

n In prædiis rufticis fructus, qui ibi nafcuntur tacitè intelliguntur pignori effe domino fundi locati: etiamfi nominatim id non convenerit. l. 7. ff. in quib. cauf. pign. vel h. t. c. l. 3. C. eod.
Cette preference doit s'entendre felon nôtre ufage à l'égard des fruits qui font ou pendans, ou encore en la puiffance du debiteur. Car s'il les a vendus & livrez à un acheteur de bonne foy, ils ne peuvent être vendiquez entre fes mains. Ainfi celuy qui dans un marché achete du bled d'un fermier, ne pourra être recherché par

par

*par le proprietaire du fonds d'où est venu ce bled, pour le payement du prix de*
*sa ferme, car il a dû veiller à son payement. Ce privilege des proprietaires, pour*
*le prix de leur ferme, est acquis à ceux même qui n'ont aucun bail écrit. Car il*
*suffit qu'il paroisse que les fruits qu'ils vendiquent soient venus de leur fonds.*
*V. l'article 14.*

## XIII.

Celuy qui a donné un heritage à titre de cens, ou
par un bail emphyteotique, a un privilege pour son
cens, ou pour sa rente sur les fruits pendans de cet heritage, & aussi sur le fonds, en quelques mains qu'il
puisse passer. Et si le possesseur de cet heritage le vend,
ou l'engage, ou le donne à ferme, ou en dispose autrement, ou qu'il soit saisi & vendu ; le premier maître sera payé de son cens ou de sa rente, tant sur le fonds, ou
sur les deniers qui en proviendront, par preference à
tous creanciers de ce possesseur, que sur les fruits qui
seront en nature en ses mains *o.*

*13. Privilege du*
*cens & de la rente*
*emphyteotique.*

*o* Etiam superficies in alieno solo posita pignori dari potest. Ita tamen, ut
prior causa sit domini soli, si non solvatur ei solarium. *l. 15. ff. qui pot.* Lex
vectigali fundo dicta erat, ut, *si post certum tempus vectigal solutum non es-*
*set, is fundus ad dominum redeat :* Postea is fundus à possessore pignori datus
est. Quæsitum est, an rectè pignori datus est ? Respondit, si pecunia intercessit
pignus esse. Item quæsiit, si cùm in exolutione vectigalis tam debitor, quàm
creditor cessassent, & propterea pronuntiatum esset *fundum secundum legem*
*domini esse :* cujus potior causa esset? Respondi, si, ut proponeretur, vectigali non soluto, jure suo dominus usus esset, etiam pignoris jus evanuisse. *l. 31.*
*ff. de pign. & hypot.*

## XIV.

Les meubles que les locataires ont dans les maisons,
qu'ils tiennent à loyer, sont affectez au proprietaire
& par preference, pour luy répondre non seulement
des loyers, mais des autres suites du bail ; comme des
deteriorations s'il y en avoit par la faute du locataire,
& de tous les dépens, dommages & interêts qu'il pourroit devoir à cause de son bail *p.*

*14. Privilege sur*
*les meubles du lo-*
*cataire pour les*
*loyers & les suites*
*du bail.*

*p* Eo jure utimur, ut quæ in prædia urbana inducta, illata sunt, pignori esse
credantur, quasi id tacitè convenerit. *l. 4. ff. in quib. causf. pign. v. h. t. c. l.*
*ult. C. eod. l. 5. C. de loc.* Non solùm pro pensionibus, sed & si deteriorem habitationem fecerit culpa sua, inquilinus, quo nomine ex locato cùm eo erit actio, invecta & illata pignori erunt obligata. *l. 2. ff. in quib. causf. pign.* V. l'article 18.

*Quoique ce texte n'exprime pas le privilege, mais seulement l'hypotheque taci-*
*te, cette hypotheque est privilegiée, & c'est nôtre usage.*

*Si les meubles du locataire ne se trouvoient pas dans les lieux loüez, lorsque le*
*proprietaire poursuit son payement, il ne pourroit les suivre entre les mains des*
*tierces personnes ; si ce n'est qu'il y eût une fraude à son prejudice.*

*Ce privilege fur les meubles des locataires eft acquis à ceux même qui n'ont aucun bail écrit. Car c'eft affez que ces meubles fe trouvent dans la maifon tenuë à loyer, pour être affectez au proprietaire. V. l'art. 12. & la remarque fur l'article 23.*

## XV.

15. *Des meubles du fous-locataire.*

S'il y a des fous-locataires qui ne tiennent qu'un appartement, ou autre portion d'une maifon, leurs meubles ne feront affectez que pour le loyer de ce qu'ils occupent. Et s'ils payent au locataire qui leur a loüé, le proprietaire qui n'avoit pas faifi entre leurs mains, ne peut rien pretendre ny fur leurs meubles, ny fur leurs loyers. Car ils peuvent payer à celuy qui leur a loüé, quoyqu'ils puiffent auffi payer valablement au proprietaire, fi le locataire luy doit fes loyers q.

q Unde fi domum conduxeris, & ejus partem mihi locaveris, egoque locatori tuo penfionem folvero, pigneratitia adverfus te potero experiri. Nam Julianus fcribit, folvi ei poffe. Etfi partem tibi, partem ei folvero, tantumdem erit dicendum. Planè in eam dumtaxat fummam invecta mea, & illata tenebuntur, in quam cœnaculum conduxi. Non enim credibile eft, hoc conveniffe, ut ad univerfam penfionem infulæ, frivola mea tenerentur. l. 11. §. 5. ff. de pign. act. V. l'art. 17.

## XVI.

16. *Exception aux deux articles precedens.*

La preference dont il eft parlé dans les deux articles precedens ne s'entend que des meubles que le locataire tient dans la maifon pour la meubler, ou y être à demeure: & non de ceux qu'il y auroit mis dans le deffein de les faire transporter ailleurs, comme par exemple, un ameublement qu'il auroit acheté pour le faire porter en un autre lieu.

r Videndum eft, ne non omnia illata, vel inducta, fed ea fola quæ, ut ibi fint, illata fuerint, pignori fint, quod magis eft. l. 7. §. 1. ff. in quib. cauf. p. Refpondit, eos dumtaxat, qui hoc animo à domino inducti effent, ut ibi perpetuò effent, non temporis caufa commodarentur, obligatos. l. 32. in f. ff. de pign. & hyp.

## XVII.

17. *Autre exception.*

Si un locataire reçoit & loge gratuitement une autre perfonne dans la maifon qu'il tient à loüage, les meubles de cette perfonne ne feront pas affectez pour les loyers du logement dont le locataire luy aura fait part f.

f Pomponius libro terriodecimo Variarum lectionum fcribit, fi gratuitam habitationem conductor mihi præftiterit, invecta à me domino infulæ pignori non effe. l. 5. ff. in quib. cauf. pign.

## XVIII.

Ce privilege des proprietaires des maisons sur les meubles des locataires, s'étend aux proprietaires des boutiques, des greniers, & de tous autres lieux sur les meubles que les locataires de ces lieux peuvent y avoir *t.*

*t* Si horreum fuit conductum, vel diverforium, vel area, tacitam conventionem de invectis illatis, etiam in his locum habere putat Neratius. Quod verius eft. *l.* 3. *ff. in quib. cauf. pign.*

*18. Privilege pour loyers d'autres bâtimens que des maisons.*

## XIX.

Tous les biens de ceux qui se trouvent obligez envers le Roy, soit comme Officiers comptables, ou pour des fermes, ou pour d'autres receptes & maniemens de ses deniers, font hypothequez pour toutes les sommes de cette nature qu'ils pourront devoir; quoyqu'il n'y en ait ny obligation expresse, ny condamnation *u.*

*19. Privilege du Roy.*

*u* Certum eft ejus, qui cum fifco contrahit, bona veluti pignoris titulo obligari, quamvis fpecialiter id non exprimatur. *l.* 2. *C. in quib. cauf. pign. v. h. t. c. l.* 3. *C. de privil. fifci.* Fifcus femper habet jus pignoris. *l.* 46. *§.* 3. *ff. de jur. fifci.* V. l'art. 4. de l'Edit du mois d'Aouft 1669.

La regle expliquée dans cet article ne regarde pas feulement les *Officiers comptables, & autres obligez envers le Roy;* mais elle s'applique auffi à ceux qui font la levée des deniers publics dans les villes & à la campagne, comme *Confuls, Collecteurs, & autres,* foit qu'ils prêtent le ferment en juftice, ou qu'ils exercent fur leur fimple nomination. V. l'article fuivant & l'article 23. & la remarque qu'on y a faite.

## XX.

L'hypotheque qui eft acquife au Roy fur tous les biens des Officiers comptables, Fermiers, & autres qui font les receptes de fes deniers, a fon origine au moment du titre de leur engagement, comme du bail fi c'eft une ferme, des provifions, fi c'eft un Office, ou des traittez & commiffions *x.*

*20. Date de l'hypotheque du Roy.*

*x* Si cùm pecuniam pro marito folveres, neque jus fifci in te transferri impetrafti, neque pignoris caufa domum, vel aliud quid ab eo accepifti: habes perfonales actiones, nec potes præferri fifci rationibus, à quo dicis ei vectigal denuo locatum effe: cùm eo pacto, univerfa quæ habet habuitve *eo tempore quo ad conductionem acceffit,* pignoris jure fifco teneantur. *l.* 3. *C. de priv. fifc.*

Cette hypotheque du Roy eft ainfi reglée par l'article 4. de l'Edit du mois d'Aouft 1669.

## XXI.

Les creanciers qui ont une hypotheque anterieure à celle du Roy, confervent leur droit fur les biens im-

*21. Entre hypotheques celles du Roy ne va que dans fon ordre.*

meubles de leurs debiteurs. Et l'hypotheque du Roy ne va que dans son ordre *y*.

*y* Quamvis ex causa dotis vir quondam tuus tibi sit condemnatus, tamen *y* si priusquam res ejus tibi obligarentur, cum fisco contraxit, jus fisci causam tuam prævenit. Quòd si post bonorum ejus obligationem, rationibus meis cœpit esse obligatus, in ejus bona cessat privilegium fisci. *l. 2. C. de privil. fisc. l. 8. ff. qui pot. l. ult. eod.* V. l'article suivant.

*Il faut ajoûter à cet article, qu'à l'égard des Offices le Roy a la preference sur les deniers de l'Office du chef duquel il lui est dû, non seulement avant tous les creanciers hypothequaires, mais avant même le vendeur, sur le prix de l'Office & droits y annexez, suivant l'article 2. de cet Edit du mois d'Aoust 1669. Ce qui est fondé sur ce que l'Office a été originairement donné par le Roy avec cette charge, & qu'ainsi c'est le gage propre du Roy, affecté par privilege à tout ce que l'Officier pourra devoir à cause de l'Office.*

### XXII.

La regle précedente ne s'entend que des immeubles qui étoient acquis avant l'engagement envers le Roy. Mais sur ceux qui ne sont acquis qu'aprés cet engagement, le Roy est préferé aux creanciers anterieurs à son hypotheque, quoyque tous les biens à venir leur fussent obligez. Et dans ce concours d'hypotheques qui commencent d'avoir leur effet au moment de la nouvelle acquisition, celle du Roy prévient *z*.

*z* Si qui mihi obligaverat, quæ habet, habiturusque esset, cùm fisco contraxerit, sciendum est, in re postea adquisita fiscum potiorem esse debere, Papinianum respondisse. Quod & constitutum est. Prævenit. enim causam pignoris fiscus. *l. 28. ff. de jur. fisc.*

*Suivant ce texte la même chose a été ordonnée par l'article 3. de ce même Edit du mois d'Aoust 1669: mais avec l'exception de la preference du vendeur, & de celui dont les deniers auront été employez pour l'acquisition; pourvû qu'il soit fait mention de cet emploi dans la minute & expedition du Contract. On pourroit ajoûter pour une raison de cette preference du Roy sur les biens acquis depuis l'engagement aux recettes de ses deniers, qu'il est presumé que les deniers dont l'Officier ou autre redevable se trouve debiteur envers le Roy, ont été employez à ces nouvelles acquisitions, ou que le credit que donnoit cet emploi les a facilitées.*

### XXIII.

A l'égard des creanciers qui n'ont ny hypotheque ny privilege, mais une simple action personelle, le Roy a la préference sur les immeubles, parce qu'il a toûjours son hypotheque tacite sans convention. Et il a aussi la préference sur les meubles avant les saisissans, & avant tous les creanciers non privilegiez. Mais le creancier

qui a fur le meuble un des privileges expliquez dans cette
Section eft preferé au Roy *a*.

*a* Res publica creditrix omnibus chirographariis creditoribus præfertur,
*l.* 38. §. 1. *ff. de reb. auct. jud. p.* Fifcus femper habet jus pignoris. *l.* 46. §. 3.
*de jur. fifci.*
   *Ce mot de Republique dans ce texte ne fignifie pas le fifqu'e. V. l. 8. ff. qui pot.
Le Prince à plus forte raifon a ce privilege.*
   *On a ajoûté dans cet article la preference du creancier privilegié fur les meu-
bles avant le Roy; parce que cette preference eft ordonnée par l'article premier
de l'Edit de 1669. contraire à la difpofition du Droit Romain qui donnoit au
fifque la preference à celui même qui avoit vendu, ou reparé la chofe, comme
Juftinien la donnoit auffi à la femme pour fa dot avant ces mêmes privileges.
V. l. 34. ff. de reb. auth. jud. poff. N. 97. c. 3. A l'égard du privilege des loyers
fur les meubles du locataire, cet Edit n'en laiffe la preference avant la creance
du Roy que pour les fix derniers mois.*
   *Ce qui eft dit dans cet article que le Roy a toûjours fon hypotheque tacite, ne
doit s'entendre que des fommes dûës au Roy pour les caufes dont il a été parlé dans
l'article 19. & non des Tailles, & autres impofitions dont les particuliers font redevables. Car pour ces impofitions il n'y a pas d'hypotheque fur les immeubles, fi
ce n'eft dans les lieux où les Tailles font réelles; mais feulement une preference
fur les fruits, c'eft pourquoi on n'a pas allegué fur le privilege du Roy ce texte
de la Loy 1. C. in quib. cauf. pign. vel hyp. tac. contr. Univerfa bona eorum
qui cenfentur vice pignorum tribu'* obligata funt.*

## XXIV.

Les Marchands, les ouvriers, & autres à qui font dûs
les frais funeraires ont leur action contre les heritiers,
& quand il n'y auroit point d'heritiers ils l'ont fur les
biens du défunt, comme s'ils avoient contracté avec
luy: & ils ont de plus un privilege, quand même les
biens ne fuffiroient pas pour payer les dettes; pourvû
que ces frais n'excedent pas ce qui a dû y être employé,
felon la condition & les biens du défunt. Car la néceffi-
té de cette dépenfe oblige à favorifer de ce privilege
ceux qui la fourniffent. Mais fi les frais funeraires excedent ces bornes, quand même le défunt les auroit reglez par fon teftament; le privilege fera reftreint à ce
qui fera jugé raifonnable & jufte, felon les circonftances *b*.

*b* Impenfa funeris femper ex hereditate deducitur: quæ etiam omne creditum
folet præcedere, cùm bona folvendo non fint. *l.* 45. *ff. de relig. & fumpt. fun.*
Qui propter funus aliquid impendit, cum defuncto contrahere creditur, non
cum herede. *l.* 1. *eod. v. l.* 17. *ff. de reb. auct. jud. poff.* Sumptus funeris arbi-
trantur pro facultatibus & dignitate defuncti. *l.* 12. §. 5. *ff. de relig. & fumpt.
fun.* Æquum autem accipitur ex dignitate ejus qui funeratus eft, ex caufa, ex
tempore, ex bona fide: ut neque plus imputetur fumptus nomine, quàm factum
eft, neque tantùm quantum factum eft, fi immodicè factum eft. Deberet enim

haberi ratio facultatum ejus in quem factum eſt , & ipſius rei quæ ultra modum ſine cauſa conſumitur. Quid ergo ſi ex voluntate teſtatoris impenſum
eſt ? Sciendum eſt nec voluntatem ſequendam ſi res egrediatur juſtam ſumptus rationem : pro modo autem facultatum ſumptum fieri. l. 14. §. 6. ff. de
relig. & ſumpt. fun. d. l. §. 3. & 4.

## XXV.

*25. Frais de Juſti-*
*ce.*

Les frais des ſellez & des inventaires , ceux des ventes , ordre , & diſcutions de meubles ou immeubles , &
les autres frais de juſtice ſe prennent par préférence
avant toute autre dette *e*. Car ces frais regardent tous
les creanciers , étant employez pour leur cauſe commune.

*e* Planè ſumptus cauſa qui neceſſariè factus eſt , ſemper præcedit. Nam deducto eo bonorum calculus ſubduci ſolet. l. 8. in f. ff. depoſ. Quantitas patrimonii , deducto etiam eo quidquid explicandarum venditionum cauſa impen-
ditur , æſtimatur. l. 72. ff. ad leg. falc. l. ult. §. 9. C. de jure delib. V. l'article 32.

## XXVI.

*26. Preference*
*pour le dépôt ſur*
*les biens des depo-*
*ſitaires publics.*

Dans la concurrence entre les creanciers des dépoſitaires publics de qui la fonction eſt de recevoir les ſommes de deniers , ou autres depôts , qui doivent être con-
ſignez par ordre de Juſtice , comme ſont les Receveurs
des conſignations ; ceux qui ont à recevoir ce qui a été
conſigné ou dépoſé , ſont preferez ſur les biens propres
de ces dépoſitaires , à leurs creanciers particuliers qui
n'ont pas d'hypotheque ou de privilege. Et cette préference eſt fondée ſur l'interêt public de la ſûreté des dépôts , qu'on eſt obligé de mettre en leurs mains *d*.

*d* In bonis menſularii vendendis , poſt privilegia , potiorem eorum cauſam
eſſe placuit , qui pecunias apud menſam , fidem publicam ſecuti , depoſuerunt.
l. 24. §. 2. ff. de reb. auct. jud. poſſ. Quod privilegium exercetur non in ea tantùm quantitate , quæ in bonis argentarii ex pecunia depoſita reperta eſt ; ſed
in omnibus fraudatoris facultatibus. Idque propter neceſſarium uſum argen-
tariorum , ex utilitate publica receptum eſt. l. 8. ff. depoſ.

*Outre le privilege expliqué dans cet article , nôtre uſage donne aux creanciers*
*qui ont à recevoir des deniers , ou d'autres choſes conſignées par ordre de juſtice ,*
*deux autres ſortes de ſûreté. L'une eſt l'hypotheque ſur tous les biens du dépoſitai-*
*re chargé de ces ſortes de depôts , & cette hypotheque eſt l'effet de l'autorité de la juſ-*
*tice , ſuivant ce qui a été dit dans l'article 4. de la Section 2. Car comme c'eſt la*
*juſtice qui les charge de ces depôts , elle y affecte leurs biens : Ainſi ceux à qui ces*
*depôts devront revenir ſeront preferez aux creanciers hypothecaires du dépoſitai-*
*re , ſi le dépôt eſt anterieur à leur hypotheque. L'autre ſûreté eſt l'affectation de la*
*charge dont la fonction eſt de recevoir les depôts de cette nature , comme ſont les*
*Charges des Receveurs des Conſignations , & celles des Commiſſaires du Châtelet ,*
*qui ſe rendent dépoſitaires de deniers , ou d'autres effets , quand ils procedent aux*
*ſellez & aux inventaires , & en d'autres occaſions ſemblables. Car comme la*

fonction de recevoir ces dépôts est propre à ces charges, elles sont naturellement affectées pour la sureté de ceux que la justice met dans la necessité de déposer en leurs mains. Ainsi cette affectation de la charge pour ces dépôts donne un privilege aux creanciers qui doivent les recevoir, & les fait preferer à tous les creanciers hypothequaires de l'Officier, même anterieurs, ce qu'il ne faut entendre que des charges qui sont destinées pour cette fonction. Car si une consignation avoit été ordonnée en justice entre les mains d'un autre Officier, de qui la charge ne renfermeroit pas cette fonction, le dépôt fait en ses mains par l'autorité de la justice donneroit bien l'hypotheque sur sa charge, mais ne devroit pas donner une preference. Car ses creanciers particuliers se trouveroient trompez par cette preference qu'ils n'auroient pû prevoir; au lieu que les creanciers de ce Receveur depositaire public ne peuvent ignorer l'affectation de sa charge aux creanciers des consignations. V. les trois articles suivans.

On peut demander sur le sujet de l'hypotheque que les creanciers de dépôts ont sur les immeubles du Receveur, dequel jour cette hypotheque aura son effet? si ce sera du jour de la reception du Receveur à son Office, comme celle des Mineurs qui ont hypotheque sur les biens de leurs Tuteurs du jour de leur nomination pour des sommes qu'ils ne recevront que long-temps après, ou si ce sera seulement du jour de la consignation? Si l'hypotheque a lieu du jour de la reception du Receveur, les creanciers des dernieres consignations seront preferez aux creanciers hypothequaires du Receveur, si leur hypotheque n'est anterieure à la reception de l'Officier: & si au contraire l'hypotheque n'a lieu que du jour du dépôt, il semblera s'ensuivre que les creanciers de divers ordres devront être preferez les uns aux autres sur les immeubles, selon les dates des consignations, quoiqu'ils viennent en contribution sur le prix de l'Office sans égard à ces dates, comme il sera dit dans l'article 29.

On ne pretend pas de decider ici ces questions, ni de les traiter, non plus que d'autres qu'on pourroit faire sur le même sujet, on fait seulement cette remarque pour dire qu'il seroit à souhaiter qu'il y fût pourvû.

## XXVII.

Si parmy les dépôts dont il a été parlé dans l'article précedent, il y en a quelques-uns qui se trouvent en nature, ceux qui ont fait ces dépôts, ou ceux à qui ils devront revenir, les retireront par preference à tous autres creanciers; car c'est leur chose propre [e].

27. Preference pour le dépôt qui est en nature.

[e] Si tamen nummi extent; vendicari eos posse puto à depositariis, & futurum eum qui vindicat ante privilegia. l. 24. §. 2. ff. de reb. auct. jud. poß.

## XXVIII.

Si celuy qui étoit creancier d'un depositaire public à cause d'un dépôt, comme sont ceux qui doivent recevoir des deniers consignez pour un ordre, ou pour quelqu'autre cause, a innové sa dette, & changé la nature du dépôt, comme s'il avoit pris du depositaire une obligation causée de prêt, il n'aura plus aucun privilege, & il en seroit de même s'il avoit laissé son argent pour

28. Celui qui a innové perd son privilege.

en prendre des interêts ; car il auroit par là changé la nature du dépôt, qu'il auroit converti en un prêt *f*.

*f* Qui depositis nummis usuras à mensulariis acceperunt, à cæteris creditoribus non separantur. Et meritò, aliud est enim credere, aliud deponere. *l. 24.* §. *2. ff. de reb. auct. jud. poss.*

Celui qui prend des interêts d'une somme qui lui étoit dûe pour un dépôt, devient creancier d'un prêt. Car le dépôt ne produit point d'interêts, & le dépositaire ne peut en devoir. Ainsi quand il paye des interêts, c'est parce qu'il ne garde plus l'argent en dépôt, mais qu'il le tourne à son propre usage du consentement de celui qui devoit le recevoir. Et ces interêts quoi qu'illicites de la part de ce creancier marquent toûjours que son intention, & celle du debiteur est de changer le dépôt en un prêt.

## XXIX.

29. Concurrence de creanciers pour divers dépôts.

LES trois articles précedens regardent la concurrence entre les creanciers qui ont à recevoir des sommes de deniers ou d'autres choses déposées, & les creanciers particuliers de l'Officier dépositaire. Mais entre les creanciers des dépôts, s'ils viennent entr'eux en concurrence pour divers dépôts, le privilege qu'ils avoient tous sur la charge du Receveur, & leur preference à ses creanciers leur étant commune, ils en perdent l'effet entr'eux, & ils viennent concurremment en contribution *g*. Desorteque, par exemple, tous les opposans d'un ordre dont la consignation sera plus ancienne venant en concurrence avec ceux d'un autre ordre dont la consignation n'aura été faite que long-temps aprés, il n'y aura point de preference pour les premiers sur le prix de l'office sujet à leur privilege ; mais il en sera laissé pour chaque ordre à proportion du plus ou moins du fonds de chacun. Car c'est par leur privilege que les creanciers

*g* Quæritur, utrum ordo spectetur eorum qui deposuerunt, an verò simul omnium depositariorum ratio habeatur : & constat simul admittendos. *l. 7. §. ult. ff. depos.*

Il ne faut entendre la concurrence expliquée dans cet article, qu'à l'égard de tous les creanciers d'un ordre, considerez ensemble pour une seule creance, & de tous ceux des autres ordres, considerez de même pour les fonds qui doivent leur revenir. Mais à l'égard des creanciers de chaque ordre entr'eux, il n'y a pas de contribution. Car chacun d'eux doit recevoir sur l'ordre où il est colloqué les sommes qui doivent lui revenir selon sa collocation ; de sorte que le premier colloqué reçoive toute sa creance, si le fonds suffit, quoiqu'il n'y en ait pas assez pour les autres.

On n'a mis dans cet article cette concurrence entre creanciers de divers ordres, que sur les deniers de l'Office ; car c'est leur gage commun affecté pour leur privilege : & on n'y a pas marqué la même concurrence sur les autres biens. Surquoi on peut revoir la derniere remarque sur l'article 26.

de

de ces ordres doivent recevoir le prix de cet office, qui n'étoit entré dans les biens de cet Officier qu'à condition de l'affectation égale pour tous les dépôts qui seroient faits ensuite.

## XXX.

Tout privilege fait une affectation particuliere, qui donne au creancier privilegié la chose pour gage, quoy-qu'il n'y ait ny convention, ny condamnation qui marque expressément cette preference. Car elle est attachée au titre de la creance, par la nature de la dette, & sans qu'on l'exprime. Et si la dette n'étoit pas d'elle même privilegiée, on ne pourroit la rendre telle par l'effet d'une convention *h*.

*30. Effet des privileges.*

*h C'est une suite de tous les articles precedens.*
*Toto tit. ff. & Cod. in quib cauf. pign. v. h. t. x.*

## XXXI.

Parmy les privileges des creanciers, quelques uns n'affectent qu'une chose en particulier, & ne s'étendent pas au reste des biens, & d'autres affectent tous les biens sans distinction. Ainsi, le privilege du proprietaire d'un fonds sur les fruits pour le prix de sa ferme, celuy du vendeur pour le prix de la vente, celuy de la personne qui a prêté pour acheter un fonds, ou pour y faire des ameliorations, ne s'étendent pas sur tous les biens du debiteur; mais sont bornez aux choses qui y sont affectées *i*. Et ces creanciers n'ont sur les autres biens que leur action personelle *l*, ou une hypotheque, s'ils l'ont stipulée. Mais les frais de Justice & les frais funeraires ont leur preference sur tous les biens indistinctement.

*31. Difference de privilege pour l'affectation des biens.*

*i V. les articles precedens. C'est une suite de la nature du privilege.*
*l Sanè personali actione debitum apud presidem petere non prohiberis. l. 17.*
*C. de pignor.*

## XXXII.

Entre creanciers privilegiez les uns sont preferez aux autres, selon la nature de leurs privileges, & les dispositions des loix ou des Coûtumes. *m.* Ainsi, celuy qui a

*32. Concurrence & preference entre privilegiez.*

*m C'est une suite de la nature des privileges. Voyez tous les articles de cette Section.*

fourni les deniers pour reparer une maison qui étoit en peril de ruine, est preferé au vendeur de cette maison qui en demande le prix. Ainsi, celuy qui auroit loüé une grange à un Fermier, seroit préferé pour le prix de son bail, au proprietaire à qui ce Fermier devroit le prix de la ferme d'où les fruits mis dans cette grange seroient provenus. Ainsi, les frais de Justice étant la dette de toutes les parties sont preferez à tout privilege. Ainsi, ceux qui ont des privileges sur les meubles sont preferez au privilege du Roy *n*. Ainsi, les frais funeraires sont preferez aux loyers sur les meubles des locataires *o*. Ainsi, dans tous les cas de concurrence de privileges, on en regle les preferences par les distinctions qu'en fait leur nature.

*n Voyez l'article 23.*
*o Si colonus vel inquilinus sit is qui mortuus est, nec sit unde funeretur, ex invectis illatis eum funerandum Pomponius scribit : & si quid superfluum remanserit, hoc pro debita pensione teneri. l. 14. §. 1. ff. de relig. & sumpt. fun.*

## XXXIII.

33. Un cas de pre-ference entre mê-mes privileges.

Si celuy qui vend une maison tenuë par un locataire, s'en reserve les loyers pendant un certain temps, & qu'il soit convenu que les meubles du locataire seront affectez tant pour les loyers reservez au vendeur, que pour ceux qui seront dûs dans la suite à l'acquereur ; le vendeur sera le premier payé, sur ces meubles, si leur convention ne le regle autrement *p*.

*p Insulam tibi vendidi, & dixi prioris anni pensionem mihi sequentium tibi accessuram : pignorumque ab inquilino datorum jus utrumque secuturum ..... facti quaestio est. Sed verisimile est id actum, ut primam quamque pensionem pignorum causa sequatur. l. 13. ff. qui potior.*

## XXXIV.

34. Trois ordres de creanciers.

Il resulte de toutes les regles precedentes, qu'entre creanciers il y a trois ordres. Le premier des privilegiez qui precedent tous autres, & vont entr'eux selon les distinctions de leurs preferences. Le second des hypothequaires qui ont leur rang après les privilegiez, selon les dates de leurs hypotheques. Et le troisiéme des chirographaires, & autres purement personels, qui n'étant distin-

guez ny par privilege, ny par hypotheque, viennent par
cette raison en concurrence & en contribution *q*.

*q C'est une suite de tout ce qui a été dit dans ce Titre.*

# SECTION VI.

## De la subrogation à l'hypotheque, ou au privilege du creancier.

QUoyque cette matiere de la subrogation aux droits
des creanciers, étant d'elle-même simple & naturelle doive être facile ; les differentes manieres d'acquerir la subrogation, & les inconveniens où l'on peut tomber faute d'observer en chacune ce qu'elle a d'essentiel,
font une multiplicité de combinaisons qui peuvent em-
barrasser, & rendre cette matiere obscure & difficile.
Ainsi on a cru qu'avant que d'en expliquer les regles, il
seroit utile de donner en peu de paroles une idée generale de la nature de la subrogation, & de ses especes,
& de ce qu'il peut y avoir en chacune qui luy soit propre
& essentiel.

La subrogation dont on parle icy n'est autre chose
que ce changement qui met une autre personne au lieu
du creancier, & qui fait que le droit, l'hypotheque, le
privilege qu'un creancier pouvoit avoir, passe à la personne qui luy est subrogée, c'est-à-dire, qui entre dans
son droit.

La maniere la plus simple de subroger, & qui fait
toûjours passer les droits du creancier à celuy qui est
subrogé, est le transport qu'en fait le creancier. Les
transports sont de plusieurs sortes : Quelques-uns sont
generaux & de plusieurs droits, comme la vente d'une
heredité qui fait passer à celuy qui l'achete tous les
droits de l'heritier, pour les exercer comme il auroit
pû le faire luy-même : D'autres sont particuliers d'une
certaine chose, comme est un transport d'une obligation : Il y en a qui sont gratuits, comme un transport que
fait un donateur à un donataire, lorsqu'il y a dans la

*Explication de la nature des subro-gations, & de leurs especes.*

*Definition de la subrogation.*

Ff ij

donation des dettes actives, ou d'autres droits : Et il y en a qui se font à titre onereux, comme si un debiteur cede une dette en payement à son creancier, ou si un creancier cede à un tiers ce qui luy est dû, pour un certain prix.

Toutes ces sortes de transports ont cet effet, que le cessionnaire succede à la place du creancier, & qu'il peut exercer les droits qui luy sont cedez de la même maniere que le creancier l'auroit pû luy-même avant le transport, & avec son hypotheque, & son privilege.

Il y a une autre maniere de subrogation aux droits d'un creancier, lorsque son debiteur empruntant pour payer ce qu'il luy doit, convient avec celuy de qui il emprunte, que les deniers seront employez au payement de ce creancier, & que celuy qui les prête luy sera subrogé. Ce qui acquiert à ce nouveau creancier le droit du premier, pourvû qu'il soit dit dans la quittance que le payement est fait de ses deniers. Car le debiteur qui a pû s'obliger au premier creancier, peut s'obliger aux mêmes conditions à celuy qui l'acquite : & le mettant en la place du premier qui reçoit ses deniers, il ne fait aucun tort à ses autres creanciers, & ne change en rien leur condition.

On acquiert aussi la subrogation sans le consentement du creancier par une Ordonnance du Juge, soit du consentement du debiteur, ou quelquefois même sans qu'il y consente. Ainsi, un Tuteur qui veut acquitter de ses deniers propres une dette de son Mineur à un creancier qui refuse de le subroger, peut faire ordonner qu'en payant il sera subrogé. Et en ce cas l'autorité de la Justice fait passer le droit du creancier à celuy qui le paye, pourvû qu'il rapporte l'Ordonnance du Juge, & le payement fait de ses deniers. Car le Juge ne fait à celuy qui paye pour un autre que la même justice qui luy est dûë par le debiteur, & sans que personne en reçoive aucun prejudice.

Il y a encore une autre maniere d'acquerir une subrogation en Justice sans le fait de celuy à qui est le droit,

& même contre fon gré, comme fi les dettes actives
d'un debiteur fe vendent en juftice. Car la juftice donne à celuy qui s'en rend adjudicataire le même droit
qu'il auroit fi le debiteur luy avoit vendu : & il fera fubrogé aux hypotheques, & aux privileges.

Il faut enfin remarquer une autre forte de fubrogation qui s'acquiert fans aucun tranfport du creancier,
fans le confentement du debiteur, & fans ordonnance
du Juge; mais par le fimple effet du payement fait au
creancier. Ainfi, lorfqu'un creancier voulant s'afsûrer
fon hypotheque, & craignant qu'un autre creancier anterieur ne groffiffe fa dette en frais, ou ne faffe faifir,
paye ce creancier, il luy eft fubrogé, pourvû qu'il paroiffe par la quittance que le payement eft de fes deniers.
Car la loy prefume qu'étant luy-même creancier, il ne
paye que pour la sûreté de fon hypotheque : Et elle le
fubroge. Et il en eft de même de celuy qui ayant acquis
un fonds, & craignant d'y être troublé par un creancier anterieur à fon acquifition, luy paye fa dette. Et
dans l'un & l'autre de ces deux cas, ces motifs rendent
jufte une fubrogation qui ne fait prejudice à qui que ce
foit.

On voit dans toutes ces fortes de fubrogation, que le
droit du creancier paffe de fa perfonne à une autre qui
entre en fa place, & que ce changement ne peut arriver qu'en deux manieres. L'une par la volonté du creancier qui fubroge : L'autre fans cette volonté, par l'effet
de la loy, qui met à la place du creancier, celuy à qui
l'équité fait paffer fon droit.

## SOMMAIRES.

### I.

*1. Le transport subrogé à l'hypotheque, & au privilege.*

CEluy à qui un creancier transporte une dette est subrogé à son droit, & il acquiert avec la creance, les hypotheques & les privileges qu'elle peut avoir; soit que le transport se fasse pour un prix, ou qu'il soit gratuit. Car encore qu'il soit vray que le payement éteint la dette, & qu'il semble par cette raison, que le creancier ne puisse faire passer à un autre un droit qui s'aneantit en sa personne, par le payement; le transport qui se fait en même temps a le même effet que si le creancier avoit vendu son droit à celuy qui le paye. Et il est égal pour l'effet du transport à celuy qui paye pour le debiteur, que ce soit son coobligé, ou sa caution, ou une tierce personne *a*.

*a* Emptori nominis etiam pignoris persecutio præstari debet: ejus quoque quod postea venditor accepit. Nam beneficium venditoris prodest emptori. *l. 6. ff. de hered vel act. vend.* Si à creditore nomen comparasti, ea pignora, quæ venditor nominis persequi posset, apud præsidem provinciæ vindica. *l. 7. C. de obl. & act. l. 6. eod.* V. l'art. 4.

Cùm is qui reum & fidejussores habens, ab uno ex fidejussoribus accepta pecunia, præstat actiones, poterit quidem dici nullas jam esse, cùm suum perceperit, & perceptione omnes liberati sunt: sed non ita est, non enim in solutum accepit: sed quodammodo nomen debitoris vendidit. Et ideo habet actiones, quia tenetur ad idipsum, ut præstet actiones. *l. 36. ff. de fidejuss.* Salvas esse mandatas actiones: cùm pretium magis mandatarum actionum solutum, quàm actio quæ fuit, perempta videatur. *l. 76. ff. de solut.*

### II.

*2. Subrogation sans transport.*

Ceux qui sans transport des creanciers font ordonner par le Juge, qu'en les payant ils leur seront subrogez, acquierent par le payement leurs droits, leurs hypotheques, & leurs privileges, & ceux même du Roy s'ils acquierent sa dette s'y faisant subroger *b*.

*b* Si in te jus fisci, cùm reliqua solveres debitoris pro quo satisfaciebas, tibi competens judex ascripsit, & transtulit: ab his creditoribus, quibus fiscus potior habetur, res quas eo nomine tenes, non possunt inquietari. *l. ult. C. de privil. fisc.*

### III.

Pour acquerir fans autorité de juftice le droit d'un
creancier & fon hypotheque, il fuffit de deux chofes
l'une, ou que celuy qui paye le creancier prenne fon
tranfport, comme il a été dit dans le premier article, ou
qu'il convienne avec le debiteur que payant pour luy il
fera fubrogé, & qu'en ce cas il foit fait mention dans le
payement que c'eft de fes deniers. Car alors quoyque le
creancier refufe la fubrogation, celuy qui le paye acquerra fon droit par l'effet du payement, & de la convention avec le debiteur. Et il en feroit de même fi les
deniers prêtez étant mis entre les mains du debiteur
avec cette convention, que celuy qui prête feroit fubrogé, le debiteur faifoit enfuite le payement luy-même,
declarant dans la quittance que c'eft des deniers em-
pruntez de cette perfonne. Mais fi le payement n'eft fait
que fur la fimple quittance du creancier, & n'eft pas ac-
compagné de l'une ou de l'autre de ces deux manieres
d'acquerir la fubrogation, il ne produira à celuy qui paye
qu'une fimple action contre le debiteur, pour recouvrer
contre luy la fomme payée en fon acquit, quand même
il feroit fait mention dans la quittance que ce feroit des
deniers de ce tiers. Car on pourroit prefumer qu'il n'auroit acquitté que ce qu'il devoit *e*

*3. Comment un
tiers peut acquerir
le droit d'un crean-
cier.*

*e* Res obligatas exterus, debito foluto liberando, datum petere, non ea-
rùm dominium adipifci poteft. *l. 21. C. de pign. & hyp.*
Non omnino fuccedunt in locum hypothecarii creditoris hi quorum pecunia
ad creditorem tranfit. Hoc enim tunc obfervatur, cùm is qui pecuniam poftea
dat, fub hoc pacto credat, *ut idem pignus ei obligetur, & in locum ejus fuccedat.* Quod cùm in perfona tua factum non fit ( judicatum eft enim te pigno-
rà non accepiffe ) fruftra putas tibi auxilio opus effe conftitutionis noftræ ad
eam rem pertinentis. *l. 1. C. de his qui in. prior. cred. loc. fucc.* Arifto Neratio
Prifco fcripfit, & fi ita contractum fit, *ut antecedens dimitteretur,* non aliter
in jus pignoris fuccedit, nifi convenerit, *ut fibi eadem res effet obligata.* Neque enim in jus primi fuccedere debet, qui ipfe nihil convenit de pignore. *l. 3.
ff. quæ res pign.*
*V. la remarque fur l'article 5; pour le cas où le debiteur ne fait le payement
que quelque temps aprés qu'il a emprunté les deniers pour payer.*
*Cette maniere d'acquerir le droit du créancier, fans qu'il fubroge eft de l'é-
quité, pour faciliter les payemens. Et il eft jufte que les debiteurs puiffent eux-
mêmes mettre en la place de leurs creanciers ceux qui payent pour eux, puifque
perfonne n'en reçoit aucun prejudice, & qu'il eft de l'interêt du debiteur qu'il
puiffe adoucir fa condition changeant de creancier. C'eft fur cette équité que fut*

fondé l'Edit qui fut donné en 1609. aprés la reduction des rentes du denier douze au denier seize, sur ce que les creanciers ne voulant point leur remboursement refusoient de subroger, & que ceux qui vouloient prêter, pour faire les rachats, craignoient de n'être pas subrogez aux droits des creanciers qui refusoient leur subrogation, à quoi il fut pourvû, accordant la subrogation suivant cette regle.

## IV.

*4. Comment un tiers acquiert le privilege d'un creancier.*

Celui qui paye un creancier privilegié succede à son privilege, soit par un transport du creancier qui lui cede simplement son droit, ou par une subrogation faite par le Juge, comme il a été dit en l'article 2. ou par une convention avec le debiteur, comme il sera expliqué dans l'article suivant d.

d Cùm pro patre, in cujus potestate non eras, pecuniam fisco intuleris, & jure privilegio ejus successisti, & ejus locum, cui pecunia numerata est, consecutus es. l. 2. C. de his qui in pr. cred. loc. succ. Si cùm pecuniam pro marito solveres, neque jus fisci in te transferri impetrasti, neque pignoris causâ domum vel aliud quid ab eo accepisti, habes personalem actionem. l. 3. C. de privil. fisc. Si in te jus fisci, cùm reliqua solveres debitoris pro quo satisfaciebas, tibi competens judex adscripsit & transtulit, ab his creditoribus, quibus fiscus potior habetur, res quas eo nomine tenes, non possunt inquietari. l. ult. eod.

## V.

*5. Comment le privilege s'acquiert sans subrogation.*

On peut acquerir le privilege d'un creancier sans subrogation, de même que l'hypotheque, par une convention avec le debiteur, que celuy qui payera pour luy aura le privilege. Et il n'importe que le payement soit fait au creancier par celuy qui prête, ou par le debiteur à qui les deniers ayent été confiez, pourvû qu'en l'un & en l'autre cas il paroisse par la quittance, que le payement est fait des deniers de cette personne e, ainsi qu'il a été dit pour l'hypotheque dans l'art. 3me.

e Eorum ratio prior est creditorum, quorum pecunia ad creditores privilegiarios pervenit. Pervenisse autem quemadmodum accipimus? Utrum si statim profecta est ab inferioribus ad privilegiarios, an verò & si per debitoris personam, hoc est, si ante ei numerata est : quod quidem potest benignè dici, si modò non post aliquod intervallum id factum sit. l. 24. §. 3 ff. de reb. auct. jud. poss. Ajoûtez les textes citez sur l'article 4.

Quoique les deniers prêtez pour faire le payement ne soient delivrez au creancier, soit par le debiteur, ou par celui qui prête, que quelque temps aprés leur convention ; celui qui prête les deniers ne laissera pas d'être subrogé. Car l'obligation du debiteur envers celui qui lui fait le prêt, sera la preuve de la cause de l'emprunt pour acquitter le creancier : & la quittance de ce creancier prouvera l'emploi des deniers. Et ce qui est dit dans la loi citée sur cet article, qu'il ne faut point d'intervalle, doit se rapporter à l'usage du droit Romain où souvent les conventions ne s'écrivoient point, ainsi l'intervalle pouvoit faire perdre la preuve de l'emploi des deniers.

VI.

## VI.

Celuy qui étant déja creancier acquite un autre creancier anterieur du même debiteur , fuccede à fon hypotheque, encore qu'il n'y en ait ni convention, ni fubrogation. Car fa qualité de creancier fait prefumer qu'il
ne paye celuy qui eft plus ancien que pour fe mettre en
fa place, & affurer fa dette. Ce qui diftingue fa condition de celuy qui n'ayant pas un pareil interêt, paye pour
le debiteur fans fubrogation, & de qui on peut dire,
qu'il pouvoit être obligé envers le debiteur à payer
pour luy f.

*6. Du creancier qui paye un autre creancier plus ancien que lui.*

f Planè cum tertius creditor primum de fua pecunia dimifit , in locum ejus fubftituitur in ea quantitate , quam fuperiori exolvit. *l.* 16. ff. *qui pot. in pign.* v. *l.* 11. §. 4. *eod. l.* 12. §. 9. *eod. l.* 17. *eod.*

## VII.

L'acquereur d'un heritage employant le prix de fon
acquifition au payement des creanciers à qui cet heritage étoit hypotheque, eft fubrogé à leur droit, jufqu'à la
concurrence de ce qu'il leur paye. Car en les payant du
prix de leur gage pour fe l'affurer, il fe le conferve pour
la valeur de ce qu'il leur paye, contre d'autres creanciers fubfequens, quoy qu'anterieurs à fon acquifition.

*7. Subrogation d'un acquereur aux creanciers qu'il paye.*

g Si potiores creditores pecunia tua dimiffi funt, quibus obligata fuit poffeffio quam emiffe te dicis, ita ut pretium perveniret ad eofdem priores creditores, in jus eorum fucceffifti : & contra eos, qui inferiores illis fuerunt,
jufta defenfione te tueri potes. *l.* 3. *C. de his qui in prio. cred. loc. fuc.* Eum qui à
debitore fuo prædium obligatum comparavit, eatenus tuendum, quatenus ad
priorem creditorem ex pretio pecunia pervenit. *l.* 17. *ff. qui pot.* Voyez l'article
precedent.

## VIII.

Le creancier qui en vertu de fon hypotheque, ou d'u-
ne permiffion du Juge, faifit les droits & actions de fon
debiteur fur ceux qui luy doivent, fe faifant adjuger ce
qu'il a faifi, eft fubrogé aux hypotheques & aux privileges
qu'avoit fon debiteur pour ces dettes faifies *h*.

*8. Subrogation par faifie.*

h Si prætorium pignus quicunque judices dandum alicui perfpexerint : non
folùm fuper mobilibus rebus, & immobilibus, & fe moventibus, fed etiam
fuper actionibus quæ debitori competunt, præcipimus hoc eis licere decernere.
*l.* 1. *C. de præt. pign.*
La dette faifie eft adjugée au creancier faififfant, telle qu'elle appartenoit au
debiteur.

## IX.

Lorſque la ſubrogation du creancier eſt neceſſaire pour acquerir ſon droit à celuy qui paye pour le debiteur, elle doit être faite dans le temps même du payement & de la quittance. Car ſi le payement étoit conſommé ſans rapport à la ſubrogation, n'étant faite qu'aprés, elle ſeroit inutile. Et le droit du creancier étant aneanti par le payement, il n'auroit pû ceder ce qu'il n'avoit plus, ni ſubroger à un droit éteint *i*.

*i* Modeſtinus reſpondit, ſi poſt ſolutum ſine ullo pacto omne quod ex cauſa tutelæ debeatur, actiones poſt aliquot intervallum ceſſæ ſint, nihil ea ceſſione actum, cùm nulla actio ſuperfuerit. *l.* 76. *ff. de ſolut.* V. l'art. ſuivant.

## X.

Toutes les ſubrogations, tranſports, & autres manieres d'acquerir l'hypotheque ou le privilege d'un creancier, ſoit par convention, ou en juſtice, ou autrement, n'ont aucun effet, ſi lors de la ſubrogation, tranſport ou autre acte, le droit du creancier ne ſubſiſtoit plus, ſoit qu'il fût éteint par une preſcription, ou aneanti par un jugement, ou acquité par un payement, ou qu'il eût ceſſé par quelqu'une des cauſes qui ſeront expliquées dans la Section ſuivante. Ainſi dans les queſtions de la validité des ſubrogations, tranſports, & autres manieres d'acquerir l'hypotheque, ou le privilege, il faut conſiderer, ſi au temps de la ſubrogation, le droit, l'hypotheque, ou le privilege ſubſiſtoit encore *l*.

*l* Si dominus ſolverit pecuniam, pignus quoque perimitur. *l.* 13. §. 2. *ff. de pign.* V. la Section ſuivante.

# SECTION VII.

## Comment l'hypotheque finit ou s'éteint.

## SOMMAIRES.

## I.

L'Hypotheque n'étant qu'un accessoire de la dette, le payement qui aneantit la dette éteint l'hypotheque *a*. Mais il faut qu'il soit entier de tout ce qui est dû en principal, interêts, & frais *b*.

*1. L'hypotheque s'éteint par le payement.*

*a* Si dominus solverit pecuniam, pignus quoque perimitur. *l.* 13. §. 1. *ff. de pign. & hyp.* Pignoris causa res obligatas soluto debito restitui debere pigneratitiæ actionis natura declarat. *l. pen. C. de pigner. act.*

*b* Nisi universum, quod debetur, offerretur, jure pignus creditor vendere potest. *l.* 25 §. 14. *ff. fam. ercisc.* Nam si vel modicum de sorte, vel usuris in debito perseveret, distractio rei obligatæ non potest impediri. *l.* 2. *in f. C. debit. vend. pign. imp. n. p. l.* 6. *C. de distr. pign.* V. cy-devant l'article 4. de la Section 3.

## I I.

*2. Par une novation.*

La novation qui éteint la premiere obligation la changeant en une nouvelle, éteint aussi l'hypotheque qui en étoit l'accessoire, si elle n'est reservée *c*.

*c Novata debiti obligatio pignus peremit, ni convenit, ut pignus repetatur, l. 11. §. 1. ff. de pign. act.*

*Voyez ce que c'est que novation au Titre des Novations.*

## III.

*3. Par le serment deferé au debiteur qui jure ne rien devoir, ou par un jugement qui l'absout.*

Tout ce qui aneantit la dette dégage l'hypotheque. Ainsi, lorsqu'un debiteur à qui le serment est deferé jure avoir payé, ou qu'il est absous par un jugement dont il n'y ait point d'appel, la dette & l'hypotheque son aneanties. Et il en est de même dans tous les cas où l'obligation ne subsiste plus *d*.

*d Si deferente creditore juravit debitor se dare non oportere, pignus liberatur : quia perinde habetur atque si judicio absolutus esset. Nam & si à judice quamvis per injuriam absolutus sit debitor, tamen pignus liberatur. l. 13. ff. quib. mod. pign. vel hyp. sol. Idem dicere debemus, vel si qua ratione obligatio ejus finita est. l. 6. eod.*

## IV.

*4. Par tout ce qui tient lieu de payement.*

Tout ce qui peut tenir lieu de payement fait que l'hypotheque ne subsiste plus. Ainsi, par exemple, si le creancier se contente ou d'une caution, ou d'un autre debiteur au lieu du premier, ou qu'au lieu de son gage il en prenne un autre, dans tous ces cas & autres semblables l'hypotheque cesse, si l'intention des parties paroît décharger le gage, & restreindre le creancier à ces autres sûretez, quoyque sa condition en devienne moins avantageuse *e*.

*e Item liberatur pignus sive solutum est debitum, sive eo nomine satisfactum est. l. 6. ff. quib. mod. pign. Satisfactum autem accipimus, quemadmodum voluit creditor, licet non sit solutum : sive aliis pignoribus sibi caveri voluit, ut ab hoc recedat : sive fidejussoribus, sive reo dato, sive pretio aliquo, vel nuda conventione, nascitur pigneratitia actio, & generaliter dicendum erit, quoties recedere voluit creditor à pignore, videri satisfactum, si ut ipse voluit, sibi cavit, licet in hoc deceptus sit. l. 9. §. 3. ff. de pign. act. l. 3. C. de luit. pign.*

## V.

*5. Par une consignation en cas de refus du creancier de recevoir son payement.*

Si c'est par un refus que fasse le creancier de recevoir son payement, qu'il retienne le gage, ou qu'il veüille le faire vendre, le debiteur peut offrir les deniers en jus-

tice, & les consigner, pour demeurer quitte, empêcher la vente, & retirer son gage, avec les dommages
& interêts que le creancier pourra lui devoir pour son
retardement *f*.

*f* Si per creditorem stetit, quominus ei solvatur, rectè agitur pigneratitia.
*l. 20. §. 2. ff. de pign. act.* Si offerat in judicio pecuniam, debet rem pignoratam, & quod sua interest consequi. *l. 9. §. ult. eod.* Debitoris denuntiatio, qui
creditori suo ne sibi rem pignori obligatam distrahat, vel his qui ab eo volunt
comparare, denuntiat, ita demum efficax est, si universum tam sortis quàm
usurarum offerat debitori creditori, eóque non accipiente, idonea fide probationis, ita ut oportet, depositum ostendat. *l. 2. C. debit. vendit. pign. imp. n.*
p. V. sur la Consignation la remarque sur l'art. 7. de la Section 3.

### VI.

6. Si le payement fait ne subsiste point, l'hypotheque revit.

Si le payement, ou ce qui devoit en tenir lieu n'a-
voit point d'effet, l'hypotheque revivroit avec la
creance ; comme si le creancier avoit pris en payement une dette avec garentie, & qu'il ne pût en être
payé, ou un fonds avec la même garentie, dont il fût
évincé, ou qu'un Mineur eût donné une quittance dont
il fût relevé. Car ces sortes de payemens renferment la
condition qu'ils subsisteront. Mais si un creancier majeur s'étoit contenté d'un transport d'une dette à ses perils & avoit donné quittance, l'hypotheque & la creance demeureroient éteintes, quoique le creancier ne
pût être payé de la dette cedée *g*.

*g* Debitum cujus meministi, quod per pacti conventionem inutiliter factam
remisisti, etiam nunc petere non vetaris, & usitato more pignora vindicare.
*l. 5. C. de rem. pign.*

### VII.

7. L'hypotheque s'éteint si le gage est mis hors du commerce.

Si le fonds hypothequé cesse d'être en commerce,
comme s'il est destiné à une Eglise ou autre lieu public,
l'hypotheque ne subsiste plus. Mais le creancier a son
action sur le prix que son debiteur en pourra recevoir *h*.

*h* V. l'article 26. de la Section 1.

### VIII.

8. Ou s'il vient à perir.

Comme l'hypotheque sur un fonds qui vient à perir
par un debordement ou autre accident, ne subsiste
plus ; ainsi l'hypotheque qu'auroit un creancier sur un
droit d'usufruit acquis à son debiteur, n'aura plus d'ef-

Gg iij

fet, fi l'ufufruit ceffe, quand même le debiteur furvi-
vroit à la perte de fon ufufruit, comme s'il ne l'avoit
que pour quelque temps *i*.

*i* Sicut re corporali extincta, ita & ufufructu extincto, pignus hypothecave
perit. *l. 8. ff. quib. mod. pign.* V. l'article 2. de la Sect. 6. de l'Ufufruit.

## IX.

*9. La prescription de la dette éteint l'hypotheque.*

Si la dette pour laquelle l'hypotheque avoit été
donnée, eft éteinte par une prefcription, l'hypotheque qui n'en étoit qu'un acceffoire, eft aneantie *l*.

*l* Item liberatur pignus five folutum eft debitum . . . . . . fed & fi tempore finitum pignus eft idem dicere debemus. *l. 6. ff. quib. mod. pign. l. 12. ff. de diverf. temp. præfcr. l. 3. C. de præf. 30. vel 40. ann.*
Par le droit Romain l'action hypothequaire ne fe prefcrivoit que par 40. ans
contre le debiteur & fes heritiers, & même contre le tiers detenteur, fi le debiteur
étoit encore vivant. Ainfi, l'action hypothequaire duroit plus que la fimple action perfonelle. V. à la fin du preambule de la Sect. 4. de la Poffeffion, & des
Prefcriptions. Cette prefcription de 40. ans s'obferve en quelques Provinces. Mais
on a conçû la regle fuivant l'ufage commun & naturel, qui ne donne pas plus de
durée à l'action hypothequaire qu'à la fimple action perfonelle, par la raifon expliquée dans l'article.

## X.

*10. Si le debiteur perd fon droit fur le gage, le creancier perd fon hypothe-
que.*

Si le debiteur qui avoit hypothéqué un fonds vient
à perdre le droit qu'il y avoit, comme s'il en eft dépoüillé par une éviction, ou par une faculté de rachat,
ou par un retrait lignager, ou par d'autres caufes,
l'hypotheque qu'il avoit affignée fur ce fonds ne fubfifte plus; fi ce n'eft que ce fût par fon fait qu'il eût perdu fon droit, comme par exemple, fi pouvant fe défendre de cette éviction, ou de ce rachat, ou de ce retrait,
il y donnoit les mains : s'il negligeoit de demander la
diftraction d'un fonds faifi fur une tierce perfonne, &
qui feroit à lui : s'il ne fe défendoit pas dans une bonne
caufe : ou s'il abandonnoit autrement fes droits. Car
dans tous ces cas le creancier peut exercer les droits de
fon debiteur pour conferver les fiens *m*.

*m* Si res diftracta fuerit fic, *Nifi intra certum diem meliorem conditionem in-
venifset,* fuerítque tradita, & forte emptor, antequam melior conditio offerretur : hanc rem pignori dediffet : Marcellus libro quinto Digeftorum ait, finiri pignus, fi melior conditio fuerit allata quamquam ubi fic res diftracta eft,
nifi emptori difplicuiffet, pignus finiri non putet. *l. 3. ff. quib. mod. pign.* Su-
perfedente (debitore) tali auxilio uti, vel præfente vel abfente eo, creditores
ejus poffunt. *l. pen. C. de non num. pec.*

## XI.

Si un debiteur qui avoit acheté un fonds, ou un meuble, & qui l'avoit ensuite engagé à un creancier, veut resoudre la vente par redhibition, à cause de quelque defaut de la chose venduë, son creancier pourra l'empêcher, si le debiteur ne pourvoit à sa sûreté ; soit en lui donnant le prix que le vendeur sera obligé de rendre, ou en lui laissant la chose, s'il veut la prendre pour le prix dont ils conviendront *n*.

*11. Effet de la redhibition de la chose hypothequée.*

*n* Si debitor cujus res pignori obligatæ erant, servum quem emerat redhibuerit, an desinat Servianæ locus esse ? Et magis est ne desinat, nisi ex voluntate creditoris hoc factum est. *l.* 4. *ff. quib. mod. pign.*
*V. l'art.* 1. *de la Sect.* 1v. *du Contract de vente.*

## XII.

Le creancier qui consent à la vente, donation, ou autre alienation que fait son debiteur du fonds qui lui étoit engagé, ou qui la permet, ou la ratifie, n'a plus d'hypotheque sur ce fonds, s'il ne la reserve *o*. Car il a consenti à une alienation qui ne pouvoit se faire à son prejudice s'il ne l'eût approuvée : & son consentement tromperoit l'acquereur, s'il pouvoit ensuite se servir de son hypotheque.

*12. Le creancier qui consent à l'alienation de son gage, perd son hypotheque s'il ne la reserve.*

*o* Creditor qui permittit rem venire pignus dimittit. *l.* 158. *ff. de reg. jur.* Si consensit venditioni creditor, liberatur hypotheca. *l.* 7. *ff. quib. mod. pign.* Si in venditione pignoris consenserit creditor, vel ut debitor hanc rem permutet, vel donet, vel in dotem det, dicendum erit pignus liberari : nisi salva causa pignoris sui consensit vel venditioni vel cæteris. *l.* 4. §. 1, *eod.* Si probaveris te fundum mercatum, possessionemque ejus sibi traditam, *sciente & consentiente* ea quæ sibi cum à venditore obligatum dicit, exceptione eam removebis : nam obligatio pignoris consensu & contrahitur, & dissolvitur. *l.* 2. *C. de remiss. pign.* Sed & si non concesserat pignus venundari, si ratam habuit venditionem, idem erit probandum. *d. l.* 4. §. 1. *in fine ff. quib. mod. pign.*
*V. sur ce consentement l'art.* 15. *cy-après.*

## XIII.

Si un creancier consent que son gage soit obligé à un autre, il lui remet son droit *p*. Mais ce consentement doit être tel qu'on l'expliquera dans l'article 15me.

*13. Si le creancier consent que son gage soit obligé à un autre.*

*p* Paulus respondit, Sempronium antiquiorem creditorem consentientem, cùm debitor eandem rem tertio creditori obligaret, jus suum pignoris remisisse videri. *l.* 12. *ff. quib. mod. pign. v. h. s.*

## XIV.

Si la vente ou autre alienation faite par le debiteur du consentement de son creancier vient à être annullée, ou qu'après ce consentement elle ne soit pas accomplie, le creancier alors rentre dans son droit. Car ce n'étoit qu'en faveur de cette alienation qu'il avoit renoncé à son hypotheque. Et il en seroit de même s'il avoit consenti que son debiteur disposât du fonds hypotequé en faveur d'un legataire, & que le legs se trouvât nul, ou que le legataire y eût renoncé q.

q Bellè quæritur, si fortè venditio rei specialiter obligatæ non valeat, an nocere hæc res creditori debeat, quòd consensit : ut putà, si qua ratio juris venditionem impediat, dicendum est, pignus valere. l. 4. §. ult. ff. quib. mod. pign. Si voluntate creditoris fundus alienatus est, inverecundè applicari sibi eum creditor desiderat, si tamen effectus sit secutus venditionis. Nam si non venierit, non est satis ad repellendum creditorem, quòd voluit venire. l. 8. §. 6. eod. Venditionis autem appellationem generaliter accipere debemus, ut etsi legare permisit, valeat quod concessit, quod ita intelligemus, ut & si legatum repudiatum fuerit, convalescat pignus. d. l. 8. §. 11. Voluntate creditoris pignus debitor vendidit, & postea placuit inter eum & emptorem, ut à venditione discederent, jus pignoris salvum erit creditori : nam sicut debitori, ita & creditori pristinum jus restituitur : neque omnimodo creditor pristinum jus remittit : sed ita demum, si emptor rem retineat, nec reddat venditori. l. 10. eod.

## XV.

On ne doit pas prendre pour un consentement du creancier à l'alienation de son gage, la connoissance qu'il peut en avoir, ni le silence où il demeure après cette connoissance; comme s'il sçait que son debiteur vend une maison qui lui est hypothequée, & s'il n'en dit rien. Mais pour le priver de son droit, il faut qu'il paroisse par quelque acte, qu'il sçait ce qui se fait à son prejudice, & qu'il y consent. Et un creancier ne perd son hypotheque par son consentement, que lorsqu'il paroît évidemment que son intention est de la remettre, ou qu'on pourroit lui imputer de la mauvaise foy pour n'avoir pas declaré son droit, devant le declarer. Ainsi, par exemple, si celui qui avoit affecté specialement un fonds à un premier creancier pour une rente, l'affectoit de même à un second pour une autre rente, lui declarant que ce fonds n'étoit engagé à personne, & que ce premier creancier signât le contract ou comme partie, ou

comme

comme témoin ; il se seroit par là rendu complice de cette fausse déclaration , & ne pourroit se servir de son hypotheque sur ce fonds au préjudice de ce second creancier. Ainsi au contraire si un creancier signe comme témoin un contract de mariage , ou un autre acte où son debiteur oblige tous ses biens, il ne perdra pas son hypotheque pour n'en avoir pas fait de protestation. Ainsi celuy qui signe comme témoin un testament où le testateur dispose d'un fonds sujet à son hypotheque , ne la perdra pas. Et en general on doit juger de l'effet de ces approbations par des signatures ou autrement , selon les circonstances de la qualité des actes , de celle des personnes , de la connoissance qu'elles peuvent avoir du tort que peut faire ou leur approbation ou leur silence à leurs interêts & à ceux des autres , de leur bonne ou mauvaise foy, de l'intention des contractans, & les autres semblables *r*.

*r Non videtur autem consensisse creditor , si sciente eo debitor rem vendiderit , cùm ideo passus est venire , quòd sciebat utique pignus sibi durare. Sed si subscripserit forte in tabulis emptionis , consensisse videtur , nisi manifeste appareat deceptum esse. l. 8. §. 15. ff. quib. mod. pign.*

*Inveniebatur Mævius instrumento cautionis cum republica facto à Seio interfuisse,& subscripsisse , quo caveret Seius , fundum nulli alii esse obligatum. Quæro an actio aliqua in rem Mævio competere potest? Modestinus respondit, pignus cui is de quo quæritur consensit, minime eum retinere posse. l. 9. §. 1. ff. quib. mod. pign.*

*Lucia Titia intestata moriens , à filiis suis per fideicommissum alieno servo domum reliquit. Post mortem, filii ejus iidem qui heredes, cùm diviserunt hereditatem matris , diviserunt etiam domum. In qua divisione dominus servi fideicommissarii quasi testis affuit. Quæro , an fideicommissi persecutionem acquisitam sibi per servum, eo quòd interfuit divisioni, amisisse videatur ? Modestinus respondit , fideicommissum ipso jure amissum non esse . . . . nisi evidenter apparuerit omittendi fideicommissi causa hoc eum fecisse. l. 34. §. 2. ff. de leg. 2. v. l. 8. ff. de resc. vend.*

*Gaius Seius ob pecuniam mutuam fundum suum Lucio Titio pignori dedit. Postea pactum inter eos factum est , ut creditor pignus suum in compensationem pecuniæ suæ certo tempore possideret. Verùm ante expletum tempus creditor cùm suprema sua ordinaret , testamento cavit , ut alter ex filiis suis haberet eum fundum , & addidit quem de Lucio Titio emi , cùm non emisset. Hoc testamentum inter cœteros signavit & Gaius Seius , qui fuit debitor. Quæro, an ex hoc quòd signavit præjudicium aliquod sibi fecerit : cùm nullum instrumentum venditionis proferatur , sed solùm pactum , ut creditor certi temporis fructus caperet ? Herennius Modestinus respondit , contractui pignoris non obesse, quod debitor testamentum creditoris, in quo se emisse pignus expressit , signasse proponitur. l. 39. ff. de pig. act.*

*Il faut remarquer sur cet article la difference qu'il peut y avoir entre la si* gnature d'un creancier dans quelque acte où il est partie, & dans un autre où il est seulement témoin. Tout ce qu'il signe comme partie, l'oblige sans doute. Mais dans les actes qu'il signe comme témoin, & où la signature n'est mise que pour témoignage de la vérité de ce qui s'est passé entre les contractans, on ne peut tirer de consequence de la signature d'un témoin contre son interêt, qu'en cas qu'il donne sujet par cette signature à ce que l'un des contractans se trouve trompé, comme dans le cas de ce témoin qui signe le contrat où est la fausse énonciation expliquée dans l'article. Car en ce cas le silence de ce témoin renferme une mauvaise foy qui le rend complice de celle de son debiteur. Mais si un témoin ne contribuë en rien de sa part à quelque surprise, & qu'il ne donne aucun consentement exprés qui deroge à son droit, sa presence, ni sa signature ne doit pas lui nuire ; comme on le voit dans le cas de cette Loy 39. ff. de pign. act. citée sur cet article, où celui qui avoit engagé son fonds à un creancier, ne le perd pas pour avoir souscrit comme témoin le testament de ce creancier qui declare qu'il veut que ce fonds demeure à un de ses enfans, quoique même ce testateur eût ajoûté qu'il avoit acquis ce fonds de ce témoin.

V. l'art. 33. de la Sect. 1.

# TITRE II.

## DE LA SEPARATION des biens du Défunt, & de ceux de l'Heritier entre leurs Creanciers.

*Matiere de ce Titre.*

ON a vû dans le Titre precedent, que l'un des usages de l'hypotheque est d'affecter les biens du debiteur en quelques mains qu'ils puissent passer. Mais quand ils ne passent que du debiteur à son heritier, le creancier conserve son droit, encore qu'il n'ait aucune hypotheque, parce que l'heritier ne succede aux biens qu'à la charge d'acquiter les dettes. Ainsi tous les creanciers du défunt sont à l'égard de son heritier au même état où ils étoient à l'égard de leur debiteur, chacun conservant sur les biens du défunt, ou son hypotheque, ou son privilege, ou sa simple creance telle qu'il l'avoit. Mais ce changement qui fait passer les biens du debiteur à son heritier, ayant cet effet que les creanciers de cet heritier auront aussi leur droit sur ces biens qui luy sont acquis ; il arrive que lorsque l'heritier n'a pas assez de ses biens propres pour ses creanciers, ceux du défunt se trouvent en péril de voir passer les biens du défunt aux creanciers de l'heritier, & il y est pourvû par la Separa-

tion des biens du défunt & de ceux de l'heritier entre leurs creanciers.

C'est par l'usage de cette Separation que les creanciers du défunt, qui craignent que son heritier ne soit pas solvable, empêchent la confusion des biens du défunt avec ceux de l'heritier, afin que les biens de leur debiteur leur soient conservez, & ne passent pas aux creanciers de cet heritier.

Mais si les creanciers de l'heritier craignent de leur part que cet heritier leur debiteur, s'engageant dans une succession onereuse, ses biens ne passent aux creanciers du défunt à leur préjudice il est de la même équité qu'ils puissent distinguer & separer les biens de l'heritier de ceux du défunt. Surquoy il faut remarquer, qu'encore que la condition des creanciers de l'heritier & celle des creanciers du défunt doivent être égales, le Droit Romain en avoit disposé autrement & n'accordoit pas la separation aux creanciers de l'heritier par cette raison, qu'un debiteur ayant la liberté de s'obliger, il peut empirer la condition de ses creanciers par de nouveaux engagemens à leur préjudice *a*. Mais cette subtilité n'a pas été goûtée dans nôtre usage: & on a jugé que la liberté que peut avoir un debiteur de contracter de nouvelles dettes, quoyqu'il en arrive du préjudice à ses creanciers, ne doit pas être tirée à une telle consequence. Car s'il est permis à ce debiteur de se faire de nouveaux creanciers en acceptant une succession chargée de dettes, il ne doit pas être défendu à ses creanciers d'user du droit qu'ils ont sur ses biens, pour empêcher qu'il ne les assujettisse aux charges de cette succession: & il est de la même justice de leur accorder cette separation, que de l'accorder contr'eux aux creanciers du défunt pour les biens de la succession.

Il est vray qu'en de certains cas on accordoit dans le Droit Romain la Separation aux creanciers de l'heritier, comme s'il acceptoit une succession onereuse, pour frau

*a* Ex contrario autem, creditores Titii non impetrabunt separationem. Nam licet alicui adjiciendo sibi creditorem, creditoris sui facere deteriorem conditionem. *l.* 1. *§.* 2. *ff. de separat.*

Hh ij

der ſes creanciers , & encore n'accordoit-on pas facilement la ſeparation dans ce cas là même. Et elle avoit
auſſi lieu dans quelques autres cas dont il ſeroit inutile
de parler ici *b* ; mais ces exceptions ne ſuffiſoient pas
pour faire juſtice aux creanciers de l'heritier, & nôtre
uſage leur accorde la Separation indiſtinctement.

Cette remarque de nôtre uſage ſervira d'avertiſſement
qu'il faut étendre aux creanciers de l'heritier les regles
qui ſeront recüeillies dans ce Titre, quoiqu'il n'y ſoit
parlé que des creanciers du défunt.

*b V. l. 1. §. 5. & ſeq. ff. de ſepar.*

# SECTION I.

## *De la nature & des effets de la ſeparation.*

### SOMMAIRES.

I.

**1. Cas de cette ſeparation.**

Lorſque les creanciers d'un défunt craignent que
l'heritier ne ſoit pas ſolvable , ils peuvent faire ſe-
parer les biens de la ſucceſſion, de ceux de l'heritier,
pour s'aſſûrer les biens du défunt leur debiteur, contre
les creanciers de ſon heritier *a*.

*a* Sciendum eſt ſeparationem ſolere impetrari decreto prætoris. Solet autem
ſeparatio permitti creditoribus ex his cauſis, ut putà debitorem quis Seium ha-

buit : hic deceſſit : heres ei extitit Titius : hic non eſt ſolvendo , paritur bonorum venditionem : creditores Seii dicunt bona Seii ſufficere ſibi , creditores Titii contentos eſſe debere bonis Titii. Et ſic quaſi duorum fieri bonorum venditionem. Fieri enim poteſt , ut Seius quidem ſolvendo fuerit potueritque ſatis
creditoribus ſuis , vel ita ſemel , & ſi non in aſſem , in aliquid tamen ſatisface-
re : admiſſis autem commixtiſque creditoribus Titii , minus ſint conſecuturi ,
quia ille non eſt ſolvendo : aut minus conſequantur quia plures ſunt. Hic eſt
igitur equiſſimum creditores Seii deſiderantes ſeparationem audiri , impetra-
reque à prætore , ut ſeparatim quantum cujúſque creditoribus præſtetur. *l. 1.
ff. de ſeparat.* Eſt juriſdictionis tenor promptiſſimus , indemnitatíſque remedium edicto prætoris creditoribus hereditariis demonſtratum , ut quoties ſeparationem bonorum poſtulant , cauſa cognita impetrent. *l. 2. C. de bon. auth.
Jud. poſſid.*

*Quoique cette regle paroiſſe bornée aux creanciers du défunt, ceux de l'heri-*
*tier ont le même droit ſuivant nôtre uſage , comme il a été remarqué dans le*
*preambule.*

## I I.

Le droit de cette ſeparation eſt independant de
l'hypotheque , & les creanciers chirographaires peuvent la demander. Car le ſimple effet de leur creance
les fait preferer ſur les biens de leur debiteur aux
creanciers de ſon heritier , envers qui le défunt n'é-
toit point obligé *b*.

2. *La ſeparation*
*eſt independante de*
*l'hypotheque.*

*b Ce n'eſt pas l'hypotheque qui donne ce droit, mais la ſimple qualité de*
*creancier.*

## I I I.

Les legataires du défunt ont le même droit de demander cette ſeparation , car ils ſont creanciers de la ſucceſſion. Mais les creanciers du défunt leur ſont preferez , parce qu'il n'a pû leguer à leur prejudice *c*.

3. *Les legataires*
*ont le droit de ſe-*
*paration.*

*c Quoties heredis bona ſolvendo non ſunt , non ſolùm creditores teſtatoris,*
*ſed etiam eos quibus legatum fuerit, impetrare bonorum poſſeſſionem æquum*
*eſt. Ita ut cùm creditoribus ſolidum acquiſitum fuerit, legatariis vel ſoli-*
*dum , vel portio quæratur. l. 6. ff. de ſep. l. 4. §. 1. eod.*

## I V.

Un creancier , ou un legataire de qui le droit dépendroit d'une condition qui ne ſeroit pas encore arrivée ,
ou ſeroit ſurſis par un terme qui ne ſeroit pas échû ,
pourroient neanmoins demander la ſeparation pour
leur ſûreté *d*.

4. *Separation*
*pour une dette con-*
*ditionelle , ou à*
*terme.*

*d Creditoribus qui ex die , vel ſub conditione debentur , & propter hoc non-*
*dum pecuniam petere poſſunt , æquè ſeparatio dabitur , quoniam & ipſis cau-*
*tione communi conſuletur. l. 4. ff. de ſeparat.*

Hh iij

## V.

*5. L'alienation faite par l'heritier empêche la separation.*

Si avant que la separation eût été demandée, l'heritier avoit aliené de bonne foy des biens de la succession, soit meubles ou immeubles, ou même la succession entiere, les creanciers du défunt ne pourront demander la separation de ce qui aura été aliené *e*. Car l'heritier qui en cette qualité étoit le maître des biens, a pû en disposer. Mais cette alienation à l'égard des immeubles ne feroit aucun prejudice aux creanciers hypothequaires du défunt : & ils pourroient exercer leur hypotheque & leur privilege s'ils en avoient contre les possesseurs, ainsi qu'ils l'auroient pû si le défunt avoit fait l'alienation *f*.

*e Ab herede vendita hereditate, separatio frustra desiderabitur : utique si nulla fraudis incurrat suspicio. Nam quæ bona fide medio tempore per heredem gesta sunt, rata conservari solent. l. 1. ff. de separat.*

*Quoiqu'il semble que cette loi ne regarde que la vente de l'heredité, sa disposition & son motif comprennent les alienations particulieres, & les dernieres paroles de cette loy le marquent assés.*

*f Les alienations en quelques mains que passent les biens hypothequez ne font pas de prejudice à l'hypotheque, comme on l'a vû dans le Titre precedent.*

*Il s'ensuit de cette regle, qu'à l'égard des immeubles alienez par l'heritier, les creanciers du défunt qui n'avoient pas d'hypotheque y ont perdu leur droit, & qu'il ne leur reste que l'action personelle contre l'heritier, & le droit de separation des biens de la succession qui peuvent rester en ses mains. Et à l'égard des meubles alienez par l'heritier, les creanciers du défunt, mêmes les hypothequaires y ont perdu leur droit, de même qu'ils l'auroient perdu si l'alienation avoit été faite par le défunt, car ils n'avoient pas acquis un droit de proprieté par la mort du défunt.*

## VI.

*6. L'engagement fait par l'heritier n'empêche pas la separation.*

Si l'heritier avoit engagé, ou hypothequé des meubles, ou immeubles de la succession avant que la separation en fût demandée, les creanciers du défunt ne laisseront pas de faire separer ses biens engagez *g*. Car la separation a lieu tandis que la proprieté demeure à l'heritier, & cet engagement ne l'en prive pas.

*g Sciendum est autem, etiamsi obligata res esse proponatur ab herede jure pignoris vel hypothecæ, attamen, si hereditaria fuit, Jure separationis hypothecario creditori potiorem esse eum qui separationem impetraverit. Et ita Severus & Antoninus rescripserunt. l. 1. §. 3. ff. de separat.*

## VII.

*7. La separation a lieu dans une seconde, & troisième succession, & au delà.*

Si les biens d'une succession passent de l'heritier à son heritier, & de celui-ci à ceux qui lui succederont, & ainsi à d'autres heritiers successivement, de sorte que la premiere succession , & les suivantes , se trouvent confonduës entre les mains des heritiers à qui elles passent , les creanciers de chaque succession en suivront les biens d'un heritier à l'autre , & pourront en demander la separation *h*.

*h* Secundùm hæc videamus , si Primus Secundum heredem scripserit, Secundus Tertium , & Tertii bona veneant : qui creditores possint separationem impetrare ? & putem siquidem Primi creditores petant , utique audiendos & adversus Secundi , & adversus Tertii creditores. Si verò Secundi creditores petant , adversus Tertii utique eos impetrare posse. *l.* 1. §. 8. *ff. de separat.*

## VIII.

8. Si le debiteur succede à son Fidejusseur, la separation a lieu.

Si un debiteur pour qui un autre étoit obligé comme sa caution , vient à lui succeder , le creancier pourra demander contre les creanciers de son debiteur la separation des biens du défunt , sans que les autres creanciers de ce fidejusseur puissent l'empêcher , non plus que ceux du debiteur son heritier : car encore que l'obligation du fidejusseur decedé soit confonduë en la personne de ce debiteur qui est son heritier , le creancier ne perd pas la sûreté qu'il avoit sur les biens du fidejusseur , non plus que celle qu'il conserve toûjours sur les biens de son debiteur *i*.

*i* Debitor fidejussori heres extitit , ejúsque bona venierunt : quamvis obligatio fidejussionis extincta sit , nihilominus separatio impetrabitur , petente eo cui fidejussor fuerat obligatus : sive solus sit hereditarius creditor , sive plures. Neque enim ratio juris , quæ causam fidejussionis propter principalem obligationem , quæ major fuit , exclusit , damno debet afficere creditorem , qui sibi diligenter prospexerat. Quid ergo si bonis fidejussoris separatis , solidum ex hereditate stipulator consequi non possit ? utrum portio cum cæteris heredis creditoribus ei quærenda erit : an contentus esse debebit bonis quæ separari maluit ? sed cùm stipulator iste , non adita fidejussoris à reo hereditate , bonis fidejussoris venditis , in residuum promiserit debitoris creditoribus potuerit , ratio non patitur eum in proposito submoveri. *l.* 3. *ff. de separat.*

*Ce qui est dit dans cet article pour le cas où le debiteur succede à la caution , auroit lieu de même , à plus forte raison , dans le cas où la caution succederoit au debiteur. Et le même creancier qui peut demander la separation des biens du Fidejusseur contre les creanciers du debiteur qui luy succede , peut demander sans doute la separation des biens du debiteur contre les creanciers du Fidejusseur heritier de ce debiteur.*

## IX.

9. La separation ne nuit pas au droit contre l'heritier.

Le creancier qui ayant demandé la separation n'a pû être payé sur les biens du défunt , conserve son droit contre l'heritier. Mais les creanciers de cet heritier lui

seront preferez *l*, si leur creance precede l'engagement
à l'heredité.

*l* Sed in quolibet alio creditore, qui separationem impetravit, probari
commodius est, ut si solidum ex hereditate servari non possit, ita demum
aliquid ex bonis heredis ferat, si proprii creditores heredis fuerint dimissi. *l.* 3.
§. 2. *ff. de separat.*

10. *Les privileges
n'empêchent pas la
separation.*

## X.

La separation peut être demandée contre toutes
personnes privilegiées, même contre le fisque *m*.

*m* Sed etiam adversus fiscum & municipes impetraretur separatio. *l.* 1. §. 4.
*ff. de separ.*

11. *Si un des
heritiers est crean-
cier, il peut de-
mander la sepa-
ration.*

## XI.

Si entre des coheritiers, il y en a un qui se trouve
creancier du défunt, il peut demander la separation
contre les creanciers des autres, à la reserve de la portion de sa dette qu'il doit porter lui-même *n*.

*n* Si uxor tua pro triente patruo suo heres extitit, nec ab eo quicquam
exigere prohibita est : debitum à coheredibus petere non prohibetur. Cùm
ultra eam portionem qua successit, actio non confundatur. Sin autem coheredes solvendo non sint, separatione postulata, nullum ei damnum fieri patiatur. *l.* 7. *C. de bon. auth. jud. poss.*

# SECTION II.

*Comment finit ou se perd le droit de separation.*

ON ne mettra pas parmi les regles de cette Section
celle du Droit Romain qui ne permettoit pas la
separation aprés cinq ans ; car cette prescription n'est
pas de nôtre usage.

# SOMMAIRES.

| | |
|---|---|
| 1. *La confusion empêche la separation.* | *aussi.* |
| 2. *La novation l'empêche* | 3. *Difficultez qui sont reglées par la prudence du Juge.* |

## I.

1. *La confusion
empêche la separa-
tion.*

SI les biens du défunt se trouvent confondus avec
ceux de l'heritier, desorte qu'il y en ait qu'il ne
soit pas possible de distinguer, & de faire voir qu'ils
soient de la succession, la separation à cet égard n'aura

pas

pas de lieu; car la confusion en empêche l'effet. Et il faut présumer que ce qui ne paroît pas être de la succession est à l'heritier. Autrement les creanciers de cet heritier seroient obligez de rendre raison du droit qu'il auroit sur toutes les choses dont il seroit saisi, ce qui ne seroit ni juste, ni possible *a*.

*a* Præterea sciendum est, posteaquam bona hereditaria bonis heredis mixta sunt, non posse impetrari separationem. Confusis enim bonis & unitis, separatio impetrari non poterit. Quid ergo si prædia extent, vel mancipia, vel pecora, vel aliud quod separari potest ? Hîc utique poterit impetrari separatio. *l. 1. §. 12. ff. de separ.*

## II.

Si un creancier du défunt innove sa dette, & se contente de l'obligation de l'heritier, il ne pourra demander la separation des biens du défunt. Car il n'est plus creancier que de l'heritier *b*.

2. La novation l'empêche aussi.

*b* Illud sciendum est eos demum creditores posse impetrare separationem, qui non novandi animo ab herede stipulati sunt. Cæterum, si cum hoc animo secuti sunt, amiserunt separationis commodum. *l. 1. §. 10. ff. de separ.*

## III.

Si la separation étant demandée il s'y trouve des difficultez, comme si la confusion des biens en rendoit la distinction incertaine, ou que par d'autres circonstances il y eût du doute si la separation doit avoir lieu, ou non; il dépendra du Juge d'en ordonner par sa prudence selon l'état des choses *c*.

3. Difficultez qui sont reglées par la prudence du Juge.

*c* De his autem omnibus an admittenda separatio sit, nec ne, prætoris erit vel præsidis notio. *l. 1. §. 14. ff. de separat.*

# TITRE III.

## DE LA SOLIDITE' ENTRE
### deux ou plusieurs debiteurs, & entre
### deux ou plusieurs creanciers.

*Nature de la so-*
*lidité.*

IL y a deux manieres dont il se peut faire que deux ou plusieurs personnes soient debiteurs d'une même chose. L'une dans les cas où tous ensemble doivent le tout, mais de sorte que chacun n'en doive qu'une portion. Et l'autre dans les cas où tous doivent tellement le tout, que chacun puisse être contraint de l'acquitter seul.

C'est cette seconde maniere qu'on appelle solidité qui donne au creancier le droit d'exiger la dette entiere de celuy seul des debiteurs qu'il voudra choisir. Ce droit peut s'acquerir en deux manieres, ou par l'effet d'une convention, comme si plusieurs empruntent une somme, & s'obligent solidairement envers le creancier qui ne prête qu'à tous, & à cette condition de la solidité : ou par la nature même de la dette, comme si plusieurs personnes ont commis quelque crime, quelque delit, ou causé du dommage par quelque faute qui leur soit commune. Car en ce cas, comme c'est le fait de chacun qui a causé le dommage, ils sont tous tellement obligez à le reparer que chacun d'eux en est tenu seul. Et la complicité du crime ou du delit, ou la part qu'il a dans la faute, l'en rendant coupable, le rend par consequent responsable du tout [a].

On ne parlera dans ce Titre que de la solidité dans les conventions, & les regles qu'on en expliquera suffiront pour l'autre, selon qu'elles peuvent s'y rapporter, &

[a] Si communi consilio plurium id factum sit, licere vel cum uno, vel cum singulis experiri. Opus enim quod à pluribus pro indiviso factum est, singulos in solidum obligare. *l. 15. §. 2. ff. quod vi aut clam.*

particulierement à la solidité qui peut naître de fautes sans crime ni delit[b], & qui sont une des matieres de ce dessein, dont on a traité dans le Titre 8me du Livre second.

Cette solidité ne s'entend qu'en ce qui regarde l'interêt du creancier, & n'empêche pas qu'à l'égard des debiteurs entr'eux la dette ne se divise, selon ce que chacun en doit porter pour sa portion.

Comme une dette peut être solidaire de la part des debiteurs envers le creancier, il peut y avoir aussi une autre sorte de solidité d'une dette duë à plusieurs creanciers, soit par un seul, ou par plusieurs debiteurs, si la condition de la dette est telle que comme chacun des debiteurs obligez solidairement peut être contraint seul de payer le tout, chacun des creanciers entre qui se trouve la solidité, ait seul le droit d'exiger la dette entiere, & d'en décharger le debiteur envers tous les autres.

[b] V. l'art. 5. de la Section 1. des dommages causez par des fautes, &c.

# SECTION I.

## De la solidité entre les debiteurs.

### SOMMAIRES.

1. Définition de la solidité.
2. Il n'y a pas de solidité si elle n'est exprimée.
3. Division nonobstant la solidité.
4. On peut s'obliger solidairement pour toutes sortes d'obligations.
5. La condition des coobligez solidairement peut être differente.
6. Recours de celuy qui paye pour les autres.
7. L'action contre un des obligez ne fait pas cesser la solidité.
8. L'exception personelle de l'un des obligez, ne sert pas aux autres.
9. La demande à un des coobligez empêche la prescription à l'égard de tous.

## I.

*1. Definition de la solidité.*

LA folidité entre les debiteurs eft l'engagement qui oblige chacun d'eux envers le creancier pour la dette entiere *a*.

*a* Ubi duo rei facti funt, poteft ab uno eorum folidum peti. Hoc eft enim duorum reorum, ut unufquifque eorum in folidum fit obligatus, poffitque ab alterutro peti. *l. 3. §. 1. ff. de duob. reis.* Creditor prohiberi non poteft exigere debitum, cùm fint duo rei promittendi ejufdem pecuniæ, à quo velit. *l. 2. C. eod.* Promittentes finguli in folidum tenentur. *§. 1. inft. eod.* Voyez l'article 3.

## II.

*2. Il n'y a pas de folidité, fi elle n'eft exprimée.*

L'obligation de deux ou plufieurs debiteurs qui promettent une même chofe, n'eft pas folidaire, fi on ne l'exprime. Et chacun ne devra que fa portion *b*. Et il en feroit de même fi deux ou plufieurs étoient condamnez en juftice à une même chofe, & qu'ils ne fuffent pas condamnez folidairement *c*. Car dans le doute les obligations s'interpretent en faveur de ceux qui font obligez *d*.

*b* Cùm ita cautum inveniretur, *tot aureos rectè dari ftipulatus eft Julius Carpus : fpopondimus ego Antoninus Achilleus, & Cornelius Dius : partes viriles deberi.* Quia non fuerat adjectum fingulos in folidum fpopondiffe, ita ut duo rei promittendi fierent. *l. 11. in fin. ff. de duob. reis.* Cùm apparebit, emptorem, conductoremve pluribus vendentem, vel locantem, fingulorum in folidum intuitu perfonam. *l. 47. ff. locat.*

*c* Paulus refpondit, eos qui una fententia in unam quantitatem condemnati funt, pro portione virili ex caufa judicati conveniri. *l. 43. ff. de re judic.* Si non finguli in folidum, fed generaliter tu & collega tuus una & certa quantitate condemnati eftis, nec additum eft, ut quod ab alterutro fervari non poteft, id alter fuppleret : effectus fententiæ pro virilibus portionibus difcretus eft. Ideóque parens pro tua portione fententiæ, ob ceffationem alterius ex caufa judicati conveniri non potes. *l. 1. C. fi plures una fent. cond. f.*

*d* V. l'art. 13. de la Sect. 2. des Conventions.

## III.

*3. Divifion nonobftant la folidité.*

Quoyqu'il ait été convenu que l'obligation feroit folidaire, elle fe divife : & le creancier ne peut s'adreffer à un feul pour tous. Mais avant que de demander aux uns les portions des autres, il doit les difcuter chacun pour la fienne : & il pourra recouvrer enfuite les portions de ceux qui n'auront pû payer fur ceux qui refteront. Car l'obligation n'étant renduë folidaire que pour la fureté du creancier, la folidité renferme la condition

que chacun ne s'oblige de payer pour les autres, qu'en
cas que quelques-uns manquent de satisfaire pour leurs
portions. Ainsi, lorsque quelques-uns des debiteurs se
trouvent infolvables, ou qu'à cause de leur absence le
creancier ne peut être payé de leurs portions, les autres
en répondent, & chacun en porte à raison de la sienne *e*.
Mais si les coobligez folidairement renoncent à ce benefice que la loy leur donne, qu'on appelle le benefice de
division, chacun d'eux pourra être contraint seul à payer
le tout. Car chacun peut renoncer à ce que les loix eta-
bliffent en fa faveur *f*. Et il aura fon recours contre les
autres, ainsi qu'il fera dit en l'article 6.me.

*e* Si quis alterna fidejuſſione obligatos ſumat aliquos, ſiquidem non adjecerit oportere & unum horum in ſolidum teneri omnes ex æquo conventionem
ſuſtinere. Si verò aliquid etiam tale adjiciatur, ſervari quidem pactum : non
tamen mox ab initio unumquemque in ſolidum exigi : ſed interim ſecundum
partem quia unuſquiſque obligatus eſt. *Nov. 99. c. 1.* Si verò minus idonei ſe
habere reliqui videantur, ſive omnes, ſive quidam, ſive in partem, ſive in ſolidum, ſive abſentes forte, in illud teneri quod accipere ab aliis non potuit.
Sic enim & illis ſervabitur pactionis modus, & nullum ſuſtinebit damnum actor. *Ibid.*

*f* V l'article 27. de la Sect. 2. des regles du Droit.
C'eſt à cauſe de cette faculté qu'ont les debiteurs obligez ſolidairement, de
faire diviſer l'obligation, qu'on met dans les obligations ſolidaires, que ceux qui
s'obligent renoncent à ce benefice de diviſion. Et cette renonciation a cet effet,
qu'encore qu'ils ſoient tous ſolvables, le creancier a la liberté de s'adreſſer à
un ſeul pour le tout, ſans venir à la diſcuſſion de chacun pour ſa portion. Ce
benefice de diviſion n'eſt que pour les dettes civiles, & non pour les crimes.

## I. V.

4. On peut s'o-
bliger folidaire-
ment pour toute
forte d'obligations.

L'obligation peut être folidaire de quelque nature que
puiffe être la cause de l'engagement. Ainsi, plufieurs
peuvent s'obliger folidairement pour un prêt, pour un
prêt à ufage, pour une vente, pour un loüage, pour un
dépôt, & pour toute autre forte d'engagemens. Et on
peut aufli s'obliger folidairement pour un legs, pour une
tutelle, pour un engagement qui fe contracte en Juftice, & pour toute autre cause *g*.

*g* Eandem rem apud duos pariter depoſui, utriuſque fidem in ſolidum ſecu-
tus, vel eandem rem duobus ſimiliter commodavi, fiunt duo rei promittendi ;
quia non tantùm verbis ſtipulationis, ſed cæteris contractibus, veluti emptione, venditione, locatione, conductione, depoſito, commodato, teſtamento. *l. 9. ff. de
duob. reis.* Duo rei locationis in ſolidum eſſe poſſunt. *l. 13. §. 9. ff. locat.* Et ſti-
pulationum prætoriarum duo rei fieri poſſunt, *l. 14. ff. de duob. reis.*

I i iij

V.

Quoyque la solidité rende égale la condition des coobligez, en ce que chacun est obligé pour le tout, ils peuvent être distinguez d'ailleurs par des differences qui rendent l'obligation plus ou moins dure à l'égard des uns que des autres. Ainsi de deux coobligez, l'un peut donner des sûretez particulieres que l'autre ne donne point, comme un gage, une caution. Ainsi, l'obligation de l'un peut être pure & simple, celle de l'autre étant conditionelle, ou le terme de payement sera plus court pour l'un que pour l'autre. Mais ces differences n'empêchent pas que le creancier ne fasse payer celuy qui doit sans condition, ou de qui le terme est échû, sans attendre la condition ou le terme de l'autre *b*.

*b* Ex duobus reis promittendi alius in diem, vel sub conditione obligari potest. Nec enim impedimento erit dies, aut conditio, quo minus ab eo qui pure obligatus est, petatur l. 7. ff. de duob. reis. §. ult. inst. eod. Duobus autem reis constitutis, quin liberum sit stipulatori, vel ab utroque, vel ab altero dumtaxat fidejussorem accipere, non dubito. l. 6. §. 1. eod. V. l. 9. §. 1. eod.

VI.

Si un des obligez solidairement paye pour les autres, il aura contr'eux son recours, pour recouvrer leurs portions, & ce que chacun d'eux devra porter des portions de ceux qui seroient insolvables, mais non davantage. Car comme la dette se divise à l'égard du creancier, le recours de celuy qui paye pour les autres se divise aussi, & se borne à l'égard de chacun à sa portion, parce que c'est seulement cette portion qui est payée pour luy *i*.

*i* Creditor prohiberi non potest exigere debitum, cùm sint duo rei promittendi ejusdem pecuniæ, à quo velit. Et ideo si probaveris te conventum in solidum exolvisse, rector provinciæ adjuvare te adversus eum, cum quo communiter mutuam pecuniam accepisti, non cunctabitur. l. 2. C. de duob. reis.

C'est ainsi que ce recours doit avoir son effet, si celuy des debiteurs qui paye pour les autres n'a pas d'autre droit que l'indemnité qu'ils se doivent l'un à l'autre reciproquement pour leurs portions. Car c'est l'effet du benefice de division, & si les recours étoient solidaires, chaque obligé étant poursuivi en recours pour le tout, pourroit poursuivre de même les autres, ce qui seroit une multiplicité de recours pleine d'inconveniens. Mais s'ils ont renoncé au benefice de division envers le creancier, & que celui qui paye pour les autres prene du creancier une subrogation à ses droits, ce debiteur succedant alors en la place du creancier, il a une action solidaire contre chacun des coobligez pour recouvrer le tout, à la reserve de la portion qu'il devoit lui-même.

## VII.

Si entre plusieurs obligez solidairement le creancier s'adresse à l'un qu'il choisit, sans poursuivre les autres ; il ne laisse pas de conserver la liberté d'agir dans la suite contre les autres obligez, soit que le premier à qui il s'étoit adressé fût solvable, ou non *l*.

*7. L'action contre un des obligez, ne fait pas cesser la solidité.*

*l* Idemque in duobus reis promittendi constituimus, ex unius rei electione præjudicium creditori adversus alium fieri non concedentes. Sed remanere & ipsi creditori actiones integras & personales, & hypothecarias donec per omnia ci satisfiat. *l. 28. C. de fidejus.*

## VIII.

Toutes les exceptions que les obligez solidairement peuvent avoir contre le creancier, & qui ne sont pas bornées à leurs personnes, mais qui regardent l'obligation commune, sont à la décharge de tous les obligez. Ainsi, par exemple, si l'obligation a été consentie par force, si elle est contre les bonnes mœurs, si elle est nulle, si elle est acquittée ; ces sortes d'exceptions qui regardent l'obligation sont communes à tous les obligez. Mais les exceptions personelles à quelques-uns des obligez, comme une minorité, une interdiction d'un prodigue, ou quelque changement d'état qui rendît le recouvrement de la dette ou impossible, ou difficile au creancier, comme une mort naturelle, ou une mort civile, & les autres obstacles semblables qui pourroient se rencontrer de la part de quelques-uns des debiteurs, n'empêcheroient pas l'effet de la solidité à l'égard des autres *m*. Car ces exceptions, & ces changemens n'éteignent pas la dette, & chaque debiteur la doit toute

*8. L'exception personelle de l'un des obligez, ne sert pas aux autres.*

*m* In his qui ejusdem pecuniæ exactionem habent insolidum, vel qui ejusdem pecuniæ debitores sunt., quatenus alii quoque profit vel noceat pacti exceptio, quæritur : & in rem pacta omnibus profunt, quorum obligationem dissolutam esse, ejus qui paciscebatur interfuit. Itaque debitoris conventio fidejussoribus proficiet. *l. 21. §. ult. ff. de pact.*
Personale pactum ad alium non pertinere. *l. 25. §. 1. eod. v. Tot. Tit. C. de fidejuss. min.* Cùm duo eandem pecuniam debent, si unus capitis deminutione exemptus est obligatione, alter non liberatur. Multum enim interest utrum res ipsa solvatur, an persona liberetur. Cùm persona liberatur manente obligatione, alter durat obligatus. Et ideo, si aqua & igni interdictum est, alicujus fidejussor postea ab eo datus tenetur. *l. ult. ff. de duob. reis.* V. l'art. 10. de la Sect. 1. des Cautions & les art. 1. 2. 3. 4. 5. de la Sect. 5. du même Titre.

entiere. Mais fi un des debiteurs avoit une exception perfonelle qui éteignît la dette pour fa portion, cette exception ferviroit aux autres pour cette portion. Ainfi, par exemple, fi un des debiteurs fe trouvoit de fon chef creancier du creancier commun, fes coobligez pourroient demander la compenfation jufqu'à la concurrence de cette portion. Et pour le furplus de ce qui feroit dû par leur creancier à ce coobligé, ils ne pourroient en demander la compenfation, à moins qu'ils euffent d'ailleurs le droit de ce coobligé *n*.

*n* Si duo rei promittendi focii non fint, non proderit alteri quod ftipulatur alteri reo pecuniam debet. l. 10. ff. de duob. reis.

*C'eft au fens de cet article qu'il faut entendre ce dernier texte. Car il ne feroit pas jufte de contraindre un des obligez à payer la portion de celuy qui auroit à faire une compenfation avec le creancier. Puifque fi cette compenfation ne fe faifoit point, & que ce debiteur qui pouvoit la faire de fon chef fe trouvât infolvable; ceux qui auroient payé pour luy feroient fans reffource, pour avoir payé ce qu'il ne devoit point, ou qu'il auroit pû juftement compenfer.*

### IX.

9. La demande à un des coobligez empêche la prefcription à l'égard de tout.

Si le creancier de plufieurs debiteurs d'une même chofe agit contre un feul, fa demande confervera fon droit entier, & empêchera la prefcription à l'égard de tous *o*.

*o V. l'art. 17. de la Section 5. de la Poffeffion & des Prefcriptions, & la Loy qu'on y a citée, & l'art. 5. de la Section fuivante.*

SECTION

# SECTION II.

*De la solidité entre les creanciers.*

## SOMMAIRES.

1. *En quoy consiste cette soli-*
   *dité.*
2. *Comment on l'acquiert.*
3. *Si un de ces creanciers fait*
   *une demande sans les au-*
   *tres.*
4. *S'il innove, ou dele-*
   *gue.*
5. *La demande de l'un sert*
   *aux autres.*
6. *Un de ces creanciers ne*
   *peut nuire aux autres.*

### I.

LA solidité entre plusieurs creanciers n'a pas cet effet que chacun d'eux puisse se rendre propre la dette entiere, & en priver les autres, mais elle consiste seulement, en ce que chacun a droit de demander & recevoir le tout, & le debiteur demeure quitte envers tous,
payant à un seul *a*.

*1. En quoy consiste*
*cette solidité.*

*a* Ex pluribus reis stipulandi, si unus acceptum fecerit, liberatio contingit
in solidum. *l. 13. §. ult. ff. de acceptil.* Et uni rectè solvi. *l. 31. §. 1. ff. de novat.*
Ex hujusmodi obligationibus & stipulationibus solidum singulis debetur. *§. 1.*
*inst. de duob. reis.* Alter debitum accipiendo omnium perimit obligationem.
*d. §.*

### II.

Cette solidité dépend du titre qui peut la donner, &
de ce qui peut marquer que ce qui se trouve dû à plusieurs personnes soit dû à chacun d'eux solidairement.
Ainsi lorsque deux personnes prêtent une somme, ou
vendent un fonds, ils peuvent traiter de telle maniere
que le payement pourra être fait à l'un des deux seul :
& ils seront solidairement creanciers, ou de l'argent
prêté, ou du prix de la vente. Mais s'il étoit dit simplement qu'un debiteur devroit une somme à deux creanciers, sans que rien marquât la solidité, chacun ne pourroit
demander que sa portion *b*.

*2. Comment on*
*l'acquiert.*

*b* Cùm tabulis esset comprehensum, illum & illum centum aureos stipulatos
neque adjectum, *ita ut duo rei stipulandi essent;* virilem partem singuli stipulati videbantur. *l. 11. §. 1. ff. de duob. reis.*
On voit par ce texte que ces mots duo rei stipulandi, *emportoient la solidité*.

## III.

Si de deux ou plusieurs creanciers, dont chacun peut demander le tout & le recevoir, l'un fait la demande, le payement ne pourra être fait aux autres sans luy. Car il a déterminé le debiteur à ne pas payer sans qu'il y consente : & il se pourroit faire, que ceux qui ne demandant pas eussent perdu leur droit c.

c Ex duobus reis stipulandi si semel unus egerit, alteri promissor pecuniam offerendo, nihil agit. l. 16. ff. de duob. reis.

## I V.

Lorsqu'un des creanciers d'une même dette peut seul & demander le tout & le recevoir, il peut aussi innover la dette, & en faire une delegation ; car il pouvoit acquiter le debiteur, & donner même quittance sans rien recevoir d. Mais ce creancier doit rendre compte aux autres de ces changemens e.

d Si duo rei stipulandi sint, an alter jus novandi habeat, quæritur : & quid juris unusquisque sibi acquisierit. Ferè autem convenit, & uni rectè solvi, & unum judicium petentem, totam rem in litem deducere : item unius acceptilatione perimi utriusque obligationem. Ex quibus colligitur unumquemque perinde sibi acquisisse, ac si solus stipulatus esset, excepto eo, quòd etiam facto ejus cum quo commune jus stipulantis est, amittere debitorem potest. Secundùm quæ, si unus ab aliquo stipuletur, novatione quoque liberare eum ab altero poterit, cùm id specialiter agit : eo magis cùm eam stipulationem similem esse solutioni existimemus. Alioquin, quid dicemus, si unus delegaverit creditori suo communem debitorem, isque ab eo stipulatus fuerit, aut mulier fundum jusserit doti promittere viro, vel nuptura ipsi, doti eum promiserit ? Debitor ab utroque liberabitur. l. 31. §. 1. ff. de novat. V. ce que c'est que novation, & delegation dans les Titres où il en est traité.

e V. l'art. 6.

## V.

Si de plusieurs personnes qui ont un même droit l'un agit en justice, sa demande interrompt pour tous la prescription f.

f V. l'article 9. de la Section precedente, & ce qu'on y a cité.

## VI.

L'usage que peut faire un des creanciers du droit de demander seul & recevoir le tout, ne peut nuire aux autres. Et il doit leur rendre compte de la maniere dont il aura usé de ce droit g.

g C'est une suite de la nature de cette espece de solidité entre creanciers. Car ils n'ont pas laissé leur dette au hazard à qui d'entr'eux pourroit s'en faire payer.

# TITRE IV.
## DES CAUTIONS
### ou Fidejusseurs.

PErsonne n'ignore l'usage si frequent des Cautions *Usage des cautions.* ou Fidejusseurs. On donne ces deux noms à ceux qui s'obligent pour d'autres dont l'obligation ne se trouve pas assés sûre, soit que ce soit pour des deniers, ou pour d'autres causes. On les appelle Cautions, parce que leur obligation est une sûreté : Et on les appelle Fidejusseurs, parce que c'est sur leur foy que s'assûrent ceux envers qui ils s'obligent. C'est ce que signifient ces deux mots dans leur origine.

L'obligation des cautions ou fidejusseurs est donc un accessoire d'une autre obligation. Ainsi on appelle celuy pour qui la caution s'oblige, le debiteur principal, ou le principal obligé.

L'usage des cautions s'étend à toute sorte d'engagemens, & renferme deux sortes de sûretez. L'une qui regarde le payement d'une somme, ou l'execution de quelqu'autre engagement, comme de l'entreprise d'un ouvrage, d'une garentie, & d'autres semblables, pour assûrer celuy envers qui la caution s'oblige, que ce qui luy est promis par le principal debiteur sera executé, L'autre sorte de sûreté regarde la validité de l'obligation dans les cas où elle pourroit être annullée, comme si le principal debiteur étoit un Mineur, quoyque solvable, l'engagement de la caution seroit non seulement de payer la dette si l'obligation du Mineur n'étoit pas annullée, mais de faire valoir l'obligation en cas que le Mineur s'en fit relever, & de payer pour luy *a*.

On peut distinguer trois sortes de cautions. La premiere est celle des cautions qu'on donne volontaire-

*a* V. l'art. 2. de la Sect. 5.

ment & de gré à gré pour toute forte d'engagemens,
foit par convention, ou autrement. Ainfi, on donne
caution pour un prêt, pour une garentie, pour le prix
d'une vente, pour le prix d'un bail, & pour d'autres
obligations qui fe contractent par des conventions. Ainfi
les Tuteurs donnent quelquefois caution.

La feconde forte eft des cautions ordonnées par
quelque loy. Ainfi, dans le Droit Romain les demandeurs, & les défendeurs étoient obligez de donner des
cautions pour diverfes caufes qui regardoient l'ordre judiciaire [b]. Ainfi, en France par un Edit du mois de
Janvier 1557. les Devolutaires font obligez de donner
caution *de payer le jugé*. Et il y a d'autres cas où les
Ordonnances obligent de donner caution, mais dont il
feroit inutile de parler icy.

La troifiéme forte de cautions eft de celles qui font
ordonnées en Juftice, foit fur les demandes ou fur les
offres des parties, ou d'office par le Juge. Ainfi, on
adjuge quelquefois une chofe contentieufe à l'une des
parties par provifion, en baillant caution de la rendre,
s'il eft ordonné: Ainfi on fait donner caution de repre-
fenter un prifonnier élargi à cette condition : Ainfi,
dans un ordre entre creanciers, on ordonne que ceux
qui recevront des fommes fujettes à être rapportées,
donneront caution de les rapporter aux oppofans anterieurs à qui ces fommes devront revenir, comme
pour quelque dette conditionelle, ainfi qu'il a été remarqué fur l'article 17. de la Section 3. des Gages & Hy-
pothèques.

[b] *V. Tit. inft. de fatifd. & ff. lib. 2. Tit. 6. 8. 9. 11.*

# SECTION I.

*Nature de l'obligation des Cautions ou Fidejusseurs,*
*& comment elle se contracte.*

## SOMMAIRES.

1. Définition des cautions.
2. On peut donner caution pour toute sorte d'engagemens.
3. Caution d'une obligation naturelle.
4. Caution d'une dette à venir.
5. La caution ne peut être obligé à plus que le debiteur.
6. Mais il peut l'être à moins.
7. Caution à l'insçû du debiteur.
8. En delict il n'y a point de caution, non plus que de garent.
9. Engagemens honètes dont on ne peut prendre de caution.
10. Le fidejusseur n'est pas déchargé par la restitution du principal obligé.
11. Le mineur indemnise sa caution s'il n'est relevé.
12. Le conseil & la recommendation ne sont pas un cautionnement.
13. Qualitez d'une caution qu'on reçoit en justice.
14. Heritiers des cautions.
15. Quoyque la caution soit insolvable, on ne peut en demander d'autre.
16. Les cautions des comptables ne répondent pas des peines pecuniaires.

## I.

LEs cautions ou fidejusseurs sont ceux qui s'obligent pour d'autres personnes, & qui répondent en leurs noms de la sûreté de quelque engagement, comme d'un prêt, d'une garentie, ou de toute autre obligation *a*.

*1. Définition des cautions.*

*a* Aut proprio nomine quisque obligatur, aut alieno. Qui autem alieno nomine obligatur, fidejussor vocatur. Et plerumque ab eo quem proprio nomine obligamus alios accipimus qui eadem obligatione teneantur : dum curamus, ut quod in obligationem deduximus, tutius nobis debeatur. *l. 1. §. 8. ff. de oblig. & act.* V. l'art. suivant.

## II.

Il n'y a point d'engagement honête & licite, où l'on ne puisse ajoûter la sûreté d'une caution à celle que

*2. On peut donner caution pour toute sorte d'engagemens.*

Kk iij

le principal obligé donne par foy-même,[b] pourvû qu'on ne blesse pas les bonnes mœurs en donnant cette sûreté. Car il y a des engagemens legitimes où il ne seroit pas honête de donner caution.[c]

*b* Omni obligationi fidejussor accedere potest. *l. 1. ff. de fidejuss.* Et genera-liter omnium obligationum fidejussorem accipi posse nemini dubium est. *l. 8. §. 6. eod. §. 1. inst. eod.*

*c* V. l'art. 9.

## III.

§. Caution d'une obligation natu-relle.

Cet usage des cautions dans toute sorte d'engagemens ne s'étend pas seulement à ceux qui se font de gré à gré par des conventions, à ceux des Tuteurs & des Cura-teurs, à ceux même des cautions ( car on peut prendre un fidejusseur d'un fidejusseur ) & generalement à tou-te autre sorte d'engagemens, où les loix civiles donnent au creancier une action contre la personne obligée, & qu'on appelle par cette raison des obligations civiles [d] ; Mais on peut aussi donner caution de cette sorte d'o-bligations qu'on appelle simplement naturelles, dont il a été parlé dans l'article 9. de la Section 5me des Conven-tions. Car dans ces sortes d'obligations il se forme un engagement naturel que celuy qui s'en rend caution fait valoir en sa personne, encore qu'en la personne du prin-cipal obligé il soit inutile. Ainsi dans les Coûtumes où la femme qui est en puissance de mary ne peut point s'obliger du tout ; si le mary se rend caution de l'obliga-tion de sa femme, il sera obligé, quoyque l'obligation de la femme demeure toûjours nulle.[e]

*d* Præterea sciendum, fidejussorem adhiberi omni obligationi posse, sive re, sive verbis, sive consensu. Pro eo etiam qui jure honorario obligatus est, posse fidejussorem accipi, sciendum est. *l. 8. §. 1 & 2. ff. de fidejuss.*

A tutore, qui testamento datus est, si fuerit fidejussor datus, tenetur. *d. l. 8. §. 4. ff. de fidejuss.*

Pro fidejussore fidejussorem accipi nequaquam dubium est. *d. l. 8. §. ult.*

*Quand on prend en justice une caution de la caution, on l'appelle Certifica-teur.*

*e* Fidejussor accipi potest quoties est aliqua obligatio *civilis*, vel *naturalis* cui applicetur. *l. 16. §. 3. ff. de fidej.* At nec illud quidem interest utrum *civi-lis*, an *naturalis* sit obligatio, cui adjicitur fidejussor. Adeo quidem, ut pro servo quoque obligetur. §. 1. inst. eod.

V. l'art. 9. de la Sect. 5. des Conventions.

## IV.

On peut donner caution non feulement pour une obli- 4. Caution d'une dette à venir. gation prefente, ou qui avoit été déja contractée; mais aufli pour une obligation à venir, comme fi celuy qui prevoit une affaire où il aura befoin d'argent, donne par avance la fûreté d'une caution à celuy qui devra luy faire le prêt, cette caution s'obligeant par avance pour ce prêt à venir. Ce qui pourroit arriver fi, par exemple, celuy qui doit être caution devoit être abfent au temps qu'on fera le prêt, ou en d'autres cas & pour d'autres caufes, comme pour une garentie d'une vente ou autre engagement *f*.

*f* Stipulatus fum à reo, nec accepi fidejufforem, poftea volo adjicere fide- juforem, fi adjicero, fidejuffor obligatur. *l. 6. ff. de fidejuff.* Fidejuffor & præcedere obligationem, & fequi poteft. *§. 3. inft. eod.*

Adhiberi autem fidejuffor tam futuræ, quàm præfenti obligationi poteft, dummodo fit aliqua, vel naturalis futura obligatio. *l. 6. §. ult. ff. de fidejuff.* Si ita ftipulatus à Scio fuero, *quantam pecuniam Titio quandóque crediderd, dare ſpondes?* Et fidejuffores accepero; deinde Titio fæpius credidero : nempe Scius in omnes fummas obligatus eft, & per hoc fidejuffores quoque. *l. 55. eod.* Fidejuffor futuræ quoque actionis accipi poteft. *l. 50. ff. de pecul.*

## V.

De quelque nature que foit l'obligation principale, 5. La caution ne peut être obligé à plus que le débiteur. l'engagement du fidejuffeur ne peut jamais être plus dur que celuy du principal obligé. Car fon obligation n'eft qu'un accefloire de l'autre *s*: & s'il s'obligeoit à quelque chofe de plus, ou à des conditions plus onereu- fes, il ne feroit caution qu'en ce qui feroit de l'obliga- tion principale. Et le furplus ne feroit pas un cautionne- ment, mais le regarderoit feul, fi par les circonftances l'obligation de ce furplus devoit fubfifter.

*g* Illud commune eft in univerfis qui pro aliis obligantur, quòd fi fuerint in duriorem caufam adhibiti, placuit eos omnino non obligari. *l. 8. §. 7. ff. de fidejuff. l. 16. §. 1. & 2. eod.*

Hi qui *accefionis loco* promittunt in leviorem caufam accipi poffunt, in deteriorem non poffunt. *l. 34. eod.*

Fidejuffores ita obligati non funt, ut plus debeant quàm debet is pro quo obligantur. Nam eorum obligatio accefio eft principalis obligationis : nec plus in accefione poteft effe, quàm in principali re. *§. 5. inft. eod.*

*V. le dernier texte cité fur l'article fuivant.*

## VI.

6. Mais il peut l'être à moins.

L'obligation du fidejusseur peut être moindre que celle du principal obligé. Ainsi, il peut ne s'obliger que pour une partie d'une dette, ou de quelqu'autre engagement *h*. Ainsi, il peut ne s'obliger que sous quelque condition, quoyque la dette soit pure & simple *i*. Ainsi, il peut prendre un terme plus long que celuy de l'obligation principale *l*, ou un lieu plus commode pour le payement *m*. Et il peut enfin adoucir sa condition de toutes les manieres dont il aura été convenu.

*h* Fidejussores & in partem pecuniæ & in partem rei recte accipi possunt. *l. 9. ff. de fidejuss.*
At ex diverso ut minus debeant obligari possunt. Itaque si reus decem aureos promiserit, fidejussor in quinque recte obligatur. *§. 5. inst. eod.*
*i* Item si ille pure promiserit, fidejussor sub conditione promittere potest. *d. §. 5. l. 6. §. 1. ff. eod.*
*l* Non solùm autem in quantitate, sed etiam in tempore minus aut plus intelligitur. Plus est enim statim aliquid dare: minus est post tempus dare. *d. §. 5.*
*m* Qui certo loco dari promisit, aliquatenus duriori conditioni obligatur.....
Quare si reum pure interrogavero, & fidejussorem cum adjectione loci accepero, non obligabitur fidejussor. *l. 16. §. 1. ff. de fidejuss.*

## VII.

7. Caution à l'insçû du debiteur.

On peut se rendre caution sans ordre de celuy pour qui on s'oblige, & même à son insçû *n*. Car de la part du creancier il est juste qu'il puisse prendre ses suretez indépendamment de la volonté de son debiteur, & de la part du fidejusseur, il peut rendre cet Office à son amy absent, de même qu'on peut prendre soin des affaires d'une personne absente *o*.

*n* Fidejubere pro alio potest quisque, etiamsi promissor ignoret. *l. 30. ff. de fidejuss.* Fidejussori negotiorum gestorum est actio, si pro absente fidejusserit. *l. 20. §. 1. ff. mand.*
*o* V. le Titre de ceux qui font les affaires des autres à leur insçû.

## VIII.

8. En delit il n'y a point de caution, non plus que de garent.

En matiere de crimes & de delits, ceux qui les commettent par ordre d'autres personnes, ou qui s'en rendent complices, ne peuvent prendre de caution, ni de garentie pour être indemnisez des évenemens qui en pourront suivre, ni pour s'assurer des profits qui pourront s'en tirer. Car l'obligation d'une telle caution &
d'une

d'une telle garentie feroit un autre crime. Mais celuy qui a commis un crime ou un delit peut donner caution pour l'interêt civil, & même pour les amendes & autres peines pecuniaires qu'il peut avoir encouruës. Car il est de l'équité, & du bien public qu'elles foient acquitées *p.*

*p* Sed & fi ex delicto oriatur actio, magis putamus teneri fidejufforem. *l.* 8. §. 5. *ff. de fidejuff.* Id quod vulgo dictum est, *maleficiorum fidejufforem accipi non poffe*, non fic intelligi debet, ut in pœnam furti is cui furtum factum est, fidejufforem accipere non poffit. Nam pœnas ob maleficia folvi magna ratio fuadet. Sed ita potius, ut qui cum alio cum quo furtum admifit, in partem quam ex furto fibi reftitui defiderat, fidejufforem obligare non poffit. Et qui alieno hortatu ad furtum faciendum provectus est, ne in furti pœna ab eo qui hortatus est, fidejufforem accipere poffit. In quibus cafibus illa ratio impedit fidejufforem obligari, quia fcilicet in nullam rationem adhibetur fidejuffor: cùm flagitiofæ rei focietas coita nullam vim habet. *l.* 70 §. *ult. ff. de fidejuf.*

## IX.

Il y a des engagemens honêtes dont on ne peut prendre de caution, à caufe que la qualité de l'engagement rendroit mal-honête cette fûreté. Ainfi, il feroit contre les bonnes mœurs qu'un affocié donnât caution à fon affocié de ne le point tromper : ou qu'un Arbitre donnât caution de rendre fa fentence, ou de bien juger. Ainfi, dans un cas d'une autre nature, on ne doit pas prendre de caution pour la reftitution d'une dot ni de la part du mary, ni d'autres perfonnes qui doivent la recevoir pour luy, comme de fon pere, ou de fon tuteur. Car la dot étant un acceffoire de l'engagement du mariage, il feroit indigne de l'union fi étroite qui met la femme fous la puiffance du mary à qui elle fe donne elle-même, qu'on exigeât cette fûreté *q*. Et ce feroit une fource de divifion

*q* Sive ex jure, five ex confuetudine lex proficifcitur, ut vir uxori fidejufforem, fervandæ dotis exhibeat, tamen jubemus eam aboleri. *l.* 1. *C. ne fidej. vel mand. dot. dent.*

Generali definitione conftitutionem priftinam ampliantes, fancimus, nullam effe fatisdationem, vel mandatum pro dote exigendum vel à marito, vel à patre ejus, vel ab omnibus qui dotem fufcipiunt. Si enim credendam mulier fefe, fuámque dotem patri mariti exiftimavit, quare fidejuffor vel alius interceffor exigitur, ut caufa perfidiæ in connubio eorum generetur. *l.* 2. *eod.* Seipfam marito committit. *l.* 8. *C. de pact. conv.*

*Comme nôtre ufage donne une liberté indefinie de toute forte de conventions dans les contracts de mariage, & de quelques-unes mêmes qui feroient illicites en d'autres contracts, comme l'inftitution d'heritier irrevocable; il fembleroit que par cette confideration & celle de la faveur des dots, la fûreté d'une caution pour la dot ne devroit pas être défenduë, & que le fidejuffeur qui s'y feroit obligé*

dans les familles qui doivent s'unir par les mariages. Mais le pere & la mere du mary peuvent s'obliger pour leur fils à la restitution de la dot. Car l'obligation de leurs biens n'est que celle du fils même qui doit les recueillir. Et il est ordinaire que celuy qui se marie n'ait pas d'autres biens que ceux que ses parens peuvent luy donner ou dés le mariage, ou aprés leur mort; ce qui rend juste & honête leur obligation pour asurer la dot.

*ne devroit pas être déchargé de son engagement, sur tout si la dot étoit en peril. Mais on n'a pas laissé de mettre icy cette regle établie par des Empereurs Chrétiens, & digne de l'honêteté que la Religion ordonne dans les mariages.*

## X.

**10.** *Le Fidejusseur n'est pas déchargé par la restitution du principal obligé.*

Quoyque l'obligation du fidejusseur ne soit qu'accessoire de celle du principal obligé, celuy qui s'est rendu caution d'une personne qui peut se faire relever de son obligation, comme d'un mineur, ou d'un prodigue interdit, n'est pas déchargé du cautionnement par la restitution du principal obligé: & l'obligation subsiste en sa personne; à moins que la restitution fût fondée sur quelque dol, ou autre vice qui annullât le droit du creancier. Mais la simple restitution du principal obligé est un evenement dont le creancier avoit prevenu l'effet, s'assurant sa dette par la caution, qui de sa part n'avoit pû ignorer cette suite de son engagement *r*.

*r* Si ea quæ tibi vendidit possessionem interposito decreto præsidis, ætatis *tantummodo auxilio* juvatur, non est dubium, fidejussorem ex persona sua obnoxium esse contractui. Verùm si dolo malo apparuerit contractum interpositum esse: manifesti juris est, utrique personæ tam venditoris, quàm fidejussoris consulendum esse. *l. 2. C. de fidejuss. min.* Marcellus scribit, si quis pro pupillo sine tutoris authoritate obligato, prodigóve vel furioso fidejusserit, magis esse ut ei non subveniatur. *l. 25. ff. de fidejuss.* Quòd si pro furioso jure obligato fidejussorem accepero, tenetur fidejussor. *l. 70. §. 4. eod.* Rei autem cohærentes exceptiones, etiam fidejussoribus competunt, ut rei judicatæ, doli mali, jurisjurandi, quod metus causa factum est..... Idem dicitur, & si pro filiofamilias contra senatusconsultum quis fidejusserit, aut pro minore vigintiquinque annis circumscripto. Quod si deceptus sit in re, tunc nec ipse ante habet auxilium, quàm restitutus fuerit, nec fidejussori danda est exceptio. *l. 7. in f. ff. de except.*

*Il faut remarquer sur cette derniere Loy la difference entre le fidejusseur du fils de famille pour un prêt, & celuy d'un mineur. Le fidejusseur du fils de famille n'est pas obligé non plus que luy, à cause du vice de l'obligation illicite. l. 9. §. 3. ff. de Senat. Maced. Mais le fidejusseur du mineur n'est pas déchargé avec luy, si le mineur ne se trouve trompé que dans la chose, & non par le dol du creancier; comme, par exemple, si ayant emprunté de l'argent il ne l'a pas*

*utilement employé. Car en ce cas l'obligation n'est annullée qu'à cause de la mi-*
*norité, & non par un vice de l'obligation. Ætatis tantummodo auxilio. d. l. 1.*
*C. de fidej. min.*
*V. les articles 1. 2. 3. 4. 5. de la Sect. 5. de ce Titre, & l'art. 8. de la Sect. 1. de*
*la solidité. Sur l'obligation du fils de famille. V. la Sect. 4. du Prêt.*

## XI.

Le Fidejusseur du mineur a son recours contre luy pour son indemnité, si l'obligation a été utile au mineur. Mais si ne luy étant pas avantageuse, il en est relevé, il pourra aussi être relevé de l'indemnité envers sa caution *f*.

*f Postquam in integrum ætatis beneficio restitutus es, periculum evictionis emptori, cui prædium ex bonis paternis vendidisti, præstare non cogeris. Sed ea res fidejussores, qui pro te intervenerunt, excusare non potest. Quare mandati judicio, si pecuniam solverint, aut condemnati fuerint, convenieris: modò si eo quoque nomine restitutionis auxilio non juvaberis. l. 1. C. de fidej. min. V. l'art. 1. de la Sect. 5.*

## XII.

L'engagement des Fidejusseurs consiste en ce qu'ils s'obligent en leurs noms, pour répondre de l'effet de l'obligation dont ils se rendent cautions. Mais ceux qui sans dessein de s'engager, recommandent celuy qui doit s'obliger, ou conseillent de traiter avec luy, ne se rendent pas par là cautions ; à moins qu'il n'y eût de leur part une mauvaise foy, ou d'autres circonstances qui dûssent les rendre garents de l'évenement *t*.

*t V. l'art. dernier de la S. ect. 1. des Procurations, Mandemens, &c.*

## XIII.

Lorsqu'un particulier reçoit une caution, il prend ou rejette comme bon luy semble ceux qu'on luy presente, & il pourvoit de gré à gré à sa sûreté. Mais lorsqu'une caution est reçuë en Justice, il est de l'office du Juge de la recevoir ou la rejetter selon que celuy qui l'offre & la caution même font voir la sûreté ; ce qui dépend de trois qualitez qu'il faut considerer dans les cautions, selon les engagemens dont ils doivent répondre, la solvabilité, la facilité de les poursuivre en Justice, & la validité de leur engagement. Ainsi, le défaut de biens, la dignité, & les autres qualitez qui rendent les poursuites diffici-

*11. Le Mineur indemnise sa caution, s'il n'est relevé.*

*12. Le conseil, & la recommandation ne sont pas un cautionnement.*

*13. Qualitez d'une caution qu'on reçoit en Justice.*

les , & l'incapacité de s'obliger , font des caufes de rejetter les cautions qu'on prefente en Juftice *.

*Fidejuffor in judicio fiftendi caufa, locuples videtur dari , non tantum ex facultatibus , fed etiam ex conveniendi facilitate. *l. 2. ff. qui fatisd. cog.* Si fidejuffor non negetur idoneus , fed dicatur habere fori præfcriptionem , & metuat petitor ne jure fori utatur : videndum quid juris fit , & Divus Pius ( ut & Pomponius libro epiftolarum refert , & Marcellus libro tertio digeftorum , & Papinianus libro tertio quæftionum ) Cornelio Proculo refcripfit , merito petitorem recufare talem fidejufforem. Sed fi alias caveri non poffit , prædicendum ei , non ufurum eum privilegio fi conveniatur. *l. 7. eod.*

Qui fatisdare promifit , ita demum impleffe ftipulationem fatisdationis videtur , fi eum dederit acceffionis loco , qui *obligari poteft , & conveniri.* l. 3. ff. de fidejuff.

*Quoyqu'une partie de ces textes ne regardent pas toute forte de cautions, on peut en faire l'application à la regle expliquée dans cet article.*

## XIV.

**14. Heritiers des cautions.**

Les engagemens des cautions paffent à leurs heritiers*, à la referve des contraintes par corps, fi l'engagement étoit tel que le Fidejuffeur y fût obligé. Car il a pû obliger fa perfonne , mais non celle de fon heritier. Et comme les heritiers des Fidejuffeurs entrent dans leurs engagemens , ils ont auffi les mêmes benefices que les loix accordent aux Fidejuffeurs*y*.

*x* Fidejuffor & ipfe obligatur , & heredem obligatum relinquit , cùm rei locum obtineat. *l. 4. §. 1. ff. de fidejuff. §. 2. inft. eod.*

*y* Sicut ipfi fidejuffori , ita heredibus quoque eorum fuccurrendum. *l. 27. §. 3. eod.*

*V. quels font ces benefices Sect. 2. art. 1. & 6. Sect. 4. art. 1. V. la remarque fur cet article 1. de la Sect. 4.*

## XV.

**15. Quoyque la caution foit infolvable, on ne peut en demander d'autre.**

Celuy qui a reçû une caution s'en étant une fois contenté , ne peut plus en demander d'autre ; quand même cette caution feroit infolvable *z*.

*z* Planè fi non idoneum fidejufforem dederit , magis eft ut fatisdatum fit : quia qui admifit eum fidejubentem , idoneum effe comprobavit. *l. 3. in f. ff. de fidejuff.*

## XVI.

**16. Les cautions des comptables ne répondent pas des peines pecuniaires.**

Les cautions des officiers , & autres perfonnes chargées de quelque recette , ne répondent pas des peines pecuniaires qu'ils pourront encourir *a*.

*a* Fidejuffores Magiftratuum in pœnam vel multam quam non fpopondiffent non debere conveniri decrevit. *l. 68. ff. de fidejuff.* Fidejuffores Magiftratuum in his quæ ad reipublicæ adminiftrationem pertinent teneri , non in his quæ ob culpam , vel delictum eis pœnæ nomine irrogentur , tam mihi quàm Divo Severo patri meo placuit. *l. ult. C. de per. cor. qui pro mag. int.*

# SECTION II.

*Des engagemens de la caution envers le creancier.*

## SOMMAIRES.

## I.

L'Obligation du Fidejusseur n'étant qu'accessoire & subsidiaire de celle du principal obligé, & pour satisfaire à ce qu'il manquera d'acquitter; cette obligation est comme conditionelle pour n'avoir son effet qu'en cas que le debiteur ne puisse payer. Ainsi, le Fidejusseur ne peut être poursuivi qu'aprés que le creancier ayant fait les diligences nécessaires pour la discussion du principal obligé n'a pû être payé [a].

[a] Qui alios pro debitore obligat, hoc maximè prospicit, ut cùm facultatibus lapsus fuerit debitor, possit ab iis quos pro eo obligavit suum consequi. §. ult. inst. de replic.
Si quis igitur crediderit, & fidejussorem, aut mandatorem, aut sponsorem acceperit, is non primùm adversus mandatorem, aut fidejussorem, aut sponsorem accedat : neque negligens debitoris intercessoribus molestus sit:sed veniat primùm ad eum qui aurum accepit, debitumque contraxit, & si quidem inde receperit, ab aliis abstineat. Quid enim ei in extraneis erit à debitore completo? Si verò non valuerit à debitore recipere aut in partem, aut in totum, secundùm quod ab eo non potuerit recipere, secundùm hoc ad fidejussorem, aut sponsorem, aut mandatorem veniat : & ab illo quod reliquum est sumat. *Nov. 4. c. 1.* In id quod defuisset fidejussores conveniendos. *l. 68. §. 1. in f. ff. de fidejuss. V. l. 13. in f. l. 55 in f. eod. l. 116. ff. de verb. oblig.*

L l iij

*Outre ce benefice de difcuffion expliqué dans cet article, il y en a deux autres pour les cautions. V. l'art. 6. de cette Section; & l'art. 1. de la Section 4. avec la remarque qu'on y a faite. Ce benefice de la difcuffion n'eft accordé qu'à ceux qui font obligez fimplement comme cautions; car leur obligation eft expliquée par cette qualité. Mais fi ceux qui ne font à l'égard du principal obligé que fes cautions, fe rendent principaux obligez à l'égard du creancier, & s'obligent comme il eft ordinaire en cette qualité folidairement, renonçant à ce benefice, ils ne font plus regardez comme cautions. V. l'art. 3. de la Sect. 1. de la Solidité, & la remarque qu'on y a faite. V. les deux articles fuivans.*

### I I.

**2. Exception à l'égard des cautions judiciaires.**

Ceux qui fe font rendus cautions judiciaires peuvent être contraints fans difcuffion du principal debiteur *b*, non feulement parce qu'ils s'obligent envers la Juftice dont l'authorité le demande ainfi; mais à caufe de la nature des dettes où cette fûreté peut fe trouver neceffaire. Car elles font telles qu'on ne doit pas y fouffrir le retardement d'une difcuffion. Ainfi, par exemple, fi dans un ordre un creancier reçoit des deniers à la charge de donner caution de les rapporter à d'autres perfonnes à qui ces deniers doivent revenir dans un certain cas, comme de la naiffance d'un enfant appellé à une fubftitution, ou autre cas femblable, cette caution n'eft ordonnée qu'afin que le rapport de ces deniers foit fait inceffamment fi le cas arrive, & qu'ils foient remis à celuy qui doit les toucher, de même que s'ils étoient demeurez dans la recette des confignations, ce qui ne doit pas être differé. Et on verra dans les autres cas des cautions judiciaires une pareille équité de n'y pas admettre la difcuffion.

*b* In ftipulatione judicatum folvi, poft rem judicatam ftatim dies cedit: fed exactio in tempus reo principali indultum differtur. *l. 1. ff. jud. folv. V. inft. de fatifd. & l. ult. §. 1. C. de ufur. rei jud.*

### I I I.

**3 Autre exception, abfence du debiteur fans biens apparens.**

Si le debiteur principal eft abfent, ou s'il n'a pas de biens apparens, deforte qu'on ne puiffe agir contre luy & le faire payer, le Fidejuffeur pourra être pourfuivi, fi ce n'eft qu'il obtienne un delay en Juftice pour indiquer des biens du debiteur, ou le faire payer, après quoi fi le creancier n'eft fatisfait, il pourra contraindre le Fidejuffeur *c*.

*c* Si verò interceffor, aut mandator, aut qui fponfioni fe fubjecerit, adfit: principalem verò abeffe contigerit, acerbum eft, creditorem mittere aliò, cùm poffit mox interceforem, aut mandatorem, aut fponforem exigere . . . . . & cau-

fæ præsidens judex det tempus intercessori ( idem est dicere sponsori & manda-
tori ) volenti principalem deducere , quatenus ille prius sustineat conventionem, & sic ipse in ultimum subsidium servetur. *Nov. 4. c. 1.*

## IV.

La discussion que le creancier est obligé de faire des
biens du debiteur avant que de venir à la caution, ne s'é-
tend pas aux biens sujets à son hypotheque qui ont passé
des mains du debiteur à des acquereurs & tiers detenteurs , mais seulement aux biens que le debiteur possede actuellement. Et le creancier ne peut même s'adresser
aux tiers detenteurs, qu'aprés avoir discuté les biens du
debiteur , & encore exercé l'action personelle contre le
Fidejusseur. Mais il ne peut exercer l'hypotheque sur les
biens du Fidejusseur, qu'en cas qu'il ne pût être payé sur
ce qui est possedé par le tiers detenteur *d*.

*d* Sed neque ad res debitorum, quæ ab aliis detinentur, veniat prius antequam transeat viam super personalibus contra mandatores, & fidejussores, &
sponsores. Sicque ad res veniens principalis debitoris, sive ab alio detinean-
tur, & detinentes eas conveniens, si neque inde habuerit satisfactionem, tunc
veniat adversus res fidejussorum, & mandatorum & sponsorum. *Nov. 4. c. 2.*

*Il y a des Coûtumes où cette discussion s'observe, mais il y en a d'autres où le
tiers detenteur peut être poursuivi sans discussion. V. l'art. 6. de la Sect. 3. des
Hypotheques, & la remarque qu'on y a faite.*

## V.

Quoyque le Fidejusseur ait interêt que le creancier se
fasse payer par le debiteur, il ne peut neanmoins obliger
le creancier à faire des diligences contre ce debiteur.
Car le creancier peut differer la discussion du principal
obligé, sans perdre la sûreté qu'il a prise sur la caution *e*.
Mais si un Mineur, de qui le Tuteur auroit donné caution, étant devenu majeur, & se trouvant creancier de
son Tuteur qui pourroit le payer, negligeoit d'agir contre luy, & que cependant ce Tuteur devint insolvable ;
on ne devroit pas facilement condamner sa caution envers ce Mineur *f*. Car l'engagement de cette caution

*e* Si fidejussor creditori denuntiaverit ut debitorem ad solvendam pecuniam
compelleret, vel pignus distraheret, isque cessaverit : an possit eum fidejussor
doli mali exceptione summovere ? Respondit non posse. *l. 62. ff. de fidejuss.*

*V. l'art. 3. de la Sect. 3. pour les diligences que la caution peut faire de sa
part contre le debiteur.*

*f* Si fidejussores in id accepti sunt *quod à curatore servari non possit*, & post
legitimam ætatem tam ab ipso curatore, quàm ab heredibus ejus solidum serva-

*Marginal notes:*

4. *La discussion ne s'étend pas aux biens alienez par le debiteur.*

5. *Le Fidejusseur ne peut obliger le creancier de faire des diligences contre le debiteur.*

n'étoit que de répondre de l'administration du Tuteur, & qu'il seroit solvable après sa charge finie pour le reliqua de compte qu'il pourroit devoir. Ainsi, ayant été satisfait à l'engagement de la caution, la negligence de ce Mineur après le compte rendu pourroit luy être imputée selon les circonstances.

*ri potuit, & cessante eo qui pupillus fuit, solvendo esse desierit, non temerè utilem in fidejussores actionem competere, l. 41. ff. de fidejuss.*

## VI.

Si plusieurs se rendent cautions d'une même chose, chacun répond du tout. Car chacun promet la sûreté de toute la dette, ou autre engagement, & de suppléer à ce que le principal obligé n'aura pû acquitter. Ainsi, leur obligation est naturellement solidaire entr'eux, après la discussion du principal obligé. Mais cette obligation se divise de même, & par la même raison, que celle des principaux debiteurs obligez solidairement. Ainsi, lorsque les cautions sont solvables, le creancier ne peut demander à chacun que sa portion. Mais les portions des insolvables se rejettent sur les autres, & chacun en porte sa part sur le pied de celle qu'il devoit du tout *g*.

*g. Si plures sint fidejussores, quotquot erunt numero singuli in solidum tenentur. Itaque liberum est creditori à quo velit solidum petere. Sed ex Epistola Divi Hadriani compellitur creditor à singulis, qui modo solvendo sunt litis contestatæ tempore, partes petere. Ideoque si quis ex fidejussoribus eo tempore solvendo non sit, hoc cæteros onerat. §. 4. inst. de fidejuss. Inter fidejussores non ipso jure dividitur obligatio ex Epistola Divi Hadriani : & ideò si quis eorum ante exactam à se partem sine herede decesserit, vel ad inopiam pervenerit, pars ejus ad cæterorum onus respicit. l. 26. ff. eod. Ut autem is qui cum altero fidejussit non solus conveniatur, sed dividatur actio inter eos qui solvendo sunt, ante condemnationem ex ordine postulari solet. l. 10. §. 1. C. eod. V. l'art. 1. de la Sect. 4.*

*On appelle ce droit qu'ont les cautions de diviser leurs obligations, le benefice de division. V. l'art. 3. de la Sect. 1. de la Solidité, l'art. 1. de cette Section, & cy-après l'art. 1. de la Sect. 4. avec les remarques sur ces articles, où l'on voit que ceux qui ont ce benefice peuvent y renoncer.*

## VII.

Si de deux ou plusieurs Fidejusseurs l'un se trouve avoir des moyens d'annuller son obligation, comme si c'étoit un Mineur, ou une femme en puissance de mary qui n'ait pû s'obliger, ou qui ne soit pas obligée dans

les

les formes , les autres Fidejuſſeurs ſeront tenus de ſa portion[h].

[h] Si Titius & Seia pro Mævio fidejuſſerint, ſubducta muliere dabimus in ſolidum adverſus Titium actionem. Cùm ſcire potuerit, aut ignorare non debuerit, mulierem fruſtra intercedere. *l. 48. ff. de fidejuſſ.*

### VIII.

Tous les moyens du debiteur contre le creancier, ſont communs aux Fidejuſſeurs. Comme ſi l'obligation, ou une partie ſe trouve acquitée : Si elle eſt preſcrite : Si le ſerment étant deferé au debiteur il a juré ne rien devoir, ou avoir payé : où s'il a d'autres exceptions ſemblables. Car le Fidejuſſeur ne répond que de ce qui ſera dû legitimement : Et ce qui aneantit ou diminuë l'obligation du debiteur, aneantit ou diminuë la ſienne qui en eſt l'acceſſoire : Ainſi, il peut ſe ſervir de ces moyens encore que le principal obligé ne voulût pas s'en ſervir luy-même [i]. Mais ſi les moyens du principal obligé ne ſe tirent que de ſa perſonne, comme s'il peut ſe faire relever parce qu'il étoit Mineur quand il s'eſt obligé s'il ne peut plus être pourſuivi parce qu'il a abandonné ſes biens, ou qu'ils ont été confiſquez ; ces ſortes d'exceptions ſeront inutiles à la caution. Car c'eſt pour les faire ceſſer qu'on l'a fait obliger [l].

[i] Ex perſona rei , & quidem invito reo , exceptio & cœtera rei commoda fidejuſſori, cæteriſque acceſſionibus competere poteſt. *l. 32. ff. de fidejuſſ. l. 19. ff. de exception.*
Defenſiones, ſive exceptiones ad interceſſores extendi , quibus reus principalis, integro manente ſtatu , munitus eſt, conſtat. *l. 11. C. de except. ſeu præſcr. §. 4. inſt. de replicat.* Si reus juravit, fidejuſſor tutus ſit. *l. ult. in f. ff. de jurejur.*
V. l'art. 1. & les ſuivans de la Sect. 5.

[l] Sanè quædam exceptiones non ſolent ( fidejuſſoribus ) accommodari. Ecce enim debitor ſi bonis ſuis ceſſerit , & cum eo creditor experiatur, defenditur per exceptionem , ſi bonis ceſſerit : ſed hæc exceptio fidejuſſoribus non datur. Ideo ſcilicet quia qui alios pro debitore obligat, hoc maximè proſpicit, ut cùm facultatibus lapſus fuerit debitor, poſſit ab iis quos pro eo obligavit , ſuum conſequi. *d. §. 4. inſt. de replic.* Si Lyſias adempta parte bonorum exulare juſſus eſt, non niſi pro parte quam retinuit creditoribus obligatus eſt. Verùm qui pro eo ſuam fidem aſtrinxerunt ; jure priſtino conveniri poſſunt. *l. 1. C. de fidejuſſ.* V. l'art. 6. de la Sect. 5.

### IX.

L'engagement du Fidejuſſeur n'eſt pas borné envers le creancier à qui il s'oblige , mais ſon obligation eſt attachée à celle du principal obligé, & passe avec elle à ceux qui dans la suite en auront le droit. Et si, par exemple, un heritier prend une caution d'un debiteur de la succession, & qu'il se trouve obligé de rendre l'heredité à un autre, soit par une substitution, ou parce que son institution ne subsistant point, il cesse d'être heritier ; ce Fidejusseur demeurera obligé envers celuy à qui l'heredité sera restituée *m*.

*m* Heres à debitore hereditario fidejussorem accepit, deinde hereditatem ex Trebelliano restituit, fidejussoris obligationem in suo statu manere, ait. Idemque in hac causa servandum, quod servaretur cùm heres contra quem emancipatus filius bonorum possessionem accepit, fidejussorem accepit. Ideoque in utraque specie transeunt actiones. *l.* 21. *ff. de fidejuss.*

*Ce fidejusseur ne pourra pas pretendre qu'il ne s'étoit obligé qu'à la consideration de cet heritier. Car outre qu'il auroit dû l'exprimer, on pourroit luy dire que s'il ne se fût obligé on auroit pû poursuivre le debiteur, ou prendre d'autres sûretez.*

# SECTION III.

*Des engagemens du debiteur envers sa caution, & de la caution envers le debiteur.*

## SOMMAIRES.

1. Le debiteur doit indemniser le Fidejusseur.
2. Indemnité pour les suites du cautionnement.
3. Cas où la caution peut agir contre le debiteur avant le terme.
4. Si le Fidejusseur paye avant le terme.
5. Il peut payer sans demande aprés le terme.
6. S'il paye imprudemment ce qui n'étoit pas dû.
7. Si le Fidejusseur paye, ignorant les exceptions du debiteur.
8. Si le Fidejusseur paye, quoyqu'il eût de son chef quelque exception.
9. Si le Fidejusseur manque, ou de se défendre, ou d'appeller de la condamnation.
10. Si le Fidejusseur n'avertit pas le debiteur qu'il a payé pour luy.
11. Caution d'un prêt à usage, ou d'un dépôt.
12. Si le creancier remet la dette au Fidejusseur.

## I.

LE principal obligé est tenu d'indemnifer son Fidejusseur, soit en le faisant décharger de l'obligation,
ou acquittant la dette. Et quand il n'y auroit pas d'obligation d'indemnité, il suffit qu'il paroisse que le Fidejusseur n'est obligé pour le debiteur qu'en cette qualité.
Car elle emporte l'engagement de l'indemnifer *a*.

*a* Ait prætor, si quis negotia alterius..... gesserit, judicium eo nomine dabo. *l. 3. ff. de negot. gest.* Sed videamus an fidejussor hîc habere aliquam actionem possit & verum est negotiorum gestorum eum agere posse. *l. 4. eod. l. 26.
§. 1. ff. m.d.*

*1. Le debiteur doit indemnifer le Fidejusseur.*

## II.

Si le principal obligé ne satisfaisant pas le creancier, il
se fait des poursuites contre le Fidejusseur, & qu'il soit
obligé d'acquitter la dette ; il recouvrera contre le debiteur, & le principal & les interêts qu'il aura payez au
creancier, & aussi les interêts, & de ce principal & de
ces interêts. Car à son égard c'est un principal dont il
doit être desinteressé, de même & à plus forte raison
que le Procureur constitué, ou celuy qui fait les affaires
d'un absent à son insçû ; puisque les avances que font
ceux-cy se font de leur gré, & que c'est par contrainte
que la caution fait le payement. Et s'il souffre d'ailleurs
des dommages & interêts, comme si le creancier le poursuit, s'il fait saisir ses biens ; il sera aussi remboursé & des
frais & dépens qu'il aura faits, ou soufferts, & de tous
ses dommages & interêts, & encore des frais des poursuites pour son recours contre le debiteur, *b*.

*b* C'est une suite de l'article precedent. Si quid autem fidejussor pro reo solverit, ejus recuperandi causa habet cum eo mandati judicium. *§. 6. inst. de
fidejuss.*
Si fidejussor multiplicaverit summam, in quam fidejussit, sumptibus ex
justa ratione factis, totam eam præstabit is pro quo fidejussit. *l. 45. §. 6. ff.
mand.* Sive, cùm frumentum deberetur, fidejussor africum dedit : & sive quid ex
necessitate solvendi plus impendit. quàm est pretium solutæ rei..... id mandati judicio consequeretur. *l. 50. §. 1. eod.*
V. pour les interêts des sommes payées par la caution l'art. 4. de la Sect. 2. des
Procurations, & l'art. 5. de la Sect. 2. de ceux qui font les affaires des autres.

*2. Indemnité pour les suites du cautionnement.*

## III.

Si le principal obligé est en demeure de payer le creancier au terme, le Fidejusseur peut le poursuivre aprés le
terme échû pour l'y obliger, quoyque le creancier ne

*3. Cas où la caution peut agir contre le debiteur avant le terme.*

Mm ij

demande rien. Et si l'indemnité du Fidejusseur étoit en peril, il pourroit même agir avant le terme pour sa sûreté. Ainsi, lorsque le debiteur dissipe ses biens, ou qu'ils sont saisis, le Fidejusseur peut s'opposer, & faire les autres diligences que les circonstances du peril rendront necessaires *c*.

*c* Non absimilis illa quæ frequentissimè agitari solet, fidejussor an & priusquam solvat, agere possit, ut liberetur. Nec tamen semper expectandum est, ut solvat, aut judicio accepto condemnetur, si diu in solutione reus cessabit, aut certè bona sua dissipabit : præsertim si domi pecuniam fidejussor non habebit. qua numerata creditori, mandati actione conveniat. *l.* 38. §. 1. *ff. mand.*

### IV.

4. Si le Fidejusseur paye avant le terme. Si le Fidejusseur paye avant le terme, il ne pourra exercer son recours contre le debiteur, qu'aprés le temps échû *d*. Car il n'a pû empirer la condition du debiteur qui ne doit qu'au terme.

*d* Si fidejussor, vel quis alius pro eo ante diem creditori solverit, expectare debebit diem quo eum solvere oportuit. *l.* 31. *ff. de fidejuss.*

### V.

5. Il peut payer sans demande aprés le terme. Le Fidejusseur peut si bon luy semble payer aprés le terme. Et quoyqu'il n'ait été ny condamné, ny poursuivy par le creancier, il ne laissera pas d'avoir son recours contre le debiteur *e*. Car l'obligation de l'un & de l'autre étoit de payer au terme. Ainsi, il acquitte l'engagement commun.

*e* Fidejussores & mandatores etsi sine judicio solverint, habent actionem mandati. *l.* 10. §. 11. *ff. mand.* V. les articles suivans.

### VI.

6. S'il paye imprudemment ce qui n'étoit pas dû. Quoique le Fidejusseur puisse payer sans être poursuivi, il ne doit pas neanmoins faire de prejudice aux moyens que le principal obligé pouvoit avoir contre le creancier. Et si, par exemple, le Fidejusseur sçachant que le debiteur ou avoit payé, ou avoit des moyens qui aneantissoient la dette, ne laisse pas de payer, il ne pourra recouvrer ce qu'il aura acquitté de cette maniere *f*.

*f* Si quidem sciens prætermiserit exceptionem vel doli, vel non numeratæ pecuniæ, videtur dolo versari : dissoluta enim negligentia propè dolum est. *l.* 29. *ff. mand.* V. l'art. suivant.

## VII.

Si le Fidejuſſeur étant ſommé de payer acquitte la dette de bonne foy, pour prevenir une execution ou une ſaiſie de ſes biens, & ne ſçachant pas ou que le debiteur avoit une compenſation à faire, ou que même il avoit payé, ou qu'il avoit d'autres moyens pour ſe défendre contre le creancier; il ne laiſſera pas d'avoir ſon recours. Car le debiteur doit s'imputer de n'avoir pas averty le Fidejuſſeur de ne point payer *g*. Mais ſi le Fidejuſſeur paye legerement, ſans demande, ſans neceſſité, & ſans avertir le debiteur, qui pourroit de ſa part n'avoir pas eu le temps d'avertir le Fidejuſſeur des moyens qu'il pouvoit avoir pour ne point payer; il pourroit y avoir lieu ſelon les circonſtances d'imputer au Fidejuſſeur d'avoir mal payé.

*7. Si le Fidejuſſeur paye, ignorant les exceptions du debiteur.*

*g* Si fidejuſſor conventus, cùm ignoraret non fuiſſe debitori numeratam pecuniam, ſolverit ex cauſa fidejuſſionis: an mandati judicio perſequi poſſit id quod ſolverit, quæritur. Et ſi quidem ſciens.... Ubi verò ignoravit, nihil quod ei imputetur. Pari ratione, & ſi aliqua exceptio debitori competebat, pacti forte conventi, vel cujus alterius rei, & ignarus hanc exceptionem non exercebit, dici oportere ei mandati actionem competere. Potuit enim, atque debuit reus promittendi certiorare fidejuſſorem ſuum, ne forte ignarus ſolvat indebitum. *l.* 29. *ff. mand.* Si cùm debitor ſolviſſet, ignarus fidejuſſor ſolverit, puto eum mandati habere actionem. Ignoſcendum eſt enim ei, ſi non divinavit debitorem ſolviſſe. Debitor enim debuit notum facere fidejuſſori jam ſe ſolviſſe, ne forte creditor obrepat, & ignorantiam ejus circumveniat, & excutiat ei ſummam in quam fidejuſſit. *d. l.* 29. 2.

## VIII.

Si le Fidejuſſeur avoit quelque moyen de ſon chef qui ne fût pas commun au debiteur, comme ſi c'étoit un Mineur qui pût ſe faire relever, ou qu'il eût quelqu'autre moyen perſonel, & qu'il paye volontairement ſans ſe ſervir de cette exception; il ne laiſſera pas d'avoir ſon recours contre le debiteur. Car pour n'avoir pas uſé de ſon droit, il ne luy a fait aucun prejudice, & il n'a fait que l'acquitter de ce qu'il devoit *h*.

*8. Si le Fidejuſſeur paye, quoyqu'il eût de ſon chef quelque exception.*

*h* Fidejuſſor ſi ſolus tempore liberatus, tamen ſolverit creditori; rectè mandati habebit actionem adverſus reum: quamquam enim jam liberatus ſolvit, tamen fidem implevit, & debitorem liberavit. *l.* 29. §. 6: *ff. mand.*

## IX.

Si le Fidejuffeur étant pourfuivi par le creancier, n'u-
fe pas des voyes donc il pourroit fe fervir pour differer,
comme s'il n'allegue pas pour défenfes quelques nullitez de procedure, qui n'iroient pas à la décharge du debiteur, & que luy ayant denoncé la demande, il paye
la dette, le debiteur ne pourra pas luy imputer de ne
s'être pas fervi de telles défenfes. Que fi le Fidejuffeur
étant condamné foit aprés s'être défendu, ou fans fe défendre, il n'appelle pas de la condamnation, ou s'il en
appelle fans dénoncer : & en general quelque conduite
que tienne le Fidejuffeur, & quel que évenement qu'elle puiffe avoir, c'eft par les circonftances de cette conduite, & de celle du debiteur qu'il faut difcerner, fi le
Fidejuffeur a dû fe défendre ou non, appeller ou non,
s'il s'eft bien ou mal défendu, s'il a dénoncé à temps,
s'il à bien ou mal payé, s'il a payé plus qu'il n'étoit dû,
& par là juger s'il doit recouvrer ou feulement ce qui
étoit dû par le debiteur, ou auffi les frais, ou s'il les
doit perdre i.

i. Quædam tamen & fi fciens omittat fidejuffor, caret fraude. Ut putà fi
exceptionem procuratoriam omifit, five fciens, five ignarus, de bona fide
enim agitur, cui non congruit de apicibus juris difputare : fed de hoc tantum
debitor fuerit, nec ne. l. 29. §. 4. ff. mand.
Si hi qui pro te fidejufferant, in majorem quantitatem damnati, quàm debiti ratio exigebat, fcientes & prudentes auxilium appellationis omiferunt,
poteris mandati agentibus his æquitate judicis tueri te. Igitur, fi ignoraverunt, excufata ignorantia eft. Si fcierunt, incumbebat eis neceffitas provocandi. Cæterum dolo verfati funt, fi non provocaverunt. Quid tamen, fi paupertas eis non permifit, excufata eft eorum inopia. Sed & fi teftato convene-
runt debitorem, ut fi ipfe putaret, appellaret, puto rationem eis conftare. l. 8.
§. 8. eod.

## X.

Si le Fidejuffeur ayant payé fans en avertir le debiteur, celuy-cy payoit une feconde fois ; ce Fidejuffeur
n'auroit plus de recours contre luy. Car ce feroit fa faute
d'avoir laiffé le debiteur en danger de payer deux fois l.

l. Hoc idem tractari & in fidejuffore poteft, fi cùm folviffet, non certioravit
reum : fic deinde reus folvit, quod folvere eum non oportebat. Et credo, fi
cùm poffet eum certiorare, non fecit, oportere mandati agentem fidejufforem
repelli. Dolo enim proximum eft, fi poft folutionem non denuntiaverit debitori. l. 29. §. 3. ff. mand.

### XI.

L'engagement du Fidejuſſeur n'étant qu'acceſſoire de celuy du principal obligé, il n'eſt tenu que preciſément de ce que doit celuy pour qui il s'oblige. Ainſi par exemple, ſi on avoit pris une caution d'un dépoſitaire, ou de celuy qui emprunté une choſe pour en uſer, celuy qui s'en feroit rendu caution ne feroit pas tenu de faire bon ce qui feroit dépoſé ou emprunté, s'il venoit à perir par un cas fortuit; mais ſeulement de répondre du dol & des fautes du principal obligé, car c'étoit en quoy conſiſtoit l'obligation *m*.

11. *Caution d'un prêt à uſage, ou d'un dépôt.*

*m* Et commodati, & depoſiti fidejuſſor accipi poteſt, & tenetur. Sed ita demum, ſi aut dolo malo, aut culpa hi fecerunt pro quibus fidejuſſum eſt. *l. 2. ff. de fidej. & mand.*

### XII.

Si le creancier, ou autre ayant ſon droit, donne ſa quittance au Fidejuſſeur dans le deſſein de luy faire un don de la dette, pour quelque recompenſe ou autre motif, ce Fidejuſſeur pourra recouvrer la dette contre le debiteur; car cette grace n'eſt propre qu'à luy. Mais ſi le creancier a ſeulement voulu décharger le Fidejuſſeur, ſans luy donner la dette, le droit du creancier demeurera entier contre le debiteur; & le Fidejuſſeur n'aura que ſa décharge. Ce qui dépendra de la maniere dont le creancier ſe ſera exprimé pour faire connoître ſon intention *n*.

12. *Si le creancier remet la dette au Fidejuſſeur.*

*n* Si fidejuſſori donationis cauſa acceptum factum ſit à creditore, puto ſi fidejuſſorem remunerari voluit creditor, habere eum mandati actionem Multò magis, ſi mortis cauſa accepto tuliſſet creditor, vel ſi eam liberationem legavit. *l. 10. §. ult. ff. mand.* Si verò non remunerandi cauſa, ſed principaliter donando, fidejuſſori remiſit actionem, mandati eum non acturum. *l. 12. eod.*

Si is qui fidejuſſori donare vult, creditorem ejus habeat debitorem ſuum, eumque liberaverit, continuo aget fidejuſſor mandati: quatenus nihil interſit, utrùm nummos ſolverit creditori, an eum liberaverit. *l. 26. §. 3, eod.*

# SECTION IV.

## Des engagemens des cautions entr'eux.

### SOMMAIRES.

## I.

*1. Comment un des Fidejusseurs acquittant la dette, peut agir contre les autres,*

SI un des Fidejusseurs acquitte la dette, il n'aura son recours que contre le debiteur, mais non contre les autres Fidejusseurs. Car il n'acquite que son engagement : & le payement qu'il fait, sans se servir du benefice de division, contre les autres Fidejusseurs, éteignant l'obligation principale, celle des autres qui n'en étoit qu'un accessoire ne subsiste plus. Mais si en payant il se fait subroger au creancier, il aura son droit pour recouvrer les portions de chacun des autres. Cette subrogation du creancier ayant cet effet, qu'encore qu'il semble que le droit du creancier soit aneanti par le payement, ce droit subsiste pour passer de sa personne à celuy qui paye pour les autres. Car c'est comme une vente que le creancier luy fait de ses droits. Que si le creancier refuse la subrogation, celuy qui fait le payement pourra la faire ordonner en justice *a.*

*a* Cùm alter ex fidejussoribus in solidum debito satisfaciat, actio ei adversus eum qui una fidejussit, non competit. Potuisti sanè cum fisco solvere desiderare, ut jus pignoris quod fiscus habuit in te transferretur : & si hoc ita factum est, cessis actionibus uti poteris. Quod & in privatis debitis observandum est. *l. 11. C. de fidejuss. l. 39. ff. eod. §. 4. inst. eod.* Fidejussoribus succurri solet, ut stipulator compellatur ei qui solidum solvere paratus est, vendere cœterorum nomina. *l. 17. ff. eod.*

Cùm is qui & reum & fidejussores habens, ab uno ex fidejussoribus accepta pecunia, præstat actiones, poterit quidem dici nullas jam esse cùm suum perceperit, & perceptione omnes liberati sunt. Sed non ita est, non enim in solutum accepit, sed quodammodo nomen debitoris vendidit : & ideo habet actiones, quia tenetur ad id ipsum ut præstet actiones. *l. 36. ff. eod. l. 41. §. 1. eod.* V. l'art. 6. de la Sect. 2.

Cette subrogation du fidejusseur au creancier pour recouvrer les portions des autres, est un troisiéme benefice accordé aux fidejusseurs. Ainsi les fidejusseurs ont trois benefices qui diminuent leur engagement, & qui facilitent leur recours Le premier

*mier*

mier est le benefice de Discussion expliqué dans l'article 1. de la Section 2. Le
second est le benefice de Division expliqué dans l'article 6. de la même Section :
& le troisiéme est ce benefice de la Cession des droits du creancier expliqué
dans cet article. L'effet de ce premier benefice de la discussion est que le fidejusseur ne peut être poursuivi qu'aprés que les biens du principal obligé ont été
discutez. L'effet du second benefice de la division, est qu'entre plusieurs fidejusseurs chacun ne peut être poursuivi que pour sa portion, si les autres sont solvables ; car s'il y en avoit d'insolvables, ou de qui l'obligation se trouvât nulle,
ou sujette à rescision, leurs portions se rejetteroient sur les autres, comme il a été
dit dans l'article 6. de la Section 2. Et l'effet du troisiéme benefice de la cession
des droits du creancier, est que le fidejusseur qui paye le creancier recouvre sur
chacun des autres fidejusseurs leurs portions de ce qu'il a payé.

Il ne faut entendre l'usage des benefices de Discussion, & de Division qu'en
faveur de ceux qui n'y ont pas renoncé. Car s'ils y ont renoncé ils sont à l'égard
du creancier dans la même condition que le debiteur. V. l'art. 3. de la Sect. 1.
de la Solidité.

## II.

C'est un engagement des Fidejusseurs entr'eux, que
si de plusieurs Fidejusseurs d'un même debiteur, il y en
a quelqu'un qui soit insolvable, ou de qui l'obligation
soit nulle ou sujette à rescision, chacun des autres doit
porter sa portion de celle de ce Fidejusseur insolvable b.
ou de qui l'obligation ne subsiste point c. Car ils sont
tous cautions du tout d.

*2. Les cosidejus-
seurs répondent
l'un pour l'autre.*

b Si quis eorum ante exactam à se partem sine herede decesserit, vel ad inopiam pervenerit, pars ejus ad cœterorum onus respicit. l. 26. ff. de fidejuss.
c Si Titius & Seia pro Mævio fidejusserint, subducta muliere dabimus in
solidum adversus Titium actionem. Cùm scire potuerit, aut ignorare non debuerit, mulierem frustra intercedere. l. 48. ff. de fidejuss.
d V. l'art. 6. de la Sect. 2.

## SECTION V.

*Comment finit , ou s'aneantit l'engagement*
*des Cautions.*

### SOMMAIRES.

#### I.

*1. Il ne peut y avoir de caution d'une obligation illicite.*

Si dans l'obligation principale il y a quelque vice essentiel qui l'aneantisse, comme si elle a été faite par force, si elle est contraire aux Loix ou aux bonnes mœurs, si elle n'est fondée que sur un dol, ou sur quelque erreur qui suffise pour l'annuller ; dans tous ces cas l'obligation du Fidejusseur est aussi aneantie *a*. Car on ne peut prendre de sûretez pour faire valoir des engagemens vicieux d'eux-mêmes.

*a* Rei cohærentes exceptiones etiam fidejussoribus competunt.... Ut dol mali.... Quod metus causa factum est. *l. 7. §. 1. ff. de excep.*
Fidejussor obligari non potest ei apud quem reus promittendi obligatus non est. *l. 16. ff. de fidejuss.*
*Voyez un exemple d'une caution pour un engagement contraire aux bonnes mœurs.* Nov. 51. in Præfat. V. l. 46. & l. 56. ff. de fidej.

#### II.

*2. L'exception personelle du debiteur ne décharge pas le Fidejusseur.*

Si l'obligation principale n'étoit annullée que par quelque exception personelle du principal obligé, comme si c'étoit un mineur qui se fit relever d'un engagement où il luy auroit été fait quelque préjudice , & qu'il n'y eût point de dol de la part du creancier ; la restitution du mineur auroit bien cet effet, qu'elle aneantiroit son obligation envers le creancier , & l'indemnité qu'il auroit donnée à sa caution, s'il vouloit en être relevé. Mais cette restitution ne donneroit aucune atteinte à l'obligation du Fidejusseur envers le creancier *b*. Car ce n'étoit que pour faire valoir l'obligation de ce mineur que le creancier avoit pris la sûreté d'une caution.

*b* Postquam in integrum ætatis beneficio restitutus es , periculum evictionis emptori , cui prædium ex bonis paternis vendidisti , præstare non cogeris. Sed ea res fidejussores qui pro te intervenerunt excusare non potest. Quare mandati judicio , si pecuniam solverint , aut condemnati fuerint , convenieris : modò si eo quoque nomine restitutionis auxilio non juvaberis. *l.* 1. *C. de fidejuss. min.*

*V. les deux articles suivans , & les art. 10. & 11. de la Sect. 1.*

### III.

Si outre l'exception personelle qui pourroit faire annuller l'obligation du principal debiteur , sans donner atteinte à celle du Fidejusseur, il y avoit quelque dol de la part du creancier , soit dans l'affaire qui seroit le sujet de l'obligation , ou dans la maniere d'engager le Fidejusseur, l'obligation de ce Fidejusseur seroit aneantie. Ainsi, par exemple, si une personne qui veut prêter d'un mineur sous la sûreté d'une caution , donne à celuy qui doit se rendre caution de ce mineur de fausses preuves qui le font paroître majeur, l'obligation du Fidejusseur sera annullée *c*.

*c* Si ea quæ tibi vendidit possessiones interposito decreto præsidis , ætatis tantummodo auxilio juvatur , non est dubium fidejussorem ex persona sua obnoxium esse contractui. Verùm si dolo malo apparuerit contractum interpositum esse , manifesti juris est , utrique personæ tam venditricis , quàm fidejussoris consulendum esse. *l.* 2. *C. de fidejuss. min.*

### IV.

Dans tous les cas où l'obligation principale est sujette à être annullée , c'est par les circonstances qu'il faut juger si l'obligation du Fidejusseur subsistera ou non. Ainsi le Fidejusseur d'un mineur demeure obligé dans le cas de l'article 11. de la Section 1. Et il est au contraire dechar-

3. *Dol du creancier à l'égard du Fidejusseur.*

4. *Circonstances qui peuvent rendre l'obligation du Fidejusseur nulle ou valide.*

gé dans le cas de l'article 3. de cette Section. Ainsi lorsque l'obligation a pour cause quelque commerce ou
quelque disposition défenduë par une Loy , comme si
celuy qui veut donner à une personne à qui une Loy , ou
une Coûtume défend de donner , fait un contract simulé au profit de cette personne , ou d'une autre interposée qui luy prête son nom , & qu'il y donne la sûreté
d'une caution , l'obligation du Fidejusseur sera sans effet
de même que celle du principal obligé. Ainsi en general pour juger de la validité , ou invalidité de l'engagement de la caution , il faut y considerer la qualité de
l'obligation principale , si elle est licite ou illicite : la
bonne ou mauvaise foy des parties : le motif qui a obligé à prendre la sûreté d'une caution , comme si c'étoit
pour une obligation illicite , ou seulement pour suppléer
au peu de bien , ou à l'incapacité du principal debiteur ,
comme si c'étoit un Mineur , qui à cause de sa minorité
ne pût s'obliger valablement , quoyque l'obligation ne
fût pas illicite de sa nature : si celuy qui a répondu pour
un autre a luy-même prevenu & engagé le creancier ,
ou s'il a été engagé par quelque mauvaise voye de la
part de ce creancier : & par ces circonstances & les autres semblables on jugera de l'effet que doit avoir l'obligation du Fidejusseur *d*.

*d* Intercessionis quoque exceptio , item quod libertatis onerandæ causa petitur , etiam fidejussori competit. Idem dicitur , & si pro filiofamilias contra
Senatusconsultum quis fidejusserit , aut pro minore viginti quinque annis circumscripto. *l. 7. §. 1. ff. de except. præscr. & præjud.*

Cùm lex venditionibus occurrere voluerit , fidejussor quoque liberatur : eo
magis quod per ejusmodi actionem ad reum pervenitur. *l. 46. ff. de fidejuss.*

Marcellus scribit , si quis pro pupillo sine tutoris auctoritate obligato , prodigóve , vel furioso fidejusserit , magis esse ut ci non subveniatur. *l. 25. eod.*

Si à furioso stipulatus fueris , non posse te fidejussorem accipere certum est.
Quia non solùm ipsa stipulatio nulla intercessit , sed ne negotium quidem ullum
gestum intelligitur. Quòd si pro furioso jure obligato fidejussorem accepero , tenetur fidejussor. *l. 70. §. 4. eod.*

In causæ cognitione versabitur , utrum soli ei succurrendum sit , an etiam
aliis qui pro eo obligati sunt , ut putà fidejussoribus. Itaque si cùm scirem minorem , & ei fidem non haberem , tu fidejusseris pro eo , non est æquum fidejussori in necem meam subveniri , sed potius ipsi deneganda erit mandati actio.
In summa perpendendum erit prætori cui potius subveniat , utrum creditori ,
an fidejussori. Nam minor captus neutri tenebitur. Facilius in mandatore dicendum erit non debere ei subvenire. Hic enim velut affirmator fuit , & suasor
ut cùm minore contraheretur. *l. 13. ff. de min.*

## V.

Si le debiteur aneantit son obligation, ou par un payement, ou par quelqu'autre voye qui le décharge, comme si le serment luy étant deferé, il jure qu'il a payé, ou
qu'il ne doit rien, s'il est déchargé par un Arrest, par
une Transaction, ou autre convention avec le creancier,
dans tous ces cas l'engagement du Fidejusseur est aneanti. Car il n'étoit obligé qu'à payer ce qui seroit dû *e*.

*e* Non est ambigui juris electo reo, & solvente fidejussorem liberari. *l. 2. C.
de fidejuss. tut. vel cur.*
Rei autem cohærentes exceptiones, etiam fidejussoribus competunt, ut rei
judicatæ, doli mali, jurisjurandi. *l. 7. §. 1. ff. de except.*
Igitur & si reus pactus sit in rem, omnino competit exceptio fidejussori.
*d. §. 1.* Non possunt conveniri fidejussores, liberato reo transactione. *l. 68. §.
2. ff. de fidejuss.*
*V. l'art. 8. de la Sect. 2.*

## V I.

Si la dette est innovée entre le creancier & le debiteur,
sans que le fidejusseur s'oblige de nouveau, son obligation ne subsiste plus. Ainsi celuy qui étoit creancier du
prix d'une vente,, & qui en avoit une caution, ayant
donné quittance & pris de l'acheteur seul une obligation à cause de prêt, ne peut plus rien demander au Fidejusseur. Car encore que ce qu'il avoit promis de payer
ne soit pas acquité, & que le debiteur reste obligé pour
une dette dont la vente a été l'origine, & dont ce Fidejusseur avoit répondu; le creancier ayant éteint cette
premiere obligation, celle du Fidejusseur qui n'en étoit
qu'un accessoire est aussi éteinte *f*.

*f* Ubicumque reus ita liberatur à creditore, ut natura debitum maneat, teneri fidejussorem respondit, cùm verò genere novationis transeat obligatio, fidejussorem aut jure, aut exceptione liberandum. *l. 60. ff. de fidejuss.*
Novatione legitimè perfecta, debiti in alium translati, prioris contractus fidejussores, vel mandatores liberatos esse non ambigitur. Si modo in sequenti
se non obligaverunt. *l. 4. C. eod.*

## V I I.

Si une premiere obligation étant expirée, le debiteur
l'a renouvellée par une seconde; celuy qui étoit caution
de la premiere obligation ne le sera pas de la seconde,
s'il ne s'oblige de nouveau. Ainsi celuy qui renouvelle
avec son Fermier un bail expiré, ou par un nouveau bail,

ou par une reconduction tacite, n'en aura pas pour caution celuy qui s'étoit obligé pour le premier bail, s'il ne s'oblige de nouveau. Car c'est une autre obligation g.

g Qui impleto tempore conductionis remansit in conductione, non solùm reconduxisse videbitur, sed etiam pignora videntur durare obligata. Sed hoc ita verum est, si non alius pro eo in priore conductione res obligaverat. Hujus enim novus consensus erit necessarius. Eadem causa erit & si reipublicæ prædia locata fuerint. *l.* 13. §. 11. *ff. locat. l.* 7. *C. eod.*

### VIII.

**8. Si le debiteur succede au creancier, ou le creancier au debiteur.**

Si le creancier se trouve heritier du debiteur, ou le debiteur du creancier, la confusion qui se fait en la personne de cet heritier des qualitez de creancier & de debiteur, fait que l'obligation ne subsiste plus : & cette confusion aneantit aussi l'obligation du Fidejusseur. Car il ne peut devoir à l'heritier une dette dont l'heritier luimême doit l'indemniser. Et il n'y a plus de dette, ni de debiteur *h*.

*h* A Titio, qui mihi ex testamento sub conditione decem debuit, fidejussorem accepi, & ei heres extiti : deinde conditio legati extitit. Quæro, an fidejussor mihi teneatur ? Respondi si ei à quo tibi erat sub conditione legatum, cùm ab eo fidejussorem accepisses, heres extiteris, non poteris habere fidejussorem obligatum : quia nec reus est ; pro quo debeat, sed nec res ulla quæ possit deberi. *l.* 38. §. 1. *ff. de fidejuss.* Quod si stipulator reum heredem instituerit, omnimodo obligationem fidejussoris peremit, sive civilis, sive tantùm naturalis in reum fuisset : quoniam quidem nemo potest apud eumdem pro ipso obligatus esse. *l.* 21. §. 3. *eod. v. l.* 71. *eod.*

### IX.

**9. Si le creancier ou le debiteur succede au Fidejusseur, ou le Fidejusseur à l'un ou à l'autre.**

S'il arrive que le debiteur ou le creancier soit heritier de la caution, ou que la caution succede à l'un ou à l'autre, dans tous ces cas il se fait de differentes confusions des qualitez de debiteur, de creancier, & de caution, dont chacune aneantit l'engagement du Fidejusseur. Car s'il succede au debiteur, il devient luy-même le principal obligé, & il cesse par consequent d'être caution. Et s'il succede au creancier, il n'est plus obligé, puisqu'il ne peut l'être envers soy-même. Que si c'est le creancier qui succede au Fidejusseur, il ne sera pas obligé envers soy-même, mais il conservera seulement son droit contre le debiteur. Et fi enfin c'eft le debiteur qui fuccede au Fidejuffeur, il n'y a plus de cautione-ment, mais feulement une obligation principale en la perfonne de ce debiteur. Et il ne pourroit pas même fe fervir des exceptions que le Fidejuffeur auroit pû avoir de fon chef, comme fi par exemple il étoit mineur *i*.

*i* Cùm reus promittendi fidejuffori fuo heres extitit, obligatio fidejufforia perimitur. Quid ergo eft: tamquam à reo debitum petatur. Et fi exceptione fidejuffori competente ufus fuerit, in factum replicatio dari debebit, aut doli mali proderit. *l.* 14. *ff. de fidejuff.*

Quod fi creditor fidejuffori heres fuerit, vel fidejuffor creditori, puto con-venire confufione obligationis non liberari eum. *l.* 71. *inf. princ. ff. eod.*

Generaliter Julianus ait, eum qui heres extitit ei pro quo intervenerat, liberari ex caufa acceffionis, & folummodo quafi heredem rei teneri: Denique fcripfit, fi fidejuffor heres extiterit ei pro quo fidejuffit, quafi reum effe obligatum, ex caufa fidejuffionis liberari. *l.* 5. *ff. de fidejuff.*

### X.

Comme l'engagement des coobligez ne laiffe pas de fubfifter, quoyque le creancier s'adreffe à l'un d'eux avant que de venir aux autres; ainfi lorfqu'il y a plu-fieurs Fidejuffeurs d'une même dette, la demande & les pourfuites du creancier contre l'un d'eux, n'empêche pas qu'il ne puiffe enfuite agir contre les autres *l*.

*l* Generaliter fancimus, quemadmodum in mandatoribus ftatutum eft, ut conteftatione contra unum ex his facta alter non liberetur, ita & in fidejuffo-ribus obfervari, &c. *l.* 28. *C. de fidejuff.*

### X I.

Quoyque l'obligation de celuy qui doit donner, ou rendre une chofe, foit aneantie fi la chofe perit par un cas fortuit: Et que le Fidejuffeur, s'il y en avoit, ne foit plus obligé; fi neanmoins la chofe ne perit qu'après que ce debiteur a été en demeure de la délivrer, comme un vendeur qui ne délivre pas ce qu'il a vendu, ou celuy qui ne rend pas ce qu'il avoit loué, ou emprunté, fon obligation ne laiffe pas de fubfifter, & fait fubfifter cel-le du Fidejuffeur *m*. Car il devoit répondre du fait de celuy pour qui il s'étoit obligé.

*m* Cùm facto fuo reus principalis obligationem perpetuat, etiam fidejuffo-ris durat obligatio: veluti fi moram fecit in Sticho folvendo, & is deceffit. *l.* 58. §. 1. *ff. de fidejuff.* V. l'art. 9. de la Sect. 3. des Conventions, & l'art. 3. de la Sect. 7. du Contract de vente.

10. La demande contre l'un des co-fidejuffeurs ne dé-charge pas les au-tres.

11. Fidejuffeur de la délivrance d'u-ne chofe qui perit.

## TITRE V.

### DES INTERESTS, DOMMAGES & intérêts, & restitution de fruits.

*Des diverses sortes de dommages & intérêts, & de leurs causes.*

C'Est une suite naturelle de toutes les especes d'engagemens particuliers, & de l'engagement general de ne faire tort à personne, que ceux qui causent quelque dommage, soit pour avoir contrevenu à quelque engagement, ou pour y avoir manqué, sont obligez de reparer le tort qu'ils ont fait.

Toutes les sortes de dommages, quelque cause qu'ils puissent avoir, peuvent se reduire à deux especes. L'une des dommages visibles que causent ceux qui font perdre ou perir quelque chose, ou qui l'endommagent, comme fait celuy qui ayant emprunté un cheval, le perd, ou l'estropie : ou celuy qui fait pascager son bétail dans le pré d'un autre qui ne luy doive pas cette servitude. L'autre espece est des dommages que causent ceux qui sans rien détruire ni endommager, donnent sujet à quelque perte d'une autre nature. Comme si celuy qui doit une somme ne la paye pas au terme, si celuy qui vend manque de délivrer la chose venduë, si celuy qui entreprend un ouvrage ne s'en acquite point.

On peut distinguer les dommages par une autre vûë, selon l'intention de ceux qui les causent. Quelques-uns sont des effets d'un mauvais dessein, comme d'un crime, d'un delit, d'une tromperie : Et d'autres arrivent sans aucun mauvais dessein de celuy qui en est tenu, mais seulement ou par negligence, ou par quelque faute, ou même par l'impuissance d'executer quelque engagement.

De quelque nature que soit le dommage, & quelque cause qu'il puisse avoir, celuy qui en est tenu doit le reparer par un dédommagement proportionné ou à sa

faute,

faute, ou à son delit, ou autre cause de sa part, & à la
perte qui en est arrivée, selon les regles qu'on expliquera dans ce Titre.

Avant que d'expliquer ces regles, il est necessaire de
faire icy quelques reflexions sur des principes d'où elles
dépendent, & dont la connoissance peut rendre & plus
facile & plus utile l'usage de ces regles dans les divers
cas où il faut en faire l'application.

Toutes les sortes de dédommagemens se reduisent à
deux especes. L'une qu'on appelle simplement interêt, &
l'autre qu'on appelle dommages & interêts. L'interêt est
le dédommagement, ou le desinteressement dont un debiteur d'une somme d'argent peut être tenu envers son
creancier, pour le dommage qu'il peut luy causer faute
de payer la somme qu'il doit. Comme si celuy qui a emprunté une somme ne la paye pas au terme : si un acheteur ne paye pas le prix de la vente : si un locataire n'acquite pas les loyers de la maison qu'il tient à loüage, ou
un fermier le prix de son bail. Tous les autres dédommagemens, de quelque nature que soit le dommage, s'appellent dommages & interêts, comme si un locataire
manque de faire les reparations que le bail l'oblige de
faire, & que la maison en soit endommagée : si un associé
neglige l'affaire commune dont il est chargé, & qu'elle
perisse : si un Tuteur manque d'exiger les dettes de son
Mineur, & qu'elles se perdent : si un vendeur ne garentit
pas l'acquereur d'une eviction. Et on donne aussi le même
nom de dommages & interêts aux dédommagemens que
doivent ceux qui ont causé quelque dommage par un
crime, ou par un delit. Et dans les crimes on appelle le
dédommagement un interêt civil, qui n'est que la même
chose que les dommages & interêts ; mais on se sert de
ce mot d'interêt civil, pour distinguer ce dédommagement des autres peines qu'on impose aux crimes.

*Difference entre les interêts, & les dommages & interêts.*

Il y a cette difference par les Loix, & par nôtre usage entre les dommages qui naissent du seul défaut de
payement d'une somme dûë, & les dommages qui ont
d'autres causes, que tous les dommages que peuvent

fouffrir ceux qui ne font pas payez d'une fomme au terme, font tous uniformes, & fixez par la Loy à une certaine portion de la fomme dûë pendant une année, &
pour plus ou moins de temps à proportion. Ainfi on a vû
les interêts reglez au denier douze, c'eft à dire à la dou-
ziéme partie du principal, & puis au denier feize, au denier dix-huit, & ils font prefentement reglez au denier
vingt, qui eft un fol pour livre. Mais les autres fortes de
dommages font indefinis, & ils s'étendent ou fe bornent
differemment, par la prudence du Juge à plus ou à moins,
felon la qualité du fait, & les circonftances. Ainfi, quiconque doit de l'argent, foit pour un prêt, ou pour d'autres caufes, ne doit pour tout dommage, s'il ne paye pas,
que l'interêt reglé par la Loy ; mais un Locataire qui
manque aux reparations qu'il doit par fon bail, un Entrepreneur qui manque de faire l'ouvrage qu'il a entrepris, ou qui le fait mal, un Vendeur qui ne délivre pas
la chofe venduë, ou qui l'ayant délivrée ne la garentit
pas d'une éviction, doivent indéfiniment les dommages
& les interêts qui peuvent fuivre du défaut d'avoir executé leur engagement, & on les regle differemment felon la diverfité des pertes qui arrivent, la qualité des
faits qui les caufent, & les autres circonftances.

*Pourquoy les in-*
*terêts font fixez,*
*& les dommages &*
*interêts indefinis.*
Cette difference entre les interêts fixez par la Loy,
& ces dédommagemens dont l'eftimation eft indéfinie, a
fon fondement fur les differences qui fe rencontrent entre le défaut de payement d'une fomme dûë, & les autres
diverfes caufes qui donnent fujet à quelque dommage.

On peut remarquer pour la premiere & la plus fenfi-
ble de ces differences, que parmi toutes les caufes qui
peuvent donner fujet à des dommages & interêts, il n'y
en a point qui foit fi frequente que l'eft le défaut de payement d'une fomme dûë, & qu'il n'y en a point auffi dont
il naiffe une fi grande diverfité de dommages & interêts ; de forte que fi chaque creancier avoit le droit de
faire eftimer le dommage qu'il peut fouffrir faute de l'argent qui luy étoit dû, chaque demande de payement
feroit fuivie d'un embarras infini de difcuffions des diffe-

rens dommages que les creanciers pourroient alleguer.
L'un faute de son payement auroit souffert la vente de
son bien., & sa ruine: un autre auroit vû perir sa maison
faute de son argent pour la reparer : un Marchand auroit fait une perte considerable dans son commerce : &
selon que les differens besoins, & les conjonctures di-
versifieroient les évenemens, chacun se distingueroit
par les circonstances de sa perte, & de son dommage.

Quand il n'y auroit donc pas d'autre cause qui eût
obligé à fixer par une Loy un dédommagement unifor-
me pour toutes les sortes de dommages qui peuvent
naître du défaut de payement de sommes d'argent,
que la consideration de retrancher cette multitude infinie de differentes liquidations, & des procès qui en seroient les suites, il auroit été difficile de se passer d'un
tel reglement. Mais une autre difference qui distingue
l'engagement des debiteurs de sommes d'argent de toutes les autres sortes d'engagemens, est une cause naturelle qui rend ce reglement aussi juste de soy-même,
qu'il est utile pour le bien public.

Cette difference consiste en ce que les dommages qui
viennent d'ailleurs que du défaut de payement d'une
somme, naissent de quelque engagement qui distingue
& marque la nature du dommage qu'on pourra devoir, si
on n'y satisfait; ce qui ne se trouve pas dans l'engagement de ceux qui doivent des sommes d'argent. Ainsi,
par exemple, quand un Locataire s'oblige aux menuës
reparations de la maison qu'il prend à loüage, son engagement luy marque precisément, qu'il s'oblige à ces reparations pour conserver la maison dans le bon état où
elle est quand on la luy loüe, & que par consequent s'il
y manque, il sera tenu du dommage qui en arrivera, &
de remettre la maison dans le même état où elle étoit
quand il l'a loüée. Ainsi, quand un Entrepreneur d'un
bâtiment s'oblige à le rendre tel qu'il doit être suivant
son marché, son engagement luy fait comprendre de
quelle qualité doit être l'ouvrage qu'il entreprend, &
qu'il répondra & des défauts des materiaux, s'il doit les

fournir, & des fautes de fa conduite. Ainſi, celuy qui eſt
engagé à une tutelle ne peut ignorer que ſon engagement l'oblige à une adminiſtration exacte & fidelle, &
que s'il manque ou d'exiger des dettes, ou de veiller à la
culture & aux reparations des heritages, il ſera tenu des
ſuites de ſa negligence. Et il en eſt de même de toutes
les autres ſortes d'engagemens, hors celuy de payer de
l'argent qu'on doit. Ainſi dans ces engagemens le fait
de celuy qui ſe trouve tenu du dommage eſt une cauſe
qui détermine préciſement à la qualité du dédommagement qu'il pourra devoir. Mais l'engagement de ceux
qui doivent des ſommes d'argent n'a aucun rapport precis à quelque eſpece de dommage particulier & déterminé qui doive arriver s'ils ne payent point : & ne marque pas ſi ce ſera ou la ruine d'un bâtiment, ou une banqueroute, ou quel autre de mille qui ſont tous poſſibles.
Mais la qualité de ce dommage dépendra des circonſtances particulieres où ſe trouvera le creancier qui ne ſera
pas payé au terme. Et comme les beſoins ſe diverſifient
ſelon les differences des évenemens, & des conjonctures
où ſe rencontrent ceux qui manquent de recevoir ce qui
leur eſt dû, les dommages qui leur en arrivent ſont auſſi
de natures toutes differentes : & ils ſont imprevûs comme les beſoins d'où ils peuvent naître.

Cette diverſité infinie de dommages qui peuvent ſuivre du defaut de payement d'une ſomme d'argent, eſt un
effet de la nature de l'argent, qui de ſoy-même n'ayant
pas un uſage particulier & déterminé, comme l'ont
toutes les autres ſortes de choſes, mais ayant cet uſage
general de faire le prix de toutes les choſes qu'on peut
eſtimer, tient lieu à chacun de celles dont il a beſoin.
Ainſi, l'uſage de l'argent étant different ſelon les diverſes manieres de l'employer, & ſelon les beſoins particuliers qu'on peut en avoir, les dommages qui peuvent
arriver à ceux qui ne ſont pas payez de leurs debiteurs ſont differens auſſi, ſelon la diverſité des uſages
qu'ils avoient à faire de l'argent qui leur étoit dû.

Il s'enſuit de cette difference entre l'engagement des

debiteurs de sommes d'argent, & toutes les autres sortes
d'engagemens, que comme dans tous les autres, ceux qui
sont obligez peuvent distinguer par la nature de leur
obligation, quel sera le dommage qu'ils pourront devoir
s'ils n'y satisfont, & que cette connoissance leur fait prevoir precisément à quoy ils s'engagent, & où pourront aller les dommages qu'ils auront causez; on trouve en chacun de ces engagemens un juste fondement pour distinguer le dédommagement qui pourra être dû, & pour le
regler. Mais comme la seule qualité de l'engagement de
ceux qui doivent de l'argent, ne distingue pas leur condition : & ne leur marque rien de precis qui leur fasse
connoître quel pourra être le dommage qui pourra suivre du défaut de payement, & que d'ailleurs ils ne sont
tous obligez qu'à une même chose, qui est de payer une
somme d'argent; leur engagement n'est pas un principe
qui puisse distinguer les dédommagemens qu'ils pourront devoir, ni les obliger differemment aux divers dommages que les creanciers pourront souffrir selon la diversité des évenemens. Mais ces évenemens, sont à l'égard
des debiteurs comme des cas fortuits qu'ils n'ont pû prevoir, & que leur obligation ne renfermoit point.

Il s'ensuit de cette difference entre l'engagement des
debiteurs de sommes d'argent, & de toutes les autres sortes d'engagemens, que dans un seul contract de la nature
de ceux qui obligent de part & d'autre, il peut arriver, &
il arrive souvent, qu'encore que l'engagement des contractans soit reciproque, c'est à dire, que chacun de sa
part se trouve engagé envers l'autre; leurs engagemens
ne sont ni semblables dans leur nature, ni égaux dans
leur estimation, mais qu'ils sont de natures differentes,
& que le même contract borne l'engagement de l'un au
simple interêt d'une somme d'argent, si elle n'est pas
payée au terme, celuy de l'autre étant indefini, & pouvant s'étendre à des dommages & interêts qui pourront
être beaucoup plus grands. Ainsi dans un contract de
vente l'obligation du vendeur luy apprend qu'il est obligé à délivrer la chose venduë, & à la garentir avec les

qualitez qu'elle doit avoir; ce qui luy fait connoître, que si la chose venduë n'est pas délivrée, si elle n'a pas ces qualitez, si l'acheteur en est évincé, il répondra des dommages qui en arriveront suivant les regles expliquées dans les Sections 1.10.& 11. du Contract de vente. Mais ce même Contract de vente ne forme aucun engagement semblable de la part de l'acheteur. Car il ne luy marque pas ce que le vendeur pourra souffrir de dommage faute de son argent, s'il n'en souffrira aucun, ou si au contraire il en arrivera que son commerce perisse, que son bien soit saisi & vendu, ou quel autre dommage il pourra souffrir. Ainsi, au lieu qu'à l'égard du vendeur les évenemens qui l'obligent à des dommages & intérêts ayant été prevûs, il ne peut dire quand ils arrivent à l'acheteur que ce soient des cas fortuits qu'il n'ait pû prevoir, & dont il ne doive pas répondre; l'acheteur au contraire peut dire des differentes pertes qui peuvent arriver au vendeur, qu'aucune n'a été prevûë, & qu'ainsi celles qui arrivent sont à son égard des cas fortuits que son obligation ne luy marquoit point : & que même si le vendeur avoit voulu stipuler, qu'en cas qu'ils arrivassent, l'acheteur en auroit été tenu, il n'auroit pas acheté sous une telle condition, & dans le danger de se voir exposé à de telles suites faute de payement du prix de la vente.

On peut facilement remarquer cette même difference d'engagemens par un même contract, dans les baux à ferme, dans les loüages de maisons, & en d'autres sortes d'engagemens même sans convention. Mais il ne faut pas tirer cette consequence de la difference qu'on voit de l'engagement d'une partie à celuy de l'autre, que ceux qui ne doivent que de l'argent ne doivent pas de dommages & intérêts, s'ils ne payent point, sous pretexte que leur engagement ne marque pas precisément quel sera le dommage qu'ils pourront causer. Car étant sûr qu'ils font tort à leurs creanciers ne les payant point, il est juste qu'ils les dédommagent, & il a fallu pour fixer cette sorte de dédommagement une regle precise com-

mune pour tous , & qui fût fondée fur d'autres principes
que ceux qui reglent les dommages & interêts de toute
autre efpece. Et on ne pouvoit faire de reglement plus
équitable que celuy qui a été fait , en fixant le dédommagement que peut devoir un debiteur d'une fomme
d'argent qu'il ne paye pas au terme , à une certaine portion de la fomme dûë ; car ce defintereffement fe trouve fondé fur deux principes parfaitement juftes. L'une
que tous les debiteurs de fommes d'argent étant dans le
même engagement, & ne devant qu'une chofe de même
nature , ils ne doivent qu'un même dédommagement.
Et l'autre que ce dédommagement devant être fixé à un
même pied, on n'a pû le faire plus jufte & plus fûr, qu'en
le reglant à la valeur des profits communs qu'on peut
tirer de l'argent par des commerces legitimes. Et c'eft
ce qu'on a fait en comparant l'argent, qui fait le prix
de toutes chofes , à celles qui produifent naturellement
quelque profit, & reglant le profit d'une fomme d'argent à celuy qu'on tire d'une chofe de même valeur. Et
comme les profits plus ordinaires , & plus naturels font
ceux que produifent les fonds, on eftime le dédommagement des creanciers de fommes d'argent, qui ne font
pas payez au terme, fur le pied du revenu commun d'un
fonds de même valeur que la fomme dûë. Ainfi , par
exemple, fi la valeur commune du revenu des fonds eft
d'un fol pour livre , le dédommagement que devra un
debiteur d'une fomme de mille livres qu'il ne paye pas ,
fera de cinquante livres par an, qui font le revenu qu'on
tire communément chaque année d'un fonds qui peut
valoir mille livres. Et c'eft fur ce même pied que fe reglent les rentes conftituées à prix d'argent, ou celuy qui
achete une rente fur les biens de fon debiteur, ne fait
autre chofe qu'acheter un revenu annuel en argent qui
foit de la valeur du revenu ordinaire qu'il pourroit tirer
d'un fonds qui vaudroit la fomme qu'il donne. Mais
comme la valeur des revenus des fonds eft fujette à des
changemens, & qu'elle s'augmente, ou fe diminuë felon
la difette, ou l'abondance de l'argent, & les autres caufes

qui obligent à des estimations differentes selon les changemens que les temps peuvent y apporter, les loix reglent differemment le pied des interêts & celuy des rentes à prix d'argent, selon que ces changemens peuvent
y obliger. Ainsi on a vû en France, comme il a été déja remarqué, les rentes & les interêts se reduire du denier dix au denier douze, & descendre par degrez jusqu'au denier vingt qui est le pied present.

*Exceptions de la
regle qui fixe les
interêts.*

Toutes ces considerations qui rendent juste la regle de
la fixation des interêts de sommes d'argent à une certaine portion du principal, ne doivent s'entendre que des
cas où rien ne peut être imputé aux debiteurs, qui merite un dédommagement d'une autre nature. Et cette
regle ne justifie pas les debiteurs qui pouvant payer ne
le veulent point, & encore moins ceux qui plûtôt que
de s'acquitter, retiennent leur argent, & laissent souffrir & perir de pauvres familles. Cette sorte d'iniquité
est d'un autre genre que le simple retardement des debiteurs qui n'ont pas le moyen de payer au terme : &
cette dureté meriteroit de plus fortes peines qu'un dédommagement proportionné aux dommages qu'elle
peut causer. C'étoit par cette raison que l'Ordonnance
d'Orleans vouloit que les Juges condamnassent au double de la dette ceux qui seroient en demeure de payer
les laboureurs & les mercenaires *a*. Et quoyque cela ne
s'observe pas, & que ces debiteurs injustes soient impu-
nis, on a dû faire cette remarque pour faire voir que
cette impunité n'est pas de l'esprit des loix, & qu'il y a
des occasions où l'injustice criante de ces debiteurs
pourroit être punie selon cet esprit.

Il faut aussi excepter de cette regle qui fixe l'interêt
des dettes d'argent, les banquiers qui manquent d'acquitter les Lettres de change. Car cette espece d'obligation a des caracteres particuliers qui la distinguent;
sur quoy il faut voir ce qui en a été dit dans la Section 4.
du Titre des Personnes qui exercent, &c. où l'on voit que
l'engagement des Lettres de change n'est pas seulement

*a Article 60. de l'Ordonnance d'Orleans.*

de

de payer une somme, mais renferme la circonstance
de remettre de l'argent d'un lieu à un autre; ce qui oblige à d'autres dommages que le simple retardement de
payer ce qu'on doit, & cette matiere est reglée par l'Ordonnance de 1673. dans le Titre des Lettres & Billets
de Change, & dans celuy des Interêts de change & re-
change *b*.

Il ne faut pas non plus comprendre dans cette regle
l'engagement des debiteurs envers leurs cautions. Car
ce n'est pas de l'argent que les debiteurs doivent à leurs
cautions, mais ils doivent les indemniser des dommages
qu'ils pourront souffrir de la part du creancier, s'il n'est
pas payé; comme s'il fait saisir leurs biens. Ainsi, l'indemnité que le debiteur doit à sa caution, l'oblige aux
dommages & interêts qu'une saisie de ses biens de la
part du creancier pourroit luy causer.

Aprés cette distinction des Interêts, & des dommages
& interêts, il faut remarquer sur les dommages & interêts, que c'est par deux vûës qu'on peut juger s'il en est
dû, & qu'on doit les regler. Car on doit premierement
considerer la qualité du fait d'où le dommage est arrivé, comme si c'est un crime, un délit, une tromperie:
Où si c'est seulement quelque faute, quelque negligence, ou l'inexecution involontaire d'un engagement. Car
selon ces differences les dédommagemens peuvent être
ou plus grands ou moindres, comme on le verra dans
la suite. Et on doit aussi considerer les evenemens qui
ont suivy ce fait, & s'ils sont tels qu'on doive les imputer à celuy qui en est l'auteur, ou s'il s'y trouve d'autres
causes jointes, & que toutes ces suites ne doivent pas
luy être imputées.

Pour ce qui regarde la qualité du fait de celuy à qui
on demande un dédommagement, il n'est question que
de sçavoir s'il y a de sa part quelque dessein de nuire, ou
quelque mauvaise foy, ou s'il n'y a rien de tel. Et comme
il est facile de le connoître ou par le fait même, ou par
les circonstances, sans besoin de regles, il suffit de re-

*Autres remarques sur les dommages & interêts.*

*b V. tit. ff. de eo quod certo loco.*

Tome II.                                    P p

marquer seulement icy, que c'est par cette premiere vûë qu'on doit examiner les questions des dommages & interêts.

Pour ce qui est des évenemens qui peuvent suivre du fait de celuy à qui on impute le dommage, il peut y avoir des difficultez qui meritent des regles. Car il faut remarquer qu'il arrive souvent, que d'un fait unique on voit naître un enchaînement de suites & d'évenemens qui causent de divers dommages, soit que ces évenemens ayent été des suites immediates de ce fait même, & dont on puisse dire, qu'il en a été la cause precise : ou qu'il s'en trouve d'autres causes indépendantes de ce fait, mais dont il ait été seulement l'occasion, ou qui s'y trouvent jointes par quelque cas fortuit. Et selon ces differences d'évenemens, il peut y avoir de la difference entre les dommages, desorte qu'il y en ait quelques-uns qu'on doive imputer à l'autheur de ce fait, & que d'autres ne doivent pas luy être imputez.

On jugera de ces diverses sortes d'évenemens, & des égards qu'on doit y avoir dans les questions des dommages & interêts, par les deux exemples qui suivent. Et on verra aussi en même temps les divers effets que doit avoir dans ces mêmes questions le fait de celuy qui est tenu du dommage, selon la qualité de ce fait & de son motif.

On peut supposer pour un premier cas, qu'un marchand ayant loüé une boutique pour une foire dans une ville où il n'avoit pas son domicile, & y ayant fait porter ses marchandises, il arrive que celuy qui luy avoit loüé cette boutique en ait été dépossedé ou par une éviction, ou par une faculté de rachat, ou par un retrait lignager, ou par une saisie réelle suivie d'un bail judiciaire, desorte qu'il n'ait pû executer ce loüage, & qu'ainsi ce marchand se trouve obligé de loüer une autre boutique semblable, mais beaucoup plus chere : Ou que ne pouvant en trouver d'autre, il perde l'occasion de sa vente, & faute du secours qu'il en attendoit pour payer une dette pressante, il fasse banqueroute. On voit dans

ce cas plusieurs dommages qui peuvent suivre de ces differens évenemens qu'il faut distinguer, pour reconnoître ceux qui sont tellement une suite de l'inexecution de
ce loüage, qu'on doive les imputer à celuy qui devoit
donner la boutique : & ceux qui peuvent avoir quelqu'-
autre cause qui s'y trouve jointe, & dont il puisse n'être
pas tenu.

On voit dans le premier de ces évenemens où le Marchand a loüé une autre boutique, que tout le dommage consiste en ce qu'il l'a loüée plus cher, & que ce dommage ayant pour cause unique l'inexecution du premier
loüage, il doit être dédommagé de ce qu'il luy a coûté de plus pour avoir cette autre boutique. Mais dans
le second cas où ce Marchand n'a pû en trouver aucune,
on voit qu'il souffre trois differentes sortes de dommages, celuy des frais des voitures de ses marchandises
pour les porter & les reporter, celuy de la perte du profit qu'il auroit tiré du debit de ces marchandises, & celuy de la banqueroute.

La perte des frais des voitures est une suite necessaire
de l'inexecution du loüage; & comme cette perte n'a
pas d'autre cause, on peut l'imputer à celuy qui avoit
loüé la boutique.

La perte du profit qui pouvoit se faire par le debit
des marchandises est encore une suite de cette inexecution du loüage; mais cette perte n'est pas de la nature
de celle de ces voitures. Car au lieu que celle de ces
voitures peut s'estimer facilement, & qu'elle est un
effet dont la cause certaine & precise est l'inexecution du bail; la perte de ce profit ne peut pas se connoître si facilement; car cette connoissance dépend
d'évenemens à venir & incertains, on sçait que le profit que ce Marchand pouvoit faire à cette foire ne
dépendoit pas seulement d'y avoir une boutique, mais
il pouvoit arriver ou par l'abondance des marchandises
de même qualité que les siennes, ou par la disette d'argent & le peu d'acheteurs, ou par d'autres causes, qu'il
n'y eût que peu de profit, ou que même il n'y en eût

P p ij

aucun : & il pouvoit arriver aussi que par la rareté de
ces marchandises, & par l'abondance de l'argent, &
le grand nombre des acheteurs, le profit fût grand.
Ainsi on ne sçauroit connoître au juste à quoy cette perte pourroit aller. Mais quand on pourroit sçavoir au
vray ce que ce Marchand auroit pû vendre, & le gain
qu'il auroit pû faire, jugeant de son profit par celuy
qu'auroient fait les autres Marchands d'un même commerce ; on ne devroit pas imputer toute cette perte à celuy qui devoit donner la boutique. Car outre que ce
Marchand ayant ces marchandises pouvoit encore y
profiter, & peut-être même plus qu'il n'auroit fait à
cette foire ; quand on traittoit du loüage de cette boutique, on étoit dans l'incertitude des évenemens qui
pouvoient rendre le profit ou plus grand ou moindre,
ou faire même qu'il n'y en eût aucun, ou qu'il n'y eût
que de la perte. Ainsi on ne comptoit pas que la peine
de l'inexecution du loüage dût aller à la valeur du plus
grand gain que ce Marchand pouvoit esperer d'un heu-
reux succés. Mais parce que celuy qui a manqué de
donner la boutique doit porter quelque peine de l'inexecution de ce marché ; il est juste d'arbitrer par toutes ces vûës quelque dédommagement, & de le regler selon les circonstances.

Pour le troisiéme dommage qui est la banqueroute
cet évenement imprevû ayant sa cause particulier
dans l'état où étoient les affaires de ce Marchand
c'est un cas fortuit à l'égard de celuy qui avoit promis
la boutique, & qui par consequent ne doit pas luy être
imputé.

On peut supposer pour un second cas, qu'un Marchand ayant traité avec le Maître d'une Manufactur
d'une certaine quantité de marchandises qui devoien
luy être délivrées un certain jour pour un embarque
ment, & qu'ayant payé par avance le prix de ces mar
chandises ou une partie, & étant venu avec des voi
tures pour les recevoir, la délivrance ne luy en soit pas
faite. On voit aussi dans ce cas de divers dommages, le

ais des voitures, la perte du profit que ce Marchand
ouvoit esperer par la vente de ces marchandises dans le
eu où il pretendoit de les transporter, & celle du pro-
t qu'il auroit pû faire sur d'autres marchandises qu'il
uroit achetées dans ce même lieu, & encore les inte-
êts de l'argent qu'il avoit payé par avance. Les frais des
oitures luy sont dûs sans difficulté, aussi bien que les in-
erêts de cet argent. Le profit qu'il pouvoit esperer des
marchandises qu'il auroit achetées pour reporter à son
etour, est trop éloigné du fait de celuy qui a manqué de
ournir les marchandises pour l'embarquement, & ne
doit pas luy être imputé. Et pour le profit qui pouvoit
e faire sur ces marchandises si elles eussent été embar-
quées, il faut considerer d'une part que faute de la délivrance de ces marchandises, ce Marchand se trouve
privé de l'esperance du profit qu'il pouvoit attendre, &
que celuy qui devoit les délivrer ayant manqué à cet
engagement, doit porter la peine de l'inexecution de sa
promesse par quelque dédommagement. Et d'autre part
aussi, on doit considerer que ce profit n'étoit pas certain, que le vaisseau pouvoit perir par un naufrage, ou
tomber entre les mains de Pirates ou d'ennemis, & que
d'autres causes pouvoient faire qu'il n'y auroit point eu
de profit. Ainsi dans cette incertitude d'evenemens, il
ne seroit pas juste que le dédommagement fût égal à
ce qu'on pouvoit esperer d'un succés tout favorable.
Mais il doit dépendre de la prudence du Juge d'arbitrer, & de moderer quelque dédommagement selon
les circonstances, & les usages particuliers s'il y en
avoit.

On voit par ces exemples, & il est facile de voir en
d'autres à la consequence de distinguer les évenemens
pour sçavoir en quoy les dédommagemens doivent con-
sister. Et il reste de considerer les divers effets que peuvent avoir dans les questions de dommages & interêts,

c V. les articles 17. & 18. de la Section 2. du Contract de vente, l'article 8.
de la Section 3. du Loüage ; les articles 12. 13. & 14. de la Section 4. de la Societé, & l'art. 6. de la Sect. 2. des Procurations.

les differentes qualitez des faits dont ils naissent. Ainsi, par exemple, dans le premier cas de l'inexecution du loüage de la boutique promise à ce Marchand, si on suppose qu'au lieu d'une éviction, ou d'une saisie qui peut avoir empêché l'execution du loüage, il fût arrivé que la boutique fût perie par un incendie venu d'une maison voisine, ou que le même jour de cette foire cette boutique eût été destinée pour un bureau public par l'autorité de la Justice, & que le proprietaire n'eût pû avertir ce Marchand de ces changemens; comme ce seroient des cas fortuits arrivez sans aucune faute de sa part, il ne seroit tenu d'aucun dédommagement, par la regle generale que personne n'est tenu des cas fortuits, s'il n'y a quelque faute *d*. Mais si on suppose que celuy qui avoit loüé cette boutique à ce Marchand l'avoit ensuite loüée à un autre, qu'il en eût mis en possession pour en avoir un plus grand loyer; cette mauvaise foy l'obligera à un bien plus grand dédommagement, que si l'inexecution du loüage n'avoit pour cause qu'une saisie, ou une éviction de la boutique. Car au lieu que dans le cas d'une éviction ou d'une saisie, on doit moderer le dédommagement pour la perte du debit des marchandises, selon les remarques qui ont été faites, la mauvaise foy fait cesser ces temperamens: & on donne à la condamnation des dommages & interêts toute l'étenduë que la rigueur de la Justice peut demander, parce que la mauvaise foy renferme la volonté de tout le mal qu'elle peut causer.

On peut conclurre de toutes ces remarques, que dans tous les cas où il s'agit de sçavoir s'il est dû des dommages & interêts, & en quoy ils consistent, il faut considerer la qualité du fait qui a causé le dommage, la part que peut avoir à ce fait celuy à qui on l'impute, son intention, si ce fait est arrivé par un cas fortuit, quelles en ont été les suites, soit immediates, ou plus éloignées, & qui peuvent avoir d'autres causes. Et c'est par toutes ces vûës, & celles des circonstances parti-

*d* V. l'article 9. de la Section 3. des Conventions.

culieres, que les Juges doivent par leur prudence re_
gler les queſtions de cette nature. Surquoy il faut encore remarquer qu'il y a des cas où la conſequence de
l'inexecution d'un engagement peut être telle, qu'encore qu'il n'y eût aucune mauvaiſe intention de la part
de celuy qui en ſeroit tenu ; il pourroit meriter non
ſeulement un tres-grand dédommagement, mais même d'autres peines. Comme dans le cas de ceux qui entreprennent de fournir des armes, des vivres, des
fourrages, ou autres choſes pour une armée, & qui
manquent à leurs traitez. Car dans des traitez de cette
importance où le Public & l'Etat eſt intereſſé, les im-
prudences, & les autres fautes les plus legeres ſont d'u-
ne telle conſequence qu'on doit les reprimer avec beaucoup de ſeverité, & qu'on pourroit les mettre dans le
rang des crimes ſelon les circonſtances.

On peut ajoûter à toutes ces remarques une diſtinction qu'il faut faire entre deux ſortes de cas où il arrive
des dommages qu'il faut eſtimer. L'une des cas où le
dommage ſe trouve preſent, & où le dédommagement
peut être connû, & reglé par la vûë des évenemens
qui ſont arrivez : & l'autre des cas où le dommage n'eſt
pas preſent ; mais eſt à venir, & dépend d'évenemens
futurs, & incertains, quoyqu'il ſoit neceſſaire de regler
le dédommagement avant qu'ils arrivent. On peut voir
dans une même eſpece de convention un exemple de
chacune de ces deux ſortes.

Si le bail d'un Fermier, qui ne devoit joüir qu'une
année, eſt interrompu à la veille de la recolte, par un
changement de proprietaire, comme ſi celuy qui avoit
baillé le fonds à ferme en eſt évincé, ou en fait une vente, il devra dédommager ce fermier de la perte preſente
qu'il ſouffre par la non-joüiſſance de cette recolte : & il
n'eſt pas difficile de regler ce dédommagement, parce
qu'on voit en quoy conſiſte la perte. Mais ſi le bail étoit
de pluſieurs années, & qu'il ſoit interrompu dés la premiere, ou la ſeconde année, les dommages & interêts
conſiſteront en une non-joüiſſance d'un temps à venir.

Ainſi l'eſtimation du dédommagement dépendra des diverſes vûës des évenemens que ce fermier pouvoit eſperer, ou craindre, ſelon la qualité des revenus qu'il tenoit à ferme. Il pouvoit arriver des grêles, des gelées, des ſterilitez, une diminution du prix des denrées, & d'autres diverſes cauſes de pertes: & il pouvoit arriver auſſi d'heureuſes recoltes, une augmentation de la valeur des denrées, des occaſions favorables pour le debit, & d'autres cauſes de profit: & il pouvoit arriver enfin que ce fermier ne gagnât, ni ne perdît rien. Mais parce que le parti ordinaire des fermiers eſt de gagner, & que c'eſt même l'intention des proprietaires que leurs fermiers gagnent; l'incertitude de ces évenemens n'empêche pas qu'il ne ſoit dû un dédommagement à ce fermier. Et tout ce que peut la raiſon humaine dans un cas où il eſt neceſſaire d'ordonner un dédommagement, & impoſſible de ſçavoir quel ſera le dommage; c'eſt de prendre un parti moyen des profits que peuvent faire communément les fermiers de ſemblables biens, en y ajoûtant les conſiderations que les circonſtances particulieres peuvent meriter, comme ſi le fermier avoit joüy la plus grande partie du temps de ſon bail avec beaucoup de profit, ou beaucoup de perte; car au premier cas le dédommagement devroit être moindre, & plus grand au ſecond: ſi ce fermier trouvoit ailleurs l'occaſion d'une ferme à peu prés ſemblable, ou s'il ne s'en trouvoit aucune: s'il reſtoit pluſieurs années de joüiſſance; car en ce cas on ne devroit pas donner pour chaque année le même dédommagement que s'il ne reſtoit à joüir qu'une ou deux années, parce que le fermier pourroit prendre un autre parti pendant ce long temps, & auroit à craindre plus de cas fortuits. Et on doit encore conſiderer la cauſe de l'interruption du bail, ſi c'eſt une éviction imprevûë, une vente volontaire, un cas fortuit; car ſelon la cauſe, ou il n'eſt point dû de dédommagement, comme ſi le fonds étoit entraîné par un débordement, ou il peut être moindre, ou plus grand, ſelon qu'il y a plus ou moins du fait du proprietaire.

C'eſt

C'eſt par toutes ces vûes , & les autres ſemblables , qu'on peut regler les dédommagemens de cette natu-re. Ce qui ſe reduit à la remarque qu'on a faite , que les dédommagemens doivent ſe regler par la vûë de la cauſe du dommage , & des évenemens qui en ſont les ſuites.

On n'a pas parlé juſqu'icy de la diſtinction vulgaire dans la matiere des dommages & interêts , entre ceux qui ſont dûs pour un dommage ou une perte qu'on ſouffre par une diminution de ſes biens preſens , & ceux qui ſont dûs pour un gain qui ceſſe. Car il ſera plus fa-cile de diſtinguer ces deux ſortes de dommages , après les autres diſtinctions qu'on a remarquées. Ainſi , par exemple , dans le cas du Marchand à qui la boutique avoit été loüée , on voit que la perte des voitures eſt de la premiere ſorte , & que celle du profit qu'il pou-voit faire par la vente de ſes marchandiſes eſt de la ſe-conde , de même que celle du Fermier de qui le bail eſt interrompu. Et pour ce qui eſt de la difference qu'il peut y avoir entre ces deux ſortes de dommages , en ce qui regarde l'application qu'on peut faire à l'une & à l'au-tre des diverſes reflexions qui ont été faites , il eſt fa-cile d'en faire le diſcernement. Et on pourra juger & par ces reflexions , & par les regles qui ſeront expli-quées dans ce Titre , de l'uſage qu'il faut en faire dans les divers cas de dommages & interêts de toute nature.

Il faut enfin remarquer ſur le ſujet de l'eſtimation des dommages & interêts , que par une ſuite des remarques qui ont été faites , cette eſtimation ſe peut faire en deux manieres , ou par le Juge même , ou par des Experts ; ce qui dépend de la qualité des dommages & interêts qu'il faut eſtimer. Car s'ils ſont tels que le Juge puiſſe les regler luy-même , il ne faut point d'Experts : & il n'en faut que dans les cas où cette eſtimation dépend de quelque art , ou de quelques faits dont il ne ſeroit pas de la fonction , ou de la dignité du Juge de prendre connoiſſance. On expliquera ces deux ſortes de domma-ges & interêts par deux exemples.

*Les dédommage-mens ſe reglent ou par le Juge, ou par des Experts.*

*Tome II.*             Qq

Si l'acheteur d'un heritage en étant évincé, ne demande pour ses dommages & interêts que les lots & ventes qu'il avoit payé au seigneur, & ce qu'on appelle les loyaux coufts, comme font les frais de l'expedition du Contract de vente, & ceux d'une prife de poffeffion; le Juge pourra par luy-même regler ces dommages, car il peut facilement voir en quoy ils confiftent. Mais s'il faut regler les dommages & interêts dûs par un Architecte pour un bâtiment defectueux, cette eftimation qui dépend de la qualité ou des materiaux ou de l'ouvrage demande des Experts.

Que fi le cas eft tel que l'eftimation des dommages & interêts dépende feulement des reflexions fur la qualité du fait qui a caufé le dommage, & fur les evenemens qui en ont été des fuites ou des effets, pour diftinguer ce qui doit entrer dans le dédommagement, & ce qui ne doit pas y entrer, fans qu'il y ait rien d'ailleurs qui demande la connoiffance des Experts; Comme ces fortes de reflexions font également & de la dignité & de la fonction du Juge, il peut en connoître, & regler par fa prudence les dommages & interêts de cette nature. Ainfi, les Ordonnances veulent que les Juges reglent eux-mêmes, s'il eft poffible, les dommages & interêts caufez par des emprifonnemens, des faifies & des executions injuftes, qu'on appelle injurieufes & tortionaires e; parce que la liquidation de ces fortes de dommages & interêts dépend de l'égard qu'on doit avoir à la qualité, & aux circonftances des faits qui les caufent. Ainfi, par exemple, fi un creancier fait emprifonner fon debiteur n'ayant pas le droit d'exercer cette contrainte, foit que fa creance ne luy en donne pas le pouvoir, ou que l'âge de fon debiteur ou quelqu'autre caufe rende injufte l'emprifonnement, & que ce debiteur foit un mercenaire ou autre perfonne dont le travail faifoit fubfifter fa famille, à qui la privation de ce fecours caufe encore d'autres pertes; il fera de la prudence du Juge de regler un dédommagement & de la perte des journées de ce debi-

e *Ordonnance de Blois article* 145.

teur, & des autres dommages selon que l'injustice de ce creancier pourra le meriter dans les circonstances.

On a crû necessaire de faire icy toutes ces remarques sur la nature & les principes de cette matiere des Interêts, & des dommages & interêts, pour donner quelque jour aux difficultez que les loix même y reconnoissent, puisqu'on en voit une de Justinien où pour prevenir ces difficultez, & les questions infinies qu'on en voyoit naître, il reduisit tous les cas où il arrive des dommages & interêts, à deux especes. L'une de ceux où il s'agit d'une quantité certaine, ou qui ont leur nature fixe & reglée comme les ventes & loüages, & il comprit dans cette espece tous les contracts. L'autre de tous les autres cas indistinctement quelle que puisse être la cause du dommage.

Pour les cas de la premiere espece qui ont leur nature fixe, & où il s'agit d'une quantité certaine, il établit pour regle que les dommages & interêts ne pourroient exceder le double de cette quantité : & pour tous les autres cas où il arriveroit des dommages & interêts, il voulut qu'ils fussent reglez à l'estimation du dommage effectif par la prudence du Juge f.

Comme ce reglement qui borne les dommages & interêts au double dans tous les contracts, & dans les cas où il s'agit d'une quantité certaine, & qui ont leur nature fixe & reglée, est une maniere de decider qui ne

f Cùm pro eo quod interest dubitationes antiquæ in infinitum productæ sint : melius nobis visum est hujusmodi prolixitatem prout possibile est, in angustum coarctare. Sancimus itaque in omnibus casibus qui certam habent quantitatem, vel naturam, veluti in venditionibus & locationibus, & omnibus contractibus, hoc quod interest, dupli quantitatem minimè excedere. In aliis autem casibus, qui incerti esse videntur, judices qui causas dirimendas suscipiunt, per suam subtilitatem requirere, ut hoc quod reverà inducitur damnum, hoc reddatur, & non ex quibusdam machinationibus, & immodicis perversionibus in circuitus inextricabiles redigatur : ne dum in infinitum computatio reducitur, pro sua impossibilitate cadat : cùm sciamus esse naturæ congruum, eas tantummodo pœnas exigi quæ vel competenti moderamine proferuntur, vel à legibus certo fine conclusæ statuuntur. Et hoc non solùm in damno, sed etiam in lucro nostra amplectitur constitutio : quia & ex eo veteres id quod interest statuerunt. Et sit omnibus, secundùm quod dictum est, finis antiquæ prolixitatis, hujus constitutionis recitatio. l. un. C. de Sent. quæ pro eo quod int. prof.

denoüe & ne resout pas les difficultez, & qui souvent ne
feroit pas justice à ceux qui souffrent des dommages ,
elle n'est pas denôtre usage , car outre qu'elle ne distingue pas les faits où il y a de la mauvaise foy de ceux où
il n'y en a point , il n'y a pas plus de raison de retrancher du dédommagement legitime dans les cas où il
s'agit d'une quantité certaine & dans les contracts, que
dans les autres cas de natures differentes. Ainsi, par
exemple , si un locataire d'une maison qui n'en payeroit que cent écus de loyer avoit tellement negligé d'y
faire les reparations dont il étoit tenu, qu'il eût causé
un dommage de plus de mille livres , ou si la maison
avoit été brûlée par sa faute , il ne seroit pas juste qu'il
en fût quitte pour son loyer , & encore autant , ny même pour le triple.

On peut remarquer sur cette regle de Justinien qui
bornoit ainsi les dommages & interêts à ce double dans
tous ces cas , qu'elle semble avoir été faite à l'imitation
d'une autre regle qui vouloit que les interêts du prêt ne
pussent jamais exceder la valeur du principal g. Et au
lieu que cette regle pour les interêts, n'avoit lieu au
commencement que dans les cas où les interêts échûs se
trouvoient accumulez jusqu'à ce double ; Justinien l'é-
tendit à tous les cas où les interêts payez en divers
temps excederoient le principal de la somme düe h.

Cette regle à l'égard des interêts pouvoit avoir été
faite en haine des interêts usuraires , qui quoyque permis dans le droit Romain étoient peu favorables ; mais
elle n'est pas de nôtre usage , sinon en quelques lieux.
Car comme on n'adjuge point d'interêts du prêt , s'ils
ne sont demandez , & qu'ils sont justement dûs pen-

g l. 27. §. 1. C. de usur. Nov. 121. 138. 160.
h Usuræ per tempora solutæ non proficiunt reo ad dupli computationem.
Tunc enim ultra sortis summam usuræ non exiguntur , quoties tempore solutionis summa usurarum excedit eam computationem. l. 10. C. de usur. Cùm
igitur leges nostræ nihil ultra duplum solvi velint : & nos in hoc tantum differentiam habemus cùm prioribus , quòd illæ quidem debita constituant usque
ad duplum , si nulla particularis facta fuisset solutio : Nos verò recipiamus ut
particulares etiam solutiones debita dissolvant , si usque ad duplum pertingant.
d. Nov. 121. C. 1.

dant tout le temps du retardement, s'il n'y a pas de
fraude à la loy qui défend l'usure; il ne seroit pas juste
de les faire perdre. Ainsi, par exemple, si un Marchand, ou autre creancier ayant besoin de son argent,
& ne pouvant être payé aprés des condamnations, se
trouve obligé de faire saisir les biens de son debiteur,
ou de s'opposer à une saisie réelle déja faite par d'autres
creanciers, & que le debiteur fasse durer cette saisie
plusieurs années, par des appellations, ou par d'autres
voyes; il seroit contre l'équité qu'aprés vingt ans de
retardement, soit avant ou aprés la saisie, il fût privé
du dédommagement legitime qui luy seroit dû.

Il y a encore une autre sorte de dommages & interêts, *Dépens.*
qui est des dépens que doit celuy qui perd son procés,
ce qui consiste au remboursement des frais qu'a fait pour
plaider celuy qui a gagné. Mais outre ce dédommagement que les Ordonnances obligent les Juges d'adjuger
à tous ceux qui gagnent leurs procés *i*, il y avoit dans
le Droit Romain d'autres dommages & interêts contre
ceux dont les demandes, ou les défenses se trouvoient
n'étre qu'une injustice & une chicane *l*: & on usoit même de cette precaution de faire jurer dés l'entrée de
cause & le demandeur, & le défendeur, & leurs Avocats, que ce n'étoit point pour chicaner qu'ils plaidoient,
mais qu'ils estimoient leur cause juste & bien fondée *m*.
Ce serment n'est pas de nôtre usage, & il n'étoit aussi
qu'une occasion sûre de parjures. Mais la condamnation
des dommages & interêts contre ceux qui intentent ou
qui soûtiennent de méchans procés, avoit été trouvée
si juste, que François Premier l'avoit renouvellée,
ayant ordonné qu'en toutes matieres civiles & criminelles on adjugeroit les dommages & interêts procedans de
la temerité de celuy qui succomberoit, s'ils étoient demandez: & qu'ils seroient taxez & moderez par le mê-

*i* Ordonnance de *Charles I V.* en 1324. de *Charles V I I I.* en 1493; *article*
50. Ordonnance de 1667. *Tit.* 31. *art.* 1.
*l* Improbus litigator & damnum, & impensas litis inferre adversario suo
cogatur. §. 1. in *f.* inst. de pœn. temp. litig.
*m* Toto. Tit. C. de *Jurejur. propt. cal. dando.*

Q q iij

me Juge qui termineroit le procés *n*. Quoyque cette Ordonnance foit aujourd'huy de bien peu d'ufage, & qu'on ne voye que tres-rarement de pareilles condamnations; l'équité de cette regle n'eft pas abolie, & ne fçauroit l'être : & les Juges ont la liberté de l'obferver dans les occafions où l'efprit de ces loix peut y obliger.

On ne traittera pas dans ce Titre de la matiere des dépens, parce qu'elle fait partie de l'ordre judiciaire. Et pour ce qui eft des dommages & interêts que peuvent devoir ceux qui intentent, ou qui foûtiennent des procés injuftes, ces fortes de dommages & interêts n'ont pas d'autres regles particulieres, que ceux des autres efpeces. Et il fuffit de remarquer icy cette regle qui aura fon rang dans ce Titre en fon lieu.

*Reftitution de fruits.*

Il refte pour une derniere matiere de ce Titre ce qui regarde la reftitution de fruits. On a joint cette matiere à celle des interêts, & des dommages & interêts, parce que la reftitution de fruits eft une efpece de dommages & interêts que doit celuy qui a indûement joüy d'un fonds dont la joüiffance appartenoit à un autre, & que les fruits font le revenu des fonds comme les interêts celuy de l'argent, ou plûtôt que les interêts de l'argent, ont été inventez fur l'exemple des fruits, & qu'ils en tiennent lieu, comme il a été déja remarqué.

*n Ordonnance de 1539. art. 88. & 89.*

# SECTION I.

## Des Interêts.

APrés les remarques qu'on a faites dans le preambule de ce Titre sur les differences entre les interêts
& les dommages & interêts, il n'est pas necessaire d'expliquer icy quelle est la matiere de cette Section, & celle de la Section suivante. Puisqu'on voit assez que la matiere de celle-cy est le dédommagement que doivent les
debiteurs de sommes d'argent qui sont en demeure de
payer, & que la matiere de la Section suivante comprend toutes les autres especes de dédommagement.

## SOMMAIRES.

### I.

ON appelle interêt, le dédommagement que la Loy
ordonne pour les creanciers de sommes d'argent,
contre les debiteurs qui sont en demeure de payer ce
qu'ils doivent *a*.

1. Définition de l'interêt.

*a* In bonæ fidei contractibus usuræ ex mora debentur. *l. 32. §. 2. ff. de usur.*
Propter moram solventium infliguntur. *l. 17. §. 3. in fin. eod.*
*Le mot d'usure qu'on voit dans ces textes a le même sens dans le Droit Romain*

*qu'a parmy nous le mot d'interêt, avec cette difference, que nous ne prenons le mot d'usure qu'en mauvaise part, parce que nous ne donnons ce nom qu'à l'interêt illicite, tel qu'est l'interêt du prêt, ainsi qu'il a été expliqué dans le preambule du Titre du prêt, & que dans le Droit Romain où l'interêt du prêt étoit permis, & où l'on pouvoit le stipuler pour une simple obligation, ou promesse à cause de prêt, le mot d'usure ne se prenoit pas en mauvaise part.*

*On ne s'arrête pas à expliquer icy les principes du Droit Romain sur la difference entre les contracts de bonne foy, dont il est parlé dans le premier texte cité sur cet article, & ceux de Droit étroit. Car pour ce qui regarde cette distinction en général, il suffit d'en remarquer ce qui a été dit dans l'art. 12. de la Sect. 3. des Conventions. Et pour ce qui s'en rapporte à la matiere des interêts, les principes en seront expliquez dans cette Section.*

*V. l'article suivant.*

## II.

**2. En quoy il consiste.**

L'interêt que doivent les debiteurs faute de payement est reglé par la Loy à un certain pied de tant pour livre pendant chaque année, & pour plus ou moins de temps à proportion *b*. Et cet interêt se prend sur ce pied depuis qu'il commence d'être dû jusqu'au payement.

*b Usurarum modus ex more regionis ubi contractum est, constituitur. l. 1. ff. de usur. Quæ in regione frequentantur. l. 37. eod.*

*Ce reglement de l'interêt, de même que celuy des rentes constituées à prix d'argent, dépend des Edits qui le fixent differemment selon les temps, ainsi qu'il a été remarqué dans le preambule de ce Titre.*

## III.

**3. Quand il est dû.**

Les debiteurs encourent la peine de l'interêt par le retardement de payer ce qu'ils doivent *c*, selon que ce retardement peut leur être imputé, & avoir cet effet. Ce qui dépend de la qualité des creances, & des circonstances *d*. Car en quelques dettes le simple défaut de payer au terme fait courir l'interêt du creancier, sans qu'il le demande : & en d'autres cet interêt n'est dû que depuis la demande qui en est faite en justice, encore qu'il y eût un terme pour payer, & qu'il fût échû. On jugera de cette distinction par les regles qui suivent.

*c Usuræ non propter lucrum petentium, sed propter moram solventium infliguntur. l. 17. § 3. in fin. ff. de usur.*

*d Mora fieri intelligitur non ex re, sed ex persona. Id est, si interpellatus opportuno loco non solverit. Quod apud judicem examinabitur. l. 32. ff. de usur. An mora facta intelligatur, neque constitutione ulla, neque juris auctorum quæstione decidi posse : cùm sit magis facti, quàm juris. d. l. 32.*

*V. la remarque sur l'article 5.*

IV.

# IV.

L'acheteur d'un fonds dont la délivrance luy a été faite, doit les interêts du prix, s'il ne le paye au terme, encore qu'il ne luy en foit fait aucune demande, ou s'il ne le configne, en cas que le vendeur refusât de le recevoir. Et il devroit ces interêts à plus forte raison s'il n'y avoit point de terme de payement, ou qu'il fût dit qu'il payeroit comptant à la délivrance du fonds, & qu'il y eût manqué e; Car cet interêt eft dû pour les fruits. Et quoyque l'acheteur tire moins de revenu du fonds que ne vaut l'interêt du prix, ou que même par quelque cas fortuit il n'en tire aucun, il ne laiffe pas de devoir cet interêt pour le droit de joüir : & les cas fortuits qui le privent de la joüiffance, le regardent comme proprietaire, & ne le déchargent pas de cet interêt qui ne doit pas ceffer ni être diminué par cette perte, comme il ne feroit pas augmenté de quelque grande valeur que fuffent les fruits. Mais cette regle n'a fon ufage que pour les cas où le contract de vente n'a pas autrement reglé ce qui regarde l'interêt du prix. Car fi les contractans s'en font expliquez, leur convention tiendra lieu de Loy.

> 4. L'acheteur d'un fonds doit l'interêt du prix.

> e Ufuras emptor, cui poffeffio rei tradita eft, fi pretium venditori non obtulerit, quamvis pecuniam obfignatam in depofiti caufam habuerit, æquitatis ratione præftare cogitur. l. 2. C. de ufur.
> Poft traditam poffeffionem defuncto venditore, cui fucceffor incertus fuit, medii quoque temporis ufuræ pretii, quod in caufa depofiti non fuit, præftabuntur. l. 18. §. 1. ff. de ufur.
> Veniunt autem in hoc judicium infra fcripta, imprimis pretium, quanti ea res venit: item ufuræ pretii poft diem traditionis. Nam cùm re emptor fruatur, æquiffimum eft eum ufuras pretii pendere. l. 13. §. 20. ff. de act. empt. & vend. l. 2. C. eod. V. l'article 5. de la Section 3. des Conventions.
> Pour la confignation v. l'art. 8. de la Sect. 2. des Payemens.

# V.

Si ce qui eft dû vient d'une caufe qui de fa nature ne produife aucun revenu, les interêts n'en feront dûs qu'après une demande en juftice : & ce n'eft dans ce cas que cette demande qui fait imputer le retardement f.

> 5. Interêt aprés la demande.

> f Lite conteftata ufuræ currunt. l. 35. ff. de ufur.
> Les interêts par nôtre ufage courent non feulement depuis la conteftation en caufe, comme il eft dit dans cette Loy, mais depuis la demande faite par l'ex-

Ainsi le debiteur d'une somme à cause de prêt ne payant pas au terme, n'en doit pas d'interêt : & il ne commencera de le devoir qu'après qu'il luy aura été demandé en Justice. Ainsi celuy qui a été condamné ou à des dépens g, ou à des dommages & interêts h, n'en devra l'interêt qu'après que les dépens, ou les dommages & interêts étant liquidez, le creancier aura demandé en Justice les interêts de la somme à laquelle ils auront été reglez. Car dans tous ces cas, la dette ne produisant pas d'interêt de sa nature, le debiteur ne commence de le devoir, que lorsque le creancier marque par sa demande le dommage qu'il souffre : & le debiteur de sa part doit alors cet interêt pour la peine de son retardement.

ploit. Surquoy il faut remarquer qu'on appelle contestation en cause ce qui se passe devant le Juge entre le demandeur, qui explique sa demande, & le défendeur qui la conteste. Lis tunc contestata videtur, cùm judex per narrationem negotii causam audire cœperit. l. un. C. de lit. contest. Post narrationem propositam, & contradictionem objectam. l. 14. §. 1. C. de judic. Surquoy le Juge donne son premier appointement.

Cette contestation en cause étoit necessaire dans le Droit Romain, pour mettre le défendeur en demeure. Car souvent il ignoroit ce que vouloit luy demander celuy qui l'adjournoit. Deducunt hominem invitum ad judicem datum, & nihil scientem compellunt facere litis contestationem. Nov. 53. cap. 3. Mais par nôtre usage, suivant les Ordonnances confirmées par celle de 1667. Titre 2. art. 1. le demandeur étant obligé de libeller sa demande, c'est à dire de l'expliquer par son exploit, il est juste que cette demande mette en demeure le défendeur, qui connoissant ce qu'on luy demande, & n'y satisfaisant point, doit la peine de son retardement.

Par l'Ordonnance d'Orleans art. 60. les interêts des sommes dûes par promesses ou obligations doivent être adjugez depuis le jour de l'adjournement.

g Les interêts des dépens sont dûs après la demande à plus forte raison que ne sont dûs les interêts des dépenses & des avances que font l'un pour l'autre des associez, ou ceux qui font les affaires des autres à leur insçû, ou ceux qui ont quelque chose de commun ensemble. V. l'art. 11. de la Section 4. de la Societé, l'art. 5. de la Sect. 2. de ceux qui font les affaires, &c. & l'article 4. de la Sect. 2. de ceux qui se trouvent &c.

h On a mis dans cet article pour un des exemples des cas où les interêts ne sont dûs qu'après la demande, celuy des dommages & interêts, ce qu'il faut entendre de ceux dont il sera parlé dans la seconde Section, & non des interêts dont il est parlé dans celle-cy qui ne peuvent produire d'interêt, comme il sera dit dans l'article 9. de cette Section, au lieu que les dommages & interêts en peuvent produire par la raison qui sera expliquée dans les remarques sur l'article 10.

## VI.

6. Cas où l'on peut stipuler des interêts qui ne seroient pas

Il y a des cas où l'on peut stipuler les interêts de sommes qui de leur nature n'en produiroient point, & où la

convention les rend legitimes par les circonſtances qui *dûs par la nature*
y donnent lieu. Ainſi, dans une vente de meubles qui ne *de la dette.*
produiroient aucun revenu, le vendeur peut ſtipuler les
interêts du prix juſqu'au payement ; car ces interêts
font partie du prix. Ainſi, dans une tranſaction où des
pretenſions ſont reglées à une ſomme que l'un doit donner à l'autre, on peut convenir que les interêts en ſeront dûs à commencer même ſi on veut dés le jour de
la tranſaction, quoyqu'il y ait un terme accordé pour le
payement. Car ces interêts font une condition de la
tranſaction, ſoit pour compenſer ce que celuy qui les ſti-
pule peut remettre d'ailleurs, ou pour d'autres cauſes.
Et on peut même conſiderer une telle ſtipulation comme
ayant l'effet d'une condemnation portée par une Sentence, ou par un Arreſt. Car les tranſactions ont l'autorité des choſes jugées *i*.

*i* Non minorem authoritatem tranſactionum, quàm rerum judicatarum
eſſe, recta ratione placuit. *l. 20. C. de tranſact.*

## VII.

La dot doit de ſa nature produire des interêts, ſans 7. *Interêts des*
condemnation, car elle eſt donnée au mari pour aider *deniers dotaux.*
à porter les charges du mariage *l*. Ce qu'il ne faut pas
entendre du debiteur de qui l'obligation ſeroit cedée au
mari en payement de la dot, car cette ceſſion ne changeroit pas la nature de ſon obligation ; mais il faut l'entendre de celuy qui fait luy-même la conſtitution, comme un pere, ou une mere qui dote ſa fille. Mais ſi la conſtitution étoit conçûë en termes qui fiſſent juger que l'intention des contractans fût que les interêts de la ſomme
promiſe ne fuſſent dûs qu'aprés un certain temps, il faudroit s'en tenir à ce qui marqueroit cette intention ; ſoit
que la dot fût promiſe par le pere ou la mere, ou par
d'autres perſonnes.

*l* Si aliæ res præter immobiles, vel aurum fuerint in dotem datæ, ſive in argento, ſive in muliebribus ornamentis, ſive in veſte, ſive in aliis quibuſcum-
que, ſiquidem æſtimatæ fuerint, ſimili modo poſt biennium & earum uſuras ex
tertia parte centeſimæ currere. *l. ult. §. 2. C. de jur dot.* V. l'art. 2. de la Section 1. des Dots.
On n'a pas mis dans cet article le delay de deux ans reglé par cette Loy pour
ces intereſts, car nôtre uſage ne le regle pas ainſi. Mais, ſelon les circonſtances,

les juges peuvent arbitrer un délay pour la délivrance de ces sortes de choses, & pour en faire courir les interêts s'il y en a lieu.

On ne met pas icy de regle pour les interêts que doit le mary qui ne restituë pas la dot mobiliaire après la dissolution du mariage, quand il n'y a point d'enfans. Car la regle du Droit Romain, qui donnoit un an au mari sans interêt n'est pas de nôtre usage. V. l. un. §. 7. versic. sin autem C. de rei ux. act. V. à la fin du preambule du Titre des Dots, pour la dot en fonds.

## VIII.

*8. Interêts que doivent ceux qui tournent à leur profit les deniers des autres.*

Ceux qui retiennent en leurs mains des deniers appartenans à d'autres personnes, & qui les divertissent, & les tournent à leur profit, sans le consentement de ces personnes, en doivent l'interêt, sans qu'il soit demandé. Car c'est une injustice qu'ils font à ceux de qui ils retiennent les deniers: & cet interêt est dû comme un dédommagement de la perte qu'ils peuvent causer, & une juste peine de leur mauvaise foy. Ainsi lorsqu'un associé se trouve avoir en ses mains des deniers de la societé qu'il ait tourné à son usage, & pour ses affaires particulieres, il en doit les interêts, suivant la regle qui a été expliquée dans le titre de la societé *m*. Ainsi un creancier se trouvant surpayé, ou par la vente d'un gage, ou par des joüissances, ou autrement, doit à son debiteur les interêts de ce qu'il a trop reçû, s'il l'a employé à son propre usage *n*.

*m* Socium, qui in eo quod ex societate lucri faceret reddendo moram adhibuit, cùm ea pecunia ipse usus sit, usuras quoque eum præstare debere, Labeo ait. *l. 60. ff. pro socio.*

Socius si ideo condemnandus erit, quod pecuniam communem invaserit, vel in suos usus converterit, omnimodo etiam mora non interveniente, præstabuntur usuræ. *l. 1. §. 1. ff. de usur.* V. l'art. 5. de la Sect. 4. de la Societé.

*n* Si creditor pluris fundum pignoratum vendiderit, si id fœneret, usuram ejus pecuniæ præstare debet ei qui dederit pignus. Sed etsi ipse usus sit ea pecunia, usuram præstari oportet. *l. 6. §. 1. ff. de pign. act.* V. l'art. 4. de la Sect. 4. des Gages & Hypotheques.

## IX.

*9. Le debiteur ne doit jamais d'interêt d'interêts.*

Quelque retardement qu'il puisse y avoir de la part du debiteur de payer des interêts, & quelle qu'en soit la cause, il ne doit jamais de seconds interêts pour ceux qu'il est en demeure de payer: & le creancier ne peut accumuler des arrerages d'interêts avec le principal, pour en faire un capital qui produise des interêts; mais ils feront reduits à ceux de la fomme principale qui peut en produire *o*.

*o* Ut nullo modo ufuræ ufurarum à debitoribus exigantur, & veteribus quidem legibus conftitutum fuerat, fed non perfectiffimè cautum. Si enim ufuras in fortem redigere fuerat conceffum, & totius fummæ ufuras ftipulari: quæ differentia erat debitoribus à quibus reverà ufurarum ufuræ exigebantur? Hoc certè erat non rebus, fed verbis tantum modo legem ponere. Quapropter hoc apertiffima lege definimus, nullo modo licere cuiquam ufuras præteriti temporis vel futuri in fortem redigere, & earum iterum ufuras, ftipulari. Sed etfi hoc fuerit fubfecutum: ufuras quidem femper ufuras manere, & nullum ufurarum aliarum incrementum fentire: forti autem antiquæ tantummodo incrementum ufurarum accedere. *l. 28. C. de ufur.*

## X.

10. Mais il peut devoir des interêts d'autres revenus.

Il faut prendre garde dans l'ufage de la regle precedente de ne pas confondre avec les interêts des deniers les revenus d'une autre nature, comme le prix d'un bail à ferme, les loyers d'une maifon, & les autres femblables. Car ces fortes de revenus font differens des interêts, en ce que les interêts ne font pas un revenu naturel *p*, & ne font de la part du debiteur, qu'une peine que la Loy luy impofe pour fon retardement, & de la part du creancier un dédommagement de la perte qu'il fouffre pour n'être pas payé; au lieu que le prix des fruits & des loyers eft un revenu naturel, qui de la part du debiteur eft la valeur d'une joüiffance dont il a profité, & de la part du creancier un bien effectif qui en fes mains fait un capital comme fes autres biens. Ainfi le debiteur du prix d'un bail à ferme ou des loyers d'une maifon, en doit juftement les interêts depuis la demande *q*.

*p* Ufura non natura pervenit. *l. 62. ff. de rei vindic.* Ufura pecuniæ quam percipimus in fructu non eft, quia non ex ipfo corpore, fed ex alia caufa eft, id eft, nova obligatione. *l. 111. ff. de verb. fign.*

*q* Ex locato qui convenitur, nifi convenerit, *ut tardius pecunia illata ufuras deberet*, non nifi ex mora ufuras præftare debet. *l. 17. §. 4. ff. de ufur.* Si in omnem caufam conductionis etiam fidejuffor fe obligavit, eum quoque exemplo coloni tardius illatarum per moram coloni penfionum præftare debere ufuras. *l. 54. ff. locat.*

*Les rentes conftituées à prix d'argent font d'une autre nature qu'un loyer ou le prix d'un bail, car ces rentes ne font pas des fruits d'un fonds, & n'ont pour le principal qu'une fomme de deniers qui a fait le prix de l'acquifition de la rente. Ainfi les arrerages de ces rentes ne peuvent jamais produire d'interêts, ni s'accumuler avec le principal pour faire un capital dont le debiteur puiffe devoir de nouveaux interêts.*

*Il faut remarquer sur cette regle, que comme on ne doit pas confondre les fruits avec les interêts de deniers dont on ne peut faire un capital pour produire des interêts, on ne doit pas confondre non plus avec ces interêts, les dommages & interêts dont il sera parlé dans la Sect. 2. Car on peut obtenir une condemnation d'interêts des sommes qui procedent de dommages & interêts, comme si un vendeur a été condamné à des dommages & interêts pour une éviction, ou un entrepreneur pour un ouvrage defectueux, ou d'autres pour des causes d'autre nature. Dans tous ces cas les dommages & interêts ayant été adjugez & liquidez, si celuy à qui ils sont dûs n'en est pas payé, il peut en demander les interêts en Justice. Car ces dommages & interêts sont un capital qui tient lieu d'un bien réel dont celuy à qui ils sont dûs a été privé. V. l'article 5.*

*On doit mettre dans le même rang les dépens adjugez par une Sentence, ou par un Arrest: & celuy a qui ils sont dûs peut en demander les interêts aprés que la liquidation en a été faite, s'ils ne sont payez dans le temps. Car c'est un capital qui tient lieu des frais employez au procés. V. ce même article 5.*

## XI.

La défense de prendre des interêts d'interêts ne regarde que le creancier qui voudroit prendre un interêt des interêts qui luy seroient dûs par son debiteur ; car ces interêts ne peuvent jamais luy tenir lieu d'un principal. Mais si un tiers paye pour un debiteur des interêts à son creancier, c'est à l'égard de ce tiers une somme principale qu'il prête à ce debiteur: & s'il n'en étoit pas payé au terme, il pourroit demander en Justice, & ce principal, & les interêts r.

r *Nullo modo usuræ usurarum à debitoribus exigantur. l. 28. C. de usur.*
*La regle n'est que pour le creancier à l'égard de son debiteur, à debitoribus.*

## XII.

Il faut excepter de la regle precedente le creancier, qui pour s'assurer son hypotheque, acquite & le principal & les interêts dûs par son debiteur à un autre creancier plus ancien que luy. Car ce second creancier ne pourra pretendre contre ce debiteur, les interêts de la somme qu'il aura payée au precedent creancier pour les interêts qui luy étoient dûs. Parce qu'il n'avoit fait ce payement que comme sa propre affaire, & non comme celle de son debiteur, & que ne payant pour luy que par cette vûë, il n'avoit pas pû empirer sa condition s.

s *Usurarum quas creditori primo solvit ( secundus creditor ) usuras non consequitur: non enim negotium alterius gessit, sed magis suum. l. 12. §. 6. ff. qui pot.*
*V. l'art. 6. de la Sect. 6. des Hypotheques.*

## XIII.

La regle qui défend les interêts d'interêts n'empêche pas qu'un Mineur n'exige legitimement de son Tuteur non seulement les interêts des sommes provenuës des interêts que les debiteurs du mineur ont payé au Tuteur, mais encore les interêts des interêts des sommes que le Tuteur luy-même pourroit luy devoir en son nom. Car tous ces interêts entre les mains des Tuteurs sont des capitaux dont leur charge les oblige de faire un employ. Et s'ils ne l'ont fait, soit par negligence, ou pour avoir employé les deniers à leurs affaires particulieres, ils sont tenus d'en payer les interêts pour tenir lieu au Mineur du profit qu'auroit produit ou un fonds ou une rente, si cet employ avoit été fait *t*.

*t V. les articles 23. 24. & 25. de la Sect. 3. des Tuteurs. Et les remarques qu'on y a faites.*

*Marginal note:* 13. Cas où il est dû des interêts d'interêts.

## XIV.

Il resulte de toutes les regles qui ont été expliquées dans cette Section, qu'on peut reduire à quatre sortes de causes toutes celles qui peuvent donner lieu à des interêts. Car ils peuvent être dûs ou par l'effet d'une convention, comme s'ils sont stipulez par une transaction : Ou par la nature de l'obligation, comme les interêts d'une dot, & ceux du prix de la vente d'un fonds : Ou par une Loy, comme ceux que les Tuteurs doivent aux Mineurs des deniers dont ils ont manqué de faire un employ : Ou pour la peine du debiteur qui est en demeure de payer, aprés que le creancier luy a fait une demande en Justice & de son principal, & des interêts faute de l'acquiter *u*.

*Marginal note:* 14. Quatre causes d'où naissent les interêts.

*u Cet article est une suite de tous les autres de cette Section.*

## XV.

On a reduit icy à ce peu d'articles les regles de cette matiere des interêts ; car outre qu'en chaque engagement on a marqué dans leurs titres propres ceux où il est dû des interêts, il suffit d'avoir remarqué en general les diverses regles qui renferment les principes

*Marginal note:* 15. Diverses vûës pour juger s'il est dû des interêts.

d'où dépendent les décisions , & d'en avoir marqué l'u-
sage dans quelques exemples , & d'y ajoûter que pour
le discernement des cas où il est dû des interêts , & de
ceux où il n'en est point dû , il faut considerer en chacun
quelle est la créance , comme si c'est un prêt , une vente , ou autre contract , ou quelle autre espece d'engagement , & de quelle nature : la qualité de la chose qui
peut être dûë , comme si c'étoit une tapisserie , de la
vaisselle d'argent , ou autres choses dont il n'y a point
de revenu qu'à ceux qui les loüent , ou si ce sont des choses dont le creancier auroit pû tirer quelque profit , soit
de la chose même , ou en la vendant , pour juger s'il en
est dû ou des interêts , pour la valeur de la chose , ou
des dommages & interêts : les circonstances du retardement : celles de la bonne ou mauvaise foy du debiteur : Et les autres qui peuvent faire juger s'il y a lieu de
le condamner aux interêts , ou de l'en décharger *x*.

*x* Videamus , an in omnibus rebus petitis , in fructus quoque condemnatur
possessor. Quid enim , si argentum , aut vestimentum , aliámve similem rem :
quid præterea , si usumfructum , aut nudam proprietatem , cùm alienus ususfructus sit , petierit ? Neque enim nudæ proprietatis , quod proprietatis nomen attinet , fructus ullus intelligi potest : neque ususfructus rursus fructus
eleganter computabitur. Quid igitur , si nuda proprietas petita sit , ex quo perdiderit fructuarius usumfructum , æstimabuntur in petitione fructus. Item si
ususfructus petitus sit , Proculus ait , in fructus perceptos condemnari. Præterea Gallus Ælius putat , si vestimenta , aut scyphus petita sint , in fructu hæc
numeranda esse , quòd locata ea re , mercedis nomine capi potuerit. *l. 19. ff. de
usur.*

Cum multa oriri possint , quæ pro bono sunt æstimanda. Ideóque hujusmodi
varietas viri boni arbitrio dirimenda est. *l. 13. §. 1. ff. de ann. legat.*

Quoyque ce texte regarde un autre sujet , on peut l'appliquer icy.

Pour les engagemens où il est dû des interêts , voyez les articles qui suivent.

Art. 4. Sect. 3. des Conventions.
Art. 5. Sect. 3. du Contract de vente.
Art. 3. Sect. 3. du Prêt.
Art. 5. & 11. Sect. 4. de la Societé.
Art. 4. Sect. 2. des Procurations.
Art. 23. 24. 25. Sect. 3. des Tuteurs.
Art. 5. Sect. 5. du même Titre.
Art. 5. Sect. 3. des Curateurs.
Art. 8. Sect. 1. de ceux qui font les affaires des autres.
Art. 5. Sect. 2. du même Titre.
Art. 4. Sect. 2. de ceux qui se trouvent avoir &c.
Art. 1. Sect. 3. de ceux qui reçoivent ce qui ne leur est pas dû.
Art. 1. Sect. 2. de ce qui se fait en fraude des creanciers.
Art. 2. Sect. 3. des Cautions ou Fidejusseurs.

SECTION

# SECTION II.

## *Des Dommages & intérêts.*

## SOMMAIRES.

## I.

ON appelle dommages & interêts, le desinteresse-ment, ou dédommagement que doivent ceux qui sont tenus de quelque dommage *a*.

*a* Ut damneris mihi quanti interest mea. *l. 5. §. 1. ff. de præscript. verb.* Quan-ti ea res erit. *l. 29. §. 2. ff. de ædil. edict.* Quanti res est, id est, quanti adver-sarii interfuit. *l. 68. ff. de rei vindic.*

## II.

Toutes les regles de la matiere des dommages & inte-rêts regardent ou la question de sçavoir s'il en est dû, ou celle de sçavoir en quoy ils consistent. La question s'il est dû des dommages & interêts est toûjours une ques-tion de droit, qui dépend de sçavoir si celuy à qui on les impute doit en être tenu. Ainsi, par exemple, la question qui naît du cas expliqué dans l'article 7. de la Section 4. du Titre des Dommages causez par des fautes, sur le sujet de celuy qui fait couper les cordes d'un vais-seau, pour en dégager le sien, qu'un coup de vent y avoit jetté, est une question de droit, où il faut juger si ce dom-mage doit luy être imputé, ou si ceux qui le souffrent doivent le porter comme un cas fortuit *b*.

*b* Toute question est ou de fait ou de droit, de facto an de jure. 1. ult. ff. de jurej. On appelle questions de fait celles où il s'agit de sçavoir la verité d'un fait : si un évenement est arrivé, ou non : si celuy de la succession de qui il s'agit a fait un testament, ou s'il n'en a point fait : si celuy qui se plaint d'un domma-ge a souffert quelque perte, ou s'il n'en a souffert aucune.
On appelle questions de droit celles où il s'agit de sçavoir comment il faut ju-ger, & où il est necessaire de raisonner sur les principes & sur les regles pour for-mer la decision.
Sur la difference des questions de droit, & de celles de fait, V. la Sect. 1. des Vices des Conventions.

## III.

Cette premiere question de sçavoir s'il est dû des dommages & interêts étant decidée, c'en est une secon-de de sçavoir en quoy ils consistent, c'est à dire, de discerner dans toute l'étenduë du dommage qui est ar-rivé, ce qui doit en être imputé à celuy qui est obligé de dédommager, & ce qui ne doit pas luy être imputé. Car il arrive souvent, comme il a été dit dans le pream-bule de ce Titre, qu'un seul fait donne lieu à divers dom-

mages dont une partie n'est pas imputée à celuy qu'on
pretend les avoir causez. Ainsi , par exemple , si celuy
qui avoit vendu du bled , & promis à l'acheteur de le
luy delivrer à un certain jour , dans un certain lieu , n'y
satisfait pas : & que cet acheteur ou soit obligé d'en
acheter à un plus haut prix , ou n'en trouvant pas d'autre , manque le debit qu'il devoit en faire en un autre
lieu pour y profiter , ou que même faute de ce bled destiné pour la nourriture de plusieurs ouvriers , il en souffre la perte de leurs journées , & la cessation d'un travail utile ou necessaire ; ces evenemens feront naître la
question de sçavoir , si ce vendeur sera tenu , ou de toutes ces suites , ou d'une partie , & quel sera le dommage
qu'il devra reparer. Et cette question où il s'agit de fixer en quoy consiste le dommage précis qu'il faut reparer , est une seconde question de droit dont on verra encore un autre exemple dans l'article suivant *c.*

*c* Cum per venditorem steterit quominus rem tradat , omnis utilitas emptoris in æstimationem venit , quæ modo circa ipsam rem consistit. Neque enim si potuit , ex vino putà negotiari , & lucrum facere ; id æstimandum est , non magis
quàm si triticum emerit , & ob eam rem quòd non sit traditum , familia ejus
fame laboraverit nam pretium tritici , non servorum fame necatorum consequitur. Nec major sit obligatio quod tardius agitur : quamvis crescat si vinum
hodie pluris sit. Meritò , quia sive datum esset , haberet emptor : sive non , quoniam saltem hodie dandum est , quod jam oportuit. *l. 21. §. 3. ff. de act. empt.
& vend.*

*On n'a pas mis dans cet article l'exemple que donne la Loy qu'on y a citée ,
parce qu'il est dans l'article 18. de la Section 2. du Contract de vente.*

### I V.

4. *Autre exem-
ple de cette même
question.*

Si le proprietaire d'une vigne , ou autre qui en auroit
la joüissance , ayant loüé des voitures pour la vendanger
à un certain jour , celuy qui devoit les fournir manque
à sa promesse , & qu'il faille en loüer d'autres à un plus
haut prix: ou que ne s'en trouvant point , & la vigne
n'ayant pû être vendangée , il arrive qu'une grêle emporte toute la recolte d'où cette personne attendoit sa
seule ressource pour payer un creancier qui fait ensuite
saisir & vendre son bien; ce voiturier devra sans doute
dans le premier cas ce qu'il aura coûté de plus pour
d'autres voitures. Mais dans le second cas de la perte de

cette recolte , & de cette faisie , ce sera une question de Droit de sçavoir à quoy cet evenement pourra l'obliger. Et on voit bien que pour la saisie & vente du bien, c'est une suite trop éloignée du fait de ce voiturier , & qui a d'ailleurs une autre cause dans le desordre où étoient les affaires de cette personne ; ce qui fait que cette derniere perte ne doit pas luy être imputée *d*. Car sa condition ne doit pas être plus mauvaise pour avoir manqué à une personne qui étoit dans la circonstance d'un tel besoin, que si c'eût été une autre personne dont les affaires fussent en meilleur état. Mais pour la perte des fruits la devra-t'il entiere , en devra t'il une partie, n'en devra-t'il rien ? Dira-t'on que c'est un évenement imprevû qui ne doit pas luy être imputé *e*, où qu'il a été naturel de le prévoir, & que l'inexécution de son engagement merite qu'il en souffre quelque peine, sinon d'une condemnation de toute la perte de cette recolte, au moins de quelque dédommagement ? Cette question doit dépendre des circonstances, & il faut considerer si c'étoit un cas fortuit arrivé à ce voiturier, ou s'il avoit preferé un plus grand profit en un autre lieu , ou par quelle autre cause il n'avoit pas executé son obligation: Si on pouvoit avoir d'ailleurs des voitures , & selon ces circonstances & les autres semblables , on jugera s'il sera tenu de quelque dédommagement, ou s'il n'en devra aucun ; ce qui seroit juste s'il avoit été empêché d'executer son engagement par un cas fortuit dont l'évenement ne pût luy être imputé *e*.

*d* C'est une suite de l'article precedent , & des remarques qui ont été faites dans le preambule de ce Titre.

*e* Ea quę rarò accidunt non temerè in agendis negotiis. computantur. *l*. 64. ff. de reg. jur.

## V.

*5. Troisiéme question pour l'estimation des dommages & interêts.*

Lorsque les questions de droit ont été jugées , & & qu'il est reglé que les dommages & interêts sont dûs, & en quoy ils consistent , il reste une troisiéme question de sçavoir à combien il faut les estimer , ce qui ne doit être regardé que comme une question de fait *f*. Ainsi,

*f* Quatenus cujus intersit in facto , non in jure consistit. *l*. 24. ff. de reg. jur.

par exemple , si celuy qui avoit vendu du bled qu'il devoit livrer à un certain jour , dans un certain lieu , y
ayant manqué on juge par les circonstances qu'il ne
doive pas d'autres dommages & interêts, qu'à cause que
cet acheteur a été obligé d'acheter d'autre bled dans ce
même lieu à un plus haut prix , il ne faut pour estimer ce
dommage , que voir de combien il a acheté plus cher *g*;
ce qui n'est qu'un fait.

*g* Si merx aliqua quæ certo die dari debebat, petita sit , veluti vinum ,
oleum , frumentum , tanti litem æstimandam Cassius ait , quanti fuisset eo die
quo dari debuit. Idemque juris in loco esse , ut æstimatio sumatur ejus loci
quo dari debuit. *l. ult. ff. de cond. trit.*
Quoties in diem , vel sub conditione oleum quis stipulatur , ejus æstimationem eo tempore spectari oportet , quo dies obligationis venit. Tunc enim ab eo
peti potest. *l. 59. ff. de verb. oblig.*

### VI.

On voit par les regles expliquées dans les articles 3. &
4me que les dommages & les pertes dont les dédommagemens peuvent être demandez , sont de deux sortes.
L'une des pertes qui sont tellement une suite du fait de
celuy à qui le dédommagement en est demandé, qu'il
est évident qu'on doit les luy imputer , comme ayant ce
fait pour leur cause unique. Et l'autre de celles qui ne
sont que des suites éloignées de ce fait , & qui ont d'autres causes *h*. Ainsi , dans les cas de l'article precedent la
perte est de cette premiere espece *i*. Ainsi , pour un autre exemple de cette même espece , si un Architecte ou
par ignorance , ou par le défaut des materiaux qu'il devoit fournir , rend un ouvrage defectueux , les dommages & interêts de celuy qui faisoit bâtir consistant ou à
refaire ce qui devra être refait ou à l'estimation que
feront les Experts des défauts de l'ouvrage , si on le souffre dans l'état qu'il est ; ces dommages sont tels que la
faute de l'Architecte en est la cause unique , & qu'ainsi
on doit les luy imputer *l*. Ainsi , pour la seconde sorte

*h V. le preambule de ce Titre.*
*i* Cum per venditorem steterit , quo minus rem tradat , omnis utilitas emptoris in æstimationem venit , quæ modò *circa ipsam rem constitit. l. 21. §.*
*3. ff. de act. empt. & vend. Causa omnis restituenda. l. 31. ff. de reb. cred.*
*V. l'art. 17. de la Sect. 2. du Contract de vente.*
*l* Poterit ex locato cum eo agi qui vitiosum opus fecerit. *l. 51. §. 1. ff. locati.*

6. *Deux sortes de dommages qu'il faut distinguer.*

Sf iij

de pertes, on voit dans le cas de l'article 4.me que la saisie des biens de celuy de qui la grêle a emporté les fruits, est bien une suite du retardement des voitures, mais ç'en est une suite trop éloignée, & dont il y a une autre cause qui fait qu'on ne doit pas l'imputer à celuy qui devoit fournir ces voitures *m*.

*m V. l'art. 18. de la Section 2. du Contract de vente, & le preambule de ce Titre.*

## VII.

7. *Dommages & interêts ou pour une perte qu'on souffre, ou parce qu'on manque de faire un profit.*

Il faut encore distinguer les dommages & interêts par une autre vûë en deux autres especes. L'une de ceux qui consistent en une perte effective, & une diminution qu'on souffre en ses biens : Et l'autre de ceux qui privent de quelque profit. Ainsi, le proprietaire d'une maison endommagée par le défaut des reparations que le locataire devoit y avoir faites, souffre une perte, & une diminution de son bien : ainsi un Fermier de qui le bail est interrompu, est privé du profit qu'il auroit pû faire, s'il avoit joüy *n*. Dans les dommages de la premiere espece l'estimation qu'il faut en faire, regardant une perte qui est arrivée, il est facile de voir en quoy consiste la perte, & de regler le dedommagement qui peut en être dû, lorsque c'est toute cette perte qu'il faut reparer. Mais dans les dommages de la seconde espece, où il faut faire une estimation de la perte d'un profit à venir, & dependant d'evenemens incertains qui pouvoient le rendre ou plus grand ou moindre, & qui pouvoient faire aussi ou qu'il n'y en auroit aucun, ou qu'il n'y auroit

*n Colonus si ei frui non liceat, totius quinquennii nomine statim recte aget. l. 24. §. 4. ff. locati. Et quantùm per singulos annos compendii facturus erat, consequetur. d. l. Si colonus tuus fundo frui à te, aut ab eo prohibetur quem tu prohibere ne id faciat possis, tantùm ei præstabis, quanti ejus interfuit frui. In quo etiam lucrum ejus continebitur. l. 33. in fin. ff. locati. V. l'art. 6. de la Sect. 6. & l'art. 4. de la Sect. 3. du Loüage.*

*Il faut remarquer sur cet article, que dans le dédommagement de ce fermier, on doit distinguer ce qui regarde l'estimation du profit qu'il pouvoit esperer, si son bail n'avoit pas été interrompu, & une autre sorte de dommage present qu'il pourroit souffrir, comme si l'engagement à cette ferme l'avoit obligé à acheter des bestiaux ou d'autres choses necessaires, ou à y établir sa demeure, ou à d'autres dépenses semblables, dont la perte seroit un dommage de la premiere espece, qui pourroit être estimé au juste, & separément de la perte sur les joüissances.*

même que de la perte ; il n'est pas possible de faire une estimation précise d'une telle perte, & de regler un dédommagement qui fasse une justice exacte & au Fermier, & à celuy qui sera tenu de le desinteresser. Mais pour ces sortes de dédommagemens il faut les arbitrer selon les principes qu'on a expliquez dans ce Titre, & d'où l'on a tiré ce qui en sera dit dans l'article 12me.

### VIII.

Dans tous les cas où il est dû des dommages & interêts il faut considerer la qualité du fait qui les a causez, & distinguer entre les faits où il ne se trouve ny dol ny mauvaise foy, & ceux où il s'en trouve. Car selon cette difference les dommages & interêts peuvent être ou plus grands ou moindres, quoyque toutes les autres circonstances se trouvent égales. Ainsi, par exemple, si l'acquereur d'un fonds en est évincé aprés y avoir fait non seulement des réparations necessaires, & des ameliorations qui en ont augmenté le revenu, mais encore quelques dépenses pour des embellissemens, on ne comprendra pas dans les dommages & interêts de l'éviction ces dépenses inutiles & superfluës : si c'étoit un vendeur de bonne foy, qui eût sujet de croire qu'il étoit le maître de ce qu'il vendoit. Car la garentie ne doit pas aller à de telles suites pour des dépenses que le vendeur n'avoit pas dû prévoir, & que l'acheteur n'avoit faites que pour son plaisir. Mais si c'étoit un vendeur qui sçachant bien qu'il n'étoit pas le maître du fonds, vendoit de mauvaise foy la chose d'autruy, cette circonstance de sa mauvaise foy donneroit plus d'étenduë à la garentie, & il seroit tenu des dépenses superfluës que cet acheteur n'auroit pas faites si cette mauvaise foy luy avoit été connuë. Ainsi, pour un autre exemple, si une chose venduë se trouve avoir quelque défaut dont il arrive quelque dommage, comme si c'étoit du bétail infecté de quelque mal contagieux qui fit perir, non seulement ce bétail, mais encore d'autre que l'acheteur avoit auparavant ; le vendeur qui auroit ignoré ce défaut ne seroit tenu que de la perte du bétail vendu, son engagement ne s'étendant pas

8. Difference dans les dommages & interêts selon la bonne ou mauvaise foy de celuy qui les doit.

à cette fuite de la perte de l'autre bétail. Mais fi ce vendeur avoit connu ce défaut, il feroit de plus tenu de la
perte de l'autre bétail qui étoit à l'acheteur, parce qu'il
devoit l'avertir de ce défaut, & que c'eft fa mauvaife
foy qui a donné fujet à cette autre perte. Ainfi, en general les dommages & interêts ont plus d'étenduë contre ceux que leur mauvaife foy en rend refponfables,
que contre ceux qui font dans la bonne foy. Car encore qu'un vendeur, par exemple, qui vend de mauvaife
foy la chofe d'autruy, puiffe ignorer auffi bien qu'un
vendeur de bonne foy fi l'acheteur fera des dépenfes fuperfluës dans la chofe venduë, il ne peut ignorer que
fa mauvaife foy renferme la volonté de tout le mal qui
pourra fuivre de la vente qu'il fait. Ainfi, au lieu que
l'éviction eft à l'égard du vendeur de bonne foy un cas
fortuit qu'il n'avoit pas prévû ; cette éviction, & les pertes
qui en arrivent font à l'égard de l'autre une fuite naturelle
de fa mauvaife foy dont il doit répondre o.

o De fumptibus verò quos in erudiendum hominem emptor fecit, videndum eft. Nam empti judicium ad eam quoque fpeciem fufficere exiftimo: non
enim pretium continet tantùm, fed omne quod intereft emptoris fervum non
evinci. Planè, fi in tantum pretium excediffe proponas, ut non fit cogitatum
à venditore de tanta fumma, veluti fi ponas agitatorem poftea factum vel pan-
tomimum, evictum effe eum qui minimo venit pretio, iniquum videtur in
magnam quantitatem obligari venditorem. l. 43. in f. ff. de act. empt. & vend.
In omnibus tamen his cafibus, fi fciens alienum vendiderit, omnimodò
teneri debet. l. 45. §. 1. in f. eodem. V. l'art. 18. de la Sect. 10. du Contract de vente.
Julianus libro quintodecimo inter eum qui fciens quid, aut ignorans vendidit differentiam facit in condemnatione ex empto. Ait enim, qui pecus mor-
bofum, aut tignum vitiofum vendidit, fiquidem ignorans fecit, id tantùm ex
empto actione præftaturum quantò minoris effem empturus, fi id ita effe
fciffem : fi verò fciens reticuit, & emptorem decepit, omnia detrimenta quæ ex
ea emptione emptor traxerit, præftaturum ei. Sive igitur ædes vitio tigni cor-
ruerunt, ædium æftimationem : five pecora contagione morbofi pecoris perierunt, quod interfuit idoneè veniffe, erit præftandum. l. 13. ff. eod. V. d. l. §. 1.
On peut juger par les exemples rapportez dans cet article de l'ufage de cette
regle, pour diftinguer en toutes fortes de cas les dommages & interêts que doivent ceux qui y donnent lieu par quelque dol ou mauvaife foy, & ceux qui peuvent être dûs quand il n'y a point de mauvaife foy. V. un exemple d'une autre
nature dans la Loy 19. §. 1. ff. locat. où il eft dit, que fi un pâturage étant donné à ferme le bétail y perit par dès herbes venimeufes, celuy qui l'avoit donné,
ignorant ce vice du fonds ; ne fera pas tenu de cette perte; mais feulement de
décharger le fermier du prix de fon bail : mais que s'il l'avoit connu, il feroit tenu de la perte du bétail qui feroit peri.
Si quis dolia vitiofa ignarus locaverit, deinde vinum effluxerit, tenebitur
in id quod intereft, nec ignorantia ejus erit excufata. Et ita Caffius fcripfit.

Aliter

Aliter atque si saltum pascuum locasti, in quo herba mala nascebatur: hîc enim, si pecora vel demortua sunt, vel etiam deteriora facta, quod interest praestabitur, si scisti : si ignorasti, pensionem non petes. Et ita Servio, Labeoni, Sabino placuit. *l. 19. §. 1. ff. locat.*

*V. les art. 6. & 7 de la Section 11. du Contract de vente. l'art. 8. de la Sect. 3. & les articles 1. & 2. de la Sect. 8. du Loüage.*

*Il est remarquable qu'on faisoit cette difference dans le Droit Romain, pour les dommages & interêts que pouvoient devoir ceux qui ne restituoient pas une chose qu'ils devoient rendre ou representer, que s'il n'y avoit pas de mauvaise foy, la condamnation des dommages & interêts n'alloit qu'à la valeur du dommage effectif que pouvoit souffrir celuy qui y étoit interessé. Mais quand il y avoit du dol, ou de la contumace, c'est à dire un retardement volontaire, on luy permettoit de jurer sur l'estimation de la perte ou dommage qu'il pouvoit souffrir, & il étoit de la prudence du juge de ne recevoir ce serment que jusqu'à une certaine somme, & même de moderer la condamnation après le serment.* Interdum quod interest agentis solum aestimatur, veluti cùm culpa non restituentis, vel non exhibentis punitur : cùm verò dolus, aut contumacia non restituentis, vel non exhibentis, quanti in litem juraverit actor. *l. 2. §. 1. ff. de in lit. jur.* Sed judex potest praefinire certam summam, usque ad quam juretur. *l. 5. §. 1. eod.* Item etsi juratum fuerit, licet judici vel absolvere, vel minoris condemnare. *d. l. §. 2. V. tit. C. de in lit. jur.*

## IX.

Lors qu'il n'y a ny dessein de nuire, ny mauvaise foy dans le fait qui a causé le dommage, il faut encore considerer, si le dommage est arrivé par quelque negligence, ou par quelque faute, ou sans que rien puisse être imputé à celuy qu'on pretend en être tenu. Ainsi, par exemple, si celuy qui a pris un cheval de loüage, s'en servant pendant une nuit obscure, dans un lieu pierreux plein de mauvais pas, le cheval s'estropie, ou si faute de soin il lui est dérobé, on pourra lui imputer ces sortes de fautes. Mais si sans sa faute le cheval s'estropie, ou s'il est volé en plein jour dans un grand chemin, le maître du cheval en portera la perte. Car ce sont des cas fortuits qui tombent sur lui *p.*

*p* In judicio tam locati quàm conducti dolum & custodiam, non etiam casum cui resisti non potest, venire constat. *l. 28. C. de locato.*

*9. De l'égard qu'on doit avoir à la qualité du fait qui a causé le dommage.*

## X.

Quoyqu'il n'y ait aucune faute de la part de celui à qui on demande un dédommagement, ce n'est pas toûjours assez pour l'en décharger. Car il y a des cas où il est dû des dommages & interêts, sans qu'aucune faute y ait donné lieu ; mais par le simple effet d'un engagement. Ainsi, celui qui avoit vendu de bonne foy une chose qu'il

*10. Il peut être dû des dommages & interêts, sans qu'aucune faute y ait donné lieu.*

croyoit sienne, est obligé de faire cesser la demande de
celui qui s'en pretend le maître, & s'il y manque, il
devra les dommages & interêts de l'éviction, quoyqu'il
n'y ait de sa part aucune mauvaise foy, ni aucune autre
espece de faute ; ainsi celui qui manque de délivrer ce
qu'il a vendu est tenu des dommages & interêts qui suivent du défaut de la délivrance. Et ces dommages & interêts sont de simples suites des engagemens de celui qui
vend *q*.

*q* Evicta re, exempto actio non ad pretium duntaxat recipiendum, sed ad
id quod interest, competit. *l.* 70. *ff. de evict. l.* 60. *eod.* V. la Sect. 10. du Contract de vente.
    Si res vendita non tradatur, in id quod interest agitur. Hoc est quod rem
habere interest emptoris. *l.* 1. *ff. de act. empt. & vend.*
    Causa omnis restituenda. *l.* 31. *ff. de rebus cred.*
    V. les articles 16. & 17. de la Sect. 2. du Contract de vente, & l'art. 4. de
la Sect. 3. des Conventions.

## XI.

11. *Suites qui pa-*
*roissent éloignées,*
*& qui peuvent en-*
*trer dans les dom-*
*mages & interêts.*

Il a été remarqué dans l'article 6me qu'on ne doit pas
imputer à celui de qui le fait a causé quelque dommage,
des suites éloignées qui peuvent avoir d'autres causes
que quelque conjoncture a jointes à ce fait : & que ces
sortes de suites n'entrent point dans l'estimation des
dommages & interêts. Mais il ne faut pas mettre au
nombre de ces suites éloignées, les differentes pertes
qui peuvent être causées par un même fait, si ces pertes ont ce fait pour leur cause unique. Ainsi, par exemple, si un Architecte ayant entrepris de bâtir une maison, & de la rendre parfaite dans un certain temps,
pour un locataire qui l'avoit loüée, ne la rend pas en
bon état dans le temps, ou qu'il la rende si defectueuse
qu'une partie tombe en ruine, soit par le défaut des fondemens, ou par quelqu'autre cause dont cet Architecte
doive répondre ; cet évenement causera trois sortes de
pertes, celle de la dépense pour rebâtir la maison, celle
des loyers que le proprietaire en devoit tirer, & celle
des dommages & interêts qu'il devra à ce locataire. Et
quoyque cette seconde perte & la troisiéme soient des
suites qui paroissent éloignées du fait de l'Entrepreneur,
comme elles n'ont aucune autre cause, & que son traité

renfermoit l'obligation de rendre la maison en état
qu'on pût l'habiter; ces pertes peuvent lui être imputées. Et si ce cas étoit arrivé par la faute d'un Architecte qui pût répondre de toutes ces pertes, il en seroit
tenu. Mais parce que les Entrepreneurs n'ont pas toûjours le moyen de faire de pareils dédommagemens, &
que l'humanité oblige à des égards qui peuvent moderer la rigueur qu'une justice exacte pourroit demander,
on peut apporter des temperamens dans l'estimation de
ces sortes de dommages & interêts, par la vûë de ces
évenemens qui arrivent aux plus habiles & aux plus soi-
gneux. Ainsi, c'est toûjours par la prudence du Juge &
de ceux qui doivent faire ces estimations qu'il faut les
regler selon les circonstances *r*.

*r* Multa oriri possunt quæ pro bono sunt æstimanda. Ideoque hujusmodi varietas viri boni arbitrio dirimenda est. *l.* 13. §. 1. *ff. de ann. leg.*
   *Quoyque cette Loy regarde un autre sujet, le principe d'où elle dépend peut s'ap-*
*pliquer icy.*
   Bonus judex varie ex personis, causisque constituet. *l.* 38. *ff. de evict.*

## XII.

La même équité qui fait souvent moderer les dommages & interêts des pertes presentes par les motifs expliquez dans l'article precedent, oblige à plus forte raison de les moderer dans les cas où les pertes ne sont pas
presentes, & où leur estimation dépendant de faits à
venir, qu'on ne peut connoître, ne peut être faite sur
un pied certain. Ainsi, dans le cas de ce Fermier dont
il a été parlé dans l'article 7me il faut arbitrer ses dommages & interêts par diverses vûës : Et considerer quelle est la cause qui le dépossede, comme si celui qui lui
avoit donné le fonds à joüir en est évincé, ou s'il l'a
vendu sans obliger l'acquereur d'executer le bail: quels
avoient été les profits, ou les pertes que ce Fermier
pouvoit avoir déja faites : le nombre d'années qui lui
restoient à joüir : la qualité des fruits de sa ferme, selon
qu'ils étoient plus ou moins sujets aux injures du temps,
& à d'autres pertes: l'incertitude de la valeur des denrées, celle des occasions qu'il auroit pû avoir ou man-

*12. Dommages &
interêts pour des
pertes qui dépen-
dent de l'avenir.*

Tt ij

quer de vendre en fon temps : les profits ordinaires d'autres Fermiers de revenus de même nature dans les mêmes lieux : & par toutes ces vûës, & les autres femblables on peut balancer & les profits que ce Fermier pouvoit efperer, & les pertes qu'il avoit à craindre : & regler par ces confiderations un dédommagement tel que
l'équité peut le demander *f*.

*f* Colonus, fi ei frui non liceat, totius quinquennii nomine ftatim rectè
aget. *l.* 24. §. 4. *ff. locat.* Et quantum per fingulos annos compendii facturus
erat, confequetur. *d. l.*
    *V. l'article* 7.

## XIII.

13. *Prudence du Juge dans l'eftimation des dommages & interêts.*

Il refulte de toutes les regles precedentes, que comme les queftions des dommages & interêts naiffent toûjours de faits que les circonftances diverfifient, c'eft
par la prudence du Juge qu'elles fe décident, en joignant aux lumieres que les principes doivent donner, le
difcernement des circonftances, & des égards qu'on
doit y avoir : Soit pour diminuer la condemnation des
dommages & interêts, par le retranchement des pre-
tenfions de pertes éloignées, & par d'autres confiderations, s'il y en a lieu, comme dans les cas où l'on ne
peut imputer ni de mauvais deffein, ni aucune faute à
celui qui eft tenu de dedommager : Ou pour donner à
cette condemnation une plus grande étenduë par la
confideration du deffein de nuire s'il y en avoit. Ainfi,
pour un exemple de la diminution des dommages & interêts dans le cas d'une garentie pour une éviction con-
tré un vendeur de bonne foy, on retranchera du dédommagement les dépenfes fuperfluës que cet acheteur
pourroit avoir faites pour fon feul plaifir : & on aura encore moins d'égard aux confiderations particulieres
qui pourroient rendre ce fonds plus precieux à cet acheteur, ou parce que ce feroit un ancien propre de fa famille, ou qu'il s'y plairroit pour y avoir été élevé. Car
le prix des chofes ne fe regle pas par l'attachement qui
peut en augmenter l'eftimation, mais feulement fur le
pied de ce qu'elles valent pour l'ufage de toutes per-

fonnes indiftinctement *t*. Ainfi, au contraire, dans le cas d'une perfonne qui auroit fait perir, ou perdre par quelque délit une chofe dont l'ufage étoit neceffaire pour en affortir d'autres, que la perte de celle-là rendroit inutiles, comme il peut arriver en plufieurs rencontres; celui qui auroit caufé ce dommage feroit tenu non feulement de la valeur de la chofe perduë, mais du dommage que cette perte cauferoit d'ailleurs, par la ceffation de l'ufage des autres *u*. Car ce dommage qui pourroit être confideré comme un cas fortuit, fi la perte de la chofe n'étoit arrivée que par quelque imprudence, pourroit être imputé à celuy qui l'auroit caufée par un deffein de nuire.

*t* Pretia rerum non ex affectu, nec utilitate fingulorum, fed communiter funguntur. *l. 63. ff. ad leg. Falcid.*
Non affectiones æftimandas, fed quanti omnibus valoret. *l. 33. ff. ad leg. Aquil.*
Si dicat patronus rem quidem jufto pretio veniffe, verumtamen hoc intereffe fua, non effe venundatam inque hoc effe fraudem, quod venierit poffeffio in quam habebat patronus affectionem, vel opportunitatis, vel vicinitatis, vel cœli, vel quòd illic educatus fit, vel parentes fepulti, an debeat audiri volens revocare? Sed nullo pacto erit audiendus. Erans enim in damno accipitur pecuniario. *l. 1. §. 15. ff. fi quid in fraud. patr. factum fit.*
Ce qui eft dit dans cette Loy fur le fujet de la fraude aux droits d'un Patron, peut s'appliquer au cas d'une éviction.
*u* Sed utrum corpus ejus folùm æftimamus, quanti fuerit, cum occideretur: an potius, quanti interfuit noftra, non effe occifum? Et hoc jure utimur, ut ejus quod intereft, fiat æftimatio. *l. 21. §. 2. ff. ad leg. Aquil.* Item cauſæ corpori cohærentes æftimantur, fi quis ex comædis, aut fymphoniacis, aut gemellis, aut quadriga aut ex pari mularum unum, vel unam occiderit. Non folùm enim perempti corporis æftimatio facienda eft: fed & ejus ratio haberi debet, quo cœtera corpora depretiata funt. *l. 22. §. 1. eod.*

## XIV.

Parmy toutes les caufes dont il peut naître des dommages & interêts il y en a peu d'auffi frequentes que l'injuftice de ceux qui entreprenant ou foûtenant des procés injuftes caufent à leurs parties & des frais que les condemnations des dépens ne reparent prefque jamais, & encore d'autres dommages dont ces procés font les feules caufes; comme la perte du temps fur tout de ceux qui vivent de leur travail, & plufieurs autres fuites de l'injuftice & de la chicane des mauvais plaideurs. Ce qui rend tres-jufte la condemnation des dommages &

14. Dommages & interêts contre les mauvais plaideurs.

Tt iij

interêts, lorſque la vexation eſt telle qu'elle y donne lieu. Et quoyque cette regle ne s'obſerve que ſi rarement qu'il ſemble qu'elle eſt abolie ; comme elle a pour principe l'équité, qu'elle eſt du droit naturel, & qu'elle avoit été renouvellée par les Ordonnances, il eſt de la prudence des Juges de la mettre en uſage dans les occaſions où l'injuſtice, la chicane, la vexation peuvent le meriter ×.

× Improbus litigator & damnum, & impenſas litis inferre adverſario ſuo cogatur. §. 1. in f. inſt. de pœna tem. litig. V. tit. C. de jurej. propt. cal. dand.

*En toutes matieres réelles, perſonelles, & poſſeſſoires, civiles, & criminelles y aura adjudication de dommages & interêts procedants de l'inſtance, & de la calomnie ou temerité de celuy qui ſuccombera en icelles, qui ſeront par la même Sentence & jugement taxez & moderez à certaine ſomme, pourvû toutefois que leſdits dommages & interêts ayent été demandez par la partie qui aura obtenu, & deſquels les parties pourront faire remontrance ſommaire par le procés. Ordonnance de François I. en Aouſt 1539. art. 88.*

*Ceux qui n'entendent pas le Latin doivent être avertis que le mot de calomnie dans cette Ordonnance, comme dans le Droit Romain, ſignifie la vexation & la chicane de ceux qui de mauvaiſe foy font ou ſoûtiennent des procés injuſtes.*

## XV.

15. *Stipulation d'une ſomme pour tous dommages & interêts.*

Les difficultez de regler la valeur des dommages & interêts qui peuvent ſuivre de l'inexecution d'un engagement, obligent quelquefois ceux qui traitent enſemble de convenir d'une certaine ſomme que celui qui manquera d'executer ce qu'il a promis ſera tenu de payer à l'autre, pour lui tenir lieu de dédommagement. Mais comme ces ſortes de ſtipulations ſont moins une juſte eſtimation, qu'une precaution pour engager celui qui s'oblige à une plus grande fidelité, par la crainte d'encourir la peine de payer la ſomme reglée, il dépend de la prudence du Juge de moderer cette ſomme, ſi elle excede le dommage effectif. Car celui qui l'a ſouffert n'a pû prétendre autre choſe que ce qui pourroit lui être dû legitimement. Et cette ſtipulation a ſon juſte effet par un dédommagement raiſonnable de la perte qu'il faut reparer. Mais ſi la convention eſt conçûë en termes qui marquent que l'intention a été de borner le dédommagement à une ſomme en faveur de celui qui pourroit en être tenu, & pour empêcher qu'il ne ſoit obligé à rien au delà, quoyque le dommage ſe trouvât plus grand ; on ne pourra l'estimer au plus qu'à cette somme. Car ceux qui traitent ainsi, ont pû moderer le dédommagement qui pourroit être dû *y*.

*y* In ejusmodi stipulationibus quæ quanti res est promissionem habent, commodius est certam summam comprehendere : quoniam plerumque difficilis probatio est quanti cujusque intersit : & ad exiguam summam deducitur. *l. ult. ff. de stip. prætor. §. ult. inst. de verb. oblig.* V. l'art. 18. de la Sect. 4. des Conventions en general.

## XVI.

Les dommages & interêts de quelque nature qu'ils puissent être, se reduisent toûjours à des sommes d'argent que doivent ceux qui sont obligez de dédommager, soit pour avoir manqué d'executer leurs engagemens, ou pour d'autres causes. Car l'argent tient lieu de toutes les choses qu'on peut estimer *z*.

16. Tous dommages & interêts s'estiment en argent.

*z* Quia non facit quod promisit, in pecuniam numeratam condemnatur : sicut evenit in omnibus faciendi obligationibus. *l.* 13. *in f. ff. de re judic.*

## XVII.

Il ne faut pas mettre indistinctement au nombre des cas où il peut être dû des dommages & interêts, tous les évenemens où une personne peut causer par son fait quelque perte à une autre. Car il arrive souvent qu'on en cause sans qu'on en soit tenu. Et lorsque les faits qui ont causé la perte ont été licites, & que ce n'a été qu'une cessation de quelque commodité & une suite d'un fait de celui qui usoit de son droit, il ne sera pas obligé de la reparer. Ainsi, par exemple, celui qui creusant dans son fonds y trouve une source qu'il met à son usage, ne sera pas tenu de la perte que fera son voisin de cette même source qui cessera de naître chez luy, à moins que ce changement n'eût été fait qu'à dessein de nuire. Ainsi, celui qui n'étant pas sujet à une servitude, éleve son bâtiment, & par là ôte le jour ou la vûë de son voisin, n'en peut être empêché. Mais si on fait perir une chose, ou qu'on l'endommage, comme si un voisin creusant dans son fonds, affoiblit les fondemens du mur voisin, & le met en peril, il en sera tenu ; car les faits qui nuisent de cette maniere cessent d'être licites : & on ne peut creuser dans son fonds proche du voisin, ni fai-

17. Pertes dont celuy qui les cause ne doit pas répondre.

re d'autres ouvrages, qu'en gardant les diſtances, &
les autres precautions preſcrites par les coûtumes, &
par les uſages *a*.

*a* Proculus ait, cùm quis jure quid in ſuo faceret, quamvis promiſiſſet
damni infecti vicino, non tamen eum teneri ea ſtipulatione. Veluti ſi juxta
mea ædificia habeas ædificia, eáque jure tuo altius tollas: aut ſi in vicino tuo
agro cuniculo vel foſſa aquam meam avoces. Quamvis enim & hîc aquam
mihi abducas, & illîc luminibus officias, tamen ex ea ſtipulatione actionem
non mihi competere: ſcilicet quia non debeat videri is damnum facere, qui
eo veluti lucro, quo adhuc utebatur, prohibetur: multúmque intereſſe u-
trum damnum quis faciat, an lucro quod adhuc faciebat uti prohibeatur. Mihi videtur vera Proculi ſententia. *l. 26. ff. de damn. inf.* Denique Marcellus
ſcribit, cum eo qui in ſuo fodiens, vicini fontem avertit, nihil poſſe agi: nec
de dolo actionem. Et ſanè non debet habere, ſi non animo vicino nocendi, ſed
ſuum agrum meliorem faciendi id fecit. *l. 1. §. 12. ff. de aqua & aq. plur. arc.*
Si tam altè fodiam in meo, ut paries tuus ſtare non poſſit damni infecti ſtipu-
latio committitur. *l. 24. §. 12. ff. de dam. inf.* V. les articles 8. & 9. de la Section 2. des Servitudes. Et les articles 9. & 10. de la Sect. 3. des dommages
cauſez par des fautes.

## XVIII.

Comme on a remarqué ſur la matiere des interêts
les diverſes vûës par où l'on peut juger s'il en eſt dû ou
non *b* ; on doit diſcerner auſſi dans les queſtions des dommages & interêts, s'ils ſont dûs ou non. Ce qui dépend
de la qualité du fait qui peut avoir donné ſujet au dommage; ſi c'eſt un cas fortuit, une faute legere, une
imprudence, un delit, l'inexecution involontaire d'un
engagement, ou quelle autre cauſe. Et on examine enſuite en quoy les dommages & interêts peuvent conſiſ-
ter, leur donnant ou l'étenduë, ou les bornes que l'é-
quité peut demander ſelon les differentes cauſes des
dommages, la diverſité des évenemens, & les circonſtances, en obſervant les regles qui ont été expliquées *c*.

*b* V. l'art. 15. de la Sect. 1.

*c* C'eſt une ſuite des articles precedens. Hoc quod revera inducitur damnum,
& non ex quibuſdam machinationibus, & immodicis perverſionibus in circuitus inextricabiles redigatur. *l. un. C. de ſent. qua pro eo quod int. prof.*

SECTION

# SECTION III.

## De la restitution des fruits.

### SOMMAIRES.

### I.

LA restitution de fruits est une espece de dédommagement que doit celuy qui a indûëment joüy du revenu d'un autre. Car cette restitution repare la perte que cette joüissance a causée à celuy qui devoit joüir *a*.

1. La restitution de fruits est un dédommagement.

*a Comme les interèts sont le dédommagement que doivent les debiteurs de sommes d'argent qui sont en demeure de payer; la restitution de fruits est le dédommagement que doivent ceux qui ont indûëment joüi de revenus appartenans à d'autres.*

## II.

**2. Etenduë de cette restitution.**

Ce mot de restitution de fruits ne comprend pas seulement l'obligation de rendre ceux qui sont en nature, mais quoyque la joüissance ait été de plusieurs années, & que les fruits en soient consommez ; comme c'est la valeur de ces fruits qui doit être renduë, & qu'elle en tient lieu, la restitution des fruits s'entend & de ceux qui sont en nature, & de ceux aussi qui sont consommez *b*.

*b C'est une suite de l'article precedent.*

## III.

**3. Le mot de fruits s'entend de toute sorte de revenus.**

Il ne faut pas borner le mot de fruits en ce lieu au sens ordinaire des fruits que la terre nous produit ; mais ce mot signifie icy toutes les differentes sortes de revenus de quelque nature qu'ils puissent être. Et on peut les distinguer en deux especes, l'une de ceux que la terre produit, soit d'elle-même & sans culture, comme le foin, les fruits des arbres, les bois taillis, les matieres des mines, les pierres des carrieres & autres semblables, ou par la culture comme les bleds, & les autres grains *c*. L'autre espece est des revenus qui ne sont pas des fruits de la terre, ni des choses qu'elle produise ou d'elle-même ou par la culture ; mais qu'on tire par l'industrie & par quelque soin ou de quelque fonds, ou des animaux, ou de quelque droit reglé par les Loix. Ainsi on tire les loyers d'une maison ou autre bâtiment *d* : Ainsi on tire d'un bac, ou d'un navire les revenus des voitures *e* : Ainsi les moulins & les colombiers ont leurs revenus : Et les diverses sortes d'animaux qui sont à nôtre usage ont aussi les leurs *f* : Ainsi on a des droits de pesche & de chasse, des peages, & divers autres droits de plusieurs natures. Et tous ces dif-

*c Quidquid in fundo nascitur, quidquid inde percipi potest, ipsius fructus est. l. 9. ff. de usufr. l. 59. §. 1. eod.*

*d Prædiorum urbanorum pensiones pro fructibus accipiuntur. l. 36. ff. de usur.*

*e Item vecturæ navium. l. 29. in f. ff. de hered. pet. l. 61. ff. de rei vindic.*

*f In pecudum fructu etiam fœtus est, sicut lac, & pilus, & lana. Itaque agni & hœdi & vituli statim pleno jure sunt bonæ fidei possessoris. l. 28. ff. de usur.*

ferens revenus de ces deux efpeces qui viennent annuellement ou journellement, font autant de fortes de biens
dont les joüiffances peuvent être la matiere de la reftitution dont on parle icy.

### IV.

Tous ceux qui joüiffent de mauvaife foy d'un revenu
qui ne leur appartient pas, font tenus de rendre à celuy
qu'ils en ont privé la valeur de toutes les joüiffances
qu'ils en ont faites, quoyqu'ils n'ayent été troublez par
aucune demande. Car ils ont connu l'injuftice qu'ils fai-
foient à celuy qui devoit joüir g.

g Certum eft malæ fidei poffeffores, omnes fructus folere cum ipfa re præftare. l. 22. C. de rei. vind. l. 17. eod. l. 3. C. de condict. ex lege.

### V.

Ceux qui fe trouvent de bonne foy dans la joüiffance
d'un bien qu'ils croyent leur appartenir, mais qui n'eft pas
à eux ne font tenus d'aucune reftitution de ce qu'ils ont
joüy pendant la durée de leur bonne foy. Car la bonne
foy d'un poffeffeur a cet effet, qu'il peut fe confiderer
comme étant le maître : & cet état qu'il a droit de prendre pour la verité doit luy en tenir lieu h. Ainfi, la perte
que fait le vray maître qui ne joüit point, eft à fon égard
un cas fortuit qu'il ne peut imputer à ce poffeffeur.

h Bonæ fidei poffeffor in percipiendis fructibus id juris habet, quod dominis prædiorum tributum eft. l. 25. §. 1. ff. de ufur.
Bonæ fidei emptor non dubiè percipiendo fructus, etiam ex aliena re, fuos
interim facit : non tantùm eos qui diligentia & opera ejus provenerunt, fed
omnes. Quia quòd ad fructus attinet, loco domini penè eft. l. 48. ff. de acq.
rer. dom.
Bona fides tantumdem poffidenti præftat, quantùm veritas, quoties lex impedimento non eft. l. 136. ff. de reg. jur. V. l'article 5. de la Section 3. de la poffeffion, V. des cas où le poffeffeur de bonne-foy rend les fruits perçûs avant la
demande, cy-après art. 9. & 10.
On appelle poffeffeur de bonne-foy, celui qui a une jufte caufe de fe croire le
maître, comme s'il a acheté un fonds qu'il croyoit appartenir à fon vendeur,
s'il l'a eu d'une fucceffion, s'il lui a été donné, ou s'il l'a acquis par quelqu'autre jufte titre, ignorant le droit du vrai maître.

### VI.

La bonne foy du poffeffeur qui luy donnoit le droit
de joüir d'un fonds, ceffe en même temps qu'il eft troublé par une demande. Car ayant connu le droit du maî-

tre du fonds, il ne peut plus le priver de la jouïssance.
Et quoyqu'il puisse prétendre que la demande soit mal
fondée, & qu'il croye avoir de justes défenses ; si dans
la suite il est condamné à quitter le fonds, la bonne-foy
qu'il pourroit avoir euë en se défendant luy sera inutile :
& il sera obligé à la restitution des fruits depuis la demande. Car cette bonne-foy quand elle auroit été sin-
cere ne peut pas avoir l'effet de nuire au vray maître
qui a connû son droit & demandé son bien, ni balancer
l'autorité de la chose jugée.

*i* Litigator victus, qui post conventionem rei incumbit alienæ, non in sola
rei redhibitione teneatur, nec tantùm fructuum præstationem eorum quos ipse
percepit, agnoscat : sed etiam eos quos percipere potuisset, non quos eum re-
degisse constat, exolvat, ex eo tempore ex quo re in judicium deducta, scientiam malæ fidei possessio nis accepit. *l. 2. C. de fructib. & lit. exp.* Ut omne
habeat petitor, quod habiturus foret, si eo tempore quo judicium accipie-
batur, restitutus illi homo fuisset. *l. 20. ff. de rei. vind.* V. l'art. 13.

### V I I.

Si un possesseur de bonne-foy est assigné à la veille de
la recolte par le maître du fonds pour s'en-desister &
rendre les fruits : & que par l'evenement il soit condamné, il sera tenu de rendre les fruits de cette recolte. Car
n'étant pas encore cueillis lors de la demande, ils faisoient partie du fonds, & la demande avoit fait cesser
le droit que ce possesseur avoit de joüir. Mais si les
fruits étoient cueillis avant la demande, quoyqu'ils n'eussent pas été encore emportez, & qu'ils fussent restez
dans le champ, ils appartiendront à ce possesseur *l.* Car
les ayant cueillis, & separez du fonds, ils ont été à luy
& on ne peut plus luy en ôter la proprieté, ni l'empêcher
d'emporter ce qui luy est acquis.

*l* Bonæ fidei possessoris (fructus) fiunt mox cum à solo separati sunt. *l. 13.
ff. quib. med. usufruct. vel. us. amit.*

Etiam priusquam percipiat, statim ubi à solo separati sunt, bonæ fidei emptoris fiunt. *l. 48. ff. de acq. rer. dom.*

Perceptionem fructus accipere debemus, non si perfectè collecti, sed etiam
cœpit ita percipi, ut terra continere se fructus desierint. Veluti si olivæ, uvæ
lectæ, nondum autem vinum, oleum ab aliquo factum sit. Statim enim ipse
accepisse fructum existimandus est. *l. 78. in fin. ff. de rei vind.*

### V I I I.

Si les revenus d'un fonds possedé par un détenteur
de bonne-foy, viennent successivement & de jour en

jour , comme les loyers d'une maiſon , le revenu d'un
moulin , d'un bac; d'un peage, & les autres ſemblables,
& qu'il ſoit evincé ; il aura ce qui ſe trouvera échû juſqu'à
la demande , & rendra le reſte *m*.

*m* V. l'art. 6. de la ſect. 1. de l'Uſufruit.

### I X.

9. Cas où le poſ-
ſeſſeur de bonne-
foy reſtituë les
fruits.

Il y a des cas où le poſſeſſeur de bonne-foy eſt obligé
de rendre les fruits dont il a joüy. Ainſi, par exemple,
ſi de deux freres coheritiers de leur pere, l'un étant abſent , l'autre a joüy de tous les biens de la ſucceſſion,
croyant que ſon frere fût déja mort , il ſera tenu de luy
rendre , quand il reviendra , toute ſa part de la ſucceſſion
avec les joüiſſances. Et il en eſt de même entre tous autres coheritiers, ſoit ab inteſtat , ou par teſtament , lorſque l'un a joüy de la portion d'un autre *n*. Car le titre d'un
heritier ne luy donne droit qu'en ſa portion : & celle de
ſon coheritier s'augmente par les fruits qui en proviennent. Ainſi la bonne-foy de l'heritier qui joüit de tous
les biens de la ſucceſſion, renferme la condition que s'il
ſe trouve avoir un coheritier, il luy fera juſtice de ſa portion. Ce qui diſtingue la condition de cet heritier de
celle d'un autre poſſeſſeur de bonne-foy , que rien n'o-
blige à penſer qu'aucun autre que luy ait droit en ce
qu'il poſſede.

*n* Non eſt ambiguum , cùm familiæ ercifcundæ titulus inter bonæ fidei judicia numeretur, portionem hereditatis, ſi qua ad te pertinet , incremento
fructuum augeri. *l. 9. C. famil. ercifc.*

Coheredibus diviſionem inter ſe facientibus , juri abſentis & ignorantis minimè derogari, ac pro indiviſo portionem eam quæ initio ipſius fuit in omnibus
communibus rebus , eum retinere certiſſimum eſt. Unde portionem tuam cum
reditibus arbitrio familiæ ercifcundæ percipere potes : ex facta inter coheredes
diviſione nullum præjudicium timens. *l. 17. C. eod. l. 44. ff. eod.*

Fructus omnes augent hereditatem , ſive ante aditam, ſive poſt aditam hereditatem acceſſerint. *l. 20. §. 3. in f. ff. de hered. petit.* Fructibus augetur hereditas cùm ab eo poſſidetur a quo peti poteſt. *l. 2. C. de petit. hered.*

*Si celui qui ſe ſeroit trouvé ſeul à recueillir une ſucceſſion dont il ne paroiſſoit
point d'autres heritiers, en ayant joüy pendant pluſieurs années ; il ſurvenoit un
autre heritier en même degré , mais de qui la parenté étoit auparavant inconnuë : & que cet heritier qui auroit joüy de toute la ſucceſſion pendant ce long-
temps, ne pût rendre les fruits de la portion de ſon coheritier ſans être ruiné , ou
beaucoup incommodé ; il ſeroit de l'équité de moderer cette reſtitution par quelque
temperamment ſelon les circonſtances.*

## X.

Si un des affociez fe trouve avoir joüy d'un fonds commun à la focieté , quoyqu'il crût en être le maître, & que fa joüiffance fût de bonne-foy , il ne laiffera pas d'être obligé à la reftitution des fruits pour les portions de fes affociez o. Ainfi, par exemple, fi dans une focieté univerfelle de tous biens generalement, un des affociez à qui un parent ou un amy auroit fait un legs , ou une donation de quelque heritage, en avoit joüy en particulier , croyant par une erreur de droit que fes affociez n'y avoient aucune part , il fera tenu nonobftant fa bonne-foy , de leur rapporter leurs portions des fruits de cet heritage p , parce que leur focieté le rendant commun , le droit de cet affocié étoit reftreint à fa portion : & fa bonne-foy , qui n'avoit pour fondement qu'une erreur de droit , ne luy étoit pas un titre pour joüir des portions des autres q.

o In focietatibus fructus communicandi funt. *l. 38. §. 9. ff. de ufur.* Si tecum focietas mihi fit , & res ex focietate communes, quos fructus ex his rebus ceperis , me confecuturum , Proculus ait. *l. 38. §. 1. ff. pro focio.*

p *V. l'art. 4. de la Sect. 3. & l'art. 1. de la Société. V. cy-aprés dans l'art. 14. un autre cas où un poffeffeur de bonne-foy reftituë les fruits. V. l'art. 3. de la Sect. 3. de ceux qui reçoivent ce qui ne leur eft pas dû , & la remarque fur ce même article.*

q *V. l'art. 16. de la Sect. 1. des Vices des conventions.*

## XI.

La reftitution des fruits ne s'étend pas à toute leur valeur , mais il en faut deduire les dépenfes neceffaires pour joüir. Comme font les frais de la culture , & des femences ; & ceux qui font neceffaires pour recueillir les fruits , & les conferver. Et cette deduction eft accordée aux poffeffeurs même de mauvaife foy r , car ces dé-

r Hoc fructuum nomine continetur , quod juftis fumptibus deductis fupereft. *l. 1. C. de fruct. & lit. exp.* Fructus eos effe conftat , qui deducta impenfa fupererunt. *l. 7. ff. folut. matr.* Fructus intelliguntur deductis impenfis , quæ, quærendorum , cogendorum , confervandorfimque eorum gratia fiunt. Quod non folùm in bonæ fidei poffefforibus naturalis ratio expoftulat , verùm etiam in prædonibus. *l. 36. §. ult. ff. de hered. pet.*

*Cette deduction des dépenfes neceffaires pour joüir, eft de la même équité que la reftitution dûë à un poffeffeur des dépenfes utiles & neceffaires , qui ont été employées pour ameliorer le fonds, ou pour le conferver : & qu'on accorde auffi.*

penses étant neceſſaires, elles diminuent la valeur effective des revenus, qui ne conſiſte qu'en ce qui s'y trouve
de revenant bon.

*aux poſſeſſeurs même de mauvaiſe-foy qui ſont évincez.* Benignius eſt in hujus
quoque perſona ( prædonis ) haberi rationem impenſarum ( neceſſariarum &
utilium ) non enim debet petitor ex aliena jactura lucrum facere. *l.* 38. *ff. de
hered. petit.*
*V. l'art.* 16. *de la Sect.* 10. *du contract de Vente, & de la Sect.* 4. *de ceux qui
reçoivent ce qui ne leur eſt pas dû.*

## XII.

Quoy qu'en pluſieurs ſortes de revenus l'induſtrie de
celuy qui en a joüy y ait la plus grande part, ils ſont
propres à celuy qui eſt le maître du fonds d'où ils ont été
tirez : & la reſtitution ne luy en eſt pas moins dûë. Car
les cultures, les ſemences, & toute induſtrie neceſſaire
pour recuëillir des fruits, ou autres revenus ſuppoſent
le fonds qui doit les produire. Ainſi, c'eſt au droit ſur
ce fonds, qu'eſt attaché le droit de joüir : & le revenu
qui peut s'en tirer appartient à celuy qui en eſt le maître,
en déduiſant ſur la valeur de ce revenu celle des dépenſes neceſſaires pour la joüiſſance *ſ.*

*ſ* Omnis fructus non jure ſeminis, ſed jure ſoli percipitur. *l.* 25. *ff. de
uſur.*
In percipiendis fructibus magis corporis jus ex quo percipiuntur, quàm ſeminis ex quo oriuntur, aſpicitur. Et ideo nemo unquam dubitavit, quin ſi
in meo fundo frumentum tuum ſeverim, ſegetem & quod ex meſſibus collec-
tum fuerit, meum fieret. *d. l.* 25. §. 1.

## XIII.

Le poſſeſſeur de mauvaiſe-foy n'eſt pas ſeulement tenu
de la reſtitution des fruits dont il a joüy, mais ſi par ſon
abſence, ou ſa negligence & faute de culture, il a ceſſé
de joüir du fonds dont il étoit en poſſeſſion, ou s'il n'en
a tiré qu'une partie de ce que le fonds pouvoit produire étant cultivé ; il ſera tenu de la valeur des fruits
qu'un bon pere de famille auroit pû recuëillir *t.* Car le
maître auroit pû joüir de cette maniere. Mais à l'égard
d'un poſſeſſeur de bonne-foy qui doit rendre des fruits,
la reſtitution peut en être reglée differemment, ſelon
les circonſtances. Ainſi, un poſſeſſeur de qui la bonne-

*t* Fructus non modò percepti, ſed & qui percipi honeſtè potuerunt, æſti-
mandi ſunt. *l.* 33. *ff. de rei vindic.* V. l'art. 6, de la Sect. 3. de la Poſſeſſion.
*V. les textes citez ſur l'art.* 6.

12. *Les fruits ſont
au maître du fonds
non à celui qui ſe-
me & cultive.*

13. *Le poſſeſſeur de
mauvaiſe-foy doit
les fruits qui pou-
voient ſe tirer du
fonds.*

foy a été interrompuë par une demande , pourra être
comparé au poffeffeur de mauvaife-foy , & comdamné
de même , fi après la demande il a negligé la joüiffance,
ou s'il l'a diminuée faute de quelques reparations neceffaires & il en fera tenu , comme l'ayant fait en fraude
de la reftitution qu'il avoit à craindre. Mais celuy qui
doit rendre des fruits perçûs de bonne-foy avant la demande , comme dans les cas des articles 9. & 10me pourroit être excusé , fi par quelque défaut de reparations,
ou autre negligence , il n'avoit pas tiré d'un fonds
qu'il penfoit negliger impunément , s'en croyant le maître , ce qu'il auroit pû en tirer avec un plus grand
foin *.

*Quoique le texte cité fur cet article ne faffe pas de diftinction entre les
poffeffeurs de bonne-foy & ceux de mauvaife-foy ; il paroit jufte de les diftinguer
comme on l'a fait dans l'article.*

## XIV.

**14. L'heritier du
poffeffeur de mau-
vaife-foy fuccede à
fon engagement.**

Les heritiers des poffeffeurs de mauvaife-foy font tenus de la même reftitution que ceux à qui ils fuccedent,
car ils prennent leur place. Et comme ils en ont les
biens & les droits, ils en portent les charges : & ils entrent dans les mêmes engagemens , fans que la bonne-
foy où ils peuvent fe trouver faffe ceffer l'effet de la mauvaife-foy de ceux qu'ils reprefentent *.

*Heredis quoque fuccedentis in vitium , par habenda fortuna eft. l. 2. in f.
Ç. de fruct. & lit. exp.*

## XV.

**15. Eftimation
des fruits & au-
tres revenus année
par année.**

Dans la reftitution des revenus dont la valeur peut
s'augmenter ou diminuer d'une année à autre , foit qu'ils
confiftent en deniers , comme les loyers d'une maifon ,
une ferme d'un Moulin , d'un peage , & les autres femblables , ou que ce foient des fruits d'heritages , ou des
rentes en grains, & autres efpeces; on en liquide les arrerages fur le pied de ce que le fonds peut avoir produit &
de la valeur des efpeces , felon que les differences des
temps en changent le prix : ou cette liquidation fe fait
fuivant les baux , s'il y en a qui ne foient pas fufpects *.

*Quanti fuiffet eo die quo dari debuit. l. ult. ff. de condict. tritic. V. l'arti-
cle 17. de la Sect. 2. du contract de Vente.*

Par

*Par nôtre usage cette estimation se fait ainsi qu'il est reglé par les Ordon-*
*nances, dont voicy les termes.*

*En toutes matieres réelles, petitoires, & personelles intentées pour heritages &*
*choses immeubles s'il y a restitution de fruits, ils seront adjugez non seulement*
*depuis contestation en cause, mais aussi depuis le temps que le condamné a été*
*en demeure & mauvaise foy auparavant ladite contestation, selon toutesfois*
*l'estimation commune, qui se prendra sur l'extrait des registres des Greffes des*
*Jurisdictions ordinaires. Ordonnance de 1539. art. 94. En tous les Sieges de*
*nos Jurisdictions ordinaires, soit generaux ou particuliers, se fera rapport par*
*chacune semaine de la valeur & estimation commune de toutes especes de gros*
*fruits, comme bleds, vins, foins, & autres semblables &c. art. 102. & 103.*
*Et par l'extrait du registre des Greffes, & non autrement, se prouvera d'ores-*
*navant la valeur & estimation, desdits fruits, tant en execution d'Arrêts ou*
*Sentences, qu'en autres matieres, où il gist appretiation. art. 104. S'il y a con-*
*demnation de restitution de fruits par Sentence, jugement, ou Arrêt, ceux de la*
*derniere année seront délivrez en especes: Et quant à ceux des années prece-*
*dentes, la liquidation en sera faite eu égard aux quatre saisons & prix com-*
*mun de chacune année, si ce n'est qu'il en ait été autrement ordonné par le Ju-*
*ge, ou convenu entre les parties. Ordonnance de 1667. Tit. 30. article 1. V. les*
*autres articles de ce Titre 30.*

## XVI.

Quoyque la restitution de fruits ne s'entend commu- | 16. Restitution de
nément que des revenus des immeubles, comme il y a | revenus de choses
des choses mobiliaires qui produisent des revenus, on | mobiliaires.
peut y appliquer les mêmes regles, selon qu'elles peuvent y convenir, comme par exemple, aux revenus qui
proviennent des animaux, & au profit que peuvent tirer
des choses qui se loüent ceux qui en font commerce,
comme un tapissier d'un ameublement *z*.

*z Si vestimenta, aut scyphus petita sint, in fructu hæc numeranda esse,*
*quòd locata ea re, mercedis nomine capi potuerit. l. 19 ff. de usur.*

## XVII.

Quelque nombre d'années que la joüissance dont la | 17. Il n'est point
restitution doit être faite puisse avoir duré, quand ce | dû d'interêts des
seroit même contre un possesseur de mauvaise foy, il | fruits.
n'est dû que la simple estimation de cette joüissance,
sans aucun interêt de la valeur des fruits de chaque année. Mais s'il y a une demande de cet interêt, il sera
dû depuis la demande. Car la valeur de ces fruits, qui
font un bien effectif, tient lieu d'un capital *a*.

*a Neque eorum fructuum qui post litem contestatam, officio judicis, resti-*
*tuendi sunt, usuras præstari oportere: neque eorum qui prius percepti, quasi*
*malæ fidei possessori, condicuntur. l. 15. ff. de usur. Fructuum post heredita-*
*tem petitam perceptorum usuræ non præstantur. Diversa ratio est eorum qui*
*ante actionem hereditatis illatam percepti, hereditatem auxerunt. l. 51. §. 1.*

*ff. de hered. petit.* Paulus respondit, si in omnem causam conductionis etiam fidejussor se obligavit, eum quoque, exemplo coloni , tardius illatarum per
moram coloni pensionum præstare debere usuras. *l. 54. ff. locat.*

# TITRE VI.

## DES PREUVES
## & Presomptions, & du Serment.

Ce que c'est que<br>preuve.

ON appelle preuve ce qui persuade l'esprit d'une
verité, & comme il y a des veritez de diverses
sortes, il y a aussi de differentes especes de preuves. Il y a des veritez qui sont indépendantes du fait
des hommes & de toute sorte d'evenemens , qui sont
immuables & toûjours les mêmes. Ainsi , sans toucher
aux veritez divines de la Religion qui sont au dessus de
toute certitude par l'autorité de Dieu même qui nous les
revele, & qui nous les fait aimer & sentir, & encore par
d'autres differentes preuves d'une force infinie , dont il
ne s'agit pas de parler icy ; on a dans les Sciences la connoissance d'un grand nombre de veritez sûres & immuables. Mais il y en a d'autres qu'on appelle des veritez de fait, c'est à dire , de ce qui a été fait , de ce qui
est arrivé, comme par exemple, qu'un homme a commis un vol ou un homicide, qu'un testament est faux,
que dans un incendie une chose qu'on en avoit tirée a
été déposée entre les mains d'un voisin qui nie le dépôt, qu'un possesseur d'un fonds en a joüy pendant dix
ou vingt ou trente ans, & une infinité d'autres de plusieurs natures.

Ce que c'est que<br>la verité.

Il y a cela de commun à toutes les differentes sortes
de veritez, que *la verité n'est autre chose que ce qui est*
& connoître une verité c'est simplement sçavoir si une
chose est ou n'est pas, si elle est telle qu'on dit, ou si elle
est differente. Mais les preuves qui conduisent à la connoissance des veritez dans les faits sont bien differentes

Differentes sortes<br>de preuves.

de celles qui établissent les veritez qu'on enseigne dans les sciences. Car dans les sciences toutes les veritez qu'on peut y connoître, ont leur nature fixe & immuable, & sont toûjours les mêmes necessairement, & indépendemment du fait des hommes, & de toute sorte de changemens. Ainsi, les preuves de ces veritez se tirent de leur nature même, & on les connoît ou par leur propre évidence, si ce sont des premiers principes, & des veritez claires par elles-mêmes : ou si elles dépendent d'autres veritez, leurs preuves consistent dans l'enchaînement qui les lie entr'elles, & qui les fait connoître les unes par les autres, selon qu'elles sont des suites necessaires les unes des autres. Mais dans les faits qui pouvoient arriver ou n'arriver point, comme dépendans de causes dont les effets sont incertains, ce n'est pas par des principes sûrs & immuables, d'où dépendît ce qui est arrivé, qu'on peut le connoître, mais il faut venir à des preuves d'une autre nature : & c'est par d'autres voyes qu'il faut découvrir cette sorte de veritez. Ainsi, par exemple, si un homme a été tué sur un grand chemin, étant seul la nuit, la verité de la cause de cet homicide, & la question de sçavoir qui a tué cet homme, ne dépendra pas de principes sûrs dont l'évidence fasse connoître precisément l'auteur de ce crime, avec une certitude de la nature de celle que produisent les demonstrations dans les sciences. Et il pourra même se faire qu'il soit impossible de le sçavoir. Mais si on le découvre ce ne sera que par des preuves qu'on pourra tirer des circonstances qui se trouveront liées à ce crime, & qui dépendront d'évenemens arrivez par des cas fortuits, comme la rencontre de quelques témoins, & ce qu'il pourra y avoir d'indices, de conjectures, de presomptions. Et quand même il se trouveroit deux témoins contre qui il ne paroîtroit point de juste reproche, qui diroient qu'ils ont vû le meurtrier qu'ils connoissent poignardant cet homme, la certitude d'une telle preuve est d'un autre genre que celle de la verité d'une proposition évidemment prouvée dans une science, & n'a pas le caractere

Xx ij

d'une demonstration; parce qu'il n'est pas impossible
que deux témoins se trompent, ou que même ils veüillent tromper. Mais cette preuve n'a sa force que sur ce
qu'on presume de leur bon sens qu'ils ne se font pas trompez, & de leur probité qu'ils ne trompent point. Ainsi,
cette preuve ne semble en effet fondée que sur des presomptions. Cependant ces presomptions de la verité du
témoignage de deux personnes sont telles que la Loy divine & les Loix humaines ont voulu qu'elles tiennent
lieu d'une preuve sûre, lorsque les dépositions sont conformes, & qu'il n'y a point de reproches contre les témoins. Et quoyqu'il soit vray que cette espece de preuve n'ait pas le caractere de la certitude d'une demonstration, parce qu'elle est d'un genre tout different; elle
ne laisse pas d'avoir une autre sorte de certitude qui persuade parfaitement, lorsque la fidelité des témoins est
bien reconnuë; parce que cette preuve a son fondement dans la certitude d'une verité qui est un principe
sûr, & qui se tire de la nature même de l'homme & des
causes qui le font agir. Selon ce principe il est certain
que deux personnes qui ont de la raison, & qui ne l'ont
pas alterée par quelque impression de haine, de ven-
geance, d'interêt ou de quelque autre passion, ne sçauroient convenir de porter un faux témoignage en Justice, & avec serment. Et on peut conclurre sûrement
des principes naturels de nos actions, que des témoins
qui jurent qu'ils ne diront que la verité la disent en effet, si rien ne change en eux l'ordre naturel. Et quoy-
qu'il soit vray que les Juges ne peuvent pas s'asûrer
toûjours que les témoins soient sinceres, & qu'ils dépo-
sent sans interêt & sans passion, & que souvent même il
y ait de faux témoins, il seroit également injuste & ab-
surde de n'en croire aucun, parce qu'on ne peut pas
s'asûrer de tous qu'ils ne mentent point. Et c'est assez
pour rendre juste la regle qui veut que deux témoins
fassent une preuve, qu'il soit vray en general que c'est
l'ordre naturel que les hommes disent la verité qui leur
est connuë, lorsqu'ils ne pourroient y manquer sans faire

un parjure : & qu'en particulier dans les témoignages on ne voye aucune raison qui fasse douter de la fidelité de ceux qui sont produits pour témoins , car on juge par là , que c'est la verité qu'ils ont declarée.

Ce même principe des consequences qu'on peut tirer des causes naturelles qui nous font agir , fournit encore d'autres differentes preuves des faits par la liaison qui se trouve entre ces causes & leurs effets. Ainsi Salomon fonda son jugement entre les deux femmes, sur le discernement qu'il fit de la mere, par le mouvement & le trouble qu'il avoit prevû que causeroit en elle l'amour maternel à la vûë du peril où il feignit d'exposer l'enfant.

On peut remarquer sur la nature des preuves & des faits dans cet exemple & dans celuy de la preuve par deux témoins , & on verra aussi dans toutes les autres especes de preuves des faits, qu'encore qu'elles soient differentes de celles qu'on peut avoir d'une verité dans une science, il y a toûjours cela de commun à toutes les especes de preuves en general , que leur force consiste dans la consequence certaine qu'on peut tirer de quelque verité connuë pour en conclurre celle dont on cherche la preuve ; soit qu'on tire une consequence d'une cause à son effet ; ou d'un effet à sa cause , ou de la connexité d'une chose à une autre.

On a fait icy ces remarques pour faire voir par ces principes des preuves, que dans toutes les questions où il s'agit de sçavoir si un fait est prouvé, ou s'il ne l'est pas , il faut en juger par la certitude du fondement sur lequel on établit la preuve, & par la liaison que peut avoir à ce fondement le fait qu'il faut prouver. Et comme il arrive tres-souvent ou que ce fondement n'est pas bien sûr , ou que le fait dont il s'agit n'y est pas lié necessairement, on ne trouve alors au lieu de preuves que des conjectures qui ne suffisent pas pour établir une preuve sûre de la verité. Ainsi, par exemple, si quelques jours après une querelle entre deux personnes, l'un se trouve tué, & qu'il n'y ait contre l'autre aucune preuve que la circonstance seule de cette querelle , on

X x iij

ne pourra pas en conclurre avec certitude que cette personne ait commis ce crime. Car outre que les inimitiez
& les querelles ne vont qu'assés rarement à de tels ex-
cés ; cet homicide peut avoir eu plusieurs autres causes.
De sorte que comme il n'y a pas une liaison necessaire
de cette mort à cette querelle, cette circonstance ne
suffira pas seule pour fonder une condemnation : & ne
pourra que former une conjecture.

*Deux sortes de presomptions.* On peut juger par ces remarques qu'il y a deux sortes
de presomptions. Quelques-unes qui se tirent par une
consequence necessaire d'un principe sûr, & quand ces
sortes de presomptions sont si fortes qu'on peut en conclurre la certitude du fait qu'il faut prouver, sans laisser aucun lieu de doute, on leur donne le nom de preuves, parce qu'elles en ont l'effet, & qu'elles établissent
la verité du fait qui étoit contesté. Les autres presomptions sont toutes celles qui ne forment que des conjectures sans certitude, soit qu'elles ne se tirent que d'un
fondement incertain, ou que la consequence qu'on tire
d'une verité certaine ne soit pas bien sûre.

C'est à cause de la difference entre ces deux sortes de
presomptions que les Loix en ont établi quelques-unes
en force de preuves, & qu'elles n'ont pas laissé aux
Juges la liberté de ne les considerer que comme de simples conjectures ; parce qu'en effet ces sortes de presomptions sont telles qu'on y voit une liaison necessaire de la
verité du fait qu'il faut prouver avec la certitude des
faits d'où elles suivent. Ainsi, par exemple, un Edit de
Henry II. a reglé, que si une femme ayant celé sa grossesse, & la naissance de son enfant, sans en avoir pris
un témoignage suffisant, il se trouve que l'enfant ait
été privé du Baptême, & de la sepulture publique, elle
soit reputée avoir fait mourir son enfant ; & punie de
mort [a]. Et il y a d'autres sortes de presomptions que
les Loix veulent qu'on tienne pour des preuves certaines ; de sorte qu'il faut bien prendre garde de ne pas

[a] V. l'Edit de Henry II. de 1556. des femmes qui ont celé leur grossesse,
V. l. 34. C. ad leg. jul. de adult.

distinguer tellement le sens de ce mot de presomptions de celuy de preuves, qu'on ne prenne jamais pour preuves des presomptions, puisqu'il y en a de telles qu'elles suffisent pour former la preuve d'un fait. Mais au lieu que le mot de preuve se prend pour une parfaite conviction, le mot de presomption a son étenduë à toutes les consequences qu'on peut tirer des divers moyens qui peuvent servir à la preuve d'un fait, soit que ces consequences aillent jusqu'à l'évidence qui peut faire une preuve entiere, ou qu'elles laissent de l'incertitude.

On a crû necessaire de faire icy ces reflexions sur la nature des preuves & des presomptions, pour établir les principes des regles de cette matiere, & pour découvrir les causes naturelles de ce qui peut établir la certitude des veritez de fait. Car c'est par ces principes qu'on peut juger de la force, ou de la foiblesse des moyens dont les parties se servent pour la preuve d'un fait. Il ne reste que de distinguer les differentes manieres dont on prouve les faits, & on peut les reduire à cinq especes. L'écrit, Les témoins, Les presomptions, La confession des parties, Et le serment. Ces cinq especes feront la matiere d'autant de Sections. Et parce qu'il y a des regles communes à toutes les sortes de preuves, on expliquera dans une premiere Section ces regles communes.

On ne comprendra pas dans ces regles, celles qui ne regardent que les procedures qui se font en Justice dans la matiere des preuves, comme sont les formalitez qu'il faut observer pour la verification des écritures privées; pour ouïr les témoins dans les informations, & dans les enquêtes, prendre leur serment, rediger leurs depositions, recevoir les reproches que peuvent donner contre les témoins ceux contre qui on les fait ouïr : la forme de faire interroger les parties sur des faits, de recevoir le serment deferé à une partie, & les autres differentes procedures, soit en matiere civile, ou dans les crimes. Car toutes ces choses étant de l'ordre judiciaire, ne sont pas de ce lieu, & sont reglées par les Ordonnances, la plûpart autrement qu'elles ne l'étoient dans le Droit

Romain. Et on n'expliquera icy que les regles effentiel-
les qui regardent la nature & l'ufage des diverfes fortes de preuves, & de prefomptions.

# SECTION I.

## Des preuves en general.

### SOMMAIRES.

1. Définition des preuves.
2. Preuves de deux fortes.
3. Faits qui n'ont pas befoin de preuve.
4. Celuy qui avance un fait doit le prouver.
5. Le défendeur doit prouver les faits qui fondent fes défenfes.
6. Chaque partie peut de fa part prouver le contraire des faits de l'autre.
7. Liberté reciproque d'al-

leguer des faits & de les prouver.
8. Pourvû que ces faits regardent l'affaire.
9. La chofe jugée tient lieu de verité.
10. L'effet des preuves dépend de la prudence du Juge.
11. Dans les preuves, il faut examiner 1º. Si elles font dans les formes.
12. 2º. Si elles font con- cluantes.

## I.

*1. Définition des preuves.*

ON appelle preuves en Juftice, les manieres reglées par les Loix pour découvrir, & pour établir avec certitude la verité d'un fait contefté *a*.

*a* Ut quod actum eft facilius probari poffit. l. 4. ff. de fid. inftr. Ad fidem rei geftæ faciendam. l. 11. ff. de teftib.

## II.

*2. Preuves de deux fortes.*

Il y a deux fortes de preuves, celles que les Loix veu- lent qu'on tienne pour sûres, & celles dont elles laiffent l'effet à la prudence des Juges. Ainfi les Loix veulent qu'on prenne pour une preuve sûre d'un crime ou d'un autre fait les dépofitions conformes des témoins non reprochez, & qui foient au nombre qu'elles ont reglé. Ainfi elles établiffent pour une preuve certaine d'une convention

convention, si le contract est signé par les parties, ou
lors que les parties n'ont pû signer, ou ne l'ont pas sçû,
s'il est signé ou par un Notaire & deux temoins, ou par
deux Notaires sans temoins, selon les differens usages
des lieux. Mais lorsqu'il n'y a que des presomptions, des
indices, des conjectures, des temoignages imparfaits,
ou d'autres sortes de preuves que les Loix n'ont pas ordonné que l'on tint pour sûres, elles laissent à la prudence des Juges de discerner ce qui peut tenir lieu de preuves,
& ce qui ne doit pas avoir cet effet *b*.

*b V. l'art. 5. de la Sect. 4.*

### III.

L'usage des preuves ne regarde pas les faits qui sont
naturellement certains, & dont la verité est toûjours
presumée si le contraire n'est prouvé ; Mais il regarde
seulement les faits incertains, & dont la verité n'est pas
presumée si elle n'est prouvée. Ainsi, par exemple, celuy qui demande une succession, ou un legs en vertu
d'un testament, n'a pas besoin de prouver, que le testateur n'étoit pas insensé, pour en conclurre la validité
du testament. Car il est naturellement presumé que chacun a l'usage de la raison. Mais l'heritier du sang qui
pour annuller le testament allegue la demence du testateur, doit prouver ce fait. Ainsi celuy qui veut se faire
relever d'une obligation se pretendant mineur, doit prouver son âge *c*. Ainsi celuy qui dit qu'il est proprietaire
d'un fonds qu'un autre possede, doit en faire preuve *d*.

*c Cùm te minorem vigintiquinque annis esse proponas ; adire præsidem
provinciæ debes, & de ea ætate probare. l. 9. C. de probat.*
*d Possessiones, quas ad te pertinere dicis, more judiciorum prosequere. Non
enim possessori incumbit necessitas probandi eas ad se pertinere, cùm te in probatione cessante, dominium apud eum remaneat. l. 2. C. de probat.*
*V. l'art. 7. de la Sect. 4.*

### IV.

Il s'ensuit de la regle precedente que dans tous les
cas d'un fait contesté, s'il est tel qu'il soit necessaire d'en
faire la preuve, c'est toûjours celuy qui l'avance qui doit
le prouver. Ainsi tous ceux qui font des demandes dont
quelque fait est le fondement, doivent en établir la

*3. Faits qui n'ont
pas besoin de preu-
ves.*

*4. Celuy qui a-
vance un fait doit
le prouver.*

verité, s'il est contesté. Ainsi celuy qui demande un legs
porté par un codicile doit en justifier. Ce qui fait qu'on
dit communément que c'est au demandeur à prouver
son fait *e*.

*e* Semper necessitas probandi incumbit illi qui agit. *l.* 21. *ff. de probat.*
Ei incumbit probatio qui dicit, non qui negat. *l.* 2. *eod.*
Actore non probante, qui convenitur, etsi nihil ipse præstat, obtinebit. *l.* 4.
*in f. C. de edendo.*
*V. l'art.* 7. *de la Sect.* 4.

## V.

*5. Le défendeur doit prouver les faits qui fondent ses défenses.*

Comme ceux qui font des demandes sont obligez de
faire la preuve des faits qu'ils alleguent pour les fonder;
si les défendeurs de leur part alleguent des faits dont ils
se servent pour le fondement de leurs défenses, ils doivent les prouver. Ainsi un debiteur qui reconnoissant la
dette allegue un payement, doit en faire preuve. Et
quoyqu'il soit défendeur, il est consideré à l'égard de ce
fait comme demandeur *f*.

*f* In exceptionibus dicendum est, reum partibus actoris fungi oportere. Ip-
símque exceptionem, velut intentionem implere: ut putà si pacti conventi exceptione utatur, docere debet pactum conventum factum esse. *l.* 19. *ff. de probat.*
Nam reus in exceptione actor est. *l.* 1. *ff. de except. præsc. & præjud.* Ut
creditor qui pecuniam petit numeratam, implere cogitur, ita rursum debitor
qui solutam affirmat, ejus rei probationem præstare debet. *l.* 1. *C. de probat.*

## VI.

*6. Chaque partie peut de sa part prouver le contraire des faits de l'autre.*

Quoyque celuy contre qui on allegue un fait qu'il faut
prouver ne soit pas obligé de sa part à prouver le contraire *g*, il peut neanmoins, si bon luy semble, pour
mieux établir son droit, prouver la verité du fait oppo-
sé *h*.

*g* Frustra veremini ne ab eo qui lite pulsatur, probatio exigatur. *l.* 8. *C. de
prob.*
*h* Si quis fiducia ingenuitatis suæ ultrò in se suscipiat probationes . . . . . . non
ab re esse opinor, morem ei geri probandi se ingenuum. *l.* 14. *ff. de probat.*

## VII.

*7. Liberté reci-proque des parties d'alleguer des faits, & de les prouver.*

Il est également libre au demandeur, & au defendeur
d'alleguer les faits qui peuvent servir à fonder leur droit.
Et chacun est reçû tant à prouver les faits qu'il allegue,
qu'à prouver le contraire des faits de sa partie *i*.

*i* C'est une suite des articles precedens. V. l'art. suivant.

## VIII.

La liberté d'alleguer & de prouver des faits ne s'étend pas à toute forte de faits indiftinctement, mais le Juge ne doit recevoir la preuve que de ceux qu'on appelle pertinens, c'eft à dire, dont on peut tirer des conféquences qui fervent à établir le droit de celuy qui allegue ces faits: & il doit au contraire rejetter ceux dont la preuve, quand ils feroient veritables, feroit inutile. Ainfi par exemple, celuy qui pretendroit évincer l'acquereur d'un fonds croyant en être proprietaire, parce qu'il luy auroit prêté le prix de l'acquifition, demanderoit inutilement d'être reçû à prouver ce fait, & cette preuve ne feroit d'aucun ufage à fa pretenfion, puifque le fonds n'eft pas acquis en propre à celuy qui en fournit le prix à l'acquereur *l*.

*l* Jure competenti prædiorum, quæ in quæftionem veniunt, dominium ad te oftende pertinere. Nam res vindicantem ab emptore, fuos numeratos nummos afleverantem erga probationem laborare non convenit: fi quidem hujufmodi licet probetur factum, tamen intentioni nullum præbet adminiculum. *l. 21. C. de probat.* V. l'art. 4. de la Sect. 5.

## IX.

Les chofes jugées tiennent lieu de la verité à l'égard de ceux avec qui elles font jugées, s'ils n'ont appellé, ou s'il ne peut point y avoir d'appel. Ainfi, par exemple, fi entre deux freres l'un qui pretendoit part en la fucceffion de leur pere a été declaré par un Arreft, Religieux Profés, ce fait fera tenu pour vray, & bien prouvé: & il fera incapable d'avoir part en la fucceffion *m*. Mais les faits jugez avec d'autres que ceux qui les conteftent, font indécis à leur égard, & il faut les prouver; car ils pourroient avoir des raifons qui n'auroient pas été alleguées *n*.

*m* Res judicata pro veritate accipitur. *l. 207. ff. de reg. jur.*
*n* Sepe conftitutum eft res inter alios judicatas, aliis non præjudicare. *l. 63. ff. de re jud. Tot. tit. C. quib. res jud. non noc. & tit. C. inter al. act. vel jud. al. n. noc.*

## X.

Dans toutes les efpeces de preuves foit par témoins, ou par écrit, ou par d'autres voyes, la queftion de fçavoir fi un fait eft prouvé, ou s'il ne l'eft point, depend toujoûrs de la prudence du Juge, qui doit difcerner fi

Y y ij

les temoignages, ou les autres fortes de preuves font fuffifantes, ou ne le font point *. Ce qui renferme deux fortes de difcuffion qui feront expliquées dans les deux articles fuivans.

*o* Quæ argumenta ad quem modum probandæ cuique rei fufficiant, nullo certo modo fatis definiri poteft. *l. 3. §. 2. ff. de teftib.* Hoc ergo folum tibi refcribere poffum fummatim, non utique ad unam probationis fpeciem, cognitionem ftatim alligari debere, fed ex fententia animi tui te æftimare oportere, quid aut credas, aut parum probatum tibi opinaris. *d. §. in fine.*

## XI.

11. *Dans les preuves il faut examiner 10. Si elles font dans les formes.*

Le premier examen que doit faire un Juge, pour connoître quel doit être l'effet d'une preuve, & quel égard on doit y avoir, eft celuy des formalitez, c'eft à dire, fi elle eft dans l'ordre prefcrit par les Loix. Ainfi dans les cas où les preuves par témoins peuvent être reçûës, il faut examiner s'ils font au nombre que la Loy demande, s'ils ont été oüis par leur bouche, s'il n'y a point de caufe qui rende leur témoignage fufpect, s'ils ont été affignez, s'ils ont prêté le ferment, & enfin fi leurs depofitions font accompagnées de toutes les formalitez que demandent les Loix *p*. Ainfi quand c'eft par un écrit qu'on pretend faire la preuve d'un fait, il faut examiner fi c'eft un original ou une copie, fi c'eft un acte pardevant Notaires, & dont la datte foit fûre, ou s'il eft feulement fous feing privé, & qu'on ait pû dater comme on a voulu : & fi l'acte eft dans les formes qui doivent le rendre authentique, & tel qu'il ferve de preuve *q*.

*p* Si teftes omnes ejufdem honeftatis, & exiftimationis fint. *l. 21. §. 3. ff. de teftib. v. l. 3. eod.*
Divus Hadrianus Junio Rufino Proconfuli Macedoniæ refcripfit, teftibus fe, non teftimoniis crediturum. *l. 3. §. 3. ff. de teftib.* V. la Sect. 3.

*q* Non ex indice & exemplo alicujus fcripturæ, fed ex authentico. *l. 2. ff. de fide inftr.* V. la Sect. 2.

## XII.

12. 20. *Si elles font concluantes.*

Le fecond examen des preuves confifte à difcerner ce qui en refulte pour établir la verité des faits qu'il falloit prouver foit par des témoins, ou par écrit, ou autrement. Ainfi, pour les depofitions des témoins, le Juge examine fi les faits dont ils depofent font les mêmes qu'on devoit prouver, ou fi ce font d'autres faits dont on puiffe tirer des confequences fûres de la verité des

faits conteftez : Si les témoignages font conformes les
uns aux autres, ou fi fe trouvant differens, la diverfité
peut fe concilier pour former la preuve, ou fi elle laiffe
la chofe incertaine : Si la multitude des témoins ne laiffe
aucun doute : Si entre plufieurs témoins qui depofent
differemment, la probité & l'autorité de quelques uns
donne plus de poids à leur témoignage : S'il n'y a point
de variation dans une depofition : Si les faits font confirmez par une notorieté publique, & un bruit commun
dans les cas où ces circonftances peuvent être confide-
rées : Si quelques témoins font fufpects de favorifer une
des parties, ou de vouloir luy nuire. Ainfi dans les preuves écrites, & dans toutes les autres efpeces de preuves
il eft de la prudence du Juge de difcerner ce qui peut
fuffire pour établir la verité d'un fait, & ce qui laiffe
dans l'incertitude : De confiderer le rapport & la liaifon que peuvent avoir les faits qui refultent des preuves avec ceux dont on cherche la verité : D'examiner
fi les preuves font concluantes, ou fi ce font feulement
des conjectures, des indices, des prefomptions, & quel
égard on doit y avoir : Et enfin dejuger de l'effet des
preuves par toutes les differentes vûës que peut donner
la connoiffance des regles jointe aux reflexions fur les faits
& les circonftances *r*.

*r* Quæ argumenta ad quem modum probandæ cuique rei fufficiant, nullo
certo modo fatis definiri poteft. Sicut non femper, ita fepe, fine publicis monumentis cujufque rei veritas deprehenditur, alias numerus teftium, alias dignitas & auctoritas, alias veluti confentiens fama confirmat rei, de qua quæritur, fidem. Hoc ergo folum tibi refcribere poffum fummatim non utique ad
unam probationis fpeciem, cognitionem ftatim alligari debere, fed ex fententia animi tui te æftimare oportere; quid aut credas, aut parum probatum tibi opinaris. *l.* 3. §. 2. *ff. de teftib.*
In teftimoniis dignitas, fides, mores, gravitas examinanda eft, & ideo teftes qui adverfus fidem fuam teftationis vacillant, audiendi non funt. *l.* 2. *ff. de
teftib.* Si teftes omnes ejufdem honeftatis & exiftimationis fint, negotii qualitas, ac judicis motus cum his concurrit, fequenda funt omnia teftimonia. Si
vero ex his quidam eorum aliud dixerint, licet impati numero, credendum
eft. Sed quod naturę negotii convenit, & quod inimicitiæ, aut gratiæ fufpicione caret. Confirmabitque judex motum animi fui, ex argumentis & teftimoniis, & quę rei aptiora, & vero proximiora effe compererit. Non enim ad
multitudinem refpici oportet, fed ad finceram teftimoniorum fidem, & teftimonia quibus potius lux veritatis affiftit. *l.* 21. §. 3. *ff. de teftib.*
Indicia certa, quæ jure non refpuuntur, non minorem probationis, quàm
inftrumenta, continent fidem. *l.* 19. C. *de rei vindic.*

# SECTION II.

## Des preuves par écrit.

LA force des preuves par écrit, confiste en ce que les hommes font convenus de conserver par l'écriture le souvenir des choses qui se font passées, & dont ils ont voulu faire subsister la memoire, soit pour s'en faire des regles, ou pour y avoir une preuve perpetuelle de la verité de ce qu'on écrit. Ainsi on écrit les conventions pour conserver la memoire de ce qu'on s'est prescrit en contractant, & pour se faire une loy fixe, & immuable de ce qui a été convenu. Ainsi on écrit les testamens, pour faire subsister le souvenir de ce qu'a ordonné celuy qui avoit le droit de disposer de ses biens; & en faire une regle à son heritier, & à ses legataires. Ainsi on écrit les Sentences, les Arrests, les Edits, les Ordonnances, & tout ce qui doit tenir lieu de Titre ou de Loy. Ainsi on écrit dans des Registres publics les Mariages, les Batêmes, les Actes qui doivent être insinuez, & on fait d'autres semblables Registres pour avoir un dépôt public & perpetuel de la verité des Actes qu'on y enregistre.

Le contract écrit est donc une preuve des engagemens de ceux qui ont contracté, & le testament écrit est une preuve de la volonté de celuy qui l'a fait. Et ces preuves tiennent lieu de la verité aux personnes qu'elles regardent. Ainsi, un contract écrit sert de preuve contre les contractans, contre leurs heritiers, & contre tous ceux qui les representent, & qui succedent à leurs engagemens. Ainsi, un testament prouve la verité des dispositions du testateur, & oblige les heritiers, & les legataires à l'executer.

Il est facile de comprendre quelle a été la necessité de l'usage de l'Ecriture pour conserver le souvenir des conventions des testamens, & des autres Actes de toute nature, & qu'il ne peut y en avoir de meilleure preuve, puisque l'écrit conserve invariablement ce qu'on y

confie, & qu'il exprime l'intention des personnes par
leur propre témoignage. Mais comme toutes les personnes n'ont pas l'usage de l'Ecriture, on a étably pour
ceux qui l'ignorent des officiers publics qui sont les Notaires, dont la fonction est telle que les Actes signez ou
de deux Notaires, ou d'un Notaire & des témoins, selon les differens usages des lieux, font une preuve legitime de la verité de ce qui est écrit entre les personnes
qui ne sçavent ny écrire ny lire. Et pour ce qui est des
personnes qui sçavent écrire, leur seing sans Notaire
fait aussi une preuve de la verité de ce qui est écrit; mais
avec cette difference entre les Actes écrits sans Notaire
qu'on appelle écritures privées, & ceux qui sont signez
par des Notaires, que ceux-cy font preuve en justice, &
prouvent deux faits. L'un que l'Acte a été passé entre
les personnes qui y sont dénommées, dans le temps, &
dans le lieu qu'on y a marqué: Et l'autre que leurs intentions y sont expliquées. Et l'autorité de cette preuve est
fondée sur la fonction publique des Notaires établis
pour cet usage de rendre autentiques les Actes qu'ils si-
gnent. Mais les écritures privées ne prouvent pas même
par qui elles sont écrites, & il faut les verifier, c'est à
dire, prouver par qui elles sont signées.

La facilité d'écrire les conventions, & les inconveniens infinis de recevoir la preuve de celles qui ne sont
pas écrites, comme on la recevoit dans le Droit Romain, ont été les motifs des Ordonnances qui ont défendu de recevoir d'autres preuves que l'écrit pour les
conventions, lorsqu'il s'agit de plus de cent livres,
comme il a été remarqué en un autre lieu *a*. Et c'est par
cette même raison que les Ordonnances ont voulu qu'il
fût fait des Registres publics des Batêmes, des Mariages, des Morts & Sepultures, de la Promotion aux Ordres, du Vœu monacal, afin qu'on puisse avoir aisé-

---

*a* V. la remarque sur l'art. 12. de la Sect. 1. des Conventions en general. Il
faut remarquer sur cette défense des Ordonnances de recevoir la preuve par
témoins des conventions, qu'elle ne s'étend pas au dépôt necessaire, ni à d'autres cas expliquez dans les articles 3. & 4. du Titre 20. de l'Ordonnance du mois
d'Avril 1667.

ment par ces Regiſtres une preuve ſûre de ces ſortes de faits *b*. Ce qui n'empêche pas qu'en cas que ces Regiſ-tres viennent à ſe perdre, on ne ſoit reçû à l'uſage des autres eſpeces de preuves *c*.

*b* Ordonnance de 1539. art. 50. & 51. de Blois, art. 181. de Moulins, art. 55. Declaration de Juillet 1566. art. 11. Ordonnance de 1667. Tit. 20. art. 7. 8. & 15.

*c* Ordonnance de 1667. Tit. 20. art. 14. Ætas probatur aut ex nativitatis ſcriptura, aut aliis demonſtrationibus legitimis. *l.* 2. §. 1. ff. de excuſ.

## SOMMAIRES.

1. Quelles ſont les preuves écrites.
2. Uſage de ces preuves.
3. Les preuves écrites ſont les plus fortes.
4. On ne reçoit pas de preu-ves contre l'écrit.
5. Si ce n'eſt qu'il ſoit pre-tendu faux.
6. Les Actes écrits ne font preuve que quand ils ſont dans les formes.
7. On ne recevroit pas les té-moins d'un Acte écrit à dire le contraire.
8. Les Actes écrits ne prou-vent que contre ceux qui y

ſont parties.
9. Perſonne ne peut ſe faire un titre à ſoy-même.
10. C'eſt par les originaux des Actes qu'on doit voir les preuves.
11. Cas où les copies, & auſſi d'autres preuves peuvent ſervir au défaut des ori-ginaux.
12. Enonciation d'un Acte dans un autre.
13. Actes contraires.
14. Contrelettres.
15. Les contrelettres ne peu-vent nuire aux tierces per-ſonnes.

## I.

*1. Quelles ſont les preuves écrites.*

LEs preuves par écrit ſont celles qu'on tire de quel-que Acte écrit, comme d'un contract, d'un teſta-ment, ou autre qui contienne la verité du fait dont il s'agit *a*.

*a* Quibus cauſa inſtrui poteſt. *l.* 1. ff. de fide inſtr.

## II.

*2. Uſage de ces preuves.*

On redige par écrit les conventions, les teſtamens, & les autres Actes, pour conſerver la preuve de ce qui a été

été fait., par le témoignage des personnes mêmes qui y expriment leurs intentions[b].

*b* Fiunt scripturæ, ut quod actum est, per eas facilius probari possit. *l.* 4. *ff. de fide instr.* l. 4. *ff. de pignor.*

*Les Actes écrits sont de plusieurs sortes, & on peut les reduire à quatre espe-ces. Les écritures privées, les Actes pardevant des Notaires, ceux qui se pas-sent en Justice comme la nomination d'un Tuteur, & ceux qui se font parde-vant d'autres personnes publiques, comme la benediction nuptiale devant le Cu-ré, la promotion aux ordres, & autres dont on tient des Registres publics.*

### III.

Les preuves par écrit ayant leur fermeté par un té-moignage que les personnes qui font les Actes rendent contre eux-mêmes, & un témoignage qui est immua-ble; il ne peut y avoir de meilleures preuves de ce qui s'est passé entr'eux, que ce qu'ils en ont eux-mêmes ex-primé[c].

*c* Generaliter sancimus, ut si quid scriptis cautum fuerit pro quibuscunque pecuniis ex antecedénte causa descendentibus, eamque causam specialiter pro-missor edixerit: non jam ei licentia sit causæ probationem stipulatorem exige-re: cùm suis confessionibus acquiescere debeat. *l.* 13. *C. de non num. pecu.*

*3. Les preuves écrites sont les plus fortes.*

### IV.

Cette fermeté des preuves écrites fait qu'on ne re-çoit pas de preuves contraires par des témoins[d]. Ainsi, celuy qui contesteroit un testament en bonne forme, pretendant prouver par des témoins, ou que le testa-teur auroit changé de volonté, ou que son intention étoit autre, n'y seroit pas reçû, ny celuy qui voudroit prouver par des témoins qu'il n'auroit pas reçû une somme dont il auroit signé la quittance.

*d* Contra scriptum testimonium, non scriptum testimonium non fertur. *l.* 1. *C. de testib.*

Census & monumenta publica potiora testibus esse, senatus censuit. *l.* 10. *ff. de probat.* V. l'article 13. cy-après, & les remarques à la fin du preambule de cette Section.

*4. On ne reçoit pas de preuves con-tre l'écrit.*

### V.

Il ne faut pas étendre la regle expliquée dans l'article precedent aux cas où l'on revoque en doute la foy d'un Acte, comme si on pretend qu'il soit faux, ou qu'il ait été fait par l'impression d'une crainte & d'une violence qui le rendent nul. Car la preuve qu'on tire d'un Acte écrit n'a pour fondement que la fidelité du témoigna-

*5. Si ce n'est qu'il soit pretendu faux.*

ge que donne l'écrit de la verité de ce qu'il contient, & lorsqu'on donne atteinte à cette fidelité, l'écrit perd sa force. Ainsi, celuy qui pretend prouver qu'on a contrefait son seing dans un écrit qui paroît signé de luy, doit être reçû à prouver ce fait *e*. Ainsi, celuy qui pretend qu'on l'a fait obliger par force & par violence, peut en faire preuve *f*. Et il en seroit de même dans tous les cas où l'Acte écrit seroit debatu par quelque vice qui pourroit l'annuller, comme par quelque dol, ou par quelque erreur qui pussent avoir cet effet *g*. Ou si c'étoit un Acte simulé pour faire une fraude, comme une disposition faite au profit d'une personne interposée pour faire passer quelque liberalité à une autre personne à qui la loy défendroit de donner, ou pour luy acquerir une chose dont le commerce luy seroit defendu *h*.

*e* Quid sit falsum quæritur, & videtur id esse, si quis alienum chirographum imitetur. *l. 23. ff. ad leg. corn. de falf.*

*f* Si quis vi compulsus aliquid fecit, per hoc edictum restituitur. *l. 3. ff. quod metus causa.*

*g* V. le Titre des vices des conventions.

*h* Acta simulata velut non ipse, sed ejus uxor comparaverit, veritatis substantiam mutare non possunt. Quæstio itaque facti per judicem, vel præsidem provinciæ examinabitur. *l. 2. C. plus val. quod agitur.* Nec per interpositam personam aliquid eorum sine periculo possit perpetrari. *l. un. §. 3. C. de contr. jud. V. l. 46. ff. de contr. empt. V. l. 10. ff. de his q. ut in d. l. 1. l. 3. l. 40. ff. jure fisci.* V. les articles 19. & 20. de la Section 1. des regles du Droit, le preambule de la Section 8. du contract de vente, & l'article 1. de cette même Section.

## VI.

*6. Les Actes écrits ne font preuve que quand il font dans les formes.*

Les Actes écrits n'ont la force de preuves que lorsqu'ils font dans les formes que les loix prescrivent. Car ces formes font des precautions necessaires pour leur donner l'effet de servir de preuves, & des marques par lesquelles les loix veulent qu'on reconnoisse, & qu'on distingue ce qu'elles mettent au nombre des preuves, & ce qu'elles en rejettent. Ainsi, par exemple, dans les Provinces où il faut sept témoins pour un testament, il seroit inutile de rapporter un testament où il n'y auroit que six témoins de la plus parfaite integrité *i*. Car ou

*i* Septem testibus adhibitis. §. 3. inst. de testamentis ordin.

tre qu'il faut observer la loy, l'ouverture d'autoriser un
testament par la consideration de la probité des témoins
seroit une source d'inconveniens. Ainsi, pour un autre
exemple, un contract que les parties auroient voulu passer pardevant un Notaire & des témoins, seroit sans effet, s'il n'étoit signé & par les parties, & par les témoins
qui sçauroient signer, & par le Notaire. Ainsi, une
écriture privée qui seroit simplement écrite, mais non
signée par la partie ne feroit point de preuve [l].

[l] Non aliter vires habere sancimus ( contractus quos in scriptis fieri placuit )
nisi instrumenta in mundum recepta, subscriptionibusque partium confirmata,
& , si per tabellionem conscribantur, etiam ab ipso completa, & postremò à
partibus absoluta sint. l. 17. C. de fide instr. V. l'article 15. de la Section 1. des
Conventions.

## VII.

Quand les Actes sont dans les formes non seulement
on ne reçoit point de preuves contraires, mais on n'é-
couteroit pas même une partie qui pretendroit faire ouïr
en justice les témoins d'un Acte pour y apporter quelque changement, ou pour l'expliquer. Car outre le
peril d'une infidelité de la part des témoins, l'Acte
n'ayant été écrit que pour demeurer invariable, sa force consiste à demeurer toûjours tel qu'il a été fait [m].

7. On ne recevroit pas les témoins d'un Acte écrit à dire le contraire.

[m] Contra scriptum testimonium, non scriptum testimonium non fertur. l. 1.
C. de testib. V. les art. 4. & 5.

## VIII.

L'autorité des preuves qui se tirent des Actes écrits,
a son effet contre les personnes dont ils contiennent le
consentement, & contre leurs successeurs, & ceux qui
ont leurs droits, ou qui les representent, & ces Actes
servent de regle, & de preuve contre ces personnes [n].
Mais ils ne peuvent faire de prejudice aux personnes
tierces de qui l'interêt y seroit blessé [o]. Et s'il étoit dit,
par exemple, dans un testament qu'un heritage legué
par le testateur luy appartenoit, cette énonciation ne
feroit aucun prejudice à celuy qui se pretendroit maître
de ce fonds.

8. Les Actes écrits ne prouvent que contre ceux qui y sont parties.

[n] Cum suis confessionibus acquiescere debeat. l. 13. C. non num pecu. V. l'article 3.

[o] Non debet alii nocere quod inter alios actum est. l. 10. ff. de jurej. V. l'article suivant.

## IX.

**9. Personne ne peut seul se faire un titre à soi-même.**

Personne ne peut s'acquerir un droit, ny se rendre creancier d'un autre par des Actes qu'il puisse faire à sa volonté. Ainsi, par exemple, on ne jugera pas sur le livre journal d'une personne, où il est fait mention qu'une autre luy doit une somme, que cette somme soit dûë, s'il n'y en a aucune autre preuve, quelle que puisse être l'exactitude du livre journal, & la probité de celuy qui l'a écrit *p*.

*p* Rationes defuncti, quæ in bonis ejus inveniuntur, ad probationem sibi debitæ quantitatis solas sufficere non posse, sæpe rescriptum est. Ejusdem juris est, & si in ultima voluntate defunctus, certam pecuniæ quantitatem, aut, etiam res certas sibi deberi, significaverit. *l. 6. C. de probat.*

Exemplo perniciosum est, ut ei scripturæ credatur, qua unusquisque sibi adnotatione propria, debitorem constituit. Unde neque fiscum, neque alium quemlibet in suis subnotationibus debiti probationem præbere posse oportet. *l. 7. C. eod. Nov. 48. c. 1. §. 1. l. 5. C. de conv. fisc. debit.*

## X.

**10. C'est par les originaux des Actes qu'on doit voir les preuves.**

La verité des Actes écrits s'établit par les Actes mêmes, c'est-à-dire, par la vûë des originaux. Et si celuy contre qui on ne produit qu'une copie, demande la representation de l'original, elle ne peut pas être refusée, de quelque qualité que fût la personne qui ne se serviroit que d'une copie *q*.

*q* Quicumque à fisco convenitur, non ex indice & exemplo alicujus scripturæ, sed ex authentico conveniendus est. *l. 2. ff. de fide instr.*

*Les grosses ou expeditions des Contracts, des Testamens, & des autres actes, dont les minutes, qui sont les vrais originaux, ont été déposées chez des Notaires, tiennent lieu d'originaux, & on ne les appelle pas des copies, car elles sont signées par les Notaires mêmes. Mais s'il y avoit une inscription de faux, ou qu'il fût necessaire de corriger quelque erreur dans la grosse, il faudroit que la minute fût representée.*

## XI.

**11. Cas où les copies, & aussi d'autres preuves peuvent servir au défaut des originaux.**

Si l'original d'un Acte est perdu, comme s'il est peri par un incendie ou autre accident, on peut en ce cas prouver la teneur de l'Acte, ou par des copies dûëment collationnées, ou par d'autres preuves, s'il y en a de telles qu'il soit de la prudence du Juge de les recevoir *r*. Ainsi,

*r* Sicut iniquum est instrumentis vi ignis consumptis, debitores quantitatum debitarum retinere solutionem: ita non statim casum conquerentibus facilè credendum est. Intelligere itaque debetis (non existentibus instrumentis, vel aliis argumentis, probare debere fidem precibus vestris adesse. *l. 5. C. de fide instrum.*

par exemple, une obligation se trouvant comprise dans l'inventaire des biens d'un défunt, le Tuteur de l'heritier Mineur pourroit se servir de cet inventaire pour prouver la verité de cette obligation si elle étoit perie par quelque accident ſ. Ainſi, lorſqu'un creancier reçoit de ſon debiteur le payement d'une rente, s'il retire de luy une copie de la quittance qu'il luy en donne, & que cette copie, qu'on appelle ampliation de quittance, soit ſignée de ſon debiteur, elle pourra ſervir de preuve du titre de la rente, s'il vient à ſe perdre. Car c'eſt le debiteur qui en reconnoît luy-même la verité par cet Acte qu'il ſigne *t*.

Si aliis evidentibus probationibus veritas oſtendi poteſt. *l. 7. C. eod.*

Emancipatione facta, etſi actorum tenor non exiſtat, ſi tamen aliis indubiis probationibus, vel ex perſonis, vel ex inſtrumentorum incorrupta fide, factam eſſe emancipationem, probari poſſit, actorum interitu veritas convelli non ſolet. *l. 11. C. eod.*

ſ Chirographis debitorum incendio exuſtis, cùm ex inventario tutores convenire eos poſſent ad ſolvendam pecuniam &c. *l. 57. ff. de adm. & per. tut.*

*t* Si voluerit is qui apocham conſcripſit, vel exemplar cum ſubſcriptione ejus qui apocham ſuſcepit ab eo accipere, vel antapocham ſuſcipere, omnis ei licentia hoc facere concedatur, neceſſitate imponenda apochæ ſuſceptori antapocham reddere. *l. 19. C. de fid. inſtr.*

## XII.

Ce n'eſt pas aſſés pour pouvoir exiger une dette, ou pretendre quelque autre droit, que le titre en ſoit énoncé dans quelque Acte qui en faſſe mention. Car cette ſimple énonciation ne fait pas de preuve, ſi ce titre ne paroit point; à moins que celuy contre qui on voudroit ſe ſervir de cette énonciation eût été partie dans l'Acte où elle ſe trouveroit, ou que par d'autres conſiderations il fût de l'équité, & de l'eſprit des loix que cette énonciation dût ſervir de preuve, comme dans le cas de l'article precedent *u*.

*u* Et hoc inſuper jubemus, ut ſi quis in aliquo documento alterius faciat mentionem documenti, nullam ex hac memoria fieri exactionem : niſi aliud documentum, cujus memoria in ſecundo facta eſt, proferatur : aut alia ſecundùm leges probatio exhibeatur, quia & quantitas, cujus memoria facta eſt, pro veritate debetur. Hoc enim etiam in veteribus legibus invenitur. *Nov. 119. c. 3. V. l. 37. §. 5. ff. de legat. 3, l. ult. ff. de probat.*

## XIII.

Si une même perſonne ſe ſert de deux Actes ou titres

*11. Enonciation d'un Acte dans un autre.*

*13. Actes contraires.*

écrits l'un contraire à l'autre, ils se détruiront reciproquement, par les consequences opposées qui se tireront également de l'un & de l'autre *x*.

*x* Scripturæ diversæ fidem sibi invicem derogantes, ab una eademque parte prolatæ, nihil firmitatis habere poterunt. *l. 14. C. de fid. inst.* V. l'article suivant.

## XIV.

*14. Contre-lettres.*

Il ne faut pas comprendre sous la regle expliquée dans l'article precedent les Actes dont il se trouve des contre-lettres qui y sont contraires, ou qui y apportent quelque changement. Car les contre-lettres sont des Actes que ceux qui traittent ensemble separent de leurs conventions, lorsqu'ils ne veulent pas y comprendre ce qu'ils se reservent d'expliquer par ces contre-lettres. Desorte que la contrarieté entre un traitté & une contre-lettre ne le détruit pas, mais y apporte les restrictions, ou autres changemens que les parties ont voulu y faire. Ainsi, par exemple, si dans un contract de vente le vendeur s'oblige à garentir de toutes évictions, & que par une contre-lettre l'acheteur reconnoisse qu'il consent que le vendeur ne demeure garant que de ses faits & promesses, la contrarieté de ces deux conventions n'aura pas l'effet d'aneantir l'une & l'autre. Car on voit que l'intention des parties est que le contract subsiste avec la condition reglée par la contre lettre. Ainsi, celuy qui s'obligeant pour une somme, prend une declaration du creancier que l'obligation n'aura son effet que pour la moitié, n'en devra que ce qui aura été convenu par cet autre écrit. Et quoyque les contre-lettres soient de la même datte que les Actes qu'on y explique, & qu'on y change, elles sont considerées comme une seconde volonté qui revoque la premiere, ou qui y deroge *y*.

*y* Si cùm viginti deberes pepigerim ne decem petam, efficeretur per exceptionem mihi opponendam, ut tantùm reliqua decem exigere debeam. *l. 27. §. 5. ff. de pact.* V. l'article suivant.

## XV.

*15. Les contre-lettres ne peuvent nuire aux tierces personnes.*

La regle expliquée dans l'article precedent ne doit pas s'entendre indistinctement de toute sorte de contre-

lettres, mais elle eft bornée à celles qui peuvent avoir
leur effet entre les contractans, fans bleffer l'intérêt
d'aucune autre tierce perfonne. Et les contre-lettres,
& tous les Actes fecrets qui derogent aux contracts, ou
qui y apportent quelque changement, n'ont aucun effet
à l'égard des perfonnes tierces dont l'intérêt y feroit
bleffé z. Ainfi, par exemple, fi un pere mariant fon
fils luy donnoit en faveur de mariage ou une fomme d'argent, ou une terre, ou une charge, prenant de luy une
contre-lettre que le don ne vaudroit que pour une moindre fomme, ou que le fils rendroit fur la terre, ou fur la
charge quelque fomme dont ils feroient convenus entr'-
eux; cette contre-lettre n'auroit aucun effet à l'égard
de la femme, & des enfans qui naîtroient de ce mariage,
ny des autres perfonnes tierces, qui pourroient s'y trouver interefsées, comme des creanciers de ce fils. Car
cette convention feroit une infidelité qui blefferoit les
bonnes mœurs, & la foy dûë non feulement à la femme
& à fes parens, qui n'auroient pas confenti au mariage
avec les conditions de cette contre-lettre, mais à toutes
les perfonnes que cette fraude pourroit regarder. Et il
eft de l'intérêt public de reprimer le mauvais ufage que
peuvent faire les particuliers de la facilité qu'ils ont
dans leurs familles, de colluder entr'eux pour tromper
par de pareils Actes a.

z Non debet alii nocere quod inter alios actum eft. l. 10. ff. de jurej. Non
debet alteri per alterum iniqua conditio inferri. l. 74. ff. de reg. jur.
Acta fimulata, velut non ipfe, fed ejus uxor comparaverit, veritatis fub-
ftantiam mutare non poffunt. Quæftio itaque facti per judicem vel præfidem
provinciæ examinabitur. l. 2. C. plus val. quod ag. quàm quod fim. conc.
Si quis geftum à fe, alium egiffe fcribi fecerit, plus actum quàm fcriptum
valet. l. 4. eod.
a Si quidem clandeftinis ac domefticis fraudibus facilè quid vis pro negotii
opportunitate confingi poteft, vel id quod verè geftum eft aboleri. l. 27. C. de
donation.
Quoyque ces paroles foient tirées d'une Loy qui ne regarde pas les contre-
lettres, elles s'y rapportent.

## SECTION III.

### *Des preuves par témoins.*

ON ne parle pas icy de la preuve que font les témoins dans les Contracts, dans les Testamens, &
dans les autres Actes où les Loix demandent la presence
de quelques témoins pour confirmer la verité de ce qui
s'y passe ; car cette espece de preuve est comprise dans
les preuves par écrit, dont il a été parlé dans la Section precedente. Et on ne parle dans celle-cy que de la
preuve que font les dépositions des témoins qu'on entend en Justice, pour apprendre par leur bouche la verité des faits dont il n'y a pas de preuves écrites, ou
dont les preuves qu'on peut en avoir ne suffisent pas.
Ainsi, par exemple, si un possesseur de bonne-foy qui
n'a point de titre, mais qui a possedé pendant un temps
suffisant pour prescrire, étant troublé dans sa possession,
n'a pas de pieces pour la prouver, ou s'il n'en a que pour
une partie du temps qu'il a joüi, comme s'il a des baux
de quelques années, ou quelques quittances des cens
qu'il a payez comme possesseur, il peut produire des
témoins qui declarent ce qu'ils peuvent sçavoir de cette
possession & de sa durée : & sa partie peut aussi de sa
part prouver le contraire. Ainsi on prouve par des témoins tous les autres faits dont il peut être juste & necessaire de faire la preuve, comme des accusations dans
les crimes, & des faits contestez dans les matieres civiles, à la reserve de ceux dont les Loix ne permettent pas qu'on fasse la preuve par des témoins, comme
il a été remarqué à la fin du preambule de la Section
precedente.

Il y a cette difference entre la preuve par témoins
qui fait la matiere de cette Section, & les preuves que
font les témoins dans les Actes écrits, que dans ces Actes
les témoins sont des personnes qu'on a la liberté de choisir pour y être presens, & ils doivent être au nombre reglé par les Loix, & de la qualité qu'elles prescrivent,

au

au lieu que dans les preuves dont il fera parlé dans cette Section, les témoins font les personnes qui se rencontrent avoir connoissance des faits dont on veut faire la preuve, sans qu'ils ayent été choisis & appellez pour voir ce qui s'est passé, & pour en conserver le souvenir. Ce qui fait que dans les informations pour des crimes, & dans les enquêtes pour des matieres civiles, on reçoit des dépositions de témoins dont on ne pourroit se servir pour être presens à des Actes. Ainsi, par exemple, les femmes qui ne peuvent être témoins dans un Testament, ni dans un Contract, peuvent être témoins dans une information, & dans une enquête.

On ne mettra rien dans les articles de cette Section, de cette espece de preuves par témoins qu'on appelloit *Examen à futur*, dont on usoit dans le Droit Romain, & qu'on observoit aussi en France, avant l'Ordonnance de 1667. parce que cette Ordonnance en a abrogé l'usage *a*. Mais on fait icy cette remarque pour donner seulement l'idée de ces enquêtes d'examen à futur, & pour avertir qu'elles sont abolies.

*Enquêtes d'examen à futur abolies.*

On usoit d'examen à futur dans les cas où celuy qui prevoyoit qu'il auroit besoin d'une preuve par témoins, craignant qu'ils ne vinssent à mourir, ou qu'il n'arrivât d'autres changemens qui fissent perir sa preuve, avant que le procés fût en état qu'elle pût être ordonnée, & que le Juge pût oüir les témoins, demandoit permission de les faire oüir par forme d'examen à futur *b*. Mais cette precaution pleine d'inconveniens, a été jugée d'ailleurs inutile. Car ceux qui peuvent avoir besoin de diligence pour leurs preuves peuvent prendre leurs mesures, faire leurs demandes, & alleguer leurs faits pour en faire ordonner la preuve si elle est necessaire, sans rapport à un usage incertain, & pour l'avenir.

---

*a* Ordonnance de 1667. Titre 13.
*b* Si deletum chirographum mihi esse dicam, in quo sub conditione mihi pecunia debita fuerit, & interim testibus quoque id probare possim, qui testes possunt non esse eo tempore quo conditio extiterit. *l.* 40. *ff. ad leg. Aquil.*
Finge esse testes quosdam qui dilata controversia aut mutabunt consilium, aut decedent, aut propter temporis intervallum non eandem fidem habebunt. *L.* 3. §. 5. *ff. de Carbon. Ed.*

On peut encore remarquer icy par occaſion, que cette même Ordonnance a auſſi aboli une autre eſpece d'enquêtes qu'on appelloit par Turbes ᶜ, dont l'uſage étoit dans les queſtions où il s'agiſſoit de l'interpreta-tion de quelque Coûtume. L'uſage de ces enquêtes étoit fondé ſur ce qu'on conſidere les diſpoſitions parti-culieres des Coûtumes comme des faits ᵈ. Ainſi, on re-cevoit la preuve par témoins ſur l'uſage & l'interpreta-tion de quelque article d'une Coûtume. On appelloit ces enquêtes, *par Turbes*, parce que dix témoins n'é-toient comptez que pour un : & ces témoins étoient choiſis parmy les Officiers des lieux, & les Avocats qui pouvoient mieux ſçavoir ce qui s'obſervoit des diſpoſi-tions de leurs Coûtumes. Mais ces enquêtes avoient une infinité d'inconveniens dont il eſt facile de juger, & les Juges ſuperieurs peuvent connoître par de meil-leures voyes le ſens des Coûtumes, & interpreter ce qui peut meriter d'être interpreté.

ᶜ *Ordonnance de* 1667. *Titre* 13.
ᵈ *V. le Chap.* X I. *du Traité des Loix n.* 20. *à la fin.*

## SOMMAIRES.

### I.

LEs témoins font les personnes qu'on fait appeller en Justice pour declarer ce qu'ils sçavent de la verité des faits contestez entre les parties. Et la declaration qu'ils en font est leur témoignage *a*.

*1. Témoins, & témoignages.*

*a* Ad fidem rei gestę faciendam. *l. 11. ff. de testib.*

### II.

L'usage des témoignages est infini, selon la multitude infinie d'évenemens qui peuvent rendre necessaire la preuve d'un fait, soit dans les matieres civiles, ou dans les crimes *b*.

*2. Usage des témoins en toutes matieres.*

*b* Testimoniorum usus frequens, ac necessarius est. *l. 1. ff. de testib.* Adhiberi quoque testes possunt non solùm in criminalibus causis, sed etiam in pecuniariis litibus, sicuti res postulat. *d. l. §. 1.*

### III.

Toutes personnes de l'un & de l'autre sexe peuvent être témoins, s'il n'y en a pas d'exception reglée par quelque Loy *c*. Ainsi, par exemple, on ne peut recevoir pour témoins des enfans & des insensez, ni des personnes dont l'honneur ait reçû quelque atteinte ou par une condemnation en Justice, ou par l'infamie de leur profession, ni ceux que d'autres causes peuvent rendre incapables de porter témoignage *d*, comme on le verra dans la suite de cette Section.

*3. Qui peut être témoin.*

*c* Mulier testimonium dicere in testamento quidem non poterit : alias autem posse testem esse mulierem, argumento est lex julia de adulteriis, quæ adulterii damnatam testem produci, vel dicere testimonium vetat. *l. 20. §. 6. ff. qui test. fac. poss. l. 18. ff. de testib.*

*d* Hi quibus non interdicitur testimonium. *l. 1. §. 1. ff. de testib.* Quidam propter lubricum consilii sui, alii verò propter notam & infamiam vitæ suæ admittendi non sunt ad testimonii fidem. *l. 3. §. 5. in f. ff. de testib.* Quive impuberes erunt, quique judicio publico damnatus erit : qui eorum restitutus non erit : quive in vinculis, custodiáve publica erit : quæve palam quæstum faciet fecerit. *d. §. 5.* Qui judicio publico reus erit, *l. 20. eod.*

## IV.

**4. Deux qualitez des témoins.**

Les preuves qui se tirent des témoignages dépendent principalement de deux qualitez necessaires dans les témoins. La probité *e* qui les engage à ne dire autre chose que la verité, & la fermeté dans le recit des circonstances, qui marque l'exactitude à les observer & les retenir *f*. Et c'est par le defaut de l'une ou de l'autre de ces qualitez que les témoignages deviennent suspects, & sont rejettez. Ce qui dépend des regles qui suivent.

*e* Fides, mores. *l. 2. ff. de testib.* Eos testes ad veritatem jurandam adhiberi oportet, qui omni gratiæ, & potentatui fidem religioni judiciariæ debitam possint præponere. *l. 5. C. de testib.*
*f* Quorum fides non vacillat. *l. 1. ff. de testib.*

## V.

**5. Témoins suspects.**

Tout ce qui prouve le defaut de probité dans un témoin, suffit pour rejetter son témoignage. Ainsi, on ne recevra pas le témoignage d'une personne condamnée en justice comme calomniateur, ou comme faussaire, ou pour avoir porté un faux témoignage, ou pour avoir composé un libelle diffamatoire, ou pour d'autres crimes *g*. Car ces condemnations fletrissent l'honneur, & font perdre la reputation de la probité. Et il en seroit de même à plus forte raison, s'il étoit prouvé que le témoin eût reçû de l'argent pour porter témoignage *h*.

*g* Quæsitum scio, an in publicis judiciis calumniæ damnati testimonium judicio publico perhibere possunt? Sed neque lege Remmia prohibentur, & julia lex de vi, & repetundarum, & peculatus, eos homines testimonium dicere non vetuerunt : verumtamen, quod legibus omissum est, non omittetur religione judicantium. *l. 13. ff. de testibus.*
Lege julia de vi cavetur ne hac lege in reum testimonium dicere liceret, qui judicio publico damnatus erit. *l. 3. §. 5. eod.*
Repetundarum damnatus nec ad testamentum, nec ad testimonium adhiberi potest. *l. 15. eod.*
Ob carmen famosum damnatus, intestabilis fit. *l. 21. eod.*
*h* Qui ob testimonium dicendum, vel non dicendum, pecuniam accepisse judicatus, vel convictus erit. *l. 3. §. 5. eod.*

## VI.

**6. Témoin interessé.**

Si le témoin a quelque interêt dans le fait où l'on veut se servir de son témoignage, il sera rejetté *i*. Car on ne doit pas s'assurer qu'il fasse une declaration contraire à son interêt.

*i* Nullus idoneus testis in re sua intelligitur. *l. 10. ff. de testib.* Omnibus in re propria dicendi testimonii facultatem jura submoverunt. *l. 10. C. eod.*

## VII.

La même raison qui fait rejetter le témoignage des personnes interessées aux faits qu'il faut prouver, fait rejetter aussi le témoignage du pere en la cause du fils, & celuy du fils en la cause du pere. Car l'interêt de l'un touche l'autre, comme le sien propre. Et quand même le pere voudroit bien porter témoignage contre son fils, ou le fils contre son pere, ils n'y seroient pas reçûs. Car cette affectation les rendroit suspects, ou de vouloir favoriser, ou de vouloir nuire *l*.

*7. Témoins engagez dans les interêts de la partie.*

*l* Testis idoneus pater filio, aut filius patri non est. *l. 9. ff. de testib.* Parentes & liberi invicem adversus se, nec volentes ad testimonium admittendi sunt. *l. 6. C. de testib.*

## VIII.

Comme on rejette les témoignages des personnes qui sont interessées dans les faits qu'il faut prouver, ou qui prennent part à l'interêt de ceux que ces faits regardent, on ne reçoit pas non plus les témoignages de ceux qui sont liez de proximité, ou d'alliance aux personnes interessées. Et s'il y avoit quelque inimitié entre ces personnes & les témoins qui seroient leurs parens ou alliez, ces témoins devroient encore plus être rejettez. Et ils peuvent de leur part refuser de rendre leur témoignage sur tout dans les crimes. On peut mettre au nombre des alliez, pour l'usage de cette regle, ceux qui ne le sont que par des fiançailles, le mariage n'étant pas encore accompli *m*. Et il faut entendre les proximitez & les alliances dans l'étenduë des degrez reglez par les Loix *n*.

*8. Témoins parens ou alliez.*

*m* Lege julia judiciorum publicorum cavetur, ne invito denuntietur ut testimonium litis dicat adversus socerum, generum, vitricum, privignum, sobrinum, sobrinam, sobrino natum, eosve qui priore gradu sunt. *l. 4. ff. de testib.*

In legibus quibus excipitur ne gener, aut socer invitus testimonium dicere cogeretur, generi appellatione sponsum quoque filiæ contineri placet : item soceri, sponsæ patrem. *l. 5. cod.*

*n* Par l'Ordonnance de 1667. *Tit.* 22. *art.* 11. les dépositions des parens & alliez des parties, jusqu'aux enfans des cousins issus de germain inclusivement sont rejettées en matiere civile, soit pour, ou contr'eux.

## IX.

Les liaisons que font les amitiez étroites, ou les enga-

*9. Témoins amis.*

gemens de familiarité, peuvent auſſi rendre ſuſpect le témoignage d'un amy dans la cauſe de ſon amy *o*. Ce qui dépend de la prudence du Juge, ſelon la qualité de la liaiſon, & celle des faits & des circonſtances.

*o* An amicus ei ſit pro quo teſtimonium dat. *l. 3. ff. de teſtib.*
Amicos appellare debemus, non levi notitia conjunctos : ſed, quibus fuerint jura cum patre familias honeſtis familiaritatis quæſita rationibus. *l. 223. §. 1. ff. de verb. ſign.*

### X.

10. *Témoins enemis.*

Les inimitiez entre les témoins & les perſonnes contre qui ils depoſent, ſont de juſtes cauſes de douter de la fidelité de leur témoignage. Car on doit ſe défier que leur paſſion ne les porte à une declaration qui bleſſe l'interêt de leur ennemi. Et ſi leurs témoignages n'étoient accompagnez d'aucune autre preuve, ils ſeroient ſuſpects. Ainſi on doit juger par les circonſtances de la qualité des perſonnes, des cauſes & des ſuites de l'inimitié, & de ce qui reſulte des autres preuves, quel égard on doit avoir au fait de l'inimitié *p*.

*p* An inimicus ei ſit adverſus quem teſtimonium fert. *l. 3. ff. de teſtib.*
Facilè mentiuntur inimici. Cauſa cognita habenda fides aut non habenda. *l. 1. §. 24. & 25. ff. de queſt. V. Nov. 90. c. 7. l. 17. C. de teſt.*

### XI.

11. *Témoins domeſtiques ou dependans de la partie.*

Les perſonnes qui ſont dans la dépendance de celuy qui veut ſe ſervir de leur témoignage, comme ſont les domeſtiques, étant ſuſpects de favoriſer l'interêt de leur maître, & de ne declarer que ce qu'il deſire, leur témoignage doit être rejetté *q*.

*q* Idonei non videntur eſſe teſtes, quibus imperari poteſt ut teſtes fiant. *l. 6. ff. de teſtib.*
Teſtes eos quos accuſator de domo produxerit, interrogari non placuit. *l. 24. eod.*
Etiam jure civili domeſtici teſtimonii fides improbatur. *l. 3. C. eod.*

### XII.

12. *Témoins qui chancellent.*

Ce n'eſt pas aſſez pour affermir un témoignage que la probité du témoin ne ſoit pas revoquée en doute, il faut de plus que ſa declaration ſoit ferme & preciſe. Car s'il varie dans ſon recit, dépoſant des circonſtances & des faits ou differens, ou même contraires, ou s'il fait une dépoſition chancelante, & qu'il ſoit luy-même en doute du fait qu'il declare ; cette incertitude, & ces variations rendant son témoignage incertain, le font rejetter *r*.

*r* Ab his præcipuè exigendus ( testimoniorum usus ) quorum fides non vacillat. *l. 1. ff. de testib.*
Testes qui adversus fidem suam testationis vacillant, audiendi non sunt. *l. 2. ff. de testib.*

## XIII.

Dans tous les cas où la preuve par témoins peut être reçûë, il en faut au moins deux, & ils peuvent suffire, si ce n'est dans les cas où la Loy demande un plus grand nombre. Mais un seul témoin de quelque qualité qu'il puisse être, ne fait point de preuve *s*.

*13. Deux témoins.*

*s* Ubi numerus testium non adjicitur, etiam duo sufficient. Pluralis enim elocutio, duorum numero contenta est. *l. 12. ff. de testib.*
Simili modo sanximus, ut unius testimonium nemo judicum in quacunque causa facilè patiatur admitti. Et nunc manifestè sancimus ut unius omnimodo testis responsio non audiatur, etiamsi præclaræ Curiæ honore fulgeat. *l. 9. §. 1. C. de testib.*

## XIV.

Quoyque deux témoins suffisent pour prouver un fait, comme cette preuve consiste en la conformité de leurs dépositions, & qu'il arrive souvent que les declarations de deux témoins ne sont pas entierement conformes, ou que des circonstances essentielles ne sont connuës que de l'un, l'autre les ignorant, & qu'aussi il se peut faire qu'il y aura quelque juste reproche contre l'un des témoins, ou même contre les deux ; on peut faire entendre un plus grand nombre de témoins, & plusieurs même d'une maison seule, comme le pere & les enfans, afin que les témoignages des uns suppléent à ceux des autres, & que tous ensemble forment la preuve entiere de la verité. Mais la liberté de faire entendre plusieurs témoins doit être bornée par la prudence du Juge, si elle ne l'est par la Loy *t*.

*14. On peut faire entendre plusieurs témoins.*

*t* Quamquam quibusdam legibus amplissimus numerus testium definitus sit, tamen ex constitutionibus principum hæc licentia ad sufficientem numerum testium coarctatur, ut judices moderentur : & eum solum numerum testium quem necessarium esse putaverint, evocari patiantur : ne ex re nata potestate ad vexandos homines superflua multitudo testium protrahatur. *l. 1. §. 2. ff. de testib.*

Pater & filius qui in poteftate ejus eft , item duo fratres qui in ejufdem patris poteftate funt , teftes utrique in eodem teftamento , vel eodem negotio fieri poffunt. Quoniam nihil nocet ex una domo plures teftes alieno negotio adhibe- ri. *l. 17. eod.*

*Par les Ordonnances il eft défendu de faire entendre plus de dix témoins fur chaque fait en matiere civile. Ordonnance de 1446. art. 32. 1498. art. 13. 1535. ch. 7. art. 4. Ordonnance de 1667. Tit. 22. art. 21.*

## XV.

*15. Diverfes vûës pour juger des preuves par témoins.*

Il faut ajoûter à toutes ces regles , pour ce qui regar- de les preuves par témoins , qu'on doit confiderer leur condition , leurs mœurs , leurs biens , leur conduite , leur integrité , leur reputation : Si leur honneur a reçû quelque atteinte par une condemnation en Juftice : S'ils font en état de declarer la verité fans égard aux perfonnes interefsées , ou s'il eft à craindre qu'ils ayent quelque engagement , ou quelque pente à favorifer l'u- ne des parties , comme s'ils font amis , ou ennemis de l'une ou de l'autre : Si leur pauvreté , ou quelque befoin les expofe à rendre un témoignage qui foit au gré d'une partie , felon ce qu'ils en peuvent efperer ou craindre : Si les témoignages paroiffent finceres , fans affectation : S'ils font conformes , & non concertez : Si le nombre des témoins , leur conformité , le bruit commun , la vray-femblance confirment leurs dépofitions : Si leurs variations , leurs contrarietez , leurs contradictions les rendent fufpects : Si la confequence des faits eft telle qu'on doive confiderer plus exactement ce qui peut ren- dre les témoins fufpects , comme dans les crimes , ou fi les faits font fi legers qu'on puiffe y apporter moins d'e- xactitude , comme s'il ne s'agiffoit que d'une fimple ac- tion d'injures dans une querelle entre perfonnes de baf- fe condition. Ainfi le difcernement de l'égard qu'on doit avoir aux dépofitions des témoins par toutes ces vûës dépend & des regles qu'on vient d'expliquer , & de la prudence des Juges , pour en faire l'application felon la qualité des faits , & les circonftances *n*.

*n* In teftimoniis dignitas , fides , mores gravitas examinanda eft. *l. 2. ff. de teftib.*

Teftium fides diligenter examinanda eft. Ideóque in perfona eorum explo- randa erunt imprimis conditio cujufque : utrum quis decurio , an plebeius fit : & an honeftæ , & inculpatæ vitæ, an vero notatus quis , & reprehenfibilis : an

locuples

Jocuples ; vel egens fit, ut lucri caufa quid facilè admittat : vel an inimicus ei fit
adverfus quem teftimonium fert : vel amicus ei fit, pro quo teftimonium dat.
Nam fi careat fufpicione teftimonium, vel propter perfonam à qua fertur, quòd
honefta fit, vel propter caufam, quòd neque lucri, neque gratiæ, neque inimicitiæ
caufa fit, admittendus eft. Ideoque Divus Hadrianus Vivio Varo legato provinciæ Ciliciæ refcripfit, eum qui judicat magis poffe fcire, quanta fides habenda fit
teftibus. Verba epiftolæ hæc funt. Tu magis fcire potes quanta fides habenda fit
teftibus : qui, & cujus dignitatis , & cujus æftimationis fint : & qui fimpliciter
vifi fint dicere, utrum unum eundémque meditatum fermonem attulerint , an
ad ea quæ interrogaveras , ex tempore verifimilia refponderint. Ejufdem quoque principis extat refcriptum ad Valerium Verum, de excutienda fide teftium,
in hæc verba : Quæ argumenta , ad quem modum probandæ cuique rei fufficiant, nullo certo modo fatis definiri poteft. Sicut non femper, ita fæpe fine publicis monumentis cujufque rei veritas deprehenditur. Alias numerus teftium ,
alias dignitas & auctoritas, alias velùti confentiens fama confirmat rei, de qua
queritur, fidem. Hoc ergo folùm tibi refcribere poffum fummatim non utique
ad unam probationis fpeciem , cognitionem ftatim alligari debere : fed ex fententia animi tui te æftimare oportere , quid aut credas, aut parum probatum
tibi opinaris. l. 3. d. l. §. 1. & 2. ff. de teftib. Si teftes omnes ejufdem honeftatis , & exiftimationis fint , negotii qualitas, ac judicis motus eum his concurrit : fequenda funt omnia teftimonia. Si verò ex his quidam ( eorum ) aliud
dixerint , licet impari numero , credendum erit. Sed quod naturæ negotii convenit , & quod inimicitiæ, aut gratiæ fufpicione caret : confirmabitque judex
motum animi fui ex argumentis , & teftimoniis , & quæ rei aptiora , & vero
proximiora effe compererit. Non enim ad multitudinem refpici oportet : fed ad
finceram teftimoniorum fidem, & teftimonia quibus potius lux veritatis affiftit. l. 21. §. 3. ff. de teftib.

## XVI.

16. Les témoins même fans reproche peuvent fe tromper.

Ce n'eft pas affez pour s'affûrer de la fidelité des dépofitions des temoins, que leur integrité foit bien établie ; mais comme il peut arriver que les plus intelligens
& les plus finceres ayent été trompez, ou qu'ils fe foient
trompez eux-mêmes, foit dans la connoiffance des perfonnes, ou dans quelques circonftances, ou même dans
les faits ; il eft toûjours de la prudence du Juge, d'examiner dans les dépofitions de tous les temoins, même
des plus fûrs fi elles s'accordent avec les autres preuves
claires & certaines qu'il peut y avoir de la verité des faits
& des circonftances. Et pour donner aux témoignages
leur jufte effet, il faut tirer la verité de tout ce qui fe trouve de certain dans toutes les preuves *.

* Ad ( judicantium ) officium pertinet ejus quoque teftimonii fidem , quod
integræ frontis homo dixerit , perpendere. l. 13. in. f. ff. de teftib.

## XVII.

17. Témoins peu-vent être con-trains de dépofer.

Les perfonnes qui font appellées pour porter témoignage , font obligées de venir declarer ce qui eft de leur

*Tome II.* Bbb

connoiſſance. Car la conſequence de faire connoître la verité des faits neceſſaires pour rendre la juſtice intereſſe le public. Ainſi le Juge peut contraindre ceux qu refuſent de venir faire leur declaration, ſoit dans les matieres civiles, ou dans les crimes *y*.

*y* Non eſt dubitandum quin evocandi ſint ( teſtes ) quos neceſſarios in ipſ cognitione deprehenderit qui judicat. *l. 3. in f. ff. de teſtib.*

Conſtitutio jubet non ſolùm in criminalibus judiciis, ſed etiam in pecuniariis, unumquemque cogi teſtimonium perhibere de his quæ novit. *l. 16. C. de teſtib.*

*Si le témoin ne comparoit pas à l'aſſignation qui luy eſt donnée, le Juge le condamne à une amende, pour laquelle il peut être contraint par ſaiſie & vente de ſes biens, & même par empriſonnement, en cas de deſobeïſſance. V. l'art. 8. du Titre 22 de l'Ordonnance de 1667.*

### XVIII.

18. *Doivent être oüis par le Juge.*

Ce n'eſt pas aſſez pour donner à la declaration d'un temoin l'effet qu'elle doit avoir en Juſtice, que le temoin écrive luy-même ou faſſe écrire, & qu'il donne ou envoye ſon temoignage; mais il eſt de neceſſité qu'il comparoiſſe devant le Juge, & que le Juge luy-même l'interroge, & redige ſa declaration *z*.

*z* Divus Hadrianus junio Rufino Proconſuli Macedoniæ reſcripſit, *teſtibus ſe, non teſtimoniis crediturum.* Verba epiſtolæ ad hanc partem pertinentia, hæc ſunt. Quod crimina objecerit apud me Alexander Apio, & quia non probat, nec teſtes producebat, ſed teſtimoniis uti volebat, quibus apud me locus non eſt: nam ipſos interrogare ſoleo: quem remiſi ad provinciæ præſidem, ut is de fide teſtium quæreret, & niſi impleſſet quod intenderat, relegaretur. *l. 3. §. 3. ff. de teſtib.*

Gabinio quoque Maximo idem princeps in hæc verba reſcripſit, alia eſt auctoritas præſentium teſtium, alia teſtimoniorum quæ recitari ſolent. *d. l. 3. §. 4.*

### XIX.

19. *Doivent prêter le ſerment.*

Comme c'eſt au Juge & à la Juſtice même que le temoin rend ſon temoignage, ſa declaration doit être precedée du ſerment qu'il dira la verité, afin que par le reſpect qu'il doit à la Religion, il rende ſon temoignage avec toute la fidelité, & toute l'exactitude que demandent la juſtice & la verité. Et s'il n'a aucune connoiſſance des faits dont on l'interroge, il jurera cela même que ces faits luy ſont inconnus *a*.

*a* Jurisjurandi religione teſtes, priuſquam perhibeant teſtimonium, jam dudum arctari præcepimus. *l. 9. C. de teſtib.*

Cum Sacramenti præſtatione. *l. 16. eod.*

Vel jurare ſe nihil compertum habere. *d. l. 16.*

*V. l'art. 9. du Titre 22. de l'Ordonnance de 1667.*

## XX.

Si les témoins ont des excuses qui les empêchent de venir rendre leur témoignage, ils peuvent en être déchargez. Ainsi ceux qu'une maladie, ou une absence, ou quelque legitime empêchement met hors d'état de comparoir pardevant le Juge, en sont dispensez [b]. Mais si leur dépositions étoient necessaires, le Juge peut aller les ouïr luy-même en personne, ou commettre cette fonction, selon que la qualité du fait peut le demander, & que les Loix & l'usage peuvent le permettre.

*b* Inviti testimonium dicere non coguntur senes, valetudinarii, vel milites, vel qui cum Magistratu Reipublicæ causa absunt, vel quibus venire non licet. *l. 8. ff. de testib.*
Lege à dicendo testimonio excusantur. *l. 1. §. 1. ff. eod.* V. l'art. suivant.

## XXI.

Il y a des personnes que leur dignité dispense de venir devant le Juge pour porter témoignage, mais dans les cas où le temoignage de ces personnes seroit necessaire, il faut y pourvoir selon les usages, ou recourir au Prince, si la qualité du fait, & celle du témoin peuvent le meriter [c].

*c* Exceptis tamen personis quæ legibus prohibentur ad testimonium cogi, & etiam illustribus, & his qui supra illustres sunt, nisi sacra forma interveniat. *l. 16. C. de testib.* Illud quoque incunctabile est, ut, si res exigat, non tantùm privati, sed etiam Magistratus, si in præsenti sunt, testimonium dicant. *l. 21. §. 1. ff. de testib.* Item Senatus censuit, prætorem testimonium dare debere judicio adulterii causa. *d. §. 1. in fine.* Ad personas egregias, eosque qui valetudine impediuntur, domum mitti oportet ad jurandum. *l. 15. ff. de jurej.* V. l'art. precedent.

## XXII.

S'il arrive en matiere civile qu'un témoin ait son domicile hors de la Jurisdiction du Juge qui devoit recevoir sa déposition, & qu'à cause du trop grand éloignement, ou d'une indisposition de ce temoin, ou pour d'autres causes, il ne puisse être ouy que dans le lieu, où il se rencontre; le Juge qui instruit le procés pourra, s'il est necessaire, requerir le Juge de ce lieu, & le commettre pour ouïr ce temoin. Mais dans les matieres criminelles, les témoins ne peuvent être ouïs que par le Juge qui connoît du crime [d].

*d* Et quoniam scimus dudum factam legem, ut si quis hic litem exerceat, oporteat autem in provinciæ parte aliqua approbari &c. *Nov. 90. c. 5. l. 18.*

C. *de fid. inftr.* Hæc omnia in pecuniariis quæftionibus intelligentes : in criminalibus enim , in quibus de magnis eft periculum , omnibus modis apud judices
præfentari teftes , & quæ funt eis cognita edocere. *d. Nov. c. 5. in f.*

*Le Juge qui inftruit le procés, prie le Juge du lieu où eft le Témoin de rece-*
*voir fa dépofition , & luy en donne le pouvoir par une commiffion rogatoire.*
V. Nov. 134. *c. 5.*

*Outre la confequence remarquée dans le dernier texte , lorfqu'il s'agit des*
*preuves d'un crime, la neceffité de confronter le témoin à l'accufé , eft une autre*
*jufte motif de faire oüir le témoin par le Juge qui inftruit le procés.*

## XXIII.

23. *L'Avocat de*
*la partie ne peut*
*être témoin.*

Les Avocats ne peuvent être temoins dans les caufes
où ils ont fervi de leur miniftere. Car leur témoignage feroit ou fufpect , s'il étoit en faveur de celuy de qui
ils avoient défendu la caufe , ou mal - honête , & fufpect
auffi , s'il y étoit contraire. Et il en eft de même des
Procureurs , & des autres perfonnes qui fe trouveroient
dans de femblables engagemens *e.*

*e* Mandatis cavetur, ut præfides attendant , ne patroni in caufa cui patro-
cinium præftiterunt , teftimonium dicant. Quod & in executoribus negotiorum
obfervandum eft. *l. ult. ff. de teftib.*

## XXIV.

24. *Frais des*
*voyages des té-*
*moins.*

Les frais des voyages des temoins , & de leur féjour
pour rendre leur témoignage , leur font rembourfez par
la partie qui les a produits , fur l'Ordonnance du Juge , &
fuivant fa taxe *f.*

*f* Talis debet effe cautio judicantis ut venturis ( teftibus ) ad judicium, per
accufatorem , vel ab his per quos fuerint poftulati , fumptus competentes dari
præcipiat. *l. 11. C. de teftib. 16. in f. eod.*

## XXV.

25. *Faux témoin*
*puni.*

S'il arrive qu'un témoin puiffe être convaincu d'a-
voir porté un faux témoignage , ou commis quelqu'autre malverfation , comme s'il a fait fçavoir la teneur de
fa dépofition à un accufé , il pourra en être puni felon
la qualité du fait & les circonftances *g.*

*g* Qui falsò vel variè teftimonia dixerunt , vel utrique parti prodiderunt , à
judicibus competenter puniuntur. *l. 16. ff. de teftib.*

# SECTION IV.

## Des Presomptions.

### SOMMAIRES.

## I.

LEs Presomptions sont des consequences qu'on tire d'un fait connu, pour servir à faire connoître la verité d'un fait incertain, dont on cherche la preuve. Ainsi, par exemple, en matiere civile, s'il y a une contestation entre le possesseur d'un fonds, & un autre qui s'en pretende le maître, c'est une presomption que ce fonds est au possesseur : & il sera maintenu si l'autre ne prouve son droit ; car il est ordinaire & naturel qu'on ne le mette pas en possession sans droit, & que le maître ne se laisse pas dépoüiller de sa possession *a*. Ainsi en matie-

*1. Définition des presomptions.*

***a*** Possessiones quas ad te pertinere dicis, more judiciorum persequere. Non?

re criminelle, fi un homme ayant été tué, fans qu'on fçache par qui, il fe découvre qu'il avoit eu peu auparavant une querelle avec un autre qui l'avoit menacé de le tuer, on tire de ce fait connu de la querelle & de la menace, une prefomption que celuy qui l'avoit faite, pourroit être l'autheur de ce crime.

enim poffeffori incumbit neceffitas probandi, eas ad fe pertinere. Cùm te in probatione ceffante, dominium apud eum remaneat. *l. 2. C. de probat.* In pari caufa poffeffor potior haberi debet. *l. 128. ff. de reg. jur.* Cogi poffefforem, ab eo qui expetit, titulum fuæ poffeffionis dicere, incivile eft. *l. 11. C. de petit. hered. l. ult. C. de rei vindic.* V. fur la prefomption en faveur du poffeffeur ce qui en eft dit dans le preambule de la Section 4. de la poffeffion. V. l'art. 4. de cette Section. Et l'article 13. de la Sect. 1. de la Poffeffion.

## II.

**2. Prefomptions fortes, ou foibles.**

Les prefomptions font de deux efpeces. Quelques-unes font fi fortes qu'elles vont à la certitude, & tiennent lieu de preuves, même dans les crimes *b*. Et d'autres ne font que des conjectures qui laiffent dans le doute.

*b* Indicia certa, quæ jure non refpuuntur, non minorem probationis, quàm inftrumenta continent fidem. *l. 19. C. de rei vindic.* Sciant cuncti accufatores eam fe rem deferre in publicam notionem debere, quæ munita fit idoneis teftibus, vel inftructa apertiffimis documentis, vel indiciis ad probationem indubitatis, & luce clarioribus expedita. *l. ult. C. de probat.* V. à la fin du preambule de ce Titre la remarque de l'Edit de Henry II. des femmes qui ont celé leur groffeffe.

## III.

**3. Fondement des prefomptions.**

La certitude, ou l'incertitude des prefomptions, & l'effet qu'elles peuvent avoir pour fervir de preuves, dépend de la certitude, ou incertitude des faits dont on tire les prefomptions, & de la jufteffe des confequences qu'on tire de ces faits, pour la preuve de ceux dont il s'agit. Ce qui dépend de la liaifon qu'il peut y avoir entre les faits connus, & ceux qu'il faut prouver. Ainfi on tire des confequences des caufes à leurs effets, ou des effets à leurs caufes: Ainfi on conclut la verité d'une chofe par fa liaifon à une autre qui luy eft conjointe: Ainfi, lorfqu'une chofe eft figne d'une autre, on prefume la verité de celle qui eft fignifiée, par la certitude de celle qui la fignifie. Et c'eft de ces differens principes que fe forment les indices. les conjectures, les prefomptions. Surquoy il ne peut y avoir de regles precifes, mais en chaque cas il eft de la prudence du Juge de

discerner fi la prefomption fe trouve bien fondée,& quel
effet elle peut avoir pour fervir à la preuve *c*.

*c* Quæ argumenta ad quem modum probandæ cuique rei fufficiant , nullo
certo modo fatis definiri poteft. *l.* 3. §. 2. *ff. de teftib.*
Ex fententia animi tui te æftimare oportet , quid aut credas , aut parum
probatum tibi opinaris. *d. l.* 3. §. 2. *in f.*

## IV.

Il y a des prefomptions qui font telles que ce qu'on
prefume paffe pour la verité , fans qu'il foit befoin de
preuves plus fortes , fi le contraire n'eft pas prouvé : & il
y en a qui n'ont pas d'autre effet , fi elles font feules , que
de former une fimple conjecture , & qui ne font pas paffer pour vray ce qui eft prefumé. Ainfi dans le cas d'un
poffeffeur dont il a été parlé dans le premier article,
fa poffeffion fait prefumer qu'il eft le vray maître , &
fans autres preuves il eft tenu pour tel , & fera maintenu
dans fa poffeffion , jufqu'à ce que celuy qui le trouble
établiffe clairement fon droit. Ainfi au contraire dans le
cas de celuy qui avoit menacé de tuer , dont il a été auffi
parlé dans ce même article, cette menace qui a precedé
la mort ne fait contre luy qu'une conjecture , & quand
il ne prouveroit pas fon innocence , s'il n'y avoit aucune
autre preuve contre luy , cette prefomption ne fuffiroit
pas pour le condamner comme auteur du crime *d*.

*4. Prefomptions concluantes, ou incertaines.*

*d* Indiciis ad probationem indubitatis , & luce clarioribus. *l. ult. de probat.*
Argumentis liquidis. *l.* 2. *in f. C. de in lit. jur.* V. les articles precedens &
ceux qui fuivent , & le preambule de ce Titre.

## V.

Cette difference entre les prefomptions qui ont l'effet
des preuves , & celles qui laiffent du doute eft le fondement d'une autre diftinction de deux fortes de prefomptions, l'une de celles qui font autorifées par les Loix,
& qu'il eft ordonné de prendre pour preuves : & l'autre
de celles dont les Loix laiffent l'effet à la prudence du
Juge, qui doit difcerner ce qui peut fuffire, ou ne pas fuffire
pour donner à une prefomption la force de preuve. Ainfi,
dans ce même cas d'un poffeffeur la loy veut qu'il foit
tenu pour le vray maître , s'il n'eft prouvé qu'il ne le

*5. Deux fortes de prefomptions.*

foit point *e*. Ainfi , les loix veulent qu'une chofe jugée
paffe pour verité *f*. Ainfi , elles ordonnent que celuy
qui naît d'une femme mariée , & qui fe trouve conçû
pendant le mariage foit reputé le fils du mary *g*. Ainfi ,
elles ont reglé que fi une femme mariée fe trouve avoir
quelque bien , quelques effets dont il ne paroiffe pas de
titre qui les luy ait acquis , il foit jugé qu'ils font à fon
mary *h*. Mais au contraire il y a une infinité de prefomptions que les loix laiffent dans le doute , ce qu'il eft facile
de comprendre fans aucun exemple.

*e* V. l'art. 1.
*f* Res judicata pro veritate accipitur. *l. 207. ff. de reg. jur.*
*g* Pater is eft quem nuptiæ demonftrant. *l. 5. ff. de in jus voc. l. 6. ff. de his qui fui vel al. jur. funt.*
*h* V. l'art. 7. de la Sect. 4. du Titre des Dots.

## VI.

Il s'enfuit de toutes les regles expliquées dans les articles precedens , qu'il arrive fouvent non feulement
dans les matieres civiles , mais auffi dans les matieres
criminelles , qu'on peut avoir des preuves certaines fans
écrit , & fans témoins , par la force des prefomptions ,
quand elles font telles que fur des faits certains & connus on peut fonder des confequences neceffaires de la
verité de ceux qu'il faut prouver *i*. Soit qu'on juge des
caufes par leurs effets , ou des effets par leurs caufes ,
ou qu'on decouvre la verité par d'autres principes. Ainfi ,
dans le jugement de Salomon entre les deux femmes , on
voit qu'il previt les mouvemens que cauferoit dans le
cœur de la mere la crainte de la mort de fon enfant ,
& que connoiffant la caufe par fon effet , il jugea de
l'une par la tendreffe qui fut l'effet neceffaire de fon
amour , qu'elle étoit la mere : & par l'indifference
& l'infenfibilité de l'autre , que cet enfant luy étoit
étranger.

*i* Sæpe fine publicis monumentis cujufque rei veritas deprehenditur. *l. 3. §. 2. ff. de teftib.* Sine ( fcripturis ) valet quod actum eft , fi habeat probationem. *l. 4. ff. de fide inftrum. l. 5. eod. l. 4. C. de prob.* Quod licet fcriptura non
probetur , aliis tamen rationibus doceri nihil impedit. *l. 5. C. fam. ercif.* V. l'e-
xemple de l'Edit de 1556. à la fin du preambule de ce Titre.

VII.

## VII.

Quand il s'agit de l'égard qu'on doit avoir aux presomptions, il faut diftinguer deux sortes de faits. Quelques-uns font tels qu'ils font toûjours reputez pour vrais,
jusqu'à ce que le contraire ait été prouvé : & il y en a
d'autres qui font toûjours reputez contraires à la verité,
si on ne les prouve. Ainsi, tout ce qui arrive naturellement & communément est tenu pour vray, comme au
contraire, ce qui n'est ni ordinaire ni naturel ne passera
pas pour vray, s'il n'est point prouvé. C'est sur ce principe que sont fondées les presomptions qu'un pere aime
ses enfans : Que chacun prend soin de ses affaires : Que
celuy qui paye étoit debiteur : Que les personnes agissent
selon leurs principes, & leurs habitudes : Que chacun
ordinairement se conduit par la raison, & par confe-
quent s'acquitte de ses engagemens & de ses devoirs. Et
on ne doit jamais juger sans preuves, ni presumer qu'un
pere haïsse ses enfans, qu'une personne abandonne ses
interêts, qu'un homme sage ait fait une action indigne
de sa conduite ordinaire, ni qu'une personne ait manqué à quelque devoir. Ainsi en general, tous les faits qui
font contraires à ce qui doit arriver naturellement, ne
font jamais presumez, si on ne les prouve *l*.

*l* Rogo filia, bona tua quandoque diftribuas liberis tuis, ut quifque de te
meruerit..... fufficiet, fi non offenderint...... eos folos non admitti qui
offenderunt. *l. 77. §. 25. ff. de legat. 2. Il faut faire voir qu'ils ayent manqué à
leur devoir.*
   Si bonus miles antea æftimatus fuit, prope eft ut affirmationi ejus credatur.
*l. 5. §. 6. ff. de re milit.* Plerúmque credendum eft, eùm qui partis dominus
eft, jure potius fuo re uti, quam furti confilium inire. *l. 51. ff. pro focio.*
   Præfumptionem pro eo effe qui accepit, nemo dubitat. Qui enim folvit
numquam ita refupinus eft ut facilè fuas pecunias jactet & indebitas effundat.
*l. 25. ff. de probat.*

## VIII,

C'est par toutes ces regles, qu'on vient d'expliquer,
qu'il faut juger de l'usage & de l'effet des presomptions,
qu'il faut diftinguer en chaque cas la qualité des faits
conteftez, pour juger de ceux qui doivent passer pour
vrais, & de ceux dont il faut des preuves, & qu'il faut
difcerner ce qui peut tenir lieu de preuves, ou ce qui ne

doit pas avoir cet effet. Et c'eſt de la prudence du Juge
que depend l'uſage & l'application de toutes ces regles,
ſelon la qualité des faits & des circonſtances *m*, comme
on le verra par les exemples expliquez dans les articles
qui ſuivent.

*m* Ex ſententia animi tui te æſtimare oportet, quid aut credas, aut parum
probatum tibi opinaris. *l. 3. ſ. 2. in f. ff. de teſtib.* V. l'art. 3.

### IX.

*9. Exemple d'un fait qu'il faut prouver.*

Si la parenté entre un défunt & celuy qui ſe pretend
ſon heritier legitime, étoit conteſtée, cette parenté ne
ſeroit pas preſumée ſans preuves. Car elle dépend de
faits qu'on ignore naturellement, s'ils ne ſont prouvez.
Ainſi, celuy de qui la parenté n'eſt pas reconnuë doit
en faire preuve *n*.

*n* Quoties quæreretur genus vel gentem quis haberet, necne, eum probare
oportet. *l. 1. ff. de probat.*

### X.

*10. Exemple d'u-ne preſomption bien fondée, que ce qui a été payé étoit dû.*

Si une perſonne ayant fait un payement à une autre,
pretend que c'eſt par erreur qu'elle a payé une choſe
qui n'étoit point dûë, & que celuy qui a reçû le payement ſoûtienne que ce qu'il a reçû luy étoit bien dû,
c'eſt à celuy qui a fait le payement à prouver qu'il a
payé une choſe non dûë. Car on preſume qu'il n'a pas
été ſi imprudent que de payer ce qu'il ne devoit point.
Mais ſi celuy à qui ce payement auroit été fait n'en con-
venoit point, & ſoûtenoit n'avoir rien reçû, & qu'il fût
prouvé que le payement luy eût été fait; ce ſeroit alors
à luy de prouver que ce qu'il auroit reçû luy étoit bien
dû. Car ſa mauvaiſe foy d'avoir nié le payement, le rendroit ſuſpect d'avoir reçû une choſe non dûë *o*.

*o* Cùm de indebito quæritur, quis probare debet, non fuiſſe debitum, res
ita temperanda eſt, ut ſi quidem is qui accepiſſe dicitur rem, vel pecuniam indebitam, hoc negaverit, & ipſe qui debet legitimis probationibus ſolutionem
approbaverit, ſine ulla diſtinctione ipſum qui negavit ſeſe pecuniam accepiſſe,
ſi vult audiri, compellendum eſſe ad probationes præſtandas, quòd pecuniam
debitam accepit. Perenim abſurdum eſt, eum qui ab initio negavit pecuniam
ſuſcepiſſe, poſtquam fuerit convictus eam accepiſſe, probationem non debiti
ab adverſario exigere. Sin verò ab initio confiteatur quidem ſuſcepiſſe pecunias, dicat autem non indebitas ei fuiſſe ſolutas, præſumptionem videlicet pro
eo eſſe qui accepit, nemo dubitat. Qui enim ſolvit numquam reſupinus ita eſt, ut

facilè fuas pecunias jactet , & indebitas effundat. Et maximè, fi ipfe qui indebitas dediffe dicit, homo diligens eft , & ftudiofus paterfamilias , cujus perfonam incredibile eft in aliquo facilè erraffe. Et ideò eum qui dicit indebitas fol-
viffe, compelli ad probationem quòd per dolum accipientis , vel aliquam juftam ignorantiæ caufam, indebitum ab eo folutum eft , & nifi hoc oftenderit ,
nullam eum repetitionem habere. *l. 25. ff. de probat.*

## XI.

Si deux perfonnes ayant eu plufieurs affaires enfemble, ont fait fouvent des comptes entr'eux de ce qu'ils
pouvoient fe devoir reciproquement , & que l'un d'eux
aprés la mort de l'autre , demande à fes heritiers une
fomme qu'il pretend avoir fournie avant tous ces
comptes , & dont il n'ait jamais fait aucune demande ,
qu'il n'en ait pas même pris de reconnoiffance , ni fait
aucune referve dans ces comptes ; on prefumera , ou
que cette fomme n'a jamais été dûë , ou qu'elle luy a
été acquittée, ou qu'il l'avoit remife. Car s'il avoit été
ou pretendu être creancier , il auroit compté de cette
fomme de même que des autres , ou il l'auroit refervée,
& n'auroit pas attendu pour la demander la mort de
cette perfonne qui auroit pû faire voir qu'elle ne devoit
rien. Et il en feroit de même fi on fuppofe , qu'au lieu
d'une fomme, il s'agît de quelqu'autre forte de pretention , dont il n'eût été fait aucune demande ni aucune
referve , à moins que ce fût quelque droit , tel & fi bien
fondé , que les circonftances fiffent voir que ces comptes,
& l'attente jufqu'aprés la mort ne dûffent y faire aucun
prejudice. Comme feroit la garentie d'une éviction dont
le cas n'arriveroit qu'aprés tous ces comptes, ou autre
droit femblable *p*.

*p* Procula magnæ quantitatis fideicommiffum à fratre fibi debitum , poft
mortem ejus in ratione cum heredibus compenfare vellet, ex diverfo autem
allegaretur , numquam id à fratre, quamdiu vixit, defideratum , cùm variis ex
caufis , fæpe in rationem fratris pecunias ratio Proculæ folviffet. Divus Com-
modus , cùm fuper eo negotio cognofceret , non admifit compenfationem ;
quafi tacitè fratri fideicommiffum fuiffet remiffum. *l. 26. ff. de probat.*

## XII.

Si une promeffe , ou une obligation , fe trouvoit remife en la puiffance du debiteur , ou qu'elle eût été barrée,
alterée , ou dechirée , ce feroit une prefomption qu'elle

auroit été acquittée ou annullée , à moins que celuy qui voudroit s'en fervir , n'eût des preuves claires que la promeffe ou l'obligation feroit encore dûë , & quelle n'auroit été mife en cet état q , ou ne feroit entre les mains du debiteur r , que par quelque violence ou quelque cas fortuit , ou autre évenement qui fît ceffer la prefomption de la liberation de ce debiteur.

q Si chirographum cancellatum fuerit , licet præfumptione debitor liberatus effe videtur in eam tamen quantitatem , quam manifeftis probationibus creditor fibi deberi adhuc oftenderit , rectè debitor convenitur. l. 24. ff. de probat.

r Quod debitori tuo chirographum redditum contra voluntatem tuam afferveras , nihil de jure tuo deminutum eft. Quibufcunque itaque argumentis jure proditis , hanc obligationem tibi probanti , eum pro hujufmodi facto liberationem minimè confecutum , judex ad folutionem debiti jure compellet. l. 15. C. de folut. & liberat. V. l. 1. C. de fide inftr.

## XIII.

Si un Tuteur qui n'avoit pas de biens propres , ni de fa femme , avant que d'entrer dans l'adminiftration de la tutelle , fe trouve enrichi pendant la tutelle , le Mineur ne pourra pas pour cela pretendre que ces biens foient à luy , ni en conclure que le Tuteur ait malverfé dans fon adminiftration , fi d'ailleurs il luy rend un compte fidele. Car il fe peut faire qu'il ait acquis ce bien ou par fon travail & fon induftrie , ou par d'autres voyesf.

f Si defunctus tutelam veftram adminiftravit , non rerum ejus dominium vindicare , vel tenere potes : fed tutelæ contra ejus fucceffores tibi competit actio. Debitum autem aliis indiciis comprobari oportet. Nam quòd nequeipfe , neque uxor ejus quicquam ante adminiftrationem habuerunt , non idoneum hujus continet indicium. Nec enim pauperibus induftria , vel augmentum patrimonii quod laboribus & multis cafibus quæritur , interdicendum eft. l. 10. C. arbitr. tutelæ.

## XIV.

Lorfqu'il s'agit de faire la preuve d'un fait ancien , & dont il n'y a ni preuves écrites , ni témoins vivans , fi ce fait eft tel que la preuve doive en être reçûë , comme par exemple , s'il s'agit de fçavoir depuis quel temps un fonds a été dans une famille , en quel temps un ouvrage a été fait , ou d'autres faits femblables , on reçoit les declarations que peuvent faire des témoins , de ce qu'ils

ont oüi dire fur ces faits à d'autres perfonnes qui vivoient
alors , & la preuve qu'on tire de ces declarations , eft
fondée fur cette prefomption , que les perfonnes à qui
ces témoins avoient oüi raconter ces faits comme no-
toires de leurs temps, étant mortes avant que la preuve en fût neceffaire , & que rien les obligeât à dire autre chofe que la verité ; le recit qu'ils en avoient fait
étoit veritable *.

† Idem Labeo ait , cùm quæritur an memoria extet facto opere, non diem &
confulem ad liquidum exquirendum , fed fufficere fi quis fciat factum : hoc
eft , fi factum effe non ambigatur. Nec utique neceffe eft , fupereffe qui me-
minerint, verùm etiam, fi qui audierint eos , qui memoria renuerint. *l. 2.
§. 8. ff. de aqua. & aq. pluv. arc. l. 28. ff. de probat.*

## X V.

15. Prefomption
d'une autre nature
que celles qui fer-
vent aux preuves.

Toutes les regles qui ont été expliquées dans les articles précedens regardent des faits qui font tels ou qu'on
puiffe en prouver la verité , ou qu'au défaut de preuves on fçache par ces regles à quoy precifément il faut
s'en tenir. Ainfi , par exemple , on voit par ces principes
qu'il y a des faits qui paffent pour vrais , quoyqu'il n'y
en ait point de preuves , fi les faits contraires ne font
pas prouvez : Qu'il y en a d'autres qui paffent pour faux ,
s'ils ne font prouvez : Que parmi les preuves & les prefomptions quelques-unes font fûres , d'autres incertaines : Et qu'ainfi dans ces fortes de faits la raifon peut
toûjours fe determiner à prendre un parti , & à juger fi
on doit tenir un fait pour douteux ou pour certain , pour
faux ou pour vray. Mais il y a une autre forte de faits
qui font tels qu'il eft impoffible de connoître la verité
de ce qui eft , & où neanmoins il faut fe determiner
à prendre pour vray l'un des faits oppofez , quoyqu'il
n'y ait que de l'incertitude en l'un & en l'autre , & qu'il
puiffe auffi facilement arriver qu'on prenne le faux que
le vray. Ainfi , par exemple , fi un pere & fon fils fe trouvent tuez dans une bataille , ou fi l'un & l'autre perif-
fent dans un naufrage , de forte qu'il n'y ait aucun moyen
de fçavoir fi l'un & l'autre font morts dans le même
inftant , ou fi l'un a furvécu , & lequel des deux : Et que
la veuve du pere prétende qu'il foit mort le premier,

pour faire paſſer la ſucceſſion à ſon fils , & du fils à elle ; les parens collateraux heritiers du pere pretendant au contraire , que le pere ait ſurvécu , ou que l'un & l'au_ tre ſoient morts dans le même inſtant , & qu'ainſi le fils n'ayant pû ſucceder au pere , ils luy ont ſuccedé ; cette queſtion ne peut ſe decider qu'en ſuppoſant , ou que le pere eſt mort le premier , & que le fils luy ayant ſuc cedé a fait paſſer à ſa mere les biens de ſon pere , ou que le fils eſt mort le premier & n'a rien tranſmis à ſa mere des biens de ſon pere , ou que les deux étant morts dans le même inſtant , le fils n'ayant pas ſurvécu n'a pas ſuccedé à ſon pere , & qu'ainſi la ſucceſſion du pere paſſe à ſes heritiers. Mais comme il n'y a aucune voye qui puiſſe determiner lequel de ces évenemens eſt le veritable , les loix ont voulu que dans un tel cas où il eſt neceſſaire de prendre un parti , & impoſſible de ſça- voir la verité du fait d'où dépend la deciſion , il ſoit pre- ſumé que le pere eſt mort le premier , & que le fils luy ayant ſuccedé , la mere recuëille la ſucceſſion du pere dans celle du fils u. Et cette preſomption eſt fondée d'une part ſur la pente à favoriſer la mere , & de l'autre ſur l'ordre naturel qui veut que le fils ſur- vive à ſon pere. Ainſi , dans cet évenement où ce que la nature a fait demeure inconnu , la loy ſuppoſe que la nature a fait ce qu'il ſemble que la raiſon auroit ſouhaité.

u Cùm bello pater cum filio periſſet : materque filii , quaſi poſtea mortui , bona vindicaret , agnati verò patris , quaſi filius ante periſſet : Divus Hadria- nus credidit patrem prius mortuum. l. 9. §. 1. ff. de reb. dub.

Il faut entendre la queſtion de la ſucceſſion de ce pere & de ce fils ſelon le droit écrit, ou ce que les Ordonnances & les Coûtumes donnent aux meres dans la ſucceſſion de leurs enfans.

Quoyqu'il ſoit naturel de preſumer dans le cas de cet article & dans les au- tres ſemblables , que le fils a ſurvécu à ſon pere , & qu'en general les enfans & deſcendans ſurvivent aux peres & aux meres & autres aſcendans ; on voit une preſomption contraire dans une autre Loy , où il eſt dit, Que s'il avoit été convenu entre un beaupere & ſon gendre , que ſi le gendre ſurvivoit à ſa fem- me , & qu'elle laiſſât un enfant d'un an , le mari gagneroit toute la dot : & que ſi au contraire l'enfant mouroit avant la mere , le mari ne gagnât qu'une partie de la dot : & qu'il fût arrivé que la mere & l'enfant d'un an vinſſent à perir dans un naufrage ; il ſeroit vray-ſemblable que l'enfant ſeroit mort le premier ; & qu'ainſi le mari ne gagneroit que la portion de la dot dont il avoit été convenu. Inter ſocerum & generum convenit : ut , ſi filia mortua ſuperſtitem

*anniculum filium habuisset, dos ad virum pertineret : Quòd si vivente matre fi-*
*lius obisset, vir dotis portionem, uxore in matrimonio defuncta, retineret. Mu-*
lier naufragio cum anniculo filio periit. *Quia verisimile videbatur, ante ma-*
trem, *infantem perisse : virum partem dotis retinere placuit. l. 26. ff. de pact.*
*dotal. Cette presomption que dans ce cas l'enfant est mort le premier est fondée*
*sur la foiblesse de son âge qui fait juger qu'il a moins resisté, & que la mere a*
*vêcu quelque temps de plus.*

## XVI.

16. *Autre espece de presomption.*

Il y a encore une autre sorte de presomptions qui ne
regardent pas des évenemens ou des faits dont il soit necessaire de connoître la verité, comme dans tous les cas
dont il a été parlé dans les articles precedens, mais qui
regardent le secret de l'intention des personnes, lorsqu'il est necessaire de connoître cette intention, & qu'il
n'y en a pas de preuves certaines. Car alors il faut la découvrir par des presomptions, s'il y en a de telles qu'elles puissent avoir cet effet. Ainsi, par exemple, si de
deux personnes qui auroient le même nom, l'un se trouvoit institué heritier par un testateur, sans qu'il y eût dans
le testament une designation precise qui pût distinguer
lequel de ces deux le testateur auroit entendu nommer
pour son heritier ; on jugeroit de l'intention de ce testateur par les presomptions qui pourroient la faire connoître, comme par les liaisons de proximité & d'amitié
qu'il pouvoit n'avoir qu'avec l'un des deux : & par les
autres circonstances qui pourroient faire connoître lequel il auroit voulu nommer pour son heritier *x*.

*x* Quoties non apparet quis heres institutus sit, institutio non valet. Quippe
evenire potest, si testator complures amicos eodem nomine habeat, & ad de-
signationem nominis singulari nomine utatur : nisi ex aliis apertissimis probationibus fuerit revelatum, pro qua persona testator senserit. *l. 62. §. 1. ff. de*
*hered. instit.* V. l'art. suivant & la remarque qu'on y a faite.

## XVII.

17. *Autre sorte de presomption.*

L'usage des presomptions dont il a été parlé dans l'article precedent regarde les doutes, les obscuritez, les
incertitudes de l'intention des personnes lorsqu'elle n'est
pas assez expliquée. Mais il y a des cas où l'on étend
les presomptions au-delà de ce qui a été dans la pensée
de celuy dont il est question de sçavoir la volonté. Ainsi,
par exemple, si un pere ayant institué son fils, & un enfant d'un autre fils déja decedé pour ses heritiers, & sub-

ſtitué le fils au petit fils, en cas qu'il mourût avant un
certain âge, il arrive que ce petit fils mourant au deſſous
de cet âge laiſſe des enfans ; la queſtion de ſçavoir ſi la
ſubſtitution aura lieu au prejudice des enfans de celuy
qui en étoit chargé, ſe décidera par cette préſomption,
que le teſtateur n'avoit entendu ſubſtituer que dans le
cas où ſon petit fils mourût ſans enfans & que ſon intention ne pouvoit être d'appeller ſon fils à la ſucceſſion
de ſon petit fils qui auroit des enfans *y*.

*y* Cùm avus filium, ac nepotem ex altero filio, heredes inſtituiſſet, à ne-
pote petiit, ut *ſi intra annum trigeſimum moreretur, hereditatem, patruo
ſuo reſtitueret.* Nepos, liberis relictis, intra ætatem ſupra ſcriptam vita deceſſit, fideicommiſſi conditionem, conjectura pietatis, reſpondi defeciſſe.
Quòd minus ſcriptum quàm dictum fuerat, inveniretur. *l.* 102. *ſ. de condit. &
demonſt.*

*Il faut remarquer ſur cet article & ſur le precedent, que l'uſage de ces ſortes
de préſomptions pour découvrir, ou conjecturer l'intention des perſonnes ſe trouve
frequent dans l'interpretation des Contracts & des Teſtamens, lorſqu'il s'agit
d'interpreter quelque ambiguité, ou quelque obſcurité, & de juger de l'intention
des perſonnes qui font des conventions, ou des Teſtamens. Et quoyque cette matiere ne ſoit pas de ce lieu, il n'eſt pas inutile d'y diſtinguer toutes les ſortes de
préſomptions, pour mieux entendre leur nature & leurs differens uſages. Mais
on ne doit pas mettre icy les regles de ces ſortes de préſomptions qui peuvent ſervir à l'interpretation des conventions & des Teſtamens; car pour celles qui regardent les conventions, elles ont été expliquées en leurs lieux : & on expliquera dans la matiere des Teſtamens celles qui s'y rapportent.*

# SECTION V.

## Des interrogatoires & confeſſions des Parties.

*Differentes ma-
nieres dont on peut
avoir la confeſſion
d'une partie ſur
des faits.*

COmme il arrive ſouvent que celuy qui a beſoin de
prouver un fait conteſté n'a ni écrit, ni témoins, ni
de preſomptions qui puiſſent ſuffire, on a recours à tirer
de la bouche de la partie la confeſſion de la verité, ce qui
ſe fait en trois manieres. L'une ſans exiger de ſerment,
lorſqu'une partie ſomme l'autre partie par quelque Acte,
& l'interpelle de reconnoître la verité d'un fait, ſoit que
ce ſoit le même qui eſt en conteſtation, ou quelqu'autre
qui puiſſe y ſervir de preuve: & cette premiére maniere,
qui devroit être la ſeule ſi chacun agiſſoit toûjours par la
bonne-foy, peut avoir ſon effet, ou lorſque celuy qui eſt
ſommé de declarer la verité eſt aſſez ſincere pour la reconnoître, ou lorſque ſa mauvaiſe foy l'engage à des ré-
ponſes

ponfes d'où l'on puiffe tirer contre luy quelques avantages.

La feconde maniere d'avoir la confeffion d'une partie
eft celle qu'on appelle des interrogatoires fur faits pertinens, c'eft à dire, qui regardent le different dont il
s'agit. Ce qui a fon ufage dans les cas où celuy qui a
befoin de prouver un fait, n'en ayant pas de preuves,
& ne voulant pas s'en remettre au ferment de fa partie,
demande qu'elle foit interrogée par le Juge fur des faits
dont il fait un memoire diftingué en articles, y com-
prenant le fait dont il s'agit, & d'autres faits, ou circonftances qui peuvent s'y rapporter, & fervir à la preuve. Et fi le Juge trouve que ces faits ou ces circonftances, dont l'interrogatoire eft demandé, puiffent fervir
à cette preuve, il ordonne l'interrogatoire, & que celuy qui doit être interrogé prêtera le ferment de dire la
verité de ce qui fera de fa connoiffance fur chaque article : & on écrit les réponfes, d'où celuy qui a demandé
l'interrogatoire tire les confequences qu'il peut tourner
à fon avantage, foit par les confeffions, ou par les de-
negations, ou variations de celuy qui a été interrogé.

La troifiéme maniere d'avoir la confeffion d'une partie, eft lorfque celuy qui ne peut avoir de preuves d'un
fait qu'il allegue, s'en remet au ferment de fa partie,
& confent que la declaration qu'elle fera, après avoir
prêté le ferment, tienne lieu de verité, & ferve de decifion, ce qu'on appelle ferment decifoire.

Cette derniere maniere du ferment decifoire fera expliquée dans la Section fuivante, & les autres feront la
matiere de celle-cy.

Il ne faut pas confondre le ferment decifoire d'une
partie à qui il a été deferé, & les reponfes de ceux dont
on a ordonné l'interrogatoire fur des faits alleguez par
leur partie. Car le ferment de celuy à qui il eft deferé
decide pour luy ; mais les reponfes fur ces interrogatoires ne decident pas en faveur de celuy qui repond, mais
fervent feulement pour tirer de fes reponfes des confequences qui puiffent fervir à la preuve du fait contefté :

& n'empêchent pas l'effet des preuves qu'il peut y avoir d'ailleurs contre luy.

Il y a encore une autre espece de serment que le Juge ordonne d'office, c'est à dire, de son mouvement, quoyqu'il ne soit pas deferé, ni demandé par la partie; ce qui depend de la prudence du Juge dans les cas où il peut y en avoir lieu. Ainsi, par exemple, si un demandeur d'une somme ayant établi sa demande, le défendeur soûtient qu'il a payé, mais sans le prouver, le Juge pourra en condamnant le défendeur, ordonner que le demandeur jurera qu'il n'a point été payé. Ainsi, dans les ordres on ordonne que les creanciers opposans qui sont colloquez, affirmeront & jureront que les sommes pour lesquelles ils sont mis en ordre leur sont legitimement dûës. Ce qui se fait pour empêcher la collusion entre des creanciers qui seroient payez, & le debiteur qui pour en profiter consentiroit à leur payement au prejudice des creanciers legitimes, & aussi pour prevenir d'autres fraudes des creanciers qui abusent des difficultez qu'il y a dans les ordres de bien connoître & discuter toutes les creances.

## SOMMAIRES.

1. La confession de la partie sert de preuve.
2. Confession par une erreur de fait.
3. Confession par une erreur de droit.
4. Interrogatoire de la partie ordonné par le Juge.
5. Comment doit répondre celuy qui est interrogé.
6. Usage des interrogatoires.
7. La reponse faite par une erreur de fait ne nuit pas.
8. Effet des interrogatoires.
9. Ils n'empêchent pas l'effet des autres preuves.
10. Difference entre ces interrogatoires, & la demande de communication des pieces d'une partie.

## I.

SI la partie contre qui on a befoin de prouver un fait en matiere civile, reconnoît d'elle-même, que ce fait eft vray, cette reconnoiffance fervira de preuve, & fuffira pour établir la condemnation qui en devra fuivre. Et une telle confeffion, fi elle eft ferieufe & precife, ne pourra pas être revoquée, fur tout fi c'eft en juftice qu'elle ait été faite *a*; à moins qu'il n'y eût dans cette confeffion quelque erreur qui pût être reparée, comme il fera dit dans l'article fuivant.

*1. La confeffion de la partie fert de preuve.*

*a* Confeffus pro judicato eft, qui quodammodo fua fententia damnatur. *l. 1. ff. de confeff. l. 56. ff. de re judic.*
Confeffos in jure pro judicatis haberi placet. Quare fine caufa defideras recedi à confeffione tua, cùm & folvere cogaris. *l. un. C. de confeff.*
*Dans les crimes capitaux la confeffion d'un accufé ne fuffit pas pour le condamner, s'il n'y a pas d'autres preuves, parce qu'il fe pourroit faire qu'une telle confeffion ne fût que l'effet d'un trouble, ou d'un defefpoir.* V. *l. 1. §. 17. & 27. ff. de Quæftion.*

## II.

Celuy qui par erreur reconnoît comme vray un fait contraire à la verité, peut reparer cette erreur, en juftifiant de la verité qu'il avoit ignorée *b*.

*2. Confeffion par une erreur de fait.*

*b* Non fatetur qui errat. *l. 2. ff. de confeff.*

## III.

Si celuy qui a reconnu la verité d'un fait, pretend ne l'avoir reconnu que par erreur, fous pretexte que par une ignorance de droit il a fait une confeffion contraire à fon interêt, il ne revoquera pas par là fa confeffion *c*. Ainfi, par exemple, fi un mineur ayant emprunté de l'argent, & étant devenu majeur s'en fait relever, mais confeffe qu'il a employé cet argent pour acquiter une dette de la fucceffion de fon pere, il ne fera pas reçû à revoquer cette declaration, en difant qu'il ne l'avoit faite que par erreur, croyant qu'à caufe de fa minorité il ne laifferoit pas d'être relevé. Car c'étoit dans le droit qu'il erroit & non dans le fait, ce qui ne change pas l'effet que doit avoir fa confeffion.

*3. Confeffion par une erreur de droit.*

*c* Non fatetur qui errat, nifi jus ignoravit. *l. 2. ff. de confeff.*

Ddd ij

## IV.

*4. Interrogatoire de la partie ordonné par le Juge.*

Lorsqu'une partie demande l'interrogatoire de l'autre sur des faits qu'elle articule, il dépend de la prudence du Juge d'ordonner l'interrogatoire, si les faits sont tels qu'étant reconnus ils puissent servir à la question qui est à juger, ou de ne le pas ordonner, si ces faits n'y ont point de rapport *d*.

*d* Ubicumque judicem æquitas moverit : æquè oportere fieri interrogationem, dubium non est. *l. 21. ff. de interrogat.*

*Par les Ordonnances il est permis aux parties de se faire interroger l'une l'autre en tout état de cause sur faits & articles pertinens, c'est à dire, qui peuvent servir à la preuve du fait dont il s'agit : & cet interrogatoire se fait avec serment.* V. l'Ordonnance de 1539. art. 37. & suivans. de 1563. art. 6. & de 1667. tit. 10. art. 1. V. l'art. 8. de la Sect. 1.

## V.

*5. Comment doit répondre celuy qui est interrogé.*

Celuy de qui on a ordonné l'interrogatoire est obligé de repondre, & de declarer nettement & precisément ce qui est de sa connoissance, sur les faits dont on l'interroge, sans feindre ni dissimuler, & sans ambiguité, ni obscurité, de sorte qu'il s'explique sur chaque fait, que ses reponses soient sinceres & naturelles, & qu'elles ayent un juste rapport à ce qu'on luy demande *e*.

*e* Nihil interest, neget quis, an taceat interrogatus, an obscurè respondeat; ut incertum dimittat interrogatorem. *l. 11. §. 7. ff. de interrog.*

In totum confessiones ita ratæ sunt, si id quod in confessionem venit, & jus & naturam recipere potest. *l. 14. §. 1. eod.*

Quod ait prætor *omnino non respondisse.* posteriores sic exceperunt, ut omnino non respondisse videatur qui ad interrogatum non respondit, id est, ως ς ἔπος. *l. 11. §. 5. eod.*

V. les Ordonnances citées sur l'art. precedent.

## VI.

*6. Usage des interrogatoires.*

L'usage de ces sortes d'interrogatoires n'est pas seulement d'avoir la preuve des faits dont celuy qu'on interroge aura reconnu la verité; mais quoyqu'il la nie ou la dissimule, ils peuvent servir à la faire connoître par les consequences qu'on pourra tirer contre luy de toutes ses reponses. Comme s'il nie des faits qui luy sont connus, & qui sont certains : s'il en allegue qu'on sçache être faux : s'il varie, & chancelle dans ses reponses : ou s'il reconnoît des faits dont on puisse conclurre la verité de ceux qu'il a nié *f*.

*f* Voluit prætor adstringere eum qui convenitur ex sua in judicio responsione, ut vel confitendo, vel mentiendo, sese oneret. *l. 4. ff. de interrogat.*

## VII.

S'il arrive que celuy qui a été interrogé découvre que par erreur il ait reconnu quelque fait qui ne fût pas vray, ou qu'il se soit trompé dans des circonstances, & qu'ayant sçû la verité, il puisse faire connoître qu'il s'étoit trompé; sa confession ne pourra faire aucun prejudice contre la verité qui paroîtra d'ailleurs *g*.

*g*. Celsus scribit, licere responsi pœnitere, si nulla captio ex ejus pœnitentia sit, actoris. Quod verissimum mihi videtur; maxime si quis postea plenius instructus quid faciat, instrumentis, vel epistolis amicorum, juris sui edoctus. *l. 11. §. ult. ff. de interrog.*

*7. La réponse faite par une erreur de fait, ne nuit pas.*

## VIII.

Si celuy qui a été interrogé a reconnu la verité des faits contestez, ou que ses réponses la fassent connoître, son interrogatoire aura le même effet, que s'il avoit consenti à la condemnation de ce qu'on luy demande, si cette condemnation se trouve fondée sur les preuves qui peuvent resulter de l'interrogatoire *h*.

*h*. Qui interrogatus responderit, sic tenetur, quasi ex contractu obligatus, pro quo pulsabitur, dum ab adversario interrogatur. Sed & si à prætore fuerit interrogatus, nihil facit prætoris auctoritas : sed ipsius responsum, sive mendacium. *l. 11. §. 9. ff. de interrog.*

*8. Effet des interrogatoires.*

## IX.

Les reponses que font ceux de qui le Juge a ordonné l'interrogatoire sur des faits alleguez par leurs parties, ne sont pas decisoires en leur faveur: & ce qu'ils repondent ne tient pas lieu de preuve pour eux, & n'empêche pas l'effet des preuves contraires. Mais c'est de la prudence du Juge, que depend l'effet, que doivent avoir les réponses pour faire connoître la verité des faits dont il s'agit *i*.

*i. V. la Loy citée sur l'art. 6.*

*9. Ils n'empêchent pas l'effet des autres preuves.*

## X.

On peut mettre au rang des confessions des parties, ce qui peut resulter des pieces dont une partie demande la communication à l'autre, comme de son papier journal ou autre piece, si elle est representée par la partie

*10. Difference entre ces interrogatoires, & la demande de communication des pieces d'une partie.*

à qui on la demande. Mais il y a cette différence entre une demande de la représentation des pieces d'une partie qui ne les produit pas, & celle des reponses aux interrogatoires, qu'on peut refuser de representer des pieces si on ne veut pas s'en servir, mais on ne peut refuser de répondre, si les faits sont pertinens. Car les parties doivent reconnoître la verité de tous les faits, dont la connoissance est necessaire pour juger ce qui est en contestation. Et cette connoissance doit être commune à toutes les personnes qu'elle interesse. Mais les papiers journaux, & les autres pieces propres à une partie ne sont pas communes à l'une & à l'autre. Et il peut y avoir dans ces pieces des faits dont la verité doive être tenuë en secret, & qui même ne regardent pas le sujet du procés. Ainsi, une partie ne peut exiger de l'autre, qu'elle produise ou represente une piece dont cette partie ne veut de sa part faire aucun usage: mais il dépend de sa bonne-foy de representer, ou de retenir les pieces dont la communication luy est demandée. Et on n'est obligé de produire que celles sur lesquelles on fonde son droit. Que si dans le refus de representer une piece, il y avoit quelque juste soupçon de mauvaise foy, comme si un creancier qui demanderoit des interêts, ou des arrerages d'une rente, refusoit de representer son livre journal, où le debiteur pretendroit qu'il seroit fait mention de ses payemens; il dépendroit de la prudence du Juge, d'ordonner sur ce refus ce que les circonstances pourroient demander [l].

[l] Edenda sunt omnia quæ quis apud judicem editurus est : non tamen ut & instrumenta, quibus quis usurus non est, compellatur edere. l. 1. §. 3. ff. de edendo.

Ipse dispice, quemadmodum pecuniam, quam te deposuisse dicis, deberi tibi probes. Nam quod desideras, ut rationes suas adversaria tua exhibeat, id ex causa ad judicis officium pertinere solet. l. 1. C. eod.

Non est novum, eum à quo petitur pecunia, implorare rationes creditoris, ut fides veri constare possit. l. 5. C. eod.

Et quæ à Divo Antonino patre meo, & quæ à me rescripta sunt, cum juris & æquitatis rationibus congruunt. Nec enim diversa sunt, vel discrepantia. Quòd multum intersit an ex parte ejus qui aliquid petit, quique doli exceptione submoveri ab intentione petitionis suæ potest, rationes promi reus desideret, quibus se posse instrui contendit, quod utique ipsa æquitas suadet: an verò ab eo, à quo aliquid petitur actor desideret rationes exhiberi: quando

Hoc casu non oportet originem petitionis ex instrumentis ejus, qui convenitur, fundari. *l. 8. eod.*

*Ce qui est dit dans cet article de la representation des pieces ne regarde que celles qui sont entre les mains de particuliers, & qui leur sont propres, & n'a point de rapport aux Notaires, Greffiers, & autres personnes publiques, & à leurs heritiers ou autres qui sont depositaires de leurs minutes & autres papiers dont ils peuvent avoir été chargez. Car ces sortes de personnes exerçant une fonction publique, sont tenuës de representer les Actes qui ont été déposez en leurs mains, aux personnes qui y sont interessées, quand ce seroit contr'eux-mêmes : & ils y sont contraints par les Juges, lorsqu'ils le refusent.* Is apud quem res agitur, acta publica tam civilia, quàm criminalia exhiberi inspicienda, ad investigandam veritatis fidem jubebit. *l. 2. C. de edendo.* Argentarius rationes edere jubetur, nec interest, cum ipso argentario controversia sit, an cum alio. *l. 10. ff. eod.* Cogentur & successores argentarii edere rationes. *l. 6. §. 1. eod.*

## SECTION VI.

### *Du Serment.*

LE Serment est une sûreté que les Loix exigent en plusieurs occasions, où pour affermir un engagement, ou pour confirmer un témoignage, ou une declaration sur la verité d'un fait ; & cette sûreté consiste en la confiance qu'on peut avoir, que celuy qui jure ne violera pas un devoir où il prend Dieu pour témoin de sa fidelité en ce qu'il assûre, ou en ce qu'il promet, & pour juge & vengeur de son infidelité, s'il fait un parjure *a*. Ainsi les Loix ordonnent que ceux qui entrent dans des charges publiques prêtent le serment, qu'ils s'en acquiteront suivant les regles qui leur sont prescrites. Ainsi elles obligent les Tuteurs, les Curateurs, & les autres Administrateurs de jurer qu'ils s'acquiteront des devoirs de leur ministere. Ainsi elles veulent que ceux qui sont appellez pour porter un témoignage en justice, ou pour y faire quelque rapport de choses de leur connoissance, comme ceux qu'on prend pour Experts, jurent qu'ils rendront un témoignage, ou un rapport fidelle. Ainsi lorsqu'une partie ne pouvant prouver un fait qu'elle avance, s'en rapporte au serment de sa partie, ou que le Juge defere le serment, celuy à qui il est deferé, soit par le Juge, ou par sa partie, est tenu de jurer sur ce qui peut être de sa connoissance, & servir à la decision de ce qui est en contestation.

*Divers usages du serment.*

*a* Sit Dominus inter nos testis veritatis, & fidei. *Jerem. 42. 5.*
Ego sum judex & testis, dicit Dominus. *Jerem. 29. 23.*

L'ufage du Serment dans ces fortes d'occafions, &
dans toutes les autres a été inventé comme une precaution contre l'inconftance & l'infidelité des hommes, &
pour fuppléer par la fermeté d'un engagement fi étroit
de religion aux autres affurances, que celuy de qui on
prend le ferment ne fçauroit donner, ou qu'il ne feroit
pas jufte d'exiger de luy. Ainfi on ne peut prendre d'autre fûreté d'un témoin qu'il dira la verité, que celle
que peut donner fon ferment de fa bonne foy, & qu'il
ne voudra pas commettre un parjure. Ainfi, il ne feroit
ni jufte, ni honête, d'exiger d'un Officier de Juftice,
qu'il donnât caution de bien exercer fa charge, ni d'autre fûreté que de fon ferment.

Comme le Serment eft une precaution facile à prendre, & qu'elle redouble l'engagement de celuy qui jure, l'ufage du ferment avoit été fi fort étendu qu'on en
ufoit dans les fimples conventions entre particuliers, l'un
jurant à l'autre qu'il executeroit ce qu'il promettoit : &
on voit encore dans les obligations, & dans les Contracts, que les Notaires font mention de ce ferment.
Mais comme c'étoit une precaution fuperfluë, & une
occafion de parjure, cet ufage eft aboli, & les contractans ne font aucun ferment, encore qu'il en foit fait
mention dans les obligations & dans les contracts. Et on
a auffi aboli un autre ferment que les Loix Romaines exi-
geoient de tous les plaideurs, qu'elles obligeoient dès
l'entrée de caufe, tant demandeurs que défendeurs, de
jurer que leurs demandes & leurs défenfes étoient finceres & de bonne-foy, fans intention de vexer & de chicaner b. Ce qui n'étoit prefque toûjours qu'une occafion de
parjure ou d'une part, ou de l'autre, ou fouvent même
de toutes les deux. Et quoyque ce ferment eût été renouvellé en France par des Ordonnances en de certains cas,
il ne s'en fait plus ni d'ufage, ni de mention.

b L. 1. C. de jur. propt. cal. dand.
c Par une Ordonnance de Philippes le Bel de l'année 1302. les Procureurs du
Roy étoient obligez à ce ferment dans les caufes qu'ils intentoient pour l'interêt
du Roy. Et par l'art. 58. de l'Ordonnance d'Orleans en toutes matieres perfon-
nelles les parties étoient obligées à ce même ferment.

De

De toutes les fortes de Serment dont on vient de parler, on peut concevoir deux usages, qui en font comme deux especes. L'une du Serment dont l'usage est d'affermir un engagement, & l'autre de celuy qu'on prend d'une partie au defaut de preuves, soit que le serment ait été deferé par la partie, ou par le Juge. Ainsi le serment des Officiers, des Tuteurs, des Curateurs, & autres de qui on prend un serment de bien exercer leurs fonctions, celuy que font les Témoins, & les Experts, sont pour affermir leurs engagemens de s'acquiter de leurs charges, de leurs fonctions, de dire la verité, de faire un rapport fidelle: & tous ces sermens regardent des devoirs à venir. Mais pour le serment qui est deferé à une partie, quoyqu'il doive bien avoir à son égard cet effet d'affermir son engagement à dire la verité, c'est par une autre vûë qu'on le considere comme tenant lieu d'une preuve qui fait qu'on tient pour la verité le fait sur lequel la partie a juré. Et c'est par cette vûë que cette sorte de serment fait une matiere du Titre des Preuves, & dont les regles seront expliquées dans cette Section; au lieu que les autres sermens ne font pas une matiere qui renferme un détail de regles, mais se reduisent à ce peu de remarques qu'on vient d'en faire.

## SOMMAIRES.

## I.

LE Serment eſt un acte de Religion, où celuy qui jure, prend Dieu pour témoin de ſa fidelité en ce qu'il promet, ou pour Juge & vengeur de ſon infidelité, s'il vient à y manquer *a*. Ainſi un Officier promet avec ſerment de bien exercer ſa charge : Ainſi un Témoin promet & jure qu'il dira la verité : Ainſi celuy à qui le ſerment eſt deferé pour decider en ſa propre cauſe ſur un fait conteſté, promet qu'il en dira la verité qui peut être de ſa connoiſſance.

*a* Jurisjurandi contempta religio ſatis Deum ultorem habet. *l. 2. C. de reb. cred. & jurej.*

## II.

Comme on ne vient à faire jurer une partie en ſa propre cauſe, qu'au défaut de preuves, perſonne n'eſt reçû à jurer, ſi le ſerment ne luy eſt deferé, & ordonné par le Juge qui doit connoître ſi les preuves ſont ſuffiſantes, ou s'il eſt neceſſaire de venir au ſerment *b*

*b* Si reus juraverit nemine ei jusjurandum deferente, prætor id jusjurandum non tuebitur, ſibi enim juravit. Alioquin facillimus quiſque ad jusjurandum decurrens, nemine ſibi deferente jusjurandum, oneribus actionum ſe liberabit. *l. 3. ff. de jurejurando.* V. dans l'art. ſuivant comment le ſerment eſt deferé, & ordonné.

## III.

La partie qui reconnoît n'avoir point de preuves, ou n'en avoir pas qui ſoient ſuffiſantes, peut deferer le ſerment à ſa partie ; c'eſt à dire, s'en remettre à ce qu'elle déclarera aprés avoir juré : Et ce ſerment que le Juge ordonne, & reçoit, s'il y en a lieu, eſt d'un uſage frequent & utile pour finir les procés *c*.

*c* Maximum remedium expediendarum litium in uſum venit jurisjurandi religio. Qua vel ex pactione ipſorum litigatorum, vel ex auctoritate judicis decidantur controverſiæ. *l. 1. ff. de jurejur.* V. l'art. ſuivant.

## IV.

Quoyque la partie qui n'a point de preuves ne déclare pas qu'elle s'en remet au ferment de fa partie ; le Juge peut ordonner le ferment, s'il le trouve juste. Ainſi par exemple, ſi un debiteur à qui un creancier demande une ſomme duë par une obligation dont il juſtifie ; dit qu'il a payé, mais ſans le prouver, alleguant ſeulement quelques circonſtances qui ne peuvent ſuffire pour le décharger de cette demande ; le Juge peut en le condamnant, ajoûter que le creancier jurera qu'il n'a reçû aucun payement *d*.

*d* Ex auctoritate judicis. *V. la Loy citée ſur l'art. precedent.*
In bonæ fidei contractibus, necnon in cæteris cauſis, inopia probationum per judicem jurejurando cauſa cognita, res decidi oportet. *l. 3. C. de reb. cred. & jurejur.*

## V.

Celuy à qui ſa partie defere le ferment ſur un fait de ſa connoiſſance, eſt tenu de jurer, ſi le Juge l'ordonne : & s'il le refuſe, le fait demeurera prouvé, & reconnu pour établir la condamnation qui en devra ſuivre. Ainſi, par exemple, ſi celuy qui ſe pretend creancier d'une ſomme dont il dit qu'il n'y a point eu d'obligation, à cauſe de la modicité, ou que l'obligation a été perduë, n'ayant pas aſſez de preuves, déclare qu'il s'en remet au ferment de celuy qu'il pretend être ſon debiteur ; & qui denie ; celuy-cy ſera tenu de jurer qu'il ne doit rien, & s'il le refuſe le fait ſera tenu pour vray, & il ſera condamné à payer la ſomme qui étoit demandée *e*.

*e* Ait Prætor, eum à quo jusjurandum petetur, ſolvere, aut jurare cogam. Alterum itaque eligat reus, aut ſolvat, aut juret : ſi non jurat, ſolvere cogendus erit à Prætore. *l. 34. §. 6. ff. de jurej.*

## VI.

Si le fait dont une partie defere le ferment à l'autre, eſt de la connoiſſance de tous les deux, celuy à qui le ferment a été deferé, a la liberté ou de jurer, ou de referer le ferment à celuy qui le luy defere. Et s'il ne vouloit faire ni l'un ni l'autre, le fait ſeroit tenu pour prou-

vé & reconnu : & il feroit condamné à ce qui devroit fuivre la preuve de ce fait *f*.

*f* Datur autem & alia facultas reo, ut fi malit referat jusjurandum : & fi is
qui petet conditione jurisjurandi non utetur, judicium ei prætor non dabit.
Æquiffimè enim hoc facit, cùm non deberet difplicere conditio jurisjurandi ei
qui detulit. *l*. 34. §. 7. *ff. de jurejur.*
Manifeftæ turpitudinis, & confeffionis eft nolle nec jurare, nec jusjurandum
referre. *l*. 38. *ff. eod.*
Delata conditione jurisjurandi, reus .... folvere, vel jurare, nifi referat
jusjurandum, neceffe habet. *l*. 9. C. *de reb. cred. & jurej.*

### V I I.

7. Celuy qui a
deferé le ferment
peut le remettre.

Celuy à qui le ferment étoit deferé étant prêt de jurer, la partie qui le luy avoit deferé, peut l'en décharger. Et en ce cas il en fera de même que fi le ferment
avoit été fait *g*.

*g* Remittit jusjurandum qui, deferente fe, cùm paratus effet adverfarius
jurare, gratiam ei fecit, contentus voluntate fufcepti jurisjurandi. *l*. 6. *ff. de
jurejur.*

### V I I I.

8. Il peut auffi le
revoquer.

Celuy qui a deferé le ferment peut revoquer ce confentement, fi la partie n'a pas encore juré. Car il fe peut
faire, ou qu'il ait eu de nouvelles preuves, ou qu'il ait
fujet de craindre un faux ferment *h*.

*h* Quòd fi non fufcepit jusjurandum ( is cui delatum erat ) licet poftea pa-
rato jurare actor nolit deferre, non videbitur remiffum. Nam quod fufceptum
eft, remitti debet. *l*. 6. *in f. ff. de jurejur.*

### I X.

9. Devoir du Juge
fur le ferment de-
feré, ou referé.

Il refulte de toutes les regles precedentes, que lorfqu'il s'agit du ferment, foit qu'une partie le défere à l'autre, ou que celuy à qui il eft deferé veüille le referer,
il eft de la prudence du Juge, felon les circonftances de
la qualité des faits, & de la connoiffance que peut en
avoir celuy de qui le ferment eft demandé, de l'ordonner, ou non : Et quoyque le ferment ne foit pas demandé par la partie, le Juge peut l'ordonner d'office, s'il y
en a lieu. Et aprés que le ferment a été ordonné, s'il a
été deferé par une partie, le devoir du Juge eft de le recevoir de celuy à qui il a été deferé, & d'ordonner ce qui
devra être reglé fuivant fon ferment, foit pour luy adjuger ce qu'il demande, ou pour le décharger de ce qui
luy eft demandé. Que s'il refufe de jurer, étant rendu

Juge en fa propre caufe, il fera ou debouté de ce qu'il demandoit, ou condamné fuivant la demande qui luy étoit faite. Et à l'égard de celuy qui avoit deferé le ferment, & à qui il eft référé, s'il a de juftes caufes pour ne pas jurer, comme fi les faits n'étoient pas de fa connoiffance, il ne doit pas y être contraint. Mais s'il refufe de jurer d'un fait qui foit de fa connoiffance, il fera tenu pour prouvé : Et le Juge ordonnera ce qui fera jufte, felon ce fait. Que s'il jure, il fera jugé felon fon ferment *i*.

*i* Non femper autem confonans eft per omnia referri jusjurandum quale defertur, forfitan ex diverfitate rerum, vel perfonarum : quibufdam emergentibus quæ varietatem inducunt. Ideóque, fi quid tale incidecit, officio judicis conceptio hujufcemodi jurisjurandi terminetur. *l. 34. §. 8. ff. de jurejur.*

Cùm res in jusjurandum demifla fit, judex jurantem abfolvit : referentem audiet, & fi a&or juret condemnet reum. Nolentem jurare reum, fi folvat abfolvit : non folventem condemnat. Ex relatione non jurante a&ore, abfolvit reum. *d. l. 34. §. ult.*

## X.

Lorfque le ferment a été deferé à une partie, & qu'elle a juré, il fera decifif : & ce qu'elle aura declaré tiendra lieu de verité, & fervira de regle. Car c'étoit pour decider que le ferment étoit deferé. Ainfi, il aura autant ou plus de force qu'une chofe jugée : & fera le même effet qu'un payement, fi celuy à qui on demandoit une fomme jure ne rien devoir, ou qu'une Tranfaction, fi c'étoit un different d'une autre nature *l*.

*l* Jusjurandum fpeciem tranfactionis continet : majoremque habet auctoritatem, quàm res judicata. *l. 2. ff. de jurejur.*

Dato jurejurando, non aliud quæritur quàm an juratum fit : remifla quæftione an debeatur : quafi fatis probatum fit jurejurando. *l. 5. §. 2. eod. l. 56. ff. de re jud.*

Jusjurandum etiam loco folutionis cedit. *l. 27. ff. de jurejur.* Eft acceptilationi fimile. *l. 40. eod.*

## XI.

La decifion du ferment fait ceffer toute autre queftion que celle de fçavoir ce qui a été juré. Et elle a cet effet qu'elle éteint le droit de celuy qui la deferé. Car fi c'étoit le demandeur, fa demande eft aneantie & à fon égard & à l'égard de tous ceux qui le reprefentent. Et fi c'étoit le défendeur, il perd fes défenfes, & l'action

du demandeur demeure établie & contre luy, & contre
tous ceux qui sont en son lieu. Et il en seroit de même si
celuy à qui le serment auroit été deferé par sa partie
étant prêt de jurer, en étoit déchargé, la partie l'ayant
dispensé du serment *m*.

*m* De eo quod juratum est ( prætor ) pollicetur se actionem non daturum,
neque in eum qui juravit, neque in eos qui in locum ejus, cui jusjurandum
delatum est, succedunt. *l. 7. in f. ff. de jurejur.*

Jurejurando dato, vel remisso, reus quidem acquirit exceptionem sibi,
aliisque : actor verò actionem acquirit, in qua hoc solùm quæritur, an juraverit, dari sibi oportere : vel cùm jurare paratus esset, jusjurandum ei re-
missum sit. *l. 9. §. 1. ff. eod.*

## XII.

Si aprés le serment il se trouve des pieces qui prouvent le contraire de ce qui a été juré ; ces nouvelles
preuves détruiront l'effet du serment, & rétabliront le
droit de l'autre partie. Et cette preuve qui est facilement reçûë lorsque le serment n'a été deferé que par le
Juge, & non par la partie, peut l'être aussi quoyque le
serment ait été deferé par la partie même, si la qualité
du fait, l'évidence de la preuve font que l'équité le
demande ainsi. Comme par exemple, si celuy à qui on
demande une somme en vertu d'un testament, d'un contract, ou d'un autre titre, dont on ne justifie point, reconnoissant la verité du titre qui se trouve perdu ou
égaré, mais ignorant s'il y est fait mention de ce qui luy
est demandé, s'en rapporte au serment de celuy qui
luy fait cette demande, & qu'aprés son serment l'ayant
payé ce titre paroisse, sans qu'il s'y trouve rien qui pût
l'obliger à ce payement, il pourra recouvrer ce qu'il
avoit payé sur ce faux serment *n*.

*n* Admonendi sumus, interdum etiam post jusjurandum exactum, permitti
constitutionibus principum, ex integro causam agere, si quis nova instrumenta se invenisse dicat, quibus nunc solis usurus sit. Sed hæ constitutiones tunc
videntur locum habere cùm à judice aliquis absolutus fuerit. Solent enim sæpe
judices in dubiis causis, exacto jurejurando secundùm eum judicare, qui juraverit. Quòd si alias inter ipsos jurejurando transactum sit negotium, non
conceditur eandem causam retractare. *l. 31. ff. de jurejur.*

Causa jurejurando ex consensu utriusque partis, vel adversario inferente
delato & præstito, vel remisso, decisa, nec perjurii prætextu retractari potest : nisi specialiter hoc lege excipiatur. *l. 1. C. de reb. cred. & jurejur.*

Cùm quis legatum vel fideicommissum, ut potè sibi relictum exigeret, & testamento forte non appareate, pro eo facramentum ei ab herede delatum eſſet, & is religionem ſuam præſtaſſet, affirmans ſibi legatum vel fideicommiſſum derelictum eſſe, & ex hujuſmodi teſtamento id quod petebat conſecutus eſſet, poſteà autem manifeſtum eſſet factum, nihil ei penitus fuiſſe derelictum : apud antiquos quærebatur utrum jurejurando ſtandum eſſet, an reſtituere deberet, quod accepiſſet..... nobis itaque melius viſum eſt repeti ab eo legatum vel fideicommiſſum, nullúmque ex hujuſmodi perjurio ei lucrum accedere. l. ult. C. de reb. cred. & jurejur. Ne cui ex delicto impium ſibi lucrum afferre noſtris legibus concedatur. d. l. in f.

### XIII.

Tout ce qui a été dit du ſerment dans les articles precedens, doit s'entendre de tous les cas qui peuvent arriver en toutes matieres civiles, lorſque les faits & les circonſtances peuvent rendre juſte & honête l'uſage du ſerment o. Mais dans les crimes le ſerment ne peut être deferé ni par l'accuſateur à l'accuſé, ni par l'accuſé à l'accuſateur, ni par le Juge à aucun des deux. Car il ſeroit contre la juſtice & les bonnes mœurs, que la juſtification, ou la condamnation dépendiſſent d'un ſerment que l'interêt ou la paſſion pourroient rendre faux, ni d'aucune autre cauſe que d'une preuve parfaite de la verité.

o Quacumque actione quis conveniatur, ſi juraverit proficiet ei jusjurandum, ſive in perſonam, ſive in rem, ſive in factum, ſive pœnali actione, vel quavis alia agatur, ſive de interdicto. l. 3. §. 1. ff. de jurejur.

### XIV.

Si dans une cauſe decidée par un ſerment, celuy qui a juré, ou celuy qui a deferé le ſerment ſe trouve intereſſé avec d'autres ſolidairement, quoyqu'il n'y en ait eu en cauſe qu'un ſeul, le ſerment aura ſon effet à l'égard de tous, ſoit pour ou contre eux p.

p In duobus reis ſtipulandi, ab altero delatum jusjurandum etiam alteri nocebit. l. 28. ff. de jurej.
Ex duobus reis promittendi ejuſdem pecuniæ, alter juravit : alteri quoque prodeſſe debebit. d. l. 28. §. 3. V. l'article ſuivant.

### XV.

La deciſion que fait le ſerment ne regarde que les parties entre qui le ſerment a été ordonné, ou ceux de qui le droit étoit en leurs mains, ou leurs cautions, & les perſonnes qui les repreſentent, mais il ne peut nuire aux tierces perſonnes. Ainſi, par exemple, celuy à qui le ſerment avoit été deferé ſur une demande d'une chose qu'il pretendoit luy appartenir , & qui avoit juré qu'elle étoit sienne, ne pourra pas se servir de ce serment contre un autre qui pretendra droit sur la même chose *q*.

*q* Jusjurandum alteri neque prodest, neque nocet. *l. 3. §. 3. in fine ff. de jurejur.*

Si petitor juravit possessore deferente, *rem suam esse* : actori dabitur actio Sed hoc duntaxat adversus eum qui jusjurandum detulit, eosque qui in ejus locum successerunt. Cæterum adversus alium , si velit prærogativa jurisjurandi uti, nihil ei proderit. Quia non debet alii nocere, quod inter alios actum esset. *l. 9. §. ult. & l. 10. eod.*

*V. pour les Cautions l'art. 5. de la Sect. 5. du Titre des Cautions.*

## XVI.

16. *Quelles personnes peuvent déferer le serment pour d'autres.*

Il n'y a que les personnes interessées qui puissent déferer le serment , & ceux qui ont droit de le deferer pour d'autres , ou par la loy comme un Tuteur, ou par leur volonté comme un Procureur constitué. Mais le Tuteur & le Procureur ne peuvent deferer le serment que suivant les regles qui ont été expliquées en leur lieu *r*.

*r V. l'art. 5. de la Section 2. des Tuteurs , & l'article 10. de la Section 3. des Procurations. V. l'article 8. de la Section 1. de ce qui se fait en fraude des Creanciers.*

# TITRE VII.

## DE LA POSSESSION, & des Prescriptions.

ON a joint sous un même Titre la matiere de la possession & celle des prescriptions, parce que c'est par la possession que s'acquiert la prescription , & qu'ainsi l'une est comme la cause , & l'autre l'effet : Et encore par cette raison , que l'une & l'autre sont des manieres d'acquerir & d'assurer la proprieté. Car on verra dans ce Titre que non seulement on acquiert la proprieté d'une chose par la prescription, qui n'est en effet qu'une possession continuée pendant un long-temps , mais qu'on l'acquiert aussi quelquefois par le simple effet de la possession, sans prescription.

*Pourquoy on a joint la possession & la prescription.*

L'usage de la possession est tel que sans elle la proprieté seroit inutile.   Car ce n'est que par la possession qu'on a les choses en sa puissance, qu'on en use, & qu'on en jouit, ce qui fait qu'on se sert assez souvent du mot de possession pour signifier la proprieté *a*, quoy-que ce soient deux choses qu'il faut distinguer , car elles sont si differentes qu'on peut n'avoir que l'une sans l'autre *b*. Ainsi, par exemple, si une personne vend à une autre une chose d'un tiers , & la luy délivre, l'acheteur qui l'acquiert de bonne foy , l'ayant en sa puissance, & en étant consideré comme le maître, il en a la possession , mais sans en avoir la proprieté, jusqu'à ce que la longue possession la luy ait acquise : Et ce tiers conserve sa proprieté sans possession, jusqu'à ce qu'il agisse contre cet acquereur pour la recouvrer.

*Usage de la possession , & les differences entre la proprieté , la possession , & la detention.*

On voit par cet exemple que la possession & la pro-

---

*a* Interdum proprietatem quoque verbum possessionis significat, sicut in eo qui possessiones suas legasset, responsum est. *l. 78. de verb. signif.*
*b* Nihil commune habet proprietas cum possessione, *l. 12. §. 1. ff. de acq. vel am. poss.*

*Tome II.*                                   Fff

prieté pouvant eftre feparées, ce font deux chofes qu'il
ne faut pas confondre. Mais quoy-qu'il femble par cette
diftinction que la poffeffion ne foit autre chofe que la
détention de ce qu'on a en fa puiffance, foit qu'on en
ait la propriété, ou qu'on ne l'ait point ; il ne faut pas
prendre pour une veritable poffeffion toute forte de détention, mais feulement celle d'une perfonne qui tient
une chofe à titre de maître ; foit qu'il en ait la détention actuelle, l'ayant en fa puiffance, ou qu'il exerce fon
droit par d'autres à qui il laiffe cette détention, comme
à un dépofitaire, à un locataire, à un fermier, car alors
il poffede la chofe par les mains de ceux qui l'ont en
fon nom. Ainfi au lieu qu'il n'y a proprement qu'une
veritable poffeffion, qui eft celle du maître ; on peut
diftinguer trois fortes de détention, felon trois differentes
caufes qu'elle peut avoir. Celle du maître quand il tient
en fa puiffance la chofe qui eft à luy : Celle des perfonnes qui la tiennent pour luy : Et celle des ufurpateurs.

*Trois caufes de la détention.*

La premiere de ces caufes de la détention d'une chofe,
eft le droit de proprieté, qui donne au proprietaire le
droit d'avoir en fa puiffance ce qui eft à luy, pour s'en
fervir, en joüir, & en difpofer : & c'eft à cette premiere
caufe que la détention eft liée naturellement.

La feconde caufe de la detention eft la volonté du
maître de la chofe, qui fait qu'elle paffe en la puiffance
d'une autre perfonne ; comme fi c'eft une maifon qu'il
loüe, des heritages qu'il donne à ferme, ou en joüiffance à un creancier : Si c'eft un meuble qu'il prête,
qu'il loüe, qu'il mette en dépôt, ou qu'il donne en gage.
Dans tous ces cas la détention paffe en d'autres mains
que celles du maître, mais fans qu'il perde fa poffeffion.
Car confervant toûjours fon droit de proprieté, qui
renferme le droit de poffeder, & la detention n'étant
entre les mains des autres qu'en fon nom, c'eft luy qui
poffede par les autres, & ils n'ont qu'une poffeffion empruntée pour un ufage de quelque temps, & qui ne
pourra jamais leur acquerir le droit de proprieté. Et
comme celuy qui conftituë un Procureur pour vendre,

pour donner, ou pour tranſiger, vend luy-même, &
donne & tranſige ſelon que ce Procureur le fait en ſon
nom, ainſi le proprietaire de qui la poſſeſſion paſſe par
ſa volonté entre les mains d'un autre, poſſede par
luy.[c]

La troiſiéme cauſe de la detention eſt l'uſurpation,
ſoit par un larcin, ou par une voye de fait, ou par
quelque autre voye illicite. Et cette maniere de detention ne merite pas le nom de poſſeſſion[d]. Ainſi, c'eſt par
la cauſe de la detention qu'il faut juger ſi c'eſt une poſſeſſion, ou ſeulement une uſurpation. Et lorſque c'eſt
une poſſeſſion, il faut diſtinguer ſi elle eſt entre les mains
du maître à qui elle appartient naturellement, ou s'il
poſſede par les mains d'un autre.

Il s'enſuit de ces remarques qu'il faut diſtinguer dans
l'idée generale que donne le mot de poſſeſſion, un droit
& un fait, le droit de poſſeder, & la detention actuelle
qui eſt de fait. C'eſt de là que ſont venuës, & c'eſt par
là qu'il faut expliquer ces differentes façons de parler
qu'on voit dans les loix, Que la poſſeſſion n'a rien de
commun avec la proprieté, *nihil commune habet proprie-*
*tas cum poſſeſſione. l. 12. §. 1. ff. de acq. vel am. poſſ.* Que la
poſſeſſion ne peut être ſeparée de la proprieté : *Proprie-*
*tas à poſſeſſione ſeparari non poteſt. l. 8. C. de acq. & ret. poſſ.*
Que la poſſeſſion eſt de fait & non de droit : *Res facti, non*
*juris. l. 1. §. 3. ff. de acq. vel am. poſſ.* Que la poſſeſſion n'eſt
pas ſeulement de fait, mais qu'elle eſt de droit : *Poſſeſſio*
*non tantùm corporis, ſed & juris eſt. l. 49. §. 1. eod.* Que l'u-
ſufruitier a une eſpece de poſſeſſion naturelle : *Naturali-*
*ter videtur poſſidere is qui uſumfructum habet. l. 12. ff. de acq.*
*vel am. poſſ.* Que l'uſufruitier n'eſt point poſſeſſeur : *Eum*
*qui tantùm uſumfructum habet, poſſeſſorem non eſſe. l. 15. §. 1.*
*ff. qui ſatis d. cogantur.* Qu'il ne poſſede point : *Non poſſidet,*
*ſed habet jus utendi fruendi. §. 4. inſt. per quas perſ. nob. acq.*
*l. 1. §. 8. ff. quod legat.* D'où il faut conclure que la vraye
poſſeſſion n'eſt proprement que celle du maître : Et

*Il faut diſtinguer*
*dans la poſſeſſion ce*
*qui eſt de droit, &*
*ce qui eſt de fait.*

c V. les art. 8. & 9. de la Sect. 1.
d Si vinxeris hominem liberum, eum te poſſidere non puto. l. 23. §. 2. ff. de
acq. vel amitt. poſſ.

qu'encore que d'autres que le maître puissent avoir droit
de tenir la chose en leur puissance, comme le locataire,
le fermier, l'usufruitier qui ayant droit de joüir, doivent
par consequent avoir la detention, ce n'est en eux qu'une
possession empruntée, ou plûtôt la possession même du
maître qui possede par eux ; le droit de la possession ne
pouvant être separé de la propriété. Ce qui n'est pas
contraire à ce qui a été dit, qu'un acquereur de bonne
foy d'un fonds ou autre chose, dont le vendeur n'étoit
pas le maître, possede encore qu'il n'ait pas la proprieté ; car cet acquereur est consideré comme proprietaire,
ainsi il est consideré comme possesseur. Et quoy-que le
maître puisse être dépoüillé de la detention actuelle par
la detention d'un usurpateur, il conserve toûjours son
droit de prendre sa possession, s'il peut faire cesser
l'usurpation : Et la detention injuste de l'usurpateur n'a
que l'apparence d'une possession, quoy-qu'il tienne en
effet la chose, & qu'il en joüisse, parce que le vice de
cette detention luy donne une autre nature que celle de
la vraye possession, qui doit être fondée sur un juste titre.

C'est à cause de cette difference entre la vraye possession du maître, & toute autre detention, qu'on distingue deux sortes de possession qu'on exprime par les mots
de possession civile, & de possession naturelle *e*, ou autrement par les mots de possession de droit, & de possession
corporelle ou de fait *f*. La possession civile ou de droit, est
celle du maître, & la possession naturelle ou corporelle,
est celle des personnes qui n'ont que la detention, comme l'Usufruitier, le Fermier, & autres. Celle-cy s'appelle
naturelle ou corporelle ; parce qu'elle ne consiste qu'en
la simple detention naturelle sans le droit de proprieté :
Et l'autre s'appelle civile, ou de droit, parce qu'elle est
jointe au droit que donne la loy de posseder en maître,
soit qu'on ait aussi la detention naturelle par soy-même,
ou qu'on possede par les mains d'un autre.

*e* Possessio non solùm civilis, sed etiam naturalis intelligitur. *l*. 2. §. 1. *ff.*
pro herede.

*f* Nemo ambigit possessionis duplicem esse rationem, aliam quæ jure consistit,
aliam quæ corpore. *l*. 10. *C. de acq. & ret. possess.*

Il est necessaire de remarquer sur toutes ces differentes expressions des loix, dont quelques-unes paroissent contraires entre elles, qu'il semble qu'on puisse donner divers sens à ces mots de possession, & de possession civile ou naturelle, & entendre ces textes differemment par diverses vûës, selon ces divers sens, ou donnant à toute detention le nom de possession, mesme à celle d'un usurpateur; ou ne le donnant qu'à celle du maître; Mais il importe peu qu'on qualifie ces diverses sortes de detention du nom de possession, ou qu'on les distingue par des mots propres; pourvû qu'en confondant les mots de possession & de detention, on ne confonde pas les divers effets de ces differentes manieres d'avoir une chose en sa puissance: Et qu'on distingue les causes de la detention, & les differences entre la possession du maître & celle d'un usurpateur, entre ces deux detentions & celle des personnes qui ont une chose en leur puissance sans en prétendre la proprieté: Et qu'on distingue aussi entre ces personnes, ceux qui ont quelque droit en la chose comme un Usufruitier ou un Fermier, & ceux qui n'y ont aucun droit comme un depositaire, & celuy qui a trouvé une chose perduë, dont il sçait le maître. Car selon ces differences il faut distinguer les regles qui regardent toutes ces personnes. Ainsi, par exemple, quelque nom qu'on donne à la detention d'un Usufruitier, & soit qu'on le considere comme ne possedant qu'au nom du maître, ou comme ayant luy-même une espece de possession ou detention pour son usufruit, il faut sçavoir qu'il n'en a pas moins le droit de se maintenir dans sa joüissance, puisqu'il pourroit même s'y maintenir contre le proprietaire qui voudroit le déposseder *g*. Et il en seroit de même du Fermier & du Locataire *h*; Car ils ont tous un droit de joüir, qui ne peut avoir son effet sans une detention actuelle de la chose dont ils doivent joüir. De sorte qu'on peut dire, que comme ils participent au droit du maître pour joüir, ils participent aussi à son

*g* V. l'art. 1. de la Sect. 1. de l'Usufruit.
*h* V. l'art. 6. de la Sect. 6. du Loüage.

droit pour posseder. Et qu'ils ont une espece de possession proportionnée à l'usage que demande leur droit.

On peut juger par toutes ces remarques de l'idée qu'on doit concevoir de la nature de la possession, quelle est sa liaison avec le droit de proprieté, & que comme on ne peut exercer pleinement tous les droits de proprieté, si on n'est dans une possession actuelle de la chose, on n'a pas aussi une parfaite possession d'une chose, si on n'en a pas la proprieté.

C'est à cause de cette liaison de la possession à la proprieté, & de ce qu'il est naturel que le proprietaire possede ce qui est à luy, que la possession & la proprieté s'acquierent & se conservent, l'une par l'autre. Ainsi, quiconque a acquis la pleine proprieté, soit par une vente, par une donation, par un legs, ou par d'autres titres, il a droit de se mettre en possession. Ainsi celuy qui possede de bonne foy acquiert la proprieté, s'il ne l'avoit pas, pourvû que sa possession dure pendant le temps reglé pour prescrire, & on acquiert aussi la proprieté par la simple possession, sans prescription, en de certains cas, comme il a esté déja remarqué, & qu'on le verra dans la Section 2me.

# SECTION I.

## De la nature de la possession.

## SOMMAIRES.

### I.

ON appelle proprement possession, la detention d'une chose que celuy qui en est le maître, ou qui a sujet de croire qu'il l'est, tient en sa puissance, ou en celle d'un autre par qui il possede *a*.

1. Définition de la possession.

*a* Possessio appellata est ( ut & Labeo ait ) à sedibus, quasi positio : quia naturaliter tenetur ab eo qui ei insistit, quam Græci χατοχὴ, dicunt. *l.* 1. *ff. de acq. vel am. poss.*

Cette définition resulte de ce qui a été dit dans le preambule, & des art. 2. 6. 8. 9. & 11. de cette Section. V. l'art. 12. de la Sect. 2.

## II.

2. Liaison de la possession à la propriété.

Comme l'usage de la proprieté est d'avoir une chose pour en joüir & en disposer, & que ce n'est que par la possession qu'on peut exercer ce droit; la possession est naturellement liée à la proprieté, & n'en doit pas être separée. Ainsi la possession renferme un droit & un fait; le droit de joüir attaché au droit de proprieté, & le fait de la detention effective de la chose, qui soit en la puissance du maître, ou d'un autre pour luy *b*.

*b* Proprietas à possessione separari non potest. *l.* 8. *C. de acquir. & retin. possess.* Res facti non juris ( possessio. ) *l.* 1. §. 3. *ff. de acq. vel amitt. possess.* Plurimum ex jure possessio mutuatur. *l.* 49. *eod.* Possessio non tantum corporis, sed & juris est *d. l.* 49. §. 1.

*V. l'art.* 13. *de cette Section, l'art.* 1. *de la Sect.* 3. *& les articles* 3. *& 4. de la Sect.* 2.

## III.

3. Il n'y a pas deux possessions d'une même chose.

Comme il ne se peut faire que de deux personnes qui contestent l'une à l'autre la proprieté d'une même chose, chacun ait seul le droit de proprieté; il ne se peut faire non plus que de deux personnes qui se contestent la possession d'une même chose chacun en ait seul la possession. Mais comme il n'y en a qu'un qui soit le vray maître, il n'y a aussi qu'un vray possesseur *c*. Et s'il se trouve que le possesseur soit autre que le maître, la possession ne sera plus qu'une usurpation, & il sera tenu de s'en dépoüiller pour la rendre au maître.

*c* Plures eandem rem in solidum possidere non possunt. Contra naturam quippe est, ut cùm ego aliquid teneam, tu quoque id tenere videaris. *l.* 3. §. 5. *ff. de acq. vel amitt. possess.* Ait ( Celsus ) duorum insolidum dominium vel possessionem esse non posse. *l.* 5. §. *ult. ff. commod.* Duo in solidum precariò habere non magis possunt, quàm duo in solidum vi possidere, aut clam. Nam neque justæ, neque injustæ possessiones duæ concurrere possunt. *l.* 19. *ff. de precar. V. l.* 5. *ff. uti possidetis.* V. l'art. 9. & l'art. 10. de cette Section.

## IV.

4. Quelles choses on peut posseder.

On peut posseder des choses corporelles, soit meubles, ou immeubles *d*, mais selon les differences de leur nature, les marques de la possession en sont differentes. Ainsi, on peut posseder des meubles, les gardant sous

*d* Possideri possunt quæ sunt corporalia. *l.* 3. *ff. de acq. vel amitt. possess.*

clef,

clef, ou les ayant autrement à fa difpofition : Ainfi, on poffede des animaux , ou les renfermant , ou les faifant garder : Ainfi on poffede une maifon en y habitant ou en ayant les clefs , ou la confiant à un locataire ; ou y faifant bâtir. Ainfi , on poffede les heritages de la campagne en les cultivant , faifant les recoltes, y allant & venant, & en difpofant à fa volonté *e*.

*e* Mercium in horreis conditarum poffeffio tradita videtur , fi claves apud horrea traditæ fint : quo facto confeftim emptor dominium & poffeffionem adipifcitur. *l.* 74. *ff. de contr. empt.*
Nerva filius res mobiles quatenus fub cuftodia noftra fint hactenus poffideri : id eft quatenus fi velimus naturalem poffeffionem nancifci poffimus. Nam pecus fimul atque aberraverit, &c. *l.* 3. *§,* 13. *ff. de acq. vel amit. poffeff.* V. cy-aprés l'art. 6. pour la poffeffion des immeubles. V, l'art. 17. de la Sect. 2.

## V.

Il y a auffi une efpece de poffeffion des chofes qui ne confiftent qu'en des droits, comme un droit de juftice , une banalité d'un four, d'un moulin , un peage, un office, & autres fortes de biens qu'on poffede par l'ufage & l'exercice qu'on fait de fon droit dans les occafions. Et c'eft cet exercice qui en fait la poffeffion, de même que d'une fervitude , qui eft auffi un droit d'une autre nature, qu'on poffede par l'ufage qu'on en fait, encore qu'on ne poffede pas le fonds fur lequel elle eft dûë. Ainfi , celuy qui a un droit de paffage à travers le fonds de fon voifin, poffede cette fervitude en paffant par cet heritage qu'il ne poffede point *f*.

*5. Efpece de poffeffion des droits.*

*f* Ego puto ufum ejus juris pro traditione poffeffionis accipiendum effe. *l. ult. ff. de fervitut.*

## VI.

Quoy-que la poffeffion renferme la detention de ce qu'on poffede , cette detention ne doit pas s'entendre , deforte qu'il foit neceffaire qu'on ait toûjours ou fous fa main , ou à fa vûë les chofes dont on a la poffeffion. Mais aprés qu'on l'a une fois acquife , elle fe conferve fans une detention actuelle *g*, ainfi qu'il fera expliqué dans la Section 2me.

*6. La poffeffion ne demande pas une détention continuelle.*

*g* Licèt poffeffio nudo animo acquiri non poffit , tamen folo animo retineri poteft. *l.* 4. *C. de acquir. & ret. poffeff.*

*Tome II.*　　　　　　　　　　Ggg

7. *Possession des animaux.*

Comme on peut posseder des animaux qu'il n'est pas possible d'avoir toûjours sous sa main & en sa puissance, on en conserve la possession tandis qu'on les renferme, qu'on les fait garder, ou qu'étant apprivoisez, ils reviennent sans garde, comme font les abeilles à leurs ruches, & les pigeons à leurs colombiers. Mais les animaux qui échapent à nostre garde, & ne reviennent point ne sont plus en nôtre possession, jusqu'à ce que nous les recouvrions *h*.

*h* Quidquid eorum ( ferarum & volucrum ) ceperimus, eò usque nostrum esse intelligitur, donec nostra custodia coërcetur. *l.* 3. §. 2. *ff. de acq. rer. dom.*
Aves possidemus quas inclusas habemus : aut si quæ mansuetæ factæ, custodiæ nostræ subjectæ sunt. *l.* 3. §. 15. *ff. de acq. vel amitt. poss.*
Quidam rectè putant, columbas quoque, quæ ab ædificiis nostris volant, item apes quæ ex alveis nostris evolant, & secundùm consuetudinem redeunt, à nobis possideri. *d. l.* 3. §. 16.
Nerva filius, res mobiles quatenus sub custodia nostra sint, hactenus possideri, id est, quatenus, si velimus, naturalem possessionem nancisci possimus. Nam pecus simul atque aberraverit ut non inveniatur, protinus desinere à nobis possideri, licèt à nullo possideatur. *d. l.* 3. §. 13.

## VIII.

8. *La simple détention sans droit en la chose n'est pas une veritable possession.*

La simple detention d'une chose ne s'appelle pas proprement possession : & ce n'est pas assez pour posseder, qu'on tienne une chose & qu'on l'ait en sa puissance, mais il faut l'avoir avec le droit d'en joüir & d'en disposer comme en étant le maître, ou ayant un juste sujet de croire qu'on l'ait *i*. Car celuy qui tient une chose sans avoir ce droit, s'il la tient contre la volonté du maître, n'est pas un possesseur, mais un usurpateur : Ou si c'est par sa volonté, cette détention laisse au maître sa possession, & c'est luy qui possede*l*.

*i* Opinione domini. *l.* 22. §. 1. *ff. de noxal. act.* Cogitatione domini. *l.* 21. *C. de furt.*
Possessio non tantùm corporis, sed & juris est. *l.* 49. §. 1. *ff. de acq. vel amitt. possess.* V. l'art. 2.
*l* Rei depositæ proprietas apud deponentem manet : sed & possessio. *l.* 17. §. 1. *ff. depos.* V. l'art. suivant, & l'art. 11. de la Sect. 5.

## IX.

9. *On peut posseder par d'autres.*

On peut posseder une chose non seulement par soy-même, mais aussi par d'autres personnes. Ainsi, le proprietaire d'une maison ou d'un autre fonds, possede par fon locataire, ou par fon fermier. Ainfi, le debiteur, qui a donné un gage à fon creancier, celuy qui a mis une chofe en dépôt ou qui la prétée, ou laiffée à joüir, poffedent par ceux à qui ils ont confié la detention. Ainfi, le Mineur poffede par fon Tuteur. Ainfi, on poffede par un Procureur, & en general tout proprietaire poffede par les perfonnes qui tiennent la chofe en fon nom [m].

[m] Is cujus colonus, aut hofpes, aut quis alius iter ad fundum fecit, ufus vi-detur itinere, vel actu, vel via : & idcirco interdictum habebit. *l. 1. §. 7. ff. de itin. act. pr.*

Qui ex conducto poffidet, quamvis corporaliter teneat, non tamen fibi, fed domino rei creditur poffidere. *l. 1. C. comm. de ufuc.*

Per procuratorem, tutorem, curatorémve, poffeffio nobis acquiritur. *l. 1. §. 20. ff. de acq. vel amitt. poffeff.*

Generaliter quifquis omnino noftro nomine fit in poffeffionem, veluti procu-rator, hofpes, amicus, nos poffidere videmur. *l. 9. eod.*

*V. le preambule de ce Titre.*

## X.

Ceux qui ne poffedent que précairement, c'eft-à-dire, comme ayant prié le maître de leur laiffer la poffeffion, ne l'en dépoüillent pas, mais poffedant de fon confen-tement poffedent pour luy. Ainfi, par exemple, fi le vendeur d'une maifon ou autre heritage n'en fait pas la délivrance au temps du contract, & qu'il ne retienne la poffeffion, foit pour une joüiffance qu'il s'eft refervée, ou pour prendre le temps de vuider les lieux & les ren-dre libres, ou pour d'autres caufes; on met dans le con-tract, qu'il ne poffedera que précairement. Ce qui a cet effet que l'acquereur eft regardé comme poffedant par les mains du vendeur. Et fi on confidere l'un & l'autre comme ayant la poffeffion, celle de l'acheteur qui eft le maître, eft diftinguée par fon droit, & fon intention de poffeder en maître : & celle du vendeur ne confifte qu'en une fimple detention fans le droit de proprieté, & n'eft pas une veritable poffeffion [n].

[n] Is qui rogavit, ut precariò in fundo moretur, non poffidet : fed poffeffio apud eum qui conceffit, remanet. *l. 6. §. 2. ff. de precar.*

Eum qui precariò rogavit, ut fibi poffidere liceat, nancifci poffeffionem nón eft dubium. An is quoque poffideat, qui rogatus fit, dubitatum eft. Placet au-tem, penes utrumque effe eum hominem, qui precariò datus effet : penes eum qui rogaffet, quâ poffederat corpore : penes dominum, quia non difcefferit ani-mo poffeffione. *l. 15. §. 4. eod.*

*On a ajoûté les dernieres paroles de cet article pour concilier la contrarieté apparente de ces deux textes.*

## XI.

Il y a deux sortes de possesseurs, ceux qui possedent de bonne foy, & ceux qui possedent de mauvaise foy *o*. Le possesseur de bonne foy est celuy qui est en effet le maître de ce qu'il possede, ou qui a une juste cause de croire qu'il l'est, quoy-qu'il puisse se trouver qu'en effet il ne le soit point ; comme il arrive à celuy qui achete une chose qu'il croit appartenir à son vendeur, & qui est à un autre. Le possesseur de mauvaise foy est celuy qui possede comme maître, mais qui prend cette qualité ou sçachant bien qu'il n'a aucun titre, ou connoissant les vices du titre qu'il pourroit avoir. On verra les effets de ces deux sortes de possession dans la Section 3me.

*o* Potest dividi possessionis genus in duas species, ut possideatur aut bona fide, aut non bona fide. *l.* 3. §. 22. *ff. de acq. vel amitt. poss.*

## XII.

Il faut mettre au nombre des possesseurs de mauvaise foy, non seulement les usurpateurs, mais aussi ceux qui prévoyant que le droit qu'ils pretendent avoir sera contesté, & craignant qu'on ne les empêche d'entrer en possession, prennent quelque occasion de s'y mettre furtivement à l'insçû de celuy qui doit les troubler *p*.

*p* Clam possidere eum dicimus qui furtivè ingressus est possessionem, ignorante eo quem sibi controversiam facturum suspicabatur, & ne faceret timebat. *l.* 6. *ff. de acq. vel amitt. poss.*
Clam committentes, ut contumaces plectuntur. *l. ult. in f. ff. de ritu nupt.* V. *l.* 10. *si serv. vind.*

## XIII.

Quoy-que la possession soit naturellement liée à la proprieté, & qu'elle n'en doive pas être separée *q*; il ne faut pas les confondre, de sorte qu'on croie que l'une ne puisse être sans l'autre *r*. Car il arrive souvent que la proprieté d'une chose étant contestée entre deux personnes, il n'y en a qu'un des deux qui soit reconnu

*q* V. l'art. 2.
*r* Possessio & proprietas misceri non debent. *l.* 52. *ff. de acq. vel amitt. poss.*
Nihil commune habet proprietas cum possessione. *l.* 11. §. 1. *eod.*
Fieri enim potest ut alter possessor sit, dominus non sit : alter dominus quidem sit, possessor verò non sit : fieri potest, ut & possessor idem & dominus sit. *l.* 1. §. 2. *ff. uti possid.*

pour le poſſeſſeur , & il ſe peut faire que ce ſoit celuy
qui n'eſt pas le maître , & qu'ainſi la poſſeſſion ſoit ſeparée de la proprieté. Mais dans ce cas même la liaiſon
naturelle de la poſſeſſion à la proprieté , fait que les loix
preſument qu'elles ſont jointes en la perſonne du poſſeſſeur : & juſqu'à ce qu'il ſoit prouvé qu'il n'eſt pas le
maître, elles veulent que par le ſimple effet de ſa poſſeſſion il ſoit conſideré comme s'il l'étoit. Car comme c'eſt
le maître qui doit poſſeder, il eſt naturel de preſumer
que celuy qui eſt poſſeſſeur eſt auſſi le maître, & que
le vray maître ne s'eſt pas laiſſé dépoüiller de ſa poſſeſſion ſ.

ſ V. l'art. 1. de la Sect. 4. du Titre des Preuves.

## XIV.

La poſſeſſion ou le droit qu'a le maître de poſſeder
ſe trouve ſouvent ſeparée de la détention actuelle , ſans
qu'il puiſſe ôter la choſe à celuy qui la tient. Ainſi , par
exemple , ſi un vendeur d'un heritage s'en réſerve la
joüiſſance pour quelques années , il le retiendra ſans
qu'il en puiſſe être dépoüillé, & ſans qu'il ſoit le maître.
Ainſi celuy qui a l'uſufruit d'un fonds le tient & l'occupe,
ſans que le proprietaire puiſſe l'y troubler. Ainſi le debiteur ne peut ôter à ſon creancier ce qu'il luy a donné
en gage. Mais dans ces cas la détention n'étant pas une
ſuite du droit d'avoir la choſe en propre, & d'en diſ-
poſer ; ce n'eſt pas une veritable poſſeſſion au ſens de la
définition expliquée dans le premier article, & par laquelle on puiſſe exercer tous les droits de la poſſeſſion
jointe à la proprieté ; mais c'eſt ſeulement un droit de
tenir la choſe pour l'uſage qui peut avoir été accordé à
ces detenteurs ſ.

14. Détention que
le maître ne peut
ôter.

ſ Qui uſusfructus nomine rem tenet non utique poſſidet. l. 5. §. 1. ff. ad exhib. l. 1. §. 8. ff. de acq. vel amit. poſſ. Fructuarius non poſſidet. §. 4. inſt. per
quas perſ. cuiq. acq. V. l'art. 23. de la Sect. 3. des Gages & Hypoteques.
    Utrum autem adverſus dominum dumtaxat in rem actio uſufructuario com-
petat, an etiam adverſus quemvis poſſeſſorem, quæritur ? Et Julianus , libro
ſeptimo Digeſtorum , ſcribit , hanc actionem adverſus quemvis poſſeſſorem ei
competere. l. 5. §. 1. ff. ſi uſufr. pet. V. l'art. 1. de la Sect. 5. de l'Uſufruit.

## XV.

Il s'enfuit de la regle expliquée dans l'article 13me que tout possesseur doit être maintenu dans sa possession & sa joüissance, jusqu'à ce que celuy qui le trouble établisse clairement son droit. Et si une demande de la proprieté contre un possesseur n'est fondée sur de bons titres, il luy suffit d'y opposer sa possession sans autres moyens ⁿ.

u In pari causa possessor potior haberi debet. *l.* 126. ff. *de reg. jur.* V. l'art. 1. de la Sect. 4. du Titre des preuves.

*Cette regle qui maintient le possesseur, même sans titre, contre celuy qui le trouble, ne doit pas s'entendre des matieres beneficiales, où les procés sont si frequents pour le possessoire des benefices. Car il y a cette difference entre la possession des benefices, & celle des biens temporels qui sont en commerce, qu'au lieu qu'en ceux-cy tout possesseur est maintenu sans aucun titre, si celuy qui le trouble n'en a point de sa part; le possesseur d'un benefice n'est pas maintenu, si avec sa possession, il n'a la capacité, & un juste titre. Ce qui est fondé sur ce qu'au lieu que toute sorte de personnes peuvent posseder les choses, qui sont en commerce, & que les manieres de les acquerir sont indéfinies; les benefices ne peuvent être possedez que par des personnes qui ayent une capacité proportionnée à la qualité du benefice, & qui en soient pourvûs par les voyes que les Loix de l'Eglise y ont établies. Ainsi on juge le possessoire des benefices non sur la seule possession, mais sur les titres les plus apparents. V. les Ordonnances de 1453. art. 75. 1493. art. 58. 1535. chap. 9. art. 6. 1667. Tit. 15. art. 2. & 6.*

## XVI.

Comme la possession suffit pour maintenir le possesseur, il arrive quelquefois que les deux parties qui pretendent la proprieté d'un même heritage, pretendent aussi d'en avoir la possession, & que chacun de sa part pour être maintenu tâche de faire voir qu'il est possesseur; & qu'ainsi l'un & l'autre se troublent reciproquement par des actes qui puissent marquer leur possession. Et dans ces cas si l'un d'eux se trouve avoir possedé paisiblement pendant une année avant le trouble que luy a fait l'autre, il sera maintenu ˣ.

x Hoc interdicto prætor non inquirit, utrum habuit jure servitutem impositam, an non: sed hoc tantùm an itinere, actúque hoc anno usus sit, non vi, non clam, non precariò: & tuetur eum. *l.* 1. §. 2. ff. *de itin. actúq. priv.*
Annum ex die interdicti retrorsum computare debemus. *d. l.* §. 3.
Vi pulsos restituendos esse, interdicti exemplo, si necdum utilis annus excessit, certissimi juris est. *l.* 2. C. *unde vi.*

## XVII.

Les contestations où il s'agit de regler entre deux personnes, qui pretendent être en possession d'une même chose, lequel des deux sera maintenu, doivent s'instruire

& fe juger indépendamment du droit de proprieté. Car la difcuffion des titres neceffaires pour juger la proprieté demande fouvent des delays que le different de la poffeffion ne peut pas fouffrir. Et comme il eft important de ne pas laiffer deux poffeffeurs dans le péril des fuites d'une telle conteftation ; on regle premierement la caufe de la poffeffion, & ce n'eft qu'aprés qu'elle eft pleinement finie, qu'on vient à inftruire & juger la proprieté *y*. Ainfi celuy qui fe trouve le poffeffeur a l'avantage de conferver la poffeffion pendant que la proprieté demeure indécife *x*.

*y* Exitus controverfiæ poffeffionis hic eft tantùm, ut priùs pronuntiet Judex uter poffideat. Ita enim fiet, ut is qui victus eft de poffeffione, petitoris partibus fungatur : & tunc de domino quæratur. *l. 35. ff. de acq. vel amitt poff.*

Incerti juris non eft, orta proprietatis & poffeffionis lite, prius poffeffionis decidi oportere quæftionem, competentibus actionibus : ut ex hoc ordine facto, de dominii difceptatione probationes ab eo qui de poffeffione victus eft exigantur. *l. 3. C. de interdictis. l. 35. ff. de acq. vel amit. poff.*

*Par les Ordonnances on ne peut former la demande au petitoire, c'eft-à-dire pour la proprieté, qu'aprés que le poffeffoire aura été jugé, & que celuy qui aura été condamné, aura pleinement fatisfait à la condamnation pour la reftitution de fruits & les dépens, & pour les dommages & interefts s'il y en a, fans qu'on puiffe joindre ces deux demandes du poffeffoire & du petitoire.* V. l'Ordonnance de 1667. Titre 38. art. 4. & 5. V. l'art. fuivant.

*z* Is qui deftinavit rem petere animadvertere debet, an aliqua interdicto poffit nancifci poffeffionem : quia longè commodius eft ipfum poffidere, & adverfarium ad onera petitoris compellere, quàm alio poffidente, petere. *l. 24. ff. de rei vindic.*

## XVIII.

Celuy qui prétend avoir été troublé dans fa poffeffion, doit faire fa demande, qu'on appelle complainte pour le poffeffoire, dans l'année à compter du jour qu'il a été troublé *a*. Car s'il laiffe fa partie en poffeffion pendant une année, il a perdu la fienne, quelque droit apparent qu'il pût y avoir. Mais il luy refte fon action pour la proprieté.

18. *La demande poffeffoire fe doit faire dans l'année.*

*a* Vi pulfos reftituendos effe, interdicti exemplo, fi necdum utilis annus exceffit, certiffimi juris eft. *l. 3. C. unde vi. l. 1. in f. ff. de interdicti.*

*Par les Ordonnances la demande pour le poffeffoire doit être faite dans l'année du trouble.* V. l'Ordonn. de 1539. art. 61. & celle de 1667. Titre 18. art. 4. & 5.

## XIX.

Si la queftion de la poffeffion fe trouvoit douteufe, ne paroiffant pas affez de fondement pour maintenir l'un des poffeffeurs, le poffeffoire feroit jugé en faveur de

19. *Si la poffeffion eft douteufe, on juge par les titres, ou l'on met en fequeftre.*

celuy qui auroit le titre le plus apparent, ou l'on ordonneroit que la chose contentieuse seroit mise en sequestre, jusqu'à ce que la question de la proprieté, ou celle de la possession auroit été jugée *b*.

*b C'est une suite des regles precedentes.* V. les Ordonnances de 1453. art. 74. 1555. chap. 9. art. 3. 1498. art. 86. de 1667. Tit. 15. art. 10. Titre 19.
*V. la Sect.* 4. *du Titre du dépôt l.* 9. §. 3. *ff. de dolo. l.* 39. *ff. de acq. vel amitt. poss. l.* 21. §. 3. *ff. de appell. l.* 5. *C. quor. appell.*

# SECTION II.

*De la liaison entre la possession & la proprieté : & comment on peut acquerir ou perdre la possession.*

## SOMMAIRES.

## I.

COmme la possession est naturellement liée au droit de proprieté, & n'en doit pas être separée *a*, quiconque a acquis la proprieté d'une chose, ou il en acquiert en même temps la possession, ou il est en droit de se l'acquerir, & de la recouvrer s'il l'avoit perduë *b*. Ainsi il y a autant de diverses causes de posseder, qu'il y a de differens titres de proprieté *c*.

*1. Le droit de posseder s'acquiert avec la proprieté.*

*a V. l'art. 2. de la Sect. 1.*
*b Rem in bonis nostris habere intelligimur quoties possidentes, exceptionem, aut amittentes, ad recipiendam eam, actionem habemus. l. 52. ff. de acq. rer. dom.*
*c Genera possessionum tot sunt quot & causæ acquirendi ejus quod nostrum sit. Velut pro emptore, pro donato, pro legato, pro dote, pro noxæ dedito, pro suo, sicut in his quæ terra, marique, vel ex hostibus capimus: vel quæ ipsi, ut in rerum natura essent, fecimus: & in summa magis unum genus est possidendi, species infinitæ. l. 3. §. 21. ff. de acq. vel amitt. possess.*

## II.

Il ne faut pas confondre les manieres d'acquerir le droit de posseder, dont il a été parlé dans l'article precedent, & les manieres d'entrer & se mettre en possession, & d'avoir la chose en sa puissance pour en user, en joüir, & en disposer. Les manieres d'acquerir la proprieté des choses, & par la proprieté le droit de les posseder sont infinies. Car on les acquiert par des ventes, par des échanges, par des donations, & par d'autres differens

*2. Difference entre acquerir le droit de posseder, & acquerir la possession actuelle.*

titres que les Loix ont reglez[d]. Mais il n'y a que la détention effective qui nous mette dans la possession réelle & actuelle de ce qui est à nous. Et cette détention s'acquiert ainsi qu'il sera expliqué dans l'article 16. & les autres suivans[d].

[d] Quarundam rerum dominium nancisximur jure gentium, quod ratione naturali inter omnes homines peræquè custoditur : quarundam jure civili ; id est , jure proprio civitatis nostræ. l. 1. ff. de acq. rer. dom. §. 11. inst. de rer. divis.

V. sur la distinction du droit des gens & du droit civil , dont il est parlé dans ce texte, ce qui en a été dit dans le traité des Loix chap. 11. n. 1. 4. 32. 33. 39. & suivans.

## III.

La liaison de la possession à la proprieté n'a pas seulement ce premier effet , que la proprieté renferme & donne toûjours le droit de posseder ; mais elle a aussi ce second effet , que la possession donne souvent la proprieté. Ainsi quiconque acquiert la possession d'une chose , dont on peut avoir la proprieté , & qui n'a point de maître , le devient luy-même , par le simple effet de la possession. Car ayant en sa puissance ce que personne n'a droit de luy ôter, il en demeure en même temps & possesseur, & proprietaire[e]. Ce qui arrive en divers cas qu'on expliquera dans l'article 5me & les autres suivans.

[e] Quod nullius est , id naturali ratione occupanti conceditur. §. 12. instit. de rer. divis. l. 3. ff. de acq. rer. dom.

## IV.

Toutes les manieres dont on acquiert la proprieté par la possession , sont autant de voyes qui font partie de celles que la nature & les loix donnent aux hommes , pour faire passer à leur usage les diverses choses dont la possession est necessaire pour en user. Car il y a des choses dont on use sans les posseder, & qu'on ne peut même posseder , soit à cause de leur nature , ou parce que l'usage en est commun à tous : & il y en a d'autres dont on ne peut avoir l'usage sans les posseder. Ainsi on use de l'air , de la lumiere , des mers , des rivieres , des grands chemins , & de plusieurs autres choses sans les posseder : & on ne peut user sans possession de ce qu'il faut avoir pour la nourriture, & le vétement , & pour une infinité d'autres differens usages. Et c'est cette possession qu'on acquiert, ou par les titres qui donnent la proprieté, ou fans autre titre que les evenemens qui mettent les chofes en nos mains, & qui les rendent nôtres, comme par une délivrance que nous en fait l'ordre divin qui regle ces evenemens *f*.

*f* Naturali jure communia funt omnium hæc, aër, aqua profluens, mare. §. 1. inft. de rer. divif. l. 2. §. 1. eod. V. les articles 1. 2. 3. de la Sect. 1. du Titre des Chofes.

## V.

Il eft naturel felon les principes remarquez dans les articles precedens, que les chofes que Dieu a creées pour l'ufage des particuliers, & qui n'ont encore pallé à la poffeffion de perfonne, foient acquifes à ceux qui font les premiers à les découvrir, & mettre en ufage. Ainfi quand les hommes fe font multipliez, ceux qui les premiers font entrez dans des terres inhabitées, & qui s'en font mis en poffeffion, s'en font rendus juftement les maîtres *g*.

*5. On acquiert par la poffeffion ce qui n'étoit à perfonne.*

*g* Quod nullius eft, id ratione naturali occupanti conceditur. l. 3. ff. de acq. rer. dom.

## VI.

Ceux qui découvrent ou qui trouvent fans deffein des pierreries, & d'autres matieres precieufes, dans des lieux où il leur eft permis d'en chercher, & en prendre, en deviennent les maîtres *h*.

*6. Comme fi on trouve des pierreries & autres chofes precieufes.*

*h* Lapilli, & gemmæ, & cætera quæ in litore maris inveniuntur, jure naturali ftatim inventoris fiunt. §. 18. inft. de rer. divif. l. 3. ff. eod.
*On n'a pas mis cet article dans les termes generaux d'une liberté indéfinie à toutes perfonnes de s'acquerir ces fortes de chofes en les découvrant, ou en les trouvant. Car par nôtre ufage, les matieres precieufes des mines, par exemple, n'appartiennent pas entierement à ceux-mêmes qui les découvrent dans leurs propres heritages, mais le Roy a fon droit reglé par les Ordonnances. V. l'art. 5. de la Sect. 2. du Titre des chofes.*

## VII.

Les bêtes fauvages, les oyfeaux, les poiffons, & tout ce que peuvent prendre ou à la chaffe, ou à la pêche, ceux qui en ont le droit, leur eft acquis en propre par la prife qui le met en leurs mains *i*.

*7. On acquiert par la chaffe, & la pêche.*

*i* Feræ beftiæ, & volucres, & pifces, & omnia animalia quæ mari, cœlo

& terra nascuntur, simul atque ab aliquo capta fuerint, jure gentium statim illius esse incipiunt §. 12. inst. de rer. divis. l. 1. §. 1. ff. de acq. rer. dom.

*Il faut remarquer sur cet article, que la chasse, & la pêche ne sont pas permises
à toutes personnes, en tous lieux indistinctement. V. l'art. 11. de la Sect. 1. du
Titre des Choses, & la remarque sur l'art. 1. du même Titre.*

## VIII.

8. *Par des prises sur les ennemis.*

On acquiert aussi par la prise & par le droit de la guerre
ce qu'on prend sur les ennemis[l].

[l] Ea quæ ex hostibus capimus jure gentium statim nostra fiunt. §. 17. inst. de
rer. divis.

*Il faut encore remarquer sur cet article, que le butin & les dépoüilles des ennemis
n'appartiennent pas toûjours indistinctement & entierement à ceux qui font les prises.
Car, par exemple, l'Amiral a son droit des prises sur mer.*

## IX.

9. *Si on trouve une chose abandon-née, ou jettée pour donner.*

Celuy qui trouve une chose abandonnée, c'est-à-dire,
dont celuy qui en étoit le maître quitte & abandonne
la possession & la proprieté, ne voulant plus qu'elle soit à
luy, en devient le maître[m]; de même que si elle n'avoit
jamais été à personne. Et à plus forte raison ceux qui
ramassent des pieces d'argent, ou autres choses, que des
Princes ou autres personnes jettent au public par magni-
ficence, dans quelques occasions extraordinaires, acquierent ce qui tombe en leurs mains. Car outre la possession d'une chose que celuy qui en étoit le maître ne
veut plus avoir, ils ont son intention qui fait passer ces
choses à ceux qui les prenennt[n].

[m] Si res pro derelicto habita sit, statim nostra esse desinit, & occupantis statim
fit. Quia iisdem modis res desinunt esse nostræ quibus modis acquiruntur. l. 1.
ff. pro derelicto §. 47. inst. de rer. divis. V. l'article 3. & les articles 28. & 29.

[n] Hoc amplius interdum & in incertas personas collata voluntas domini transf-
fert rei proprietatem. Ut ecce, qui missilia jactat in vulgus. Ignorat enim quid
eorum quisque excepturus sit. Et tamen quia vult, quod quisque exceperit, ejus
esse, statim eum dominum efficit. l. 9. §. 7. ff. de acq. rer. dom. §. 46. instit. de
rer. divis. Nov. 105. c. 2. §. 1.

## X.

10. *Ou une chose perduë dont on ne peut découvrir le maître.*

Si celuy qui a trouvé une chose perduë, ayant fait tout
ce qui se pouvoit pour en découvrir le maître, & pour la
luy rendre, ne peut le sçavoir, il en demeure le maître,
jusqu'à ce que celuy qui l'étoit vienne à paroître & prouve son droit[o].

[o] Si le maître ne se peut découvrir, il en est de même que si la chose n'étoit à personne. V. l'art. 3. V. les articles 1. de la Sect. 1. & 1, & 2. de la Sect. 2. des engagemens qui se forment par des cas fortuits.

## XI.

Quoy-que les trefors ne foient pas du nombre des chofes ou perdües ou abandonnées, ou qui n'ont jamais été à perfonne, ceux qui les trouvent en acquierent la poffeffion & la proprieté aux charges reglées par les Loix. On appelle trefor ce qui a été caché en quelque lieu pour n'être point trouvé, & dont le proprietaire ou fes heritiers, ou autres ayant fon droit, ne paroiffent point; ce qui fait le même effet que fi perfonne n'y avoit aucun droit *p*. Mais s'ils paroiffoient, ce feroit un larcin de ne le pas rendre *q*.

*p*. Thefaurus eft vetus quædam depofitio pecuniæ, cujus non extat memoria, ut jam dominum non habeat. Sic enim fit ejus qui invenerit, quod non alterius fit. *l. 31. §. 1. ff. de acq. rer. dom.*

Si in locis fifcalibus, vel publicis, religiofifve, aut in monumentis thefauri reperti fuerint, Divi Fratres conftituerunt, ut dimidia pars ex iis fifco vindicaretur. Item fi in Cæfaris poffeffione repertus fuerit, dimidiam æquè partem fifco vindicari. *l. 3. §. penult. ff. de jur. fifci.*

Qui thefaurum in proprio fundo invenit, totius fit dominus : qui in alieno, cum domino fundi partitur, & dimidiam retinet. *l. un. C. de Thefaur. §. 39. inft. de rer. divif. l. 7. §. 12. ff. fol. matr. V. Nov. Leon. 51.*

*q* Alioquin fi quis aliquid vel lucri causâ, vel metûs, vel cuftodiæ, confiderit fub terra, non eft thefaurus : cujus etiam furtum fit. *D. l. 31. §. 1. ff. de acq. rer. dom. v. l. 67. ff. de rei vind. & l. 15. ff. ad exhibendum.*

*Nôtre ufage eft different du Droit Romain pour le droit au trefor. Mais comme cette matiere n'eft pas de ce deffein, & qu'elle eft de quelque étendüe, on ne doit pas l'expliquer icy.*

## XII.

Les proprietaires des fonds acquierent la poffeffion de ce que la nature peut y ajoûter, qui augmente le fonds, & qui en foit comme un acceffoire. Ainfi l'accroiffement infenfible qui peut arriver à un heritage joignant à une riviere par l'effet de l'eau, eft acquis au maître de cet heritage. Mais fi un débordement, ou le changement de lit d'une riviere, fépare une partie d'un heritage & la joint à un fonds voifin, la proprieté de cette partie demeure à fon premier maître. Car au lieu que ce qui eft ajoûté à un fonds par un accroiffement infenfible ne peut eftre diftingué pour être rendu à un autre maître, & peut même venir d'ailleurs que d'un fonds voifin; on peut diftinguer dans ces changemens fubits ce qui eft à chacun. Ainfi toutes ces fortes d'accroiffemens

Hhh iij

11. *On un tréfor.*

12. *Ce que la nature ajoûte à un fonds eft acquis au maître du fonds.*

n'augmentent le fonds que de ce qui ne paroît pas être demeuré à son premier maître r.

r Quod per alluvionum agro nostro flumen adjicit, jure gentium nobis adquiritur. Per alluvionem autem id videtur adjici, quod ita paulatim adjicitur ut intelligere non possimus, quantum quoquo momento temporis adjiciatur. Quòd si vis fluminis partem aliquam ex tuo prædio detraxerit, & meo prædio attulerit, palam est eam tuam permanere. l. 7. §. 1. & 2. ff. de acq. rer. dom.
Quamvis fluminis naturalem cursum opere manufacto aliò non liceat avertere, tamen ripam suam adversus rapidi amnis impetum munire, prohibitum non est. Et cùm fluvius priore alveo derelicto, alium sibi facit, ager quem circumit, prioris domini manet. Quòd si paulatim ita auferat ut alteri parti applicet, id alluvionis jure ei quæritur cujus fundo accessit. l. 1. C. de alluvion. V. l'art. 6. de la Sect. 1. des engagemens qui se forment par des cas fortuits.

## XIII.

**13. Possession du bâtiment acquise au maître du fonds.**

Les bâtimens appartiennent à ceux qui sont les maîtres des lieux où ils sont fondez. Car le bâtiment est un accessoire qu'on ajoûte au fonds, & qui ne peut en priver le propriétaire. Ainsi lorsqu'une personne bâtit dans le fonds d'un autre, le bâtiment est acquis au maître du fonds. Et lorsque le maître du fonds y bâtit de materiaux qui ne sont pas à luy, il en devient le maître : Car les materiaux ne pouvant estre separez du fonds que par une démolition, qu'il est de l'interest public de ne pas souffrir ; la possession en demeure au maître du fonds, & par cette possession la proprieté, à la charge d'en payer la valeur. Mais s'il étoit entré dans ce bâtiment quelque piece precieuse qu'il fût juste d'en détacher, comme une statuë ou autre ornement, on la rendroit à celuy qui en étoit le maître. Car le droit d'empêcher la separation des materiaux est borné à ce qui est necessaire pour le bâtiment, & qui en faisant partie n'en peut facilement être separé. Que si celuy qui auroit employé des materiaux dont il n'étoit pas le maître, l'avoit fait de mauvaise foy, il seroit tenu des dommages & interests, & des autres peines que la qualité du fait pourroit meriter s.

s Cùm in suo loco aliquis aliena materia ædificaverit, ipse dominus intelligitur ædificii : quia omne quod inædificatur solo cedit. Nec tamen ideo is qui materiæ dominus fuit, desiit ejus dominus esse : sed tantisper neque vindicare eam potest, neque ad exhibendum de ea agere, propter legem 12. tab. quâ cavetur, ne quis tignum alienum ædibus suis junctum eximere cogatur. Sed duplum pro eo præstet. Appellatione autem tigni, omnes materiæ significantur, ex quibus ædificia fiunt. l. 7. §. 10. ff. de acq. rer. dom.

Ex diverſo ſi quis in alieno ſolo ſua materia ædificaverit, illius fit ædificium cujus & ſolum eſt. *d. l.* §. 12.

Certè, ſi dominus ſoli petat ædificium, nec ſolvat pretium materiæ, & mercedem fabrorum, poterit per exceptionem doli mali repelli. *d.* §. 12.

## XIV.

Il en eſt de même de ce qui eſt planté dans un heritage que des bâtimens: & s'il ſe trouve que le maître d'un fonds y ait planté des arbres qui n'étoient point à luy, ou que le maître des arbres les ait plantez dans le fonds d'un autre, & qu'ils y ayent pris racines; ils demeureront propres au maître du fonds*t*. Mais il ſera tenu de payer le prix de ces arbres, & auſſi les dommages & intereſts, & les autres peines, s'il y en avoit lieu, ſuivant la regle expliquée dans l'article precedent.

*t* Si alienam plantam in meo ſolo poſuero, mea erit. Ex diverſo, ſi meam plantam in alieno ſolo poſuero, illius erit: ſi modo ùtroque caſu radices egerit. Antequam enim radices ageret, illius permanet, cujus & fuit. *l.* 7. §. 13. *ff. de acq. rer. dom. l.* 5. §. 3. *ff. de rei. vindic. l.* 11. *C. eod.*

## XV.

La même raiſon qui fait que le proprietaire d'un fonds acquiert ce qu'on y bâtit ou ce qu'on y plante, fait auſſi que dans les choſes mobiliaires, ce qui devient inſeparable d'un meuble paſſe à la poſſeſſion & à la proprieté de celuy qui en eſt le maître. Ainſi une piece qui fait partie d'un meuble compoſé de pieces rapportées, eſt acquiſe à celuy à qui eſt ce meuble, en payant le prix que cette piece auroit pû valoir étant détachée. Car ce qui ne peut être ſeparé d'un tout, demeure à celuy à qui eſt le reſte. Mais ſi ce qui eſt ajoûté eſt plus precieux que n'étoit le meuble, comme une peinture ſur une toile, la valeur & la dignité du plus precieux, emportera le moindre*u*: Et le Peintre ſera maître du tableau, en payant

*u* Si quis rei ſuæ alienam rem ita adjecerit, ut pars ejus fieret, veluti ſi quis ſtatuæ ſuæ, brachium aut pedem alienum adjecerit, aut ſcypho anſam, vel fundum, vel candelabro ſigillum, aut menſæ pedem, dominum ejus totius rei effici: veréque ſtatuam ſuam dicturum, & ſcyphum: *l.* 23. §. 2. *ff. de rei vind.*

Literæ quoque, licèt aureæ ſint, perinde chartis membraniſque cedunt, 'ac ſolo cedere ſolent, ea quæ ædificantur, aut feruntur. *l.* 9. §. 1. *ff. de acq. rer. dom.*

Sed non uti literæ chartis membraniſve cedunt, ita ſolent picturæ tabulis cedere: ſed ex diverſo placuit, tabulas picturæ cedere. *d. l.* §. 2.

In omnibus igitur iſtis in quibus mea res per prævalentiam alienam rem trà-

la toile. Et il en feroit de même, si d'une matiere de peu
de valeur, il en avoit été fait un ouvrage de prix, comme une statuë de marbre ou de bronze, ou un composé
precieux de diverses matieres d'un prix mediocre. Car
dans tous ces cas, quoy-qu'il n'y eût rien d'ajoûté à ces
matieres que l'art qui en auroit fait l'ouvrage; celuy qui
met une chose en nature doit en être le maître[x] : si ce
n'est que l'ouvrage fût moins precieux que la matiere,
comme seroient des gravûres de cachets sur des pierreries. Ainsi pour juger à qui les choses doivent apparte-
tenir après ces sortes de changemens, il faut considerer
les circonstances de la qualité de l'ouvrage, de celle de
la matiere, des causes pour lesquelles l'ouvrage a été fait,
si c'étoit pour l'usage de celuy qui le faisoit, ou du maître de la matiere, ou de quelqu'autre personne qui l'eût
commandé. Et par toutes ces vûës, & les autres semblab-
bles, on pourra regler à qui la chose devra demeurer : &
regler ce qu'il devra rendre ou pour la matiere, ou pour
la façon.

hit, meámque efficit, si eam rem vindicem, per exceptionem doli mali cogar
pretium ejus quod accesserit dare. *l. 23. §. 4. ff. de rei vind.*

*On ne s'est pas servi dans cet article de l'exemple de l'écriture sur le papier ; car
le texte cité sur cet article doit s'entendre ou d'autre matiere plus precieuse, que
nôtre papier, & d'écriture qui ne meriteroit pas que la matiere sur laquelle on auroit écrit fût ôtée à son maître, comme ce qui s'écrivoit sur des tablettes cirées
pour estre effacé. Mais pour l'écriture sur nôtre papier, il est bien certain que le
maître du papier ne deviendroit pas le maître de ce qu'on y auroit écrit, quand
ce ne seroit qu'une simple lettre : & encore moins si c'étoit des écrits, ou des
actes de quelque consequence.*

*x Vel quæ ipsi ut in natura essent fecimus. l. 3. §. 21. ff. de acq. vel am. poss.*

*V. un autre cas où une chose se trouve composée du mélange de diverses matieres
qui appartenoient à plusieurs personnes. Art. 7. Sect. 1. des engagemens qui se
forment par des cas fortuits.*

## XVI.

16. En quoy con-
siste la possession.

Tout ce qu'on a dit dans les articles precedens regarde les causes qui peuvent nous donner la possession, ou
le droit de posseder : Et il faut maintenant considerer
comment on devient possesseur, & les manieres d'entrer
dans la possession réelle & actuelle. Comme l'usage de la
possession est d'exercer le droit de proprieté, elle renferme trois choses, une juste cause de posseder en maître,
l'intention

l'intention de posseder en cette qualité, & la detention. Cette intention ne s'entend pas de celle d'un usurpateur ni d'un possesseur de mauvaise foy qui ont l'intention de posseder en maître, mais de celuy qui est en effet le maître, ou qui possede de bonne foy. La detention ne s'entend pas seulement de celuy qui tient la chose en ses mains, ou en sa puissance; mais aussi de celuy qui la tient par d'autres, comme par un dépositaire, par un locataire, par un fermier. Sans l'intention, il n'y a point de possession : Ainsi le possesseur d'un fonds où est un tresor qui luy est inconnu, ne possede pas ce tresor, quoy-qu'il possede le lieu où il est. Sans la détention, l'intention est inutile, & ne fait pas la possession : Ainsi celuy de qui la chose a été volée, ne la possede plus. Et sans une juste cause, la détention n'est qu'une usurpation*y*.

*y* Cogitatione domini, opinione domini. *V. l'art.* 8. *de la Sect.* 1.

Apiscimur possessionem corpore, & animo : neque per se animo, aut per se corpore. *l.* 3. §. 1. *ff. de acq. vel amit. poss.*

Solo animo non posse nos acquirere possessionem, si non antecedat naturalis possessio. *d. l.* 3. §. 3. *l.* 4. *C. de acq. & retin. poss.*

Nulla possessio acquiri nisi animo, & corpore potest. *l.* 8. *ff. eod.*

Sciendum est adversus possessorem hac actione ( ad exhibendum ) agendum : non solùm eum qui civiliter, sed & eum qui naturaliter incumbat possessioni. *l.* 3. §. ult. *ff. ad exhibend.* Naturalis possessio. *l.* 3. §. 13. *ff. de acq. vel amitt. poss.*

*On a expliqué dans le préambule, la difference entre cette possession naturelle, & celle que les Loix appellent civile.* Quod Brutus & Manilius putant, eum qui fundum longa possessione cepit, etiam thesaurum cepisse, quamvis nesciat in fundo esse, non est est verum. Is enim qui nescit, non possidet thesaurum, quamvis fundum possideat. *l.* 3. §. 3. *eod. v. l.* 30. *eod.* V. l'art. 1. de la Section 1.

V. l'art. 23.

## XVII.

La possession des choses qui nous sont acquises tombant en nos mains, comme de ce qu'on trouve qui n'ait aucun maître, de ce qu'on prend à la chasse, & de celles qu'on a droit de prendre sur ceux qui en sont les maîtres comme les dépoüilles des ennemis, nous est acquise par le simple fait y mettant la main*z*.

17. *Possession qu'on prend de soy-même sans droit precedent.*

*z* Lapilli, & gemmæ, & cætera quæ in litore maris inveniuntur, jure naturali statim inventoris fiunt. §. 18. *inst. de rer. divis.*

Simul atque capta fuerint, jure gentium statim illius esse incipiunt. §. 12. *inst. eod.* V. l'art. 3. de cette Section.

## XVIII.

*18. Possession qui ne se prend que par la délivrance.*

La possession des choses qu'on acquiert d'autres personnes, qui les ont en leur puissance, ne passe à l'acquereur que par la délivrance qui luy en est faite par le vendeur, donateur, ou autre de qui il acquiert. Et si cette délivrance étoit refusée, l'acquereur ne pourroit prendre la chose de voye de fait, mais devroit se pourvoir en Justice pour la demander *a*.

*a* Traditionibus, & usucapionibus dominia rerum, non nudis pactis transferuntur. *l. 20. C. pact.*

Res quæ traditione nostræ fiunt, jure gentium nobis acquiruntur. Nihil enim tam conveniens est naturali æquitati, quàm voluntatem domini volentis rem suam in alium transferre, ratam haberi. *l. 9. §. 3. ff. de acq. rer. dom.*

Si vendidero, nec tradidero rem, si non voluntate mea nactus sis possessionem, non pro emptore possides, sed prædo es. *l. 5. ff. de acq. vel amit. posses.* V. l'art. 7. de la Sect. 3.

## XIX.

*19. En quoy consiste la délivrance qui donne la possession.*

La délivrance necessaire pour mettre en possession celuy qui acquiert une chose d'un autre, consiste en ce qui la fait passer de la puissance de l'un en celle de l'autre. Ainsi les meubles peuvent se délivrer de la main à la main : ou l'on peut les transporter d'un lieu à un autre en la possession de celuy qui en devient le maître *b*.

*b* V. l'article suivant, & les articles 5. & 6. de la Section 2. du Contract de vente.

## XX.

*20. Délivrance & prise de possession des meubles.*

La délivrance, & la prise de possession des meubles ne demande pas toûjours le changement d'un lieu à un autre ; mais il suffit pour les mettre en la possession du nouveau maître, ou qu'on les luy laisse, s'il les avoit déja, comme si un dépositaire achetoit ce qu'il a en dépôt : ou que s'ils sont gardez dans un lieu sous clef, on luy en donne la clef. Que s'ils ne sont ni gardez sous clef, ni faciles à transporter, comme seroient des materiaux pour un bâtiment, on en prend la possession par la simple vûë, & par l'intention de celuy qui s'en dépoüille, & de celuy qui en devient le maître. Et il y a encore une espece de délivrance tacite, qui se fait par la simple volonté des contractans, comme entre ceux qui mettent leurs biens en societé. Car dés le moment de leur convention chacun d'eux commence de posseder par les autres les biens qu'ils veulent avoir en commun *c*.

*c* Non est corpore & actu necesse apprehendere possessionem. Sed etiam oculis, & affectu. Et argumento esse eas res quæ propter magnitudinem ponderis, moveri non possunt, ut columnas. Nam pro traditis eas haberi si in re præsenti consenserint. *l. 1. §. 21, ff. de acq. vel amitt. possess.*

Si quis merces in horreo repositas vendiderit, simul atque claves horrei tradiderit emptori, transferre proprietatem mercium ad emptorem. *l. 9. §. 6. ff. de acq. rer. dom.*

Vina tradita videri, cùm claves cellæ vinariæ emptori traditæ fuerint. *l. 1. §. 21. ff. de acq. vel amitt. possess.*

Interdum sine traditione, nuda voluntas domini sufficit ad rem transferendam. Veluti si rem quam commodavi, aut locavi tibi, aut apud te deposui, vendidero tibi. Licèt enim ex ea causa tibi eam non tradiderim, eò tamen quòd patior eam ex causa emptionis apud te esse, tuam efficio *l. 9. §. 5. ff. de acq. rer. dom. §. 44. inst. de rer. divis.*

Nerva filius, res mobiles quatenus sub custodia nostra sint, hactenus possideri, id est, quatenus, si velimus naturalem possessionem nancisci, possimus. *l. 3. §. 13. ff. de acq. vel amit. possess.* Simul atque custodiam posuissem *l. 51. eod.*

Res quæ coeuntium sunt continuò communicantur: quia licèt specialiter traditio non interveniat, tacita tamen creditur intervenire. *l. 1. §. 1. & l. 2. ff. pro socio.* V. l'art. 6. de la Sect. 2. du Contract de vente.

## XXI.

Pour les immeubles, ceux qui les alienent ou par des ventes, ou par d'autres titres, se dépoüillent de la possession par leur simple declaration ou qu'ils ne possederont plus, ou que s'ils tiennent encore le fonds, ce ne sera que precairement, ou délivrant les clefs, si c'est un lieu clos. Et la possession passe au nouveau maître par le simple effet de l'intention de posseder jointe à quelque acte qui marque son droit, comme s'il se transporte sur le fonds pour l'occuper à titre de maître, quoy-qu'il n'en parcoure pas toutes les parties. Et on peut même prendre possession d'un fonds par la simple vûë *d*.

21. *Délivrance & prise de possession des immeubles.*

*d* V l'art. 7. de la Sect. 2. du Contract de vente. Apiscimur possessionem corpore & animo, neque per se animo, aut per se corpore. Quod autem diximus *& corpore, & animo acquirere nos debere possessionem*, non utique ita accipiendum est, ut qui fundum possidere velit, omnes glebas circumambulet: sed sufficit quamlibet partem ejus fundi introire: dum mente & cogitatione hac sit, uti fundum usque ad terminum velit possidere. *l. 3. §. 1. ff. de acq. vel amitt. poss.*

Si vicinum mihi fundum mercato, venditor in mea turre demonstret, vacuamque se possessionem tradere dicat, non minùs possidere cepi, quàm si pedem finibus intulissem. *l. 18. §. 1. ff. de acq. vel amit. possess.*

Par nôtre usage on fait des Actes pardevant Notaires des prises de possession, pour en faire preuve. Ce qui sert pour marquer en quel temps la prescription a commencé *de courir tant contre ceux qui se pretendroient proprietaires , que contre les personnes qui auroient d'autres droits dont la durée n'est que d'un certain temps , comme un retrait lignager , & une faculté de rachat.*

## XXII.

*22. Délivrance & prise de possession des choses qui consistent en droits.*

La délivrance de ce qui consiste en droits , comme une Justice , une Banalité , un Office , une Servitude , une rente , & autres biens de cette nature , se fait en donnant les titres , s'il y en a , sinon par le simple effet de l'acquisition avec l'intention commune des contractans que l'acquereur se mette en possession. Et on s'en met en possession par des actes qui puissent avoir cet effet. Ainsi on se met en possession d'une Justice , nommant des Officiers pour l'exercer , recevant les amendes & confiscations , & en exerçant les autres droits qui en peuvent dépendre. Ainsi on se met en possession d'un Office , prenant le rang & la seance qu'il peut donner , & en exerçant quelque fonction. Ainsi on se met en possession d'une servitude par l'usage qu'on peut en faire , & d'une rente qu'on a acquise , ou d'un autre droit , par la signification du transport ou du titre de l'acquisition à celuy qui en est le debiteur , & par la joüissance ʳ.

*e V. l'article 5. de la Sect. 1. de ce Titre , & l'article 9. de la Section 2. du Contract de vente.*

## XXIII.

*23. On ne peut posseder qu'une chose certaine & determinée.*

De quelque nature que puisse être la chose dont on doit avoir la possession , soit meuble , ou immeuble , ou quelque droit , on ne peut jamais posseder qu'une chose certaine & déterminée ; c'est-à-dire , telle qu'on puisse connoître précisément ce qui peut avoir été possedé. Ainsi on peut posseder ou un fonds entier , ou une partie distincte de ce fonds , comme un tel arpent , ou même une portion indivise , comme un quart , ou une moitié , joüissant des fruits à proportion. Mais on ne peut posseder une portion incertaine d'un fonds , comme si on avoit acquis une portion non fixée qu'une personne pourroit avoir dans un fonds , telle qu'elle se trouveroit luy appartenir , son droit n'étant pas encore reglé. Car la possession renfermant la détention , on ne peut posseder non plus que tenir indéfiniment une chose incertaine, & dont on ignore en quoy elle consiste *f*.

*f* Incertam partem rei possidere nemo potest. Veluti si hac mente sis, ut quidquid Titius possidet, tu quoque velis possidere. *l.* 3. *§.* 2. *ff. de acquir. vel amitt. poss.*

Locus certus ex fundo & possideri, & per longam possessionem capi potest: & certa pars pro indiviso, quæ introducitur vel ex emptione, vel ex donatione, vel qualibet alia ex causa. Incerta autem pars nec tradi, nec capi potest: veluti si ita tibi tradam, *quidquid mei juris in eo fundo est.* Nam qui ignorat, nec tradere, nec accipere id quod incertum est, potest. *l.* 26. *cod* V. l'art 16.

## XXIV.

La possession étant une fois acquise, le possesseur la conserve dans la suite par le simple effet de l'intention de s'y maintenir jointe au droit & à la liberté d'user de la chose quand il le voudra ; soit qu'il mette en usage cette liberté se servant de la chose, ou qu'il la laisse sans y toucher. Ainsi on possede non seulement les heritages qu'on cultive & dont on perçoit les recoltes ; mais ceux mêmes qu'on laisse sans culture, & sans y entrer*g*, pourvû seulement qu'on n'en laisse pas usurper la possession par d'autres personnes.

*g* Licèt possessio nudo animo acquiri non possit, tamen solo animo retineri potest. Si ergo prædiorum desertam possessionem, non derelinquendi affectione, transacto tempore non contulisti, sed metûs necessitate culturam eorum distulisti, præjudicium tibi ex transmissi temporis injuria generari non potest. *l.* 4. *C. de acq. & rer. possess.*

## XXV.

Le proprietaire conserve aussi sa possession par les mains d'autres personnes qui possedent en son nom, comme un fermier, un dépositaire, celuy qui a emprunté, le creancier qui tient en gage, l'usufruitier, & les autres qui tiennent les choses par de semblables titres *h*.

*h* Generaliter quisquis omnino nostro nomine sit in possessionem, veluti procurator, hospes, amicus nos possidere videmur. *l.* 9. *ff. de acq. vel am. poss.* V. les articles 8. 9. & 10. de la Section 1.

## XXVI.

On peut entrer en la possession d'une chose ou par soy-même, ou par un Procureur constitué. Et celuy qui se dépoüille peut aussi faire la délivrance ou par soymême, ou par un Procureur. Et les Mineurs acquierent

24. *Comment la possession se conserve*

25. *On conserve la possession par d'autres.*

26. *On peut entrer en possession ou par soy-même, ou par d'autres personnes.*

la poffeffion par leurs Tuteurs, comme les Tuteurs peuvent auffi faire la délivrance de ce qui peut être aliené des biens des Mineurs *i*.

*i* Apifcimur poffeffionem per nofmetipfos. *l.* 1. §. 2. *ff. de acq. vel amit. poff.* Per procuratorem, tutorem, curatoremve, poffeffio nobis acquiritur. *d. l.* 1. §. 20. *l.* 10. §. 2. *ff. de acq. rer. dom. l.* 13. *eod. d. l.* §. 1.

## XXVII.

27. *Le poffeffeur fuccede au droit de fon auteur.*

Celuy qui entre en poffeffion d'une chofe qu'il acquiert d'un autre, fuccede au même droit, & ne poffede ni plus ni moins que fon auteur avoit poffedé. Ainfi celuy qui achete un heritage, & qui en eft mis en poffeffion, poffedera comme faifoit fon vendeur, les fervitudes qui peuvent être dûës à cet heritage, & fera fujet à celles qu'il doit *l*.

*l* Traditio. nihil amplius transferre debet, vel poteft. ad eum qui accipit, quàm, eft apud eum qui tradit. Si igitur quis dominium in fundo habuit, id tradendo transfert. Si non habuit, ad eum qui accipit nihil, transfert. Quoties autem dominium transfertur ad eum qui accipit, tale transfertur, quale fuit apud eum qui tradit. Si fervus fuit fundus, cum fervitutibus tranfit : fi liber, uti fuit : & fi forte fervitutes debebantur fundo qui traditus eft, cùm jure fervitutum debitarum transfertur. *l.* 20. *ff. de acq. rer. dom.*

## XXVIII.

28. *On perd la poffeffion de ce qu'on aliene, ou qu'on abandonne.*

Comme la poffeffion s'acquiert par l'intention de poffeder jointe à la detention actuelle, elle fe perd auffi par l'intention de ne plus poffeder, mettant hors de fes mains & de fa puiffance ce qu'on poffedoit; foit qu'on l'aliene, ou qu'on l'abandonne, s'en dépoüillant à deffein de ne l'avoir plus. Et la fimple intention de ne plus poffeder, fuffit même pour faire qu'on ne poffede plus, comme il arrive au vendeur que l'acheteur prie de garder pendant quelque temps la chofe venduë; car ce n'eft plus le vendeur qui la poffede, mais l'acheteur par luy *m*.

*m* Ferè quibufcumque modis obligamur, iifdem in contrarium actis liberamur. Cum quibus modis acquirimus, iifdem in contrarium actis amittimus. Ut igitur nulla poffeffio acquiri nifi animo & corpore poteft : ita nulla amittitur, nifi in qua utrumque in contrarium actum. *l.* 153. *ff. de reg. jur. l.* 8. *ff. de acq. vel amit. poff.* Amitti & animo folo. poteft (poffeffio) quamvis acquiri non poteft. *l.* 3. §. 6. *eod.* Pro derelicto habetur quod dominus ea mente abjecerit, ut id numero rerum fuarum effe noluit. §. 47. *inft. de rer. divif.*

## XXIX.

Il ne faut pas mettre au nombre des choſes abandonnées celles qu'on a perduës, ni ce qu'on jette à la mer
dans un peril de naufrage pour ſauver le vaiſſeau, ni
celles qui ſe perdent dans un naufrage. Car encore que
les maîtres de ces choſes en perdent la poſſeſſion, ils en
conſervent la proprieté & le droit de les recouvrer. Ainſi
ceux qui trouvent ces ſortes de choſes ne peuvent s'en
rendre les maîtres; mais ils doivent les reſtituer, ſuivant
les regles expliquées en leur lieu *n*.

*n* Idem ait, & ſi naufragio quid amiſſum ſit, non ſtatim noſtrum eſſe de-
ſinere. *l.* 44. *ff. de acq. rer. dom.*
Non eſt in derelicto quod ex naufragio expulſum eſt, ſed in deperdito. *l.* 11.
§. 1. *ff. de acq. vel amitt. poſſ.*
Idem juris eſſe exiſtimo in his rebus quæ jactæ ſunt. Quoniam non poteſt videri id pro derelicto habitum, quod ſalutis cauſâ interim dimiſſum eſt. *d. l.* §. 2.
V. l'article 1. de la Sect. 1. & l'art. 1. de la Sect. 2. des engagemens qui ſe forment
par des cas fortuits.

## XXX.

La poſſeſſion ſe perd auſſi lorſqu'un autre vient à poſſeder, & qu'il a poſſedé pendant une année. Car cette
poſſeſſion d'une année en la perſonne même d'un uſur-
pateur, ſi elle a été paiſible, le fait regarder comme un
juſte poſſeſſeur, & même comme maître, juſqu'à ce que
le vray maître établiſſe ſon droit pour recouvrer ſa poſſeſſion *o*.

*o* Vi pulſos reſtituendos eſſe, interdicti exemplo, ſi necdum utilis annus ex-
ceſſit, certiſſimi juris eſt. *l.* 2. *C. unde vi.* V. l'article 18. de la Section. 1.

Marginal notes:
29. Les choſes
perduës & celles
qu'on jette à la mer
dans un peril de
naufrage, ne ſont
pas abandonnées.

30. On perd ſa
poſſeſſion par la poſ-
ſeſſion d'un autre.

## SECTION III.

### Des effets de la possession.

#### SOMMAIRES.

### I

*1. Premier effet de la possession, la joüissance.*

L'Effet le plus naturel de la possession est de mettre en usage la proprieté, & de donner au proprietaire l'exercice actuel de son droit en joüissant de la chose, & en disposant. Et c'est pour cet usage que la possession est naturellement liée à la proprieté *a*.

*a* Proprietas à possessione separari non potest. *l,* 8. *C. de acq. & ret. poss.* V l'art. 2. de la Sect. 1.

### II

*2. Autre effet, d'acquerir en de certains cas la proprieté en même tems qu'on possede.*

C'est encore un effet de la possession, qu'en plusieurs cas expliquez dans la Section precedente, elle donne la proprieté. Et c'est même par la possession que les hommes ont naturellement commencé de se rendre les maîtres des choses *b*. Ainsi la possession est en un sens la cause de la proprieté, & au contraire elle en est l'effet en un autre sens dans les cas où l'on acquiert la proprieté avant qu'on puisse entrer en possession ; comme si on achete une chose dont la délivrance ne se fasse pas dans le même temps. Car en ce cas la proprieté donne le droit d'avoir la possession.

*b* Dominium rerum ex naturali possessione cœpisse, Nerva filius ait. Ejusque rei vestigium remanere de his quæ terra, mari, cælóque capiuntur: nam hæc

protinus

protinus eorum fiunt, qui primi possessionem eorum apprehenderint. *l. 1. §. 1. ff. de acq. vel amit. poss.*
Statim inventoris fiunt. *§. 18. inst. de rer. divis. §. 12. eod.* V. les premiers articles de la Sect. 2.

### III.

La possession a encore cet effet, que si dans le temps qu'on l'acquiert, la proprieté n'y étoit pas jointe, elle suit la possession, non dans le même instant qu'on entre en possession, comme dans les cas dont il est parlé dans l'article precedent; mais par une possession continuée pendant le temps reglé pour prescrire. Ainsi celuy qui achete une chose dont il croit que le vendeur est proprietaire & qui est à un autre, n'en devient pas le maître dans le moment de la délivrance que luy fait ce vendeur; mais s'il continuë de la posseder pendant le temps de la prescription, il deviendra le maître, quand même son vendeur auroit possedé de mauvaise foy *c*.

*c* Jure civili constitutum fuerat, ut qui bona fide ab eo qui dominus non erat, cùm crederet eum dominum esse, rem emerit, vel ex donatione, aliáve quavis justa causa acceperit, is eam (usucapiet) *inst. de usucap. & long. temp. præscr.* V. *l. 36. ff. de usu & usufr. leg.*
Quamvis (possessor) mala fide possideat, quia intelligit se alienum fundum occupasse, tamen si alii bona fide accipienti tradiderit, poterit ei longa possessione res acquiri. *§. 7. inst. de usuc. & long. temp. præsc.*

### VI.

C'est aussi un autre effet de la possession, que le possesseur est consideré comme étant le maître, quoy-qu'il se puisse faire qu'il ne le soit point *d*.

*d* V. l'art. 1. de la Sect. 4. des Preuves.

### V.

La possession de celuy qui possede de bonne foy a cet effet, que pendant sa bonne foy il jouït & se rend propres les fruits qu'il recuëille, & non seulement ceux qui viennent du fonds par son industrie, mais ceux même que le fonds produit sans culture. Car comme il a été remarqué en un autre lieu, sa bonne foy luy tient lieu de la verité, & fait qu'il se considere luy-même, & qu'il doit être consideré comme étant le maître, tandis que cette bonne foy n'est interrompuë par aucune demande. Et

*Tome II.*                                          Kkk

s'il arrive qu'il soit évincé, il ne rendra rien de ce qu'il a joüi jufqu'à la demande *e*. Mais il rendra les fruits perçûs depuis la demande. Car il a dû y acquiefcer, puis qu'elle étoit jufte, ainfi qu'il paroît par l'évenement de fon éviction, & que cette demande avoit fait ceffer fon ignorance du droit du maître qui étoit la caufe de fa bonne foy *f*.

*e* Bonæ fidei emptor non dubiè percipiendo fructus etiam ex aliena re, fuos interim facit, non tantùm eos qui diligentia & opera ejus provenerunt, fed omnes. Quia quòd ad fructus attinet, loco domini penè eſt. *l.* 48.*ff. de acq. rer. dom.*

Bonæ fidei poffeffor in percipiendis fructibus id juris habet, quòd dominis prædiorum tributum eſt. *l.* 25. §. 1. *ff. de ufur.* Bona fides tantumdem poffidenti præſtat, quantùm veritas, quoties lex impedimento non eſt. *l.* 136. *ff. de reg. jur.*

*f V. les articles 5. & 6. de la Sect. 3. des interêts, dommages & interêts. V. dans la même Sect. art. 9. & 10. des cas où le poffeffeur de bonne foy rend les fruits perçûs avant la demande.*

## VI.

*6. Effet de la poffeffion de mauvaife foy.*

La poffeffion de celuy qui poffede de mauvaife foy, a cet effet qu'elle empêche qu'il ne preſcrive *g*, & qu'elle l'oblige à rendre non feulement ce qu'il a joüy, mais les joüiffances qu'un bon pere de famille auroit pû tirer du fonds dont il étoit en poffeffion *h*.

*g* Ufucapio non competit (furi, & ei qui per vim poffidet) quia fcilicet mala fide poffident. §. 3. *inſt. de ufucap. & long. temp. præſcript.* Non capiet longa poffeffione (qui) fcit alienum effe. *l.* 3. §. 3. *ff. de acq. vel am. poff.*

*h V. l'art. 13. de la Sect. 3. des interêts, dommages & interêts &c.*

## VII.

*7. Poffeffion de voye de fait.*

Tout ce qui a été dit de la poffeffion dans cette Section & dans les precedentes, ne doit pas s'entendre de la poffeffion des ufurpateurs, & des poffeffeurs de mauvaife foy. Car non feulement ils ne font pas confiderez comme poffeffeurs, mais ils font punis felon la qualité de leur entreprife. Et il en eſt de même de ceux qui étant condamnez à quitter leur poffeffion, quoy-qu'elle fût jufte dans fon origine, n'obeïffent point. Et on les déposffede avec toute la force que leur refiftance peut rendre neceffaire, leur impofant les peines qu'ils peuvent meriter. Mais cette force ne peut être employée que par l'autorité de la Justice, car elle n'en souffre pas d'autre, que celle qui est en ses mains *i*.

*i* Ne quid per vim admittatur, etiam legibus Juliis prospicitur publicorum & privatorum, nec non & constitutionibus principum. *l.* 1. §. 2. *ff. de vi & de vi arm.*

Qui restituere jussus Judici non paret, contendens non posse restituere, siquidem habeat rem, manu militari officio Judicis ab eo possessio transfertur. *l.* 68. *ff. de rei vindic.*

# SECTION IV.

*De la nature & de l'usage de la prescription, & comment elle s'acquiert.*

Personne n'ignore cette utilité entre autres des prescriptions, qu'elles assûrent aux possesseurs la proprieté des heritages aprés une possession qui ait duré le temps reglé par la loy. Mais quoy-que les prescriptions paroissent naturellement necessaires pour cet usage, elles ne l'étoient pas dans la loy divine, qui ordonnoit que les heritages alienez revinssent aux premiers possesseurs en chaque cinquantiéme année du jour de l'établissement de cet usage, & qu'on ne pût aliener que la joüissance pendant le nombre d'années qui restoient à compter du jour de l'alienation, jusqu'à cette cinquantiéme année, qui devoit remettre tous les biens dans les familles des premiers possesseurs. Et encore ces alienations ne pouvoient se faire qu'avec une faculté perpetuelle de racheter quand on le voudroit. Il n'y avoit que les maisons situées dans les Villes murées, & qui appartenoient à d'autres qu'à des Levites, qu'on pût aliener à perpetuité *a*.

Cette loy si sainte qui défendoit les alienations perpetuelles, pour éteindre le desir d'augmenter ses possessions, abolissoit par là les prescriptions. Mais la lettre de cette loy ne s'observant plus, & les alienations qui dépoüillent à perpetuité nous étant permises, l'usage des prescriptions est tout naturel dans cet état, & si necessaire, que sans ce remede tout acquereur & tout possesseur

*a Levit.* 25. 8.

*Nature & usage des prescriptions.*

Kkk ij

pouvant être troublé jufqu'à l'infini ; il n'y auroit jamais
d'afsûrance entiere d'une poffeffion fûre & paifible : Et
ceux même dont la poffeffion feroit la plus ancienne auroient le plus à craindre, fi avec leur poffeffion ils n'a-
voient confervé leurs titres.

Quand il n'y auroit donc pas d'autre raifon qui favo-
rifât l'ufage des prefcriptions que l'utilité publique d'affurer le repos des poffeffeurs ; il feroit jufte d'empêcher
que la proprieté des chofes ne demeure toûjours dans
l'incertitude , laiffant aux proprietaires un temps fuffifant pour rentrer dans leurs biens [b]. Mais on peut dire
de plus que les prefcriptions ont d'ailleurs leur juftice
& leur équité fondée fur le principe qui a été déja remarqué , que la poffeffion étant naturellement liée au
droit de proprieté , il eft jufte qu'on préfume que comme c'eft le maître qui doit poffeder , celuy qui poffede
doit être le maître : & que l'ancien proprietaire n'a pas
été privé de fa poffeffion fans de juftes caufes [c].

Prefcription de toute forte de droits.

Les mêmes raifons qui font que la longue poffeffion
acquiert la proprieté , & qu'elle dépoüille l'ancien proprietaire ; font auffi que toutes fortes de droits & d'ac-
quifitions s'acquierent & fe perdent par l'effet du temps.
Ainfi , un creancier qui a ceffé de demander ce qui luy
eft dû pendant le temps reglé par la loy , a perdu fa
dette , & le debiteur en eft déchargé. Ainfi, celuy qui a
joüi d'une rente fur quelque heritage pendant le temps
de la prefcription , ne peut plus en être dépoüillé ,
quoy-qu'il n'ait pas d'autre titre que fa longue joüiffance.
Ainfi, celuy qui a ceffé de joüir d'une fervitude pendant
le temps fuffifant , en a perdu le droit : & au contraire
celuy qui joüit d'une fervitude, quoy-que fans titre , en
acquiert le droit par une longue joüiffance , fi ce n'eft
que quelque Coûtume en difpofe autrement [d]. Et en general toute autre forte de prétentions & de droits de

---

[b] Bono publico ufucapio introducta eft, ne fcilicet quarundam rerum diu,
& ferè femper incerta dominia effent. Cùm fufficeret dominis ad inquirendas
res fuas ftatuti temporis fpatium *l. 1. ff. de ufurp. & ufuc.*

[c] V. l'art. 13. de la Sect. 1.

[d] V. l'art. 11. de cette Section, & les lieux qu'on y a citez.

toute nature s'acquierent & se perdent par la prescription, à la reserve de ce que les loix en ont excepté. Ainsi, on voit deux effets de la prescription, ou plûtôt deux sortes de prescriptions. L'une qui acquiert au possesseur le droit de proprieté de ce qu'il possede, & qu'il en dépoüille le proprietaire faute de posseder : Et l'autre qui fait acquerir, ou perdre toutes les autres especes de droits, soit qu'il y ait quelque possession, comme dans la joüissance d'une servitude, ou qu'il n'y en ait aucune, comme dans la perte d'une dette, faute de l'exiger.

Toutes ces sortes de prescriptions qui font acquerir ou perdre des droits, sont fondées sur cette présomption, que celuy qui joüit d'un droit doit en avoir quelque juste titre, sans quoy on ne l'auroit pas laissé joüir si long-temps : Que celuy qui cesse d'exercer un droit, en a esté dépoüillé par quelque juste cause : Et que celuy qui a demeuré si long-temps sans exiger sa dette, en a esté payé, on a reconnu qu'il ne luy estoit rien dû.

Il faut distinguer deux sortes de regles des prescriptions, celles qui regardent les differentes manieres dont les loix ont reglé le temps pour prescrire : Et celles qui regardent la nature des prescriptions, leur usage, ce qui peut être sujet à la prescription, ce qui ne l'est pas, ce qui rend la prescription juste ou vicieuse, quelles sont les personnes contre qui on ne prescrit point, quelle doit être la possession pour pouvoir prescrire, ce qui peut interrompre la prescription, & les autres semblables. Celles-cy sont des regles naturelles de l'équité, mais celles qui marquent le temps des prescriptions ne sont que des loix arbitraires. Car la nature ne fixe pas quel temps il faut précisément pour pouvoir prescrire. Ainsi, ces regles peuvent être changées, & elles sont differentes en divers lieux : Et cette diversité se voit même dans le Droit Romain, où les prescriptions ont esté differemment reglées en divers temps.

*Deux sortes de regles des prescriptions*

Comme le dessein de ce Livre regarde principalement les regles de l'équité, on expliquera icy celles qui sont de cette nature dans la matiere des prescriptions, &

pour celles qui ne reglent que le temps des prescriptions ; on a crû ne devoir pas les mettre en articles dans les Sections de ce titre ; mais qu'il suffiroit de les marquer icy dans ce preambule. Car outre que les temps des prescriptions se reglent differemment en plusieurs Provinces, il y en a de celles même qui se regissent par le droit écrit, où l'on n'observe pas les divers temps des prescriptions du Droit Romain. Ainsi, il suffira de marquer icy en abregé ce qui estoit en usage du temps de Justinien : Et il sera facile à chacun de voir en chaque lieu quel y est l'usage pour les temps des prescriptions, & en quoy les divers usages sont differens du Droit Romain, ou y sont conformes.

La prescription pour les meubles s'acqueroit par trois ans *e*.

Pour les immeubles on y apportoit de differentes distinctions.

Le possesseur de bonne foy, qui avoit un titre, prescrivoit par dix ans entre presens, & par vingt ans entre absens, quoy-que son auteur eût possedé de mauvaise foy. Et on appelloit presens ceux qui avoient leur demeure dans une même Province *f*.

Celuy qui possedoit sans titre, prescrivoit par trente

*e* Si quis alienam rem mobilem, seu se moventem in quacunque terra, sive in italica, sive in provinciali, bona fide per continuum triennium detinuerit: is firmo jure eam possideat, quasi per usucapionem eam acquisitam. *l. un. C. de usuc. transf. inst. de usuc. & long. temp. præscr.*

*f* Super longi temporis præscriptione, quæ ex decem vel viginti annis introducitur, perspicuo jure sancimus ut sive ex donatione, sive ex alia lucrativa causa, bona fide quis per decem, vel viginti annos rem detinuisse probetur, adjecto scilicet tempore etiam prioris possessionis, memorata longi temporis exceptio sine dubio ei competat, nec occasione lucrativæ causæ repellatur. *l. 11. C. de præscr. long temp.*

Rursus sancimus ; ut si quis mala fide rem possidens, aut per venditionem, aut per donationem, aut aliter hanc rem alienet ; qui verò putat easdem res competere sibi, hoc agnoscens, intra decem annos inter præsentes, & viginti inter absentes non contestatus fuerit, secundùm leges emptorem, aut donationem accipientem, aut illum ad quem res alio quolibet modo translatæ sunt: eum qui tales res habet, firmè eas habere, post decennii videlicet inter præsentes, & vicennii inter absentes discursum. *Nov. 119. c. 7.*

Sancimus itaque ...... hoc etenim magis nobis eligendum videtur, ut non in civitate concludatur domicilium, sed magis provincia, & si uterque domicilium in eadem habet provincia, causam inter præsentes esse videri. *l. ult. C. de præscr. longi temp.*

ans, & aprés ce temps-là, il ne pouvoit être troublé par le proprietaire *g*.

Les actions, c'eſt-à-dire, le droit de faire des demandes en Juſtice, comme pour demander une heredité, un legs, une dette, une ſervitude, & d'autres droits ſe preſcrivoient par trente ans *h*.

L'action hypothequaire ne ſe preſcrivoit que par quarante ans, à l'égard du debiteur & de ſes heritiers, & même des tiers detenteurs, ſi le debiteur eſtoit encore vivant. Ainſi, l'action hypothequaire duroit plus en ce cas que la ſimple action perſonnelle : Et aprés la mort du debiteur elle ne duroit que trente ans *i*.

Toutes les autres ſortes de preſcriptions de biens ou de droits de quelque nature que ce pût être, & qu'on auroit pû prétendre ne devoir pas ſe preſcrire par trente ans, furent reglées à quarante ans; même pour les biens & droits de l'Egliſe, & du public *l*.

Toutes ces differentes preſcriptions ont eſté reduites

g In rem ſpeciales ...... actiones ultra triginta annorum ſpatium minimè protendantur. *l. 3. C. de praſcr. 30. vel. 40. ann.*

*h* Sicut in rem ſpeciales, ita de univerſitate, ac perſonales actiones ultra triginta annorum ſpatium minimè protendantur. Sed ſi qua res, vel jus aliquod poſtuletur, vel perſona qualicunque actione vel perſecutione pulſetur, nihilominus erit agenti triginta annorum præſcriptio metuenda. *l. 3. C. de praſcr. 30. vel 40. ann.*

*i* Quamobrem jubemus hypothecarum perſecutionem, quæ rerum movetur gratia vel apud debitores conſiſtentium, vel apud debitorum hæredes, non ultra quadraginta annos, ex quo tempore cœpit, prorogari. *l. 7. §. 1. C. de praſcr. 30. vel 40. ann.*

Ex quo autem in fata ſua debitor deceſſerit, ex eo quaſi ſuo nomine poſſidentem poſteriorem creditorem, merito, poſſe triginta annorum opponere præſcriptionem. *d. l. §. 2.*

*l* Quidquid præteritarum præſcriptionum vel verbis vel ſenſibus minus continetur, implentes, per hanc in perpetuum valituram legem ſancimus, ut ſi quis contractus, ſi qua ſit actio, quæ cùm non eſſet expreſſim ſupradictis temporalibus præſcriptionibus concepta, quorumdam tamen vel fortuita, vel excogitata interpretatione ſæpè dictarum exceptionum laqueos evadere poſſe videatur: huic ſaluberrimæ noſtræ ſanctioni ſuccumbat, & quadraginta annorum curriculis proculdubio ſopiatur. Nullumque jus privatum, *vel publicum in quacumque cauſa*, *vel quacunque perſona*, quod prædictorum quadraginta annorum extinctum eſt jugi ſilentio, moveatur. *l. 4. C. de praſcr. 30. vel 40. ann.* V. l'ar. 2. de la Sect. 5. & les remarques qu'on y a faites.

Pro temporalibus autem præſcriptionibus decem & viginti & triginta annorum, ſacroſanctis Eccleſiis, & aliis venerabilibus locis, ſolam quadraginta annorum præſcriptionem opponi præcipimus: hoc ipſo ſervando & in exactione legatorum, & hæreditatum, quæ ad pias cauſas relicta ſunt. *Nov. 131. c. 6.*

en plusieurs Coutumes, & dans des Provinces même qui se regissent par le droit écrit, à une seule prescription de trente ans. Et dans les autres on observe ces differentes prescriptions de dix, vingt, trente, quarante ans. Il y en a même qui y ont apporté quelques changemens, & qui n'ont reçû la prescription de trente ans que pour les actions personnelles & mobiliaires, & ont étendu les autres prescriptions à quarante ans.

Il n'est pas necessaire de considerer les motifs de ces differentes dispositions du Droit Romain, ni les raisons qui ont fait qu'on ne les a pas suivies en plusieurs Coutumes. Chaque usage a ses vûës, & regarde dans les usages opposez leurs inconveniens. Et il suffit de remarquer ce qu'il y a de commun à toutes ces differentes dispositions & du droit écrit, & des Coutumes, pour ce qui regarde les temps des prescriptions. Ce qui consiste en deux vûës; l'une de laisser aux maîtres des choses, & à ceux qui pretendent quelques droits, un certain temps pour les recouvrer : & l'autre de mettre en repos ceux qu'on voudroit inquieter en leurs possessions, ou en leurs droits après que ce temps se trouve expiré.

Il faut remarquer icy la difference qu'il y a dans le Droit Romain entre l'Usucapion, & la Prescription. L'Usucapion signifie la maniere d'acquerir la proprieté des choses par l'effet du temps *m*. Et la prescription a aussi la même signification ; mais elle signifie de plus la maniere d'acquerir & de perdre toute sorte de droits, & d'actions par le même effet du temps reglé par la Loy. On ne fait cette remarque que pour avertir, que ces deux mots de Prescription & d'Usucapion, qu'on verra en diverses Loix citées dans ce Titre, doivent se rapporter au sens qu'aura le mot de Prescription dans les articles où elles seront citées. Car on ne se servira jamais du mot d'Usucapion, celuy de Prescription estant commun par nôtre usage & à la maniere d'acquerir la proprieté des choses, & à celle d'acquerir & de perdre toute sorte de droits par l'effet du temps.

*m V. l. un. C. de usucap. transf. inst. de usucap.*

Outre

Outre ces diverses fortes de prescriptions du Droit Romain qu'on vient de remarquer, nous avons en France quelques autres fortes de prescriptions établies par les Ordonnances, & quelques Coutumes qui en ont reglé le temps qu'on peut ajoûter en ce lieu aux autres fortes de prescriptions, dont on a parlé.

*Retrait lignager.*

L'action du retrait lignager établie en general dans tout le Royaume par une Ordonnance du mois de Novembre 1581. & en particulier par plusieurs Coutumes, se prescrit par un an, suivant cette même Ordonnance, & les Coutumes.

*Rescisions.*

Les rescisions & restitutions en entier se prescrivent par dix ans, suivant l'Ordonnance de 1510. art. 46. & de 1535. c. 8. art. 30. ainsi qu'il sera remarqué dans le préambule de la Section 1. du Titre des Rescisions.

*Salaires des domestiques.*

Les demandes des salaires des domestiques se prescrivent par un an, suivant l'Ordonnance de 1510. art. 67. & quelques Coutumes ont aussi reglé à un an celles des Medecins, Apoticaires & Chirurgiens.

*Parties des Marchands en détail, & des Artisans.*

Les demandes des parties des Marchands vendant en détail, & des Artisans se prescrivent par six mois, suivant l'Ordonnance de 1539. art. 19.

*Peremption des instances.*

Les instances qu'on cesse de poursuivre pendant trois ans d'intervalle sans aucune procedure, sont péries par une prescription qu'on appelle peremption; qui a cet effet que l'instance est aneantie, & n'a pas même l'effet d'interrompre la prescription. Et si la demande n'estoit pas prescrite, & qu'on voulût la poursuivre, il faudroit recommencer une nouvelle instance, suivant l'Ordonnance de 1563. art. 15. Cette peremption a quelque rapport à ce que Justinien avoit ordonné que les instances ne pourroient durer plus de trois ans *º*. Ce qu'on ne doit pas expliquer icy; car outre que ce reglement n'est pas de nôtre usage, cette matiere n'est pas du dessein de ce Livre.

*º V. l. 13. C. de judic.*

# SOMMAIRES.

## I.

**1. Definition de la prescription.**

La prescription est une maniere d'acquerir & de perdre le droit de proprieté d'une chose, & tout autre droit, par l'effet du temps. Ainsi un possesseur de bonne foy acquiert la proprieté d'un heritage par une possession paisible pendant le temps reglé par la loy : & l'ancien proprietaire en est dépoüillé, pour avoir cessé de le posseder ou le demander pendant ce même temps. Ainsi un creancier perd sa dette, pour avoir manqué de la demander dans le temps de la prescription, & le debiteur en est déchargé par le long silence de son crean-

cier. Ainſi les autres droits s'acquierent par une longue
joüiſſance, & ſe perdent faute de les exercer *a*.

a Uſucapio eſt adjectio dominii, per continuationem poſſeſſionis temporis
legi definiti. *l. 3. ff. de uſurp. & uſuc.* V. l'art. *9.*

Longi temporis præſcriptio his qui bona fide acceptam poſſeſſionem, & con-
tinuatam, nec interruptam inquietudine litis tenuerunt, ſolet patrocinari. *l. 2. C.
de præſcr. longi temp.*

## II.

Comme les preſcriptions ont eſté établies pour le bien
public, afin que la proprieté des choſes & les autres
droits ne ſoient pas toûjours dans l'incertitude, celuy
qui a acquis la preſcription n'a pas beſoin de titre, &
elle luy en tient lieu *b*.

b Bono publico uſucapio introducta eſt, ne ſcilicet quarumdam rerum diu &
ferè ſemper incerta dominia eſſent. *l. 1. ff. de uſurp. & uſuc.*

*Il ne faut entendre cet article que des preſcriptions qu'on peut acquerir ſans titre,
& non de celle de 10. & 20. ans dont il a eſté parlé dans le préambule, & qui
ſuppoſe un Titre.*

2. *Motif de la preſ-
cription, & ſon effet.*

## III.

La preſcription eſtant fondée ſur la durée de la poſſeſſion pendant le temps reglé par la Loy, elle n'eſt acquiſe
qu'aprés que ce temps ſe trouve expiré *c*.

3. *Quand elle eſt
acquiſe.*

c In uſucapionibus non à momento ad momentum, ſed totum poſtremum
diem computamus. Ideóque qui hora ſexta diei Kalendarum Januariarum poſſidere cœpit, hora ſexta noctis pridie Kalendas Januarias, implet uſucapionem.
*l. 6. & l. 7. ff. de uſurp. & uſuc.* In uſucapione ita ſervatur, ut etiamſi minimo
momento noviſſimi diei poſſeſſa ſit res, nihilominus repleatur uſucapio: nec totus dies exigitur ad explendum conſtitutum tempus. *l. 15. ff. de div. temp.
præſc.*

*On a conçû cette regle en ces termes generaux, aprés que le temps de la preſcrip-
tion ſe trouve expiré, parce que de quelque maniere qu'on entende ce temps, ſoit qu'on
veüille que la preſcription finiſſe au commencement du dernier jour, ou ſeulement
au dernier moment de ce même jour, il eſt toûjours vray qu'il faut que le temps neceſſaire pour preſcrire ſoit expiré. Ce qu'on a fait pour éviter de marquer que la
preſcription n'eſt acquiſe qu'au dernier moment du temps reglé pour preſcrire, parce
que cette expreſſion ſeroit contraire aux textes citez ſur cet article. Mais par noſtre
uſage la preſcription n'eſt acquiſe qu'au dernier moment du jour. Et une demande faite dans le dernier jour interromproit la preſcription. Car encore que l'effet de
la preſcription ſoit favorable, quand elle eſt acquiſe, cette faveur ne va pas à abre-
ger le temps neceſſaire pour dépoüiller les proprietaires. Et ce qui peut empêcher la
preſcription avant qu'elle ſoit acquiſe, doit être reçû favorablement, pour rétablir le
maiſtre en ſon droit. Ainſi il eſt juſte de recevoir une demande pour interrompre la
preſcription, pourvû que le dernier moment n'en ſoit pas encore expiré, ſuivant la
regle qu'on obſervoit dans le Droit Romain pour ces ſortes d'actions qu'on appelloit
temporelles, où la preſcription n'avoit ſon effet qu'aprés le dernier moment expiré.
In omnibus temporalibus actionibus niſi noviſſimus totus dies compleatur, non
finit obligationem. l. 6. ff. de obl. & action. Ce qui s'obſervoit auſſi comme nous*

*l'obfervons pour compter le temps de la minorité qui ne finit qu'au dernier moment de l'âge de 25. ans, ainfi qu'il fera dit dans l'art. 20. de la Sect. 2. des Refcifions. Et enfin s'il faut ou 10. ou 20. ou 30. ans pour une prefcription, les années doivent s'entendre felon le calcul ordinaire qui comprend tous les momens de tous les jours neceffaires pour faire l'année. Et ce calcul eft particulierement jufte dans les prefcriptions qu'une Loy appelle odieufes. l. ult. C. de ann. except. v. l. 1. ff. de diverf. temp. præfcr. A quoy on peut ajoûter que les textes citez fur cet article ne parlent pas de toute forte de prefcriptions indiftinctemeut, mais feulement de l'ufucapion, & qu'ainfi ils ne doivent pas s'étendre aux prefcriptions, que nous ne diftinguons pas de l'ufucapion. V. la difference entre l'ufucapion & la prefcription à la fin du préambule de cette Section.*

IV.

**4. Le poffeffeur joint à fa poffeffion celle de fon auteur.**

Si un poffeffeur vient à mourir avant qu'il ait acquis la prefcription, & que fon heritier demeure en poffeffion, on affemble le temps de la poffeffion de l'un & de l'autre, & la prefcription eft acquife à l'heritier aprés que la poffeffion de fon auteur & la fienne jointes ont duré le temps reglé pour prefcrire. Et il en eft de même de la poffeffion de l'acheteur jointe à celle du vendeur à qui il fuccede, & de celle du donataire & du donateur, du legataire & du teftateur, & ainfi de tous autres qui poffedent fucceffivement, ayant droit l'un de l'autre *d*.

*d* Planè tribuuntur (acceffiones poffeffionum) his qui in locum aliorum fuccedunt. Sive ex contractu, five voluntate. Hæredibus enim, & his qui fuccefforum loco habentur, datur acceffio teftatoris. l. 14. §. 1. ff. de div. temp. præfcr. Emptori tempus venditoris ad ufucapionem procedit. l. 2. §. 20. ff. pro emptore. l. 76. §. 1. ff. de contr. empt. Legatario dandam acceffionem ejus temporis quo fuit apud teftatorem, fciendum eft. l. 13. §. 10. ff. de acq. vel amitt. pof. Sed & is cui res donata eft acceffione utetur ex perfona ejus qui donavit. l. 13. §. 11. ff. eod. l. 11. C. de præfcr. long. temp.

V.

**5. Cas où la poffeffion d'autre que de l'auteur fert au poffeffeur.**

La poffeffion ne fe continuë pas feulement entre deux poffeffeurs, dont l'un a le droit de l'autre; mais il peut arriver que la prefcription foit acquife à un poffeffeur, en joignant à fa poffeffion celle d'une autre perfonne de qui il ne tient pas fon droit. Ainfi, par exemple, fi un heritier poffede pendant quelque temps une chofe leguée à une autre perfonne avant que de luy en faire la délivrance, foit qu'on attende l'évenement d'une condition du legs, ou par un fimple retardement, le temps de cette poffeffion fervira pour la prefcription à ce legataire, quoy-qu'il ne tienne pas fon droit de cet heritier *e*. Car la possession de l'heritier, qui represente le testateur, est consideree, comme si c'estoit le testateur même qui eût possedé. Ainsi dans les cas semblables, c'est par l'équité selon les circonstances qu'il faut juger si les possessions de diverses personnes peuvent être jointes *f*.

*e* An hæredis possessio accedat (legatario) videamus, & puto sive purè, sive sub conditione fuerit relictum, dicendum esse, id temporis quo hæres possedit, ante existentem conditionem, vel restitutionem rei, legatario proficere. *l.* 13. §. 10. *ff. de acq. vel amitt. poss.*

*f* De accessionibus possessionum nihil in perpetuum, neque generaliter definire possumus: consistunt enim in sola æquitate. *l.* 14. *ff. de divers. temp. prescr.*

## VI.

Les possessions de divers possesseurs qui succedent l'un à l'autre, ne se joignent que dans le cas où elles se suivent sans interruption. Mais s'il y a quelque intervalle d'une autre possession d'un tiers qui ait interrompu ces possessions, celles qui avoient precedé cette interruption seront inutiles au dernier possesseur. Car la prescription ne s'acquiert que par une possession continuë, & qui soit paisible pendant tout le temps reglé pour prescrire *g*.

*6. Possessions interrompuës.*

*g* Accessio possessionis sit non solùm temporis quod apud eum fuit, unde is emit: sed & qui ei vendidit, unde tu emisti. Sed si medius aliquis de auctoribus non possederit, præcedentium auctorum possessio non proderit: quia conjuncta non est. *l.* 15. §. 1. *ff. de div. temp. prescr.* Possessio testatoris ita hæredi procedit, si medio tempore à nullo possessa est. *l.* 20. *ff. de usurp. & usuc.*

*Mais si cette interruption n'estoit arrivée que par quelque usurpation, ou par un trouble sans fondement, comme si un tiers avoit evincé un de ces possesseurs sur un mauvais titre, par une Sentence qu'un Arrest sur l'appel auroit infirmée; ce trouble ayant cessé, ne seroit-il pas juste non seulement de joindre les possessions, mais d'y ajoûter même le temps de ce trouble? puisqu'il seroit vray que n'étant pas venu de la part de celuy qui feroit le nouveau trouble, il luy seroit inutile: & que le possesseur auroit conservé son droit pendant une interruption qui se trouveroit n'avoir esté qu'un trouble injuste, & qui n'auroit pas empêché qu'il ne fût toujours demeuré le maistre avec l'intention de posseder, ce qui avoit l'effet de la possession, & rendoit sa condition pareille à celle d'un possesseur depoüillé par force de sa possession, qui ne laisse pas d'estre consideré comme possesseur.* Si quis vi de possessione dejectus sit, perinde haberi debet ac si possideret: cùm interdicto de vi recuperandæ possessionis facultatem habeat. *l.* 17. *ff. de acq. vel amitt. poss.* V. l'article 24. de la Section 2.

## VII.

Les intervalles où le possesseur cesse d'exercer sa possession, ne l'interrompent point, & n'empêchent pas

*7. Intervalle sans possession apparente.*

454 LES LOIX CIVILES, &c. Liv. III.

qu'il ne continuë sa prescription. Ainsi lorsqu'un possesseur ou absent, ou negligent cesse pendant quelques années d'entrer dans son heritage & le cultiver ; il ne laisse pas de conserver sa possession. Et non seulement il joint les temps de l'exercice actuel qu'il en a fait, mais il y ajoûte aussi l'intervalle où il avoit cessé de l'exercer *h*.

*h* Licèt possessio nudo animo acquiri non possit, tamen solo animo retineri potest. Si ergo prædiorum desertam possessionem, non derelinquendi affectione, transacto tempore non coluisti : sed metus necessitate culturam eorum distulisti, præjudicium tibi ex transmissi temporis injuria, generari non potest. *l. 4. C. de acq. & ret. poss.* V. l'article 24. de la Section 2.

### VIII.

8 . Intervalle sans possesseur qui n'interrompe pas la prescription.

Il peut arriver qu'il y ait un intervalle sans possesseur, qui n'interrompe pas la prescription. Ainsi lorsqu'un heritier ou qui estoit absent, ou qui ignoroit son droit, n'entre en possession des biens que quelque temps après l'ouverture de la succession, il ne laissera pas de joindre à sa possession celle du défunt, & même le temps de cet intervalle entre l'ouverture de l'heredité & sa possession. Car les biens sont conservez au futur heritier, & comme possedez par l'heredité même, qui tient lieu de maître *i*.

*i* Hæreditas dominæ locum obtinet: & rectè dicetur, hæredi quoque competere (interdictum) & cæteris successoribus, sive antequam successerit, sive postea aliquid sit vi aut clam admissum. *l. 13. §. 5. in f. ff. quod vi aut clam.*
Vacuum tempus quod ante aditam hæreditatem, vel post aditam intercessit, ad usucapionem hæredi procedit. *l. 31. §. 5. ff. de usurp. & usuc.*
*Cet article peut s'appliquer à l'heritier même ab intestat, quoy-que par nostre usage il soit saisi des biens par la mort de celuy à qui il succede. Car s'il ignore son droit, il ne possede pas les biens quoy-qu'il en soit le maître.*

### IX.

9 . Quelles choses se peuvent prescrire.

On peut acquerir par la prescription toutes les choses qui sont en commerce, & dont on peut avoir la proprieté *l*; si les Loix n'y apportent quelque exception, comme il se verra dans la Section cinquiéme.

*l* C'est une suite des regles expliquées dans les deux premiers articles.

### X.

10 . Droits & actions se prescrivent.

L'usage de la prescription n'est pas seulement d'acquerir la proprieté à ceux qui ont prescrit par la possession, & de dépoüiller les proprietaires qui ont laissé

prefcrire ; mais il y a encore un autre ufage des prefcriptions où la poffeffion n'eft pas neceffaire, qui eft
celuy d'aneantir les droits & les actions qu'on a ceffé
d'exercer pendant un temps fuffifant pour prefcrire. Ainfi
un creancier perd fa dette , & tous droits & actions fe
perdent, quoy-que ceux qui en font les debiteurs ne poffedent rien, fi on ne demande la dette, ou fi on ceffe
d'exercer le droit pendant le temps reglé par la loy *m*.

*m* Sicut in rem fpeciales ita de univerfitate, ac perfonales actiones ultra triginta annorum fpatium minimè protendantur. Sed fi qua res , vel jus aliquod pof-
tuletur, vel perfona qualicumque actione vel perfecutione pulfetur, nihilominus erit agenti triginta annorum præfcriptio metuenda. *l.* 3. *C. de præf.* 30. *vel*
40. *ann.*

### XI.

On peut acquerir ou perdre par la prefcription de
certaines chofes qui font hors du commerce. Et on les
acquiert par leur liaifon à d'autres, dont on peut avoir
la proprieté. Ainfi, celuy qui acquiert une terre à laquelle eft attaché un droit de patronage, ou dont le
Château renferme une Chapelle pour l'ufage du maître, peut prefcrire ce droit de patronage, & l'ufage de
cette Chapelle *n*.

*n* Quædam quæ non poffunt fola alienari, per univerfitatem tranfeunt : ut
furdus dotalis ad hæredem, & res cujus aliquis commercium non habet. Nam
etfi ei legari non poffit, tamen hæres inftitutus dominus ejus efficitur. *l.* 62. *ff.*
*de acq. rer. dom.*
   *Quoyque ce texte n'ait pas un rapport précis aux droits dont il eft parlé dans cet
article, on peut l'y rapporter.*

### XII.

Les fervitudes s'acquierent, & fe perdent par la prefcription *o*.

*o V. l'art.* 11. *de la Sect.* 1. *des Servitudes & la remarque qu'on y a faite, & l'art.*
5. *& les fuivans de la Sect.* 6. *au même Titre.*

### XIII.

Pour acquerir la prefcription il faut avoir poffedé de
bonne foy, c'eft-à-dire, avoir crû qu'on avoit une jufte
caufe de poffeffion, & avoir ignoré que ce que l'on poffedoit eftoit à un autre. Et cette bonne foy eft toûjours
préfumée en tout poffeffeur, s'il n'eft prouvé qu'il ait

11. *Cas où l'on
prefcrit des chofes
qui font hors du
commerce.*

12. *Servitudes fe
prefcrivent.*

13. *Bonne foy ne-
ceffaire pour pref-
crire.*

possedé de mauvaise foy *p*. Mais quoy-que la bonne foy
soit une juste cause qui donne le droit de prescrire, elle
ne suffit pas toûjours seule, & il faut de plus que la
prescription ne soit pas empêchée par quelqu'une des
causes qui seront expliquées dans la Section suivante *q*.

*p* Bonæ fidei emptor esse videtur qui ignoravit eam rem alienam esse, aut putavit eum qui vendidit, jus vendendi habere, puta procuratorem, aut tutorem. *l.*
109. *ff. de verb, sign.*
Non procedit ejus usucapio qui non bona fide videatur possidere. *l.* 31. §. 1.
*ff. de usurp. & usuc.*
His usucapio non competit, qui mala fide possident. §. 3. *inst. de usuc. &*
*long. temp. præsc.* V. l'art. 1. de la Sect. 4. du Titre des Preuves.
*q* Ubi lex inhibet usucapionem, bona fides possidenti nihil prodest. *l.* 24. *ff.*
*de usurp. & usuc.*

## XIV.

Comme la possession jointe à la bonne foy suffit pour
prescrire les choses prescriptibles, & qu'elle tient lieu de
titre, quoy-qu'on n'en ait point d'autre, le possesseur
qui a prescrit, soit qu'il ignore l'origine & la cause de sa
possession, ou qu'ayant eu un titre il ne puisse pas en
justifier, sera maintenu contre l'ancien proprietaire qui
justifie d'un titre. De même que le debiteur qui a prescrit la dette, n'a pas besoin de quittance pour estre déchargé de la demande de son creancier. Car la prescription aneantit les titres des proprietaires, & des creanciers. Et ils doivent s'imputer d'avoir negligé leurs droits
pendant un si long-temps *r*.

*r* Bono publico usucapio introducta est, ne scilicet quarundam rerum diu &
ferè semper incerta dominia essent. Cùm sufficeret dominis ad inquirendas res
suas, statuti temporis spatium. *l.* 1. *ff. de usurp. & usucap.*
In rem speciales actiones ultra triginta annorum spatium minimè protendantur. *l.* 3. C. de præsc. 30. vel 40. ann. V. l'art. 9.
Il faut remarquer que ce qui est dit dans cet article, qu'il n'est pas necessaire pour
prescrire d'avoir un titre, doit s'entendre de sorte qu'on ne confonde pas la jurispru-
dence des Provinces où il n'y a qu'une prescription de trente ans qui ne demande point de
titre, & celle des Provinces où l'on distingue suivant le Droit Romain, cette prescription
de trente ans, de celle de 10. & de 20. ans qui suppose un titre, comme il a esté remarqué dans le preambule de cette Section.
Il faut remarquer aussi qu'on n'a pas compris dans cet article le cas où le possesseur
n'auroit jamais eu de titre, parce qu'on ne peut supposer une possession de bonne
foy qui n'ait esté precedée de quelque titre, c'est-à-dire, qui n'ait eu quelque juste
fondement dans son origine, & quelque cause legitime qui donnât le droit de posseder, quoy-qu'il n'en reste point d'acte, ni d'autre preuve; autrement on possederoit
de mauvaise foy. Et celuy même qui se seroit mis en possession d'un bien vacant
comme seroit un heritage d'une succession abandonnée ou un fonds dont le maistre fût

*dans*

*dans une absence d'un long-temps, seroit un possesseur de mauvaise foy, ne pouvant ignorer qu'il auroit usurpé ce qui devoit avoir un autre maistre.* Fundi alieni potest aliquis sine vi nancisci possessionem, quæ vel ex negligentia domini vacet, vel quia dominus sine successore decesserit, vel longo tempore abfuerit. Quam rem ipse quidem non potest usucapere, quia intelligit alienum se possidere, & ob id mala fide possidet. *l.* 37. §. 1. *& l.* 38. *ff. de usurp. & usuc.* Ridiculum etenim est dicere, vel audire, quòd per ignorantiam alienam rem aliquis quasi propriam occupaverit. *l. ult. C. unde vi.*

*Mais encore qu'un tel possesseur soit de la même condition qu'un usurpateur,* sancimus talem possessorem ( qui vacuam possessionem absentium, sine judiciali sententia detinuit ) ut prædonem intelligi *d. l. ult. C. unde vi. Si neanmoins il a possedé pendant* 30. *ans qui acquierent la prescription sans titre, cette même Loy, & la Loy* 8. §. 1. *C. de præsc.* 30. vel 40. ann. *& encore la Loy* 1. §. 1. C. de ann. except. *veulent qu'après ce long-temps il ne puisse plus être troublé, nonobstant sa mauvaise foy. Ce qui ne signifie pas, que ces Loix mettent ce possesseur en sureté de conscience; mais seulement que la police ne permet pas qu'après une si longue possession on inquiete les possesseurs, & qu'on les oblige à justifier de leurs titres, ni même à declarer l'origine de leur possession. Car le pretexte de la recherche des possesseurs de mauvaise foy, troubleroit le repos des possesseurs legitimes. Mais pour ce qui est de la conscience, il est bien certain que le long-temps ne met pas en sureté les possesseurs de mauvaise foy, & qu'au contraire leur longue possession n'est qu'une continuation de leur injustice. Et aussi le Droit Canonique ne permet pas qu'un possesseur de mauvaise foy puisse jamais prescrire, quelque longue qu'ait esté sa possession.* Possessor malæ fidei ullo tempore non præscribit. *Reg.* 2, *de reg. jur. in* 6.

Quoniam omne quod non est ex fide peccatum est, Synodali judicio definimus, ut nulla valeat absque bona fide præscriptio tam canonica, quàm civilis. Cùm generaliter sit omni constitutioni, atque consuetudini, derogandum, quæ absque mortali peccato non potest observari. Unde oportet, ut qui præscribit, in nulla temporis parte rei habeat conscientiam alienam. *C. ult. extra de præscript.*

*Et c'est aussi nostre usage, qu'encore qu'on n'oblige pas le possesseur qui a prescrit à justifier de son titre, ni à declarer l'origine de sa possession, si neanmoins il se découvre, & qu'il s'y trouve de la mauvaise foy, la possession sera inutile, contre le maistre, qui prouvera son droit. Ainsi un dépositaire qui auroit possedé à ce titre plus de* 30. *ans, n'auroit pas acquis la prescription.* V. l'art. 11. de la Sect. 5.

## XV.

15. Si le possesseur a perdu son titre.

Dans les lieux & dans les cas où la prescription présuppose un titre dont il faut justifier, si celuy qui a prescrit a perdu le sien, il ne laissera pas d'être maintenu; pourvû qu'il ait des preuves de la verité du titre qui se trouve perdu *ſ*.

*ſ* Longi temporis possessione munitis, instrumentorum amissio nihil juris aufert. Nec diuturnitate possessionis partam securitatem, maleficium alterius turbare potest. *l.* 7. C. præscr. long. temp.

*Il faut rapporter l'usage de cet article aux Provinces qui observent la prescription de* 10. *& de* 20. *ans suivant le Droit Romain.* V. le préambule de cette Section. V. l'art. 11. de la Section 2. des Preuves.

## XVI.

16. De celuy qui acquiert de bonne foy d'un possesseur de mauvaise foy.

La bonne foy necessaire pour acquerir la prescription ne se considere qu'en la personne de celuy qui a possedé, & la mauvaise foy de son auteur ne doit pas luy nuire.

Ainsi, celuy qui croit que son vendeur est le maître de ce qu'il luy vend, ne laisse pas de prescrire, quoy-que ce vendeur fût un usurpateur *t*.

*t* Si (malæ fidei possessor) alii bona fide accipienti tradiderit, poterit ei longa possessione res acquiri. §. 7. inst. de usucap. De auctoris dolo exceptio emptori non objicitur. *l.* 4. §. 27. *ff. de dol. mal. & met. exc.* V. l'art. 3. de la Sect. 3. & cy-aprés les art. 18. & 19.

## XVII.

**17. Difference de la bonne ou mauvaise foy dans un même cas.**

Il peut arriver par une suite de la regle expliquée dans l'article precedent, que de deux possesseurs de deux parties d'un heritage usurpé, l'un soit maintenu par la prescription, & que la possession pendant le même temps soit inutile à l'autre. Ainsi, par exemple, si un possesseur de mauvaise foy vend une moitié d'un heritage qu'il ait usurpé, s'en reservant l'autre, & que l'acquereur de cette moitié l'ayant possedée de bonne foy pendant le temps de la prescription, & ce vendeur ayant aussi possedé l'autre moitié pendant le même temps, le proprietaire veüille rentrer dans son heritage, & fasse sa demande contre ces deux possesseurs; l'acquereur de cette moitié sera maintenu, par l'effet de sa bonne foy : & le proprietaire ne pourra recouvrer que l'autre moitié contre l'usurpateur, de qui la mauvaise foy aura empêché la prescription *u*.

*u* Si partem possessionis malæ fidei possessor vendidit : id quidem quod ab ipso tenetur, omnino cùm fructibus recipi potest. Portio autem quæ distracta est, ita demum rectè petitur à possidente, si sciens aliena comparavit, vel bona fide emptor nondum implevit usucapionem. *l.* 5. *C. de usuc. pro empt.* V. les articles 9. & 10. de la Section 5.

## XVIII.

**18. L'heritier est tenu de la mauvaise foy du defunt.**

Il ne faut pas comprendre sous la regle expliquée dans l'article 16me l'heritier qui entre de bonne foy en possession des biens de la succession. Car comme c'est un successeur universel qui recueille tous les droits du défunt, & qui s'oblige à toutes ses charges, il est aussi tenu de ses faits. Ainsi quoy-que l'heritier ignore le vice de la possession du défunt qui avoit possedé de mauvaise foy, il ne pourra prescrire ce que le défunt avoit usurpé *x*.

*x* Cùm heres in jus omne defuncti succedit ignoratione sua, defuncti vitia non excludit. *l.* 11. *ff. de divers. temp. præsor.* Usucapere (heres) non poterit, quod defunctus non potuit. Idem juris est cùm de longa possessione quæritur. Neque enim rectè defendetur, cùm exordium ei bonæ fidei ratio non tueatur. *d. l. V. l. 4. §. 15. ff. de usurp. & usuc. l. ult. C. comm. de usuc.* Vitia possessionum à majoribus contracta perdurant & successorem auctoris sui culpa comitatur. *l. 11. C. de acq. & ret. poss.*

*Mais si l'heritier de celuy qui avoit acquis de bonne foy sçait que la chose estoit à un autre, sa mauvaise foy estant bien prouvée, n'empêchera-t-elle pas qu'il ne puisse prescrire? Il est dit dans quelques Loix, que si le défunt à acheté de bonne foy, son heritier prescrira, quoy-qu'il sçache que la chose estoit à un autre qu'au vendeur.* Si defunctus bona fide emerit, usucapietur res, quamvis heres scit alienam esse. *l. 2. §. 19. ff. pro emptore. l. un. C. de usuc. transf. Et une autre Loy y apporte cette distinction, que si le defunt n'avoit pas commencé de posseder, & que la délivrance de ce qu'il avoit acheté ne soit faite qu'à l'heritier qui sçait que la chose n'estoit pas au vendeur, il ne prescrira point, parce qu'on regarde la bonne foy dans le commencement de la prescription. Mais si la délivrance avoit esté faite au défunt, & qu'il eût possedé de bonne foy, cette possession continuée en la personne de l'heritier, luy acquerra la prescription, quoy-qu'il sçache que la chose n'estoit pas au vendeur.* Heres ejus qui bona fide rem emit, usu non capiet sciens alienam si modo ipsi possessio tradita sit : continuatione verò non impedietur heredis scientia. *l. 43. ff. de usurp. & usuc. On peut juger par la remarque qui a esté faite sur l'art. 14. que si la mauvaise foy de cet heritier estoit bien prouvée, la bonne foy du defunt ne devroit pas justifier sa possession.*

## XIX.

Les legataires, & les donataires ne sont pas tenus comme l'heritier du fait des testateurs, & des donateurs, parce qu'ils ne succedent pas à tous leurs biens & à tous leurs droits, & qu'ils ne sont pas tenus de toutes leurs charges. Et s'ils ont reçû de bonne foy ce qui leur a esté legué ou donné, quoy-que le testateur, ou le donateur fût dans une possession de mauvaise foy, ils ne laisseront pas de pouvoir prescrire, s'ils possedent paisiblement pendant le temps reglé par la loy *y*.

*y* An vitium auctoris, vel donatoris, ejusve qui mihi rem legavit mihi noceat : si fortè auctor meus justum initium possidendi non habuit, videndum est. Et puto neque nocere, neque prodesse. Nam denique & usucapere possum, quod auctor meus usucapere non potuit. *l. 5. ff. de divers. temp. prescr.* V. l'art. 17.

*Il ne faut pas entendre cet article des donataires & legataires universels, ou d'une quote de l'heredité qui tiennent lieu d'heritiers ; mais des donataires & legataires particuliers d'une certaine chose.*

*Quoy-que les legataires & les donataires particuliers d'une certaine chose ne soient pas tenus de même que l'heritier du fait du testateur & du donateur ; comme neanmoins ils acquierent par un titre lucratif, qui distingue leur condition de celle d'un acheteur ou autre qui acquiert à titre onereux, on peut douter, si la regle expliquée dans cet article peut les mettre aussi bien à couvert pour la conscience, qu'elle leur assure leur possession. Et si on suppose, par exemple, que celuy qui avoit usurpé un heritage d'un pauvre homme, en ait fait un legs ou une donation à une personne riche, qui après avoir acquis la prescription, dans l'ignorance du vice de l'acquisition de son auteur, vienne à decouvrir l'usurpation ; ce legataire, ou ce donataire pourra-t-il user du droit que la Loy luy donne, pour retenir ce bien qui luy sera superflu, & qui seroit si necessaire à ceux que son bien-facteur en avoit injustement dépoüillez ? On met la question dans ces circonstances; car si on suppose au contraire que ce fût un pauvre legataire, & que ceux à qui l'heritage pourroit revenir, fussent des personnes accommodées, sa bonne foy sembleroit une juste cause d'user en conscience du droit que la Loy donne distinctement à tous legataires.*

*Comme cette question regarde la conscience, & que par cette raison elle n'est pas du dessein de ce Livre, on ne s'y arrêtera pas davantage : & on remarquera seulement, que les questions de cette nature, où il s'agit d'examiner en sa conscience l'usage que peut faire un possesseur de la prescription qui luy est acquise, dans le cas où quelque devoir peut faire douter s'il faut s'en servir, doivent se décider par l'esprit de la seconde Loy, & par l'usage qu'elle peut permettre de la Loy des prescriptions. Car comme cette Loy n'a esté établie que pour un bien public par des motifs qu'on a expliquez, elle n'entre pas dans le secret des devoirs de conscience qui peuvent rendre illicite l'usage de la prescription. Et chacun en cela doit prendre pour regle l'esprit de la seconde Loy, d'où dépend le bon usage de toutes les autres.*

## XX.

**20. Prescription des arrerages de rentes, ou autres redevances annuelles.**

Le debiteur d'une rente ou d'une possession, ou d'autres choses qui se payent annuellement peut prescrire la redevance de chaque année, si la demande ne luy en est faite dans le temps reglé par la loy, à compter du jour qu'elle estoit échûë, quand même il ne pourroit prescrire le principal. Ainsi, ceux qui doivent des droits imprescriptibles, comme sont les cens en quelques Provinces, peuvent en prescrire les arrerages s'ils ne sont demandez dans le temps qui en acquiert la prescription, & chaque année se prescrit en son temps ᶻ.

ᶻ In his etiam promissionibus, vel legatis, vel aliis obligationibus quæ dationem per singulos annos, vel menses, aut aliquod singulare tempus continent, tempora memoratarum præscriptionum, non ab exordio talis obligationis, sed ab initio cujusque anni, vel mensis, vel alterius singularis, computari, manifestum est, nulla scilicet danda licentia vel ei qui jure emphyteutico rem aliquam per quadraginta vel quoscumque alios annos detinuerit, dicendi ex transacto tempore dominium sibi in iisdem rebus quæsitum esse, cùm in eodem statu semper manere datas jure emphyteutico res oporteat. l. 7. §. ult. de præscr. 30. vel 40. ann.

*Par l'Ordonnance de 1510. art. 71. les arrerages des rentes constituées à prix d'argent ne peuvent être demandez que de cinq années, ce qui ne s'étend pas aux rentes foncieres. Et il y a des Coûtumes où les arrerages des cens se prescrivent par moins de temps.*

## XXI.

**21. La prescription peut s'acquerir sans qu'on possede par soy-même.**

Comme la prescription s'acquiert par la possession, & qu'on peut posseder par d'autres personnes, on peut prescrire non seulement par soy-même en possedant en personne, mais aussi en possedant par d'autres ; comme par un fermier , par un locataire , par un dépositaire , par un usufruitier , par un tuteur , par un curateur , par un procureur [a].

[a] V. les articles 8. & 9. de la Sect. 1.

# SECTION V.

*Des causes qui empêchent la prescription.*

## SOMMAIRES.

## I

L'Effet de la prescription cesse dans les cas où les loix la rendent inutile. Ce qui arrive ou par la nature de la chose , ou par la qualité de celuy contre qui on allegue la prescription , ou par quelque vice de la

1. *Causes qui font cesser la prescription.*

poſſeſſion , ou par l'interruption , comme on le verra dans les articles qui ſuivent *a*.

*a Cet article reſulte de ceux qui ſuivent.*

## II

2. *Quelles choſes on ne peut preſcrire.*

Comme la preſcription eſt une des manieres d'acquerir la proprieté, on ne peut preſcrire que les choſes qui ſont en commerce, & dont on peut devenir le maître. Ainſi, on ne peut acquerir par la preſcription les choſes que la nature ou le droit public deſtinent à un uſage commun & public , comme les rivages neceſſaires pour la navigation des fleuves , les mûrs & foſſez des Villes , & autres lieux ſemblables. Et on ne peut non plus preſcrire ce que les loix rendent impreſcriptible , comme l'eſt en France le Domaine du Roy , qu'on ne peut acquerir par une preſcription, même de cent ans *b*.

*b* Uſucapionem recipiunt maximè res corporales, exceptis rebus ſacris, ſanctis, publicis populi Romani & civitatum. *l. 9. ff. de uſurp. & uſuc. §. 1. inſt. eod.* Præſcriptio longæ poſſeſſionis , ad obtinenda loca juris gentium publica, concedi non ſolet. *l. 45. eod.*

Res fiſci noſtri uſucapi non poteſt. *§. 9. inſtit de uſuc. l. 2. C. comm de uſuc.*

Viam publicam populus non utendo amittere non poteſt. *l. 2. ff. de via publica.*

*Par l'Ordonnance de François I. du 30. Juin 1539. tout ce qui eſt du Domaine du Roy eſt impreſcriptible , même par cent ans de poſſeſſion. Et par pluſieurs Coûtumes les cens ne peuvent ſe preſcrire contre le Seigneur.*

*On n'a pas compris indiſtinctement dans cet article toutes les choſes qui appartiennent à des Villes , comme on pourroit croire qu'elles ſoient compriſes dans le premier des textes citez ſur cet article : & on n'y a mis que les choſes qui ſont d'un uſage public. Car pour les autres choſes qui ſont à des Villes , ou à des Egliſes , à des Hôpitaux , & à des Communautez , & qui par cette raiſon ſont hors du commerce , & ne peuvent être alienées que pour de certaines cauſes , & en gardant les formalitez preſcrites pour ces ſortes d'alienations ; elles ne ſont pas pour cela impreſcriptibles , mais on peut preſcrire par le temps reglé par les Loix & par les Coûtumes les biens & les droits & de l'Egliſe , & des Villes , & des Communautez , & tous autres. Ainſi dans le Droit Romain ces ſortes de biens & de droits ſe preſcrivoient par 40. ans , même ſans titre.* Nullum jus privatum , vel publicum , in quacumque cauſa , vel quacumque perſona , quod prædictorum quadraginta annorum extinctum eſt jugi ſilentio , moveatur. *l. 4. C. de præſcr. 30. vel 40. ann. v. l. 6. eod.* Jubemus omnes qui in quacumque diœceſi , aut quacumque provincia , vel quolibet ſaltu , vel civitate fundos patrimoniales , vel templorum , aut agnothetici ſeu relevatorum jugorum , vel cujuſcunque juris , per quadraginta jugiter annos ( poſſeſſione ſcilicet non ſolum eorum qui nunc detinent , verùm etiam eorum qui antea poſſederant , computando ) ex quocunque titulo , vel etiam ſine titulo , hactenus poſſederunt , vel poſtea per memoratum quadraginta annorum ſpatium poſſederint , nulla penitus ſuper dominio memoratorum omnium fundorum , vel locorum , vel domorum à publico actionem , vel moleſtiam , aut quamlibet inquietudiem formidare. *l. ult. C. de fundis patrim. Nov. 131. c. 6.*

*Il n'y avoit que les charges des impofitions publiques fur les fonds qui s'appelloient tributa, indictiones, functiones publicæ, civiles canones, qu'on ne pouvoit prefcrire. l. 6. C. de præfcr. 30. vel 40. ann. Et plufieurs de nos Coûtumes reglent expreffément, qu'on peut prefcrire contre l'Eglife par trente ans.*

*On n'a pas mis non plus dans cet article les chofes facrées ; car elles font d'une autre nature que les lieux fpecifiez dans l'article, qui par leur fituation, & par la neceffité de leur ufage font imprefcriptibles ; au lieu que les chofes facrées ne font pas telles par leur nature, mais feulement par une deftination expreffe, ainfi elles peuvent être profanées, & alienées, & rentrer en commerce. Une Eglife peut être profanée, ou démolie, & transferée en un autre lieu. De forte que c'eft par les circonftances qu'il faut juger fi une longue poffeffion peut fuffire pour acquerir la proprieté d'un lieu qui auroit efté autrefois facré : s'il y auroit lieu de prefumer une alienation legitime, ou fi la poffeffion paroîtroit une ufurpation. Et il en pourroit arriver de même d'un lieu public, comme d'un foffé de Ville, ou autre lieu femblable, fi quelque changement avoit remis ces chofes dans le commerce, & les avoit renduës fujettes à la prefcription.*

## III.

La prefcription des demandes pour dettes, ou autres chofes qui font dûës fous quelque condition, & qu'on ne peut demander qu'après que la condition eft arrivée, ne commence de courir que du jour de l'évenement de cette condition qui a rendu la chofe exigible. Et la prefcription des dettes, dont il y a un terme de payement, ne commence de courir qu'après le terme échû c.

*3. Prefcription des dettes à terme ou conditionelles.*

*c Illud plus quàm manifeftum eft, in omnibus contractibus in quibus fub aliqua conditione, vel fub die certa vel incerta ftipulationes, & promiffiones, vel pacta ponuntur : poft conditionis exitum, vel poft inftitutæ diei certæ vel incertæ lapfum, præfcriptiones triginta, vel quadraginta annorum quæ perfonalibus, vel hypothecariis actionibus opponuntur, initium accipiunt. l. 7. §. 4. C. de præfcr. 30. vel 40. ann.*

## IV.

On ne peut prefcrire contre les Mineurs pendant leur minorité, & la prefcription ne commence de courir qu'après leur majorité d. Car le temps de la prefcription eftant donné aux proprietaires pour recouvrer leurs biens & leurs droits, ce temps ne court point contre des perfonnes, à qui les loix ne permettent pas l'adminiftration de leurs propres biens.

*4. La prefcription ne court pas contre les Mineurs.*

*d Non eft incognitum, id temporis quod in minori ætate tranfmiffum eft, longi temporis præfcriptioni non imputari. Ea enim tunc currere incipit, quando ad majorem ætatem dominus rei pervenerit. l. 3. C. quib. non objic. long. temp. præfcr.*

*On ne fait pas icy la diftinction du Droit Romain entre les impuberes & les adultes jufqu'à l'âge de vingt cinq ans pour les prefcriptions. Cette diftinction confiftoit en ce que les adultes n'étant plus en tutele, mais fous des Curateurs, la prefcription de trente ans commençoit de courir contre eux, mais ne couroit pas contre les impube-*

*res. l. 3. C. de præscr. vel 40. ann. Car comme par nostre usage la minorité dure jusqu'à l'âge de vingt-cinq ans, & que les mineurs étant en tutele n'ont pas l'exercice de leurs droits, la prescription ne court pas contre eux.*

## V.

5. *Si un Mineur se trouve interessé avec un Mineur.*

Si un majeur se trouve avoir un droit indivis avec un mineur, la prescription qui n'aura pû courir contre le mineur n'aura point d'effet contre le majeur. Ainsi, par exemple, si une servitude d'un passage est dûë à un majeur & à un mineur pour un fonds qui leur est commun, l'un & l'autre ayant cessé d'user de ce droit pendant le temps suffisant pour prescrire, la servitude que le mineur n'aura pû perdre par la prescription sera conservée aussi pour le majeur *e*. Car elle étoit dûë pour tout le fonds, & le mineur ayant son droit indivis sur le total, il n'y avoit aucune partie du fonds où il n'eût son droit.

*e Si communem fundum ego & pupillus habemus, licèt uterque non utereretur, tamen propter pupillum ; & ego viam retineo. l. 10. ff. quem serv. amitt. V. l'art. 21. de la Sect. 1. des Servitudes. Mais si le fonds commun entre le Majeur & le Mineur avoit esté partagé, la servitude qui seroit conservée pour la portion du Mineur, seroit perduë pour celle du Majeur ; parce qu'en ce cas leur cause n'étoit pas commune.*

## VI.

6. *En quel sens la prescription ne court pas contre les absens.*

La même raison qui fait que la prescription ne court pas contre les mineurs, fait qu'elle ne court point aussi contre ceux qu'une longue absence empêche d'agir. Ce qui ne s'entend pas seulement d'une absence pour des affaires publiques, mais aussi d'autres absences causées par des cas fortuits, comme une captivité. Et si l'absence n'a pas duré pendant tout le temps de la prescription, on en déduit le temps qu'elle a duré *f*. Que si le droit

*f Cùm per absentiam tuam eos de quibus quereris, in res juris tui irruisse asseveres, téque ob medendi curam à comitatu nostro discedere non posse palam sit, præfectus prætorio noster accersitis his quos causa contingit, inter vos cognoscet. l. 2. C. quib. non obji. long. temp. præscr.*
*Si possessio inconcussa sine controversia perseveravit, firmitatem suam teneat objecta præscriptio, quam contra absentes, vel reipublicæ causâ, vel maximè fortuito casu, nequaquam valere decernimus. l. 4. eod.*
*Judices absentium qui cujuslibet rei possessione privati sunt, suscipiant in jure personas ; & auctoritatis suæ formidabile ministerium objiciant. Atque ita tueantur absentes, ut id solum diligenter inquirant, an ejus qui quolibet modo peregrinatur, possessio ablata sit, quam propinquus, vel parens, vel proximus, vel amicus, vel colonus quolibet titulo retineat. l. 1. C. si per vim. vel alio mod. abs. pert. sit poss.*
*Domino quolibet tempore reverso, actionem possessionis recuperandæ indulge-*

qu'on

qu'on prétendroit faire perdre à l'absent par la prescription, luy avoit esté acquis pendant son absence & à son insçû, comme un legs, une heredité, ou si l'absence avoit duré pendant les dernieres années de la prescription; il y auroit encore plus de raison qu'il rentrât dans ses droits, car on ne pourroit luy imputer d'avoir laissé couler ce temps sans agir.

mus. *d. l.* Absentibus enim officere non debet tempus emensum, quod recuperandæ possessioni legibus præstitutum est. *d. l.* In primis exigendum est ut sit facultas agendi. *l.* 1. *ff. de divers. tempor. præscr. l.* 25. *ff. de stip. serv.*

*Il faut distinguer dans la matiere des prescriptions deux sortes d'absence, celle dont il est parlé dans cet article, des personnes que quelque cause éloigne de leur domicile, comme une ambassade, une captivité & autres semblables; & celle dont il a été parlé à la fin du preambule de la Section 4. sur le sujet de la prescription de 10. & 20. ans, où il est dit que la prescription s'acquiert avec un titre par 20. ans entre absens; ce qui n'a pas de rapport à l'absence qui éloigne une personne de son domicile, mais regarde seulement l'éloignement d'une personne à l'égard d'une autre, à cause de l'éloignement de leurs domiciles. On voit assez qu'il ne faut pas confondre ces deux sortes d'absences, & de quelle maniere celle qui regarde la prescription de 20. ans doit avoir son effet dans les lieux où cette prescription est en usage. Mais pour l'autre absence, qui est l'éloignement d'une personne de son domicile, il n'est pas si facile de déterminer précisément comment elle peut empêcher la prescription. Et quoy-qu'on ait conçu la regle en termes generaux dans cet article, comme elle l'est aussi dans quelques-uns des textes qu'on y a cité; il ne faut pas l'entendre indistinctement, de sorte que toute absence empêche toute prescription. Car par la Loy 3. C. de præscr. 30. vel 40. ann. il est dit que l'absence n'empêche pas la prescription de 30. ans. Et pour celle de 10. & 20. ans, il peut arriver des difficultez par des circonstances, ou de la cause de l'absence, ou de son peu de durée, ou d'autres semblables, qui fassent douter si l'absence empêche ou n'empêche pas la prescription; sur quoy il n'est pas possible de donner des regles précises. Et pour la prescription même de 30. ans, si on suppose que celuy contre qui on l'allegueroit eût esté absent pour une ambassade pendant quelques années, ne seroit-il pas juste de déduire du temps de la prescription celuy de cette absence. Ainsi c'est par les circonstances qu'il faut juger de l'effet de l'absence dans les prescriptions.*

## VII.

Le bien dotal de la femme ne peut être prescrit pendant le mariage *g.*

7. En quel sens le bien dotal ne se prescrit point.

*g* Si fundum quem Titius possidebat bona fide, longi temporis possessione poterat sibi quærere, mulier ut suum marito dedit in dotem, eúmque petere neglexerit vir, cùm id facere posset, rem periculi sui fecit. Nam licèt lex Julia quæ vetat fundum dotalem alienari, pertineat etiam ad hujusmodi acquisitionem: non tamen interpellat eam possessionem quæ per longum tempus fit, si antequam constitueretur dotalis fundus jam cœperat. *l.* 16. *ff. de fund. dotal.*

*Il faut entendre cet article suivant les differens usages des lieux. Dans quelques Coutumes le bien dotal peut être aliené par le mary & la femme ensemble, & non par le mary seul, ni la femme seule. En d'autres alienation est nulle, quoy-que la femme y ait consenti. Parmy celles-cy, quelques-unes annullent absolument la prescription du bien dotal: D'autres ne l'annullent qu'en cas que le mary ou ses heritiers ne foient pas folvables pour répondre du bien dotal qui fe trouve preferit. Ainfi c'eft fur ces differentes difpofitions des Coûtumes & leurs ufages qu'il faut regler de quelle maniere la prefcription peut avoir lieu fur les biens dotaux. V. l'art. 13. de la Sect. 1. du Titre des Dots.*

## VIII.

8. *La garentie ne fe preferit point.*

L'action de garentie ne fe preferit point. Car un vendeur, par exemple, & tout autre qui s'oblige à garentir ce qu'il vend, ou cede, ou donne à quelqu'autre titre, s'engage par là à maintenir l'acquereur dans une poffeffion paifible qui ne puiffe jamais être troublée par aucun droit precedent à l'alienation. Ainfi, en quelque temps qu'arrive l'éviction, comme fi après une poffeffion de cent ans, l'acquereur étoit évincé d'un fonds qui fe trouveroit être du Domaine du Roy, les heritiers de fon auteur feroient tenus de l'en garentir [h].

[h] Empti actio longi temporis præfcriptione non fubmovetur: licet poft multa fpatia rem evictam emptori fuerit comprobatum. *l. 21. C. de evict.* V. l'art. 6. de la Sect. 10. du Contract de vente.

## IX.

9. *La mauvaife foy empêche la prefcription.*

Il fe rencontre fouvent dans les poffeffions des vices ou défauts qui empêchent la prefcription. Ainfi, la mauvaife foy du poffeffeur l'empêche de prefcrire, foit qu'il ait ufurpé, ou qu'ayant un titre, il n'en ait pas ignoré le vice, comme il fçait qu'il poffede ce qui eft à un autre, s'il a acheté ce qu'il fçavoit que le vendeur ne pouvoit aliener [i]. On verra dans la fuite les autres vices des poffeffions qui peuvent empêcher la prefcription.

[i] Non capiet longa poffeffione (qui) fcit alienum effe. *l. 3. §. 3. ff. de acq. vel amitt. poff.* Si ab eo emas quem prætor vetuit alienare, idque tu fcias, ufucapere non potes. *l. 12. ff. de ufurp. & ufuc.* V. l'art. 6. de la Sect. 3.

## X.

10. *S'il faut joindre plufieurs poffeffions, la bonne foy eft neceffaire en chacune.*

Si un poffeffeur qui pretend avoir acquis la prefcription, n'ayant pas poffedé le temps neceffaire, a befoin de joindre à fa poffeffion celle de fon auteur, comme d'un teftateur, d'un donateur, d'un vendeur, ou autre de qui il tient fon droit; ce n'eft pas affez qu'il ait poffedé de bonne foy, mais il faut auffi que la poffeffion qu'il

joint à la fienne ait efté une poffeffion de bonne foy [l].
Car toute la poffeffion neceffaire pour prefcrire doit
avoir efté fans mauvaife foy.

[l] Cùm quis utitur adminiculo ex perfona auctoris , uti debet cum fua caufa, fuifque vitiis. *l. 13. §. 1. ff. de acq. vel amitt. poff.*

De auctoris dolo exceptio emptori non objicitur. Si autem acceffione auctoris utitur , æquiffimum vifum eft eum qui ex perfona auctoris utitur acceffione , pati dolum auctoris. *l. 4. §. 27. ff. de doli mali & met. except.* V. l'art 3. de la Sect 3. & l'art. 16. de la Sect. 4.

## XI.

Ceux qui poffedent pour d'autres ne peuvent prefcrire ce qu'ils poffedent de cette maniere. Ainfi, celuy qui
poffede précairement [m], le dépofitaire [n], le creancier qui
tient un gage [o], l'ufufruitier [p], le fermier ou locataire [q],
ne peuvent acquerir par la prefcription ce qu'ils tiennent à ces titres. Car pour prefcrire il faut poffeder, &
poffeder comme maître ; & dans toutes ces fortes de
poffeffion, c'eft le maître qui poffede par celuy qui tient
la chofe en fes mains. Et ceux qui tiennent les chofes
à ces titres ne pourroient fans mauvaife foy s'en prétendre les proprietaires.

11. Autre vice de la poffeffion qui em-pêche de prefcrire.

[m] Malè agitur cum dominis prædiorum , fi tanta precariò poffidentibus præ-rogativa defertur , ut eos poft quadraginta annorum fpatia , qualibet ratione de-curfa , inquietare non liceat. Cùm lex Conftantiniana jubeat , ab his poffeffo-ribus initium non requiri , qui fibi potius quàm actori poffederunt. *l. 2. C. de præfcr. 30. vel 40. ann.*

[n] Rei depofitæ proprietas apud poffidentem manet , fed & poffeffio. *l. 17. §. 1. ff. depof.*

[o] V. l'art. 7. de la Sect. 4. des Gages & Hypoth.

Quominus .... pignora ( creditor ) reftituat debitori , nullo fpatio longi temporis defenditur. *l. ult. C. de pign. act. l. 10. eod.* Pignori rem acceptam ufu non capimus , quia pro alieno poffidemus. *l. 13. ff. de ufurp. & ufuc.* Poffeffor non eft , tametfi poffeffionem habeat. *l. 15. §. 2. ff. qui fatisd. cog.* Licèt juftè poffideat , non tamen opinione domini poffidet. *l. 22. §. 1. ff. de noxal. act.* On *ajoûte ces textes pour faire voir par occafion , ce qui a efté déja remarqué fur les differentes idées qu'on peut concevoir de la poffeffion.* V. ce qui a été dit fur ce fujet à la fin du préambule de ce Titre.

[p] Fructuarius non poffidet. *§. 4. inft. per quas perfon. cuiq. acq.*

[q] Colonus & inquilinus funt in prædio , & tamen non poffident. *l. 6. §. 2. ff. de precar.* Et per colonos , & inquilinos poffidemus. *l. 25. ff. de acq. vel am. poff.*

## XII.

Celuy qui fe trouve tenir une chofe qu'il n'a pas
droit de poffeder en maître, ne peut changer fa condition, & fe faire un autre titre de poffeffion au préjudice

12. En quel fens le poffeffeur ne peut changer la caufe de fa poffeffion.

du droit d'une autre perfonne. Ainfi, par exemple, celuy
qui eft en poffeffion d'un fonds comme fermier, ne peut
s'en rendre acquereur par une vente fimulée d'un vendeur autre que le maître de qui il eft le fermier. Car ce
nouveau titre ne changeroit pas la qualité de fa poffeffion, & ne luy donneroit pas le droit de poffeder en
maître, ny de prefcrire contre celuy de qui il s'étoit rendu le fermier. Ainfi, pour un autre exemple, l'heritier du
dépofitaire ne pourra pas prétendre qu'il poffede comme heritier, & il aura toûjours la qualité de dépofitaire *r*. Mais fi un heritier venant à découvrir qu'un fonds
qu'il poffedoit en cette qualité, n'étoit pas de la fucceffion, l'achetoit de bonne foy de celuy qui s'en diroit
le maître, pour le poffeder non plus en heritier, mais à
titre de vente. On ne pourroit pas luy imputer qu'il eût
voulu changer la caufe de fa poffeffion pour pallier une
poffeffion vicieufe d'un titre apparent, & il acquerroit
par ce nouveau titre le droit de poffeder en maître, &
celuy de prefcrire *f*.

*r* Illud à veteribus præceptum eft, neminem fibi ipfum caufam poffeffionis
mutare poffe. *l. 3. §. 19. ff. de acq. vel amit. poff.*

Cùm nemo caufam fibi poffeffionis mutare poffit, proponafque colonum nulla extrinfecus accidente caufa, excolendi occafione, ad iniquæ venditionis vitium effe prolapfum, præfes provinciæ inquifita fide veri dominii tui jus convelli non finet. *l. 5. C. de acq. & ret. poff.*

Quod vulgò refpondetur, caufam poffeffionis neminem fibi mutare poffe,
fic accipendum eft ut poffeffio non folùm civilis, fed etiam naturalis intelligatur & propterea refponfum eft, neque colonum, neque eum apud quem
res depofita, aut cui commodata eft, lucri faciendi caufa pro herede ufucapere poffe. *l. 2. §. 1. ff. pro herede.*

*f* Quod fcriptum eft apud veteres, neminem fibi caufam poffeffionis poffe
mutare, credibile eft de eo cogitatum &qui corpore & animo poffeffioni incum-
bens, hoc folum ftatuit, ut alia ex caufa id poffideret : non fi quis dimiffa
poffeffione prima ejufdem rei, denuo ex alia caufa poffeffionem nancifci velit. *l. 19. §. 1. de acq. vel am. poff.*

## XIII.

C'eft encore un vice de la poffeffion fi elle a commencé par un mauvais titre, & dont le défaut fût tel
que le poffeffeur dût l'avoir connu, quoy-qu'il préten-
dît l'avoir ignoré. Ainfi, par exemple, celuy qui achete
d'un Tuteur un fonds de fon Mineur, fans obferver
les formalitez, ne peut pas le prefcrire, fous pretexte

qu'il a crû de bonne foy, que le Tuteur pouvoit l'a-
liener. Car il a dû fçavoir, que les biens du Mineur ne
peuvent être alienez que pour des caufes neceffaires, &
en obfervant les formalitez prefcrites par les loix. Et
comme c'eftoit une regle dont l'ignorance ne luy fervoit
de rien, fa condition n'eft pas diftinguée de celle d'un
acquereur qui auroit connu le vice du titre *. Ainfi, pour
un autre exemple, celuy qui acquiert un fonds dépendant d'un benefice, & qui eft aliené par le titulaire, fans
caufe neceffaire, & fans garder les formes, ne pourra le
prefcrire.

* Nunquam in ufucapionibus juris error poffeffori prodeft. Et ideo Proculus
ait, fi per errorem initio venditionis tutor pupillo auctor factus fit, vel poft
longum tempus venditionis peractum, ufucapi non poffe, quia juris error eft.
l. 31. ff. de ufurp. & ufuc. Si fcias pupillum effe, putes tamen pupillis licere res
fuas fine tutoris auctoritate adminiftrare non capies ufu, quia juris error nulli
prodeft. l. 2. §. 15. ff. pro emptore. V. l'article 9. de la Section 1. des Regles
du Droit.

## XIV.

Il peut y avoir des vices dans les titres qui pourroient fuffire pour les annuller, mais qui n'empêcheroient pas la prefcription. Ainfi, par exemple, fi le legataire d'un fonds en a efté mis en poffeffion par celuy
qu'il croyoit être l'heritier, & qu'aprés que ce legataire
aura joüi de ce fonds pendant un temps fuffifant pour
prefcrire, il fe trouve que celuy qui s'eftoit dit l'heritier,
ne l'eftoit pas, ou qu'il avoit des coheritiers, & que le
vray heritier, ou les coheritiers troublent ce legataire,
& luy alleguent des nullitez du teftament, comme s'il
n'avoit pas le nombre fuffifant de témoins, ou s'il manquoit d'autres formalitez; ces défauts du teftament
n'empêcheront pas l'effet de la prefcription de ce legataire, foit qu'il les ignorât, ou qu'il les connût. Car il
avoit l'approbation du teftament par l'heritier apparent,
ce qui fuffifoit avec fa bonne foy pour luy acquerir la
prefcription *.

*C'eft une fuite de l'article 3. de la Sect. 3. Il y a cette difference entre les cas de
cet article, & celuy de l'article precedent, qu'en celuy-cy le vice du teftament cef-
foit par l'approbation de l'heritier, & que la volonté du teftateur pouvoit être exe-

cutée nonobstant ces défauts de formes dans le testament : mais dans le cas de l'article precedent, le vice du titre estoit l'incapacité de celuy qui avoit aliené contre la défense de la Loy le bien du Mineur. V. l. 25. §. 6. ff. de hered. petit.

### XV.

15. La demande en Justice interrompt la prescription.

La prescription est interrompuë, & cesse de courir par une demande en Justice contre le possesseur. Car pour prescrire, il faut que la possession ait esté paisible, & de bonne foy : & la demande en Justice fait que la possession n'est plus paisible, & que le possesseur cesse d'être dans la bonne foy x.

x Nec bona fide possessionem adeptis, longi temporis præscriptio, post moram litis contestatæ completa, proficit. Cùm post motam controversiam, in præteritum æstimetur. l. 10. C. de præscr. long. temp.

Ita demum (possessio est) legitima, cùm omnium adversariorum silentio & taciturnitate firmatur. Interpellatione verò controversia progressa, non posse eum intelligi possessorem, qui licèt possessionem corpore teneat, tamen ex interposita contestatione, & causa in judicium deducta, super jure possessionis vacillet, ac dubitet. l. 10. C. de acq. & ret. poss.

Il faut entendre ce qui est dit dans cet article, d'une demande qui soit libellée, c'est-à-dire, qui explique ce qui est demandé. Sur quoy il faut remarquer, qu'au lieu que par le Droit Romain celuy qui assignoit sa partie n'estoit tenu d'expliquer que devant le Juge ce qu'il prétendoit, & que même Justinien avoit ordonné qu'une assignation generale devant le Juge, sans mention d'aucune des choses que le demandeur pouvoit pretendre, suffisoit pour toutes, & interrompoit même la prescription. l. ult. C. de ann. except. Par l'Ordonnance toutes demandes doivent être libellées, & les exploits sont nuls si ce qu'on demande n'y est pas expliqué. V. l'Ord. de 1667. Titre 2. article 1. V. la remarque sur l'article 5. de la Section 1. des Interêts.

### XVI.

16. Demande de l'un de plusieurs creanciers.

Si un même droit, soit de proprieté, ou autre, se trouve commun à plusieurs personnes, la demande en Justice faite par un seul d'entre eux interrompra pour tous la prescription. Car c'est le droit entier qui est demandé, & chacun conserve par cette demande ce qui luy en revient y.

y Cùm quidam rei stipulandi certos habebant reos promittendi, vel unus forte creditor duos vel plures debitores habebat, vel è contrario multi creditores unum debitorem ..... nobis pietate suggerente videtur esse humanum, semel in uno eodemque contractu, qualicumque interruptione vel agnitione adhibitâ, omnes simul compelli ad persolvendum debitum : sive plures sint rei, sive unus : sive plures sint creditores, sive non amplius quàm unus. Sancimusque in omnibus casibus quos noster sermo complexus est, aliorum devotionem, vel agnitionem, vel ex libello admonitionem, aliis debitoribus præjudicare, & aliis prodesse creditoribus. Sit itaque generalis devotio, & nemini liceat alienam indevotionem sequi. Cùm ex una stirpe, unoque fonte unus effluxit contractus: vel debiti causa ex eadem actione apparuit. *l. ult. C. de duobus reis.* V. l'art. suivant & la remarque qu'on y a faite, l'art. 9. de la Sect. 1. de la Solidité, & l'art. 5. de la Sect. 2. du même Titre.

## XVII.

Si plusieurs personnes se trouvent devoir une même dette, ou posseder un fonds en commun, la demande en Justice faite contre un seul d'entre eux par le creancier de cette dette, ou par le proprietaire de ce fonds, interrompra la prescription à l'égard de tous ; car la demande est faite pour le droit entier *z*.

*17. Demande contre l'un de plusieurs debiteurs.*

*z V. le texte cité sur l'article precedent.*

*Il faut remarquer sur cet article & sur le precedent, qu'il n'importe pas qu'il y ait de solidité ni entre les debiteurs d'une même somme, ou les possesseurs d'un même fonds, ni entre les creanciers ou proprietaires, & qu'il suffit pour interrompre la prescription à l'égard de tous par la demande d'un seul, ou contre un seul, que ce soit une même chose, ou un même droit qui se trouve commun. Ainsi, par exemple, si le creancier d'une succession fait une demande de toute sa dette à l'un de plusieurs heritiers du debiteur, il interrompra la prescription à l'égard de tous, encore que chacun n'en doive que sa portion. Car ce creancier peut ignorer le nombre & le droit des heritiers : & quand il le sçauroit, il peut demander le tout à un seul. Ainsi lorsqu'un des heritiers d'un creancier demande au debiteur du défunt ce qu'il luy devoit, il interrompt la prescription pour ses coheritiers. Car il fait sa demande pour toute la dette, & il a interêt qu'elle se conserve entiere.*

## XVIII.

Celuy de qui la possession n'est interrompuë que par une voye de fait, sans forme de Justice, ne laisse pas d'être consideré comme possesseur, parce qu'il a le droit de rentrer en possession. Ainsi le temps de la possession de l'usurpateur n'interrompt pas la sienne *a*.

*18. Voye de fait n'interrompt pas la possession.*

*a Si quis vi de possessione dejectus, perinde haberi debet ac si possideret: cùm interdicto de vi recuperandæ possessionis facultatem habeat. l. 17. ff. de acq. vel amitt. poss.*

# LES
# LOIX CIVILES

## DANS
## LEUR ORDRE NATUREL.

## LIVRE QUATRIÉME.

*Des suites qui aneantissent ou diminuënt les engagemens.*

L ne faut pas restreindre aux matiéres qui seront traitées dans ce Livre toutes les manieres d'aneantir ou diminuer les engagemens; car les preuves, le serment, les prescriptions ont cet effet, & il faut aussi les mettre en ce nombre. Mais on n'a pas dû en traiter icy, & leur rang a été dans le Livre precedent , par cette raifon qui a été remarquée dans le plan des matieres [a], que les preuves, le ferment & les prefcriptions ayant ces deux effets oppofez & d'affermir les engagemens, & de les aneantir ou diminuer ; il a été naturel que ne devant en traiter qu'en un feul lieu, on le fit dans le premier où il étoit neceffaire d'en expliquer les regles. Ainfi, il faut confiderer ces regles des preuves , du ferment , & des prefcriptions comme une matiere commune, & au troifiéme Livre , & à celuy-cy.

*Trois manieres d'aneantir ou diminuer les engagemens.*

Il y a trois manieres d'aneantir ou diminuer un engagement. La premiere, en l'executant & s'en acquittant , foit en tout, comme fait celuy qui paye une fomme qu'il doit : ou en partie, s'il ne fait qu'un payement en déduction. La feconde, en faifant declarer en Juftice l'engagement nul , foit en tout, comme fi c'eft un prêt fait à un Mineur , dont il n'y ait eu aucun employ utile : ou en partie, s'il n'y en a eu qu'une partie tournée à fon profit. La troifiéme , en fubftituant un fecond engagement au lieu du premier, de forte qu'il n'y ait que le fecond qui fubfifte , & que le premier foit aneanti.

*Ordre des Titres de ce Livre.*

Les payemens , dont il fera traité dans le premier Titre de ce Livre font de la premiere de ces trois manieres : Et les Compenfations , qui ne font que des payemens reciproques, dont il fera traité dans le fecond Titre, font de la même nature. Les Refcifions & Reftitutions en entier, qui feront la

a V. le Chapitre 14. du Traité des Loix n. 12.

matiere du dernier Titre, font de la feconde. Et les Novations & Delegations qui feront expliquées dans les 3. & 4.me Titres, font de la troifiéme.

La Ceffion de biens, qui fera la matiere du cinquiéme Titre, eft mêlée des deux premieres de ces trois manieres. Car elle acquitte une partie des dettes, & s'il arrive que les biens abandonnez par un debiteur foient des fonds qui fuffifent pour quelques-uns de fes creanciers hypothecaires anterieurs, leurs dettes font entierement acquitées & aneanties, & celles des autres fur qui le fonds manque, font diminuées à proportion de ce qu'ils reçoivent. Et s'il n'y a que des meubles qui ne fuffifent pas pour tous les creanciers, la ceffion de biens n'acquittera aucune dette entiere, mais les diminuëra toutes. Car chaque creancier aura fa part du prix de ces meubles, comme il fera expliqué dans ce Titre cinquiéme. Et la Ceffion de biens a encore cet effet à l'égard des creanciers qui pouvoient contraindre le debiteur par corps, qu'elle aneantit en cela fon engagement, & qu'aprés la Ceffion il n'eft plus fujet à cette contrainte.

Comme les matieres du Livre précedent où l'on a traité de ce qui peut ajoûter aux engagemens, ou les affermir, font communes à toute forte d'engagemens, foit qu'ils ayent été formez par des conventions ou fans convention, les matieres de ce quatriéme Livre font auffi communes à toute forte d'engagemens de ces deux efpeces.

# TITRE I.
## DES PAYEMENS.

Quoy-qu'on n'entende communément par ce mot de payement que cette maniere dont s'acquittent ceux qui doivent des fommes d'argent, en donnant de l'argent; on peut appeller payement en general toute maniere de s'acquitter. Car tout ce qui fait la liberation du debiteur tient lieu de payement. Et en ce fens on peut comprendre fous le mot de payement les Compenfations, les Novations, & les Delegations. Mais comme ces trois manieres de payement ont des caractere propres qui leur donnent une nature differente du fimple payement ; on a dû les diftinguer fous leurs Titres propres, & on ne traitera dans celuy-cy que de ce qui regarde les payemens en general, quelle eft leur nature, leurs effets, les diverfes manieres dont on peut s'acquiter, qui peut faire un payement ou le recevoir, & comment fe font les imputations des payemens, ce qui fera les diverfes matieres des Sections de ce Titre.

On peut voir fur la matiere des payemens, le Titre *de ceux qui reçoivent ce qui ne leur eft pas dû*, dont plufieurs regles fe rapportent à cette matiere.

# SECTION I.

*De la nature des payemens, & de leurs effets.*

## SOMMAIRES.

### I.

LEs payemens sont les manieres dont un debiteur s'acquitte de ce qu'il devoit, ou d'une partie *a*.

*a Liberationis verbum eandem vim habet quàm solutionis. l. 47. ff. de verb. signif.*

### II.

Tout ce qui aneantit la dette ou la diminuë, tient lieu de payement, soit que le debiteur donne au creancier de l'argent, ou d'autres choses qu'il peut luy devoir, ou qu'il s'acquitte le satisfaisant par quelqu'autre voye,

Ooo iij

1. *Définition des payemens.*

2. *Comment on s'acquitte.*

suivant les regles qui seront expliquées dans la seconde Section [b].

b Solutionis verbo satisfactionem quoque omnem accipiendam placet. l. 176. ff. de verb. sign. V. la Section 2.

## III.

*3. Le mot d'acquitter se rapporte à tous engagemens.*

Comme on donne le nom de dette, à tout ce que peuvent devoir non seulement les debiteurs de sommes d'argent, ou de choses d'une autre nature, mais aussi ceux qui sont obligez ou à faire quelque chose, comme un Entrepreneur d'un ouvrage, ou à rendre une chose qui ne soit pas à eux, comme le dépositaire & celuy qui a emprunté une chose pour en user [c], on regarde aussi comme des payemens ou acquittemens, toutes les manieres dont on s'acquitte, ou se délivre des engagemens de toute nature [d].

c Credendi generalis appellatio est. Ideo sub hoc titulo prætor & de commodato, & de pignore edixit. Nam cuicumque rei assentiamur, alienam fidem secuti, mox recepturi quid ex hoc contractu, credere dicimur. l. 1. ff. de reb. cred.

d Solvere dicimus eum qui fecit quod facere promisit. l. 176. ff. de verb. signif.

## IV.

*4. Payement de ce qui n'étoit point dû, ou de ce qu'on pouvoit ne pas payer.*

Le payement supposant la dette, celuy qui se trouve avoir payé par erreur ce qui n'étoit point dû, peut le recouvrer [e]. Mais s'il n'a payé que ce qui étoit dû legitimement, quand même la dette eût été telle qu'il n'auroit pû y être condamné en Justice, il ne peut demander qu'on luy rende ce qu'il a payé [f]. Ainsi, par exemple si un Mineur devenu Majeur paye une somme qu'il avoit empruntée pendant sa minorité, par une obligation, dont il auroit pû être relevé; il ne pourra revoquer le payement qu'il en aura fait. Car en payant il a reconnu, & ratifié son obligation [g].

e Si quis indebitum ignorans solvit, per hanc actionem condicere potest. l. 1. §. 1. ff. de cond. ind.

f Naturales obligationes non ex eo solo æstimantur, si actio aliqua earum nomine competit, verùm etiam eo si soluta pecunia repeti non possit. l. 10. ff. de oblig. & act. V. sur les payemens de ce qui n'est pas dû la Section 1. de ceux qui reçoivent ce qui ne leur est pas dû.

g Placet, ut & est constitutum, si quis major factus comprobaverit quod minor gesserat, constitutionem cessare. l. 3. §. 1. ff. de minor. V. l'art. 11. de la Sect. 1. de ceux qui reçoivent ce qui ne leur est pas dû.

*On a mis dans cet article que celuy qui paye ce qui n'étoit point dû, peut le re-*
*couvrer, & non que celuy qui paye ce qu'il ne devoit pas peut le recouvrer. Car si*
*quelqu'un paye pour un autre, encore qu'il n'y fût point obligé, il ne pourra de-*
*mander ce qu'il aura payé. V. l'art. 2. de la Sect. 3.*

## V.

Si le debiteur qui avoit un terme veut payer par
avance, le creancier ne peut l'obliger d'attendre le
terme. Car tout le temps du delay est accordé au debiteur pour s'acquitter quand il le pourra *h*. Et s'il ne le
peut plûtôt, il le doit au terme. Mais s'il paye par avance, il ne pourra retirer ce qu'il aura payé, car il le
devoit *i*.

*h* Quod certa die promissum est, vel statim dari potest. Totum enim medium
tempus ad solvendum promissori liberum relinqui intelligitur. *l.* 70. *ff. de so-*
*lution.*

*i* V. l'art. 2. de la Sect. 1. de ceux qui reçoivent ce qui ne leur est pas dû.

## VI.

L'effet du payement est d'aneantir la dette, si on
paye le tout *l*, ou de la diminuer à proportion de ce qui
est payé.

*l* Tollitur omnis obligatio solutione ejus quod debetur. *inst. quib. mod.*
*toll. obl.*

## VII.

Si un payement est fait pour un debiteur par autre
que luy, il ne laissera pas de demeurer quitte envers le
creancier qui aura reçû son payement : & la dette à l'é-
gard de ce creancier sera aneantie, quoy-que le debiteur
ait ignoré le payement, & quand même ce seroit contre
son gré qu'il eût été fait ; parce que le creancier a pû
recevoir ce qui luy étoit dû, & quand il l'a reçû, la dette est acquittée *m*.

*m* Nec interest quis solvat, utrum ipse qui debet, an alius pro eo. Liberatur
enim & alio solvente, sive sciente, sive ignorante debitore, vel invito eo solutio fiat. *Inst. quib. mod. toll. oblig.* Solvere pro ignorante, & invito, cuique licet. *l.* 53. *ff. de solut.*

*Cet article suppose qu'un tiers peut payer pour le debiteur, comme il sera expliqué*
*dans l'article 2. de la Section 3.*

## VIII.

La dette étant aneantie par le payement, le creancier n'a plus de droit sur les gages & les hypotheques
qu'il pouvoit avoir pour sa sureté : & les cautions & fide-

jusseurs ne sont plus obligez. Car c'estoit des accessoires de l'obligation qui ne subsistent plus quand elle est acquittée *n*.

*n* In omnibus speciebus liberationum, etiam accessiones liberantur : putà adpromissores, hypothecæ, pignora. *l.* 43. *ff. de solut.*

## IX.

Quoy-que le payement éteigne la dette, si un creancier qui est payé par autre que son debiteur, transporte sa dette à celuy qui le paye ; elle subsistera, & passera de la personne du creancier au cessionnaire. Car ce qui se passe entre eux n'est pas un payement pour acquitter ce debiteur, mais une vente que fait le creancier de son droit à celuy qui le paye. Ce qu'il faut entendre d'un transport fait ou avant le payement, ou en même temps. Car si le payement avoit precedé; la dette étant acquittée, le creancier n'auroit pû ceder un droit qui n'étoit plus *o*.

*o* Modestinus respondit, si post solutum sine ullo pacto omne quod ex causa tutelæ debeatur, actiones post aliquod intervallum cessæ sint, nihil ex cessione actum, cùm nulla actio superfuerit. Quòd si ante solutionem hoc factum est, vel cùm convenisset, *ut mandarentur actiones*, tunc solutio facta esset, mandatum subsecutum est, salvas esse mandatas actiones : cùm novissimo quoque casu pretium magis mandatarum actionum solutum, quàm actio quæ fuit, perempta videatur. *l.* 76. *ff. de solut.*

## X.

Si un creancier qui auroit pris des gages pour sa sûreté, en reçoit en payement le prix de la vente qui en sera faite ou en Justice, ou par le debiteur, & que ce prix ne suffise pas pour acquitter le tout; il restera encore creancier du surplus, quoy-que les gages pussent valoir plus qu'il n'étoit dû. Car l'obligation personnelle dont le gage étoit l'accessoire, subsiste toujours pour ce qui en reste *p*. A moins qu'il n'eût été convenu que les gages tiendroient lieu d'un payement entier indépendamment du prix qui en proviendroit.

*p* Adversus debitorem electis pignoribus, personalis actio non tollitur, sed eo quod de pretio servari potuit, in debitum computato, de residuo manet integra. *l.* 10. *C. de obl. & act.*

XI.

## XI.

Il arrive souvent que par l'effet d'un seul payement plusieurs obligations de diverses personnes se trouvent acquittées ; comme lorsqu'un debiteur paye par l'ordre de son creancier à un autre envers qui ce creancier estoit obligé , ce qui pourroit aller à divers payemens d'un creancier à un autre. Mais quoy-qu'il ne paroisse dans de pareils cas qu'un seul payement , il s'en fait autant dans la verité qu'il se trouve de dettes payées. Car il en est de même que si chacun de ceux qui se trouvent payez , & qui payent à d'autres par ce seul payement, recevoit des mains de son debiteur ce qui luy est dû , & le mettoit en celles de son creancier. Et ces payemens éclipsez dans l'apparence , sont vrays en effet *q*.

*11. Plusieurs acquittemens pour plusieurs debiteurs par un seul payement.*

*q* Cùm jussu meo id quod mihi debes solvis creditori meo , & tu à me , & ego à creditore meo liberor. *l.* 64. *ff. de solut.*

Eùm rei gestæ ordinem futurum , ut pecunia ad te à debitore tuo , deinde à te ad mulierem perveniret. Nàm celeritate conjungendarum inter se actionum , unam actionem occultari. *l.* 3. §. 12. *ff. de don. int. vir. & ux.*

## XII.

Il peut aussi arriver qu'un même payement acquitte en un instant deux obligations d'une même personne envers un même creancier , comme par exemple , si un testateur creancier d'un mineur qui pourroit se faire relever , luy fait un legs sous cette condition qu'il payera la dette à son heritier. Car en ce cas le payement que fera ce legataire acquitera sa dette , & satisfera à la condition imposée pour le legs *r*.

*12. Deux obligations d'un même debiteur acquittées par un seul payement.*

*r* In numerationibus aliquando evenit , ut una numeratione duæ obligationes tollantur uno momento : veluti si quis pignus pro debito vendiderit creditori. Evenit enim ut ex vendito tollatur obligatio debiti. Item si pupillo qui sine tutoris auctoritate mutuam pecuniam accepit , legatum à creditore fuerit , sub ea conditione , *si eam pecuniam numeravit* , in duas causas videri eum numerasse : & in debitum suum , ut in falcidiam heredi imputetur , & conditionis gratia , ut legatum consequatur. *l.* 44. *ff. de solut.*

## XIII.

Comme un debiteur peut devoir à un même creancier de differentes dettes pour diverses causes , & qu'il peut ou n'en acquiter que quelques-unes , ou les acquiter toutes ; on peut comprendre dans une seule quittance ou tous les payemens , si tout est payé , ou une partie. Et

*13. Effet des quittances generales , ou particulieres.*

*Tome II.*                            Ppp

l'effet d'une telle quittance est d'aneantir ou seulement les dettes qu'on y a exprimées, ou tout ce qui est dû, si elle est generale & conçûë en termes qui comprennent tout *f*.

*f* Pluribus stipulationibus factis, si promissor ita accepto rogasset quod ego tibi promisi, habesne acceptum ? Siquidem apparet quid actum est, id solùm per acceptilationem sublatum est : si non apparet, omnes stipulationes solutæ sunt. *l. 6. ff. de acceptil.*

Et uno & pluribus contractibus, vel certis, vel incertis, vel quibusdam exceptis cæteris, & omnibus ex causis una acceptilatio, & liberatio fieri potest. *l. 18. ff. de acceptil.*

Per Aquilianam stipulationem pacto subditam, obligatione præcedente sublata, & acceptilatione quæ fuit inducta, perempta, ei qui ex nulla causa restitui potest, omnis agendi via præcluditur. *l. ult. C. de acceptil.*

### XIV.

Comme celuy qui se pretend creancier doit établir son droit ; celuy qui étant reconnu debiteur allegue un payement, doit en faire preuve *t*.

*t* Solutionem asseveranti probationis onus incumbit. *l. ult. C. de solut.*

### XV.

Le payement de trois années consecutives des arrerages de cens ou rentes, & d'autres redevances annuelles a cet effet, que celuy qui en justifie est déchargé des années précedentes, quand il n'en rapporteroit aucune quittance. Si ce n'est qu'on fist voir par de bonnes preuves qu'elles restoient dûës, comme s'il y en avoit ou une promesse, ou une reserve. Car il est juste de présumer que le creancier n'auroit pas reçû ces trois payemens sans rien recevoir sur les anciens arrerages, ni les reserver. Et cette présomption a son effet à l'égard même des droits du Prince contre ceux qui en ont le recouvrement *u*.

*u* Quicunque de provinciliabus, & collatoribus, decurso posthac quantolibet annorum numero, cùm probatio aliqua ab eo tributariæ solutionis exposcitur, si trium cohærentium sibi annorum apochas securitatesque protulerit, superiorum temporum apochas non cogatur ostendere. Neque de præterito ad illationem functionis tributariæ coerceatur. Nisi forte aut curialis, aut quicunque apparitor, vel optio, vel actuarius, vel quilibet publici debiti exactor sive compulsor, possessorum vel collatorum habuerit cautionem : aut id quod reposcit, deberi sibi manifesta gestorum adsertione patefecerit. *l. 3. C. de apoch. publ.*

*Mais si c'estoit un nouveau Fermier qui eût reçû les trois premieres années de sa ferme, ses quittances ne devroient pas faire prejudice au Fermier precedent pour les années qui luy resteroient dûës.*

### XVI.

Le creancier ayant droit d'exiger le payement entier de toute sa dette, il n'est pas obligé de la diviser, & d'en recevoir une partie que le debiteur voudroit acquiter *x*. Mais si le debiteur avoit quelque sujet de contester une partie de la dette, & qu'il offrît le reste, il seroit de la prudence du Juge d'obliger en ce cas le creancier à recevoir ce qui seroit offert, suivant la regle expliquée en un autre lieu *y*.

16. Le creancier n'est pas obligé de diviser son payement.

*x* Quidam existimaverunt, neque eum qui decem peteret cogendum quinque accipere, & reliqua persequi: neque eum qui fundum suum diceret, partem dumtaxat judicio prosequi. *l.* 21.*ff. de cred.* V. l'art. 8. de la Sect. 2.
*y* V. l'art. 5. de la Sect. 2. du Prêt.

# SECTION II.

*Des diverses manieres dont on peut s'acquitter.*

## SOMMAIRES.

1. *Diverses manieres de payemens.*
2. *La délegation est un payement.*
3. *Transport sans garentie pour demeurer quitte est un payement.*
4. *La novation est un payement.*
5. *Le serment deferé, ou une Sentence tiennent lieu de payement.*
6. *Si la chose dûë perit, le debiteur est acquité.*
7. *Si le creancier succede à la caution, ou la caution au creancier.*
8. *Consignation en cas que le creancier refuse son payement.*
9. *On ne peut payer une chose pour une autre.*
10. *Ouvrage qui doit être fait de la main d'un Entrepreneur.*
11. *La cession de biens fait un payement en autre chose que ce qui est dû.*
12. *Si on donne en payement d'une somme autre chose que de l'argent, c'est une vente.*
13. *S'il y a eviction d'une partie d'un fonds donné en payement.*
14. *Payement en argent la veille d'un décri.*

## I

LA maniere plus naturelle de s'acquitter est de payer la même chose en espece qu'on pourroit devoir, comme de l'argent pour de l'argent, du bled pour du bled. Mais de quelqu'autre maniere qu'il arrive que le creancier soit satisfait, ou qu'il doive l'être, on regarde comme un payement tout ce qui en tient lieu, & qui éteint la dette *a*. Ainsi, par exemple, une compensation acquitte de part & d'autre ce qui est compensé, comme il sera expliqué dans le titre suivant.

*a* Satisfactio pro solutione est. *l.* 52. *ff. de solut.*
Solutionis verbum pertinet ad omnem liberationem quoquo modo factam. *l.* 54. *eod.* V. l'article 2. de la Sect. 1.

## II

Si un debiteur delegue son debiteur à son creancier, c'est-à-dire, s'il substituë en sa place son debiteur qui s'oblige envers le creancier pour la même chose, & de sorte que ce creancier se contente de ce nouveau debiteur, & décharge l'autre; cette delegation acquittera le premier debiteur *b*.

*b* Solvit qui reum delegat. *l.* 8. §. 3. *ff. ad vell.*
Qui debitorem suum delegat, pecuniam dare intelligitur, quanta ei debetur. *l.* 18. *ff. de fidejuss.* V. le Titre des Delegations.

## III.

Si un creancier accepte de son debiteur un transport d'une dette sans garentie, & qu'il rende l'obligation, ou en donne quittance; ce transport tiendra lieu d'un payement qui aneantira la dette, quand il arriveroit que le creancier n'en recevroit rien *c*.

*c* Satisfactio pro solutione est. *l.* 52. *ff. de solut.*

## IV.

Si le creancier & le debiteur conviennent d'innover la dette, c'est-à-dire, si au lieu de la premiere obligation le debiteur s'oblige par un autre d'une autre nature, comme si celuy qui devoit le prix d'une vente, ou les loyers d'une maison, en fait une obligation causée de prêt, sans que le creancier reserve la premiere dette; la seconde obligation tiendra lieu d'un payement de la

premiere, qui par cette novation sera acquittée &
aneantie *d*.

*d* Novatio eſt prioris debiti, in aliam obligationem vel civilem vel naturalem, transfuſio atque tranſlatio. Hoc eſt, cùm ex præcedenti cauſa ita nova conſtituatur, ut prior perimatur. *l. 1. ff. de novat.* V. le Titre des Novations. V.
l'art. 6. de la Sect. 1. du Prêt.

### V.

Le debiteur à qui le ſerment a été déferé, & qui a
juré ou qu'il ne devoit rien, ou qu'il a payé, demeure
quitte de même que s'il avoit payé *e*. Et ſi ſans jurer il
eſt déchargé par un Arreſt, ou par une Sentence, dont
il n'y a point d'appel, la Sentence ou l'Arreſt tiendra
lieu de quittance *f*.

*5. Le ſerment dé-
feré, ou une Sen-
tence tiennent lieu
de payement.*

*e* Jusjurandum loco ſolutionis cedit. *l. 27. ff. de jurejur.* Eſt acceptationi ſi-
mile. *l. 40. eod.* V. les articles 10. & 11. de la Section 6. des Preuves.
*f* Res judicata dicitur, quæ finem controverſiarum pronuntiatione Judicis accipit. Quod vel condemnatione, vel abſolutione contingit. *l. 1. ff. de re jud.*

### VI.

Si la choſe qui étoit duë vient à perir ſans la faute du
debiteur, la dette eſt acquittée. Ainſi, par exemple, ſi
la choſe venduë perit entre les mains du vendeur qui
n'étoit pas en demeure de la délivrer, il en demeure
quitte *g*. Mais cette regle ne s'entend pas de ces ſortes
de choſes qui ſe donnent à titre de prêt, comme de l'argent, du bled, du vin, & des autres ſemblables. Car
ceux qui empruntent des choſes de cette nature ne doivent pas rendre la même choſe qu'ils ont empruntée,
mais ils en doivent autant de la même eſpece *h*.

*6. Si la choſe duë
perit, le debiteur eſt
acquitté.*

*g* Naturaliter (reſolvitur obligatio) cùm res in ſtipulationem deducta, ſine
culpa promiſſoris, in rebus humana eſſe deſiit. *l. 107. ff. de ſolut.*
Si Stichus certo die dari promiſſus ante diem moriatur, non tenetur promiſſor.
*l. 33. ff. de verb. obl. l. 23. eod. l. 5. ff. de reb. cred.* V. l'art. 2. de la Section 7.
du Contract de vente.
*h* V. l'art. 4. de la Sect. 1. du Prêt.
*Si le debiteur devoit de deux choſes l'une, & que l'une des deux vienne à perir,
il demeurera debiteur de celle qui reſte.* Sur quoy. V. l'art. 7. de la Sect. 7. du Contract de vente. V. *l. 95. ff. de ſolut.*

### VII.

Si le creancier ſuccede à celuy qui s'eſtoit rendu caution de ſon debiteur, ou la caution au creancier, l'obligation du fidejuſſeur eſt aneantie; mais le debiteur ne
laiſſe pas de demeurer toujours obligé. Car l'obligation

*7. Si le creancier
ſuccede à la cau-
tion, ou la caution
au creancier.*

de la caution, qui s'éteint par ce changement, n'estoit qu'accessoire *i*. Et s'il y avoit plusieurs debiteurs, ou plusieurs creanciers d'une même somme, & que l'un des debiteurs succedât à l'un des creanciers, ou l'un des creanciers à l'un des debiteurs; la confusion qui se feroit en la personne de cet heritier étant bornée à une portion, ne feroit aucun changement à l'égard des autres.

*i.* Inter creditorem & adpromissores confusione facta, reus non liberatur. *l.* 42. *ff. de solut.* V. les articles 8. & 9. de la Section 5. des cautions ou fidejusseurs.

## VIII.

Lorsqu'un debiteur offrant tout ce qu'il doit, & dans le lieu où il doit payer, le creancier refuse de le recevoir, il est permis à ce debiteur de le consigner: Et la consignation faite dans les formes luy tiendra lieu de payement de ce qu'il devoit, & fera cesser les rentes ou interêts, si la dette subsistant devoit en produire *l*.

*l* Obligatione totius debitæ pecuniæ solenniter facta, liberationem contingere manifestum est. Sed ita demum oblatio debiti liberationem parit, si eo loco quò debetur solutio fuerit celebrata. *l.* 9. *C. de solut.* Acceptam mutuò sortem cum usuris licitis creditoribus post contestationem offeras, ac si non suscipiant consignatam in publico depone, ut cursus legitimarum usurarum inhibeatur. In hoc autem casu publicum intelligi oportet, vel sacratissimas ædes, vel ubi competens Judex super ea re aditus deponi eas disposuerit. Quo subsecuto, etiam periculo debitor liberabitur, & jus pignorum tolletur. *l.* 19. *C. de usur.*

*Comme il n'est pas permis au debiteur de consigner, s'il ne paroit que le creancier ait refusé de recevoir le payement, & que même il peut se faire qu'il ait quelque juste cause de le refuser; le debiteur ne peut consigner sûrement, si la consignation n'est permise en Justice.*

## IX.

Les payemens doivent être faits de ce qui est dû, & le debiteur ne peut contre le gré de son creancier luy payer autre chose que celle qu'il doit, quoy-que la valeur de ce qu'il voudroit donner fût égale, ou même plus grande. Ainsi celuy qui doit de l'argent ne peut donner en payement des fonds, ou des dettes, si le creancier n'y veut consentir *m*.

*m* Aliud pro alio invito creditori solvi non potest. *l.* 2. §. 1. in f. *ff. de reb. cred.* Eum à quo mutuam sumpsisti pecuniam, in solutum nolentem suscipere nomen debitoris tui, compelli juris ratio non permittit. *l.* 16. *C. de solut.*

Manifesti juris est, tam alio pro debitore solvente, quàm rebus pro numerata pecunia, consentiente creditore, datis, tolli paratam obligationem. *l.* 7. *C. eod.*

*Par la Nouvelle 4. c. 3. Justinien avoit ordonné, que les debiteurs de sommes d'ar-*

gent qui n'avoient que des fonds qu'ils ne pourroient vendre, fussent reçus à payer en fonds à une juste estimation, avec les garenties qu'ils pourroient donner, laissant à leurs creanciers leurs fonds les plus precieux. Cette disposition estoit fondée sur un motif d'humanité pour les debiteurs, & sur l'interêt même des creanciers, qui ne pouvoient empêcher que les debiteurs reduits à l'extremité ne fussent reçûs à leur abandonner leurs fonds en payement. Mais les difficultez & les inconveniens de l'execution de cette Loy en ont empêché l'usage : & il seroit à souhaiter qu'il y fût pourvû, aussi-bien qu'aux maux infinis qu'on voit dans les decrets.

## X.

Comme les Entrepreneurs & les Artisans sont debiteurs des ouvrages qu'ils entreprennent, & qu'il y a de tels ouvrages, qu'il est important de les avoir de la main même de l'Entrepreneur ou Artisan qui s'en est chargé; ceux qui sont obligez à faire de leur main des ouvrages de cette nature, ne peuvent s'en acquiter en donnant l'ouvrage d'un autre *n*.

*n* Inter artifices longa differentia est & ingenii, & naturæ, & doctrinæ, & institutionis. Ideo si *navem à se fabricandam* quis promiserit, vel *insulam ædificandam, fossámve faciendam,* & hoc specialiter actum est, *ut suis operis id perficiat,* fidejussor ædificans, vel fossam fodiens, non consentiente stipulatore, non liberabit reum. *l. 31. ff. de solut.* V. l'art. 9.

*10. Ouvrage qui doit être fait de la main d'un Entrepreneur.*

## XI.

Les debiteurs qui sont reçûs à faire la cession de biens à leurs creanciers, donnent en payement autre chose que ce qu'ils doivent. Et c'est encore une autre maniere de payement dont il sera parlé en son lieu *o*.

*o* V. le Titre de la Cession de biens.

*11. La cession de bien fait un payement en autre chose que ce qui est dû.*

## XII.

Si un creancier d'une somme consentoit de recevoir en payement un fonds ou autre chose, ce seroit une vente dont la somme dûë feroit le prix. Ainsi le debiteur demeureroit garent des evictions, & ne seroit acquité qu'à la charge de la garentie, le payement demeurant sans effet si le creancier étoit evincé de l'heritage pris en payement *p*, si ce n'est qu'il eût été autrement convenu. Et comme les diminutions qui pourroient arriver à la chose donnée en payement tomberoient sur le creancier, il profiteroit aussi de tout ce qui pourroit la rendre meilleure ou plus precieuse *q*.

*p* Si quis aliam rem pro alia volenti solverit, & evicta fuerit (res) manet pristina obligatio. *l. 46. ff. de solut. v. l. 24. ff. de pign. act.*
*q* Cùm pro pecunia, quam mutuò acceptas, secundùm placitum, Evandro

*12. Si on donne en payement d'une somme, autre chose que de l'argent, c'est une vente.*

te fundum dedisse profitearis : ejus industriam , vel eventum meliorem tibi , non ipsi prodesse , contrarium non postulaturus, si minoris distraxisset , non justè petis. *l. 24. C. de solut.*

## XIII.

Si dans le cas de l'article precedent , le creancier ayant pris un fonds en payement étoit evincé d'une partie de ce fonds , il pourroit obliger le debiteur à reprendre le reste. Car il pourroit se faire qu'à cause de l'eviction de cette partie le reste du fonds luy seroit à charge , & qu'il n'eût pris le fonds en payement , que pour l'avoir entier r.

r Si quis aliam rem pro alia volenti solverit , & evicta fuerit ( res ) manet pristina obligatio. Et si pro parte fuerit evicta , tamen pro solido durat obligatio. Nam non accepisset re integra creditor , nisi pro solido ejus fieret. *l. 46. de solut.*

## XIV.

Les payemens en déniers doivent être faits en especes qui ne soient ni décriées , ni suspectes s. Que si le creancier ayant differé de recevoir son payement , il arrivoit du décri de monnoyes , avant que le debiteur eût fait des offres réelles au creancier , la perte que pourroit causer le décri des especes qui seroient encore entre les mains du debiteur tomberoit sur luy. Car il en seroit demeuré le maître t.

s Non esse cogendum ( creditorem ) in aliam formam nummos accipere, si ex ea re damnum aliquod passurus sit. *l. 99. ff. de solut.*

t Creditor oblatam à debitore pecuniam , ut alia die accepturus , distulit : mox pecunia quâ illa respublica utebatur , quasi ærosa , jussu præsidis sublata est : item pupillaris pecunia , ut possit idoneis nominibus credi servata , ira interempta est. Quæsitum est cujus detrimentum esset ? Respondi , secundùm ea quæ proponerentur , nec creditoris , nec tutoris detrimentum esse. *l. 102. ead.*

SECTION

# SECTION III.

*Qui peut faire un payement ou le recevoir.*

## SOMMAIRES.

## I.

LEs perſonnes qui ont intereſt qu'une dètte ſoit acquittée peuvent en faire le payement. Ainſi les coobligez ſolidairement peuvent payer les uns pour les autres : ainſi les cautions peuvent acquiter ce qu'ils ſont obligez de payer pour d'autres. Et les payemens que font ces perſonnes acquittent les debiteurs pour qui ils les font, & annullent leur obligation envers le creancier. Mais ces debiteurs demeurent obligez envers celuy qui acquitte leur dette *a*.

1. Les coobligez & les cautions peuvent payer pour le debiteur.

*a* Si ex pluribus obligatis uni accepto feratur, non ipſe ſolus liberatur, ſed & hi qui ſecum obligantur. Nam cùm ex duobus, pluribuſque ejuſdem obligationis participibus uni acceptò fertur, cæteri quoque liberantur: non quoniam ipſis acceptò latum eſt, ſed quoniam velut ſolviſſe videtur is qui acceptatione ſolutus eſt. *l.* 16. *ff. de acceptil.*

Creditor prohiberi non poteſt exigere debitum, cùm ſint duo rei promittendi ejuſdem pecuniæ, à quo velit : & ideo ſi probaveris te conventum in ſolidum exolviſſe, rector provinciæ juvare te adverſus eum cum quo communiter mutuam pecuniam accepiſti, non cunctabitur. *l.* 2. *C. de duob. reis.*

## II.

**2. Toute personne peut payer pour un autre.**

Un payement peut estre fait non seulement par une personne interessée avec le debiteur, mais aussi par d'autres personnes que la dette ne regarde point : & celuy pour qui un autre a payé demeure acquité, soit qu'il sçache ou qu'il ignore le payement, & quand même il ne l'agréeroit point. Car le creancier peut recevoir ce qui luy est dû, & celuy qui paye pour un autre peut faire ce plaisir ou au creancier, ou au debiteur, ou en avoir d'autres justes causes. *b*

*b* Solvendo quisque pro alio, licet invito & ignorante, liberat eum. *l.* 39. *ff. de neg. gest.*

Repetitio nulla est ab eo qui suum recepit : tametsi ab alio quàm vero debitore solutum est. *l.* 44. *ff. de cond. indeb.*

Solutione pro nobis, & inviti & ignorantes liberari possumus. *l.* 23 *ff. de solut.*

Solvere pro ignorante & invito cuique licet : cùm sit jure civili constitutum, licere etiam ignorantis invitique meliorem conditionem facere. *l.* 53. *eod. l.* 17. *C. eod.*

*Quoy-qu'il soit permis de payer pour un autre, il ne faut entendre cette regle que des dettes legitimes, & de personnes qui les acquitent de bonne foy. Car il n'est pas permis, sous pretexte de payer pour un autre, de faire un payement d'une dette que le debiteur pretendroit ne pas devoir. Et il est encore moins permis de payer pour acheter des droits litigieux, & pour vexer ceux qu'on prétend en estre les debiteurs. L'Empereur Anastase avoit défendu ce commerce par une Loy, qui est la 22. C. de mand. Et comme les transports de droits litigieux ne se font que pour de moindres sommes que celles qui sont pretenduës, il avoit ordonné que le cessionnaire ne pourroit exiger que la même somme qu'il avoit payée effectivement. Mais parce que plusieurs éludoient ces défenses faisant des transports mêlez de vente d'une partie pour un certain prix, & de donation du surplus ; Iustinien par une autre loy, qui est la 23. au même Titre, défendit ce mélange de vente & de donation, permettant ces transports quand ils seroient faits purement à titre de donation : & pour les autres qui se trouveroient faits pour un certain prix, il laissa au debiteur la faculté de s'acquiter, en ne payant que le prix effectif que le cessionnaire auroit débourcé. Mais toutes ces précautions n'empêchant pas qu'on ne feigne une donation au lieu d'une vente, ni qu'on fasse paroître dans le transport un plus grand prix que le veritable, il n'a pas esté difficile d'éluder ces Loix. Et d'ailleurs, il y a bien des occasions où les transports de dettes contestées peuvent être legitimes. Car outre les exceptions que fait cette Loy d'Anastase des transports entre coheritiers pour des droits de la succession, & de quelques autres cas où ceux qui acceptent ces transports s'y trouvent obligez pour quelque interest legitime ; il peut arriver, & il arrive souvent qu'une dette est renduë litigieuse par une mauvaise contestation du debiteur. Il se peut faire aussi qu'un creancier d'une dette legitime, quoy-que douteuse & contestée, n'aura pas d'autre fonds dont il puisse tirer quelque secours dans ses affaires, ou qu'il puisse donner en payement à un creancier, & dans ces cas & autres semblables les transports de droits contestez peuvent n'être pas injustes : Ce qui fait que l'usage de ces Loix d'Anastase & de Iustinien doit beaucoup dépendre de la prudence des Iuges, selon la qualité des faits, & les circonstances qui peuvent faire juger si les transports sont justes ou illicites, & s'ils doivent avoir leur effet entier, ou si le debiteur peut être reçû à rembourser au cessionnaire ce qu'il a effectivement payé au creancier, ou mê-*

eme si celuy qui a accepté le transport ne doit pas être puni s'il y a quelque mal-versation de sa part qui puisse le meriter. C'est à cause de ces differens effets des transports de droits litigieux que quelques-uns ont crû que ces Loix ne s'observent pas dans ce Royaume, parce qu'ils ont vû qu'en plusieurs cas on ne les a pas suivies par des raisons particulieres qui en faisoient des exceptions; au lieu que d'autres estiment qu'elles y sont en usage, parce qu'en effet il y a plusieurs cas où elles sont observées, & qu'i est juste de reprimer le commerce des transports de droits litigieux dans toutes les occasions où l'équité peut y obliger. V. sur les Transports de droits litigieux les remarques à la fin du préambule de la Section 8. du Contract de vente.

## III.

Si un debiteur ayant donné son argent à une autre personne pour payer à son creancier, ce tiers se trouvant debiteur du même creancier luy donne cet argent pour acquiter ce qu'il luy devoit; ce payement sembleroit inutile pour l'un & l'autre de ces debiteurs. Car celuy qui portoit l'argent ne pouvoit l'employer au payement de ce qu'il devoit: & celuy qui l'avoit donné n'est pas acquité par un payement qui n'est pas fait pour luy. Ainsi, tandis que les choses seroient entieres, & que l'effet de ce dol pourroit estre reparé, le payement seroit reformé, & imputé à celuy qui avoit donné l'argent. Mais si le creancier ignorant la mauvaise foy de celuy qui luy a porté l'argent, luy avoit rendu son obligation, & qu'il n'eût plus l'argent en sa puissance, il ne resteroit à celuy qui l'avoit donné que son action contre cette personne qui s'en étoit chargée. Que si au contraire dans ce même cas le creancier qui avoit rendu cette obligation, avoit encore l'argent en sa puissance, il ne pourroit le retenir non plus qu'une chose dérobée qu'il faudroit rendre au maître *e*.

*3. Du debiteur qui de l'argent d'un autre paye pour soy-même au creancier commun.*

---

*e* Cassius ait, si cui pecuniam dedi ut eam creditori meo solveret: si suo nomine dederit, neutrum liberari: me, quia non meo nomine data sit: illum, quia alienam dederit. Cæterum mandari eum teneri. Sed si creditor eos nummos sine dolo malo consumpsisset, is qui suo nomine solvisset, liberatur. Ne si aliter observaretur, creditor in lucro versaretur. *l.* 17. *ff. de solut. v. l.* 9 4. *d. l.* §. 2. *V.* §. 6. & §. ult. inst. de obl. quæ ex del.

L'obligation de ce creancier à rendre l'argent s'il est en nature, ou à l'imputer sur ce que luy devoit le maistre de l'argent, resulte des termes de cette Loy, qui veut que si les deniers ne sont plus en nature, celuy qui les avoit portez demeure acquité; d'où il s'ensuit, qu'il en seroit autrement, si les deniers estoient encore en nature en la puissance du creancier. Car en ce cas le maistre les vendiqueroit comme une chose dérobée; les Loix mettant au nombre des larcins les faits de la qualité de celuy du porteur de cet argent, & donnant au maistre de la chose dérobée le droit de la vendiquer où elle se trouve. V. d. §. & §. ult. inst. de obl. quæ ex del. l. 54. ff. de furt. d. l. §. 1.

Mais celuy qui avoit donné cet argent ne pourroit l'y obliger, qu'en luy faifant remettre l'obligation renduë au porteur de l'argent dans le même état où elle étoit avant ce payement. Car autrement celuy qui avoit donné l'argent devroit s'imputer cette fuite de fon imprudence. Et il ne luy refteroit que fon action contre celuy à qui il avoit confié l'argent. Mais celuy-cy feroit tenu envers les deux autres des dommages & interefts, & des autres peines que fa mauvaife foy pourroit meriter.

### IV.

Les Procureurs conftituez peuvent également faire des payemens pour les debiteurs, & les recevoir pour les creanciers, s'ils ont une procuration fpeciale qui leur en donne le pouvoir, ou une procuration generale pour l'adminiftration de toutes affaires ; car leur fait eft celuy des perfonnes qui les ont prépofez [d].

[d] Vero procuratori rectè folvitur. Verùm autem accipere debemus eum cui mandatum eft vel fpecialiter, vel cui omnium negotiorum adminiftratio mandata eft. l. 12. ff. de folut. V. l'art. 10. de la Sect. 3. des Procurations.

### V.

Si un debiteur paye à celuy qu'il croyoit eftre Procureur conftitué du creancier, & qui ne l'étoit point ; ce payement ne l'acquittera pas [e]. Mais fi le creancier qui avoit donné ordre à une perfonne de recevoir pour luy, revoque cet ordre, & que le debiteur ignorant cette revocation paye à cette perfonne, il aura bien payé, & demeurera quitte ; comme au contraire, il payeroit mal, aprés que la revocation luy feroit connuë [f].

[e] Procuratori qui fe ultro alienis negotiis offert folvendo, nemo liberabitur. l. 34. §. 4. ff. de folut.
Si quis offerenti fe negotiis alienis bona fide folverit, quando liberetur ? Et ait Julianus, cùm dominus ratum habuerit, tunc liberari. l. 58. eod.
[f] Sed & fi quis mandaverit ut Titio folvam, deinde veruerit eum accipere, fi ignorans prohibitum eum accipere folvam, liberabor : fed fi fciero, non liberabor. l. 12. §. 2. eod. l. 34. §. 3. eod.

### VI.

Les Tuteurs, & les Curateurs peuvent payer & recevoir des payemens pour les perfonnes qui font fous leur charge [g].

[g] Tutori rectè folvitur. l. 14. §. 1. ff. de folut. Curatori quoque furiofi rectè

solvitur : item curatori sibi non sufficientis vel per ætatem vel per aliam justam causam : sed & pupilli curatori recte solvi constat. *d. l. 14. §. 7.* V. l'article 4. de la Sect. 2. des Tuteurs.

## VII.

Si une chose est dûë à deux ou à plusieurs creanciers solidairement, de sorte que chacun ait le droit entier de recevoir le tout, le payement fait à l'un d'eux acquittera le debiteur envers tous les autres [h].

*h* Ex pluribus reis stipulandi, si unus acceptum fecerit, liberatio contingit in solidum. *l. 13. §. ult. ff. de acceptil.* V. la Sect. 2. de la Solidité entre deux, &c.

7. *Payement à l'un des creanciers qui ont un droit solidaire.*

## VIII.

S'il n'y a point de solidité entre plusieurs creanciers d'une même chose, & que chacun n'ait droit de recevoir que sa portion, comme des coheritiers, aucun d'eux ne pourra recevoir le tout pour les autres, si tous n'y consentent [i].

*i* C'est une suite de l'article precedent. V. les articles 11. & 12. de la Sect. 1. du dépôt. *v. l. 81. §. 1. ff. de solut.*

8. *Un des heritiers ne peut recevoir que sa portion.*

## IX.

Les accusez de crimes qui peuvent meriter la confiscation de biens, peuvent avant la condamnation recevoir ce qui leur est dû, & payer ce qu'ils doivent. Car autrement les innocens qui seroient accusez perdroient injustement l'usage de leurs biens [l]. Mais cette liberté de recevoir & de payer doit estre entenduë de sorte qu'il n'y ait point de fraude pour éluder la confiscation, & que cet accusé ne donne pas de quittance sans estre payé, & qu'il ne paye que ce qu'il doit legitimement [m].

9. *Quittance d'un accusé de crime.*

*l* Reo criminis postulato, interim nihil prohibet recte pecuniam à debitoribus solvi. Alioquin plerique innocentium necessario sumptu egebunt : sed nec illud prohibitum videtur, ne à reo creditori solvatur. *l. 41. & 42. ff. de solut.*
*m* V. *l. 15. ff. de donat.*

# SECTION IV.

### De l'imputation des payemens.

## SOMMAIRES.

## I.

*1. Le debiteur de plufieurs dettes acquitte celle qu'il veut.*

SI un debiteur qui doit à un creancier de differentes dettes veut en payer une, il a la liberté d'acquitter à fon choix celle qu'il voudra, & le creancier ne peut refufer de la recevoir *a*. Car il n'y en a aucune que le debiteur ne puiffe acquitter, encore qu'il ne paye rien fur toutes les autres ; pourvû qu'il acquitte entierement celle qu'il veut payer *b*.

*a* Quoties quis debitor ex pluribus caufis unum debitum folvit, eft in arbitrio folventis dicere quod potius debitum voluerit folutum : & quod dixerit, id erit folutum. Poffumus enim certam legem dicere ei quod folvimus. *l. 1. ff. de folut.*

*b* V. l'art. 16. de la Sect. 1.

## II.

*2. Les payemens s'imputent au choix du debiteur, & en fa faveur.*

Si dans le mefme cas d'un debiteur qui doit plufieurs dettes à un mefme creancier, ce debiteur luy fait un payement fans en faire en mefme temps l'imputation fur quelqu'une de ces dettes, foit qu'il luy donne de l'argent indéfiniment fur ce qu'il luy doit, ou qu'il fe trouve avoir à faire quelque compenfation, ou autrement ; il aura toujours cette mefme liberté d'imputer ce paye-

ment fur la dette qu'il voudra acquitter. Que fi le creancier faifoit l'imputation, il ne pourra la faire que fur
celle de ces dettes qu'il voudroit luy-mefme acquitter la
premiere s'il les devoit. Car il eft de l'équité qu'il faffe
l'affaire de fon debiteur comme il feroit la fienne. Et fi,
par exemple, de deux dettes l'une étoit contentieufe, &
l'autre liquide, il ne pourroit pas imputer le payement
fur la dette qui feroit en conteftation *c*.

*t* Quoties verò non dicimus id quod folutum fit, in arbitrio eft accipientis
cui potius debito acceptum ferat : dummodo in id conftituat folutum, in quod
ipfe, fi deberet effet foluturus, quoque debito fe exoneraturus effet, fi deberet, id eft, in debitum quod non eft in controverfia. *l.* 1. *ff. de folut.*
Æquiffimum enim vifum eft, cred'torem ita agere rem debitoris, ut fuam
ageret *d. l.* 1. In duriorem caufam femper videtur ( creditor ) fibi debere accepto ferre : ita enim & in fuo conftitueret nomine. *l.* 3. *eod,*

### III.

Dans tous les cas où un debiteur de plufieurs dettes
envers un mefme creancier fe trouveroit avoir fait des
payemens, dont l'imputation n'eût pas efté faite de gré
à gré entre les parties, & où elle devroit eftre reglée en
Juftice, ou par des arbitres ; l'imputation doit fe faire
fur la dette la plus dure au debiteur, & dont il luy importe le plus de s'acquitter. Ainfi, on impute plutôt
fur une dette dont le défaut de payement pourroit eftre
fuivi de quelque peine & de quelques dommages & interefts, ou qui pourroit intereffer l'honneur du debiteur,
que fur un autre dont il n'y auroit pas à craindre de pareilles fuites. Ainfi on impute fur une dette pour laquelle un Fidejuffeur feroit obligé, avant que d'acquitter
ce que le debiteur devroit fans caution, ou fur ce qu'il
devoit en fon nom avant que de payer ce qu'il ne devoit que comme caution d'un autre. Ainfi, on impute
plutôt fur une dette pour laquelle le debiteur auroit
donné des gages & hypotheques, que fur une fimple
promeffe : Plutôt fur une dette, dont le terme feroit
échû, que fur une dette non encore échûë : Ou fur une
dette plus ancienne que fur une nouvelle : Et plutôt fur
une dette liquide, que fur celle qui feroit en contefta-

*3. L'imputation fe fait fur la dette, dont il eft plus avantageux au debiteur des'acquitter.*

tion : Ou sur une dette pure & simple, que sur une dette conditionnelle *d*.

*d* Quòd si fortè à neutro dictum sit , in his quidem nominibus quæ diem vel conditionem habuerant , id videtur solutum cujus dies venit , & magis quod meo nomine , quàm quod pro alio fidejussoris nomine debeo : & potius quod cum pœna , quàm quod sine pœna debetur : & potius quòd satisdato , quàm quod sine satisdato debeo. *l.* 3. §. 1. & *l.* 4. *ff. de solut.*

Cùm ex pluribus causis debitor pecuniam solvit , utriusque demonstratione cessante , potior habebitur causa ejus pecuniæ quæ sub infamia debetur : mox ejus quæ pœnam continet : tertiò quæ sub hypotheca vel pignore contracta est : post hunc ordinem potior habebitur causa propria , quàm aliena causa , veluti fidejussoris. Quod veteres ideo definierunt , quòd verisimile videretur diligentem debitorem admonitu ita negotium suum gesturum fuisse. Si nihil eorum interveniat , vetustior contractus ante solvetur. *l.* 97. *eod.* In debitum quod non est in controversia. *l.* 1. *eod.* In his quæ præsenti die debentur , constat quoties indistinctè quid solvitur , in graviorem causam videri solutum. Si autem nulla prægravaret , id est , si omnia nomina similia fuerint , in antiquiorem. Gravior videtur quæ & sub satisdatione videtur , quàm ea quæ pura est. *l.* 5 *eod.*

## IV.

*4. Imputation de l'excedant d'un payement sur les autres dettes.*

Lorsqu'un payement fait à un creancier à qui il est dû de diverses dettes, est plus fort que celle sur laquelle l'imputation doit en estre faite, le surplus doit estre imputé sur celle qui suit selon l'ordre expliqué dans l'article precedent *e*, si ce n'est que le debiteur fasse un autre choix.

*e* Si major pecunia numerata sit quàm ratio singulorum ( contractuum ) exposcit , nihilominus primo contractu soluto qui potior erit , superfluum ordini secundo , vel in totum , vel pro parte minuendo , videbitur datum. *l.* 97. *in f. ff. de solut.*

## V.

*5. Imputation premierement sur les interests.*

Si un debiteur fait un payement sur des dettes qui de leur nature produisent des interests comme une dot ou un contract de vente, ou dont il en soit dû par une condamnation en Justice, & que le payement ne suffise pas pour acquitter & le principal & les interests qui s'en trouveront dûs ; l'imputation se fera premierement sur les interests, & le surplus sera déduit sur le principal *f*.

*f* Quod generaliter constitutum est prius in usuras nummum solutum accepto ferendum , ad eas usuras videtur pertinere quas debitor exolvere cogitur. *l.* 5. §. 2. *in f. ff. de solut.*

Si fortè usurarum rationem arbiter dotis recuperandæ habere debuerit , ita est computandum , ut prout quidque ad mulierem pervenit non ex universa summa decedat , sed prius in eam quantitatem quam usurarum nomine mulierem consequi oportebat ; quod non est iniquum. *l.* 48. *eod.*

Quæri

Quæri poterit an invicem ufurarum hi fructus cedant , quæ in fideicom-
miffis debentur. Et cùm exemplum pignorum fequimur , id quod ex fructibus
percipitur , primùm in ufuras , mox , fi quid fuperfluum eft , in fortem debet
imputari. *l. 5. §. 21. ff. ut in poffeff. legat. vel fideic. ferv. cauf. eff. lic.*

## VI.

Si dans les cas de l'article precedent le creancier
avoit donné une quittance indiftinctement fur le principal & fur les interefts , ou tant fur le principal que fur
les interefts , l'imputation ne fe feroit pas au fol la livre
en partie fur le principal , & en partie fur les interefts ;
mais premierement fur les interefts , & du furplus fur le
principal *g*.

*g* Apud Marcellum quæritur , fi quis ita caverit debitori , *in fortem & ufuras*
fe accipere , utrum pro rata & forti & ufuris decedant , an verò prius in ufuras,
& fi quid fupereft in forte. Sed ego non dubito quin hæc cautio *in forte & in
ufuras* prius ufuras admittat : tunc deinde , fi quid fuperfuerit , in fortem cedat. *l. 5. §. ult. ff. de folut.*

## VII.

Quand un debiteur s'obligeant envers un creancier
pour diverfes caufes dans le même temps , luy donne des
gages ou des hypotheques qu'il affecte pour toutes ; les
deniers qui en proviendront , fi on vient à les vendre feront imputez au fol la livre fur chaque dette. Mais fi les
dettes font de divers temps fur les mêmes gages & hypotheques , de forte que le debiteur ait affecté pour les dernieres ce qui pourroit refter du gage après le payement
des premieres ; l'imputation des deniers qui en proviendront fe fera premierement fur la dette la plus ancienne *h*. Et dans l'un & l'autre cas s'il fe trouve dû des interefts de la dette fur laquelle le payement devra être
imputé , ils feront payez avant que rien foit acquité fur
le principal *i*.

*h* Cùm eodem tempore pignora duobus contractibus obligantur , pretium eorum pro modo pecuniæ cujufque contractus creditor accepto facere debet. Nec
in arbitrio ejus electio erit , cùm debitor pretium pignoris confortioni fubjecerit. Quòd fi temporibus difcretis fuperfluum pignorum obligari placuit , prius
debitum pretio pignorum jure folvetur , fecundum fuperfluo compenfabitur.
*l. 96. §. 3. ff. de folut.*

*i* Cùm & fortis nomine , & ufurarum aliquid debetur ab eo qui fub pignoribus
pecuniam debet , quidquid ex venditione pignorum recipiatur , primùm ufuris
quas jam tunc deberi conftat , deinde fi quid fuperfluum eft , forti accepto ferendum eft : nec audiendus eft debitor , fi cùm parum idoneum fe effe fciat , eligit quo nomine exonerari pignus fuum malit. *l. 35. ff. de pign. act.* V. l'art.
15. de la Sect. 3. des Gages & Hypotheques.

6. Idem , quoy-
que la quittance
foit fur le principal
& interefts.

7. Imputation du
prix du gage hypo-
theque pour plu-
fieurs dettes.

# TITRE II.

## DES COMPENSATIONS.

*Matiere de ce Titre.*

IL arrive souvent qu'une personne se trouve en même temps & creancier, & debiteur d'un autre ; comme si un heritier est chargé d'un legs envers un legataire qui étoit son debiteur : si deux personnes se doivent reciproquement des sommes prêtées : si l'un a fait des receptes & des dépenses pour l'autre : & deux personnes peuvent se devoir reciproquement, de sorte qu'un seul doive de differentes dettes, ou même les deux. Dans ces cas & autres semblables qui sont infinis, il est naturel qu'on ne fasse pas autant de payemens qu'il y a de dettes, de sorte que l'un des deux paye à l'autre ce qu'il luy doit, & qu'il reçoive ensuite ce qui luy est dû, mais on compense ces dettes, c'est-à-dire, que chacun retient en payement de ce qui luy est dû ce qu'il doit à l'autre, soit pour le total si les sommes sont égales, ou jusqu'à la concurrence de la moindre dette sur la plus grande. Ainsi les Compensations ne sont autre chose que deux payemens reciproques qui se font en même temps, sans que les debiteurs se donnent autre chose l'un à l'autre que leurs seules quittances, les dettes demeurant aneanties pour tout ce qui se trouvera acquité par la compensation.

*Il y a des dettes qui ne se compensent point.*

Quoy-qu'il semble naturel que tout debiteur qui se trouve de sa part creancier de la personne à qui il doit puisse compenser, l'usage de la compensation ne s'étend pas indistinctement à toute sorte de dettes. Car il y en a que les debiteurs sont tenus d'acquiter à ceux qui leur doivent d'ailleurs, sans qu'ils puissent user de compensation, comme on le verra dans la Section 2.

# SECTION I.

*De la nature des Compensations, & de leur effet.*

## SOMMAIRES.

## I.

LA compensation est l'acquittement reciproque entre deux personnes qui se trouvent debiteurs l'un de l'autre *a*.

*1. Définition de la compensation.*

*a* Compensatio est debiti & crediti inter se contributio. *l. 1. ff. de compens.*

## II.

L'usage des compensations est necessaire pour éviter le circuit de deux payemens, s'il falloit que chacun des deux qui compensent, payât ce qu'il doit, & puis le reprît pour être payé. Et il est naturel que sans ce détour chacun retienne en payement de ce qui luy est dû ce qu'il doit de sa part. Ainsi toute compensation fait deux payemens *b*.

*2. La compensation évite le circuit de deux payemens.*

*b* Compensatio necessaria est : quia interest nostra potius non solvere, quàm solutum petere. *l. 3. ff. de compens.*
Unusquisque creditorem suum eundemque debitorem petentem summovet, si paratus est compensare. *l. 2. eod.*
Nec enim interesse solverit, an pensaverit. *l. 4. in f. ff. qui potior.*

## III.

Quoy-que les dettes reciproques ne soient pas égales pour compenser le tout, la compensation ne laisse pas de se faire de la moindre dette sur la plus grande qui s'acquitte d'autant *c*.

*3. Elle se fait jusqu'à la concurrence de la moindre dette.*

*c* Si quid invicem præstare actorem oporteat, eo compensato in reliquum is cum quo actum est debeat condemnari. *§. 30. inst. de action.* Quoad concurrentes quantitates. *l. 4. C. de compens.*

Rrr ij

## IV.

La compensation étant naturelle, elle a d'elle-même son effet & de plein droit, quoy-que ceux qui peuvent compenser ne s'en avisent pas, & quand même l'un & l'autre ignoreroient les dettes qu'ils ont à compenser. Car l'équité & la verité font que chacun d'eux étant en même temps & creancier & debiteur de l'autre, ces qualitez se confondent & s'aneantissent. Ce qui a cet effet que si, par exemple, deux heritiers de deux successions dont ils ne connoîtroient pas encore les biens, se trouvoient en cette qualité reciproquement debiteurs, l'un d'une somme qui produiroit des interests, & l'autre d'une somme qui n'en produiroit point, ces interests cesseroient de courir, ou en tout si les dettes étoient égales, ou jusqu'à la concurrence de la moindre dette, & à compter du jour que la derniere dette se trouveroit dûë [d].

[d] Placuit inter omnes id quod debetur ipso jure compensari. *l.* 21. *ff. de compens. l. ult. C. eod.*

Si constat pecuniam invicem deberi, ipso jure pro soluto compensationem haberi oportet, ex eo tempore ex quo ab utraque parte debetur, utique quoad concurrentes quantitates, ejusque solius quod amplius apud alterum est usuræ debentur : si modò petitio earum subsistit. *l.* 4. *C. eod.*

Ejus quantitatis, cujus petitionem ratio compensationis excludit, usuras non posse reposci manifestum est. *l.* 7. *C. de solut.*

Cùm alter alteri pecuniam sine usuris, alter usurariam debet, constitutum est à Divo Severo, concurrentis apud utrumque quantitatis usuras non esse præstandas. *l.* 11. *ff. de compens.*

## V.

Il s'ensuit de la regle precedente qu'entre personnes qui se doivent reciproquement, comme entre un Tuteur & son Mineur, entre coheritiers, associez & autres, s'il y a des sommes qui produisent des interests, les comptes & les calculs doivent se faire année par année, & de sorte qu'on fasse les compensations & les déductions dans les temps où les sommes se trouvent concourir pour les compenser, afin que les interests courent ou cessent de courir, selon les changemens que les compensations & déductions peuvent y apporter [e].

[e] Compensationem haberi oportet ex eo tempore ex quo ab utraque parte debetur, utique quoad concurrentes quantitates, ejusque solius quod amplius apud alterum est usuræ debentur, si modò petitio earum subsistit. *l.* 4. *C. de compens. l.* 7. *C. de solut.*

## VI.

Comme la compensation se fait de droit, il est au pouvoir du Juge & de son devoir, dans les cas de demandes respectives entre des parties, de compenser d'office les dettes reciproques dont il y aura lieu de faire la compensation ; soit qu'elle ait cet effet d'acquiter les parties, ou qu'après la compensation l'une doive être condamnée envers l'autre à quelque surplus *f*.

6. *Le Juge peut compenser d'office.*

*f* In bonæ fidei judiciis libera potestas permitti videtur judici ex bono & æquo æstimandi quantum actori restitui debeat. In quo & illud continetur, ut si quid invicem præstare actorem oporteat, eo compensato, in reliquum is cum quo actum est, debeat condemnari. Sed & in stricti juris judiciis, ex rescripto Divi Marci, opposita doli mali exceptione compensatio inducebatur. Sed nostra constitutio easdem compensationes quæ aperto jure nituntur latius introduxit, ut actiones ipso jure minuant, sive in rem, sive in personam, sive alias quascunque. §. 30. *inst. de action.*

# SECTION II.

*Entre quelles personnes se peut faire la compensation, & de quelles dettes.*

## SOMMAIRES.

1. *On ne compense que de son chef.*
2. *Pour compenser, il faut que les dettes soient liquides.*
3. *Et qu'il n'y ait point d'exception qui annulle la dette.*
4. *Les dettes non échües ne se compensent pas.*
5. *Il n'y a pas de compensation contre les redevances pour des charges publiques.*
6. *Le prêt & le dépôt ne se compensent point.*
7. *Compensation en crimes & délits comment a lieu ou non.*
8. *Si on compense deux dettes égales en sommes, mais d'ailleurs inégales.*
9. *On ne peut compenser que ce qui peut être donné en payement.*

## I.

LA compensation ne peut se faire qu'entre les personnes qui se trouvent avoir en leurs noms la double qualité de creancier & de debiteur : Et si un debiteur exerce contre son creancier un droit qui ne soit pas

1. *On ne compens. que de son chef.*

Rrr iij

à luy, comme fait un Tuteur qui demande la dette dûë à fon Mineur, ou un Procureur conftitué qui pourfuit le debiteur de celuy qui l'a prepofé; il ne fe fera pas de compenfation de ce que ce Tuteur ou ce Procureur pourront devoir en leurs noms à ces debiteurs.

*a* Id quod pupillorum nomine debetur, fi tutor petat, non poffe compenfationem objici ejus pecuniæ, quam ipfe tutor fuo nomine adverfario debet. *l. 23.* ff. *de compenf.*

## II.

Ce n'eft pas affez pour faire une compenfation qu'il y ait une dette de part & d'autre, mais il faut de plus que l'une & l'autre de ces dettes foit claire & liquide, c'eft-à-dire, certaine & non fujette à conteftation. Ainfi on ne peut pas compenfer avec une dette claire & liquide, une dette litigieufe, ni une pretention qui ne foit pas reglée. Mais c'eft de la prudence du Juge que dépend le difcernement de ce qui eft liquide & de ce qui ne l'eft pas. Et comme il ne doit pas differer la condamnation d'une dette liquide, par une demande d'une compenfation qui obligeroit à une longue difcuffion, & qu'une telle demande doit être refervée pour être jugée dans la fuite; il ne doit pas auffi refufer un delay modique pour cette difcuffion, fi elle peut fe faire aifément & en peu de temps *b*.

*b* Ita compenfationes objici jubemus, fi caufa ex qua compenfatur liquida fit, & non multis ambagibus innodata: fed poffit judici facilem exitum fui præftare. *l. ult.* C. *de compenf.*
Hoc itaque judices obfervent, & non procliviores ad admittendas compenfationes exiftant: nec molli animo eas fufcipiant, fed jure ftricto utentes, fi invenerint eas majorem & ampliorem expofcere indaginem, eas quidem alii judicio refervent: litem autem priftinam jam penè expeditam fententia terminali componant. *d. l. ult.*

## III.

Il faut mettre au nombre des dettes qui n'entrent point en compenfation, celles qui quoy-que paroiffant d'elles-mêmes claires & liquides, peuvent être annullées par quelque exception que le debiteur peut y oppofer *c*. Ainfi celuy qui doit à un Mineur ne compenfera pas ce

*c* Quæcumque per exceptionem perimi poffunt, in compenfationem non veniunt. *l. 14.* ff. *de compenf.*

que ce Mineur luy devra par une obligation , dont il pourra être relevé.

## IV.

Les dettes, dont le terme n'eſt pas échû ne ſe compenſent pas avec celles qui ſont dûës ſans terme, ou qui ſont échûës *d*. Et les dettes conditionelles , dont l'effet dépend de l'évenement d'une condition , ne peuvent ſe compenſer qu'aprés que la condition ſera arrivée.

*d* Quod in diem debetur , non compenſabitur antequam dies venit , quamquam dari oporteat. *l.* 7. *ff. de compenſ.*

## V.

Les redevables de charges publiques comme de Tailles , Aydes , & autres , ne peuvent pas compenſer avec ces ſortes de charges ce que le Prince pourroit leur devoir d'ailleurs. Car la nature & l'uſage de ces contributions fait que rien ne peut en retarder le recouvrement. Et ils peuvent encore moins compenſer ce qui pourroit leur être dû par les perſonnes chargées de ce recouvrement. Ainſi un particulier cotiſé au Rôle des Tailles , ne compenſe pas avec ſa cotiſation ce qui peut luy être dû par le Collecteur. Ainſi un Receveur des Tailles ne peut compenſer avec les deniers de ſa recepte , ce que le Receveur general pourroit luy devoir. Mais les autres dettes non privilegiées qu'on peut devoir au fiſque peuvent ſe compenſer avec ce qu'il doit. Ainſi , par exemple , ſi dans des biens acquis au Roy par conſiſcation , par desherence , ou par droit d'aubeine , il y a des dettes actives , dont les debiteurs ſe trouvent creanciers de celuy à qui ces mêmes biens avoient appartenu, la compenſation en ſera reçûë *e*.

*e* In ea quæ reipublicæ te debere fateris compenſari ea quæ invicem ab eadem tibi debentur, is cujus de ea re notio eſt, jubebit : ſi neque ex Kalendario , neque ex vectigalibus , neque ex frumenti vel olei publici pecunia , neque tributorum , neque alimentorum , neque ejus qui ſtatutis ſumptibus ſervit , neque fideicommiſſi civitatis debitor ſis. *l.* 3. *C. de compenſ. l.* 20. *ff. eod. l.* 46. §. 5. *ff. de jure fiſci.*

## VI.

Le dépoſitaire , & celuy qui a emprunté par un prêt à uſage , ne peuvent compenſer ce qu'ils ont à l'un de ces titres avec une dette que le maître de la choſe dépoſée

4. Dettes non échûës ne ſe compenſent pas.

5. Il n'y a pas de compenſation contre les redevances pour des charges publiques.

6. Le prêt & le dépôt ne ſe compenſent point.

ou empruntée pourroit leur devoir. Et fi deux perfonnes étoient dépofitaires l'un de l'autre, il n'y auroit point
entre eux de compenfation ; mais chacun rendroit la chofe qu'il auroit en dépôt *f*.

*f* Excepta actione depofiti, fecundùm noftram fanctionem, in qua nec com-
penfationi locum effe difpofuimus. *l. ult. in f. C. de comp.*
    Si quis vel pecunias, vel res quafdam per depofitionis acceperit titulum, eas
volenti ei qui depofuit reddere, illico modis omnibus compellatur : nullámque
compenfationem, vel deductionem, vel doli exceptionem opponat. *l. 11. C.
depof.*
    Sed etfi ex utraque parte aliquid fuerit depofitum, nec in hoc cafu compen-
fationis præpeditio oriatur : fed depofitæ quidem res, vel pecuniæ ab utraque
parte quàm celerrimè fine aliquo obftaculo, reftituantur. *d. l.*
    Prætextu debiti, reftitutio commodati non probabiliter recufatur. *l. ult. C. de
commod. v. l. 18. §. ult. ff. commod.* V. l'art. dernier de la Sect. 3. du Dépôt, &
l'art. 13. de la Sect. 2. du Prêt à ufage.

## VII.

Dans les crimes & délits on ne compenfe ni les accu-
fations, ni les peines *g*. Mais quand il ne s'agit que des
dommages & interefts, ou de l'intereft civil de la partie,
fi l'accufé fe trouve fon creancier, il pourra compenfer *h*.

*g* Non eft ejufmodi compenfatio admiffa. *l. 2. §. 4. ff. ad leg. jul. de adult.*
    *h* Quoties ex maleficio oritur actio, ut putà ex caufa furtiva, cæterorúm-
que maleficiorum, fi de ea pecuniariè agitur, compenfatio locum habet. *l. 10.
§. 2. ff. de compenf.*

## VIII.

Si on compenfe deux dettes, qui quoy-qu'égales en
fommes, foient diftinguées par quelque difference qu'on
puiffe eftimer ; on pourra y avoir égard en faifant la
compenfation. Ainfi, par exemple, fi celuy qui devoit
payer une fomme en un certain lieu, où le creancier
avoit intereft qu'elle fût acquitée, la compenfe en un
autre lieu, & demeure déchargé de ce qu'auroit coûté
la remife de cet argent au lieu où le payement devoit en
être fait, on pourra eftimer dans la compenfation la
valeur de cette remife *i*.

*i* Pecuniam certo loco à Titio dari ftipulatus fum : is petit à me quam ei
debeo pecuniam : quæro, an hoc quoque penfandum fit, quanti mea interfuit
certo hoc loco dari ? Refpondit, fi Titius petit, eam quoque pecuniam quam
certo loco dare promifit, in compenfationem deduci oportet : fed cum fua caufa,
id eft, ut ratio habeatur, quanti Titii interfuerit, eo loco quo convenerit,
pecuniam dari. *l. 15. ff. de compenf.*

IX.

### IX.

Comme les compenſations ſont des payemens *l*, &
qu'on ne peut payer une choſe pour une autre contre
le gré du creancier *m*; on ne peut non plus compenſer
que ce qui pourroit eſtre donné en payement. Ainſi un
heritier chargé de donner un heritage à un legataire,
ne pourroit l'obliger à compenſer avec ce fonds une
ſomme que ce legataire pourroit luy devoir. Ainſi celuy qui devroit une rente fonciere non rachetable , ne
pourroit l'amortir par compenſation d'une ſomme que
le creancier de la rente pourroit luy devoir. Mais il
pourroit ſeulement compenſer les arrerages de cette rente qui ſeroient échûs.

*l* Nec intereſſe ſolverit , an penſaverit. *l.* 4. *in f. ff. qui pot.* V. l'art. 2. de
la Sect. 1.

*m* Aliud pro alio invito creditori ſolvi non poteſt. *l.* 2. §. 1. *in f. ff. de reb.
cred.* V. l'art. 9. de la Sect. 1. des Payemens.

---

# TITRE III.

## *DES NOVATIONS.*

IL a été remarqué dans le préambule de ce Livre,
qu'on peut aneantir ou diminuer les engagemens, en
ſubſtituant un ſecond engagement au lieu d'un premier, de ſorte qu'il n'y ait que le ſecond qui ſubſiſte, &
que le premier ſoit aneanti, ce qui peut arriver en deux
manieres. L'une ſans aucun changement de perſonnes,
en changeant ſeulement la nature de l'obligation ; Et
l'autre par un changement de debiteur , ſoit que la premiere obligation ſubſiſte, le ſecond debiteur s'en char-
geant au lieu du premier qui en demeure quitte , ou
que ce nouveau debiteur en faſſe une nouvelle. Ainſi,
pour un exemple, de la premiere de ces deux manieres , ſi un heritier chargé d'un legs convient avec le
legataire de luy faire une obligation cauſée de prêt
pour la même ſomme qui luy a été léguée , ſans que

*Tome II.* Sſſ

9. On ne peut
compenſer que ce
qui peut eſtre donné
en payement.

Matiere de ce
Titre.

dans cette obligation il soit fait aucune mention du legs, & que ce legataire en donne sa quittance à cet heritier ; il n'y aura aucun changement de personnes , mais on aura seulement changé la nature de l'engagement, substituant une obligation de prêt au lieu d'un legs dû par un testament. Et c'est cette premiere maniere qu'on appelle Novation qui fera la matiere de ce Titre. Ainsi, pour un exemple de la seconde maniere par le changement de la personne du debiteur, si celuy qui doit une obligation causée de prêt, substituë en sa place un autre debiteur qui s'oblige envers le creancier, de sorte que ce premier debiteur demeure déchargé ; le premier engagement sera aneanti à l'égard du premier debiteur qui ne devra plus l'obligation , & celuy qui est delegué deviendra le debiteur en la place de l'autre. Et c'est cette seconde maniere qu'on appelle Délegation , soit que le nouveau debiteur se charge d'acquitter cette premiere obligation qu'on laisse subsister , ou qu'on la supprime, & qu'il s'oblige à quelqu'autre titre ; mais toûjours de sorte que l'engagement du premier debiteur soit aneanti par celuy du nouveau debiteur qui succede en sa place; ce qui fera la matiere du Titre suivant.

## SECTION I.

### De la nature de la Novation, & de son effet.

## SOMMAIRES.

### I.

LA Novation est le changement que font le creancier & le debiteur, qui au lieu d'une dette en substituënt une autre; de sorte que la premiere ne subsiste plus, & que le debiteur ne reste obligé que par la seconde *a*. Ainsi, par exemple, si après un contract de vente dont le prix n'étoit pas encore payé, le vendeur prend une obligation de l'acheteur causée de prêt pour la même somme qu'il devoit du prix de la vente, de sorte que le Contract de vente demeurera acquité, & sans que dans la nouvelle obligation il en soit fait aucune reserve, le vendeur aura innové sa dette.

*1. Définition.*

*a* Novatio est prioris debiti in aliam obligationem vel civilem, vel naturalem transfusio, atque translatio. Hoc est cùm ex præcedenti causa ita nova constituatur, ut prior perimatur. Novatio enim à novo nomen accipit, & à nova obligatione. *l. 1. ff. de novat. & deleg.*

### II

Il n'y a jamais de Novation par le simple effet d'une seconde obligation, s'il ne paroît que le creancier & le debiteur ont eu l'intention d'éteindre la premiere. Car autrement les deux subsisteroient *b*.

*2. La Novation n'est pas présumée si elle ne paroît.*

*b* Novatio ita demum fit si hoc agatur, ut novetur obligatio. Cæterùm si non hoc agatur, duæ erunt obligationes. *l. 2. in f. ff. de nov. & deleg.*
Nisi ipsi specialiter remiserint quidem priorem obligationem, & hoc expresserint, quòd secundam magis pro anterioribus elegerint. *l. ult. C. eod.* V. l'article suivant.

### III.

*3. Les changemens qu'on peut faire à une première obligation ne l'innovent pas.*

Si le creancier & le debiteur font entre eux quelques changemens à une première obligation, soit en y ajoûtant une hypotheque, une caution, ou autre sûreté, ou en les ôtant : soit en augmentant, ou diminuant la dette, ou en donnant un terme plus long ou plus court, ou la rendant conditionnelle si elle étoit pure & simple, ou pure & simple si elle étoit conditionnelle ; tous ces changemens & les autres semblables ne font pas de Novation, parce qu'ils n'éteignent pas la première dette, à moins qu'il fût dit expressément qu'elle demeureroit nulle. Ainsi elle subsiste encore qu'il ne soit pas dit qu'elle est reservée, ou que ces changemens se font sans innovation *c*.

*c* Novationum nocentia corrigentes volumina, & veteris juris ambiguitates resecantes, sancimus, si quis vel aliam personam adhibuerit, vel mutaverit, vel pignus acceperit, vel quantitatem augendam, vel minuendam esse crediderit, vel conditionem, seu tempus addiderit vel detraxerit, vel cautionem minorem acceperit, vel aliquid fecerit ex quo veteris juris conditores introducebant novationes : nihil penitus prioris cautelæ innovari. Sed anteriora stare & posteriora incrementum illis accedere : nisi ipsi specialiter remiserint quidem priorem obligationem, & hoc expresserint quod secundam magis pro anterioribus elegerint. Et generaliter definimus, voluntate solùm esse, non lege novandum. Etsi non verbis exprimatur, ut sine Novatione ( quod solito vocabulo, ἄνευ καινότητος Græci dicunt ) causa procedat. Hoc enim naturalibus inesse rebus volumus, & non verbis extrinsecus supervenire. *l. ult. C. de Novat. & deleg.*

Si ita fuero stipulatus, *Quantò minùs à Titio debitore exegissem, tantùm fidejubes ?* Non fit novatio : quia non hoc agitur ut novetur. *l. 6. ff. eod.*

### IV.

*4. Novation de plusieurs dettes en une.*

On peut innover plusieurs dettes par une seule qui les comprenne & éteigne toutes *d*. Ainsi celuy à qui il est dû pour diverses causes, peut reduire à une somme tout ce qui luy est dû, & en prendre une seule obligation causée de prêt qui comprenne toutes les autres, & qui les annulle.

*d* In summa, admonendi sumus, nihil vetare una stipulatione plures obligationes novari. *l. ult. §. 1. ff. de novat. & deleg.*

### V.

*5. La novation aneantit les hypotheques, & autres accessoires de l'obligation.*

Comme l'effet de la novation est d'aneantir l'obligation precedente, les hypotheques, les cautions, & les autres accessoires de cette premiere obligation ne sub-

fistent plus , & les interêts, si elle en produisoit, cessent
de courir. *e*.

*e* Ut prior perimatur. *l*, 1. *ff. de novat.* V. l'art. 1.
Novatione legitimè facta liberantur hypothecæ , & pignus , usuræ non cur-
runt. *l*. 18. *eod.*

## SECTION II.

*Qui peut faire une Novation, & de quelles dettes.*

### SOMMAIRES.

1. *Qui peut innover.*
2. *Le Tuteur le peut à l'avantage du Mineur.*
3. *Et le Procureur constitué qui en a l'ordre.*
4. *L'un des creanciers qui peut recevoir peut innover.*
5. *Novation par un autre.*
6. *Toutes dettes peuvent s'innover.*

### I.

Toute personne capable de contracter, peut innover & ce qu'il doit , & ce qui luy est dû. Et ceux qui ne peuvent s'obliger , comme les prodigues interdits, ne peuvent faire de Novation , si ce n'est qu'elle rendît leur condition plus avantageuse *a*.

*a* Cui bonis interdictum est , novare obligationem suam non potest : nisi meliorem suam conditionem fecerit. *l*. 3. *ff. de novat. & deleg.*

*1. Qui peut innover.*

### II.

Les Tuteurs & Curateurs peuvent faire des Novations pour ceux qui sont sous leur charge, pourvû que ce soit à leur avantage *b*.

*b* Tutor ( novare ) potest , si hoc pupillo expediat. *l*. 20. §. 1. *ff. de novat. & deleg.* Agnatum furiosi , aut prodigi curatorem novandi jus habere minimè dubitandum est , si hoc furioso vel prodigo expediat. *l. ult. §. 1. eod.*

*2. Le Tuteur le peut à l'avantage du Mineur.*

### III.

Les Procureurs constituez qui ont un ordre exprés, ou une procuration generale pour l'administration de tous les biens & de toutes affaires , peuvent innover *c*.

*c* Novare possumus, aut ipsi , si sui juris sumus : aut per alios qui voluntate nostra stipulantur. *l*. 20. *ff. de novat.* Procurator omnium bonorum ( novare potest. ) *d. l. §. 1.*

*3. Et le Procureur constitué , qui en a l'ordre.*

## IV.

*4. L'un des crean-ciers qui peut rece-voir, peut innover.*

Si deux perfonnes font folidairement creanciers d'une-même dette, de forte que chacun ait feul le droit de l'exiger & d'en acquiter le debiteur, il peut l'innover[d].

[d] Si duo rei stipulandi fint, an alter jus novandi habeat, quæritur: & quid juris unufquifque fibi acquifierit? Ferè autem convenit & uni rectè folvi: & unum judicium petentem totam rem in litem deducere: item unius acceptilatio-ne perimi utriufque obligationem. Ex quibus colligitur, unumquemque perinde fibi acquififfe, ac fi folus ftipulatus effet; excepto eo quòd etiam facto ejus, cum quo commune jus ftipulantis eft, amittere debitorem poteft. Secundùm quæ, fi unus ab aliquo ftipuletur, novatione quoque liberare eum ab altero poterit, cùm id fpecialiter agit. *l.* 31. §. 1. *ff. de novat. & deleg.* V. l'art. 7. de la Sect. 3. des Payemens, & la Sect. 2. de la Solidité entre deux, &c.

## V.

*5. Novation pour un autre.*

Comme un tiers qui ne feroit pas intereffé avec le de-biteur peut payer pour luy, il peut de même innover fa dette fans luy, s'obligeant en fa place envers le crean-cier dans le deffein d'innover cette dette & l'aneantir[e].

[e] Quod ego debeo, fi alius promittat liberare me poteft, fi novationis causâ hoc fiat. *l.* 8. §. 1. *ff. de novat.* Liberat me is, qui quod debeo promittit, etiam fi nolim. *d. l.* 8. *in f.* V. l'art. 2. de la Sect. 3. des Payemens.

## VI.

*6. Toutes dettes peuvent s'innover.*

On peut innover toute forte de dettes indiftincte-ment, de même qu'on peut les aneantir par les autres voyes qui les acquittent ou qui les annullent. Ainfi on peut innover une dette qui étoit fujette à reftitution ou refcifion, un legs, une dette düe par une tranfaction ou par une condamnation en Juftice, & toute autre, quel-que caufe qu'elle puiffe avoir[f]. Et la Novation fubfifte, quoy-que la nouvelle dette puiffe ne pas fubfifter; com-me fi elle étoit fujette à refcifion, ou que fubfiftant elle fût inutile, comme fi le nouveau debiteur étoit infolva-ble. Car ces évenemens ne feroient pas revivre la pre-miere obligation qui étoit éteinte par la Novation[g].

[f] Illud non intereft qualis proceffit obligatio, utrum naturalis, an civilis, an honoraria: & utrum verbis, an re, an confenfu. Qualifcumque igitur obli-gatio fit quæ præceffit, novari verbis poteft: dummodo fequens obligatio aut civiliter teneat, aut naturaliter, ut puta fi pupillus fine tutoris auctoritate pro-miferit. *l.* 1. §. 1. *ff. de novat.* Legata vel fideicommiffa fi in ftipulationem fuerint deducta, & hoc actum ut novetur, fiet novatio. *l.* 8. §. 1. *eod.*

[g] V. l'art. 1. de la Section 1.

# TITRE IV.
## DES DELEGATIONS.

*Matiére de ce Titre.*

ON a expliqué dans le préambule du Titre precedent la nature des Novations & des Délegations, & leur difference. Et on y a remarqué, que la Délegation peut se faire en deux manieres. Car on peut deleguer de sorte que l'obligation de celuy qui delegue un autre debiteur en sa place, soit aneantie & ne subsiste plus, comme si c'étoit une obligation qu'on ait déchirée, le nouveau debiteur s'obligeant par une autre obligation, soit de la même nature, ou d'une autre differente. Et on peut aussi deleguer de sorte que la premiere obligation subsistant, le premier debiteur en soit déchargé, & qu'il n'y en ait pas d'autre debiteur que celuy qui est delegué. Et dans l'une & l'autre de ces deux manieres, il est toujours vray que l'obligation du premier debiteur est aneantie; puisqu'il ne reste plus obligé, & que la délegation faisant un nouveau debiteur fait aussi par cette raison une nouvelle obligation.

On fait icy cette remarque, parce qu'encore que cette distinction de ces deux manieres de Délegation ne se trouve pas marquée expressément & précisément dans les textes qui sont rapportez sur les articles de ce Titre, elle est une suite naturelle de ce qu'ils contiennent de la nature & des effets de la Délegation.

Il s'ensuit de ces remarques de la nature de la Novation, & de celle de la Délegation, que toute Délegation renferme une Novation, puisqu'au lieu d'une premiere obligation on en substituë une nouvelle. Mais toute Novation ne renferme pas une Délegation, puisque le debiteur peut innover sa premiere obligation par une nouvelle où il s'oblige seul, sans autre nouveau debiteur.

## SOMMAIRES.

### I.

*1. Définition.*

LA Délegation est le changement d'un debiteur au lieu d'un autre, lorsque celuy qui doit substituë un tiers qui s'oblige en sa place envers le creancier, de sorte que ce premier debiteur demeure acquitté & sa dette éteinte , & que le creancier se contente de l'obligation du second debiteur *a*.

*a* Delegare est vice sua alium reum dare creditori. *l. 11. de novat. & deleg.* Solvit qui reum delegat. *l. 8. §. 3. ff. ad Velleian.* Bonum nomen facit creditor qui admittit debitorem delegatum, *l. 26. §. 2. ff. mand.* V. l'art. 7.

### II.

*2. La Délegation demande le consentement de toutes les parties.*

Il y a cette difference entre la Novation & la Délegation qu'au lieu qu'un tiers peut innover la dette du debiteur sans qu'il y consente *b* ; la Délegation ne se fait que par le consentement & du debiteur qui en delegue un autre , & de celuy qui est delegué , & du creancier qui accepte la Délegation , & qui se contente du nouveau debiteur *c*.

*b* V. l'art. 5. de la Sect. 2. des Novations.

*c* Delegatio debiti nisi consentiente & stipulante promittente debitore , jure perfici non potest. *l. 1. C. de novat. & deleg.*

### III.

*3. Difference entre le transport & la delegation.*

Il ne faut pas confondre la Délegation avec le transport que fait un debiteur à son creancier de ce que peut luy devoir une autre personne. Car au lieu que la Délegation

gation renferme la volonté de celuy qui s'oblige à la place d'un autre, & qu'elle acquite le premier debiteur; le transport est comme une vente de la dette d'un tiers, qui peut se faire sans qu'il y consente, & on peut convenir que celuy qui fait un transport restera obligé comme auparavant [d].

[d] Delegatio debiti, nisi consentiente promittente debitore, jure perfici non potest. Nominis autem venditio & ignorante, vel invito eo adversus quem actiones mandantur contrahi solet. *l. 1. C. de novat & deleg.*

## IV.

Il y a encore cette difference entre le transport & la Délegation, que celuy qui a fait un transport peut recevoir ce qu'il a cedé, si la signification n'en a pas encore esté faite à celuy qui doit la somme cedée : Et la mauvaise foy de celuy qui reçoit ce qu'il avoit transporté n'empêche pas que le debiteur qui l'a payé ne soit acquitté. Mais après la Délegation celuy qui est delegué ne peut s'acquiter qu'en payant au creancier qui l'a acceptée [e].

[e] Si delegatio non est interposita debitoris tui, ac propterea actiones apud te remanserunt, quamvis creditori tuo adversus eum solutionis causa mandaveris actiones : tamen antequam lis contestetur, vel aliquid ex debito accipiat, vel debitori tuo denuntiaveris, exigere à debitore tuo debitam quantitatem non vetaris : & eo modo tui creditoris exactionem contra eum inhibere. *l. 3. C. de novat. & deleg.*

*4. Délegation au creancier ou à autre par son ordre.*

## V.

Si un debiteur transporte à son creancier ce que luy doit un tiers, ou si ce tiers s'oblige pour ce debiteur envers ce creancier, de sorte que dans l'un & dans l'autre cas le premier debiteur demeure obligé ; ce ne sera ni une Délegation, ni une Novation, mais une sûreté que ce debiteur demeurant obligé donnera de nouveau à son creancier, la premiere dette subsistant toujours [f].

[f] Si quis aliam personam adhibuerit, vel mutaverit.... nihil penitus prioris cautelæ innovari : sed anteriora stare, & posteriora incrementum illis accedere. *l. ult. C. de novat. & deleg.*

*5. Le transport d'une dette ni l'obligation d'un tiers pour le debiteur ne font pas de délegation.*

## VI.

Le creancier à qui son debiteur en delegue un autre, peut ou accepter la Délegation luy-même en son nom, ou donner son ordre pour la faire accepter par une au-

*6. Délegation au creancier, ou autre par son ordre.*

tre perſonne. Et dans ce ſecond cas la Délegation fait un changement & du debiteur, & du creancier $g$.

g Delegare eſt vice ſua alium reum dare creditori, vel cui juſſerit. $l. 11. ff.$ de novat. & deleg.

### VII.

La Délegation fait une eſpece de Novation. Car la premiere dette de celuy qui delegue demeure éteinte par l'obligation de celuy qui eſt delegué $h$.

h Ex contractu pecuniæ creditæ actio inefficax dirigitur, ſi delegatione perſonæ ritè facta, jure novationis vetuſtior contractus evanuit. $l. 2. C. de nov.$ & deleg. Si delegatio non eſt interpoſita debitoris tui, ac propterea actiones apud te remanſerunt &c. $l. 3. eod.$ Quòd ſi delegatione facta jure novationis tu liberatus es &c. $d. l. 3.$ V. l'art. 1.

### VIII.

Celuy qui eſt delegué par le debiteur s'étant obligé envers le creancier, ne peut plus faire revivre la pre-miere dette aneantie par la Délegation, ni engager les biens que le premier debiteur avoit obligez. Et le crean-cier de ſa part n'a plus de recours contre celuy qui a de-legué ; ſoit que le nouveau debiteur devienne inſolva-ble, ou qu'il le fût déja au temps de la Délegation. Car on ne conſidere plus l'origine de la premiere dette, mais la ſeconde ſeulement qui l'a annullée. Ce qu'il faut entendre dans le cas d'une veritable Délegation qui ait innové $i$.

i Paulus reſpondit, ſi creditor à Sempronio novandi animo ſtipulatus eſſet, ita ut à prima obligatione in univerſum diſcederetur : rurſum eaſdem res à poſteriore debitore, ſine conſenſu prioris obligari non poſſe. $l. 30. ff. de novat.$ & deleg.
Si delegatione facta jure novationis tu liberatus es, fruſtrà vereris ne eo quod quaſi à cliente ſuo non faciat exactionem, ad te periculum redundet : cùm per verborum obligationem, voluntate novationis interpoſita, à debito libera-tus ſis. $l. 3. in f. C. eod.$ Bonum nomen facit creditor qui admittit debitorem delegatum. $l. 26. §. 2. in f. ff. mand.$

### IX.

Dans ce même cas d'une veritable Délegation qui ait innové, ſi celuy qui eſt delegué avoit de juſtes défenſes contre le premier debiteur qu'il n'ait pas reſervées, il ne pourra s'en ſervir contre le creancier, quand mê-me il ſe trouveroit qu'il eût à ſe défendre par quel-

que dol de celuy qui l'a delegué. Car la premiere obligation ne fubfiftant plus, la feconde prend fa nature
de ce qui s'eft paffé dans la Délegation entre le delegué
& le creancier de qui l'intereft eft indépendant de tout
ce qui avoit precedé entre fon debiteur & celuy qui eft
delegué. Ainfi, par exemple, fi celuy qui eft delegué
ne devoit au delegant qu'à caufe d'une donation qu'il
luy avoit faite; ce delegué ne pourra fe fervir des exceptions qu'ont les donateurs contre les donataires, comme feroit le droit de revoquer la donation par l'ingrati-
tude du donataire, ou de faire moderer les contraintes
pour le payement d'une fomme donnée. Ainfi pour un
autre exemple, fi le delegué devoit au delegant une
obligation dont il pouvoit eftre relevé, l'ayant confentie dans fa minorité fans un employ utile, il ne pourroit
eftre relevé contre le creancier, fi dans le temps de la
Délegation il eftoit majeur [l].

[l] Doli exceptio quæ poterat deleganti opponi, ceffat in perfona creditori
cui quis delegatus eft: & in cæteris fimilibus exceptionibus. l. 19. ff. de novat. &
deleg. ( qui ) jam exceffit ætatem vigintiquinque annorum, quamvis adhuc
poffit reftitui adverfus priorem creditorem ( delegatione exceptionem amittit. )
Ideo autem denegantur exceptiones adverfus fecundum creditorem, quia in
privatis contractibus, & pactionibus non facilè fcire petitor poteft, quid inter
eum qui delegatus eft, & debitorem actum eft: aut etiam fi fciat, diffimulare
debet, nec curiofus videatur. Et ideo meritò denegandum eft adverfus eum exceptionem ex perfona debitoris. d. l. 19.
    Si Titius donare mihi volens, delegatus à me creditori meo ftipulanti fpo-
pondit, non habebit adverfus eum illam exceptionem, ut quatenus facere poteft condemnetur. Nam adverfus me tali defenfione meritò utebatur, quia donatum ab eo petebam : creditor autem debitum perfequitur. l. 33. eod. V. l'art.
6. de la Sect. 2. des Donations & l'art. 2. de la Sect. 3. au même Titre.

# TITRE V.

## DE LA CESSION DE BIENS, & de la Déconfiture.

*Liaison de ces deux matieres.*

LA Cession de biens, & la Déconfiture font deux suites de l'insolvabilité des debiteurs de qui les biens ne peuvent suffire à leurs creanciers. Et c'est à cause de cette liaison entre ces deux matieres, qu'on les a mises sous un même Titre. On verra dans la premiere Section ce qui regarde la Cession de biens, & la Déconfiture fera la matiere de la seconde.

## SECTION I.

### De la Cession de biens.

*Matiere de cette Section.*

LA Cession de biens dont il sera traité dans cette Section, est un benefice que les Loix ont accordé aux debiteurs, pour se délivrer des contraintes par corps par l'abandonnement de leurs biens à leurs creanciers.

Il faut remarquer sur cette matiere, qu'au lieu que dans le Droit Romain la Cession de biens pouvoit se faire non seulement en Justice, mais aussi en particulier, ou par le debiteur, ou par une autre personne qui eût charge de luy *a*; les Ordonnances ont défendu de recevoir la Cession de biens autrement que par le debiteur en personne, devant le Juge, à l'Audience, avec les formalitez qu'elles ont reglées.*b* pour accompagner de honte & de confusion la Cession de biens, afin d'en réprimer la facilité. Et quoy-qu'il semble qu'on dût excepter de cette honte ceux qui se trouvent reduits à la Cession de biens

---

*a* Bonis cedi non tantùm in jure, sed etiam extra jus potest, & per nuntium, vel per epistolam id declarari. *l. ult. ff. de cess. bon.*

*b* Le debiteur en personne & en Jugement durant l'Audience desceint & tête nuë. *Ordonnance de 1510. art. 70. & de 1490. art. 34.*

par des pertes arrivées fans leur faute, & qu'on dût diftinguer leur condition de celle des debiteurs que leur mauvaife foy ou leur mauvaife conduite a reduit à cet état *c*; l'Ordonnance n'a pas fait cette diftinction, pour ne pas laiffer d'ouverture à la facilité de la Ceffion de biens.

Outre le benefice de la Ceffion de biens, les Loix ont donné aux debiteurs celuy des répits ou furfeances d'un an ou de cinq ans, que les Ordonnances permettent aux Juges d'accorder aux debiteurs avec connoiffance de caufe, les creanciers appellez *d*.

Les répits dépendoient dans le Droit Romain des creanciers même qui avoient le choix ou d'obliger le debiteur à la Ceffion de biens, ou de luy accorder le répit de cinq ans. Et c'étoit par la pluralité entre les creanciers que ce choix étoit reglé, en comptant la pluralité, non par le nombre des creanciers, mais par la force de leurs creances; de forte qu'un feul dont la creance étoit plus forte que celle de tous les autres enfemble en étoit le maître *e*. Et le debiteur étoit obligé de donner caution pour avoir une furfeance *f*.

Tous les debiteurs ne font pas reçûs indiftinctement à la Ceffion de biens, ni au répit, mais plufieurs caufes empêchent l'effet de ces graces, tant de la part du debiteur qui s'en trouve indigne, que de la part du creancier à qui on ne peut faire ce prejudice, foit à caufe du privilege de la creance, ou pour d'autres caufes. Ainfi on ne reçoit pas à la Ceffion de biens celuy qui doit un interêt civil adjugé pour un crime: Ainfi un Fermier qui a joüi n'y eft pas reçû: Ainfi la Ceffion de biens n'a pas de lieu à l'égard d'un creancier qui eft nanti d'un gage, & ne luy ôte pas cette fûreté fur un bien dont le debiteur s'étoit dépoüillé: Ainfi les Coutumes ont diffe-

c. Ubi enim locorum juftum eft, ut is qui in univerfum ex accidenti, non fupina negligentia, res fuas amififfe traditus effet, denuo per vim ad ignominiofam vitam transponatur. *Novell. 135. in præfatione.*
d. *Ordonnance d'Orleans art. 61.*
e. *V. l. ult. C. qui bon. ced. poff.*
f. *V. l. 4. C. de precib. imp. off.*

remment reglé plufieurs cas où le répit même n'a pas de
lieu comme pour le dépôt, pour une dette adjugée par
Sentence contradictoire, pour loyers de maifons, fermes, penfions, dépens taxez, vente en marché, vente
d'heritages, alimens, medicamens, frais funeraires, deniers dotaux demandez par le mari aux debiteurs de la
dot, ou par la veuve aux heritiers du mari, arrerages
de rentes, ce que quelques Coûtumes reftreignent aux
rentes foncieres, falaires & gages de Mercenaires & de
domeftiques; dettes dûës à perfonnes pauvres qui n'ont
pas le moyen d'attendre, dettes dûës à des mineurs, con-
tractées pendant leur minorité, reliquats d'adminiftration de biens d'Eglife, de chofe publique, de tutele, &
de curatele.

Tous ces divers cas font ceux que les Coûtumes ont
fpecifié, quoy-qu'aucune ne les comprenne tous. Et on
y voit cela de commun, que la Ceffion de biens & le répit font refufez, ou parce que le debiteur s'en eft rendu
indigne, comme dans les dettes qui viennent de crimes
& de délits, dans le dépôt, & en quelques autres : ou à
caufe du privilege de la dette, comme dans les dettes
d'alimens, & de falaires : ou par la qualité du creancier
comme dans les dettes de mineurs & de pauvres perfonnes qui ne peuvent attendre.

On peut juger par ces differentes caufes qui font ceffer l'ufage de la Ceffion de biens & du répit, qu'il peut
y avoir d'autres divers cas où les mêmes principes peuvent s'appliquer, felon la qualité de la creance, la mauvaife foy du debiteur, & les confequences pour l'intereft public. Et comme la plûpart de ces regles qui exceptent de certaines dettes du benefice de la Ceffion de
biens & de celuy du répit, s'obfervent dans toutes les
Coûtumes, quoy-que toutes ne les expriment pas, & que
plufieurs ne parlent d'aucune, & qu'auffi on les obferve
prefque toutes dans les Provinces qui fe regiffent par le
Droit écrit; on peut en tous lieux mettre en ufage les
regles de l'équité qui diftinguent les cas où la Ceffion
de biens & le répit peuvent avoir lieu, & ceux où l'ufa-

ge n'en feroit pas jufte. Ainfi on peut les appliquer dans des cas où le dol du debiteur pourroit le meriter, quoyque ces cas fuffent differens de ceux que les Coûtumes ont fpecifiez.

On a dû expliquer icy ce détail des caufes qui empêchent la Ceffion de biens & le répit, parce que n'eftant expliquées que dans nos Coutumes, on n'a pas dû les mettre en regles dans les articles de cette Section.

Il ne refte que de remarquer fur la Ceffion de biens que non feulement elle n'a pas lieu dans les banqueroutes, mais que par les Ordonnances les Banqueroutiers frauduleux font punis exemplairement, & même de mort, & que ceux qui participent à leurs fraudes font punis comme leurs complices g.

g Ordonnance d'Orleans art. 143. de Blois art. 205. de Henry IV. en 1609.

## SOMMAIRES.

1. Définition.
2. La Ceffion de biens n'acquitte pas le debiteur.
3. La Ceffion comprend les droits acquis au debiteur.
4. Des biens acquis au debiteur aprés la Ceffion.
5. Serment du debiteur en faifant la Ceffion de biens.

6. La Ceffion ne dépoüille pas d'abord le debiteur.
7. La Ceffion n'eft reçuë qu'en avoüant la dette.
8. La Ceffion ne décharge pas les cautions.
9. La Ceffion faite à quelques creanciers a lieu à l'égard de tous.

### I.

LA Ceffion de biens eft l'abandonnement que fait un debiteur de tous fes biens à fes creanciers, pour fortir de prifon, ou pour l'éviter a.

1. Définition.

a Qui bonis cefferint, nifi folidum creditor receperit, non funt liberati. In eo enim tantummodo hoc beneficium eis prodeft, ne judicari detrahantur in carcerem. l. 1. C. qui bon. ced. poff. l. ult. eod.

### II.

La Ceffion de biens n'acquitte le debiteur que jufqu'à la concurrence de la valeur des biens qu'il abandonne,

2. La Ceffion de biens n'acquitte pas le debiteur.

& n'empêche pas qu'il ne demeure debiteur du surplus *b*,

*b* Nisi solidum creditor receperit non sunt liberati, *l. 1. C. qui bon. ced. poss.*

### III.

**3. La Cession comprend les droits acquis au debiteur.** Les biens dont le debiteur n'étoit pas encore en possession quand il a fait la Cession de biens, mais dont il
avoit le droit acquis, comme une succession qu'il n'avoit
pas encore recueillie, sont compris dans l'abandonnement : & les creanciers peuvent exercer sur ces biens les
droits du debiteur *c*.

*c* Si qua ipsi jura lex vel ex hereditate, vel cognatorum donatione, in rebus mobilibus præstet, in quarum possessione nondum constitutus sit, competere
tamen ipsi videantur, possintque creditores vel partem ex iis, vel etiam totum
colligere. *Nov. 135. c. 1.*

### IV.

**4. Des biens ac-quis au debiteur aprés la Cession.** Les biens que le debiteur pourra acquerir aprés la
Cession, seront sujets à ses creanciers pour ce qui se trou-
vera leur estre encore dû, mais ils ne pourront exercer de
contrainte par corps pour les dettes precedentes à la
Cession, ni dépoüiller le debiteur de ses nouveaux biens,
de sorte qu'il ne luy restât rien pour sa subsistance. Et on
doit luy laisser de quoy se nourrir, sur tout si ce qui luy
seroit acquis de nouveau luy avoit esté donné à ce titre,
& qu'il n'en tirât que le necessaire pour ses alimens *d*.

*d* Si quid postea eis pinguius accesserit, hoc iterum usque ad modum debiti
posse à creditoribus legitimo modo avelli. *l. 7. in f. C. qui bon. cedere poss.*
Si debitoris bona venierint, postulantibus creditoribus permittitur rursum
ejusdem debitoris bona distrahi, donec suum consequantur, si tales tamen facultates acquisitæ sunt debitori, quibus prætor moveri possit. *l. 7. ff. de cess.*
*bon. l. 3. C. de bon. auth. jud. poss.*
Is qui bonis cessit si quid postea acquisierit, in quantum facere potest convenitur. *l. 4. ff. de cess. bon.*
Qui bonis suis cessit, si modicum aliquid post bona sua vendita acquisierit,
iterum bona ejus non veneunt. Unde ergo modum hunc æstimabimus, utrum
ex quantitate ejus quod acquisitum est, an verò ex qualitate? Et putem ex
quantitate id æstimandum esse ejus quod quæsiit, dummodo illud sciamus si
quid misericordiæ causâ ei fuerit relictum, putà menstruum, vel annuum alimentorum nomine, non oportere propter hoc bona ejus iteratò venundari;
nec enim fraudandus est alimentis quotidianis. Idem & si ususfructus ei sit
concessus vel legatus, ex quo tantùm percipitur, quantùm ei alimentorum nomine satis est. *l. 6. eod.*

V.

### V.

Le debiteur qui est reçû à la Cession de biens, doit prêter le serment qu'il l'a fait sans aucune fraude, & qu'il ne recele pas ses biens pour en retenir une partie au préjudice de ses creanciers *e*.

*e* Jusjurandum per adoranda præbeat eloquia, *quòd nullam rerum causa occasionem, aut aurum reliquum habeat, unde æris alieni supplementum faciat.* Novell. 135. c. 1.

*Ce serment doit renfermer qu'il n'y a point eu d'alienations frauduleuses, & que la déclaration que le debiteur fait de ses biens est veritable. C'est ainsi que quelques Coûtumes s'expliquent, & elles ajoûtent, que le debiteur doit aussi promettre par ce serment, que s'il vient à meilleure fortune il payera ses dettes.*

### VI.

La Cession ne dépoüille pas d'abord celuy qui la fait de la proprieté des biens qu'il abandonne à ses creanciers. Mais si avant qu'ils les ayent vendus, il se trouvoit en état ou de payer ses creanciers, ou d'alleguer de justes exceptions contre leurs creances, il pourroit par là reprendre ses biens. Ce qu'il ne faut pas entendre de celuy qui sans faire cette Cession auroit donné ses biens en payement à ses creanciers *f*.

*f* Is qui bonis cessit, ante rerum venditionem utique bonis suis non caret. Quare si paratus fuerit se defendere, bona ejus non veneunt. *l. 3. ff. de cess. bon.*

Quem pœnitet bonis cessisse, potest, defendendo se, consequi ne bona ejus veneant. *l. 5. eod.*

Non tamen creditoribus sua authoritate dividere hæc bona, & jure dominii detinere: sed venditionis remedio, quatenus substantia patitur, indemnitati suæ consulere permissum est. Cùm itaque contra juris rationem res jure dominii teneas ejus qui bonis cessit, te creditorem dicens, longi temporis præscriptione petitorem submoveri non posse manifestum est. Quòd si non eum cessisse, sed res suas in solutum tibi dedisse monstretur, præses provinciæ poterit de proprietate tibi accommodare notionem. *l. 4. C. qui bon. ced. poss.*

### VII.

Pour être reçû à la Cession de biens, il faut reconnoître qu'on est debiteur *g*.

*g* Qui cedit bonis antequam debitum agnoscat, condemnetur, vel in jus confiteatur, audiri non debet. *l. 8. ff. de cess. bon.*

### VIII.

La Cession de biens ne décharge pas les cautions de celuy qui l'a faite *h*.

*h* Ubicumque reus ita liberatur à creditore, ut naturâ debitum maneat, teneri fidejussorem respondit. *l. 60. ff. de fidejuss.*

Si possessio rerum debitoris data sit creditori, æquè dicendum est fidejussorem manere obligatum. *l. 21. §. 3. inf. eod.*

*Tome II.*        V u u

---

5. Serment du debiteur en faisant la cession de biens.

6. La cession ne dépoüille pas d'abord le debiteur.

7. La cession n'est reçüë qu'en avoüant la dette.

8. La cession ne décharge pas les cautions.

## IX.

9. La cession faite
à quelques crean-
ciers a lieu à l'égard
de tous.

Si le debiteur a fait la Cession de biens à quelques-uns
de ses creanciers , elle a son effet à l'égard des autres.
Car c'est à tous les creanciers que les biens de celuy qui
la fait sont abandonnez [i].

[i] Sabinus & Cassius putabant eum qui bonis cessit, ne quidem ab aliis quibus
debet posse inquietari. *l.* 4. *§.* 1. *ff. de cess. bon.*

# SECTION II.

## De la Déconfiture.

Matiere de cette
Section.

POur entendre ce que c'est que la Déconfiture, il faut
distinguer trois sortes de creanciers. Ceux qui ont
un privilege, ceux qui sans privilege ont une hypotheque,
& ceux qui n'ont ni privilege ni hypotheque.
Entre les creanciers privilegiez & les hypothecaires ,
les biens du debiteur se distribuënt selon l'ordre que leur
donne ou la preference de leurs privileges, ou la priorité
de leurs hypotheques, suivant les regles qui ont esté expliquées dans le Titre des Gages & Hypotheques, & des
Privileges des creanciers. Et entre les creanciers qui
n'ont ni privilege ni hypotheque, comme il n'y a ni preference, ni priorité, les biens se distribuënt par cette raison au sol la livre, c'est-à-dire, que la condition des creanciers étant égale, chacun a sa portion des biens du debiteur selon sa créance : & si , par exemple , toutes les
dettes se montent au double de ce qui doit estre distri-
bué , chaque creancier ne recevra que la moitié de la
somme qui luy sera dûë. C'est ce qu'on appelle Contribution , qui arrive en deux manieres , ou lorsque les biens
sont d'une nature qui n'est pas sujette à l'hypotheque ,
comme sont les meubles en France, ou que les creanciers
n'ont ni hypotheque ni privilege sur les immeubles. Car
alors si les biens du debiteur ne suffisent pas pour tous
les creanciers, ils viennent en contribution ; & on appelle Déconfiture cet effet de l'insolvabilité du debiteur ,

qui fait que fes biens fur lefquels les creanciers n'ont ni hypotheque ni privilege , fe diftribuënt de cette maniere.

## SOMMAIRES.

## I.

LA Déconfiture eft l'état où fe trouve un debiteur lorfque fes biens ne fuffifent pas à fes creanciers pour les payer tous , & qu'il y a des biens dont le prix doit être diftribué par contribution , fans privilege & fans hypotheque ; & de forte que chaque creanéier y ait fa part à proportion de ce qui luy eft dû *a*.

*a* Tributio fit pro rata ejus quod cuique debeatur. *l. 5. §. ult. ff. de tribut. act.* V. ce qui a été dit dans le préambule.

*1. Définition.*

## II.

En cas de Déconfiture le creancier qui fe trouve faifi d'un gage que le debiteur luy avoit donné pour fa fureté , eft preferé fur ce gage aux autres creanciers *b*.

*b* Si qui contrahebant ipfam mercem pignori acceperint , puto debere dici præferendos. *l. 5. §. 8, ff. de tribut. act.*
*Il ne faut pas étendre cette regle au cas d'un creancier qui a fait faifir des meubles de fon debiteur , fi la Déconfiture arrive pendant la faifie ; car en ce cas le premier faififfant n'eft pas préferé aux autres. Ce qui eft ainfi reglé par quelques Coûtumes.*

*2. Le creancier faifi d'un gage , y eft préferé.*

## III.

Le vendeur qui eft refté creancier du prix , & qui trouve la chofe venduë en la puiffance de l'acheteur , peut la retirer , & il n'entre pas en contribution avec les autres creanciers de cet acheteur. Et il en feroit de même à plus forte raifon fi c'eftoit une chofe qui eût efté donnée au debiteur pour être venduë *c*.

*c* Si dedi mercem meam vendendam , & extat : videamus , ne iniquum fit in tributum me vocari. Et fi quidem in creditum ei abii , tributio locum habebit. Enimverò fi non abii , quia res venditæ non aliàs definunt effe meæ , quamvis vendidero , nifi ære foluto , vel fidejuffore dato , vel aliàs fatisfacto , dicendum erit , vindicare me poffe. *l. 5. §. 18. ff. de trib. act.*
*Mais fi la chofe venduë n'eft plus entre les mains de l'acheteur , le vendeur aura-t-il la preference aux creanciers d'un tiers qui l'aura acquife de cet ache-*

*3. Et auffi le vendeur fur la chofe venduë.*

*teur ? Il y a des Coûtumes où l'on diftingue la condition du vendeur qui a vendu, fans jour & fans terme, efperant eftre payé promptement, & celle du vendeur qui a donné un terme, & elles donnent au premier cas la preference, & non au fecond. A quoy on peut rapporter ces paroles du texte cité fur cet article. Si in creditum abii, fi non abii. V. la remarque fur l'art. 4. de la Sect. 5. des Gages & Hypotheques.*

### IV.

Si parmi les creanciers qui viennent en contribution dans les cas de Déconfiture, il s'en trouvoit quelqu'un de qui la dette dépendît de l'évenement d'une condition, ou ne dût eftre payée que long-temps après ; il faudroit ou laiffer le fonds de ce qui pourroit revenir à ce creancier, ou que ceux qui le recevroient fe foumiffent, & donnaffent caution s'il en étoit befoin, de le luy rapporter après que la condition feroit arrivée, ou le terme échû *d.*

*d. Illud quoque cavere debet, fi quid aliud domini debitum emerferit, refufurum fe ei pro rata. Finge enim conditionale debitum imminere, vel in occulto effe, hoc quoque admittendum eft. l. 7. ff. de trib. act.*

## TITRE VI.

## DES RESCISIONS,
## *& Reftitutions en entier.*

IL y a cette différence entre toutes les autres manieres d'aneantir ou de diminuer les engagemens qu'on a expliquées dans ce Livre, & celles qui font la matiere de ce Titre, que toutes les autres font ceffer les engagemens fans donner aucune atteinte à leur validité, au lieu que les Refcifions & les Reftitutions en entier regardent la validité des engagemens, & les annullent ou y font les changemens qui peuvent être juftes. Ainfi, lorfqu'un mineur eft relevé d'une obligation qu'il avoit confentie dans fa minorité, cette obligation eft annullée ou pour le tout, fi rien n'en eft tourné à fon profit, ou pour ce qui ne fe trouve pas utilement employé, & il n'en paye rien. Ainfi, lorfqu'un majeur eft reftitué d'un contract confenti par force, fon engagement eft aneanti.

Ces mots de Rescision & de Restitution en entier ne
signifient proprement que la même chose, qui est ce benefice que les Loix accordent à ceux qui se plaignent de
quelque dol, de quelque erreur, de quelque surprise
dans des Actes où ils ont esté parties, pour les remettre
au même état où ils estoient avant ces Actes.

Quoy-qu'il semble que le mot de Restitution se rapporte particulierement aux personnes qui à cause de
quelque qualité sont relevées de leurs engagemens, comme les mineurs & les femmes mariées qui se sont obligées sans l'autorité de leurs maris, ou même avec cette
autorité dans les Provinces où elles ne peuvent point
s'obliger du tout : & que le mot de Rescision se rapporte particulierement à l'Acte qui est rescindé & annullé
par quelqu'autre vice, comme si c'est une obligation
consentie par force, ou par quelque erreur, & quelque
surprise qui puisse l'annuller; cette distinction des Restitutions en entier, & des Rescisions n'empêche pas que
souvent on ne les confonde, parce que l'une & l'autre
tendent à annuller l'Acte qui peut y estre sujet. Ainsi on
usera dans ce Titre de l'un & de l'autre de ces deux mots
dans le même sens.

Il ne faut pas confondre la matiere des Rescisions ou
Restitutions en entier avec celle qui a esté traitée dans le
Titre des vices des Conventions. Car encore que les vices des Conventions soient autant de causes de Rescision,
& que même il n'y ait aucune cause de Rescision qui ne
se trouve comprise dans ce qui a esté dit des vices des
Conventions *; il y a cette difference entre la matiere de
ce Titre, & celle du Titre des vices des Conventions, que
dans celuy-là on n'a expliqué que la nature de ces vices
& leurs effets, & qu'encore qu'on y ait touché celuy de
donner sujet de resoudre ou annuller les Conventions,
on n'y a pas expliqué les regles des Rescisions & Resti-
tions en entier ; mais dans celuy-cy on doit expliquer
ces regles, comme sont celles qui regardent en general
la nature des Rescisions, leurs effets, leurs suites, & cel-

a. V. le préambule du Titre des vices des Conventions.

les qui regardent en particulier les differentes efpeces de Refcifions, les cas où elles ont lieu, les reftitutions des mineurs, & les autres regles femblables.

Toutes ces fortes de regles qui doivent faire la matiere de ce Titre, peuvent fe reduire fous trois idées qui les comprennent toutes, & on les divifera en trois Sections. La premiere de celles qui font communes à toute forte de Refcifions & Reftitutions : La feconde de celles qui regardent les Reftitutions des mineurs : Et la troifiéme de celles qui fe rapportent à la Reftitution des majeurs, dans les cas où ils peuvent avoir de juftes caufes de Refcifions.

## SECTION I.

### Des Refcifions & Reftitutions en general.

IL faut remarquer fur cette matiere des Refcifions & Reftitutions en general, que par nôtre ufage les voyes de nullité n'ont pas de lieu, c'eft-à-dire, qu'on ne fait pas annuller un Acte où l'on ait été partie, en alleguant fimplement les moyens qui le rendent nul ; mais qu'il faut obtenir des Lettres du Prince pour les Refcifions & Reftitutions en entier.

Il faut remarquer auffi, que toute Refcifion & Reftitution fur quelque caufe qu'elle foit fondée, foit dol, violence, lefion de plus de moitié de jufte prix, ou autre quelconque, fe prefcrit par dix ans, à compter du jour de l'Acte dont on fe plaint, ou que la violence ou autre caufe qui ait empêché d'agir aura ceffé : Et à l'égard des mineurs la Reftitution fe prefcrit par dix ans, à compter du jour de leur majorité, & aprés trente-cinq ans accomplis, on n'y eft plus reçû [a]. On fait icy cette remarque, parce que le temps de la Refcifion étoit moindre dans le Droit Romain [b], & que par cette raifon on n'a pas marqué ce temps précis dans l'article 13. de cette Section, où il eft parlé du temps des Refcifions & Reftitutions.

a V. l'Ordonnance de 1510. art. 46. 1535. ch. 8. art. 30. de 1539. art. 134.
b V. l. ult. C, de tempor. in int. reftit.

## SOMMAIRES.

### I.

LA Rescision ou Restitution en entier est un benefice que les loix accordent à celuy qui a esté lesé dans quelque Acte où il ait esté partie, pour le remettre au même état où il estoit avant cet Acte, s'il y en a quelque juste cause *a*.

*a* Sub hoc Titulo plurifariam prætor hominibus vel lapsis, vel circumscriptis subvenit. *l.* 1. *ff. de in int. rest.* Omnes in integrum restitutiones causâ cognitâ à prætore promittuntur. *l.* 3. *eod.*
On a expliqué dans le préambule de ce Titre, *la difference qu'il peut y avoir entre la Restitution, & la Rescision.*

*1. Définition.*

### II.

Il n'est pas toujours necessaire pour obtenir la Rescision ou Restitution en entier, que celuy qui la demande fasse voir que c'est par le dol de sa partie qu'il a esté trompé ; mais il suffit en plusieurs cas, qu'il y ait une lesion d'une autre nature, si elle est telle qu'elle doive avoir cet effet *b*. Ainsi, par exemple, si un mineur a em-

*2. Rescision indépendante du dol de la partie.*

*b* Si nullus dolus intercessit stipulantis, sed ipsa res in se dolum habet. *l.* 36. *ff. de virb. obl.* V. l'art. 9. de la Sect. 6. des Conventions, & l'art. 4. de la Sect. 3. des vices des Conventions.

prunté de l'argent qu'il ait mal employé, la bonne foy de son creancier n'empêchera pas la restitution *c*. Ainsi, un majeur qui se trouve beaucoup lesé dans un partage, le fera réformer, encore qu'on ne puisse imputer aucun dol au copartageant *d*.

*c V. l'art. 2. de la Sect. 2.*
*d V. l'art. 3. de la Sect. 3.*

### III.

*3. Restitution contre des Arrests.*

On peut faire rescinder ou annuller par la Rescision ou Restitution en entier non seulement des conventions, ou d'autres Actes qu'on ait fait volontairement, mais même des Arrests où l'on auroit esté partie, s'il y en a quelque juste cause ; comme si celuy qui se plaint est un mineur qui n'ait pas esté défendu, ou même un majeur, s'il y a quelque dol de sa partie, ou quelqu'autre moyen de ceux que les Loix reçoivent *e*.

*e Nec intra has solùm species consistet hujus generis auxilium. Etenim deceptis, sine culpa sua, maximè si fraus ab adversario intervenerit, succurri oportebit. l. 7. §. 1. ff. de in int. rest.*
*Sed & in judiciis subvenitur, sive dum agit, sive dum convenitur, captus sit. l. 7. §. 4. ff. de min. d. l. §. ult.*
*C'est le fondement de l'usage des Requestes Civiles même pour les majeurs. Les moyens de Requeste Civile sont expliquez par les Ordonnances. V. l'Ordonnance de 1667. Titre des Requestes Civiles. art. 34. 35. & 36.*

### IV.

*4. Les Rescisions dépendent de la prudence du Juge.*

Les Rescisions estant fondées sur des faits & des circonstances, comme s'il y a du dol de la partie, une violence exercée sur celuy qui veut estre relevé, quelque erreur, quelque surprise, ou autre cause qui puisse y donner lieu ; on ne les ordonne qu'avec connoissance de cause. Et il dépend de la prudence du Juge de discerner si les moyens qu'on allegue sont suffisans, & si l'équité demande la Rescision *f*.

*f Sub hoc titulo plurifariam prætor hominibus vel lapsis, vel circumscriptis subvenit : sive metu, sive calliditate, sive ætate, sive absentiæ inciderunt in captionem. l. 1. ff. de integ. rest.*
*Omnes in integrum restitutiones causâ cognitâ à prætore promittuntur : scilicet ut justitiam earum causarum examinet, an veræ sint : quarum nomine singulis subvenit. l. 3. eod.*
*Ubi æquitas evidens poscit, subveniendum est. l. 7. eod.*

V.

## V.

Parmi les circonstances qu'il faut peser dans une Rescision, on doit considerer quelle est la consequence de la chose dont il s'agit, & quelles seront les suites de la Rescision si elle est accordée. Car on ne doit pas l'ordonner facilement dans des circonstances, où pour reparer une legere lesion, la Rescision auroit des suites qui pourroient aller à quelque injustice g.

5. Ne doivent pas s'accorder facilement.

g Scio illud à quibusdam observatum, ne propter satis minimam rem vel summam, si majori rei vel summæ præjudicetur, audiatur is qui integrum restitui postulat. l. 4. ff. de in int. rest.

## VI.

Lorsqu'il y a lieu de Rescision elle a son effet non seulement contre les personnes de qui le fait y a donné lieu, mais aussi contre ceux qui les representent, & les tiers possesseurs. Ainsi, par exemple, si celuy qui avoit acheté un heritage d'un mineur, le vend à un tiers, la Restitution pourra être exercée contre ce tiers, & contre tout autre possesseur, & il n'aura que son recours contre son vendeur. Ainsi, un proprietaire dépoüillé de son heritage par une vente ou autre titre consenti par l'effet d'une violence, pourra agir contre tout possesseur de cet heritage & l'évincera, quoy-que la violence ne fût pas de son fait h.

6. Effet de la rescision contre les tierces personnes.

h Interdum autem restitutio & in rem datur minori, id est, adversus rei ejus possessorem, licèt cum eo non sit contractum. Ut putà, rem à minore emisti, & alii vendidisti: potest desiderare interdum adversus possessorem restitui, ne rem suam perdat, vel re sua careat. l. 13. §. 1. ff. de minor. V. l'art. 27. de la Sect. 2.

In hac actione non quæritur utrum is qui convenitur, an alius metum fecit: sufficit enim hoc docere, metum sibi illatum, vel vim. l. 14. §. 3. ff. quod metus cauf. V. l'art. 6. de la Sect. 2. des vices des Conventions.

## VII.

Les heritiers de ceux qui pouvoient estre relevez peuvent exercer la Rescision i. Car encore qu'elle semble ne regarder que la personne qui a esté lesée, le droit de

7. L'heritier peut être relevé du chef du défunt.

i Non solùm minoris, verùm quoque eorum qui reipublicæ causâ abfuerunt: item omnium, qui ipsi potuerunt restitui in integrum, successores in integrum restitui possunt. Et ita sæpissimè est constitutum. l. 6. ff. de in integ. rest.

Non solùm minoribus, verùm successoribus quoque minorum datur in integrum restitutio, etsi sint ipsi majores. l. 18. §. ult. ff. de minor.

reparer le préjudice souffert en ses biens passera à son heritier. Et le pere même heritier de son fils mineur peut demander la restitution du chef de son fils *l*.

*l* Pomponius adjicit , ex causis ex quibus in re peculiari filii familias restituuntur , posse & patrem quasi heredem nomine filii post obitum ejus impetrare cognitionem. *l.* 3. §. 9. *eod.* V. l'art. 15.

## VIII.

*8. Il faut une procuration expresse pour demander la rescision.*

La Rescision ne peut estre demandée par un Procureur constitué, quoy-qu'il eût une procuration generale ; mais il en faut une expresse pour une demande de cette qualité *m*. Car le silence de celuy qui pourroit se plaindre d'un Acte en est une approbation : Et il est juste de présumer que ne marquant pas expressément qu'il veuille estre relevé , il veut s'en tenir à ce qu'il a fait.

*m* Si talis interveniat juvenis cui præstanda sit restitutio , ipso postulante præstari debet , aut procuratori ejus cui idipsum nominatim mandatum sit. Qui verò generale mandatum de universis negotiis gerendis alleget , non debet audiri. *l.* 25. §. 1. *ff. de minor.*

## IX.

*9. La ratification empêche la rescision.*

Si la cause de la Restitution ayant cessé, celuy qui auroit pû estre relevé a ratifié l'Acte dont il pouvoit se plaindre, il n'y sera plus reçû ; car l'approbation fait un nouvel Acte qui confirme le premier. Ainsi , par exemple , si un mineur estant devenu majeur ratifie une obligation dont il auroit pû estre relevé , il ne pourra plus l'estre *n*. Ainsi, celuy qui estant en pleine liberté ratifie un Acte qu'il prétendoit avoir consenti par force , ne pourra plus s'en plaindre.

*n* Qui post vigesimum quintum annum ætatis, ea quæ in minore ætate gesta sunt rata habuerint, frustra rescisionem eorum postulant. *l.* 2. *C. si maj. fact. rat. habuer. l.* 30. *ff. de min.* V. l'art. 23. de la Sect. 2.

## X.

*10. Effets reciproques de la Rescision.*

Si la Rescision ou Restitution est ordonnée, les choses seront remises de la part de celuy qui est relevé au même état où elles auroient dû estre , si l'Acte qui est annullé par la Rescision n'avoit pas esté fait. Mais comme il rentre dans ses droits, & recouvre ce qui doit luy estre rendu, soit en principal ou interests & fruits s'il y en a lieu ; il doit aussi de sa part remettre

à fa partie ce qui pouvoit eftre tourné à fon profit, de
forte qu'il ne profite de la Refcifion que le fimple effet
de rentrer dans fes droits, fa partie rentrant auffi de fa
part dans les fiens, autant que l'effet de la Refcifion
pourra le permettre. Ainfi, le vendeur qui fait annuller
un Contract de vente dont il avoit reçû le prix, doit
rendre ce prix. Mais fi un mineur eft relevé d'une vente
qu'il auroit faite, ou d'un Contract de rente qu'il auroit confenti pour de l'argent qu'il eût emprunté ; il ne
rendra ni du prix de cette vente, ni du capital du Contract de rente, que ce qui s'en trouvera tourné à fon
profit par un employ utile. Ainfi, la Refcifion eft reciproque ou non, felon la juftice qui peut eftre dûe à celuy
qui eft relevé *o*.

*o* Qui reftituitur in integrum ficut in damno morari non debet, ita nec in lucro.
Et ideo, quidquid ad eum pervenit, vel ex emptione, vel ex venditione, vel ex
alio contractu, hoc debet reftituere. *l. un. C. de reput. quæ f. in jud. in int. reft.*
   Reftitutio ita facienda eft, ut unufquifque jus fuum recipiat. Itaque, fi in
vendendo fundo circumfcriptus reftituetur, jubeat prætor emptorem fundum
cum fructibus reddere, & pretium recipere : nifi fi tunc eum dederit cùm eum
perditurum non ignoraret. *l. 24. §. 4. de minor.*
   Sed & cùm minor adiit hereditatem & reftituitur, mox quidquid ad eum ex
hereditate pervenit, debet præftare. Verùm & fi quid dolo ejus factum eft, hoc
eum præftare convenit. *d. l. un. §. 2. C. de reput. quæ f. in jud. in integ. reft.*

## XI.

Si dans l'Acte dont on demande la Refcifion il y avoit
d'autres chefs que ceux dont celuy qui veut eftre relevé
pourroit avoir fujet de fe plaindre, & qu'il n'y eût point
de liaifon des uns aux autres ; la Refcifion feroit bornée à
ce qui pourroit y donner fujet, & ne s'étendroit pas au
furplus de l'Acte. Mais s'il y avoit quelque liaifon entre
ces differentes parties de l'Acte, l'effet de la Refcifion
s'étendroit à tout, foit en faveur de celuy qui la demanderoit, ou pour l'interêt de fa partie, en tout ce qui devroit être remis au premier état *p*.

*11. Bornes de la refcifion, s'il y a dans l'Acte des chefs qu'elle ne re-garde point.*

*p* Ex caufa curationis condemnata pupillo, adverfus unum caput fententiæ reftitui volebat. Et quia videtur in cæteris litis fpeciebus relevata fuiffe, actor major ætate qui acquievit tunc temporis fententiæ, dicebat totam debere litem ref-
taurare. Hetennius Modeftinus refpondit, fi fpecies in qua pupilla in integrum
reftitui defiderat, cæteris fpeciebus non cohæret, nihil proponi cur à tota fententia actor poftulans audiendus eft. *l. 29. §. 1. ff. de minor.*

## XII.

Si un Tuteur avoit vendu un fonds commun entre fon mineur & luy, & que ce mineur fe fift relever, l'acquereur pourroit obliger ce Tuteur fon vendeur à reprendre fa portion, par cette raifon qu'il ne feroit pas tenu de divifer l'effet du Contract, & de garder une portion qu'il n'auroit pas voulu acheter feparée du refte q.

q Curator adolefcentium prædia communia fibi & his quorum curam adminiftrabat, vendidit. Quæro, fi decreto prætoris adolefcentes in integrum reftituti fuerint, an eatenus venditio refcindenda fit, quatenus adolefcentium pro parte fundus communis fuit ? Refpondit, eatenus refcindi, nifi fi emptor à toto contractu velit difcedi, quòd partem empturus non effet. l. 47. §. 1. ff. de minor.

## XIII.

Les Refcifions & Reftitutions doivent être demandées dans le temps prefcrit par les loix, & quand il eft expiré on n'y eft plus reçû r.

r V. l. ult. C. de temp. in int. reftit.
On ne rapporte pas icy le texte de cette Lòy, car le temps des refcifions & reftitutions en entier eft autrement reglé par les Ordonnances. V. ce qui en a été dit dans le préambule de cette Section.

## XIV.

Le temps de cette prefcription commence de courir du jour que la caufe de la Refcifion a ceffé. Ainfi, il commence contre les mineurs du jour de leur majorité, & contre les majeurs du jour qu'ils auront eu la liberté d'agir f.

f Et quemadmodum omnis minor ætas excipitur in minorum reftitutionibus, ita & in majorum tempus quo reipublicæ causâ abfuerint, vel aliis legitimis caufis, quæ veteribus legibus enumeratæ funt, fuerint occupati, omne excipiebatur. Et non abfimilis fit in hac parte minorum & majorum reftitutio. l. ult. C. de temp. in integ. reft. V. le préambule de cette Section.

## XV.

Ce temps de la prefcription fe compte à l'égard des heritiers qui demandent la reftitution en forte qu'il faut joindre le temps qui avoit couru contre la perfonne à qui ils fuccedent, avec celuy qui a couru contre eux. Mais fi l'heritier étoit mineur, fon temps ne commenceroit d'être ajoûté à celuy du défunt que du jour de fa majorité : car il feroit relevé de cela même qu'il auroit manqué de demander la reftitution pendant fa minorité *t*.

*t* Interdum tamen fucceffori plufquam annum dabimus, ut eft ex edicto expreffum : fi fortè ætas ipfius fubveniat. Nam poft annum vicefimum quintum habebit legitimum tempus, hoc enim ipfo deceptus videtur quod cùm poffet reftitui intra tempus ftatutum ex perfona defuncti, hoc non fecit. Planè fi defunctus ad in integrum reftitutionem modicum tempus ex anno utili habuit, huic heredi minori poft annum vicefimum quintum completum non totum ftatutum tempus dabimus ad integrum reftitutionem, fed id dumtaxat tempus, quod habuit is cui heres extitit. *l.* 19. §. 1. *ff. de min.*

# SECTION   II.

## De la Reftitution des Mineurs.

PErfonne n'ignore quelles font les perfonnes qu'on appelle mineurs, & ce qui les diftingue de ceux qu'on appelle majeurs. Sur quoy on peut voir ce qui en a efté dit dans l'article 16. de la Sect. 1. du Titre des Perfonnes, & dans l'article 9. de la Section 2. du même Titre.

## SOMMAIRES.

1. Caufe de la reftitution des Mineurs.

2. Cette reftitution eft indépendante de la bonne ou mauvaife foy de la Partie.

3. Le Mineur n'eft pas relevé indiftinctement.

4. Il n'eft pas relevé de ce qui a efté fait pour de juftes caufes.

5. Le Mineur n'eft pas relevé lorfqu'il trompe, ou fait quelque mal.

6. Ni dans les crimes & délits.

7. Si un Mineur s'eft déclaré Majeur.

8. Les Mineurs font relevez de toute lefion hors les cas des articles précedens.

9. Le Mineur eft relevé de toute forte d'Actes, où il eft lefé.

10. Il eft relevé d'avoir accepté un legs ou une fucceffion, ou d'y avoir renoncé.

11. Si la fucceffion devient onereufe par des cas fortuits.

12. Si la fucceffion à laquelle le Mineur a renoncé eft rétablie par un autre heritier.

## I.

**1. Cause de la restitution des Mineurs.**

LA Restitution des Mineurs est fondée sur la foiblesse de l'âge & sur le peu de fermeté que peut avoir leur conduite, faute de connoissance des affaires, & d'experience. Et comme cet état les expose non seulement à être trompez, mais à se tromper eux-mêmes; les Loix les relevent de tous les Actes où leur minorité les a engagez dans quelque lesion *a*.

*a* Hoc Edictum prætor naturalem æquitatem secutus proposuit, quo tutelam minorum suscepit. Nam cùm inter omnes constet, fragile esse, & infirmum ejusmodi ætatum consilium, & multis captionibus suppositum, multorum insidiis expositum: auxilium eis prætor hoc edicto pollicitus est, & adversus captiones opitulationum. *l. 1. ff. de minor.*

## II.

**2. Cette restitution est indépendante de la bonne ou mauvaise foy de la Partie.**

Il s'ensuit de la regle précédente, que la Restitution des Mineurs estant fondée sur leur foiblesse, & sur le défaut de connoissance des affaires & d'experience; elle est

indépendante de la bonne ou mauvaise foy de ceux qui
ont traitté avec eux. Et soit qu'eux-mêmes se soient trompez, ou que leurs Parties ayent usé contre eux de quelque surprise, la Restitution leur est également accordée
avec l'effet qu'elle doit avoir. Ainsi, les Loix protegent
les mineurs & contre leur propre fait, & contre celuy
des personnes qui pourroient abuser de leur facilité &
de leur foiblesse *b*.

*b* Vel ab aliis circumventi, vel sua facilitate decepti. *l.* 44. *ff. de min.*
Minoribus in integrum restitutio in quibus se captos probare possunt, etsi dolus adversarii non probetur, competit. *l.* 5. *C. de in integ. rest. min.*
Lex consilio ejus quasi parum firmo restitit. *l.* 4. *in, f. ff. de serv. export.*

### III.

Il s'ensuit aussi de cette même regle expliquée dans
l'article premier, que les mineurs n'étant relevez que
lorsqu'ils se trouvent lesez par la foiblesse de l'âge & leur
facilité; ils ne sont pas indistinctement restituez de tous
les Actes dont ils pourroient se plaindre. Mais c'est par
les circonstances de leur conduite, de celle de leurs
parties, de la qualité du fait dont ils se plaignent, des
causes & des suites de la lesion, & les autres semblables,
qu'il faut examiner, s'il est juste qu'ils soient relevez. Car
l'intention des Loix n'est pas de leur interdire l'usage de
toutes affaires, & de tous commerces ; mais seulement
d'empêcher qu'ils ne se trompent eux-mêmes, ou qu'ils
ne soient trompez *c*. Ainsi, ils sont relevez ou ne le sont
point par les regles qui suivent.

3. *Le Mineur n'est pas relevé indistinctement.*

*c* Prætor edicit, quod cum minore quàm vigintiquinque annis natu, gestum esse dicetur, uti quæque res erit animadvertam. *l.* 1. §. 1. *ff. de minor.*
Non omnia quæ minores annis vigintiquinque gerunt irrita sunt. *l.* 44. *eod.*
Sciendum est non passim minoribus subveniri, sed causâ cognitâ, si capti esse proponantur. *l.* 11. §. 3. *eod.*
Non semper autem ea quæ cum minoribus geruntur rescindenda sunt, sed ad bonum & æquum redigenda sunt : ne magno incommodo hujus ætatis homines afficiantur, nemine cum his contrahente : & quodammodo commercio eis interdicetur. Itaque, nisi aut manifesta circumscriptio sit, aut tam negligenter in ea causa versati sunt, prætor interponere se non debet. *l.* 24. §. 1. *eod.*

### IV.

Si un mineur qui veut estre relevé n'allegue rien qu'on
puisse imputer ou à sa mauvaise conduite, ou à quelque
surprise de sa partie, & qu'il n'ait fait que ce que son

4. *Il n'est pas re- levé de ce qui a esté fait pour de justes causes.*

interest ou quelque devoir l'obligeoit de faire; comme s'il a emprunté pour payer une dette legitime dont il se soit acquitté, ou s'il a acheté des choses necessaires, quand même elles viendroient à perir par un cas fortuit, il ne pourra pas estre relevé *d*. Ainsi, un Mineur ne sera pas restitué contre celuy qui par son ordre auroit fourni des alimens à son pere ou à sa mere dans leur necessité, selon que sa condition & ses biens pourroient le demander, puisqu'il pourroit estre contraint en Justice à les leur fournir *e*. Ainsi, un Mineur qui aura pardonné une injure dont il auroit pû se plaindre en Justice, ne sera pas relevé pour en poursuivre la reparation *f*.

*d* Non restituetur qui sobriè rem suam administrans occasione damni non inconsultè accidentis sed fato, velit restitui. Nec enim eventus damni restitutionem indulget, sed inconsulta facilitas. Et ita Pomponius libro vicesimo octavo scripsit. Unde Marcellus apud Julianum, notat, si minor sibi servum necessarium comparaverit, mox decesserit, non debere eum restitui, neque enim captus est, emendo sibi rem pernecessariam, licèt mortalem. *l*. 11. §. 4. *ff*, *de min*.

Non videtur circumscriptus esse minor, qui jure sit usus communi. *l. ult. C. de in int. rest. min.*

*e* Filia tuâ, non solùm reverentiam, sed etiam subsidium vitæ ut exhibeat tibi, rectoris Provinciæ autoritate compelletur. *l. 5. C. de patr. potest. v. l. 5. ff. de agnos. & al. lib. d. l. §. 2.* V. l'art. 4. de la Sect. 5. des Tuteurs.

*f* Auxilium in integrum restitutionis exactionibus pœnarum paratum non est: ideoque injuriarum judicium semel omissum, repeti non potest. *l. 37. ff. de minor.*

## V.

*5. Le Mineur n'est pas relevé lorsqu'il trompe ou fait quelque mal.*

Le Mineur qui aura trompé quelqu'un, ou causé quelque dommage, ne sera pas relevé par sa minorité, pour être déchargé de reparer le tort qu'il aura fait. Ainsi, un Mineur qui endommage une chose qu'il a empruntée, ou qu'il tient en dépôt, ne sera pas restitué pour estre quitte du dommage qu'il aura causé *g*.

*g* Nunc videndum, minoribus utrum in contractibus captis dumtaxat subveniatur, an etiam delinquentibus: ut putà dolo aliquid minor fecit in re deposita, aut commodata, vel alias in contractu: an ei subveniatur, si nihil ad eum pervenit? Et placet in delictis minoribus non subveniri, nec hîc itaque subvenietur. *l. 9. §. 2. ff. de minor.*

Si damnum injuriâ dedit, non ei subvenitur. *d. §. 2.*

Errantibus, non etiam fallentibus minoribus, publica jura subveniunt. *l. 2. C. si min. se maj. dix.*

Deceptis, non decipientibus opitulandum. *l. 2. §. 3. ff. ad vellei.*

VI.

## VI.

Dans les crimes & dans les délits la minorité peut bien dönner lieu de moderer les peines, mais elle n'empêche pas que le Mineur ne soit condamné au dédommagement du mal qu'il a fait [h].

[h] In delictis minor annis vigintiquinque non meretur in integrum restitutionem, utique atrocioribus nisi quatenus interdum miseratio ætatis ad mediocrem pœnam judicem produxerit. l. 37. §. 1. ff. de minor.

Non sit ætatis excusatio adversus præcepta legum, ei qui dum leges invocat, contra eas committit. d. l. 37. in fine. In criminibus ætatis suffragio minores non juvantur. Etenim malorum mores infirmitas animi non excusat. l. 1, C. si adv. delict. Malitia supplet ætatem. l. 3. C. si min. se maj. dix.

## VII.

Si un Mineur s'est dit Majeur, & par un faux Acte batistaire, ou par quelqu'autre voye s'est fait voir majeur; il ne pourra estre relevé des Actes où il aura engagé quelqu'un par cette surprise. Ainsi un Mineur ayant emprunté de l'argent par une telle voye, quoy-qu'il n'en ait pas fait un employ utile, son obligation ne laissera pas d'avoir le même effet que celle d'un Majeur [i].

[i] Si is qui minorem nunc se esse asseverat, fallaci majoris ætatis mendacio te deceperit, cùm juxta statuta juris, errantibus non etiam fallentibus minoribus publica judicia subveniant, in integrum restitui non debet. l. 2. C. si min. se maj. dix. l. 3. eod. l. 32. ff. de minor.

Il ne faut entendre cette regle que dans les cas où le creancier a eu quelque juste sujet de croire la majorité. Car s'il n'y avoit qu'une simple déclaration du mineur qui se seroit dit majeur, le creancier devroit s'imputer sa credulité. C'est pourquoy on a conçû la regle dans ces circonstances.

## VIII.

Comme les Mineurs ne sont pas relevez indistinctement, mais selon que la qualité des faits & les circonstances peuvent y donner lieu, & qu'on a vû dans les articles précedens les regles qui regardent les cas où la restitution n'est pas accordée; on verra dans ceux qui suivent comment elle a lieu, soit que les Mineurs ayent esté trompez par le fait des autres, ou qu'eux-mêmes se soient trompez. Car la bonne foy de celuy qui traitte avec un Mineur n'empêche pas la restitution; mais il doit s'imputer de n'avoir pas pris les précautions de sçavoir la condition de celuy avec qui il traittoit, & le sçachant

Mineur, de ne traiter avec luy qu'en forte que ce fût à fon avantage *l*.

*l* Minoribus in integrum reftitutio, in quibus fe captos probare poffunt, etfi dolus adverfarii non probetur, competit. *l. 5. C. de in integ. reft. min.* V. l'article 3. & l'article 17. Qui cum alio contrahit vel eft, vel debet effe non ignarus conditionis ejus. *l. 19. ff. de reg. jur.*

## IX.

La Reftitution des Mineurs a fon étenduë à toute forte d'Actes indiftinctement. Ainfi, ils font relevez non feulement lorfqu'ils fe trouvent engagez envers d'autres perfonnes, comme par un prêt, par une vente, par une focieté, ou par d'autres fortes de Convèntions s'ils y ont efté lefez ; mais auffi lorfque d'autres perfonnes s'obligent envers eux, fi l'obligation faite à leur profit n'eftoit pas telle qu'elle devoit eftre, foit pour la chofe dûë, ou pour les fûretez. Ainfi, ils font reftituez d'autres Actes que des Conventions : & ils font même refcinder les Arrefts où ils ont efté Parties, fi leur intereft n'a pas efté affez défendu. Ainfi, ils font relevez s'ils ont innové une dette rendant leur condition moins avantageufe, ou s'ils ont donné quittance d'un payement qui n'ait pas efté fait à leur Tuteur, mais à eux-mêmes, foit qu'ils n'en ayent pas reçû les deniers, ou qu'ils n'en ayent pas fait un employ utile. Ainfi, un Mineur qui avoit un choix ou comme creancier, ou comme debiteur de prendre ou donner de deux chofes l'une, ayant mal choifi fera relevé. Et generalement les Mineurs font reftituez de tout ce qu'ils ont pû faire, ou fouffrir, ou manquer de faire d'où il leur foit arrivé quelque préjudice *m*.

*m* Ait prætor, *geftum effe dicetur.* Geftum fic accipimus, qualiter qualiter, five contractus fit, five quidquid aliud contingit. Proinde fi emit aliquid, fi vendidit, fi focietatem coiit, fi mùtuam pecuniam accepit, & captus eft, ei fuccurietur. Sed etfi ei pecunia à debitore paterno foluta fit, vel proprio, & hanc perdidit, dicendum eft ei fubveniri, quafi geftum fit cum eo. *l. 7. §. 1. ff. de minor. d. l. §. 1.* Sed & in judiciis fubvenitur, five dum agit, five dum convenitur captus fit. *d. l. 7. §. 4.* Minus ex tutelæ judicio confecuti, de fuperfluo habere actionem ita poteftis, fi tempore judicii minores annis fuiftis. *l. 1. C. fi adv. rem. jud.* Si minor vigintiquinque annis fine caufa debitori acceptum tulerit. *l. 27. §. 2. eod.* Si damnofam fibi novationem fecerit. *d. l. 27. §. 3.* Etfi in optionis legato captus fit, dum elegit deteriorem, vel fi duas res promiferit, illam aut illam, & pretiofiorem dederit, debere fubveniri. *d. l. 7. §. 7.* V. fur le Prêt l'article 17.

## X.

Si un Mineur a renoncé à une succession qui pût luy être avantageuse, il sera relevé de sa renonciation, & pourra se rendre heritier *n*. Et si au contraire il a accepté une succession onereuse, il peut estre restitué pour y renoncer *o*, les creanciers appellez pour leur remettre les biens de la succession *p*. Et il peut de même estre relevé de la renonciation à un legs *q*, s'il luy en revenoit du profit, ou de l'acceptation qu'il en auroit faite s'il estoit onereux par quelque charge, ou quelque condition desavantageuse.

*10. Il est relevé d'avoir accepté un legs ou une succession, ou d'y avoir renoncé.*

*n* Minores vigintiquinque annis, non tantùm in his quæ ex bonis propriis amiserunt, verùm etiam si hereditatem sibi delatam non adierint, posse in integrum restitutionis auxilium postulare, jamdudum placuit. *l. 1. C. si ut om. hered.*

*o* Sed etsi hereditatem minor adiit minùs lucrosam, succurritur ei, ut se possit abstinere. *l. 7. §. 5. ff. de minor.*

Sed tamen & puberibus minoribus vigintiquinque annis, si temerè damnosam hereditatem parentis appetierint, ex generali edicto, quod est de minoribus vigintiquinque annis, succurrit. Cùm & si extranei damnosam hereditatem adierint ex ea parte edicti in integrum eos restituit. *l. 57. §. 1. ff. de acq. vel om. hered.* V. les deux articles suivans.

*p* V. la Nov. 119. c. 6.

*q* Etsi sine dolo cujusquam legatum repudiaverit. *l. 7. §. 7. ff. de minor.*

## XI.

Si aprés qu'un Mineur aura recueilli une succession avantageuse, il arrive dans la suite que les biens soient diminuez par des cas fortuits, comme si une maison de la succession perit par un incendie, si des heritages sont entraînez par un débordement, ou qu'il arrive d'autres pertes semblables; le Mineur n'ayant fait alors que ce que tout autre auroit fait & dû faire, il ne pourra pas estre relevé pour retirer des creanciers de cette succession ce qu'il auroit payé *r*.

*11. Si la succession devient onereuse par des cas fortuits.*

*r* Si locupleti heres extitit, & subitò hereditas lapsa sit ( putà prælia fuerunt quæ chasmate perierunt, insulæ exustæ sunt, servi fugerunt aut decesserunt) Julianus quidem libro quadragesimo sexto sic loquitur quasi possit minor in integrum restitui. Marcellus autem apud Julianum notat, cessare in integrum restitutionem. Neque enim ætatis lubrico captus est, adeundo locupletem hereditatem: & quod fato contingit, cuivis patrifamilias quamvis diligentissimo possit contigere. Sed hæc res afferre potest restitutionem minori, si adiit hereditatem in qua res erant mortales, vel prædia urbana, æs autem alienum grave, quod non prospexit posse evenire ut demoriantur mancipia, prædia ruant, vel quòd non citò distraxerit hæc quæ multis casibus obnoxia sunt. *l. 11. §. 5. ff. de min.*

On n'a pas mis dans cet article que le Mineur qui a recueilli une succession dont les biens peuvent estre sujets à perir, peut par cette raison en estre relevé; car les Tuteurs sont obligez par les Ordonnances de vendre ces sortes de biens, comme il a esté dit dans l'article 13. de la Section 3. des Tuteurs. Et d'ailleurs lorsqu'un Mineur recueille une succession, il est pourvû à sa sûreté & à celle des creanciers de la succession, par l'inventaire que le Tuteur est obligé d'en faire. Car par l'effet de cet inventaire le Mineur est toûjours en état de faire justice aux creanciers de la succession, & si dans la suite elle devient onereuse par des pertes de biens de la nature de celles dont il est parlé dans cet article, il est juste que sa condition soit la même que celle d'un heritier beneficiaire, qui n'est jamais tenu au-delà des biens de la succession, puisque l'inventaire met le Mineur & les creanciers dans ce même état. Mais si le Mineur ou son Tuteur ayant employé les effets mobiliaires de la succession pour acquitter une partie des dettes, & ayant payé le reste des deniers propres du Mineur pour luy en conserver les immeubles, il arrive dans la suite que ces immeubles viennent à perir par des débordemens, des incendies, ou par d'autres évenemens, cette perte qui pouvoit arriver aux personnes les plus prudentes, ne donnera pas le droit au Mineur de faire rendre aux creanciers ce qu'il leur avoit donné en payement de ses propres deniers. Car de sa part il s'estoit acquitté d'un juste devoir, & avoit agi en bon pere de famille, & les creanciers de la leur n'avoient reçû que ce qui leur estoit dû legitimement, & dont ils auroient pû estre payez sur les biens de la succession qu'ils auroient pû faire vendre avant qu'ils périssent, si le Mineur eût renoncé à la succession, ou si demeurant heritier il n'avoit prevenu leurs diligences par ce payement.

## XII.

12. Si la succession à laquelle le Mineur a renoncé est rétablie par un autre heritier.

Si un Mineur ayant renoncé à une succession, celuy qui en sa place se trouve l'heritier, soit par une substitution, ou comme plus proche, accepte l'heredité, & que le Mineur veüille la reprendre, il sera relevé tandis que les choses sont encore en entier. Mais si la succession estant embarassée d'affaires & de dettes avoit esté liquidée par les soins de cet heritier qui auroit vendu des biens pour payer, & fini les affaires; ce Mineur ne pourroit pas estre relevé dans ces circonstances pour dépoüiller cet heritier du fruit de ses soins *f*.

*f* Scævola noster aiebat, si quis juvenili levitate ductus omiserit; vel repudiaverit hereditatem vel bonorum possessionem : si quidem omnia in integro sint, omnimodo audiendus est. Si verò jam distractâ hereditate, & negotiis finitis, ad paratam pecuniam laboribus substituti veniat, repellendus est. *l. 24. §. 2. ff. de minor.*

## XIII.

13. La restitution a lieu pour les profits dont le Mineur a été privé.

Les Mineurs sont relevez non seulement lorsqu'ils sont en perte, mais aussi lorsqu'ils se trouvent privez de quelque profit qui devoit leur revenir *t*. Ainsi, par

*t* Hodie certo jure utimur ut & in lucro minoribus succurratur. *l. 7. §. 6. ff. de minor.* Aut quod habuerunt amiserunt, aut quod acquirere emolumentum potuerunt, omiserunt. *l. 44. eod.* Placuit minoribus etiam in his succurri quæ non acquisierunt. *l. 17. §. 3. ff. de usur.* V. l'art. 10.

exemple, si un Mineur heritier d'une personne qui estoit interessée dans une societé, surpris par les autres associez avoit renoncé à la part qu'il pouvoit y avoir dans le temps qu'une affaire commencée avec le défunt devoit rapporter quelque profit, il seroit relevé. Ainsi, les Mineurs sont restituez s'ils ont renoncé à des successions, ou à des legs, comme il a esté dit dans l'article 10me.

## XIV.

Quoy-que l'engagement où un Mineur seroit entré pût ne luy causer aucune perte presente en ses biens ; il ne laissera pas d'estre relevé, si d'ailleurs il luy étoit desavantageux. Comme s'il s'estoit engagé dans quelque affaire ou quelque commerce qui dût luy attirer des procés, des dépenses ou d'autres suites qu'il eût interest d'éviter ou de prevenir : ou qu'il eût accepté une succession embarrassée d'affaires d'une discussion longue & difficile .

*u* Minoribus vigintiquinque annis subvenitur per in integrum restitutionem, non solùm cùm de bonis eorum aliquid minuitur, sed etiam cùm intersit ipsorum litibus & sumptibus non vexari. *l. 6. ff. de minor.*

Neque illud inquiritur solvendo sit hereditas, an non sit : opinio enim, vel metus, vel color ejus qui noluit adire hereditatem inspicitur, non substantia hereditatis : nec immeritò. Non enim præscribi heredi instituto debet, cur metuat hereditatem adire, vel cur nolit : cùm variæ sint hominum voluntates, quorumdam negotia timentium, quorumdam vexationem, quorumdam æris alieni cumulum, tametsi locuples videatur hereditas. *l. 4. in f. ff. ad Senat. Trebell.*

*Quoy-que cette Loy soit d'un autre sujet, ces paroles peuvent se rapporter icy.* V. l'art. 10.

## XV.

Si un Mineur avoit compromis sur quelque different, il pourroit en estre restitué, quand même il auroit esté autorisé de son tuteur *x*. Car encore qu'il soit de la conduite d'un bon pere de famille de mettre son droit entre les mains d'Arbitres ; le Mineur pourroit avoir esté trompé ou dans le choix des Arbitres, ou mettant en compromis un droit incontestable. Et quoy-que son Tuteur l'eût autorisé dans ce compromis, il ne laisseroit pas d'en estre relevé *y*.

*x* Minores si in judicem compromiserunt, & tutore auctore stipulati sint, integri restitutionem adversus talem obligationem jure desiderant. *l. 34. §. 1. ff. de minor.*

*y* V. l'art. 19.

*14. Le Mineur est relevé pour éviter des procés, & des affaires difficiles.*

*15. Le Mineur est relevé d'un compromis.*

## XVI.

Les Mineurs ne ſont pas ſeulement relevez de ce qu'ils peuvent avoir fait à leur préjudice, mais ils peuvent l'eſtre auſſi pour avoir manqué à ce qu'ils eſtoient obligez de faire dans les cas où cette omiſſion peut eſtre reparée. Ainſi, par exemple, ſi le pere d'un Mineur ayant acheté un heritage à condition que ſi le prix n'en étoit pas payé dans un certain temps la vente ſeroit reſoluë, le Mineur heritier de ſon pere manque de payer dans le temps, & que même il y ait eu des ſommations de payement faites à ſon Tuteur, & que faute de payement le vendeur ait eſté remis dans ſon heritage, ſoit du conſentement du Tuteur, ou par une Sentence, le Mineur pourra eſtre reçû à rentrer dans cet heritage en payant le prix ʒ. Si ce n'eſt que par des circonſtances particulieres les choſes ne fuſſent plus en état qu'il dût eſtre reçû à ce payement comme ſi cette vente n'avoit eſté reſoluë qu'aprés un long-temps, & pluſieurs delays accordez à ce Mineur pour payer ce prix au vendeur, qui devant l'employer à acquiter des dettes preſſantes, auroit eſté obligé de vendre cet heritage pour faire ceſſer une ſaiſie qu'un creancier auroit fait de ſes biens.

ʒ. Minoribus in his quæ vel prætermiſerunt, vel ignoraverunt, innumeris auctoritatibus conſtat eſſe conſultum. *l. pen. C. de in int. reſt. min.*

Æmilius Larianus ab Obinio fundum Rutilianum lege commiſſoria emerat, data parte pecuniæ, ita ut ſi intra duos menſes ab emptione, reliqui pretii partem dimidiam non ſolviſſet, inemptus eſſet: item, ſi intra alios duos menſes reliquum pretium non numeraſſet, ſimiliter eſſet inemptus. Intra priores duos menſes Lariano defuncto, Rutiliana pupillaris ætatis ſucceſſerat, cujus tutores in ſolutione ceſſaverunt: venditor denuntiationibus tutoribus ſæpè datis, poſt annum eandem poſſeſſionem Claudio Telemacho vendiderat. Pupilla in integrum reſtitui deſiderabat: victa tam apud prætorem, quàm apud præfectum urbi, provocaverat. Putabam bene judicatum, quòd pater ejus, non ipſa contraxerat. Imperator autem motus eſt quòd dies committendi in tempus pupillæ incidiſſet, eáque effeciſſet ne pareretur legi venditionis. Dicebam, poſſe magis ea ratione reſtitui eam, quòd venditor denuntiando poſt diem quo placuerat eſſe commiſſum, & pretium petendo, receſſiſſe à lege ſua videretur. Non me moveri, quòd dies poſtea tranſiſſet, non magis quàm ſi creditor pignus diſtraxiſſet poſt mortem debitoris die ſolutionis finita. Quia tamen lex commiſſoria diſplicebat ei, pronuntiavit in integrum reſtituendam. *l. 38. ff. de min.* V. l'art. 18. de la Sect. 4. des Conventions, & l'article 12. de la Sect. 12. du Contract de vente.

## XVII.

Ce n'eſt pas aſſez pour empêcher la Reſtitution d'un Mineur obligé par un prêt qu'il ait effectivement reçû la ſomme prétée, mais il faut de plus qu'il en ait fait un employ utile. Ainſi le Mineur qui ayant emprunté une ſomme d'argent l'a mal employée, comme s'il l'a conſumée inutilement, ou même s'il l'a prétée à un debiteur inſolvable, ſera relevé en cedant ſon droit à ſon creancier *a*. Car celuy qui préte doit connoître la condition de ſon debiteur s'il eſt Majeur ou Mineur *b* : & le ſçachant Mineur il a dû prendre ſoin de l'employ des deniers qu'il vouloit luy préter .

*a* Si mutuam pecuniam accepit & captus eſt, ei ſuccurretur. *l. 7. §. 1. ff. de min.*

Si pecuniam quam mutuam minor accepit, diſſipavit, denegare debet. proconſul creditori adverſus eum actionem. Quòd ſi egenti minor crediderit, ulterius procedendum non eſt, quàm ut jubeatur juvenis actionibus ſuis quas habet adverſus eum cui ipſe credidiſſet, cedere creditori ſuo. *l. 27. §. 1. ff. de min.*

*b* V. l'art. 7. de la Sect. 5. des Conventions, & le ſecond texte cité cy-devant ſur l'article 8.

*c* Curioſus debet eſſe creditor quo vertatur. *l. 3. §. 9. in fine ff. de in rem verſo.*

## XVIII.

Si deux Mineurs traitant enſemble, l'un des deux ſe trouve leſé par le dol de l'autre, il ſera relevé, de même que contre un Majeur. Et ſi celuy qui a trompé l'autre en a reçû de l'argent, il ſera tenu de le rendre, quand il ne l'auroit pas en ſa puiſſance, & qu'il n'en auroit tiré aucun profit : Et il ſera tenu auſſi des dommages & intereſts que ſon dol aura pû cauſer. Et il en ſeroit tenu de même envers un Majeur qu'il auroit trompé *d*. Que ſi un de deux Mineurs ſe trouve dans un engagement envers l'autre, à faire ou donner quelque choſe qui tourne à ſon préjudice, il en ſera auſſi relevé quoy-qu'il n'y eût aucun dol de la part de ce Mineur envers qui il eſt engagé. Car la leſion dans ſa minorité doit le faire relever de ſon engagement indépendamment de la qualité de la perſonne envers qui il eſt obligé, & quand même ſa reſtitution tourneroit en perte à l'autre Mineur. Ainſi, par

*d* Malitia ſupplet ætatem. *l. 3. C. ſi min. ſe maj. dix.* V. les articles 5. & 6.

exemple, si un Mineur s'estoit rendu caution d'un debiteur d'un autre Mineur, il seroit restitué, quoy-que ce debiteur se trouvant insolvable, le Mineur creancier dût perdre sa dette. Et si les deux Mineurs se trouvoient lesez, sans qu'il y eût aucun dol de l'un ni de l'autre, celuy qui se trouveroit dans un engagement envers l'autre, dont l'execution luy seroit nuisible, en seroit relevé. Ainsi, par exemple, si un Mineur ayant emprunté de l'argent d'un autre Mineur, n'a plus cet argent en sa puissance, & n'en a pas fait un employ utile, il sera relevé de son obligation de rendre cet argent, quoy-que l'autre s'en trouve en perte. Car dans tous les cas de cette nature, l'obligation du Mineur pour une cause dont rien n'est tourné à son avantage, devant estre annullée; la suite de la perte qui en arrive à celuy qui avoit traité avec le Mineur ne change pas son droit, & ne valide pas son obligation. Mais cette perte est considerée ou comme un cas fortuit, ou comme un évenement que doit s'imputer celuy qui avoit traité avec un Mineur. Ainsi en general, lorsque deux Mineurs ont traité ensemble, & qu'il y a quelque lesion, ou de l'un seulement, ou de tous les deux, & qu'il n'est pas possible de remettre l'un & l'autre dans l'état où ils étoient auparavant ; le jugement de la Restitution doit dépendre de la qualité des faits & des circonstances, & de l'état où l'évenement aura mis la condition de l'un & de l'autre; pour relever celuy qui se trouvera dans un engagement dont l'execution dût luy faire un préjudice qui rende juste la Rescision [e].

[e] Item quæritur, si minor adversus minorem restitui desiderat, an sit audiendus. Et Pomponius simpliciter scribit, non restituendum. Puto autem, inspiciendum à prætore quis captus sit. Proinde si ambo capti sunt, verbi gratiâ, minor minori pecuniam dedit, & ille perdidit, melior est causa (secundùm Pomponium, ejus qui accepit, & vel dilapidavit, vel perdidit. l. 11. §. 6. ff. de minor. Melior est causa consumentis, nisi locupletior ex hoc inveniatur, litis contestatæ tempore. l. 34. eod.

## XIX.

Encore que le Mineur ait été autorisé de son Tuteur dans l'Acte dont il demande d'estre relevé, la Restitution ne laissera pas d'avoir son effet, quand ce Tuteur seroit même le pere du Mineur chargé de ses biens. Et
quoy-que

quoy-que ce fût un Acte fait en Justice, le Mineur pourra en estre relevé, s'il y en a lieu. Et il le seroit de même
de ce que le Tuteur auroit fait en cette qualité sans que
le Mineur y eût esté present, s'il se trouvoit lesé par le
fait du Tuteur. Car le pouvoir du Tuteur est borné à ce
qui peut estre utile au Mineur *e*.

*e* Minoribus annis vigintiquinque etiam in his quæ præsentibus tutoribus vel
curatoribus, in judicio, vel extra judicium gesta fuerint, in integrum restitutionis auxilium superesse, si circumventi sunt, placuit. *l. 2. C. si tut. vel cur.*
*interv.*

Etiamsi patre, eodémque tutore auctore, pupillus captus probari possit, curatorem postea ei datum nomine ipsius in integrum restitutionem postulare non
prohiberi. *l. 29. ff. de minor. v. l. 3. §. 5. & 7. eod.*

Tutor in re pupilli tunc domini loco habetur, cùm tutelam administrat, nòn
cùm pupillum spoliat. *l. 7. §. 3. ff. pro emptore.* V. l'art. 24. de cette Sect. &
l'art. 10. de la Sect. 2. des Tuteurs.

## XX.

La minorité ne finit qu'au dernier moment de la vingt-
cinquiéme année accomplie, à compter du moment de
la naissance de celuy qui pretend estre relevé. Ainsi le
Mineur peut estre restitué des Actes qui ont precedé ce
dernier moment. Et les années se comptent de sorte que
les deux jours qu'on appelle de bissexte, qui dans nôtre
usage sont le 28. & le 29. Février, ne soient comptez que
pour un. Car l'un & l'autre sont de la même année à
quelque moment qu'elle ait commencé *f*.

20. La minorité
finit à 25. ans ac-
complis.

*f* Minorem autem vigintiquinque annis natu videndum an etiam die natalis
sui adhuc dicimus, ante horam quâ natus est, ut si captus sit restituatur. Et
cùm nondum compleverit, ita erit dicendum, ut à momento in momentum tempus spectetur. Proinde & si bissexto natus est, sive priore sive posteriore die,
Celsus scribit, nihil referre. Nam id biduum pro uno die habetur, & posterior
dies Kalendarum intercalatur. *l. 3. §. 3. ff. de min.*

On sçait assez l'origine de ce mot de bissexte, & il n'est pas necessaire de l'expliquer
icy. Il suffit d'y remarquer, que comme le jour qu'on ajoûte à l'année du bissexte,
& que nous comptons le 29. Février, est un jour composé des heures dont le cours annuel du Soleil excede 365. jours, & qui font un jour tous les quatre ans; ce jour
fait partie de ces quatre années. Ainsi il doit estre compté dans le nombre d'années necessaires pour parvenir à la majorité. Et on ne compte chaque année de bissexte que pour
une année, quoy-qu'elle ait un jour de plus que les autres. D'où il s'ensuit que celuy,
par exemple, qui est né le 28. Février, & de qui la vingt-cinquiéme année arrivera
une année de bissexte, demeurera mineur jusqu'au 29. à l'heure de sa naissance.

## XXI.

La Restitution qui aneantit l'obligation du Mineur,
n'aneantit pas celle de sa caution, si ce n'est que la Resti-

21. Fidejusseur
d'un Mineur.

tution du Mineur se trouvât fondée sur le dol de sa partie g, ou sur quelqu'autre vice de l'obligation qui dût avoir cet effet, suivant les regles qui ont esté expliquées dans le Titre des Cautions h.

g Si ea quæ tibi vendidit possessiones, interposito decreto præsidis, ætatis tantummodo auxilio juvatur, non est dubium fidejussorem ex persona sua obnoxium esse contractui. Verùm si dolo malo apparuerit contractum interpositum esse, manifesti juris est utrique personæ tam venditricis, quàm fidejussoris consulendum esse. *l. 2. C. de fidejuss. min.* V. l'art. 10. de la Section 1. des Cautions.

h V. les articles 2; 3. 4. de la Sect. 5. du même Titre des Cautions.

## XXII.

**22. Benefice d'âge.** Lorsque la conduite des Mineurs paroît telle qu'avant leur majorité ils sont jugez capables de l'administration de leurs biens, les Loix permettent qu'on la leur confie par des Lettres de benefice d'âge, que les garçons peuvent obtenir à l'âge de vingt ans accomplis, & les filles aprés dix-huit ans. Et ce benefice a cet effet qu'ils peuvent joüir de leurs biens par leurs mains, & en prendre le soin, mais non les aliener ni les engager i. Ainsi le benefice d'âge n'empêche la Restitution que pour ce qui regarde cette joüissance, & non pour des Actes que les Mineurs pourroient faire ensuite à leur préjudice, soit en alienant ou hypothequant leurs biens, ou autrement. Et ce benefice n'a pas non plus l'effet de faire reputer Majeurs ceux qui l'ont obtenu, lorsqu'il s'agit d'accomplir une condition d'un legs, d'une substitution, ou autre qui

i Omnes adolescentes qui honestate morum præditi, paternam frugem, vel avorum patrimonia gubernare cupiunt, & super hoc imperiali auxilio indigere cœperint, ita demum ætatis veniam impetrare audeant, cùm vicesimi anni metas impleverint. *l. 2. C. de his qui ven. ætat. impetr.*

Fœminas quoque quas morum honestas, mentisque solertia commendat, cùm octavum & decimum annum egressæ fuerint, veniam ætatis impetrare sancimus. *d. l. §. 1. v. l. 3. ff. de minor.*

Eos qui veniam ætatis à principali clementia impetraverunt vel impetraverint, non solùm alienationem, sed etiam hypothecam minimè posse, sine decreti interpositione, rerum suarum immobilium facere jubemus: in quorum alienatione, vel hypotheca decretum illis necessarium est, qui nec dum veniam ætatis meruerunt: ut similis sit in ea parte conditio minorum omnium, sive petita sit, sive non ætatis venia. *l. 3. eod.*

Eos qui veniam ætatis à principali clementia impetraverunt, etiamsi minus idonè rem suam administrare videantur, in integrum restitutionis auxilium impetrare non posse, manifestissimum est: ne hi, qui cum eis contrahunt, principali auctoritate circumscripti esse videantur. *l. 1. eod.*

dût avoir son effet par leur majorité ; à moins que cette condition exprimât le cas du benefice d'âge *l*.

*l* Si quis aliquid dari vel fieri voluerit, & legitimæ ætatis fecerit mentionem, vel ( si ) absolutè dixerit perfectæ ætatis, illam tantummodo ætatem intellectam esse videri volumus, quæ & 25. annorum curriculis completur, non quæ ab imperiali beneficio suppletur. Et præcipuè quidem in substitutionibus, vel restitutionibus hoc intelligi sancimus, nihilominus tamen & aliis : nisi specialiter quisquam addiderit, ex venia ætatis velle aliquid procedere. *l. ult. C. de his qui ven. æt. impetr.*

## XXIII.

Si l'execution d'un Acte consenti par un Mineur, ne devoit se faire qu'aprés sa majorité, il ne laissera pas d'estre restitué, s'il s'y trouve lesé. Mais si estant devenu Majeur, il l'execute, ou en fait quelqu'autre approbation, il ne pourra plus en estre relevé. Et en general toute approbation faite par un Majeur de ce qu'il avoit fait en minorité, fait cesser la Restitution. Ainsi celuy qui pendant sa minorité avoit approuvé le testament de son pere qu'il pouvoit faire annuller, & qui auroit pû estre relevé de cette approbation, n'y sera pas reçû si aprés sa majorité il reçoit ou demande un legs que son pere luy avoit fait par ce testament. Ainsi celuy qui pouvant se faire relever d'une obligation qu'il avoit consentie dans sa minorité, estant devenu Majeur fait un payement à son creancier ou du tout, ou d'une partie, ne peut plus demander la Restitution. Mais si un Mineur qui pendant sa minorité se seroit engagé dans une affaire qui eût beaucoup de suites & un grand détail, comme une succession, & qui peu aprés sa majorité recevroit un payement de quelque dette de cette succession, soit pour prevenir la perte de cette dette, ou pour en acquiter quelqu'autre pressante, & demanderoit en même temps d'estre relevé, pourroit estre excusé, si les circonstances faisoient juger que ce qu'il avoit fait aprés sa majorité estoit moins une approbation de la qualité d'heritier, qu'un Acte necessaire pour le bien de l'heredité *m*.

*m* Si quis cum minore contraxerit, & contractus inciderit in tempus quo major efficitur : utrum initium spectamus, an finem. Et placet (ut & est constitutum ) si quis major factus comprobaverit quod minor gesserat, restitutionem cessare. *l. 3. §. 1. ff. de minor.*
Qui post vigesimum annum ætatis, ea quæ in minore ætate gesta sunt, rata

habuerint, fruſtrà reſciſionem eorum poſtulant. *l. 2. C. ſi maj. faɛ̃. rat. hab.*

Si filius emancipatus contra tabulas non accepta poſſeſſione, poſt inchoatam reſtitutionis quæſtionem, legatum ex teſtamento patris major vigintiquinque annis petiiſſet, liti renuntiare videtur cùm, etſi bonorum poſſeſſionis tempus largiretur, electo judicio defuncti, repudiatum beneficium prætoris æſtimaretur. *l. 30. ff. de min.*

Si paterfamilias factus ſolverit partem debiti, ceſſabit Senatuſconſultum. *l. 7. §. ult. ff. de Senatuſc. Maced.*

*Quoy-que cette Loy regarde un autre ſujet, elle peut s'appliquer icy.*

Scio illud aliquando incidiſſe, minor vigintiquinque annis miſcuerat ſe paternæ hereditati, majórque factus exegerat aliquid à debitoribus paternis: mox deſiderabat reſtitui in integrum, quo magis abſtineret paterna hereditate: contradicebatur ei, quaſi major factus comprobaſſet, quod minori ſibi placuit. Putavimus tamen reſtituendum in integrum, initio inſpecto. Idem puto etſi alienam adiit hereditatem. *l. 3. §. 2. ff. de minor.*

*Cet heritier recevant ainſi un payement, pourvoiroit mieux à ſe conſerver la reſti-titution, en faiſant une proteſtation par quelque Acte.*

## XXIV.

24. *Les immeubles des Mineurs ne peuvent eſtre alie-nez ſans neceſſité.* Les Loix n'ont pas ſeulement pourvû à la Reſtitution des Mineurs, mais elles ont de plus défendu l'alienation de leurs biens immeubles. Et quand il ne ſe trouveroit pas de léſion pour le prix dans la vente du fonds d'un Mineur, il ſeroit relevé par la ſeule raiſon de ravoir des biens qu'il luy eſt plus utile de conſerver que d'en avoir le prix. Ainſi les Mineurs ſont relevez de toutes les ventes de leurs fonds, ſoit qu'elles ayent eſté faites par eux-mêmes, ou par leurs Tuteurs ſous pretexte de tranſaction, d'échange, de ſterilité du fonds, ou d'autre quelconque *n*. Mais s'il eſtoit neceſſaire de vendre des immeubles d'un Mineur pour acquiter des dettes, la vente pourroit s'en faire aprés qu'elle auroit eſté ordonnée en Juſtice, & en y obſervant les formalitez qui ſeront expliquées dans l'article ſuivant *o*.

*n* Imperatoris Severi oratione prohibiti ſunt tutores & curatores prædia ruſtica, vel ſuburbana diſtrahere. *l. 1. ff. de reb. eor. qui ſub. tut.*

Non ſolùm per venditionem ruſtica prædia, vel ſuburbana pupilli vel adoleſcentes alienare prohibentur: ſed neque tranſactionis ratione, neque permutatione, & multò magis donatione, vel alio quoquo modo ea transferre, ſine decreto, à dominio ſuo poſſunt. *l. 4. C. de præd. & al. reb. min. ſ. d. n. al.*

Si fundus ſit ſterilis, vel ſaxoſus, vel peſtilens, videndum eſt an alienare eum non poſſit: & Imperator Antoninus, & D. Pater ejus in hæc verba reſcripſerunt, quod allegatis infructuoſum eſſe fundum quem vendere vultis, movere nos non poteſt. Cùm utique pro fructuum modo pretium inventurus ſit. *l. 13. ff. de reb. eor. qui ſub. tut.*

Et domus, & cætera omnia immobilia in patrimonio minorum permaneant. *li. 22. C. de adm. tut.* V. la remarque ſur l'art. 13. de la Sect. 3. des Tuteurs.

*o* Qb æs alienum tantùm, cauſa cognita præſidiali decreto, prædium ruſticum.

minoris provinciale diftrahi permittitur. *l. 12. C. de præd. & al. reb. min.* V. l'art. fuivant & l'art. 4. de la Sect. 2. des Tuteurs.

## XXV.

Pour l'alienation du fonds d'un Mineur, il faut que la vente fe fafle pour une caufe neceflaire, comme pour payer des dettes preflantes, dont on ne puifle differer le payement, & qu'on ne puifle acquitter que par cette voye : Que cette vente foit ordonnée en Juftice, aprés que par l'inventaire des biens du Mineur, & par un état de compte rendu par le Tuteur, il paroifle qu'il n'y ait ni deniers, ni meubles, ni dettes actives, ni de revenus prefens ou à venir, ou d'autres effets qui puiflent fuffire pour le payement; de forte qu'il foit neceflaire d'aliener le fonds. Et il faut aufli qu'on choififfe parmi les fonds ceux qui font les moins précieux, & qui peuvent fuffire, & que la vente fe fafle aux encheres, par decret du Juge, aprés les delais reglez, & des publications pour avertir les perfonnes intereffées, & les encherifleurs, & qu'enfin le prix de la vente foit employé au payement des dettes *p*.

25. *Formalitez pour la vente des immeubles des Mineurs.*

*p* Quòd fi forte æs alienum tantum erit, ut ex rebus cæteris non poflit exolvi, tunc prætor urbanus vir clariffimus adeatur, qui pro fua religione æftimet quæ poflint alienari, obligarive debeant, manente pupillo actione, fi poftea potuerit probari obreptum efle prætori. *l. 1. §. 2. ff. de reb. eor. qui fub. tut.*

Non paffim tutoribus, fub obtentu æris alieni permitti debuit venditio. Namque non efle viam eis diftractionis tributam : & ideo prætori arbitrium hujus rei Senatus dedit, cujus officio imprimis hoc convenit, excutere an aliunde poflit pecunia ad extenuandum æs alienum expediri. Quærere ergo debet an pecuniam pupillus habeat, vel in numerato, vel in nominibus quæ conveniri poflunt, vel in fructibus conditis, vel etiam redituum fpe atque obventionum, item requirat, num aliæ res fint præter prædia quæ diftrahi poflunt, ex quorum pretio æri alieno fatisfieri poflit. Si igitur deprehenderit, non pofle aliunde exolvi quàm ex prædiorum diftractione, tunc permittet diftrahi : fi modo urgeat creditor, aut ufurarum modus parendum æri alieno fuadeat. *l. 5. §. 9. ff. de reb. eor. qui fub. tut.*

Jubere debet ( prætor ) edi rationes, itemque fynopfim bonorum pupillarium. *d. l. 5. §. 11.*

Etfi præfes provinciæ decrevit alienandum, vel obligandum pupilli fuburbanum vel rufticum prædium, tamen actionem pupillo, fi falfis allegationibus circumventam religionem ejus probare poflit, Senatus refervavit : quam exercere tu quoque non vetaberis: *l. 5. C. de præd. & al. reb. min.*

Manet actio pupillo fi poftea potuerit probari obreptum efle prætori. *l. 5. §. 15. ff. de reb. eor. qui fub. tut.*

Les formalitez pour la vente des biens des Mineurs font les mêmes que celles des Criées & des Decrets. Et ce n'eft aufli que par un decret dans les formes qu'il peut eftre pourvû à la fûreté d'un acquereur de biens de Mineurs.

## XXVI.

Si le Tuteur preffé par les creanciers du Mineur , & pour prevenir ou faire ceffer une faifie de fes biens vend quelque heritage fans obferver les formes , le Mineur pourra en eftre relevé *q*.

*q* Tutor urgentibus creditoribus , rem pupillarem bona fide vendidit , denuntiante tamen matre emptoribus. Quæro , cùm urgentibus creditoribus diftracta fit , nec de fordibus tutoris meritò quippiam dici poteft , an pupillus in integrum reftitui poteft ? Refpondi , cognita caufa æftimandum : nec idcirco , fi juftum fit reftitui , denegandum id auxilium , quòd tutor delicto vacaret. *l.* 47. *ff. de minor.* V. l'article 19. & les articles 24. & 25.

## XXVII.

Si l'alienation du fonds d'un Mineur fe trouve fujette à Refcifion , il aura fon action non feulement contre fon Tuteur , s'il y en avoit lieu ; mais auffi contre le poffeffeur du fonds aliené *r*.

*r* Manet actio pupillo , fi poftea poterit probari obreptum effe prætori. Sed videndum eft , utrum in rem , aut in perfonam dabimus ei actionem. Et magis eft ut in rem detur , non tantùm in perfonam adverfus tutores five curatores. *l.* 5. §. 15. *ff. de reb. eor. qui fub. tut.* V. l'art. 6. de la Sect. 1.

## XXVIII.

Si celuy qui a acquis l'heritage d'un Mineur y a employé des dépenfes qui l'ayent beacoup amelioré , comme fi n'ayant acheté qu'une mafure , il y a fait un grand bâtiment , & que le Mineur ayant de juftes caufes de Reftitution demande d'eftre relevé ; il ne pourra rentrer dans ce fonds qu'en rembourfant ces dépenfes dont il ne doit pas profiter au préjudice de cet acquereur. Sur tout , s'il fe trouvoit que le Tuteur de ce Mineur dût répondre de cette alienation , & qu'il fût folvable. Car en ce cas le Mineur recouvreroit fes dommages & interefts contre fon Tuteur *f*. Mais s'il rentre dans fon heritage en rembourfant l'acquereur de fes ameliorations , on ne comprendra pas en ce nombre les dépenfes fai-

*f* Vendentibus curatoribus fundum , emptor extitit Lucius Titius , & fex ferè annis poffedit : & longè longéque rem meliorem fecit. Quæro , cùm fint idonei curatores , an minor adverfus Titium emptorem in integrum reftitui poffit ? Refpondi , ex omnibus quæ præponerentur vix effe eum reftituendum : nifi fi maluerit omnes expenfas , quas bona fide emptor feciffe approbaverit , ei præftare maximè cùm fit ei paratum promptum auxilium , curatoribus ejus idoneis conftitutis. *l.* 39. §. 1. *ff. de minor.*

tes pour le feul plaifir. Et il feroit feulement permis à cet acquereur d'enlever ce qu'il pourroit reprendre fans changer l'état où eftoient les lieux avant l'alienation *t*.

*t* Idem refpondit, *fumptibus voluptatis caufa ab emptore faƈtis adolefcentem one-randum non effe. Quæ tamen ab eodem ædificio ita auferri poffunt, ut in facie priftina ( id eft quæ fuit ante venditionem ) ædificium effe poffit, emptori auferre permitti oportere. l. 32. §. 5. ff. de admin. & per. tut.* V. l'art. 16. & les fuivans de la Section 10. du Contraƈt de vente, & l'art. 12. & les fuivans de la Sect. 3. du Titre des Dots.

*Mais fi le Mineur qui pouvoit rentrer dans fon fonds, en remboursant les dépen-fes de ces ameliorations, n'avoit pas le moyen de faire ce remboursement, & que l'heri-tage n'eût pas efté vendu à fon jufte prix, il feroit jufte que cet acquereur, de qui le titre feroit fujet à refcifion, fît un fupplément du prix au Mineur.*

## XXIX.

Quoy-que le Mineur acquerant un fonds faffe fa con-dition plus avantageufe, fi neanmoins il achete trop cher, ou s'il achete un fonds qui luy foit à charge, il fera rele-vé, foit qu'il eût payé le prix de fes deniers, ou qu'il l'eût emprunté. Et dans l'un & l'autre cas, il recouvre-ra les interefts du prix du jour qu'il l'auroit payé, ren-dant au vendeur la valeur des fruits tournez à fon pro-fit *u*. Si ce n'eft qu'il fût jufte de compenfer ces fruits & ces interefts.

*u* Prædium quoque, fi ex ea pecunia ( quàm mutuam accepit ) pluris quàm oporteret emit. Ita temperanda res erit, ut jubeatur venditor reddito pretio re-cuperare prædium. Ita ut fine alterius damno, etiam creditor à juvene fuum confequatur. Ex quo fcilicet fimul intelligimus, quid obfervari oporteat, fi fua pecunia pluris quàm oportet emerit. Ut tamen hoc, & fuperiore cafu venditor qui pretium reddidit, etiam ufuras, quas ex ea pecunia percepit, aut percipere potuit, reddat, & fruƈtus quibus locupletior faƈtus eft juvenis, recipiat. *l. 27. §. 1. ff. de minor.*

# SECTION III.

## *Des Rescisions pour les Majeurs.*

*Matiere de cette Section.*

IL y a des causes de Rescision pour les Majeurs qui sont communes à toutes personnes de l'un & de l'autre sexe, comme si on a esté surpris par quelque dol, ou forcé par quelque violence : & il y en a d'autres qui sont propres à quelques personnes. Ainsi par nôtre usage les femmes mariées, quoy-que majeures ne peuvent s'obliger sans l'autorité de leurs maris, & dans quelques Coutumes elles ne le peuvent pas même estant autorisées. Ainsi les peres de qui les enfans quoy-que Majeurs empruntent pour des débauches, peuvent faire annuller leurs obligations ; s'il paroît qu'elles ayent ce vice, & les fils de famille peuvent eux-mêmes en estre relevez selon les circonstances. On a expliqué ce qui regarde les obligations des femmes mariées dans les remarques sur l'art. 1. de la Section 1. du Titre des Personnes, & ce qui regarde celles des fils de familles dans la Section 4. du Titre du Prêt & de l'Usure, & on ne parlera icy que des autres Rescisions communes à tous les Majeurs.

Comme les Rescisions que les Majeurs peuvent obtenir sont fondées sur les vices qui se rencontrent dans les Actes dont ils se plaignent, tels que sont ceux dont il a esté traité dans le Titre des vices des Conventions, on ne repetera pas icy ce qui en a esté dit dans ce Titre. Il suffit d'avertir que les regles qu'on y a expliquées doivent s'appliquer aux Rescisions pour les Majeurs, selon qu'elles peuvent y convenir, & que c'est principalement de ces regles qu'il faut tirer tous les principes de cette matiere; de sorte qu'il en reste peu à mettre dans ce Titre.

SOMMAIRES.

## SOMMAIRES.

### I.

LEs vices des Conventions sont autant de causes de Rescision dont les Majeurs peuvent se servir pour être relevez des Actes où il se rencontre quelqu'un de ces vices, s'il est tel qu'il puisse suffire pour fonder la Rescision. Ainsi un Majeur qui s'est obligé étant en démence, ou étant interdit peut être relevé. Ainsi un Majeur qui s'est engagé par quelque erreur, ou par le dol & la surprise de sa partie, ou par une violence qui l'ait forcé à donner son consentement, fera rescinder les Actes où quelqu'une de ces causes se rencontrera, suivant les regles qui ont été expliquées dans le Titre des vices des Conventions *.

*1. Les vices des conventions sont des causes de Rescision pour les Majeurs.*

a V. tout le Titre des vices des Conventions, & la remarque qu'on y a faite sur les Contracts usuraires à la fin du preambule.

### II.

Si entre deux coheritiers l'un ignorant des titres, ou des effets de la succession que l'autre connoissoit, a été engagé pas son coheritier à traiter avec luy dans cette ignorance, sans qu'il luy ait été fait justice de ce qui pouvoit luy revenir sur les biens que son coheritier luy tenoit cachez ; il fera annuller ce qui aura été fait par cette surprise, avec les dommages & interêts que la qualité du fait pourra meriter, quand il y auroit même une transaction, s'il est évident que ce dol y ait donné lieu b.

*2. Dol entre coheritiers.*

b Qui per fallaciam coheredis, ignorans universa quæ in vero erant, instrumentum transactionis, sine Aquiliana stipulatione, interposuit, non tam paciscitur, quam decipitur. l. 9. §. 2. ff. de transact.

### III.

*3. Rescision d'un partage.*

Si dans un partage entre Majeurs il y a quelque lesion considerable, encore qu'il n'y ait eu ni dol, ni mauvaise foy de la part d'aucun des copartageans ; celuy
qui se trouvera lesé pourra demander un nouveau partage *c*.

*c* Majoribus etiam , per fraudem , vel dolum , vel perperam sine judicio
factis divisionibus , solet subveniri. Quia in bonæ fidei judicis , quod inæqualiter factum esse constiterit , in melius reformabitur. *l. 3. C. comm. utr. jud.
tam fam. ere. q. c. d.* V. l'art. 9. de la Sect. 6. des Conventions.
*Par nôtre usage on est reçû à demander un nouveau partage s'il y a une lesion
du tiers au quart.*

### IV.

*4. Rescision d'une vente par la lesion dans le prix.*

Les Majeurs font aussi rescinder les ventes, s'ils ont
vendu quelque fonds au dessous de la moitié de son
juste prix, suivant les regles qui ont été expliquées en
leur lieu *d*.

*d* V. la Section 9. du Contract de vente.

### V.

*5. Restitution pour une absence ou autre juste cause.*

Les Majeurs ne font pas seulement rescinder les Actes
où ils ont été parties lorsque la Rescision peut y avoir
lieu ; mais ils font aussi reparer ce qui peut avoir été fait
à leur insçû, s'ils en ont reçû quelque préjudice , &
qu'ils ayent quelque juste cause pour le faire annuller.
Ainsi, un Majeur absent est relevé d'une prescription suivant la regle qui a été expliquée en son lieu. Ainsi, un
absent condamné par contumace sur quelque accusa-
tion, est reçû à se defendre quand il comparoît. Et en
general les Majeurs peuvent faire reparer le tort qu'ils
ont pû souffrir étant hors d'état d'exercer leurs droits
ou de se defendre de quelque entreprise à leur prejudice.
Et soit qu'il s'agisse de rentrer dans leur bien usurpé, &
de reparer quelque perte, ou même de recouvrer quelque droit qui leur étoit échû, comme un legs ou une
succession , & en tous autres cas, il y sera pourvû selon
la cause qui pourra fonder leur pretension , & que l'é-
quité pourra le demander dans les circonstances ; en
observant aussi contre les Majeurs qu'ils ne profitent

pas ou de leur absence, ou des autres causes qui peuvent les faire rentrer dans leurs droits, pour faire quelque préjudice à d'autres personnes *e*.

*e* Hujus Edicti causam nemo non justissimam esse confitebitur. Læsum enim jus per id tempus quo quis *reipublicæ operam dabat, vel adverso casu laborabat*, corrigitur. Nec non adversùs eos succurritur, ne vel obsit, vel prosit quod evenit. *l. 1. ff. ex quib. cauf. maj.*

Item si qua alia mihi justa causa esse videbitur, in integrum restituam, quod ejus per leges, plebiscita, senatusconsulta, Edicta, decreta principum, licebit. *d. l. in f.*

Hæc clausula { si qua alia mihi justa causa videbitur } Edicto inserta est necessariò. Multi enim casus evenire potuerunt, qui deferrent restitutionis auxilium : nec singulatim enumerari potuerunt. Ut quoties æquitas restitutionem suggerit, ad hanc clausulam erit descendendum. *l. 16. §. 9. eod.*

Et sive quid amiserit, vel lucratus non sit, restitutio facienda est : etiamsi non ex bonis quid amissum sit. *l. 17. eod.*

In contractibus qui bonæ fidei sunt, etiam majoribus, officio judicis causa cognita, publica jura subveniunt. *l. 3. C. quib. ex cauf. maj. in int. rest.*

Si propter officium legationis ad me bona fide factæ, absens & indefensus condemnatus es, instaurationem judicii jure desideras, ut ex integro defensionibus tuis utaris. *l. 1. eod.*

Absentia ejus qui reipublicæ causa abest, neque ei, neque alii damnosa esse debet. *l. 140. ff. de reg. jur.*

Quemadmodum succurrit ( prætor ) supra scriptis personis, ne capiantur : ita & adversus ipsas succurrit, ne capiant. *l. 21. ff. ex quib. cauf. maj.*

V. l'art. 6. de la Sect. 5. de la Possession.

On n'a pas mis dans cet article ce qui regarde l'effet de l'absence des Majeurs selon l'usage du Droit Romain, à l'égard des Sentences rendües contr'eux. Car par nôtre usage les absens pouvant être assignez, ainsi qu'il est réglé par les Ordonnances, & ayant la voye d'appel contre les Sentences rendües pendant leur absence, après qu'ils ont été assignez, la restitution contre les Sentences n'est pas de nôtre usage.


## FIN DU II. TOME.

## EXTRAIT DU PRIVILEGE DU ROY.

PAr Grace & Privilege du Roy , il eſt permis au Sieur **** de faire imprimer , vendre & debiter, par tel Imprimeur ou Libraire qu'il voudra choiſir , pendant le temps de quinze années conſecutives , un Livre intitulé *Les Loix Civiles dans leur ordre naturel* : Avec défenſes à tous autres, & ſur les peines en tel cas requiſes, ainſi qu'il eſt plus au long porté à l'original deſdites Lettres données à Verſailles le 30. jour d'Aouſt 1688. Signées par le Roy en ſon Conſeil , POULLAIN.

*Regiſtré ſur le Livre de la Communauté des Imprimeurs & Libraires de Paris , ce 3. Aouſt 1689.*

Signé J. B. COIGNARD , Syndic.

Ledit ſieur **** a cedé ſon Privilege au ſieur JEAN BAPTISTE COIGNARD , Imprimeur du Roy , à Paris , ſuivant l'accord fait entr'eux. Et la Veuve dudit ſieur COIGNARD a cedé le même Privilege aux ſieurs PIERRE HERISSANT, MICHEL DAVID, & FRANÇOIS PRALARD , ſuivant le traitté fait entr'eux.

*Ce ſecond Tome a été achevé d'imprimer le 18. d'Aouſt 1691.*

## A PARIS,

De l'Imprimerie de la Veuve de JEAN BAPTISTE COIGNARD , Imprimeur du Roy. 1696.